JOHANN GOTTFRIED SCHNABEL

Insel Felsenburg

HERAUSGEGEBEN VON
VOLKER MEID UND
INGEBORG SPRINGER-STRAND

PHILIPP RECLAM JUN. STUTTGART

Universal-Bibliothek Nr. 8419 [6]
Alle Rechte vorbehalten. © 1979 Philipp Reclam jun., Stuttgart
Gesamtherstellung: Reclam, Ditzingen. Printed in Germany 1985
ISBN 3-15-008421-0

Wunderliche

FATA

einiger

See = Fahrer,

absonderlich

ALBERTI JULII,

eines gebohrnen Sachsens,

Welcher in seinem 18den Jahre zu Schiffe
gegangen, durch Schiff=Bruch selb 4te an eine
grausame Klippe geworffen worden, nach deren Ubersteigung
das schönste Land entdeckt, sich daselbst mit seiner Gefährtin
verheyrathet, aus solcher Ehe eine Familie von mehr als
300. Seelen erzeuget, das Land vortrefflich angebauet,
durch besondere Zufälle erstaunens=würdige Schätze gesammlet, seine in Teutschland ausgekundschafften Freunde
glücklich gemacht, am Ende des 1728sten Jahres, als in
seinem Hunderten Jahre, annoch frisch und gesund gelebt,
und vermuthlich noch zu dato lebt,

entworffen

Von dessen Bruders=Sohnes=Sohnes=Sohne,

Mons. Eberhard Julio,

Curieusen Lesern aber zum vermuthlichen
Gemüths=Vergnügen ausgefertiget, auch par Commission
dem Drucke übergeben

Von

GISANDERN.

NORDHAUSEN,
Bey Johann Heinrich Groß, Buchhändlern.
Anno 1731.

Vorrede.

Geneigter Leser!

ES wird dir in folgenden Blättern eine Geschichts-Beschreibung vorgelegt, die, wo du anders kein geschworner Feind von dergleichen Sachen bist, oder dein Gehirne bey Erblickung des Titul-Blates nicht schon mit wiederwärtigen Praejudiciis angefüllet hast, ohnfehlbar zuweilen etwas, ob gleich nicht alles, zu besonderer Gemüths-Ergötzung überlassen, und also die geringe Mühe, so du dir mit Lesen und Durchblättern gemacht, gewisser massen recompensiren kan.

Mein Vorsatz ist zwar nicht, einem oder dem andern dieses Werck als einen vortrefflich begeisterten und in meinen Hoch-Teutschen Stylum eingekleideten Staats-Cörper anzuraisoniren; sondern ich will das Urtheil von dessen Werthe, dem es beliebt, überlassen, und da selbiges vor meine Parthie nicht allzu vortheilhafftig klappen solte, weiter nichts sagen, als: Haud curat Hippoclides. Auf Teutsch:

Sprecht, was ihr wolt, von mir und Julio dem Sachsen,
Ich lasse mir darum kein graues Härlein wachsen.

[II^v] Allein, ich höre leyder! schon manchen, der nur einen Blick darauf schiessen lassen, also raisoniren und fragen: Wie hälts, Landsmann! kan man sich auch darauf verlassen, daß deine Geschichte keine blossen Gedichte, Lucianische Spaas-Streiche, zusammen geraspelte Robinsonaden-Späne und dergleichen sind? Denn es werffen sich immer mehr und mehr Scribenten auf, die einem neu-begierigen Leser an diejenige Nase, so er doch schon selbst am Kopffe hat, noch viele kleine, mittelmäßige und grosse Nasen drehen wollen.

Was gehöret nicht vor ein Baum-starcker Glaube darzu, wenn man des Herrn von Lydio trenchirte Insul
als eine Wahrheit in den Back-Ofen seines physica-
lischen Gewissens schieben will? Wer muß sich nicht
vielmehr über den Herrn Geschicht-Schreiber P. L. als
über den armen Einsiedler Philipp Quarll selbst verwundern, da sich der erstere gantz besondere Mühe
giebt, sein, nur den Mondsüchtigen gläntzendes Mähr-
lein, unter dem Hute des Hrn. Dorrington, mit demü-
thigst-ergebensten Flatterien, als eine brennende Historische Wahrheits-Fackel aufzustecken? Die Geschicht von Joris oder Georg Pines hat seit ao. 1667.
einen ziemlichen Geburths- und Beglaubigungs-Brief
erhalten, nachdem aber ein Anonymus dieselbe aus
dem Englischen übersetzt haben will, und im Teutschen, als ein Gerichte Sauer-Kraut mit Stachelbeeren
vermischt, aufgewärmet hat, ist eine solche Ollebutterie daraus worden, daß man kaum die gantz zu Mat-
sche gekochten Brocken der Wahrheit, noch auf dem
Grunde der langen Titsche finden kan. Woher denn
kommt, daß ein jeder, der diese Ge-[III^r]schicht nicht
schon sonsten in andern Büchern gelesen, selbige vor
eine lautere Fiction hält, mithin das Kind sammt dem
Badewasser ausschüttet. Gedencket man ferner an die
fast unzählige Zahl derer Robinsons von fast allen
Nationen, so wohl als andere Lebens-Beschreibungen,
welche meistentheils die Beywörter: Wahrhafftig, er-
staunlich, erschrecklich, noch niemahls entdeckt, unvergleichlich, unerhört, unerdencklich, wunderbar, be-
wundernswürdig, seltsam und dergleichen, führen, so
möchte man nicht selten Herr Ulrichen, als den Ver-
treiber eckelhaffter Sachen, ruffen, zumahlen wenn
sich in solchen Schrifften lahme Satyren, elender
Wind, zerkaute Moralia, überzuckerte Laster-Morsellen, und öffters nicht 6. rechtschaffene oder wahre
Historische Streiche antreffen lassen. Denn - - -

Halt inne, mein Freund! Was gehet mich dein gerechter oder ungerechter Eiffer an? Meinest du, daß ich dieserwegen eine Vorrede halte? Nein, keines weges. Laß dir aber dienen! Ohnfehlbar must du das von einem Welt-berühmten Manne herstammende Sprichwort: Viel Köpffe, viel Sinne, gehöret oder gelesen haben. Der liebe Niemand allein, kan es allen Leuten recht machen. Was dir nicht gefällt, charmirt vielleicht 10., ja 100. und wohl noch mehr andere Menschen. Alle diejenigen, so du anitzo getadelt hast, haben wohl eine gantz besondere gute Absicht gehabt, die du und ich erstlich errathen müssen. Ich wolte zwar ein vieles zu ihrer Defension anführen, allein, wer weiß, ob mir meiner Treuhertzigkeit Danck zu verdienen sey? Über dieses, da solche Autores vielleicht klüger und geschickter sind als Du und ich, so werden sie [III^v] sich, daferne es die Mühe belohnt, schon bey Gelegenheit selbst verantworten.

Aber mit Gunst und Permission zu fragen: Warum soll man denn dieser oder jener, eigensinniger Köpffe wegen, die sonst nichts als lauter Wahrheiten lesen mögen, nur eben lauter solche Geschichte schreiben, die auf das kleineste Jota mit einem cörperlichen Eyde zu bestärcken wären? Warum soll denn eine geschickte Fiction, als ein Lusus Ingenii, so gar verächtlich und verwerfflich seyn? Wo mir recht ist, halten ja die Herren Theologi selbst davor, daß auch in der Heil. Bibel dergleichen Exempel, ja gantze Bücher, anzutreffen sind. Sapienti sat. Ich halte davor, es sey am besten gethan, man lasse solcher Gestalt die Politicos ungehudelt, sie mögen schreiben und lesen was sie wollen, solte es auch gleich dem gemeinen Wesen nicht eben zu gantz besondern Vortheil gereichen, genug, wenn es demselben nur keinen Nachtheil und Schaden verursachet.

Allein, wo gerathe ich hin? Ich solte *Dir, geneigter*

Leser, fast die Gedancken beybringen, als ob gegenwärtige Geschichte auch nichts anders als pur lautere Fictiones wären? Nein! dieses ist meine Meynung durchaus nicht, jedoch soll mich auch durchaus niemand dahin zwingen, einen Eyd über die pur lautere Wahrheit derselben abzulegen. Vergönne, daß ich deine Gedult noch in etwas mißbrauche, so wirst du erfahren, wie diese Fata verschiedener *See-Fahrenden* mir fato zur Beschreibung in die Hände gekommen sind:

Als ich im Anfange dieses nun fast verlauffenen Jahres in meinen eigenen Verrichtungen eine ziemlich weite Reise auf der Land-Kutsche zu thun genö-[IV^r] thiget war, gerieth ich bey solcher Gelegenheit mit einen Literato in Kundschafft, der eine gantz besonders artige Conduite besaß. Er ließ den gantzen Tag über auf dem Wagen vortrefflich mit sich reden und umgehen, so bald wir aber des Abends gespeiset, muste man ihm gemeiniglich ein Licht alleine geben, womit er sich von der übrigen Gesellschafft ab- und an einen andern Tisch setzte, solchergestalt beständig diejenigen geschriebenen Sachen laß, welche er in einem zusammen gebundenen Paquet selten von Abhänden kommen ließ. Sein Beutel war vortrefflich gespickt, und meine Person, deren damahliger Zustand eine genaue Wirthschafft erforderte, profitirte ungemein von dessen generositeé, welche er bey mir, als einem Feinde des Schmarotzens, sehr artig anzubringen wuste. Dannenhero gerieth ich auf die Gedancken, dieser Mensch müsse entweder ein starcker Capitaliste oder gar ein Adeptus seyn, indem er so viele güldene Species bey sich führete, auch seine besondere Liebe zur Alchymie öffters in Gesprächen verriethe.

Eines Tages war dieser gute Mensch der erste, der den blasenden Postillon zu Gefallen hurtig auf den Wagen steigen wolte, da mittlerweile ich nebst zweyen Frauenzimmern und so viel Kauffmanns-Dienern in der Thür des Gast-Hofs noch ein Glaß Wein ausleereten. Allein, er war so unglücklich, herunter zu stürtzen, und da die frischen Pferde hierdurch schüchtern gemacht wurden, gingen ihm zwey Räder dermassen schnell über den Leib und Brust, daß er so gleich halb todt zurück in das Gast-Hauß getragen werden muste.

Ich ließ die Post fahren, und blieb bey diesen [IVᵛ] im grösten Schmertzen liegenden Patienten, welcher, nachdem er sich um Mitternachts-Zeit ein wenig ermuntert hatte, alsofort nach seinem Paquet Schrifften fragte, und so bald man ihm dieselben gereicht, sprach er zu mir: Mein Herr! nehmet und behaltet dieses Paquet in eurer Verwahrung, vielleicht füget euch der Himmel hierdurch ein Glücke zu, welches ich nicht habe erleben sollen. Hierauf begehrete er, daß man den anwesenden Geistlichen bey ihm allein lassen solte, mit welchen er denn seine Seele wohl berathen, und gegen Morgen das Zeitliche mit dem Ewigen verwechselt hatte.

Meinen Gedancken nach hatte ich nun von diesem andern Jason das güldene Fell ererbet, und vermeinte, ein Besitzer der allersichersten alchimistischen Processe zu seyn. Aber weit gefehlt! Denn kurtz zu sagen, es fand sich sonst nichts darinnen, als Albert Julii Geschichts-Beschreibung, und was Mons. Eberhard Julius, zur Erläuterung derselben, diesem unglücklichen Passagier sonsten beygelegt und zugeschickt hatte.

Ohngeacht aber meine Hoffnung, in kurtzer Zeit ein glücklicher Alchymiste und reicher Mann zu werden, sich gewaltig betrogen sahe, so fielen mir doch, beym Durchlesen dieser Sachen, verschiedene Passagen in die Augen, woran mein Gemüth eine ziemliche Belustigung fand, und da ich vollends des verunglückten Literati besonderen Brief-Wechsel, den er theils mit Mons. Eberhard Julio selbst, theils mit Herrn G. v. B.

in Amsterdam, theils auch mit Herrn H. W. W. in
Hamburg dieses Wercks wegen eine Zeit her geführet,
dabey [V^r] antraff, entbrandte sogleich eine Begierde
in mir, diese Geschicht selbst vor die Hand zu nehmen, in möglichste Ordnung zu bringen, und hernach
dem Drucke zu überlassen, es möchte gleich einem
oder den andern viel, wenig oder gar nichts daran gelegen seyn, denn mein Gewissen rieth mir, diese Sachen
nicht liederlicher Weise zu vertuschen.

Etliche Wochen hierauf, da mich das Glück unverhofft nach Hamburg führete, gerieth ich gar bald mit
dem Herrn W. in Bekandtschafft, eröffnete demselben
also die gantze Begebenheit des verunglückten Passa-
giers, wie nicht weniger, daß mir derselbe vor seinem
Ende die und die Schrifften anvertrauet hätte, wurde
auch alsobald von diesem ehrlichen Manne durch
allerhand Vorstellungen und Persuasoria in meinem
Vorhaben gestärckt, anbey der Richtigkeit dieser Geschichte, vermittelst vieler Beweißthümer, vollkommen versichert, und belehret, wie ich mich bey Edi-
rung derselben zu verhalten hätte.

Also siehest du, mein Leser, daß ich zu dieser Arbeit
gekommen bin, wie jener zur Maulschelle, und
merckest wohl, daß mein Gewissen von keiner Spinne-
webe gewürckt ist, indem ich eine Sache, die man mir
mit vielen Gründen als wahr und unfabelhafft erwiesen, dennoch niemanden anders, als solchergestalt vorlegen will, daß er darvon glauben kan, wie viel ihm
beliebt. Demnach wird hoffentlich jeder mit meiner
generositeé zu frieden seyn können.

Von dem übrigen, was sonsten in Vorreden pflegt an-
geführet zu werden, noch etwas weniges [V^v] zu melden, so kan nicht läugnen, daß dieses meine erste
Arbeit von solcher Art ist, welche ich in meiner Hertz-
allerliebsten Deutschen Frau Mutter-Sprache der
Presse unterwerffe. Nimm also einem jungen Anfän-

ger nicht übel, wenn er sein erstes Händewerck so
frey zur Schaue darstellet, selbiges aber dennoch vor
kein untadelhafftes Meister-Stücke ausgiebt.

An vielen Stellen hätte ich den Stylum selbst ziemlich
verbessern können und wollen, allein, man forcirte
mich, die Herausgabe zu beschleunigen. Zur Mundirung des Concepts liessen mir anderweitige wichtige
Verrichtungen keine Zeit übrig, selbiges einem Copi-
sten hinzugeben, möchte vielleicht noch mehr Händel
gemacht haben. Hier und dort aber viel auszustrei-
chen, einzuflicken, Zeichen zu machen, Zettelgen bey-
zulegen und dergleichen, schien mir zu gefährlich,
denn wie viele Flüche hätte nicht ein ungedultiger
Setzer hierbey ausstossen können, die ich mir alle ad
animum revociren müssen.

Ich weiß, was mir Mons. Eberhard Julii kunterbunde
Schreiberey quoad formam vor Mühe gemacht, ehe
die vielerley Geschichten in eine ziemliche Ordnung
zu bringen gewesen. Hierbey hat mir nun allbereits
ein guter Freund vorgeworffen, als hätte ich dieselben
fast gar zu sehr durch einander geflochten, und etwa
das Modell von einigen Romainen-Schreibern genommen, allein, es dienet zu wissen, daß Mons. Eberhard
Julius selbst das Kleid auf solche Façon zugeschnitten
hat, dessen Gutbefinden mich zu widersetzen, und sein
Werck ohne Ursach zu hofemeistern, ich ein billiges
Be-[VI^r]dencken getragen, vielmehr meine Schuldig-
keit zu seyn erachtet, dieses von ihm herstammende
Werck in seiner Person und Nahmen zu demonstriren.
Über dieses so halte doch darvor, und bleibe darbey,
daß die meisten Leser solchergestalt desto besser divertirt werden. Beugen doch die Post-Kutscher auch
zuweilen aus, und dennoch moquirt sich kein Passagier drüber, wenn sie nur nicht gar stecken bleiben,
oder umwerffen, sondern zu gehöriger Zeit fein wieder in die Gleisen kommen.

Nun solte mich zwar bey dieser Gelegenheit auch besinnen, ob ich als ein Recroute unter den Regimentern
der Herrn Geschichts-Beschreiber, dem (s. T. p.)
Hochgeöhrten und Wohlnaseweisen Herrn Momo,
wie nicht weniger dessen Dutz-Bruder, Herrn Zoilo,
bey bevorstehender Revüe mit einer Spanischen Zähn-
fletzschenden grandezze, oder Pohlnischen Sub-Sub-
mission entgegen gehen müsse? Allein, weil ich die
Zeit und alles, was man dieser Confusionarien halber
anwendet, vor schändlich verdorben schätze, will ich
kein Wort mehr gegen sie reden, sondern die übrigen
in mente behalten.

Solte aber, *geneigter Leser!* dasjenige, was ich zu diesem Wercke an Mühe und Fleisse beygetragen, von Dir
gütig und wohl aufgenommen werden, so sey versichert, daß in meiner geringen Person ein solches Gemüth anzutreffen, welches nur den geringsten Schein
einer Erkänntlichkeit mit immerwährenden Dancke
zu erwiedern bemühet lebt. Was an der Vollständig-
keit desselben annoch ermangelt, soll, so bald als möglich, hinzu [VI'] gefügt werden, woferne nur der
Himmel Leben, Gesundheit, und was sonsten darzu
erfordert wird, nicht abkürtzet. Ja ich dürffte mich
eher bereden, als meinen Ermel ausreissen lassen,
künfftigen Sommer mit einem curieusen *Soldaten-Romain* heraus zu rutschen, als worzu verschiedene
brave Officiers allbereit Materie an die Hand gegeben, auch damit zu continuiren versprochen. Vielleicht trifft mancher darinnen vor sich noch angenehmere Sachen an, als in Gegenwärtigen.

Von den vermuthlich mit einschleichenden Druck-
Fehlern wird man mich gütigst absolviren, weil die
Druckerey allzuweit von dem Orte, da ich mich auf-
halte, entlegen ist, doch hoffe, der sonst sehr delicate
Herr Verleger werde sich dieserhalb um so viel desto
mehr Mühe geben, solche zu verhüten. Letzlich bitte

noch, die in dieser Vorrede mit untergelauffenen
Schertz-Worte nicht zu Poltzen zu drehen, denn ich
bin etwas lustigen humeurs, aber doch nicht immer.
Sonsten weiß vor dieses mahl sonderlich nichts zu erinnern, als daß ich nach Beschaffenheit der Person
und Sachen jederzeit sey,

Geneigter Leser,

den 2. Dec.   Dein
   1730.

                          dienstwilliger

                            GISANDER.

Wunderliche FATA
Einiger See-Fahrer.

Erstes Buch.

OB denenjenigen Kindern, welche um die Zeit gebohren werden, da sich Sonnen- oder Mond-Finsternissen am Firmamente praesentiren, mit Recht besondere Fatalitäten zu prognosticiren seyn? Diese Frage will ich den gelehrten Natur-Kündigern zur Erörterung überlassen, und den Anfang meiner vorgenommenen Geschichts-Beschreibung damit machen: wenn ich dem Geneigten Leser als etwas merckliches vermelde: daß ich Eberhard Julius den 12. May 1706. eben in der Stunde das Licht dieser Welt erblickt, da die bekandte grosse Sonnen-Finsterniß ihren höchsten und fürchterlichsten grad erreichet hatte. Mein Vater, der ein wohlbemittelter Kauffmann war, und mit meiner Mutter noch kein völliges Jahr im Ehestande gelebt, mochte wegen gedoppelter Bestürtzung fast gantz ausser sich selbst gewesen seyn; Jedoch nachdem er bald darauf das Vergnü-[2]gen hat meine Mutter ziemlich frisch und munter zu sehen, mich aber als seinen erstgebohrnen jungen, gesunden Sohn zu küssen, hat er sich, wie mir erzehlet worden, vor Freuden kaum zu bergen gewust.

Ich trage Bedencken von denenjenigen tändeleyen viel Wesens zu machen, die zwischen meinen Eltern als jungen Eheleuten und mir als ihrer ersten Frucht der Liebe, in den ersten Kinder-Jahren vorgegangen. Genung! ich wurde von ihnen, wiewohl etwas zärtlich, jedoch christlich und ordentlich erzogen, weil sie mich aber von Jugend an dem studiren gewidmet, so muste es keines weges an gelehrten und sonst geschickten Lehr-Meistern ermangeln, deren getreue Unterweisung

nebst meinen unermüdeten Fleisse so viel würckte,
daß ich auf Einrathen vieler erfahrner Männer, die
mich examinirt hatten, in meinem 17den Jahre nehmlich um Ostern 1723. auf die Universität Kiel nebst
einem guten Anführer reisen konte. Ich legte mich auf
die Jurisprudentz nicht so wohl aus meinem eigenen
Antriebe, sondern auf Begehren meiner Mutter, welche eines vornehmen Rechts-Gelehrten Tochter war.
Allein ein hartes Verhängnis ließ mich die Früchte
ihres über meine guten Progressen geschöpfften Vergnügens nicht lange geniessen, indem ein Jahr hernach die schmertzliche Zeitung bey mir einlieff, daß
meine getreue Mutter am 16. Apr. 1724. samt der
Frucht in Kindes-Nöthen todes verblichen sey. Mein
Vater verlangte mich zwar zu seinem Troste auf
einige Wochen nach Hause, weiln, wie er schrieb,
weder meine eintzige Schwester, noch andere Anver-
wandte seinen Schmertzen [3] einige Linderung verschaffen könten. Doch da ich zurücke schrieb: daß um
diese Zeit alle Collegia aufs neue angiengen, weßwegen ich nicht allein sehr viel versäumen, sondern
über dieses seine und meine Hertzens-Wunde ehe noch
weiter aufreissen als heilen würde, erlaubte mir mein
Vater, nebst übersendung eines Wechsels von 200. spec.
Ducaten noch ein halbes Jahr in Kiel zu bleiben, nach
Verfliessung dessen aber solte nach Hause kommen
über Winters bey ihm zu verharren, so dann im Früh-
Jahre das galante Leipzig zu besuchen, und meine
studia daselbst zu absolviren.
Sein Wille war meine Richt-Schnur, dannenhero die
noch übrige Zeit in Kiel nicht verabsäumete mich in
meinen ergriffenen studio nach möglichkeit zu culti-
viren, gegen Martini aber mit den herrlichsten Attestaten meiner Professoren versehen nach Hause reisete.
Es war mir zwar eine hertzliche Freude, meinen werthen Vater und liebe Schwester nebst andern Anver-

der! versichert werdet: daß das falsche Glück mit
dreyen [6] fatalen Streichen auf einmal meine Reputation und Wohl-Stand, ja mein alles zu Boden geschlagen. Fraget ihr, wie? und auf was Art? so wisset,
daß mein Compagnon einen Banquerott auf 2. Tonnen Goldes gemacht, daß auf meine eigene Kosten
ausgerüstete Ost-Indische Schiff bey der Retour von
den See-Räubern geplündert, und letzlich zu comple-
tirung meines Ruins der Verfall der Actien mich allein
um 50000. Thl. spec. bringet. Ein mehreres will hiervon nicht schreiben, weil mir im schreiben die Hände
erstarren wollen. Lasset euch innliegenden Wechsel-
Brief à 2000. Frfl. in Leipzig von Hrn. H. gleich nach
Empfang dieses bezahlen. Eure Schwester habe mit
eben so viel, und ihren besten Sachen, nach Stockholm
zu ihrer Baase geschickt, ich aber gehe mit einem
wenigen von hier ab, um in Ost- oder West-Indien,
entweder mein verlohrnes Glück, oder den todt zu
finden. In Hamburg bey Hrn. W. habt ihr vielleicht
mit der Zeit Briefe von meinem Zustande zu finden.
Lebet wohl, und bedauert das unglückliche Verhängnis eures treugesinnten Vaters, dessen Redlichkeit aber
allzustarcker hazard und Leichtglaubigkeit ihm und
seinen frommen Kindern dieses malheur zugezogen.
Doch in Hofnung, GOTT werde sich eurer und meiner nicht gäntzlich entziehen, verharre

D. d. 5. Apr. 1725.   Euer
                                biß ins Grab getreuer Vater
                                Frantz Martin Julius.

[7] Ich fiel nach Lesung dieses Briefes, als ein vom
Blitz gerührter, rückwarts auf mein Bette, und habe
länger als 2. Stunden ohne Empfindung gelegen. Selbigen gantzen Tag, und die darauf folgende Nacht,
wurde in gröster desperation zugebracht, ohne das ge-

ringste von Speise oder Geträncke zu mir zu nehmen,
da aber der Tag anbrach, beruhigte sich das unge-
stüme Meer meiner Gedancken einigermassen. Ich
betete mein Morgen-Gebet mit hertzlicher Andacht,
sung nach einem Morgen-Liede auch dieses: GOTT
der wirds wohl machen etc. schlug hernach die Bibel
auf, in welcher mir so gleich der 127. Psalm Davids
in die Augen fiel, welcher mich ungemein rührete.
Nachdem ich nun meine andächtigen, ungeheuchelten
Penseen darüber gehabt, schlug ich die Bibel nochmals
auf, und traf ohnverhofft die Worte Prov. 10. der
Seegen des HERRN macht reich ohne Mühe etc.
Hierbey traten mir die Thränen in die Augen, mein
Mund aber brach in folgende Worte aus: Mein GOTT,
ich verlange ja eben nicht reich an zeitlichen Gütern
zu seyn, ich gräme mich auch nicht mehr um die verlohrnen, setze mich aber, wo es dir gefällig ist, nur in
einen solchen Stand, worinnen ich deine Ehre befördern, meinen Nächsten nützen, mein Gewissen rein erhalten, reputirlich leben, und seelig sterben kan.
Gleich denselben Augenblick kam mir in die Gedancken umzusatteln, und an statt der Jurisprudentz die
Theologie zu erwehlen, weßwegen ich meine Gelder
eincassiren, zwey theile davon auf [8] Zinsen legen,
und mich mit dem übrigen auf die Wittenbergische
Universität begeben wolte. Allein der plötzliche Überfall eines hitzigen Fiebers, verhinderte mein eilfertiges
Vornehmen, denn da ich kaum Zeit gehabt, meinen
Wechsel bey Hrn. H. in Empfang zu nehmen, und
meine Sachen etwas in Ordnung zu bringen, so sahe
mich gezwungen das Bette zu suchen, und einen berühmten Medicum wie auch eine Wart-Frau holen zu
lassen. Meine Lands-Leute so etwas im Vermögen hatten, bekümmerten sich, nachdem sie den Zufall meines Vaters vernommen, nicht das geringste um mich,
ein armer ehrlicher Studiosus aber, so ebenfalls mein

Lands-Mann war, blieb fast Tag und Nacht bey mir,
und muß ich ihm zum Ruhme nachsagen, daß ich, in
seinen mir damahls geleisteten Diensten mehr Liebe
und Treue, als Interesse gespüret. Mein Wunsch ist:
ihn dermahleins auszuforschen, und Gelegenheit zu
finden, meine Erkänntlichkeit zu zeigen.

Meine Kranckheit daurete inzwischen zu damahligen
grossen Verdrusse, und doch noch grössern Glücke, biß
in die dritte Woche, worauf ich die freye Lufft wiederum zu vertragen gewohnete, und derowegen mit
meinem redlichen Lands-Manne täglich ein paar mahl
in das angenehme Rosenthal, doch aber bald wieder
nach Hause spatzirete, anbey im Essen und Trincken
solche Ordnung hielt, als zu völliger wieder herstel-
lung meiner Gesundheit, vor rathsam hielt. Denn ich
war nicht gesinnet als ein halber oder gantzer Patient
nach Wittenberg zu kommen.

Der Himmel aber hatte beschlossen: daß so wohl aus
meinen geistl. studiren, als aus der nach [9] Wittenberg vorgenommenen Reise nichts werden solte. Denn
als ich etliche Tage nach meinen gehaltenen Kirch-
Gange und erster Ausflucht mein Morgen-Gebeth annoch verrichtete; klopffte der Brieff-Träger von der
Post an meine Thür, und nach Eröffnung derselben,
wurde mir von ihm ein Brieff eingehändiget, welchen
ich mit zitterenden Händen erbrach, und also gesetzt
befand:

D. d. 21. May 1725.

Monsieur,

IHnen werden diese Zeilen, so von einer ihrer Familie
gantz unbekannten Hand geschrieben sind, ohnfehlbar
viele Verwunderung verursachen. Allein als ein Studi-
render, werden sie vielleicht besser, als andere Unge-
lehrte, zu begreiffen wissen, wie unbegreifflich zuweilen der Himmel das Schicksal der sterblichen Men-

schen disponiret. Ich Endes unterschriebener, bin zwar
ein Teutscher von Geburth, stehe aber vor itzo als
Schiffs-Capitain in Holländischen Diensten, und bin
vor wenig Tagen allhier in ihrer Geburths-Stadt angelanget, in Meinung, dero Herrn Vater anzutreffen,
dem ich eine der allerprofitablesten Zeitungen von
der Welt persönlich überbringen wolte; Allein ich
habe zu meinem allergrösten Miß-Vergnügen nicht
allein sein gehabtes Unglück, sondern über dieses noch
vernehmen müssen: daß er allbereit vor Monats-Frist
zu Schiffe nach West-Indien gegangen. Diesem aber
ohngeachtet, verbindet mich ein geleisteter cörper-
licher Eyd: Ihnen, Mons. Eberhard Julius, als dessen
[10] eintzigen Sohne, ein solches Geheimniß anzuvertrauen, krafft dessen sie nicht allein ihres Herrn Vaters erlittenen Schaden mehr als gedoppelt ersetzen,
und vielleicht sich und ihre Nachkommen, biß auf
späte Jahre hinaus, glücklich machen können.
Ich versichere noch einmahl, Monsieur, daß ich mir
ihre allerley Gedancken bey dieser Affaire mehr als
zu wohl vorstelle, allein ich bitte sie inständig, alle
Hindernisse aus dem Wege zu räumen, und sich in
möglichster Geschwindigkeit auf die Reise nach Amsterdam zu machen, damit sie längstens gegen St. Johannis-Tag daselbst eintreffen. Der 27. Jun., wo GOtt
will, ist zu meiner Abfahrt nach Ost-Indien angesetzt.
Finden sie mich aber nicht mehr, so haben sie eine versiegelte Schrifft, von meiner Hand gestellt, bey dem
Banquier, Herrn G. v. B. abzufordern, wornach sie
Ihre Messures nehmen können. Doch ich befürchte,
daß ihre importanten Affairen weitläufftiger werden,
und wohl gar nicht glücklich lauffen möchten, woferne sie verabsäumeten, mich in Amsterdam auf dem
Ost-Indischen Hause, allwo ich täglich anzutreffen
und bekannt genug bin, persönlich zu sprechen.
Schließlich will ihnen die Beschleunigung ihrer Reise

zu ihrer zeitlichen Glückseeligkeit nochmahls freundlich recommendiren, sie der guten Hand Gottes emp-
fehlen, und beharren

Monsieur
votre Valet
Leonhard Wolffgang.

[11] P. S.
Damit Monsieur Julius in meine Citation kein Miß-
trauen zu setzen Ursach habe, folget hierbey ein
Wechselbrief à 150. spec. Ducaten an Herrn S. in
Leipzig gestellet, welche zu Reise-Kosten aufzuneh-
men sind.

Es wird vielleicht wenig Mühe kosten, jemanden zu
überreden, daß ich nach Durchlesung dieses Briefes
eine gute Zeit nicht anders als ein Träumender auf
meinem Stuhle sitzen geblieben. Ja! es ist zu versichern, daß diese neue und vor mich so profitable
Zeitung fast eben dergleichen Zerrüttung in meinem
Gemüthe stifftete: als die vorige von dem Unglücke
meines Vaters. Doch konte mich hierbey etwas eher
fassen, und mit meinem Verstande ordentlicher zu
Rathe gehen, derwegen der Schluß in wenig Stunden
dahinaus fiel: mit ehester Post die Reise nach Amsterdam anzutreten. Hierbey fiel mir so gleich der tröstliche Vers ein: Es sind ja GOtt sehr schlechte Sachen
etc. welcher mich anreitzete, GOtt hertzlich anzuflehen, daß er meine Jugend in dieser bedencklichen
Sache doch ja vor des Satans und der bösen Welt gefährlichen Stricken, List und Tücken gnädiglich bewahren, und lieber in gröstes Armuth, als Gefahr der
Seelen gerathen lassen wolle.
Nachdem ich mich solchergestalt mit GOtt und meinem Gewissen wohl berathen, blieb es bey dem ge-

fassten Schlusse, nach Amsterdam zu reisen. Fing
derowegen an, alles aufs eiligste darzu zu veranstalten. Bey Herrn S. ließ ich mir die 150. Duc. spec. noch
selbigen Tages zahlen, packte meine Sachen [12] ein,
bezahlete alle diejenigen, so mir Dienste geleistet hatten, nach meinen wenigen Vermögen reichlich, ver-
dung mich mit meiner Equippage auf die Casselische
oder Holländische Post, und fuhr in GOttes Nahmen,
mit besondern Gemüths-Vergnügen von Leipzig ab.
Auf dieser Reise begegnete mir nichts ausserordent-
liches, ausser dem daß ich mich resolvirte, theils Mattigkeit, theils Neugierigkeit wegen, die berühmten
Seltenheiten in und bey der Land-Gräfl. Hessen-Cas-
selischen Residentz-Stadt Cassel zu betrachten, einen
Post-Tag zu verpassen. Nachdem ich aber ziemlich
ausgeruhet, und das magnifique Wesen zu admiriren
vielfältige Gelegenheit gehabt, verfolgte ich meine
vorhabende Reise, und gelangete, noch vor dem mir
angesetzten Termine, glücklich in Amsterdam an.
Mein Logis nahm ich auf recommendation des Coffre-
Trägers in der Wermuths-Strasse im Wapen von Ober-
Yssel, und fand daselbst vor einen ermüdeten Passagier sehr gute Gelegenheit. Dem ohngeacht vergönnete
mir das hefftige Verlangen, den Capitain Wolffgang
zu sehen, und ausführlich mit ihm zu sprechen, kaum
7. Stunden Zeit zum Schlaffe, weil es an sich selbst
kräfftig genug war, alle Mattigkeit aus meinen Gliedern zu vertreiben. Folgendes Tages ließ ich mich von
müssigen Purschen vor ein gutes Trinck-Geld in ein
und anderes Schenck-Hauß, wohin gemeiniglich See-
Fahrer zu kommen pflegten, begleiten. Ich machte
mich mit guter manier bald an diesen und jenen, um
einen Vorbericht von des Capitain Wolffgangs [13]
Person und gantzen Wesen einzuziehen, doch meine
Mühe war überall vergebens. Wir hatten binnen 3.
oder 4. Stunden mehr als 12. biß 16. Theé-Coffeé-

Wein- und Brandteweins-Häuser durchstrichen, mehr
als 50. See-Fahrer angeredet, und doch niemand angetroffen, der erwehnten Capitain kennen wolte.

Mein Begleiter fing schon an zu taumeln, weil er von
dem Weine, den ich ihm an verschiedenen Orten geben
ließ, ziemlich betruncken war, weßwegen vors dienlichste hielt, mit demselben den Rückweg nach meinem Quartiere zu suchen. Er ließ sich solches gefallen,
kaum aber waren wir 100. Schritte zurück gegangen,
als uns ein alter Boots-Knecht begegnete, welchem er
zurieff: Wohlauf, Bruder! Kanst du Nachricht geben
von dem Capitain Wolffgang? Hier ist ein Trinck-
Geld zu verdienen. Well Bruder, antwortete der Boots-
Knecht, was soll Capitain Wolffgang? soll ich nicht
kennen? soll ich nicht wissen, wo er logirt? habe ich
nicht 2. Fahrten mit ihm gethan? habe ich nicht noch
vor 3. Tagen 2. fl. von ihm geschenckt bekommen?
Guter Freund! fiel ich ihm in die Rede, ists wahr, daß
ihr den Capitain Leonhard Wolffgang kennet, so
gebet mir weitere Nachricht, ich will - - - Mar Dübel,
replicirte der Grobian, meynet ihr, daß ich euch be-
lügen will? so gehet zum Teuffel, und sucht ihn selber.
Diese mit einer verzweiffelt-boßhafftigen und scheelen Mine begleiteten Worte waren kaum ausgesprochen, als er sich gantz negligent von uns abwandte,
und in einen Wein-Keller verfügte. Mein Begleiter
rieth mir nachzugehen, ihm [14] gute Worte und
etliche Stüver an Gelde zu geben, auch etwa ein Glaß
Wein zuzutrincken, mit der Versicherung: er würde
mir sodann schon aufs neue und viel höfflicher zur
Rede stehen. Indem mir nun ein so gar vieles daran
gelegen war, überwand ich meinen innerlichen Verdruß, den ich über die grausame Grobheit dieses Menschen geschöpfft hatte, und gehorchte meinem halb
betrunckenen Rathgeber.

Paul, so hieß der grobe Boots-Knecht, hatte kaum

einen halben Gulden, nebst einer tüchtigen Kanne
Wein und die erste Sylbe von einem guten Worte be-
kommen, als er so gleich der allerhöflichste Klotz von
der gantzen Welt zu werden schien. Er küssete meine
Hand mit aller Gewalt wohl 50. mahl, hatte wider die
Gewohnheit dieser Leute seine Mütze stets in Händen,
und wolte, alles meines Bittens ohngeacht, sein Haupt
in meiner Gegenwart durchaus nicht bedecken. Mein
Begleiter tranck ihm auf meine Gesundheit fleißig zu,
Paul that noch fleissiger Bescheid, erzehlete mir aber
dabey alles Haarklein, was er von des Capitain
Wolffgangs Person, Leben und Wandel in dem innersten seines Hertzens wuste, und diese Erzehlung
dauerte über zwey Stunden, worauf er sich erboth,
mich so fort in des Capitains Logis zu führen, welches
nahe an der Börse gelegen sey.
Allein, ich ließ mich verlauten, daß ich meine Visite
bey demselben noch etliche Tage aufschieben, und
vorhero erstlich von der Reise recht ausruhen wolte.
Hierauf bezahlte noch 6. Kannen Wein, den die beyden nassen Brüder getruncken hatten, vereh-[15]rete
dem treuhertzigen Paul noch einen Gulden, und begab
mich allein wieder auf den Weg nach meinem Quartiere, weil mein allzu starck besoffener Wegweiser gar
nicht von der Stelle zu bringen war.
Ich ließ mir von dem Wirthe die Mahlzeit auf meiner
Cammer vor mich alleine zubereiten, und wiederholte
dabey in Gedancken alles, was mir Paul von dem
Capitain Wolffgang erzehlet hatte. Hauptsächlich
hatte ich angemerckt, daß derselbe ein vortrefflich
kluger und tapfferer See-Mann, anbey zuweilen zwar
sehr hitzig, doch aber bald wieder gelassen, gütich und
freygebig sey, wie er denn zum öfftern nicht allein
seine Freunde und Boots-Knechte, sondern auch andere gantz frembde mit seinen grösten Schaden und
Einbusse aus der Noth gerissen. Dem ohngeacht hät-

ten seine Untergebenen vor wenig Jahren unter Wegs
wider diesen ehrlichen Mann rebellirt, demselben bey
nächtlicher Weile Hände und Füsse gebunden, und
ihn bey einem wüsten Felsen ausgesetzt zurück gelassen. Doch hätte vor einigen Monathen das Glücke den
Capitain wieder gesund zurück geführet, und zwar mit
vielem Geld und Gütern versehen, auf was vor Art er
selbiges aber erworben, wuste Paul nicht zu sagen. Im
übrigen sey er ein Mann von mittler Statur, wohl gebildet und gewachsen, Teutscher Nation, etwas über
40. Jahr alt, und Lutherischer Religion.

Wie ich nun mit allem Fleiß dahin gestrebet, bevor
ich mich dem Capitain zu erkennen gäbe, erstlich bey
frembden Leuten sichere Kundschafft wegen seines
Zustandes, Wesens, Gemüths- und Lebens-Art einzuziehen, so konte mir diese Nachricht als [16] ein Confortativ meines ohne dem starcken Vertrauens nicht
anders als höchst angenehm seyn. Die Speisen und
Buteille Wein schmeckten mir unter diesen Gedancken
vortrefflich wohl, ich machte meinem auf der Post
ziemlich zerschüttelten Cörper nach der Mahlzeit
dennoch eine kleine Motion, hielt aber darauf ein
paar Stunden Mittags-Ruhe.

Gegen Abend ließ ich mich von meinem vorigen Begleiter, der seinen Rausch doch auch schon ausgeschlaffen hatte, abermahls ausführen, und zwar in
ein berühmtes reputirliches Coffeé-Hauß, wo sich unzählige Personen auf verschiedene Arten divertirten.
Ich meines Orts sahe mich nach Niemanden anders
als See-Officianten um, war auch so glücklich, einen
Tisch anzutreffen, welcher mit 6. Personen von dergleichen Schlage besetzt, unten aber noch Platz genung vor mich vorhanden war.

Ich nahm mir die Freyheit, mich nach gemachten höflichen Compliment mit meinem Coffeé-Potgen zu
ihnen zu setzen. Ihre gewöhnliche Freyheit verleitete

sie gar bald, mich, wiewohl in gantz leutseeligen ter-
minis, zu fragen: wer, und woher ich wäre? was meine
Verrichtungen allhier? Ob ich mich lange in Amsterdam aufzuhalten gedächte? wie es mir allhier gefiele?
u. d. gl. Ich beantwortete alle ihre Fragen nach meinem Gutachten, und zwar mit sittsamer Bescheidenheit, keines wegs aber mit einer Sclavischen Submis-
sion. Hiernächst drehten sie das Gespräch auf die
Beschaffenheit verschiedener Etaaten und Örter in
Teutschland, da ich ihnen denn auf Befragen, nach
meinem besten Wissen, hinlängliche Satisfaction gab.
Auch fielen sie auf die [17] unterschiedlichen Universitäten und Studenten, worbey ihnen ebenfalls zu satt-
samer Nachricht nichts schuldig blieb. Weßwegen der
Vornehmste unter ihnen zu mir sprach: Monsieur, ich
bekenne, daß ihr mir älter am Verstande als an Jahren vorkommt. Bey GOtt, ich halte viel von dergleichen jungen Leuten.
Ich mochte über diesen unverhofften Spruch etwas
roth werden, machte aber ein höflich Compliment,
und antwortete: Mein Herr! Sie belieben allzu vortheilhafftig von ihrem Diener zu sprechen, ich kan
freylich nicht läugnen: daß ich erstlich vor wenig
Wochen in mein 20stes Jahr getreten bin, und ohngeacht mich fast von meiner Kindheit an eiffrig auf
die studia gelegt, so weiß ich doch gar zu wohl, daß
mir noch allzuviel an Conduite und Wissenschafften
mangelt, welches ich aber mit der Zeit durch emsigen
Fleiß und den Umgang mit geschickten Leuten zu verbessern trachten werde.
Wo ihr Mittel habt, setzte ein anderer hinzu, wäre es
Schade um euch: wenn ihr nicht wenigstens noch 2.
oder 3. Jahr auf Universitäten zubrächtet, nach diesen
Gelegenheit suchtet, die vornehmsten Länder von
Europa durchzureisen. Denn eben durch das Reisen
erlernet man die Kunst, seine erlangte Wissenschafften

hier und dar glücklich anzubringen. Eben dieses, versetzte ich, ist mein propos, und ob gleich meine eigenen Mittel dabey nicht zulänglich seyn möchten, so habe doch das feste Vertrauen zu GOtt, daß er etwan hier oder dar gute Gönner erwecken werde, die mir mit gutem Rath und That, um meinen Zweck zu erreichen, an die [18] Hand gehen können. Ihr meritirt es sehr wohl, replicirte der erstere, und ich glaube, es wird euch hinführo selten daran mangeln. Hiermit wurde der Discours durch ein auf der Strasse entstandenes Lermen unterbrochen, welches sich jedoch bald wiederum stillete, die Herrn See-Officiers aber blieben eine kleine Weile gantz stille sitzen. Ich tranck meinen Coffeé auch in der Stille, und rauchte eine Pfeiffe Canaster-Toback, da aber merckte, daß einer von ihnen mich öffters sehr freundlich ansahe, nahm mir die Kühnheit, ihn zu fragen: Ob sich nicht allhier in Amsterdam ein gewisser Schiffs-Capitain, Nahmens Leonhard Wolffgang, aufhielte? Mir ist (antwortete er) dieser Nahme nicht bekandt. Wie? (fiel ihm derjenige, welchen ich vor den vornehmsten hielt, in die Rede) soltet ihr den berühmten Capitain Wolffgang nicht kennen? welches jener so wohl als die andern mit einem Kopf-Schütteln verneineten. Monsieur, (redete er zu mir) ist Wolffgang etwan euer Befreundter oder Bekandter? Mein Herr, (versetzte ich) keins von beyden, sondern ich habe nur unterweges auf der Post mit einem Passagier gesprochen, der sich vor einen Vetter von ihm ausgab, und darbey sehr viel merckwürdiges von seinen Avanturen erzehlete.

Messieurs, (fuhr also der ansehnliche See-Mann in seiner Rede fort) ich kan euch versichern, daß selbiger Capitain ein perfecter See-Officier, u. dabey recht starcker Avanturier ist, welcher aber doch sehr wenig Wesens von sich macht, und gar selten etwas von sei-

nen eigenen Begebenheiten erzehlet, es sey denn, daß
er bey ausserordentlich guter Laune anzu-[19]treffen.
Er ist ein special Freund von mir, ich kan mich aber
deßwegen doch nicht rühmen, viel von seinen Geheim-
nissen ausgeforscht zu haben. Bey was vor Gelegenheit
er zu seinem grossen Vermögen gekommen? kan ich
nicht sagen, denn ich habe ihn vor etliche 20. Jahren,
da er auf dem Schiffe, der Holländische Löwe ge-
nandt, annoch die Feder führete, als einen pauvre
diable gekennet, nach diesen hat er den Degen ergriffen, und sich durch seine bravoure zu dem Posten
eines Capitains geschwungen. Seine Conduite ist dermassen angenehm, daß sich jederman mit ihm in Gesellschafft zu seyn wünschet. Vor kurtzen hat er sich
ein vortrefflich neues Schiff, unter dem Nahmen, *der
getreue Paris*, ausgerüstet, mit welchen er eine neue
Tour auf die Barbarischen Küsten und Ost-Indien zu
thun gesonnen, und wie ich glaube, in wenig Tagen
abseegeln wird. Hat einer oder der andere Lust, ihn
vor seiner Abfahrt kennen zu lernen, der stelle sich
morgenden Vormittag auf dem Ost-Indischen Hause
ein, allwo ich nothwendiger Affairen halber mit ihm
zu sprechen habe, und Abrede nehmen werde, an welchem Orte wir uns Nachmittags divertiren können.
Hiermit stund der ansehnliche Herr von seiner Stelle
auf, um in sein Logis zu gehen, die andern folgten
ihm, ich aber blieb, nachdem ich von ihnen höflichen
Abschied genommen, noch eine Stunde sitzen, hatte
meine eigenen vergnügten Gedancken über das ange-
hörte Gespräch, und ging hernachmahls mit meinem
abermahls ziemlich berauschten Begleiter zurück in
mein Logis, allwo mich so gleich niederlegte, und viel
sanffter, als sonst gewöhnlich, ruhete.
[20] Folgenden Morgen begab mich in reinlicherer
Kleidung in die neue Lutherische Kirche, und nach
verrichteter Andacht spatzirte auf das Ost-Indische

Hauß zu, da nun im Begriff war, die Kostbarkeiten
desselben gantz erstaunend zu betrachten; hörete ich
seitwerts an einem etwas erhabenen Orte die Stimme
des gestern mir so ansehnlich gewesenen See-Officiers
zu einem andern folgendes reden: Mon Frere! sehet
dort einen wohl conduisirten jungen Teutschen stehen,
welcher nur vor wenig Tagen mit der Post von Leipzig gekommen, und gestrigen Abend in meiner Compagnie nach euch gefragt hat, weil er unterwegs einen
eurer Vettern gesprochen: Es wurde gleich hierauf
etliche mahl gepistet, so bald nun vermerckte, daß es
mich anginge, machte ich gegen die 2. neben einander
stehende Herren meinen Reverence, Sie danckten mir
sehr höflich, beuhrlaubten sich aber so gleich von
einander. Der Unbekandte kam augenblicklich auf
mich zu, machte mir ein sehr freundliches Compliment,
und sagte: Monsieur, wo ich mich nicht irre, werden
sie vielleicht den Capitain Wolffgang suchen? Mon
Patron, (antwortete ich) ich weiß nicht anders, und
bin dieserhalb von Leipzig nach Amsterdam gereiset.
Um Vergebung, (fragte er weiter) wie ist ihr Nahme?
(Meine Antwort war) Ich heisse Eberhard Julius. Den
Augenblick fiel er mir um den Halß, küssete mich auf
die Stirn, und sagte: Mein Sohn, an mir findet ihr
denjenigen, so ihr sucht, nemlich den Capitain Leonhard Wolffgang. GOtt sey gelobet, der meinen Brieff
und eure Person die rechten Wege geführet hat, doch
habt die Güte, eine kleine Stunde hier zu [21] verziehen, biß ich, nachdem ich meine wichtigen Geschäffte besorgt, wieder anhero komme, und euch ab-
ruffe. Ich versprach seinem Befehl zu gehorsamen, er
aber ging eilends fort, und kam, ehe noch eine Stunde
verstrichen, wieder zurück, nahm mich bey der Hand,
und sagte: So kommet denn, mein Sohn, und folget
mir in mein Logis, allwo ich euch ein solches Geheimniß entdecken werde, welches, je unglaublicher es an-

fänglich scheinen, desto kostbarer vor euch seyn wird.
Die verschiedenen Gemüths-Bewegungen, so bey dieser Zusammenkunfft in mir gantz wunderlich durch
einander gingen, hatten meinen Kopff dermassen verwirret, daß fast nicht mehr wuste, was ich antworten,
oder wie mich stellen wolte, doch unterwegens, da
der Capitain bald mit diesen, bald mit jenen Personen
etwas zu schaffen hatte, bekam ich Zeit, mich etwas
wieder in Ordnung zu bringen. So bald wir demnach
in seinem Logis eingetreten waren, umarmete er mich
aufs neue, und sagte: Seyd mir vielmahls willkommen,
allerwerthester Freund, und nehmet nicht ungütig,
wenn ich euch hinführo, Mein Sohn, nenne, weiln die
Zeit lehren soll, daß ich als ein Vater handeln, und
euch an einen solchen Ort führen werde, wo ihr den
Grund-Stein zu eurer zeitlichen Glückseeligkeit finden
könnet, welche, wie ich glaube, durch das Unglück
eures Vaters auf schwachen Fuß gesetzt worden. Jedoch, weil ich nicht gesonnen bin, vor eingenommener
Mittags-Mahlzeit von unsern importanten Affairen
ausführlich mit euch zu sprechen, so werdet ihr euch
belieben lassen, selbe bey mir einzunehmen, inzwischen aber, biß die Speisen zubereitet [22] sind, mir
eine kurtze Erzehlung von eurem Geschlechte und
eigner Auferziehung thun. Ich wegerte mich im geringsten nicht, seinem Verlangen ein Genügen zu leisten, und fassete zwar alles in möglichste Kürtze,
brachte aber dennoch länger als eine Stunde darmit
zu, war auch eben fertig, da die Speisen aufgetragen
wurden.
Nachdem wir beyderseits gesättiget, und aufgestanden
waren, befahl der Capitain, Toback und Pfeiffen her
zu geben, auch Coffeé zurechte zu machen, er aber
langete aus seinem Contoir einen dreymahl versiegel-
ten Brieff, und überreichte mir selben ohne einiges
Wortsprechen. Ich sahe nach der Überschrifft, und

fand dieselbe zu meiner grösten Verwunderung also gesetzt:

Dieser im Nahmen der heiligen Dreyfaltigkeit versiegelte Brieff soll von niemand anders gebrochen werden, als einem, der den Geschlechts-Nahmen Julius führet, von dem ao. 1633. unschuldig enthaupteten Stephano Julius NB. erweißlich abstammet, und aus keuschem Ehe-Bette gezeuget worden.

NB.
Der Fluch sehr alter Leute, die da GOtt fürchten, thut gottlosen und betrügerischen Leuten Schaden.

Dergleichen Titul und Überschrifft eines Briefes war Zeit meines Lebens nicht vor meine Augen kommen, doch weil ich ein gut gewissen hatte, konte mich gar bald in den Handel schicken. Der Capitain Wolffgang sahe mich starr an, ich aber machte eine freudige Mine, und sagte: Mon Pere, es fehlet [23] nichts als Dero gütige Erlaubniß, sonsten hätte ich die Macht und Freyheit, diesen Brieff zu erbrechen. Erbrechet denselben, antwortete er, im Nahmen der heil. Dreyfaltigkeit. Weiln er, versetzte ich, im Nahmen der heil. Dreyfaltigkeit geschrieben und versiegelt worden, und mein Gewissen von allen Betrügereyen rein ist, so will ich, doch nicht anders, als auf Dero Befehl, denselben auch im Nahmen der heil. Dreyfaltigkeit erbrechen. Mit Aussprechung dieser Worte lösete ich die Siegel, und fand den Innhalt also gesetzt:

Mein Enckel.

ANders kan und will ich euch nicht nennen, und wenn ihr gleich der mächtigste Fürst in Europa wäret, denn es fragte sich, ob mein glückseliger Character dem eurigen nicht vorzuziehen sey, indem ich ein solcher Souverain bin, dessen Unterthanen so viel Liebe als Furcht, und so viel Furcht als Liebe hegen, über dieses

an baaren Gelde und Jubelen einen solchen Schatz
aufzuweisen habe, als ein grosser Fürst seinen Etaat
zu formiren von nöthen hat. Doch was nützet mir das
Prahlen, ich lebe vergnügt, und will vergnügt sterben,
wenn nur erst das Glück erlebt, einen von denenjenigen, welche meinen Geschlechts-Nahmen führen, gesehen zu haben. Machet euch auf, und kommet zu
mir, ihr möget arm oder reich, krum oder lahm, alt
oder jung seyn, es gilt mir gleich viel, nur einen Julius
von Geschlechte, der Gottesfürchtig und ohne Betrug
ist, verlange ich zu umarmen, und ihm den grösten
Theil der mir und den [24] Meinigen unnützlichen
Schätze zuzuwenden. Dem Herrn Leonhard Wolffgang könnet ihr sicher trauen, weil er seine lincke
Hand auf meine alte Brust gelegt, die rechte aber
gegen GOtt dem Allmächtigen in die Höhe gereckt,
und mir also einen cörperlichen Eyd geschworen, diejenigen Forderungen, so ich an ihn gethan, nach Möglichkeit zu erfüllen. Er wird alles, was ich an euch zu
schreiben Bedencken trage, besser mündlich ausrichten, und eine ziemliche Beschreibung von meinem Zustande machen. Folget ihm in allen, was ich euch be-
fiehlet, seyd gesund, und kommet mit ihm bald zu
mir. Dat. Felsenburg, den 29. Sept. Anno Christi 1724.
Meiner Regierung im 78. und meines Alters im
97. Jahre.

                              (L. S.)   Albertus Julius.

Ich überlaß den Brieff wohl 5. biß 6. mahl, konte mir
aber dennoch in meinen Gedancken keinen völligen
und richtigen Begriff von der gantzen Sache machen,
welches der Capitain Wolffgang leichtlich merckte,
und derowegen zu mir sprach: Mein Sohn! alles euer
Nachsinnen wird vergebens seyn, ehe ihr die auflösung dieses Rätzels von mir, in Erzählung der wunderbaren Geschicht eures Vettern, Albert Julius, ver-

nehmet, setzet euch demnach nieder und höret mir zu.

Hiermit fing er an, eine, meines Erachtens, der wunderbarsten Begebenheiten von der Welt zu erzehlen, die ich dem geneigten Leser, als die Haupt-[25]Sache dieses Buchs am gehörigen Orthe ordentlicher und vollständiger vorlegen werde. Voritzo aber will nur melden, daß da der Capitain über zwey Stunden damit zugebracht, und mich in erstaunendes Vergnügen gesetzt hatte; ich mich auf eine recht sonderlich verpflichtete Art gegen ihn bedanckte, in allen Stücken seiner gütigen Vorsorge empfahl, anbey allen kindlichen und schuldigen Gehorsam zu leisten versprach.

Nachdem aber fest gestellet war, mit ihm zu Schiffe zu gehen, ließ er meine Sachen aus dem Gasthofe abholen, und behielt mich bey sich in seinem eigenen Logis, er bezeugte eine gantz besondere Freude über einige schrifftl. Documenta und andere Dinge, welche Zeugniß gaben, daß ich und meine Vorfahren, in richtigen graden von dem Stephano Julio herstammeten, weil derselbe meines Großvaters Großvater, Johann Balthasar Julius aber, als meines leiblichen Vaters Großvater, der anno 1630. gebohren, ein leiblicher Bruder des Alberti Julii, und jüngster Sohn des Stephani gewesen.

Unsere Abfarth blieb auf den 27. Jun. fest gestellet, binnen welcher Zeit ich 200. Stück deutsche, 100. Stück Englische Bibeln, 400. Gesang- und Gebeth- nebst vielen andern, so wohl geistl. als weltlichen höchst nützlichen Büchern, alle sauber gebunden, kauffen, und zum mitnehmen einpacken muste, über dieses muste noch vor etliche 1000. Thlr. allerhand so wohl künstliche als gemeine Instrumenta, vielerley Hauß-Rath, etliche Ballen weiß Pappier, Dinten Pulver, Federn, Bleystiffte, nebst mancherley Kleinigkeiten erhandeln, welches [26] alles, worzu es gebraucht worden, am gehörigen Orthe melden will.

Mein werther Capitain Wolffgang merckte, daß ich nicht gerne müßig gieng, überließ mir demnach alle Sorgfalt über diejenigen Puncte, so er nach und nach, wie sie ihm beygefallen waren, auf ein Papier verzeichnet hatte, und zeigte sich die wenigen Stunden, so ihm seine wichtigen Verrichtungen zu Hause zu seyn erlaubten, meines verspürten Fleisses und Ordnung wegen, sehr vergnügt.

Am 24. Jun. gleich am Tage Johannis des Täuffers, ließ sich, da wir eben Mittags zu Tische sassen, ein fremder Mensch bey dem Capitain melden, dieser gieng hinaus denselben abzufertigen, kam aber sogleich wieder zurück ins Zimmer, brachte eine ansehnliche Person in Priester habite an der Hand hinein geführet, und nöthigte denselben sich bey uns zu Tische zu setzen. Kaum hatte ich den frembden Priester recht ins Gesicht gesehen, als ich ihn vor meinen ehemahligen Informator, Herrn Ernst Gottlieb Schmeltzern erkannte, umarmete, und zu verschiedenen mahlen küssete, denn er hatte von meinem zehenten biß ins 14te Jahr, ungemein wohl an mir gethan, und mich hertzlich geliebet.

Als er mich gleichfals völlig erkannt und geküsset, gab er seine Verwunderung, mich allhier anzutreffen, mit Worten zu verstehen. Ich that, ohne ihm zu antworten, einen Blick auf den Capitain, und nahm wahr, daß ihm über unser hertzliches Bewillkommen, die Augen voll Freuden-Thränen stunden. Er sagte: setzet euch, meine lieben, und speiset, denn wir hernach noch Zeit genung haben mit einander zu sprechen.

[27] Dem ohngeacht, konte ich die Zeit nicht erwarten, sondern fragte bald darauff meinen lieben Herrn Schmeltzer, ob er bey denen Lutheranern allhier in Amsterdam seine Beförderung gefunden? Er antwor-

tete mit einigem Lächeln: Nein. Der Capitain aber
sagte: Mein Sohn, dieser Herr soll auf dem Schiffe,
unser, nach diesem an gehörigem Orthe, auch eurer
Vettern und Muhmen, Seelsorger seyn. Ich habe die
Hofnung von ihm, daß er nächst Göttl. Hülffe daselbst mehr Wunder thun, und sein Ammt fruchtbar-
licher verrichten werde, als sonsten unter 100. Lutherischen Predigern kaum einer. Und in der That hatte
ihn der Capitain in ordentliche Bestallung genommen,
auf seine Kosten behörig zum Priester weyhen lassen,
und in Amsterdam bey uns einzutreffen befohlen,
welchem allen er denn auch aufs genauste nachgekom-
men war.

Indem aber nunmehro fast alles, was der Capitain
entworffen, in behörige Ordnung gebracht war,
wandte derselbe die 2. letztern Tage weiter sonderlich
zu nichts an, als seinen guten Freunden die Abschieds-
Visiten zu geben, worbey Herr Schmeltzer und ich
ihn mehrentheils begleiteten, am 27ten Jun. 1725.
aber, verliessen wir unter dem stärcksten Vertrauen
auf den Beystand des Allmächtigen, die Weltberühm-
te Stadt Amsterdam, und kamen den 30. dito auf dem
Texel an, allwo wir 14. Tage verweileten, den 15. Jul.
unter Begleitung vieler andern Schiffe unter Seegel
giengen, und von einem favorablen Winde nach Wunsche fort getrieben wurden. Nach Mitternacht [28]
wurde derselbe etwas stärcker, welches zwar niemand
von See-Erfahrnen groß achten wolte, jedoch mir,
der ich schon ein paar Stündgen geschlummert hatte,
kam es schon als einer der grösten Stürme vor, weßwegen alle meine Courage von mir weichen wolte,
jedoch da ich nicht gesonnen, selbige fahren zu lassen,
entfuhr mir folgende Tage nach einander, s. v. alles,
was in meinen Magen und Gedärmen vorhanden war.
Dem Herrn Schmeltzer und vielen andern, so ebenfalls das erste mal auf die See kamen, ging es zwar

eben nicht anders, allein mir dennoch am allerübelsten, weil ich nicht eher ausser dem Bette dauren konte, biß wir den Canal völlig passiret waren, dahingegen die andern sich in wenig Tagen wieder gesund und frisch befunden hatten.

Meinem Capitain war im rechten Ernste bange worden, bey meiner so lange anhaltenden Kranckheit, und indem er mir beständig sein hertzliches Mittleyden spüren ließ, durffte es an nichts, was zu meinem Besten gereichte, ermangeln; biß meine Gesundheit wiederum völlig hergestellet war, da ich denn sonsten nichts bedaurete, als daß mich nicht im Stande befunden hatte, von den Frantzösischen und Englischen Küsten, im vorbey fahren etwas in nahen Augenschein zu nehmen.

Nunmehro sahe nichts um mich, als Wasser Himmel und unser Schiff, von den zurück gelegten Ländern aber, nur eine dunckele Schattirung, doch hatte kurtz darauff das besondere Vergnügen: bey schönem hellen Wetter, die Küsten von Portugall der Länge nach, zu betrachten.

[29] Eines Tages, da der Capitain, der Schiff-Lieutenant Horn, Johann Ferdinand Kramer, ein gar geschickter Chirurgus von 28. biß 29. Jahren, Friedrich Litzberg, ein artiger Mensch von etwa 28. Jahren, der sich vor einen Mathematicum ausgab, und ich, an einem bequemlichen Orthe beysammen sassen, und von diesen und jenen discourirten, sagte der Lieutenant Horn zu dem Capitain: Mein Herr, ich glaube sie könten uns allerseits kein grösseres Vergnügen machen, als wenn sie sich gefallen liessen, einige, ihnen auf dero vielen Reisen gehabte Avanturen zu erzehlen, welche gewiß nicht anders, als sonderbar seyn können, mich wenigstens würden sie damit sehr obligiren, woferne es anders, seiten ihrer, ohne Verdruß geschehen kan.

Der Capitain gab lächelnd zur Antwort: Sie bitten mich um etwas, mein Herr, das ich selbsten an Sie würde gebracht haben, weiln ich gewisser Ursachen wegen schon 2. biß drey Tage darzu disponirt gewesen, will mir also ein geneigtes Gehör von ihnen ausgebethen haben, und meine Erzählung gleich anfangen, so bald Mons. Plager und Harckert unsere Gesellschafft verstärckt haben. Litzberg, welchem so wohl, als mir, Zeit und Weile lang wurde, etwas erzehlen zu hören, lieff stracks fort, beyde zu ruffen, deren der erste ein Uhrmacher etliche 30. Jahr alt, der andere ein Posamentirer von etwa 23. Jahren, und beydes Leute sehr feines Ansehens waren. Kaum hatten sich dieselben eingestellet da sich der Capitain zwischen uns einsetzte, und die Erzehlung seiner Geschichte folgendermassen anfing.

[30] Ich bin kein Mann aus vornehmen Geschlechte, sondern eines Posamentiers oder Bortenwürckers Sohn, aus einer mittelmäßigen Stadt, in der Marck Brandenburg, mein Vater hatte zu seinem nicht allzu überflüßigen Vermögen, 8. lebendige Kinder, nemlich 3. Töchter und 5. Söhne, unter welchen ich der jüngste, ihm auch, weil er schon ziemlich bey Jahren, der liebste war. Meine 4. Brüder lerneten, nach ihren Belieben, Handwercke, ich aber, weil ich eine besondere Liebe zu den Büchern zeigte, wurde fleißig zur Schule und privat-Information gehalten, und brachte es so weit, daß in meinem 19. Jahre auf die Universität nach Franckfurth an der Oder ziehen konte. Ich wolte Jura, muste aber, auf expressen Befehl meines Vaters, Medicinam, studiren, ohne zweiffel weil nicht mehr als 2. allbereit sehr alte Medici, oder deutlicher zu sagen, privilegirte Liferanten des Todes in unserer Stadt waren, die vielleicht ein mehreres an den Verstorbenen, als glücklich curirten Patienten verdient

haben mochten. Einem solchen dachte mich nun etwa
mein Vater mit guter manier und zwar per genitivum
zu substituiren, weiln er eine eintzige Tochter hatte,
welche die allerschönste unter den häßlichsten Jung-
fern, salvo errore calculi, war, und der die dentes
sapientiae, oder deutsch zu sagen, die letzten Zähne
nur allererst schon vor 12. biß 16. Jahren gewachsen
waren.

Ich machte gute progressen in meinen studiren, weiln
alle Quartale nur 30. Thlr. zu verthun bekam, also
wenig debauchen machen durffte, sondern fein zu
Hause bleiben, und fleißig seyn muste.

[31] Doch mein Zustand auf Universitäten wolte sich
zu verbessern mine machen, denn da ich nach andert-
halbjährigen Abseyn, die Pfingst-Ferien bey meinen
Eltern celebrirte, fand ich Gelegenheit, bey meinem,
zu hoffen habenden Hrn. Schwieger-Vater, mich dermassen zu insinuiren, daß er als ein Mann, der in der
Stadt etwas zu sprechen hatte, ein jährliches stipen-
dium von 60. Thlr. vor mich heraus brachte, welche
ich nebst meinen Väterlichen 30. Thlr. auf einem Brete
bezahlt, in Empfang nahm, und mit viel freudigern
Hertzen wieder nach Franckfurth eilete, als vor wenig
Wochen davon abgereiset war.

Nunmehro meinete ich keine Noth zu leyden, führete
mich demnach auch einmal als ein rechtschaffener
Pursch auf, und gab einen Schmauß vor 12. biß 16.
meiner besten Freunde, wurde hierauff von ein und
andern wieder zum Schmause invitirt, und lernete
recht pursicos leben, das ist, fressen, sauffen, speyen,
schreyen, wetzen und dergleichen.

Aber! Aber! meine Schmauserey bekam mir wie dem
Hunde das Graß, denn als ich einsmals des Nachts
ziemlich besoffen nach Hause ging, und zugleich mein
Müthlein, mit dem Degen in der Faust, an den unschuldigen Steinen kühlete, kam mir ohnversehens ein

eingebildeter Eisenfresser mit den tröstlichen Worten
auf den Hals: Bärenheuter steh! Ich weiß nicht was
ich nüchterner Weise gethan hätte, wenn ich Gelegenheit gesehen, mit guter manier zu entwischen, so aber
hatte ich mit dem vielen getrunckenen Weine doppelte
Courage, eingeschlungen, setzte mich also, weil mir
der Paß zur [32] Flucht ohnedem verhauen war, in
positur, gegen meinen Feind offensive zu agiren, und
legte denselben, nach kurtzen chargiren, mit einem
fatalen Stosse zu Boden. Er rieff mit schwacher Stimme: Bärenhäuter, du hast dich gehalten als ein resoluter Kerl, mir aber kostet es das Leben, GOTT sey
meiner armen Seele gnädig.

Im Augenblicke schien ich gantz wieder nüchtern zu
seyn, ruffte auch niemanden, der mich nach Hause
begleiten solte, sondern schlich viel hurtiger davon,
als der Fuchs vom Hüner Hause. Dennoch war es, ich
weiß nicht quo fato, heraus gekommen, daß ich der
Thäter sey; es wurde auch starck nach mir gefragt
und gesucht, doch meine besten Freunde hatten mich,
nebst allen meinen Sachen, dermassen künstlich versteckt, daß mich in 8. Tagen niemand finden, vielweniger glauben konte, daß ich noch in loco vorhanden sey. Nach verfluß solcher ängstlichen 8. Tage,
wurde ich eben so künstlich zum Thore hinaus practiciret, ein anderer guter Freund kam mit einem Wagen
hinter drein, nahm mich unterweges, dem Scheine
nach, aus Barmhertzigkeit, zu sich auf den Wagen,
und brachte meinen zitterenden Cörper glücklich über
die Grentze, an einen solchen Orth, wo ich weiter
sonderlich nichts wegen des Nachsetzens zu befürchten hatte. Doch allzu sicher durffte ich eben auch
nicht trauen, derowegen practicirte mich durch allerhand Umwege, endlich nach Wunsche, in die an der
Ost-See gelegene Königl. Schwed. Universität Grypswalda, allwo ich in gantz guter Ruhe hätte leben kön-

nen, wenn mir nur mein unruhiges Gewissen dieselbe
vergön-[33]net hätte, denn ausser dem, daß ich die
schwere Blut-Schuld auf der Seele hatte, so kam noch
die betrübte Nachricht darzu, daß mein Vater, so
bald er diesen Streich erfahren, vom Schlage gerühret
worden, und wenig Stunden darauff gestorben sey.
Meinen Theil der Erbschafft hatten die Gerichten con-
fiscirt, doch schickten mir meine Geschwister aus commiseration, jedes 10. Thlr. von dem ihrigen, und baten
mich um GOTTES willen, so weit in die Welt hinein
zu gehen als ich könte, damit sie nicht etwa eine noch
betrübtere Zeitung, von Abschlagung meines Kopffs
bekommen möchten.

Ich hatte, nach verlauf fast eines halben Jahres, ohnedem keine Lust mehr in Grypswalde zu bleiben, weiln
mir nicht so wohl hinlängliche subsidia als eine wahre
Gemüths-Ruhe fehleten, entschloß mich demnach selbige auf der unruhigen See zu suchen, und deßfals zu
Schiffe zu gehen. Dieses mein Vorhaben entdeckte ich
einem Studioso Theologiae, der mein sehr guter Freund
und Sohn eines starcken Handels-Mannes in Lübeck
war, selbiger recommendirte mich an seinen Vater,
der eben zugegen, und seinen Sohn besuchte, der
Kauffmann stellete mich auf die Probe, da er nun
merckte, daß ich im schreiben und rechnen sauber und
expedit, auch sonsten einen ziemlich verschlagenen
Kopff hatte, versprach er mir jährlich 100. Thlr. Silber-Müntze, beständige defrayirung so wohl zu Hause
als auf Reisen, und bey gutem Verhalten, dann und
wann ein extraordinaires ansehnliches Accidens.

[34] Diese schöne Gelegenheit ergriff ich mit beyden
Händen, reisete mit ihm nach Hause, und insinuirte
mich durch unermüdeten Fleiß dermassen bey ihm,
daß er in kurtzer Zeit ein starckes Vertrauen auf
meine Conduite setzte, und mich mit den wichtigsten
Commissionen in diejenigen See-Städte versendete, wo
er seinen vornehmsten Verkehr hatte.

Nachdem ich 2. Jahr bey ihm in Diensten gestanden, wurde mir, da ich nach Amsterdam verschickt war, daselbst eine weit profitablere Condition angetragen, ich acceptirte dieselbe, reisete aber erstlich wieder nach Lübeck, forderte von meinem Patron gantz höfflich den Abschied, welcher ungern daran wolte, im Gegentheil mir jährlich mein salarium um 50. Thlr. zu verbessern versprach, allein ich hatte mir einmal die Farth nach Ost-Indien in den Kopff gesetzt, und solche war gar nicht heraus zu bringen. So bald ich demnach meinen ehrlichen Abschied nebst 50. Thlr. Geschencke über den Lohn von meinem Patron erhalten, nahm ich von denselben ein recht zärtliches Valet, wobey er mich bath, ihm bey meiner Retour, ich möchte glücklich oder unglücklich gewesen seyn, wieder zuzusprechen, und reisete in GOTTES Nahmen nach Amsterdam, allwo ich auf dem Schiffe, der Holländische Löwe genannt, meinen Gedancken nach, den kostbarsten Dienst bekam, weiln jährlich auf 600. Holländische Gulden Besoldung sichern Etaat machen konte.

Mein Vermögen, welches ich ohne meines vorigen Patrons Schaden zusammen gescharret, belieff [35] sich auf 800. Holländ. fl. selbiges legte meistens an lauter solche Waaren, womit man sich auf der Reise nach Ost-Indien öffters 10. biß 20. fachen profit machen kan, fing also an ein rechter, wiewol annoch gantz kleiner, Kauffmann zu werden.

Immittelst führte ich mich so wol auf dem Schiffe, als auch an andern Orten, dermassen sparsam und heimlich auf, daß ein jeder glauben muste: ich hätte nicht 10. fl. in meinem gantzen Leben, an meiner Hertzhafftigkeit und freyen Wesen aber hatte niemand das geringste auszusetzen; weil ich mir von keinem, er mochte seyn wer er wolte, auf dem Munde trommeln ließ. Auf dem Cap de bonne esperence, allwo wir ge-

nöthiget waren, etliche Wochen zu verweilen, hatte
ich eine verzweiffelte Rencontre, und zwar durch folgende Veranlassung: Ich ging eines Tages von dem
Cap zum Zeitvertreib etwas tieffer ins Land hinein,
um mit meiner mitgenommenen Flinte ein anständiges
stückgen Wildpret zu schiessen, und gerieth von ohngefähr an ein, nach dasiger Arth gantz zierlich erbautes Lust-Hauß, so mit feinen Gärten und Weinbergen
umgeben war, es schien mir würdig genung zu seyn,
solches von aussen rings herum zu betrachten, gelangete also an eine halb offenstehende kleine Garten-
Thür, trat hinnein und sahe ein gewiß recht schön gebildet, und wohl gekleydetes Frauenzimmer, nach dem
klange einer kleinen Trommel, die ein anderes Frauenzimmer ziemlich Tact-mäßig spielete, recht zierlich
tantzen.
Ich merckte daß sie meiner gewahr wurde, jedennoch
ließ sie sich gar nicht stöhren, sondern tantzte [36]
noch eine gute Zeit fort, endlich aber, da sie aufgehöret und einer alten Frauen etwas ins Ohr gesagt hatte;
kam die letztere auf mich zu, und sagte auf ziemlich
gut Holländisch: Wohl mein Herr! ihr habt ohne ge-
bethene Erlaubniß euch die Freyheit genommen, meiner gnädigen Frauen im Tantze zuzusehen, derowegen
verlangt sie zu wissen, wer ihr seyd, nächst dem, daß
ihr deroselben den Tantz bezahlen sollet. Liebe Mutter, gab ich zur Antwort, vermeldet eurer gnädigen
Frauen meinen unterthänigsten Respect, nächst dem,
daß ich ein Unter-Officier von dem hier am Cap liegenden Holländischen Schiffen sey, und das Vergnügen, so mir dieselbe mit ihrem zierlichen tantzen erweckt, hertzlich gerne bezahlen will, wenn nur die
Forderung mein Vermögen nicht übersteiget.
Die Alte hatte ihren Rapport kaum abgestattet als sie
mir, auf Befehl der Täntzerin näher zu kommen,
winckte. Ich gehorsamte, und muste mit in eine dick

belaubte Hütte von Wein-Reben eintreten, auch sogleich bey der gnädigen Frau Täntzerin Platz nehmen. Der nicht weniger recht wohlgebildete Tambour, so zum Tantze aufgetrummelt hatte, führte sich von selbsten ab, war also niemand bey uns als die alte Frau, in deren Gegenwart mich die gnädige Täntzerin mit der allerfreundlichsten mine auf geradebrecht Holländisch anredete, und bath, ich möchte die Gnade haben und ihr selbsten erzehlen, wer? woher? was ich sey? und wohin ich zu reisen gedächte, ich beantwortete alles, so wie es mir in die Gedancken kam, weil ich wohl wuste, daß ihr ein wahrhafftes Bekänntniß eben so viel gelten [37] konte, als ein erdachtes. Sie redete hierauf etwas weniges mit der Alten, in einer mir unbekandten Sprache, welche etliche mal mit dem Kopffe nickte und zur Hütte hinaus gieng. Kaum hatte selbige uns den Rücken zugekehret, da die Dame mich sogleich bey der Hand nahm und sagte: Mein Herr, die jungen Europäer sind schöne Leute, und ihr sonderlich seyd sehr schön. Madame, gab ich zur Antwort, es Beliebt euch mit euren Sclaven zu schertzen, denn ich weiß daß aus meinen Ansehen nichts sonderliches zu machen ist. Ja ja, war ihre Gegenrede, ihr seyd in Wahrheit sehr schön, ich wünschte im Ernste, daß ihr mein Sclave wäret, ihr soltet gewiß keine schlimme Sache bey mir haben. Aber, fuhr sie fort, sagt mir, wie es kömmt, daß auf diesem Cap lauter alte, übel gebildete, und keine schönen jungen Europäer bleiben? Madame, versetzte ich, wenn nur auf diesem Cap noch mehr so schönes Frauenzimmer wie ihr seyd, anzutreffen wäre, so kan ich euch versichern, daß auch viel junge Europäer hier bleiben würden. Was? fragte sie, saget ihr, daß ich schöne sey, und euch gefalle? Ich müste, war meine Antwort: keine gesunde Augen und Verstand haben, wenn ich nicht gestünde, daß mir eure Schön-

heit recht im Hertzen wohl gefällt. Wie kan ich dieses
glauben? replicirte sie, ihr sagt, daß ich schöne sey,
euch im Hertzen wohl gefalle, und küsset mich nicht
einmal? da ihr doch alleine bey mir seyd, und euch
vor niemand zu fürchten habt. Ihre artige lispelende
wiewol unvollkommene Holländis. Sprache kam mir
so lieblich, der Innhalt der Rede aber, nebst denen
charmanten Minen, dermassen entzü-[38]ckend vor,
daß an statt der Antwort mir die Kühnheit nahm,
einen feurigen Kuß auf ihre Purpurrothen und zierlich aufgeworffenen Lippen zu drücken, an statt dieses zu verwehren, bezahlete sie meinen Kuß, mit 10.
biß 12. andern, weil ich nun nichts schuldig bleiben
wolte, wechselten wir eine gute Zeit mit einander ab,
biß endlich beyde Mäuler gantz ermüdet auf einander
liegen blieben, worbey sie mich so hefftig an die
Brust drückte, daß mir fast der Athem hätte vergehen
mögen. Endlich ließ sie mich loß, und sahe sich um,
ob uns etwa die Alte belauschen möchte, da aber niemand vorhanden war, ergriff sie meine Hand, legte
dieselbe auf die, wegen des tieff ausgeschnittenen
habits, über halb entblösseten Brüste, welche, durch
das hefftige auf- und niedersteigen, die Gluth des verliebten Hertzens abzukühlen suchten, deren Flammen
sich in den kohlpechschwartzen schönen Augen zeigten. Das Küssen wurde aufs neue wiederholet, und ich
glaube, daß ich dieses mal gantz gewiß über daß 6te
Gebot hingestürtzt wäre, so aber war es vor diesesmal
nur gestolpert, weil sich noch zum guten Glücke die
Alte von ferne mit Husten hören ließ, dahero wir uns
eiligst von einander trenneten, und so bescheiden da
sassen, als ob wir kein Wasser betrübet hätten.
Die Alte brachte in einem Korbe 2. Bouteillen delicaten Wein, eine Bouteille Limonade, und verschiedene
Früchte und Confituren, worzu ich mich gar nicht
lange nöthigen ließ, sondern so wohl als die Dame,

welche mir nun noch 1000. mal schöner vorkam, mit
grösten Appetit davon genoß. So lange die Alte zugegen war, redeten wir von gantz [39] indiffirenten
Sachen, da sie sich aber nur noch auf ein sehr kurtzes
entfernete, um eine gewisse Frucht von der andern
Seite des Gartens herzuholen, gab mir die Dame mit
untermengten feurigen Küssen zu vernehmen: Ich solte
mir Morgen, ohngefähr zwey Stunden früher als ich
heute gekommen, ein Gewerbe machen, wiederum an
dieser Stelle bey ihr zu erscheinen, da sie mir denn
eine gewisse Nacht bestimmen wolte, in welcher wir
ohne Furcht gantz alleine beysammen bleiben könten.
Weiln mir nun die Alte zu geschwinde auf den Halß
kam, muste die Antwort schuldig bleiben, doch da es
mich Zeit zu seyn dünckte Abschied zu nehmen, sagte
ich noch: Madame, ihr werdet mir das Glück vergönnen, daß Morgen Nachmittags meine Auffwartung
noch einmal bey euch machen, und vor das heut genossene gütige Tractament einige geringe Raritäten
aus Europa praesentiren darff. Mein Herr, gab sie zur
Antwort, eure Visite soll mir lieb seyn, aber die Raritäten werde nicht anders annehmen, als vor baare
Bezahlung. Reiset wohl, GOTT sey mit euch.
Hiermit machte ich ein nochmahliges Compliment,
und gieng meiner Wege, die Alte begleitete mich fast
auf eine halbe Stunde lang, von welcher ich unter
weges erfuhr, daß diese Dame eine gebohrne Princeßin
aus der Insul Java wäre. Der auf dem Cap unter dem
Holländischen Gouverneur in Diensten stehende Ad-
jutant, Nahmens Signor Canengo, ein Italiäner von
Geburth, hätte sich bereits in ihrem 12ten Jahre in sie
verliebt, da ihn ein Sturm gezwungen, in Java die
außbesserung seines [40] Schiffs abzuwarten. Er habe
die zu ihr tragende hefftige Liebe nicht vergessen
können, derowegen Gelegenheit gesucht und gefunden,
sie vor 2. Jahren im 17den Jahre ihres Alters, auf

gantz listige Arth von den ihrigen zu entführen, und
auf das Cap zu bringen. Das Lust-Hauß, worinnen
ich sie angetroffen, gehöre, nebst den meisten herum
liegenden Weinbergen und Gärten, ihm zu, allwo sie
sich die meiste Zeit des Jahres aufhalten müste, weiln
er diese seine liebste Maitresse nicht gern von andern
Manns-Personen sehen liesse, und selbige sonderlich
verborgen hielte, wenn frembde Europäische Schiffe
in dem Cap vor Ancker lägen. Er weiß zwar wohl,
setzte die Alte letzlich hinzu, daß sie ihm, ohngeachtet
er schon ein Herr von 60. Jahren ist, dennoch allein
getreu und beständig ist, jedoch, zu allem Überfluß,
hat er mich zur Aufseherin über ihre Ehre bestellet,
allein ich habe es heute vor eine Sünde erkannt, wenn
man dem armen Kinde allen Umgang mit andern
frembden Menschen abschneiden wolte, derowegen
habe ich euch, weil ich weiß, daß mein Herr vor
Nachts nicht zu Hause kömmt, diesen Mittag zu ihr
geführet. Ihr könnet auch morgen um selbige Zeit
wieder kommen, aber das sage ich, wo ihr verliebt in
sie seyd, so lasset euch nur auf einmal alle Hoffnung
vergehen, denn sie ist die Keuschheit selber, und würde
eher sterben als sich von einer frembden Manns-Person
nur ein eintzig mal küssen lassen, da doch dieses bey
andern ein geringes ist. Inzwischen seyd versichert,
daß, wo ihr meiner Gebietherin etwas rares aus
Europa mitbringen werdet, sie euch den Werth desselben mit [41] baaren Gelde doppelt bezahlen wird,
weil sie dessen genung besitzet.
Ich sahe unter währenden Reden der lieben Alten beständig ins Gesichte, da aber gemerckt, daß dieselbe
im rechten einfältigen Ernste redete, wird ein jeder
muthmassen, was ich dabey gedacht habe, doch meine
Antwort war diese: Liebe Mutter, glaubt mir sicherlich, daß sich mein Gemüthe um Liebes-Sachen wenig,
oder soll ich recht reden, gar nichts bekümmert, ich

habe Respect vor diese Dame, bloß wegen ihres ungemeinen Verstandes und grosser Höfflichkeit, im übrigen verlange ich nichts, als, vor das heutige gütige
Tractament, deroselben morgen ein kleines Andencken
zu hinterlassen, und zum Abschiede ihre Hand zu
küssen, denn ich glaube schwerlich, daß ich sie und
euch mein lebtage wieder sehen werde, weil wir vielleicht in wenig Tagen von hier abseegeln werden.
Unter diesen meinen Reden drückte ich der Alten
3. neue Spanische Creutz-Thaler in die Hand, weil sie,
wie ich sagte, sich heute meinetwegen so viel Wege
gemacht hätte. So verblendet sie aber von dem hellen
glantz dieses Silbers stehen blieb, so hurtig machte ich
mich nach genommenen Abschiede von dannen, und
langete, nach Zurücklegung zweyer kleinen teutschen
Meilen, glücklich wieder in meinem Logis an.
Ich muste, nachdem ich mich in mein apartement begeben, über die heute gespielte Comoedie hertzlich
lachen, kan aber nicht läugnen, daß ich in die wunder-
schöne brunette unbändig verliebt war, denn ich traff
bey derselben seltene Schönheit, Klugheit, Ein-[42]falt
und Liebe, in so artiger Vermischung an, dergleichen
ich noch von keinem Frauenzimmer auf der Welt
erfahren. Derowegen wolten mir alle Stunden zu Jahren werden, ehe ich mich wieder auf den Weg zu ihr
machen konte. Folgenden Morgen stund ich sehr früh
auf, öffnete meinen Kasten, und nahm allerhand
Sachen heraus, als: 2. kleine, und 1. mittelmäßigen
Spiegel, von der neusten façon. 1. Sonnen-Fechel mit
güldner Quaste. 1. Zinnerne Schnupff-Tobacks Dose,
in Gestalt einer Taschen-Uhr. 2. Gesteck saubere
Frauenzimmer-Messer. 3erley artige Scheeren, 20.
Elen Seyden-Band, von 4erley coleur, allerhand von
Helffenbein gedresseltes Frauenzimmer-Geräthe, nebst
Spiel- und andern Kinder-Sachen, deren mich voritzo
nicht mehr erinnern kan.

Alle diese Waare packte ich ordentlich zusammen, begab mich nach Anweisung meiner Taschen-Uhr, die ich ihr aber zu zeigen nicht willens hatte, 2. Stunden vor dem Mittage auf die Reise, und gelangete ohne Hinderniß bey dem Lust-Hause meiner Prinzeßin an. Die drey Spanischen Thlr. hatten die gute Alte so dienstfertig gemacht: daß sie mir über 100. Schritte vor der Garten-Thür entgegen kam, mich bey der Hand fassete, und sagte: Willkommen lieber Herr Landsmann, (sie war aber eine Holländerin, und ich ein Brandenburger) ach eilet doch, meine Gebietherin hat schon über eine halbe Stunde auf euren versprochenen Zuspruch gehoffet, und so gar das Tantzen heute bleiben lassen. Ich schenckte ihr 2. grosse gedruckte Leinwand-Halßtücher, 2. paar Strümpffe, ein Messer, einen Löffel [43] und andere bagatelle, worüber sie vor Freuden fast rasend werden wolte, doch auf mein Zureden, mich eiligst zu ihrer Frau führete.
Dieselbe saß in der Laub-Hütte, und hatte sich nach ihrer Tracht recht propre geputzt, ich muß auch gestehen, daß sie mich in solchen Aufzuge ungemein charmirte. Die Alte ging fort, ich wolte meine 7. Sachen auspacken, da aber meine Schöne sagte, es hätte hiermit noch etwas Zeit, nahm ich ihre Hand, und küssete dieselbe. Doch dieses schiene ihr zu verdriessen, weßwegen ich sie in meine Arme schloß, und mehr als 100. mahl küssete, wodurch sie wieder völlig aufgeräumt wurde. Ich versuchte dergleichen Kost auch auf ihren, wiewohl harten, jedoch auch zarten Brüsten, da denn nicht viel fehlete, daß sie vor Entzückung in eine würckliche Ohnmacht gesuncken wäre, doch ich merckte es bey Zeiten, und brachte ihre zerstreuten Geister wieder in behörige Ordnung, und zwar kaum vor der Ankunfft unserer Alten, welche noch weit köstlichere Erfrischungen brachte als gestern.

Wir genossen dieselben mit Lust, immittelst legte ich
meinen Krahm aus, über dessen Seltenheit meine Prinzeßin fast erstaunete. Sie konte sich kaum satt sehen,
und kaum satt erfragen, worzu dieses und jenes dienete; da ich ihr aber eines jeden Nutzen und Gebrauch
gewiesen, zehlete sie mir 50. Holländische spec. Ducaten auf den Tisch, welche ich, solte sie mir anders nicht
zornig werden, mit aller Gewalt in meine Tasche
stecken muste. Die Alte bekam eine Commission,
etwas aus ihren Zimmer zu langen, und war kaum
fort, da meine Schöne noch einen [44] Beutel mit
100. Ducaten, nebst einem kostbaren Ringe mit diesen
Worten an mich lieferte: Nehmet hin, mein Aug-
Apffel, dieses kleine Andencken, und liebet mich, so
werdet ihr vor eurer Abreise von mir noch ein 'weit
mehreres erhalten. Ich mochte mich wegern wie ich
wolte, es halff nichts, sondern ich muste, ihren Zorn
zu vermeiden, das Geschenck in meine Verwahrung
nehmen. Sie zeigte sich dieserhalb höchst vergnügt,
machte mir alle ersinnliche Caressen, und sprach mit
einem verliebten Seuffzer: Saget mir doch, mein Liebster! wo es herkommt, daß eure Person und Liebe in
mir ein solches entzückendes Vergnügen erwecket? Ja
ich schwere bey dem heiligen Glauben der Christen
und der Tommi, daß meine Seele noch keinen solchen
Zucker geschmecket. Ich versicherte sie vollkommen,
daß es mit mir gleiche Bewandtniß hätte, welches sich
denn auch würcklich also befand. Inzwischen weil mir
das Wort Tommi in den Ohren hangen geblieben war,
fragte ich gantz treuhertzig, was sie darunter verstünde? und erfuhr, daß selbiges eine gewisse Secte
sey, worzu sich die Javaner bekenneten, und sich dabey weit höher und heiliger achteten, als andere Ma-
hometaner; mit welchen sie doch sonsten, was die
Haupt-Sätze der Lehre anbelangete, ziemlich einig
wären. Ich stutzte in etwas, da in Betrachtung zog,

wie ich allem Ansehen nach mit einer Heydin cour-
toisirte, doch die hefftige Liebe, so allbereit meine
Sinnen bezaubert hatte, konte den kleinen Funcken
des Religion-Scrupels gar leicht auslöschen, zumahlen
da durch ferneres Forschen erfuhr: daß sie ungemeine
Lust zu dem Christlichen [45] Glauben hegte, auch
sich hertzlich gern gründlich darinnen unterweisen
und tauffen lassen wolte; allein ihr Liebhaber der
Signor Canengo verzögerte dieses von einer Zeit zur
andern, hätte auch binnen einem Jahre fast gar nicht
mehr daran gedacht, ohngeacht es anfänglich sein
ernstlicher Vorsatz gewesen, er auch deßfalls viele
Mühe angewendet. Nechst diesen klagte sie über
ihres Liebhabers wunderliche Conduite, sonderlich
aber über seine zwar willigen, doch ohnmächtigen
Liebes-Dienste, und wünschte aus einfältigen treuem
Hertzen, daß ich bey ihr an seiner Stelle seyn möchte.
So bald ich meine Brunette aus diesem Thone reden
hörete, war ich gleich bereit, derselben meine so wohl
willigen als kräfftigen Bedienungen anzutragen, und
vermeynete gleich stante pede meinen erwünschten,
wiewohl straffbarn Zweck zu erlangen, jedoch die
Heydin war in diesem Stücke noch tugendhaffter als
ich, indem sie sich scheute, dergleichen auf eine so liederliche Art, und an einem solchen Orte, wo es fast so
gut als unter freyen Himmel war, vorzunehmen, immittelst führeten wir beyderseits starcke Handgreiff-
liche Discurse, wobey ich vollends so hitzig verliebt
wurde, daß bey nahe resolvirt war, nach und nach
Gewalt zu brauchen, alleine, die nicht weniger erhitzte Brunette wuste mich dennoch mit so artigen
Liebkosungen zu bändigen, daß ich endlich Raison annahm; weil sie mir theuer versprach, morgende Nacht
in ihrem Schlaff-Gemache alles dasjenige, was ich
jetzo verlangete, auf eine weit angenehmere und
sicherere Arth zu vergönnen. Denn, wie sie vernom-

men, würde ihr Amant selbige Nacht nicht [46] nach
Hause kommen, sondern bey dem Gouverneur bleiben, übrigens wüste sie alle Anstalten schon so zu
machen, daß unser Vergnügen auf keinerley Weise
gestöhret werden solte, ich dürffte mich demnach nur
mit andringender Demmerung getrost vor der Thür
ihres Lust-Hauses einfinden.

Kaum waren wir mit dieser Verabredung fertig, als
uns die Zurückkunfft der Alten eine andere Stellung
anzunehmen nöthigte, es wurde auch das Gespräch
auf unser Europäisches Frauenzimmer gekehret, deren
Manier zu leben, Moden und andere Beschreibungen
die Dame mit besonderer Aufmercksamkeit anhörete,
zumahlen, da die Alte mit ihren Darzwischen-Reden
dieses und jenes bekräfftigte, oder wohl noch ver-
grösserte. Immittelst hatten wir uns in solchen andächtigen Gesprächen dermassen vertiefft, daß an gar
nichts anders gedacht wurde, erschracken also desto
hefftiger, als der Signor Canengo gantz unvermuthet
zur Laub-Hütte, und zwar mit funckelenden Augen
eintrat. Er sagte anfänglich kein Wort, gab aber der
armen Alten eine dermassen tüchtige Ohrfeige, daß sie
zur Thür hinaus flog, und sich etliche mahl über-
purtzelte. Meine schöne Brunette legte sich zu meiner
grösten Gemüths-Kränckung vor diesen alten Maul-
Esel auf die Erde, und kroch ihm mit niedergeschla-
genem Gesichte als ein Hund entgegen. Doch er war
so complaisant, sie aufzuheben und zu küssen. Endlich
kam die Reyhe an mich, er fragte mit einer imperieusen Mine: Wer mich hieher gebracht, und was ich
allhier zu suchen hätte? Signor, gab ich zur Antwort,
Niemand anders, als das Glücke hat mich [47] von
ohngefehr hieher geführet, indem ich ausgegangen,
ein und andere curieuse Europäische Waaren an den
Mann zu bringen. Und etwa, setzte er selbst hinzu,
andern ihre Maitressen zu verführen? Ich gab ihm

mit einer negligenten Mine zur Antwort: daß dieses
eben meine Sache nicht sey. Demnach fragte er die
Dame, ob sie die auf dem Tische annoch ausgelegten
Waaren schon bezahlt hätte? Und da diese mit Nein
geantwortet, griff er in seine Tasche, legte mir 6. Ducaten auf den Tisch, und zwar mit diesen Worten:
Nehmet diese doppelte Bezahlung, und packet euch
zum Teuffel, lasset euch auch nimmermehr bey dieser
Dame wieder antreffen, wo euch anders euer Leben
lieb ist. Signor, replicirte ich, es ist mir wenig an solchen Bagatell-Gelde gelegen, euch zu zeigen, daß ich
kein Lumpenhund bin, will ich diese Sachen der Dame
geschenckt haben, euch aber bitte ich, mich etwas
höflicher zu tractiren, wo ich nicht gleiches mit glei-
chem vergelten soll. Er sahe mich trefflich über die
Achsel an, die Koller aber lieff Fingers dicke auf, er
legte die Hand an den Degen, und stieß die hefftigsten
Schimpff-Worte gegen mich aus. Meine Courage
kriegte hierbey die Sporen, wir zohen fast zu gleicher
Zeit vom Leder, und tummelten uns vor der Hütte
weidlich mit einander herum, doch mit dem Unter-
schiede, daß ich ihm mit einem kräfftigen Hiebe den
rechten Arm lähmete, und deren noch zweye auf dem
Schedel versetzte. Ich that einen Blick nach der Dame,
welche in Ohnmacht gesuncken war, da ich aber vermerckte, daß Canengo sich absentirte, und in Hotten-
tottischer Sprache vielleicht Hülffe schrye, [48] nahm
ich meine im Grase verdeckt liegende Flinte, warff
noch ein paar Lauff-Kugeln hinein, und eilete durch
eine gemachte Öffnung der Pallisaden, womit der
Garten umsetzt war, des Weges nach meinem Quartiere zu.
Anfangs lieff ich ziemlich hurtig, hernachmahls aber
that meine ordentlichen Schritte, wurde aber gar bald
inne: daß mich 2. Hottentotten, die so geschwinde als
Windspiele lauffen konten, verfolgten, der vorderste

war kaum so nahe kommen, daß er sich seiner angebohrnen Geschicklichkeit gegen mich gebrauchen
konte, als er mit seiner Zagaye, welches ein mit Eisen
beschlagener vorn sehr spitziger Wurff-Spieß ist, nach
mir schoß, zu grossen Glück aber, indem ich eine hurtige Wendung machte, nur allein meine Rock-Falten
durchwarff. Weil der Spieß in meinen Kleidern hangen blieb, mochte er glauben, mich getroffen zu haben,
blieb derowegen so wohl als ich stille stehen, und sahe
sich nach seinen Cameraden um, welcher mit eben
dergleichen Gewehr herzu eilete. Doch da allbereit
wuste, wie accurat diese Unfläther treffen können,
wolte dessen Annäherung nicht erwarten, sondern gab
Feuer, und traff beyde in einer Lienie so glücklich,
daß sie zu Boden fielen, und wunderliche Kolleraturen auf dem Erdboden machten. Ich gab meiner
Flinte eine frische Ladung, und sahe gantz von weiten
noch zwey kommen. Ohne Noth Stand zu halten,
wäre ein grosser Frevel gewesen, derowegen verfolgte,
unter sehr öfftern Zurücksehen, den Weg nach meinem Quartiere, gelangete auch, ohne fernern unglücklichen Zufall, eine Stunde vor Abends [49] daselbst
an. Ohne Zweiffel hatten meine zwey letztern Verfolger, bey dem traurigen Verhängnisse ihrer Vor-
läuffer, einen Eckel geschöpfft, mir weiter nachzu-
eilen.

So bald ich in meinem Quartiere, das ist, in einer
derer Hütten, welche nicht weit vom Cap, zur Bequemlichkeit der See-Fahrenden errichtet sind, arrivi-
ret war, kleidete ich mich aus, und gieng in meiner
Commoditeé spatzieren, setzte mich am Ufer des Caffarischen Meeres zwischen etliche dick-belaubte Sträucher, machte meine heut erworbene Gold-Bourse auf,
und hatte mein besonderes Vergnügen, die schönen
gelben Pfennige zu betrachten, indem mir aber die
Liebe zu meiner charmanten Brunette darbey in die

Gedancken kam, sprach ich: Ach du liebes Geld! wie
viel schöner wärest du, wenn ich dich nur mit ruhigen
Hertzen besässe. Ich machte meinen Beutel, nachdem
ich das Geld hinein, den saubern Ring aber an meinen
Finger gesteckt hatte, wieder zu, stützte den Kopff
mit beyden Händen, und sonne nach: ob ich meiner
hefftigen Liebe ferner nachhängen, und Mittel, selbige
völlig zu vergnügen, suchen, oder wegen der damit
verknüpfften grausamen Gefährlichkeiten gantz und
gar davon abstrahiren wolte.

Es wolte schon anfangen Nacht zu werden, da ich
mich aus meinen tieffen Gedancken zwar in etwas
ermuntert, jedoch deßwegen noch gar keinen richtigen
Schluß gefasset hatte, stund aber auf, um in meinem
Logis die Ruhe zu suchen. Ich hatte selbiges noch
lange nicht einmahl erreicht, da ein Officier mit
6. Mann von der Guarnison gegen mich ka-[50]men,
und meine Personalität mit Gewalt in die Festung
einführeten. Die gantze Nacht hindurch hatte ich eine
eigene Schildwacht neben mir sitzen, welche auf
meine allergeringsten Movements Achtung gab, und
niemanden, weder mit mir zu sprechen, oder an mich
zu kommen, erlaubte.

Wer solte nicht vermeinen, daß ich um der mit dem
Adjutanten und den Hottentotten gehabten Händel
halber in Arrest kommen wäre, ich zum wenigsten
hatte mich dessen in meinem Hertzen völlig über-
redet, jedoch an der Haupt-Ursache weit gefehlet.
Denn, kurtz zu sagen, folgenden Morgens, in aller
frühe, ließ mich unser Schiffs-Capitain zu sich bringen, und that mir, jedoch ohne jemands Beyseyn, folgende Proposition: Mein lieber Monsieur Wolffgang!
Ich weiß, daß ihr ein armer Teuffel seyd, derowegen
mag euch die Begierde, reich zu werden, verleitet
haben, einen Diebstahl zu begehen. Glaubet mir, daß
ich etwas von euch halte, indem ich mehr als zu viel

Commiseration und Liebe vor euch hege, allein, seyd
nur auch aufrichtig, und stellet mir den Beutel mit
den 100. Ducaten, so dem William van Raac verwichene Nacht entwendet worden, mit freymüthiger
Bekändtniß, in meine sichern Hände, ich schwöre bey
GOtt, die Sache auf eine listige Art zu vermänteln,
und euch völlig bey Ehren zu erhalten, weil es Schade
um eure Jugend und Geschicklichkeit ist.
Ich hätte wegen hefftiger Alteration über diese Reden
den Augenblick in Ohnmacht sincken mögen. Mein
Gewissen war rein, indem ich mit [51] Wahrheit sagen
kan, daß Zeit Lebens vor keinem Laster mehr Abscheu
gehabt, als vor der schändlichen Dieberey, dergleichen
Verdacht aber ging meiner Seelen gar zu nahe. So
bald mich nun von meiner Verwirrung, die der Capitain vor eine gewisse Marque meines bösen Gewissens
hielt, einiger massen erholt hatte, war ich bemühet,
denselben meiner Unschuld mit den kräfftigsten Betheurungen zu versichern, wie ich denn auch würcklich nichts davon gehöret oder gesehen hatte, daß dem
William van Raac, der ein Kauffmann und unser
Reise-Compagnon war, Geld gestohlen sey. Allein der
Capitain schiene sich über meine Entschuldigungen zu
erzürnen, und sagte: Ich hätte nicht vermeinet, Wolffgang, daß ihr gegen mich so verstockt seyn soltet, da
euch doch nicht allein euer gantzes Wesen, sondern
auch euer selbst eigener Mund zur Gnüge verrathen
hat. Sagt mir, ob ihr läugnen könnet: daß ihr gestern
am Meer-Ufer in der Einsamkeit das, dem van Raac
gestohlene, Geld überzehlet, und diese nachdencklichen Worte darbey gebraucht habt: Ach du liebes
Geld! wie viel schöner wärest du, wenn ich dich nur
mit ruhigen Hertzen besitzen könte. Mein Herr, gab
ich zur Antwort, ich ruffe nochmahls GOtt und das
gantze himmlische Heer zu Zeugen an, daß mir dieser
Diebstahl unrechtmäßiger Weise Schuld gegeben wird,

dasjenige aber, was ihr mir itzo zuletzt vorgehalten
habt, befindet sich also, ich habe einen Beutel mit
150. spec. Ducaten bey mir, und gebe denselben zu
eurer sichern Verwahrung, biß meine Unschuld wegen
des Diebstahls ans Licht ge-[52]kommen. Seyd aber
so gütig, eine besondere Avanture von mir anzuhören,
und mich eures kräfftigen Schutzes geniessen zu lassen.

Hiermit überreichte ich ihm den Beutel mit 150. Ducaten, und erzehlte sodann nach der Länge, was ich,
als ein junger Amadis Ritter, seit 3en Tagen vor besondere Zufälle gehabt hatte, welches er alles mit
ziemlicher Verwunderung anhörete, und letzlich sagte:
Ich muß gestehen, daß dieses ein verwirrter Handel
ist, und sonderlich wird mir die Affaire wegen des
blessirten Adjutanten und der erschossenen Hottentotten gantz gewiß Verdruß machen, doch verspreche
ich euch wegen des letztern meinen Schutz, allein was
den William van Raac anbelanget, so braucht dieses
eine fernere Untersuchung, weßwegen ich euch so
wenig als noch andere deßwegen arrestirte drey Personen in Freyheit setzen kan.

Ich war, und muste auch damit zu frieden seyn, inzwischen verdroß mich die schändliche und so schlecht
gegründete Diebstahls-Beschuldigung weit grausamer,
als die andere Affaire, jedoch zu meinem grösten Vergnügen lieff gegen Mittag die Zeitung ein, daß William van Raac seinen Beutel mit den 100. Ducaten an
einem solchen Orte, wo er ihn in Gedancken selbst hin
versteckt hatte, wieder gefunden, und dennoch solches
gern verschwiegen hätte, wenn ihn nicht andere dabey
ertappt, und sein Gewissen geschärfft hätten. Demnach musten Raac, ich und die 3. andern, Nachmittags bey dem Hauptmann erscheinen, welcher die
Sache beylegen wolte, weil die 3. Mitbeschuldigten
[53] dem William van Raac den Todt geschworen

hatten, es wurde auch glücklich verglichen, denn Raac erboth sich, einem jeden von uns 10. Spanische Thlr. vor den Schimpff zu geben, nächst dem seine Über-eilung kniend abzubitten, welches er auch so gleich in Gegenwart des Capitains bewerckstelligte, doch ich vor meine Person wolte meine Großmuth sehen lassen, und gab ihm seine 10. Thlr. wieder zurück, ließ ihm auch seine Abbitte bey mir nicht kniend, sondern stehend verrichten.

Da also dieser verdrüßliche Handel zu allerseits ziem-lichen Vergnügen geschlichtet war, und wir uns in Freyheit von dem Capitain hinweg begeben wolten, nöthigte mich derselbe, noch etwas bey ihm zu blei-ben, bat mit den allerhöflichsten Worten um Verzei-hung, daß er auf Angeben eines wunderlichen Men-schen fast gezwungen worden, mich solchergestalt zu prostituiren, und versprach mir, in Zukunfft desto grössere und stärckere Marquen seines Estims zu geben, weil er bey dieser Affaire meiner (wie ihm zu reden beliebte) vortrefflichen Conduite erstlich voll-kommen überzeugt worden. Er gab mir anbey mit einem freundlichen Lächeln den Beutel, worinnen sich meine 150. Ducaten befanden, wieder zurück, nebst der Nachricht, wie zwar der Gouverneur schon Wis-senschafft von einer mit dem Adjutanten vorgefalle-nen Rencontre erhalten, auch daß die 2. Hottentotten fast tödtlich blessirt wären, der Thäter sey ihm aber annoch unbekandt, und müste man nun erstlich er-warten, was weiter passiren würde. Inzwischen gab er mir den getreuen Rath, alle meine [54] Sachen nach und nach heimlich in sein des Capitains Logis zu schaffen, auch mich selbst bey ihm verborgen aufzu-halten, biß man fernere Mittel erfände, der zu be-fürchten habenden Gefahr zu entkommen.

Es wurde noch selbigen Tages, des redlichen Capitains Muthmassungen gemäß, nicht ein geringes Lermen

wegen dieser Affaire, man hatte mich als den Thäter
dermassen accurat beschrieben, daß niemand zweiffelte, Monsieur Wolffgang sey derjenige, welcher den
Signor Canengo, als er von ihm bey seiner Maitresse
erwischt worden, zu schanden gehauen, zweyen Hottentotten tödtliche Pillen eingegeben, und welchen der
Gouverneur zur exemplarischen Bestraffung per force
ausgeliefert haben wolte.
Jedoch der redliche Capitain vermittelte die Sache
dergestalt glücklich, daß wir einige Tage hernach
ohne die geringste Hinderniß von dem Cap abseegeln,
und unsere Strasse nach Ost-Indien fortsetzen konten.
Ich weiß gantz gewiß, daß er dem Gouverneur meiner Freyheit und Sicherheit wegen ein ansehnliches
Praesent gemacht, allein, er hat gegen mich niemahls
etwas davon gedacht, vielweniger mir einen Stüver
Unkosten abgefordert, im Gegentheil, wie ich ferner
erzehlen werde, jederzeit die gröste Consideration vor
mich gehabt.
Inzwischen führete mir die auf dem Cap gehabte
Avanture zu Gemüthe, was vor Gefährlichkeiten und
üble Suiten daraus entstehen können, wenn man sich
durch eine geile Liebes-Brunst auf verbotene Wege
treiben lässet. Meine bräunlich-[55]schöne Prinzeßin
klebte mir zwar noch ziemlich am Hertzen, da ich sie
aber auf der andern Seite als eine Heydin und Hure
eines alten Adjutanten betrachtete, verging mir, zugleich mit Wiedererlangung meines gesunden Verstandes, auf einmahl der Appetit nach solcher falschen
Müntze, doch stund ich noch lange nicht in dem gradu
der Heiligkeit, daß ich mein bey ihr erworbenes Geld
den Armen ausgetheilet hätte, sondern verwahrete es
zum Gebrauch, und wünschete ihr davor viel Vergnügen, bedaurete auch zum öfftern der schönen Brunette
feine Gestalt, wunderliche fata, und sonderlich das zu
mir getragene gute Gemüthe.

William van Raac mochte, nachdem er mich recht
kennen lernen, etwas an mir gefunden haben, das ihm
gefiele; weßwegen er sich öffters bey mir aufhielt,
und seinen Zeitvertreib in ein und andern politischen
Gesprächen suchte, auch bey Gelegenheit mit besonders guter Manier allerhand Raritäten verehrte. Ich
revangirte mich zwar mit diesen und jenen nicht weniger artigen Sachen, verspürete aber doch, daß er
nicht eher ruhete, biß er wieder so viel bey mir angebracht, das den Werth des Meinigen vielfältig über-
stieg.

Ein gewisser Sergeant auf dem Schiffe, Nahmens
David Böckling, mit welchem William vorhero starcke
Freundschafft gehalten, seit meinem Arrest aber sehr
mit ihm zerfallen war, sahe unser öfftere Beysam-
mensitzen mit größtem Verdrusse an, brauchte auch
allerhand Räncke, uns zusammen zu hetzen, weil er
ein sehr wüster Kopff und eben derjenige war, welcher mich am Meer-[56]Ufer, da ich meine Ducaten
gezehlet, und oberwehnte Worte gesprochen, beschli-
chen und verrathen hatte, wie mir van Raac nunmehro solches alles offenhertzig gestund. Doch alle
seine angestiffteten Boßheiten waren nicht vermögend
unsere Freundschafft zu trennen, sondern es schien als
ob dieselbe hierdurch immer mehr befestiget würde,
ich aber hatte mir fest vorgesetzt dem Sergeanten bey
erster bequemer Gelegenheit den Kopff zu waschen,
doch ich ward dieser Mühe überhoben, weil er, da wir
uns eine Zeitlang in Batavia auf der Insul Java aufhalten musten, daselbst von einem andern erstochen,
und ich von dem Capitain an dessen Stelle als Sergeant
gesetzt wurde.

Weiln ich solchergestalt doppelte Gage zoge, konte
schon Etaat machen, in wenig Jahren ein ziemlich
Capital zu sammlen. Nechst dem so marchandirte
zwar so fleißig, doch nicht so schelmisch als ein Jude,

und erwarb damit binnen 3. Jahren, ein feines Vermögen. Denn so lange waren wir auf dieser meiner
ersten Reise unterweges. Sonsten begegnete mir dabey
nichts eben sehr ungewöhnliches, weßwegen auch, um
Weitläufftigkeit zu vermeiden, davon weiter nichts
gedencken will, als daß wir auf dem rückwege, um
die Gegend der Canarischen Insuln, von zweyen Saleeischen Raub-Schiffen attaquiret wurden. Das Gefechte war ungemein hitzig, und stunden wir in
gröster Gefahr nebst unserer Freyheit, alles Guth, wo
nicht gar das Leben zu verlieren. Endlich wendete sich
das Blat, nachdem wir den grimmigsten Widerstand
gethan, so, daß sie zwar die Flucht, aber dabey unsere
reich beladene [57] Barque mitnehmen wolten; Allein
da wir ihre Absicht zeitig merckten, und allbereit in
Avantage sassen, ward nicht allein ihre Arbeit und
Vorhaben zunichte gemacht, sondern das beste Schiff,
mit allen dem, was darauff war, erobert.
Wenn mein naturell so beschaffen wäre, daß ich mich
selbst gern lobte, oder loben hörete, könte bey dieser
Gelegenheit schon etwas vorbringen, das einen oder
den andern überreden solte: ich wäre ein gantz besonderer tapfferer Mann, allein ich versichere, daß ich
niemals mehr gethan als ein rechtschaffener Soldat,
dessen Ehre, Leben und Freyheit, nebst allen bey sich
habenden Vermögen, auf der Spitze stehet, bey dergleichen Affairen zu thun schuldig ist.
Jedoch man kan unter dem praetext dieser Schuldig-
keit, auch der guten Sache zuweilen zu viel oder zu
wenig thun, mein Beyspiel zum wenigsten, kan andern
eine vernünfftige Behutsamkeit erwecken; denn als
wir uns an dasjenige Raub-Schiff, welches wir auch
nach diesen glückl. eroberten angehengt, und bloß
noch mit dem Degen in der Faust wider einander
agirten, hatte sich ein eintziger Räuber, auf seinem
in letzten Zügen liegenden Schiffe, einen eigenen

Kampff-Platz erwehlet, indem er, durch etliche gegen-
und übereinander gesetzte Kasten, seinen Rücken frey
machen lassen, und mit seiner Mord-Sense dergestalt
hausete, daß alle von unsern Schiffe überspringenden
Leute, entweder todt niederfallen, oder sich starck
blessirt reteriren musten.

Ich war unter dem Capitain mit etwa 12. Mann
[58] von den Unserigen auf dem vordertheil des
feindl. Schiffs beschäfftiget, rechtschaffen Posto zu
fassen, merckte aber, daß wir mehr Arbeit fanden, als
wir bestreiten konten, indem der eintzige Satan unsern
succurs recht übermenschlich abzuhalten schien, derowegen drang als ein Blitz durch die Feinde hindurch
nahm meinen Vortheil ohngefehr in Obacht, und vermeynte sogleich meinen Pallasch in seinen Gedärmen
umzuwenden; allein der Mord-Bube war überall
starck geharrnischt und gepantzert, dahero ich nach
abgeglitschten Stosse, mich selbst in der grösten Lebens-Gefahr sahe, doch fassete ihn in dieser Angst von
ohngefehr in das weit aufgesperrete Maul, riß die rasende Furie zu Boden, suchte am Unter-Leibe eine
öffnung, und stieß derselben meinen Pallasch so tieff
in den Rantzen hinein als ich konte.

Kaum war dieses geschehen, als nach einander etliche
20. und immer mehr von den Unserigen in das Feindl.
Schiff gesprungen kamen, mich secundirten, und noch
vor völlig erhaltenen Siege, Victoria! schryen. Doch es
vergieng nicht eine halbe Stunde, so konten wir dieses
Freuden-Wort mit Recht, und in vollkommener
Sicherheit ausruffen, weil wir überhaupt Meister vom
Schiffe, und die annoch lebenden Feinde, unsere Sclaven waren. Ich vor meine Person hatte zur ersten
Beute einen ziemlichen Hieb über den Kopff, einen
über die lincke Schulter, und einen Piquen-Stich in
die rechte Hüffte bekommen, darzu hatte der irraisonable Flegel, dem ich doch aus besondern Staats-

Ursachen, ins Maul zu greiffen, die Ehre gethan, mir
die [59] vordersten Gelencke zweyer Finger lincker
Hand, zum Zeitvertreibe abgebissen, und da dieselben,
wie man siehet, noch biß dato fehlen, ich dieselben
auch auf der Wahlstatt nirgends finden können; so
kan nicht anders glauben, als daß er sie par hazard
verschlungen habe.

Ich konte ihm endlich diese theuer genug bezahlte
zwey Bissen noch so ziemlich gönnen, und war nur
froh, daß an meinen zeithero gesammleten Schätzen
nichts fehlete, über dieses wurde ich noch mit dem
grösten Ruhm und Ehren fast überhäufft, weiln nicht
nur der Capitain, sondern auch die meisten andern
Mitarbeiter und Erfechter dieses Sieges, mir, wegen
des eintzigen gewagten Streichs, den besten Preiß zu
erkandten. Mein Gemüthe wäre der überflüßigen
Lobes-Erhebungen gern entübriget gewesen, und hätte
an dessen statt viel lieber eine geschwinde Linderung
der schmertzenden Leibes-Wunden angenommen, weil
ich, als ein auf beyden Seiten blessirter, kaum auf
dem Rücken liegend, ein wenig rasten konte, doch ein
geschickter Chirurgus, und meine gute Natur brachten
es, nächst Göttl. Hülffe, so weit, daß ich in wenig
Tagen wiederum auf dem obern Schiffs-Boden herum
zu spatzieren vermögend war. Der Capitain, so mir
gleich bey meiner ersten Ausflucht entgegen kam, und
mich so munter sahe, sagte mit lachen: Monsieur
Wolffgang, ich gratulire zum außgange, und versichere, daß nichts als der Degen an eurer Seite fehlet,
uns zu überreden, daß ihr kein Patient mehr seyd.
Monseigneur, gab ich gleichfalls lächelnd zur Antwort, wenn es nur daran fehlet, so will ich [60] denselben gleich holen? Bemühet euch nicht, versetzte er,
ich will davor sorgen. Hiermit gab er seinem Diener
Befehl, einen Degen vor mich zu langen, dieser brachte
einen proppen silbernen Degen, nebst dem Gehencke,

und ich muste denselben, meinen Gedancken nach zum Spaß, umgürten. So bald dieses geschehen, befahl er das Schiffs-Volck zusammen zu ruffen, und da selbiges in seiner gehörigen Ordnung war, sagte er: Monsieur Wolffgang! ihr wisset so wohl als alle Gegenwärtigen, daß in letzterer Action unsere beyden Lieutenants geblieben sind, derowegen will euch, en regard eures letzthin erwiesenen Helden-Muths, hiermit als Premieur-Schiffs-Lieutenant vorgestellet haben, jedoch biß auf confirmation unserer Obern, als wovor ich guarantire. Inzwischen weil ich weiß, daß niemand von Gegenwärtigen etwas hierwider einzuwenden haben wird, will auch der erste seyn, der euch zu dieser neuen Charge gratuliret. Hiermit reichte er mir die Hand, ich aber wuste anfänglich nicht wie mir geschahe, doch da ich vermerckte, daß es Ernst war, machte ich das gebräuchliche Gegen-Compliment, und ließ mir immerhin belieben Lieutenant zu seyn.

Kurtz drauff gelangten wir, nebst unserer gemachten Prise, glücklich wieder in Amsterdam an. Ich bekam nicht allein die Confirmation meiner Charge, sondern über dieses einen unverhofften starcken Recompens, ausser meiner zu fordern habenden doppelten Gage, die mir theils die Feder, theils der Degen verschafft hatte. Die, aus meinen mitgebrachten Waaren, gelöseten Gelder, [61] schlug ich darzu, that die helffte davon, als ein Capital, in Banco, die andere helffte aber wandte zu meinem Unterhalt an, nächst diesen, die Equippage auf eine frische Schiffarth anzuschaffen.

Biß hierher war der Capitain Wolffgang damals in seiner Erzehlung kommen, als er, wegen einbrechender Nacht, vor dieses mal abbrach, und versprach, uns bey erster guten Gelegenheit den übrigen Rest seiner Avanturen wissend zu machen. Es suchte derowegen ein jeder von uns seine gewöhnliche Ruhe-Stelle, hatten aber dieselbe kaum 3. Stunden gedrückt, als, wegen eines sich erhebenden Sturmes, alle ermuntert wurden, damit wir uns gegen einen solchen ungestümen Stöhrer unserer Ruhe in behörige positur setzen könten. Wir verliessen uns zwar auf die besondere Stärcke und Festigkeit des getreuen Paridis, als welchen Nahmen unser Schiff führete; da aber das grausame wüten des Windes, und die einmal in Raserey gebrachten Wellen, nachdem sie nunmehro 2. Nacht und 2. Tage ohne einzuhalten getobet, auch noch keinen Stillstand machen wolten, im Gegentheil, mit hereinbrechender 3ten Nacht, ihre Wuth vervielfältigten, liessen wir die Hoffnung zu unserer Lebensrettung gäntzlich sincken, bekümmerten uns fast gar nicht mehr, um welche Gegend wir wären, und erwarteten, theils mit zitterenden, theils mit gelassenen Hertzen, die erschreckliche Zerscheiterung des Schiffs, und das mehrentheils damit sehr genau verknüpffte jämmerliche Ende unseres Lebens. Allein die Erhaltungs-Krafft des Himmels zeigte sich weit kräfftiger, als die Krafft des Windes, und der [62] berstenden Wolcken, denn unser Schiff muste nicht allein ohne besondern Haupt-Schaden bleiben, sondern auch zu unserer grösten Verwunderung wieder auf die rechte Strasse geführet werden, ohngeacht es Wind und Wellen bald hier bald dorthin verschlagen hatten; denn etwa 2. Stunden nach Mitternacht legte sich das grausame Brausen, die dicken Wolcken zertheilten sich, und bey anbrechenden schönen hellen Tage machten die Boots-Leute ein Freuden-Geschrey, aus Ursachen; weil sie den Pico so unverhofft erblickten, und wir uns gantz nahe an der Insul Teneriffa befanden. Vor meine Person wuste nicht, ob ich mehr Freude oder Erstaunung hegte, da mir diese ungeheure Machine in die Augen fiel. Der biß in den Himmel reichende entsetzliche Berg schien oben herum gantz weiß, weiln er Sommers und Winters hindurch mit Schnee bedeckt ist, man konte den aus seinem Gipffel steigenden Dampff gantz eigentlich observiren, und ich konte mich an diesem hochmüthigen Gegenstande meiner Augen die gantze Zeit nicht satt sehen, biß wir gegen Abend an die Insul anfuhren, um so lange daselbst auszuruhen, biß die zerrissenen und beschädigten Sachen unsers Schiffs wieder ausgebessert wären.

Ich fand ein besonderes Vergnügen: die raritäten auf dieser Insul zu betrachten, sonderlich aber den Pico, an dessen Fuß eine Arth von Bäumen stund, deren Holtz in keinem Wasser verfaulen soll. Jedoch die Spitze des Berges mit zu erklettern, und dessen Rauch-Loch, so Kaldera genennet wird, in Augenschein zu nehmen, konte mich niemand bere-[63]den, ohngeachtet es annoch die schönste Jahrs-Zeit dazu seyn mochte. Entweder war ich nicht so sehr neugierig, als Cajus Plinius Secundus beym Vesuvio gewesen, oder hatte nicht Lust mich dergleichen fatalitäten, wie er gehabt, zu exponiren, oder war nicht Willens eine Historiam naturalem aus eigener Erfahrung zu schreiben. Kurtz, ich war hierbey entweder zu faul, zu furchtsam, oder zu nachläßig.

Hergegen kan ich nicht läugnen, daß ich mir bey dem Capitain den Canari-Sect vortrefflich gut schmecken ließ, welcher mir auch besser bekam, als andern der Schwefel-Dampf auf dem Pico bekommen war, wir nahmen eine gute quantität dieses berühmten Getränckes, nebst vielem Zucker und andern delicatessen von dieser Insul mit, und fuhren den 12. Septembr. recht vergnügt auf das Cabo Verde zu.

Es war um selbige Zeit ungemein stille See und schönes Wetter, weßwegen der Capitain Wolffgang auf unser hefftiges Ansuchen sich gefallen ließ, seine Geschichts-Erzehlung folgender massen zu continuiren.

Wo mir recht ist, Messieurs, fieng er an, so habe letztens gemeldet, wie ich mich in Stand gesetzt, eine neue Reise anzutreten, allein weil die Herrn General Etaaten seit kurtzen mit Franckreich und Spanien in würcklichen Krieg verwickelt waren, kriegten alle Sachen eine gantz andere Gestalt, ich hielt mich zwar beständig an meinen Wohlthäter, nemlich an denjenigen Capitain, der mich biß hieher glücklich gemacht hatte, konte aber die Ursache sei-[64]nes Zauderns so wenig, als sein künfftiges Vornehmen errathen. Doch endlich brach er loß, und eröffnete mir, daß er treffliche Pasporte erhalten, gegen alle Feinde der Republique, als ein Frey-Beuter zu agiren, weßwegen er sich auch allbereit, durch Zuschuß anderer Wagehälse, ein extraordinair schönes Schiff mit allem Zubehör angeschafft hätte, so daß ihm nichts fehlete, als genungsame Leute. Wolte ich nun, setzte er hinzu, als sein Premieur-Lieutenant mit reisen, so müste mich Bemühen zum wenigsten 10. biß 12. Freywillige aufzutreiben, wo mir dieses aber unmöglich schiene, oder ich etwa keine Lust zu dergleichen Streichen hätte, als die Frey-Beuter vorzunehmen gemüßiget wären, so wolte er mir zwar bald einen Officiers-Dienst auf einem Kriegs-Schiffe schaffen, allein ob es vor mich eben so profitable seyn möchte, davon wisse er nichts zu sagen. Augenblicklich versicherte ich hierauff den Capitain, allen Fleiß anzuwenden, mein Glück oder Unglück unter und mit ihm zu suchen, auch mit ihm zu leben und zu sterben. Er schien vergnügt über meine Resolution, ich gieng von ihm, und schaffte binnen wenig Tagen an statt der geforderten Zwölffe, drey und zwantzig vollkommen gute freywillige Wagehälse, deren die meisten schöne Gelder bey sich führeten. Mein Capitain küssete mich vor Freuden, da ich ihm dieselben praesentiret hatte, und weil er binnen der Zeit auch nicht müßig gewesen, sondern alles Benöthigte vollends angeschafft, seegelten wir frölich von dannen.

Wir durfften aus Furcht vor den Frantzosen, den Canal nicht passiren, sondern musten unsere Farth [65] um die Brittannischen Insuln herum nehmen, und ob der Capitain schon treffliche Lust hatte den Spaniern auf der Strasse nach America, ein und andern Possen zu spielen, so wolte er doch vorhero erstlich genauere Kundschafft einziehen, allein ehe dieses geschahe, thaten wir einen herrlichen Zug, an einer Frantzösischen nach Irrland abgeschickten Fregatte, auf welcher 16000. Louis d'or nebst andern trefflichen Sachen, und etlichen Etaats-Gefangenen, unsere Beute wurden. Die vornehmsten Gefangenen nebst den Briefschafften, lieferten wir gegen Erlegung einer billigen discretion an einen Engelländer aus, der lange Zeit vergeblich auf diese Fregatte gelauret hatte, besetzten dieselbe, nachdem wir die übrigen Gefangenen vertheilet, mit etlichen von unsern Leuten, worunter auch ich war, also ein Neben-Schiff zu commandiren hatte, und richteten unseren Cours, in dem Mexicanischen Meere zu kreutzen.

Auf der Portugisischen Insul Madera, nahmen wir frisches Wasser ein, und fanden daselbst gleichfalls ein Holländisches, doch von den Spaniern sehr übel zugerichtetes Frey-Beuter Schiff, dessen Capitain nebst den besten Leuten geblieben waren, unter dem übrigen Lumpen-Gesinde aber war eine solche Verwirrung, daß niemand wuste wer Koch oder Keller seyn wolte. Wir führeten ihnen ihren elenden Zustand, worinnen sie sich befanden, zu Gemüthe, und brachten sie mit guter Art dahin, sich mit uns zu vereinigen, und unter unsers Capitains Commando alles mit zu wagen, halffen also ihr Schiff wieder in vollkommen guten Stand setzen, und see-[66]gelten voll grosser Hoffnung auf die Bermudischen Insuln zu. Unter-

weges bemächtigten wir uns eines Spanischen Jagd-
Schiffs, welches die Sicherheit der See ausspüren solte,
indem sich die Spanische Silber-Flotte bey der Insul
Cuba versammlet, und fast im Begriff war nach
Europa zu schiffen. Wir nahmen das Wenige, so nebst
den Gefangenen auf dieser Jagd gefunden wurde, auf
unsere Schiffe, und bohrten die Jagd zu grunde, weil
sie uns nichts nützen konte, eileten aber, uns bey Cuba
einzufinden, und wo möglich von der Silber-Flotte
etwas abzuzwacken. Es vereinigten sich noch 2. Holländische und ein Englischer Frey-Beuter mit uns, so
daß wir damals 6. wohl ausgerüstete Schiffe starck
waren, und auf selbigen ingesamt 46. Canonen, nebst
482. wohlbewehrten Leuten aufzeigen konten, hiermit
konte man nun schon ein Hertz fassen, etwas wichti-
ges zu unternehmen, wie wir denn auch in der That
die Hände nicht in den Schooß legten; sondern die
Cubaner, Hispaniolaner, und andere feindliche Insuln
starck allarmirten, und alle Spanische Handels-Schiffe
Preiß machten, so daß auch der Geringste unter uns,
seine deßfals angewandte Mühe reichlich belohnt
schätzte, und niemand von Armuth oder Mangel zu
reden Ursach hatte.
Wir erfuhren demnach, daß das Glück den Wage-
Hälsen öffters am geneigtesten sey. Denen Herrn
Spaniern aber war wegen ihrer Silber-Flotte nicht
eben allzuwohl bey der Sache, indem sie sich ohnfehlbar unsere Schiffs-Armade weit stärcker einbilden
mochten, rüsteten derowegen, wie [67] wir gar bald
in Erfahrung brachten, 10. biß 12. leichte Kriegs-
Schiffe aus, um uns, als unangenehme und gefährliche
Gäste, entweder, wo nicht Gefänglich einzubringen,
doch zu zerstreuen. Der Engels-Mann als unser bißheriger Compagnon, mochte entweder zu wenig
Hertze haben, oder aber sich allbereit reich genung
schätzen, derowegen trennete er sich mit seinem Schiff

und Barque, worauff er ingesamt 120. Mann nebst
12. Canonen hatte, von uns, und war Willens sich
zwischen Cuba und Hispaniola durch zu practiciren,
von dar, aus gewissen Ursachen nach Virginien zu
gehen. Allein man hat uns bald hernach versichert,
daß ihn die Spanier ertappt, geplündert und schändlicher weise ermordet haben.

Unsere Capitains fanden indessen nicht vor rathsam,
einen Angriff von den Spaniern zu erwarten, weil
ohnedem unsere Schiffe nicht allein eine baldige
Außbesserung vonnöthen hatten, sondern auch viele
von unsern Leuten, deren wir doch, seit der abreise
aus Amsterdam, nicht mehr als 14. eingebüsset, von
denen viele fatiguen sehr merode waren. Wir stelleten demnach unsere Farth auf die unsern Lands-Leuten zuständige Insul Curacao, oder wie sie einige nennen, Curassau zu, machten aber unterweges noch ein
mit Cacao, Banille, Marmelade, Zucker und Toback
beladenes Schiff, zu angenehmer Beute. Wenig Tage
darauff, favorisirte das Glück noch besser, indem
gantz von ohngefehr, und ohne vieles Blutvergiessen
3. Barquen mit Perlen-Austern, in unsere Hände fielen, womit wir denen Herren Spaniern die Mühe er-
spareten, selbige [68] ausmachen zu lassen, und dieser
Arbeit, bey müßigen Stunden, uns gar im geringsten
nicht zu schämen willens waren.

Mit allen diesen Reichthümern nun, landeten wir
glücklich bey Curacao an, der Gouverneur daselbst
empfing uns, nachdem wir ihm unsere Pasporte gezeiget, auch von ein und andern, richtigen rapport
abgestattet hatten, mit grossen Freuden, zumahlen da
er von uns ein ansehnliches Praesent empfieng. Jedoch
nachdem unsere Capitains die damalige Beschaffenheit der Sachen und der Zeit etwas genauer überlegten, befanden wir auf einrathen des Gouverneurs vor
nützlicher, die Insul Bonatry zu unserm Ruhe-Platz

zu erwehlen, und unsere Schiffe daselbst auszubessern. Es wurde deßwegen aller möglichste Fleiß angewendet, nachhero aber beschlossen, eine rechte Niederlage daselbst aufzurichten, weßwegen wir, mit Hülffe der daselbst wohnenden nicht ungeschickten Indianer, anfiengen, kleine Häuser zu bauen, auch vor den Anlauff eine gar artige Festung anlegten, und dieselbe nach und nach immer zu verbessern willens waren. Die Indianer erzeigten sich ungemein Dienstfertig gegen uns, wir gaben ihnen von dem unserigen, was sie brauchten, und wir entbehren konten, hergegen waren sie wiederum fleißig das Feld zu bauen, und Mahis, James, Patates, auch Guineisch Korn zu zeugen, welches uns trefflich wohl zu statten kam, nächst dem legten sie sich auch mehr, als sonsten, auf die ordentliche Haußhaltung und Viehzucht, denn es gab daselbst Ochsen, Kühe, Pferde, Schweine, vor allem andern aber Ziegen im Überfluß, so daß nicht nur wir [69] zulängliche Nahrungs-Mittel hatten, sondern auch unsere Lands-Leute auf den benachbarten Insuln, mit eingesaltzenen Fleische und andern Sachen besorgen konten. Anbey thaten wir manchen Stich in die See, und bereicherten uns nicht allein mit lauter Spanischen und Frantzösischen Gütern, sondern thaten beyden Nationen allen ersinnlichen Schaden und gebranntes Hertzeleyd an.

Ich vor meine Person, hatte mir einen ziemlichen Schatz an Gold, Silber, Perlen, und andern kostbaren Sachen gesammlet, wovon ich das meiste auf der Insul an unterschiedliche Örter vergrub, wo ich nicht leicht befürchten durffte, daß es ohne meine Anweisung jemand finden würde. Übrigens lebten wir ingesamt so vergnügt auf der Insul, daß es, nachdem wir 3. Jahr lang darauff zugebracht, das Ansehen hatte, als sehnete sich kein eintziger wieder nach seinem Vaterlande.

Nach so langer Zeit wurde Kundschafft eingebracht, daß die Spanier abermals mit einer reich beladenen Silber-Flotte zurück nach Europa seegeln wolten, also machten wir einen Anschlag, etwas davon zu erhaschen, giengen mit zwey der Besten und wol ausgerüsteten Schiffe, auch der resolutesten Mannschafft in See, und laureten um die Gegend der Caribischen Insuln auf dieselbe, brauchten anbey alle möglichste Vorsicht, um nicht entdeckt zu werden. Unsere Bemühung war deßfalls so wenig als sonsten vergebens, indem wir eines Morgens sehr frühe, nach vorhero ausgestandenen ziemlichen Sturme, ein von der Flotte verschlagenes Spanisches Schiff mit List erhaschten, mit Ge-[70]walt eroberten, und an gediegen Silber, auch andern Kostbarkeiten mehr darauff antraffen, als wir uns fast hätten einbilden können. Die Flotte hatte aus dem hefftigen Donnern des Geschützes, Unrath vermerckt, und errathen, daß eins von ihren Schiffen in Action begriffen sey, derowegen auch zwey von ihren Schiffen zum Succurs dahin geschickt, allein wir waren mit unserer Prise allbereit zur Richtigkeit gekommen, da wir den succurs noch gantz von ferne erblickten, hielten aber nicht vor rathsam dessen Ankunfft zu erwarten, sondern nahmen die Flucht auf recht verwegene Art, bey Porto Ricco hindurch, und gelangeten mit vielen Vergnügen wieder, bey unserer zurückgelassenen Mannschafft, auf der Insul Bonatry an.

Nunmehro waren wir erstlich eifriger als jemals beflissen, nicht allein unsere Wohnungen, Feld-Bau und Vieh-Zucht, mit Beyhülffe der Indianer, in vollkommen bequeme Form zu bringen, sondern avancirten auch in weniger Zeit mit unsern Vestungs-Bau dermassen, daß wir diese Insul wider alle feindliche Anfälle ungemein sicher machten. Etliche von den Unsern hatten bey Gelegenheit Spanische und Frantzösische

ledige Weibes-Personen erwischt, sich mit selbigen
verheyrathet, und Kinder gezeuget, dieses erweckte
bey vielen andern eben dergleichen Begierde, weßwegen sie unsern Capitain, als selbst erwehlten Gouverneur unserer Insul forcirten, eine Landung auf
Hispaniola zu wagen, weil sich daselbst ungemein
schönes, so wohl Spanisches als Frantzösisches Frauenzimmer befinden solte.

[71] Ob nun schon der Capitain dieses Unternehmen
anfangs vor allzu verwegen und gefährlich erkannte,
so sahe er sich doch letzlich fast gezwungen, dem
eifrigen Verlangen der verliebten Venus-Brüder ein
Genüge zu thun, und zwey Schiffe hierzu auszurüsten,
deren eines ich als Unter-Hauptmann commandirte.
Wir lieffen aus, und kamen auf Hispaniola, glücklich
an Land. Es erreichten auch die Verliebten ihren erwünschten Zweck, indem sie etliche 30. junge Weibs-
Personen zu Schiffe brachten, ich aber, der ich hiebey
die Arrier-Guarde führete, war so unglücklich, von
den nachsetzenden Spaniern einen gefährlichen Schuß
in die rechte Seite, und den andern durch die lincke
Wade zu bekommen, weßwegen ich, nebst noch
zweyen der Unsern, von den Spaniern erhascht, gefangen genommen und zu ihrem Gouverneur gebracht
wurde.

Ein grosses Glück war es bey unserm Unglück, daß
uns derselbe in der ersten furie nicht gleich auff-
hencken ließ, weil er ein verzweiffelt hitziger Mann
war. Jedoch wurden wir nach völlig erlangter Gesundheit wenig besser, ja fast eben so schlimm als die
Türckischen Sclaven tractiret. Am allerschlimmsten
war dieses: daß ich nicht die geringste Gelegenheit
finden konte, meinem redlichen Capitain Nachricht
von meinem wiewol elenden Leben zu geben, weil ich
versichert war, daß er nichts sparen würde, mich zu
befreyen. Nachdem ich aber 3. Jahr in solchen jäm-

merlichen Zustande hingebracht, erhielt Zeitung, daß
mein redlicher Capitain nebst meinen besten Freunden
die Insul Bonatry, (oder Bon Ayres auch Bon air wie
sie andere nennen,) verlassen, [72] und zurück nach
Holland gegangen wäre, um sich das rechtmäßige
Gouvernement, darüber nebst andern Vollmachten
auszubitten. Anbey wurde mir der jetzige Zustand
auf selbiger Insul dermassen schön beschrieben, daß
mein sehnliches Verlangen, auf solche wieder zu kommen, als gantz von neuen erwachte, zumahlen wenn
mich meiner daselbst vergrabenen Schätze erinnerte.
Jedoch ich konte, ohne meine Person und Vermögen
in die gröste Gefahr zu setzen, nicht erdencken, auf
was vor Art ich den Gouverneur etwa einen geschickten Vorschlag wegen meiner Ranzion thun wolte.
Muste also noch zwey Jahr als ein Pferde-Knecht in
des Gouverneurs Diensten bleiben, ehe sich nur der
geringste practicable Einfall in meinem Gehirne ent-
sponn, wie ich mit guter manier meine Freyheit erlangen könte.
Die Noth erwecket zuweilen bey den Menschen eine
Gemüths-Neigung, der sie von Natur sonsten sehr
wenig ergeben sind. Von mir kan ich mit Warheit
sagen, daß ich mich, auch in meinen damaligen allerbesten Jahren, um das Frauenzimmer und die Liebe,
fast gantz und gar nichts bekümmerte. War auch
nichts weniger, als aus der intention mit nach Hispaniola gegangen, um etwa eine Frau vor mich daselbst
zu holen, sondern nur bloß meine Hertzhafftigkeit zu
zeigen, und etwas Geld zu gewinnen. Allein itzo, da
ich in gröster Noth stack, und kein sicheres Mittel zu
meiner Freyheit zu gelangen sahe, nahm meine Zuflucht endlich zu der Venus, weil mir doch Apollo,
Mars und Neptunus, ihre Hülffe gäntzlich zu verweigern schienen.
[73] Eines Tages da ich des Gouverneurs Tochter,

nebst ihren Cammer-Mägdgen, auf ein nah gelegenes
Land-Gut spatzieren gefahren, und im Garten gantz
allein bey der erstern war, setzte sich dieselbe auf eine
grüne Banck nieder, und redete mich auf eine freye
Art also an: Wolffgang! sagt mir doch was ihr vor
ein Lands Mann seyd, und warum man euch niemals
so lustig als andere Stall-Bedienten siehet. Ich stutzte
anfänglich über diese Anrede, gab aber bald darauff
mit einem tieffgeholten Seufzer zur Antwort: Gnä-
diges Fräulein, ich bin ein Teutscher von Geburth,
zwar von mittelmäßigen Herkommen, habe mich aber
in Holländischen Diensten durch meine Courage, biß
zu dem Posten eines Unter-Hauptmanns geschwungen, und letztens auf dieser Insul das Unglück empfunden, gefährlich blessirt und Gefangen zu werden.
Hierauff erwiederte sie mit einer niedergeschlagenen
und etwas negligent scheinenden mine: Ich hätte euch
zum wenigsten wegen eurer guten Visage, Adelichen
Herkommens geschätzt. Stund damit auf, und gieng
eine gute Zeit in tiefen Gedancken gantz allein vor
sich spatzieren. Ich machte allerhand Glossen über
ihre Reden, und war mir fast leyd, daß ich von meinem Stande nicht etwas mehr geprahlet hatte, doch
vielleicht (gedachte ich,) gehet es in Zukunfft mit
guter manier besser an. Es geschahe auch, denn ehe
wir wieder zurück fuhren, nahm sie Gelegenheit, mir
mit einer ungemeinen verliebten Mine noch dieses zu
sagen: Wolffgang! Wo euch an eurer Freyheit, Glück
und Vergnügen etwas gelegen; so scheuet euch nicht,
mir von eurem [74] Stande und Wesen nähere Nachricht zu geben, und seyd versichert, daß ich euer
Bestes eilig befördern will und kan, absonderlich wo
ihr einige Zärtlichkeit und Liebe vor meine Person
heget. Sie wurde bey den letztern Worten Feuerroth,
sahe sich nach ihren Mägdgen um, und sagte noch zu
mir: Ihr habt die Erlaubniß mir in einem Briefe euer

gantzes Hertz zu offenbaren, und könnet denselben
morgen meinem Mägdgen geben, seyd aber redlich
und verschwiegen.

Man wird mich nicht verdencken, daß ich diese
schöne Gelegenheit meine Freyheit zu erlangen, mit
beyden Händen ergriff. Donna Salome (so hieß das
Fräulein,) war eine wohlgebildete Person von 17. biß
18. Jahren, und solte einen, zwar auch noch jungen,
aber einäugigen und sonst überaus heßlichen Spanischen wohlhabenden Officier heyrathen, welches ihre
eigene Mutter selbst nicht billigen wolte, aber doch
von dem eigensinnigen Gouverneur darzu gezwungen
wurde. Ich könte diesem nach eine ziemlich weitläufftige Liebes-Geschicht von derselben und mir erzehlen,
allein es ist mein Werck nicht. Kurtz! Ich schrieb an
die Donna Salome, und machte mich nach ihrem
Wunsche selbst zum Edelmanne, entdeckte meine zu
ihr tragende hefftige Liebe, und versprach alles, was
sie verlangen könte, wo sie mich in meine Freyheit
setzen wolte.

Wir wurden in wenig Tagen des gantzen Krahms
einig. Ich that ihr einen Eyd, sie an einen sichern
Orth, und so bald als möglich, nach Europa zu führen,
mich mit ihr ordentlich zu verheyrathen, [75] und sie
Zeit Lebens vor meine rechte Ehe-Gemahlin zu ehren
und zu lieben. Hergegen versprach sie mir, nebst
einem Braut-Schatze von 12000. Ducaten und andern
Kostbarkeiten, einen sichern Frantzösischen Schiffer
auszumachen, der uns vor gute Bezahlung je ehe je
lieber nach der Insul Bon air bringen solte.

Unser Anschlag gieng glücklich von statten, denn so
bald wir erlebten, daß der Gouverneur in eigener
Person jene Seite der Insul visitirte, packten wir des
Nachts unsere Sachen auf leichte, darzu erkauffte
Pferde, und jagten von sonst niemand als ihren Mägd-
gen begleitet, in etlichen Stunden an dasjenige Ufer,

allwo der bestellte Frantzösische Schiffer unserer mit
einem leichten Jagd-Schiffe wartete, uns einnahm,
und mit vollen Seegeln nach Bon air zu eilete. Daselbst landeten wir ohne einig auszustehende Gefahr
an, man wolte uns zwar anfänglich das Aussteigen
nicht vergönnen, jedoch, so bald ich mich melden
ließ, und erkannt wurde, war die Freude bey einigen
guten Freunden und Bekandten unbeschreiblich, welche dieselben über mein Leben und glückliche Wiederkunfft bezeigten. Denn man hatte mich nun seit etlichen Jahren längst vor todt gehalten.

Monsieur van der Baar, mein gantz besonderer
Freund, und ehemaliger Schiffs-Quartier-Meister, war
Vice-Gouverneur daselbst, und ließ mir, vor mich,
und meine Liebste, sogleich ein fein erbautes Hauß
einräumen, nach etlichen Tagen aber, so bald wir uns
nur ein wenig eingerichtet, muste uns einer von den
zwey daselbst befindlichen Holländi-[76]schen Prie-
stern ehelich zusammen geben. Ich ließ auf mehr als
50. Personen eine, nach dasiger Beschaffenheit, recht
kostbare Mahlzeit zurichten, vor alle andern aber,
auch so gar vor die Indianischen Familien, weiß Brod,
Fleisch, Wein und ander starck Geträncke austheilen,
damit sich nebst mir, jederman zu erfreuen einige
Ursach haben möchte. Der Vice-Gouverneur ließ mir
zu Ehren, beym Gesundheit Trincken, die Stücken auf
den Batterien tapffer abfeuren, damit auch andere
Insulaner hören möchten, daß in selbiger Gegend
etwas Besonderes vorgienge, kurtz, wir lebten etliche
Tage, auf meine Kosten, rechtschaffen lustig. Meine
nunmehrige Ehe-Liebste, die Donna Salome, war so
hertzlich vergnügt mit mir, als ich mit ihr, indem ich
nun erst in ihren süssen Umarmungen empfand, was
rechtschaffene Liebe sey. Es solte mancher vermeinen,
ich würde am allerersten nach meinen vergrabenen
Schätzen gelauffen seyn, allein ich bin warhafftig so

gelassen gewesen, und habe dieselbe erst 8. Tage nach
unserer Hochzeit gesucht, auch ohnversehrt glücklich
wieder gefunden, und meiner Liebste dieselben in der
Stille gezeiget. Sie erstaunete darüber, indem sie mich
nimmermehr so reich geschätzt, nunmehro aber merckte, daß sie sich an keinen Bettel-Mann verheyrathet
habe, und derowegen vollkommen zufrieden war, ohngeacht ich ihr offenbarete, daß ich kein Edelmann,
sondern nur aus Bürgerlichen Stande sey.
Vier Monath nach meiner glücklichen Wiederkunfft,
nachdem wir unsere Haußhaltung in vortrefflichen
Stand gesetzt, hatte ich die Freude, mei-[77]nen alten
Capitain zu umarmen, welcher eben aus Holland wieder zurück kam, und nicht allein die Confirmation
über seine Gouverneur-Charge, sondern auch weit
wichtigere Vollmachten, nebst vielen höchst-nöthigen
Dingen, in 3. Schiffen mit brachte. Er erzelete mir,
daß, nach der Versicherung meines Todes, er alsofort
mein zurückgelassenes Vermögen durch redliche und
theils gegenwärtige Personen taxiren lassen, welches
sich auf 6. tausend Thlr. werth belauffen, hiervon
habe er meinem jüngern Bruder, den er nach Amsterdam zu sich verschrieben, vor ihn und das andere
Geschwister 5000. Thlr. gezahlet, ein tausend aber vor
sich selbst zur Erbschafft, vor die meinetwegen gehabte Mühe, behalten, welche er mir aber nunmehro,
da er die Freude hätte, mich wieder zu finden, gedoppelt bezahlen wolte; Allein, ich hatte eine solche
Freude über seine Redlichkeit, daß ich ihn beschwur,
hiervon nichts zu gedencken, indem ich, weil ich vergnügt wäre, mich reich genug zu seyn schätze, und
wohl wüste, daß ihm selbst ein noch weit mehreres
schuldig sey.
Wir lebten nachhero in der schönsten Einträchtigkeit
beysammen, Monsieur van der Baar muste mit
50. Mannen, und allerhand ihm zugegebenen noth-

dürfftigen Sachen, eine andere kleine Insul bevölckern, ich aber wurde an dessen Statt Vice-Gouverneur, und war fast nicht mehr willens, in Zukunfft auf Frey-Beuterey auszugehen, sondern, bey meiner Liebens-würdigen Salome, mein Leben in Ruhe zuzubringen, wie denn dieselbe ihr Verlangen nach Europa gäntzlich fahren ließ, und [78] nichts mehr wünschte, als in meiner beständigen Gegenwart Lebens-lang auf dieser Insul zu bleiben. Allein, o Jammer! mein innigliches Vergnügen währete nicht lange, denn da meine Hertz-allerliebste Ehe-Frau im zehenden Monath nach unserer Copulation durch eine entsetzliche schwere Geburth eine todte Tochter zur Welt gebracht hatte, vermerckte sie bald darauf die Anzeigungen ihres eigenen herran nahenden Todes. Sie hatte sich schon seit etlichen Wochen mit den Predigern, der Religion wegen, fast täglich unterredet, und alle unsere Glaubens-Articul wohl gefasset, nahm derowegen aus hertzlichen Verlangen nach dem heiligen Abendmahle die Protestantische Religion an, und starb folgenden Tages sanfft und seelig.

Ich mag meinen Schmertzen, den ich damahls empfunden, in Gegenwart anderer voritzo nicht erneuern, sondern will nur so viel sagen, daß ich fast nicht zu trösten war, und in beständiger Tieffsinnigkeit nirgends Ruhe zu suchen wuste, als auf dem Grabe meiner Liebsten, welches ich mit einem ziemlich wohl ausgearbeiteten Steine bedeckte und mit eigener Hand folgende Zeilen darauf meisselte:

Hier liegt ein schöner Raub, den mir der Todt
geraubt,
Nachdem der Freyheits-Raub den Liebes-Raub
erlaubt.
Es ist ein seelig Weib. Wer raubt ihr diesen Orden?
Doch ich, als Wittber, bin ein Raub des Kummers
worden.

[79] Unten drunter meisselte ich fernere Nachricht von ihrer und meiner Person, nebst der Jahr-Zahl, ein, um die Curiosität der Nachkommen zu vergnügen, ich hergegen wuste weiter fast nichts mehr von einigen Vergnügen in der Welt, ward dannenhero schlüssig, wieder nach Europa zu gehen, um zu versuchen, ob ich daselbst, als in der alten Welt, einige Gemüths-Ruhe finden, und meine Schmertzen bey der begrabenen geliebten Urheberin derselben in der Neuen Welt zurück lassen könte. Dieses mein Vorhaben entdeckte ich dem Capitain, als unsern Gouverneur, welcher mir nicht allein die hierzu benöthigten freywilligen Leute, sondern auch eins der besten Schiffe, mit allen Zubehör versehen, auszulesen, ohne die allergeringste Schwierigkeit, vielmehr mit rechten Freuden, erlaubte. Jedoch mich inständig bat, bald wieder zu kommen, zumahlen, wenn ich meine Meublen und Baarschafften wohl angelegt hätte.

Ich versprach alles, was er von mir verlangte, und seegelte, nachdem er mich mit vielen wichtigen Commissionen und guten Passporten versehen, im Nahmen des Himmels von der mir so lieb gewesenen Insel nach Europa zu, und kam, ohne besondere Hinderniß, nach verflossener ordentlicher Zeit glücklich in Amsterdam an.

Binnen 2. Monathen richtete alle mir aufgetragene Commissionen aus, überließ das Schiff an meines Capitains Compagnons, und gab ihnen zu verstehen, daß erstlich in mein Vaterland reisen, und mich allda resolviren wolte, ob es wei-[80]ter mein Werck seyn möchte, wieder in See zu gehen oder nicht. Packte nachhero alles mein Vermögen auf, und ging nach Lübeck zu meinem ehemahligen Patrone, der mich mit grösten Freuden empfing, in sein Hauß auf so lange aufnahm, biß ich einen richtigen Schluß gefasset, wohin mich nunmehro wenden wolte. Da mir

aber dieser mein Patron erzehlete, daß sein Sohn, mit
dem ich ehemahls in Grypswalde studiret, nunmehro
vor ein paar Jahren einen ansehnlichen Dienst in
Dantzig bekommen hätte, machte mich auf die Reise,
ihn daselbst zu besuchen, nachdem ich vorhero meinem Bruder, der ohne mich der jüngste war, schrifftlich zu wissen gethan, daß er mich in Dantzig antreffen würde.

Derselbe nun hatte sich nicht gesäumet, sondern war
noch zwey Tage eher als ich bey dem beschriebenen
guten Freunde eingetroffen, indem nun ich auch arri-
virte, weiß ich nicht, ob ich bey dem Bruder oder
dem Freunde mehr Freude und Liebes-Bezeugungen
antraff, wenigstens stelleten sie sich einander gleich.
Nachdem wir uns aber etliche Tage rechtschaffen mit
einander ergötzt, schickte ich meinen Bruder mit
einem ansehnlichen Stück Geldes nach meinem Vater-
lande, und überließ ihn die Sorge, durch einen geschickten Juristen, einen Pardon-Brief bey der höchsten Landes-Obrigkeit vor mich auszuwircken, wegen
des in Franckfurt erstochenen Studenten. Weil nun
mehrentheils auf der Welt das Geld alles ausmachen
kan, so war auch ich in diesem Stück nicht unglücklich, sondern erhielt nach Verlauff etlicher [81] Wochen den verlangten Pardon-Brief, und konte nach
genommenen zärtlichen Abschiede von meinem Freunde sicher in meine Geburths-Stadt reisen, nachdem ich
in Dantzig die Zeit ungemein vergnügt zugebracht,
und mit den vornehmsten Kauff- und andern Leuten
genaue Kund- und Freundschafft gepflogen hatte.

Meine Geschwister, Bluts- und Muths-Freunde empfingen mich mit gantz ausserordentlichen Vergnügen,
konte also in den ersten 4. Wochen wenig thun, als zu
Gaste gehen, nachhero ließ mich zwar bereden, daselbst in Ruhe zu bleiben, zu welchem Ende ich ein
schönes Gut kauffen, und eine vortheilhafft Mariage

treffen solte, allein, weil es vielleicht nicht seyn solte,
muste mir eine unverhoffte Verdrüßlichkeit zustossen,
die zwar an sich selbst wenig importirte, allein ich
ward auf einmahl capricieus, setzte meinen Kopff
auf, resolvirte mich, wieder zur See zu gehen, und reisete, nachdem ich mich über ein Jahr zu Hause aufgehalten, meine Verwandten und Freunde auch reichlich
beschenckt, ohne fernern Zeit-Verlust wieder nach
Amsterdam.

Es hielt daselbst nicht schwer, einen neuen Brief vor
mich als Capitain eines Frey-Beuter Schiffs heraus zu
kriegen, zumahl da mich selbst equippiren wolte, ich
warb Leute an, bekam aber, wie ich nachhero erfahren muste, zu meinem Unglücke den Abschaum aller
Schelmen, Diebe, und des allerliederlichsten Gesindels
auf meinem Schiff, mit selbigen wolte ich nun eine
neue Tour nach West-Indien vornehmen, so bald mich
aber nur auf dem [82] grossen Atlantischen Meere
befand, änderten sie auf Einrathen eines Ertz-verruch-
ten Bösewichts, der sich Jean le Grand nennete, und
den ich wegen seines guten Ansehens und verstellten
rechtschaffenen Wesens, zum nächsten Commandeur
nach mir gemacht hatte, ihre Resolution, und zwungen mich, sie nach Ost-Indien zu führen. Ihr ungestü-
mes Wesen ging mir zwar sehr im Kopffe herum, jedoch ich muste klüglich handeln, und mich in die Zeit
schicken, da aber ihre Boßheit überhand nahm, und
von einigen die verzweiffeltesten und liederlichsten
Streiche gemacht wurden, ließ ich die Rädels-Führer
exemplarisch bestraffen, setzte auch hiermit, meines
Bedünckens, die übrigen alle in ziemliche Furcht. Immittelst waren wir allbereit die Linie passiret, als uns
ein entsetzlicher Sturm von der Ost-Indischen Strasse
ab- im Gegentheil nach dem Brasilischen Meere hin,
wo das Mittägliche America liegt, getrieben hatte. Ich
brauchte alle meine Beredsamkeit diesen uns von dem

Glückgewiesenen Weg zu verfolgen, und versicherte,
daß wir in America unser Conto weit besser finden
würden, als in Ost-Indien, allein, meine Leute wolten
fast alle anfangen zu rebelliren, und durchaus meinem
Kopffe und Willen nicht folgen, weßwegen ich ihnen
auch zum andern mahle nachgab, allein, sie erfuhren
es mit Schaden, weil wir in öfftern Stürmen bey nahe
das Leben und alles verlohren hätten. Endlich erholeten wir uns auf einer gewissen Insul in etwas, und
waren allbereits den Tropicum capricorni passiret, da
mir die unruhigsten Köpffe abermahls allerhand verfluchte [83] Händel auf dem Schiffe machten. Ich
wolte die ehemalige Schärffe gebrauchen, allein, Jean
le Grand trat nunmehro öffentlich auf, und sagte: Es
wäre keine Manier, Frey-Beuter also zu tractiren, ich
solte mich moderater aufführen, oder man würde mir
etwas anders weisen.

Dieses war genung geredet, mich völlig in Harnisch zu
jagen, kaum konte mich enthalten, ihm die Fuchtel
zwischen die Ohren zu legen, doch ließ ihn durch
einige annoch Getreuen in Arrest nehmen, und krumm
zusammen schliessen. Hiermit schien es, als ob alle
Streitigkeiten beygelegt wären, indem sich kein eintziger mehr regte, allein, es war eine verdammte List,
mich, und diejenigen, die es annoch mit mir hielten,
recht einzuschläffern. Damit ich es aber nur kurtz
mache: Einige Nachte hernach machten die Rebellen
den Jean le Grand in der Stille von seinen Ketten
loß, erwehleten ihn zu ihrem Capitain, mich aber
überfielen sie des Nachts im Schlaffe, banden meine
Hände und Füsse mit Stricken, und legten mich auf
den untersten Schiffs-Boden, allwo zu meinem Lebens-
Unterhalte nichts anders bekam als Wasser und Brod.
Die Leichtfertigsten unter ihnen hatten beschlossen
gehabt, mich über Boord in die See zu werffen, doch
diejenigen, so noch etwa einen halben redlichen Bluts-

Tropffen im Leibe gehabt, mochten diesen unmensch-
lichen Verfahren sich eifferig widersetzt haben, endlich aber nach einem abermahls überstandenen hefftig-
gen Sturme, da das Schiff nahe an einem ungeheuern
Felsen auf den Sand getrieben worden, und nach
2. Tagen erst-[84]lich wieder Flott werden konte,
wurde ich, vermittelst eines kleinen Boots, an dem
wüsten Felsen ausgesetzt, und muste mit thränenden
Augen die rebellischen Verräther mit meinem Schiffe
und Sachen davon seegeln, mich aber von aller
menschlichen Gesellschafft und Hülffe an einen gantz
wüsten Orte gäntzlich verlassen sehen. Ich ertrug mein
unglückliches Verhängniß dennoch mit ziemlicher Gelassenheit, ohngeacht keine Hoffnung zu meiner Erlösung machen konte, zudem auch nicht mehr als etwa
auf 3. Tage Proviant von der Barmhertzigkeit meiner
unbarmhertzigen Verräther erhalten hatte, stellete mir
derowegen nichts gewissers, als einen baldigen Todt,
vor Augen. Nunmehro fing es mich freylich an zu gereuen, daß ich nicht auf der Insul Bon air bey dem
Grabe meiner liebsten Salome, oder doch im Vater-
lande, das Ende meines Lebens erwartet, so hätte doch
versichert seyn können, nicht so schmählich zu sterben, und da ich ja gestorben, ehrlich begraben zu werden; allein es halff hier nichts als die liebe Gedult
und eine christliche Hertzhafftigkeit, dem Tode getrost entgegen zu gehen, dessen Vorbothen sich in meinem Magen und Gedärme, ja im gantzen Cörper nach
aufgezehrten Proviant und bereits 2. tägigem Fasten
deutlich genung spüren liessen.
Die Hitze der Sonnen vermehrete meine Mattigkeit
um ein grosses, weßwegen ich an einen schattigten Ort
kroch, allwo ein klares Wasser mit dem grösten Un-
gestüm aus dem Felsen heraus geschossen kam, hiermit, und dann mit einigen halbverdorreten Kräutern
und Wurtzeln, die doch sehr [85] sparsam an dem

rings herum gantz steilen Felsen anzutreffen waren,
konte ich mich zum Valet-Schmause auf der Welt
noch in etwas erquicken. Doch unversehens hörete die
starcke Wasser-Fluth auf einmahl auf zu brausen, so,
daß in Kurtzen fast kein eintziger Wasser-Tropffen
mehr gelauffen kam. Ich wuste vor Verwunderung
und Schrecken nicht, was ich hierbey gedencken solte,
brach aber in folgende wehmüthige Worte aus: So
muß denn, armseeliger Wolffgang! da der Himmel
einmahl deinen Untergang zu beschleunigen beschlossen hat, auch die Natur den ordentlichen Lauff des
Wassers hemmen, welches vielleicht an diesem Orte
niemahls geschehen ist, weil die Welt gestanden hat,
ach! so bete denn, und stirb. Ich fing also an, mit weinenden Augen, den Himmel um Vergebung meiner
Sünden zu bitten, und hatte den festen Vorsatz, in
solcher heissen Andacht zu verharren, biß mir der
Todt die Augen zudrückte.
Was kan man doch vor ein andächtiger Mensch werden, wenn man erstlich aller menschlichen Hülffe beraubt, und von seinem Gewissen überzeugt ist, daß
man der Göttlichen Barmhertzigkeit nicht würdig sey?
Ach! da heist es wohl recht: Noth lernet beten. Doch
ich bin ein lebendiger Zeuge, daß man die Göttliche
Hülffe sodann erstlich rechtschaffen erkennen lerne,
wenn uns alle Hoffnung auf die menschliche gäntzlich
entnommen worden. Doch weil mich GOtt ohnfehlbar
zu einem Werckzeuge ausersehen, verschiedenen Personen zu ihrer zeitlichen, noch mehrern aber zu ihrer
geistlichen Wohlfarth behülfflich zu seyn, so hat er
mich auch [86] in meiner damahligen allergrösten
Lebens-Gefahr, und zwar folgender Gestalt, wunderlich erhalten:
Als ich mich nach Zurückbleibung der Wasser-Fluth
in eine Felsen-Klufft hinein geschmieget, und unter
beständigen lauten Seuffzen und Bethen mit geschlos-

senen Augen eine baldige Endigung meiner Quaal
wünschte; hörete ich eine Stimme in Teutscher Sprache
folgende Worte nahe bey mir sprechen: Guter Freund,
wer seyd ihr? und warum gehabt ihr euch so übel? So
bald ich nun die Augen aufschlug, und 6. Männer in
gantz besonderer Kleidung mit Schieß- und Seiten-
Gewehr vor mir stehen sahe, kam mein auf der Reise
nach der Ewigkeit begriffener Geist plötzlich wieder
zurücke, ich konte aber, ich glaube, theils vor Schrek-
ken, theils vor Freuden kein eintzig Wort antworten,
sie redeten mir derowegen weiter zu, erquickten mich
mit einem besonders wohlschmeckenden Geträncke
und etwas Brodt, worauf ihnen meine gehabten Fatalitäten kürtzlich erzehlete, um alle möglichste Hülffe,
gegen bevorstehende Gefahr zu verhungern anhielt,
und mich anbey erkundigte, wie es möglich wäre, an
diesem wüsten Orthe solche Leute anzutreffen, die
meine Mutter-Sprache redeten? Sie bezeugten durch
Gebärden ein besonderes Mitleyden wegen meines gehabten Unglücks, sagten aber: Guter Freund, sorget
vor nichts, ihr werdet an diesem wüste und unfruchtbar scheinenden Orthe alles finden, was zu eurer
Lebens-Fristung nöthig seyn wird, gehet nur mit uns,
so soll euch in dem, was ihr zu wissen verlanget, vollkommenes Genügen geleistet werden.

[87] Ich ließ mich nicht zweymahl nöthigen, wurde
also von ihnen in den Schlund des Wasser-Falles hinein geführet, allwo wir etliche Stuffen in die Höhe
stiegen, hernach als in einem finstern Keller, zuweilen
etwas gebückt, immer aufwarts gingen, so, daß mir
wegen unterschiedlicher einfallender Gedancken angst
und bange werden wolte, indem ich mir die 6. Männer
bald als Zauberer, bald als böse, bald als gute Engel
vorstellete. Endlich, da sich in diesem düstern Gewölbe das Tages-Licht von ferne in etwas zeigte, fassete ich wieder einen Muth, merckte, daß, je höher

wir stiegen, je heller es wurde, und endlich kamen wir
an einem solchen Orthe heraus, wo meine Augen eine
der allerschönsten Gegenden von der Welt erblickten.
An diesem Ausgange waren auf der Seite etliche in
Stein gehauene bequeme Sitze, auf deren einen ich
mich niederzulassen und zu ruhen genöthiget wurde,
wie sich denn meine Führer ebenfals bey mir nieder-
liessen, und fragten: Ob ich furchtsam und müde worden wäre? Ich antwortete: Nicht sonderlich. Hatte
aber meine Augen beständig nach der schönen Gegend
zugewand, welche mir ein irdisch Paradieß zu seyn
schien. Mittlerweile bließ der eine von meinen Begleitern 3. mahl in ein ziemlich grosses Horn, so er an
sich hangen hatte, da nun hierauf 6. mahl geantwortet
worden, ward ich mit Erstaunen gewahr, daß eine gewaltige starcke Wasser-Fluth in dem leeren Wasser-
Graben hergeschossen kam, und sich mit gräßlichen
Getöse und grausamer Wuth in diejenige Öffnung
hinein stürtzte, wo wir herauf gekommen waren.

[88] So viel ists Messieurs, sagte hier der Capitain
Wolffgang, als ich euch vor dießmahl von meiner
Lebens-Geschicht erzehlet haben will, den übrigen
Rest werdet ihr bey bequemerer Gelegenheit ohne
Bitten erfahren, geduldet euch nur, biß es erstlich
Zeit darvon ist. Hiermit nahm er, weil es allbereit
ziemlich spät war, Abschied von den andern, mich
aber führete er mit in seine Cammer, und sagte:
Mercket ihr nun, mein Sohn, Monsieur Eberhard Ju-
lius! daß eben diese Gegend, welche ich itzo als ein
irrdisches Paradieß gerühmet, dasjenige Gelobte Land
ist, worüber euer Vetter, Albertus Julius, als ein Souverainer Fürst regieret? Ach, betet fleißig, daß uns der
Himmel glücklich dahin führet, und wir denselben
noch lebendig antreffen, denn den weitesten Theil der
Reise haben wir fast zurück gelegt, indem wir in we-

nig Tagen die Linie passiren werden. Hierauf wurde
noch ein und anderes zwischen mir und ihm verabredet, worauf wir uns beyderseits zur Ruhe legten.
Es traff ein, was der Capitain sagte, denn 5. Tage hernach kamen wir unter die Linie, allwo doch vor dieses
mahl die sonst gewöhnliche excessive Hitze nicht eben
so sonderlich war, indem wir unsere ordentliche Kleidung ertragen, und selbige nicht mit leichten Lein-
wand-Kitteln verwechseln durfften. Unsere Matrosen
hingegen vergassen bey dieser Gelegenheit ihre wunderlichen Gebräuche wegen des Tauffens nicht, sondern machten bey einer lächerlichen Masquerade mit
denenjenigen, so die Linie zum ersten mahle passirten,
und sich [89] nicht mit Gelde lösen wolten, eine gantz
verzweiffelte Wäsche, ich nebst einigen andern blieb
ungehudelt, weiln wir jeder einen Species Thaler erlegten, und dabey angelobten, Zeit Lebens, so offt wir
an diesen Ort kämen, die Ceremonie der Tauffe bey
den Neulingen zu beobachten.
Die vortrefflich schöne Witterung damahliger Zeit,
verschaffte uns, wegen der ungemeinen Windstille,
zwar eine sehr langsame, doch angenehme Fahrt, der
gröste Verdruß war dieser, daß das süsse Wasser, so
wir auf dem Schiffe führeten, gar stinckend und mit
eckeln Würmern angefüllet wurde, welches Ungemach
wir so lange erdulden musten, biß uns der Himmel an
die Insul St. Helenae führete. Diese Insul ist von gar
guten Leuten, Englischer Nation, bewohnt, und konten wir daselbst nicht allein den Mangel des Wassers,
sondern auch vieler andern Nothwendigkeiten ersetzen, welches uns von Hertzen wohlgefiel, ohngeacht
wir binnen denen 12. Tagen, so wir daselbst zubrachten, den Geld-Beutel beständig in der Hand haben
musten.
Wenn der Capitain den wollüstgen Leuten unsers
Schiffs hätte zu gefallen leben wollen, so lägen wir

vielleicht annoch bey dieser Insul vor Ancker, indem
sich auf derselben gewiß recht artig Frauenzimmer
antreffen ließ, allein er befand, ehe sich dieselben
ruinirten, vor rathsam, abzuseegeln, da wir denn am
15. Octobr. den Tropicum Capricorni passirten, allwo
die Matrosen zwar wieder eine neue Tauffe anstelleten, doch nicht so scharffe Lauge gebrauchten, als
unter der Linie.

[90] Wenig Tage hernach fiel ein verdrüßliches Wetter ein, und ob es wohl nicht beständig hinter einander
her regnete, so verfinsterte doch ein anhaltender ge-
waltig-dicker Nebel fast die gantze Lufft, und konten
wir um Mittags-Zeit die Sonne sehr selten und trübe
durch die Wolcken schimmern sehen. Wenn uns der
Wind so ungewogen als das Wetter gewesen wäre,
hätten wir uns des übelsten zu befürchten gnugsame
Ursach gehabt, doch dessen gewöhnliche Wuth blieb
in ziemlichen Schrancken, obgleich der Regen und
Nebel biß in die dritte Woche anhielt.

Endlich zertheilte sich zu unsern allerseits grösten Vergnügen so wohl Regen als Nebel, indem sich die Sonne
unsern Augen in ihrer schönsten Klarheit, der Himmel
aber ohne die geringsten Wolcken als ein blau-ge-
mahltes Gewölbe zeigte. Und gewißlich diese All-
machts-Geschöpffe erweckten in uns desto grössere
Verwunderung, weil wir ausser denselben sonst nichts
sehen konten als unser Schiff, die offenbare See, und
dann und wann einige schwimmenden Kräuter. Wir
bekamen zwar einige Tage hernach auch verschiedene
Seltsamkeiten, nemlich See-Kühe, See-Kälber und See-
Löwen, Delphine, rare Vögel und dergleichen zu Gesichte, aber nichts fiel mir mit mehrern Vergnügen in
die Augen, als, da der Capitain Wolffgang eines Tages
sehr frühe mit aufgehender Sonne mir sein Perspectiv
gab, und sagte: Sehet, mein Sohn! dorten von ferne
denjenigen Felsen, worauf nächst GOtt eure zeitliche

Wohlfahrt gegründet ist. Ich wuste mich vor Freuden
fast nicht zu lassen, als ich [91] diesen vor meine Person so glücklichen Ort nur von ferne erblickte, ohngeacht ich nichts wahrnehmen konte, als einen ungeheuern aufgethürmten Stein-Klumpen, welcher auch,
je näher wir demselben kamen, desto fürchterlicher
schien, doch weil mir der Capitain in Geheim allbereits eine gar zu schöne Beschreibung darvon gemacht
hatte, bedünckten mich alle Stunden Jahre zu werden,
ehe wir diesem Trotzer der Winde und stürmenden
Meeres-Wellen gegen über Ancker wurffen.

Es war am 12. Novemb. 1725. allbereit nach Untergang der Sonnen, da wir in behöriger Weite vor dem
Felsen die Ancker sincken liessen, weil sich der Capitain vor den ihm gantz wohlbekandten Sand-Bäncken
hütete. So bald dieses geschehen, ließ er kurtz auf einander 3. Canon-Schüsse thun, und bald hernach 3. Raqueten steigen. Nach Verlauff einer Viertheils Stunde
musten abermahls 3. Canonen abgefeuert, und bey
jedem 2. Raqueten gezündet werden, da denn alsofort
von dem Felsen mit dreyen Canonen-Schüssen geantwortet wurde, wobey zugleich 3. Raqueten gegen
unser Schiff zugeflogen kamen, welches bey denen, so
keinen Bescheid von der Sache hatten, eine ungemeine
Verwunderung verursachte. Der Capitain aber ließ
noch 6. Schüsse thun, und biß gegen Mitter-Nacht alle
Viertel Stunden eine Raquete steigen, auch Lust-Ku-
geln und Wasser-Kegel in die See spielen, da denn
unsern Raqueten allezeit andere von dem Felsen entgegen kamen, um Mitter-Nacht aber von beyden Seiten mit 3. Canonen-Schüssen beschlossen wurde.

[92] Wir legten uns hierauf mehrentheils zur Ruhe,
biß auf einige, welche von des Capitains generositeé
überflüßig profitiren wolten, und sich theils bey einem
Glase Brandtewein, theils bey einer Schaale Coffeé
oder Canarien-Sect noch tapffer lustig machten, biß

der helle Tag anbrach. Demnach hatten wir schon
ausgeschlaffen, da diese nassen Brüder noch nicht einmahl müde waren. Capitain Wolffgang ließ, so bald
die Sonne aufgegangen war, den Lieutenant Horn
nebst allen auf dem Schiffe befindlichen Personen zusammen ruffen, trat auf den Oberlof, und that ohngefähr folgende Rede an die sämmtlich Versammleten:

Messieurs und besonders gute Freunde! Es kan euch
nicht entfallen seyn, was ich mit einem jeden ins besondere, hernach auch mit allen insgesammt öffentlich verabredet, da ich euch theils in meiner Compagnie zu reisen, theils aber in meine würcklichen
Dienste aufgenommen habe. Die meisten unter euch
haben mir einen ungezwungenen Eyd über gewisse
Puncte, die ich ihnen wohl erkläret habe, geschworen,
und ich muß euch allen zum immerwährenden Ruhme
nachsagen, daß nicht ein eintziger, nur mit der geringsten Gebärde, darwider gehandelt, sondern einer
wie der andere, vom grösten biß zum kleinesten, sich
dergestalt gegen mich aufgeführet, wie ich von honetten, rechtschaffenen Leuten gehofft habe. Nunmehro
aber, lieben Kinder, ist Zeit und Ort vorhanden, da
ich nebst denen, die ich darzu auf- und angenommen,
von euch scheiden will. Nehmet es mir nicht übel,
denn es ist vorhero so mit euch verabredet worden.
Sehet, [93] ich stelle euch hier an meine Statt den
Lieutenant Philipp Willhelm Horn zum Capitain vor,
ich kenne seine treffliche Conduite, Erfahrenheit im
See-Wesen und andere zu solcher Charge erforderliche Meriten, folget meinem Rathe und seinem Anführen in guter Einträchtigkeit, so habt ihr mit Göttl.
Hülffe an glücklicher Außführung eures Vorhabens
nicht zu zweiffeln. Ich gehe nun an meinen auserwehl-
ten Ort, allwo ich die übrige Zeit meines Lebens, ob
GOTT will, in stiller Ruhe hinzu bringen gedencke.

GOTT sey mit euch und mir. Ich wünsche euch allen,
und einem jeden ins besondere, tausendfaches Glück
und Seegen, gedencket meiner allezeit im Besten, und
seyd versichert, daß ich eure an mir erwiesene Redlichkeit und Treue, allezeit danckbar zu erkennen
suchen werde, denn wir können einander in Zukunfft
dem ohngeacht wol weiter dienen. Inzwischen da ich
mein Schiff nebst allen dem was ihr zur Ost-Indischen
Reise nöthig habt, an den Capitain Horn, vermöge
eines redlichen Contracts überlassen habe, wird hoffentlich niemand scheel sehen, wenn ich diejenigen
Meublen so vor mich allein mitgenommen, davon ab-
führe, hernachmals freundlichen Abschied nehme, und
euch ingesammt Göttl. Schutz empfehle.

Man hätte, nachdem der Capitain Wolffgang diese
seine kleine Oration gehalten, nicht meinen sollen, wie
niedergeschlagen sich alle und jede, auch die sonst so
wilden Boots-Knechte bezeugten. Ein jeder wolte der
erste seyn, ihn mit Thränenden Augen zu umarmen,
dieser fiel ihm um den Halß, jener küssete ihm die
Hände, andere Demüthigten sich [94] noch tieffer, so
daß er selbst weinen und mit manier Gelegenheit
suchen muste, von allen Liebkosungen loß zu kommen. Er hielt hierauff noch eine kleine Rede an den
neuen Capitain, stellete ihm das Behörige zum Überflusse nochmals vor, ließ allen, die sich auf dem
Schiffe befunden, abermals Wein und ander starckes,
auch gelinderes und lieblicher Geträncke reichen, aus
den Canonen aber tapffer Feuer geben. Währender
Zeit wurden unsere Sachen von dem Schiffe auf Boote
gepackt, und nach und nach hinüber an den Felsen
geschafft, womit wir zwey vollkommene Tage zubrachten, ohngeachtet von Morgen biß in die Nacht
aller Fleiß angelegt wurde.

Am allerwundersamsten kam es einen jeden vor, daß
der Capitain an einem solchen Felsen bleiben wolte,

wo weder Graß, Kraut noch Bäume, vielweniger
Menschen zu sehen waren, weßwegen sich auch einige
nicht enthalten konten, ihn darum zu befragen. Allein
er gab ihnen lächelnd zur Antwort: Sorget nicht, lieben Kinder, vor mich und die ich bey mir habe, denn
ich weiß daß uns GOTT wol erhalten kan und wird.
Wer von euch in des Capitain Horns Gesellschafft
wieder mit zurück kömmt, soll uns, ob GOTT will,
wieder zu sehen und zu sprechen kriegen.
Nachdem also alle Personen und Sachen so am Felsen
zurück bleiben solten, hinüber geschafft waren, lichtete der Capitain Horn seine Ancker und nahm mit
4. Canonen-Schüssen von uns Abschied, wir danckten
ihm gleichfalls aus 4. Canonen die Herr Capitain
Wolffgang mit an den Felsen zu [95] bringen befohlen hatte, dieses aber war am vergnüglichsten, daß die
unsichtbaren Einwohner des Felsens auch kein Pulver
spareten, und damit anzeigten, daß sie uns Bewillkommen, jenen aber Glück auf die Reise wünschen
wolten.
Kaum hatte sich das Schiff aus unsern Augen verlohren, als, indem sich die Sonne bereits zum Untergange
geneiget, die sämtlich Zurückgebliebenen ihre begierigen Augen auf den Capitain Wolffgang worffen, um
solchergestalt stillschweigend von ihm zu erfahren,
was er nunmehro mit uns anfangen wolte? Es bestunde
aber unsere gantze Gesellschafft aus folgenden Personen:

1. Der Capitain Leonhard Wolffgang, 45. Jahr alt.
2. Herr Mag. Gottlieb Schmeltzer, 33. Jahr alt.
3. Friedrich Litzberg ein Literatus, der sich meistens
   auf die Mathematic legte, etwa 30. Jahr alt.
4. Johann Ferdinand Kramer, ein erfahrner Chirurgus, 33. Jahr alt.
5. Jeremias Heinrich Plager, ein Uhrmacher und

sonst sehr künstlicher Arbeiter, in Metall und anderer Arbeit, seines Alters 34. Jahr.

6. Philipp Harckert, ein Posamentirer von 23. Jahren.
7. Andreas Klemann, ein Pappiermacher, von 36. Jahren.
8. Willhelm Herrlich, ein Drechsler, 32. Jahr alt.
[96] 9. Peter Morgenthal, ein Kleinschmied, aber dabey sehr künstlicher Eisen-Arbeiter, 31. Jahr alt.
10. Lorentz Wetterling, ein Tuchmacher, 34. Jahr alt.
11. Philipp Andreas Krätzer, ein Müller, 36. Jahr alt.
12. Jacob Bernhard Lademann, ein Tischler, 35. Jahr.
13. Joh. Melchior Garbe, ein Büttner, von 28. Jahren.
14. Nicolaus Schreiner, ein Töpffer-Geselle, von 22. Jahren.
15. Ich, Eberhard Julius, damals alt, 19$^1/_2$ Jahr.

Was wir an Geräthschafften, Thieren und andern Sachen mit ausgeschifft hatten, wird gehöriges Orts vorkommen, derowegen erinnere nur nochmals das besondere Verlangen so wir allerseits hegten, nicht allein das Gelobte Land, darinnen wir wohnen solten, sondern auch die berühmten guten Leute zu sehen. Capitain Wolffgang merckte solches mehr als zu wohl, sagte derowegen: wir möchten uns nur diese Nacht noch auf dieser Städte so bleiben gefallen lassen, weiln es ohnedem schon späte wäre, der morgende Tag aber solte der Tag unsers frölichen Einzugs seyn.

Indem er nun wenig Worte verlieren durffte, uns alle nach seinen Willen zu lencken, setzte sich ein Theil der Unsern bey das angemachte Feuer nieder, dahingegen Herr M. Schmeltzer, ich und noch einige mit dem Capitain am Fusse des Felsens spa-[97]tzieren giengen und den herabschiessenden Wasser-Fluß betrachteten, welches gewiß in dieser hellen Nacht ein besonderes Vergnügen erweckte. Wir hatten uns aber

kaum eine halbe Stunde hieran ergötzt, als unsere
zurückgelassenen Leute, nebst dreyen Frembden, die
grosse Fackeln in den Händen trugen, zu uns kamen.
Ermeldte Frembde hatten bey den Unserigen, nach
dem Capitain Wolffgang gefragt, und waren nicht
allein dessen Anwesenheit berichtet, sondern auch aus
Neugierigkeit biß zu uns begleitet worden. So bald
die Frembden den Capitain erblickten, warffen sie
sogleich ihre Fackeln zur Erden, und lieffen hinzu,
selbigen alle drey auf einmal zu umarmen.
Der Capitain, so die 3. Angekommenen sehr wol kennete, umarmete und küssete einen nach dem andern,
worauf er nach kurtz gefasseten Grusse sogleich
fragte: Ob der Altvater annoch gesund lebte? Sie beantworteten dieses mit Ja, und baten, er möchte doch
alsofort nebst uns allen zu ihm hinauff steigen. Allein
der Capitain versetzte: Meine liebsten Freunde! ich
will die bey mir habenden Leute nicht zur Nachts-
Zeit in diesen Lust-Garten der Welt führen, sondern
erwarten, biß Morgen, so GOtt will, die Sonne zu
unsern frohen Einzuge leuchtet, und uns denselben in
seiner natürlichen Schönheit zeiget. Erlaubet uns solches, fuhr er fort, und empfanget zuförderst diesen
euren Bluts-Freund Eberhard Julium, welchen ich aus
Teutschland mit anhero geführet habe.
Kaum hatte er diese Worte gesprochen, als sie [98] vor
Freuden in die Höhe sprungen, und einer nach dem
andern mich umfiengen und küsseten. Nachdem solchergestalt auch alle unsere Reise-Gefährten bewillkommet waren, bat der Capitain meine frembden
Vettern, daß einer von ihnen hinauf steigen, dem Alt-
vater seinen Gehorsam vermelden, anbey Erlaubniß
bitten solte, daß er Morgen frühe, mit Aufgang der
Sonnen, nebst 14. redlichen Leuten bey ihm einziehen
dürffe. Es lief also Augenblicklich einer hurtig davon,
um diese Commission auszurichten, die übrigen zwey

aber setzten sich nebst uns zum Feuer, ein Glaß Canari-Sect zu trincken, und liessen sich vom Capitain
erzehlen, wie es uns auf der Reise ergangen sey.
Ich vor meine Person, da in vergangenen 2. Nächten
nicht ein Auge zugethan hatte, konte nunmehro, da
ich den Hafen meines Vergnügens erreicht haben solte,
unmöglich mehr wachen, sondern schlieff bald ein,
ermunterte mich auch nicht eher, biß mich der Capitain beym Aufgange der Sonnen erweckte. Meine Verwunderung war ungemein, da ich etliche 30. ansehnliche Männer in frembder doch recht guter Tracht um
uns herum sahe, sie umarmeten und küsseten mich alle
ordentlich nach einander, und redeten so feines Hoch-
Teutsch, als ob sie gebohrne Sachsen wären. Der Capitain hatte indessen das Früh-Stück besorgt, welches in
Coffeé, Frantz-Brandtewein, Zucker-Brod und andern
Confituren bestund. So bald dieses verzehret war,
blieben etwa 12. Mann bey unsern Sachen, die übrigen
aber giengen mit uns nach der Gegend des Flusses,
bey welchen wir gestern Abend gewesen [99] waren.
Ich ersahe mit gröster Verwunderung, daß derselbe
gantz trocken war, besonn mich aber bald auf des
Capitains vormahlige Erzehlung, mitlerweile stiegen
wir, aber ohne fernern Umschweiff, die von dem klaren Wasser gewaschenen Felsen-Stuffen hinauff, und
marchirten in einer langen, jedoch mit vielen Fackeln
erleuchteten, Felsen-Höle immer aufwärts, biß wir
endlich ingesammt als aus einem tieffen Keller, an das
helle Tages-Licht herauff kamen.
Nunmehro waren wir einigermassen überzeugt, daß
uns der Capitain Wolffgang keine Unwahrheiten vorgeschwatzt hatte, denn man sahe allhier, in einem
kleinen Bezierck, das schönste Lust-Revier der Welt,
so, daß unsere Augen eine gute Zeit recht starr offen
stehen, der Mund aber, vor Verwunderung des Ge-
müths, geschlossen bleiben muste.

Unsern Seel-Sorger, Herr M. Schmeltzern, traten vor
Freuden die Thränen in die Augen, er fiel nieder auf
die Knie, um dem Allerhöchsten gebührenden Danck
abzustatten, und zwar vor die besondere Gnade, daß
uns derselbe ohne den geringsten Schaden und Unfall
gesund anhero geführet hatte. Da er aber sahe daß
wir gleiches Sinnes mit ihm waren, nahm er seine
Bibel, verlaß den 65. und 84. Psalm Davids, welche
beyden Psalmen sich ungemein schön hieher schickten,
Betete hierauf einige kräfftige Gebete, und schloß mit
dem Liede: Nun dancket alle GOTT etc. Unsere Begleiter konten so gut mit singen und beten als wir,
woraus sogleich zu muthmassen war, daß sie im Christenthum nicht unerfahren seyn müsten. So bald
[100] wir aber dem Allmächtigen unser erstes Opffer
auf dieser Insul gebracht, setzten wir die Füsse weiter,
nach dem, auf einem grünen Hügel, fast mitten in der
Insul liegenden Hause zu, worinnen Albertus Julius,
als Stamm-Vater und Oberhaupt aller Einwohner, so
zu sagen, residirte.
Es ist unmöglich dem Geneigten Leser auf einmal alles
ausführlich zu beschreiben, was vor Annehmlichkeiten
uns um und um in die Augen fielen, derowegen habe
einen kleinen Grund-Riß der Insul beyfügen wollen,
welchen diejenigen, so die Geometrie und Reiß-Kunst
besser als ich verstehen, passiren zu lassen, gebeten
werden, denn ich ihn nicht gemacht habe, etwa eine
eingebildete Geschicklichkeit zu zeigen, sondern nur
dem curieusen Leser eine desto bessere Idee von der
gantzen Landschafft zu machen. Jedoch ich wende
mich ohne weitläufftige Entschuldigungen zu meiner
Geschichts-Erzählung, und gebe dem Geneigten Leser
zu vernehmen: daß wir fast eine Meilwegs lang zwischen einer Alleé, von den ansehnlichsten und frucht-
barsten Bäumen, die recht nach der Schnur gesetzt
waren, fortgiengen, welche sich unten an dem ziem-

GRUNDRIS Der Anno 1646. von Albert Julio endexten Insul Felsenburg/ nach dem Prospect gegen Süden zu. Nach Vermögen gezeichnet von Monsieur Eberhard Julio Anno 1726.

Maaß Stab von 4. Teutschen Meilen.

1 2 3 4

GROSSE SEE

LiebeSEE

Die große Sandbanck auf welcher Albertus zu erst angelandet.

SandBänke

Die ungewohnte Klippen

lich hoch erhabenen Hügel endigte, worauf des Alberti Schloß stund. Doch etwa 30. Schritte lang vor dem Ausgange der Alleé, waren die Bäume mit Fleiß dermassen zusammen gezogen, daß sie oben ein rechtes Europäisches Kirchen-Gewölbe formirten, und an statt der schönsten Sommer-Laube dieneten. Unter dieses ungemein propre und natürlich kostbare Verdeck hatte sich der alte Greiß, Albertus Julius, von seiner ordentlichen Behau-[101]sung herab, uns entgegen bringen lassen, denn er konte damals wegen eines geschwollenen Fusses nicht gut fortkommen. Ich erstaunete über sein Ehrwürdiges Ansehen, und venerablen weissen Bart, der ihm fast biß auf dem Gürtel herab reichte, zu seinen beyden Seiten waren noch 5. ebenfalls sehr alt scheinende Greisse, nebst etlichen andern, die zwar etwas jünger, doch auch 50. biß 60. Jahr alt aussahen. Ausser der Sommer-Laube aber, auf einem schönen grünen und mit lauter Palmen- und Latan-Bäumen umsetzten Platze, war eine ziemliche Anzahl erwachsener Personen und Kinder, alle recht reputirlich gekleidet, versammlet.

Ich wüste nicht Worte genung zu ersinnen, wenn ich die zärtliche Bewillkommung, und das innige Vergnügen des Albert Julii und der Seinigen vorstellen solte. Mich drückte der ehrliche Alte aus getreuem Hertzen dermassen fest an seine Brust, daß ich die Regungen des aufrichtigen Geblüts sattsam spürete, und eine lange Weile in seinen Armen eingeschlossen bleiben muste. Hierauff stellete er mich als ein Kind zwischen seinen Schooß, und ließ alle Gegenwärtigen, so wol klein als groß herzu ruffen, welche mit Freuden kamen und den Bewillkommungs-Kuß auf meinen Mund und Hand drückten. Alle andern Neuangekommenen wurden mit nicht weniger Freude und Aufrichtigkeit empfangen, so daß die ersten Höfflichkeits-Bezeugungen biß auf den hohen Mittag daureten, worauff wir

Einkömmlinge mit dem Albert Julio, und denen 5. Alten, in dem auf dem Hügel liegenden Hause, die Mittags-Mahlzeit einnahmen. Wir wurden [102] zwar nicht Fürstlich, doch in der That auch nicht schlecht tractiret, weiln nebst den 4. recht schmackhafften Gerichten, die in Fleisch, Fischen, gebratenen Vögeln, und einem raren Zugemüse bestunden, die delicatesten Weine, so auf dieser Insul gewachsen waren, aufgetragen wurden. Bey Tische wurde sehr wenig geredet, mein alter Vetter Albert Julius aber, dem ich zur Seite sitzen muste, legte mir stets die allerbesten Bissen vor, und konte, wie er sagte, vor übermäßiger Freude, itzo nicht den vierdten Theil so viel, als gewöhnlich essen. Es war bey diesen Leuten nicht Mode lange zu Tische zu sitzen, derowegen stunden wir nach ordentlicher Ersättigung auf, der Altvater betete nach seiner Gewohnheit, so wol nach- als vor Tische selbst, ich küssete ihm als ein Kind die Hand, er mich aber auf den Mund, nach diesen spatzireten wir um das von festen Steinen erbauete Hauß, auf dem Hügel herum, allwo wir bey nahe das gantze innere Theil der Insul übersehen konten, und des Merckwürdigsten auf derselben belehret wurden. Von dar ließ sich Albert Julius auf einem Trag-Sessel in seinen angelegten grossen Garten tragen, wohin wir ingesammt nachfolgeten, und uns über dessen annehmliche, nützliche und künstliche Anlegung nicht wenig verwunderten. Denn diesen Garten, der ohngefehr eine Viertheils Teutsche Meile lang, auch eben so breit war, hatte er durch einen Creutz-Weg in 4. gleiche Theile abgetheilet, in dem ersten quartier nach Osten zu, waren, die auserlesensten Fruchtbaren Bäume, von mehr als hundert Sorten, das 2te quartier gegen Süden, hegte vielerley schöne Weinstöcke, welche [103] theils rothe, grüne, blaue, weisse und anders gefärbte extraordinair grosse Trauben und Beeren trugen. Das 3te quartier, nach Norden zu, zeigte unzehlige Sorten von Blumen-Gewächsen, und in dem 4ten quartire, dessen Ecke auf Westen stieß, waren die allernützlichsten und delicatesten Küchen-Kräuter und Wurtzeln zu finden.

Wir brachten in diesem kleinen Paradiese, die Nachmittags-Stunden ungemein vergnügt zu, und kehreten etwa eine Stunde vor Untergang der Sonnen zurück auf die Albertus-Burg, speiseten nach der Mittäglichen Art, und setzten uns hernachmals vor dem Hause auf artig gemachte grüne Rasen-Bäncke nieder, allwo Capitain Wolffgang dem Altvater von unserer letzten Reise ein und anderes erzehlte, biß uns die hereinbrechende Nacht erinnerte: Beth-Stunde zu halten, und die Ruhe zu suchen.

Ich muste in einer schönen Kammer, neben des Alberti Zimmer schlaffen, welche ungemein sauber meublirt war, und gestehen, daß Zeit meines Lebens noch nicht besser geruhet hatte, als auf dieser Stelle.

Folgenden Morgen wurden durch einen Canonen-Schuß alle Einwohner der Insul zum Gottesdienst beruffen, da denn Herr M. Schmelzer eine ziemliche lange Predigt über den 122. Psalm hielte, die übrigen Kirchen-Gebräuche aber alle auf Lutherische Art ordentlich in Acht nahm. Den Albert Julium sahe man die gantze Predigt über weinen, und zwar vor grossen Freuden, weiln ihm der Höchste die Gnade verliehen, noch vor seinem [104] Ende einem Prediger von seiner Religion zuzuhören, ja so gar denselben in seiner Bestallung zu haben. Die übrigen versammleten waren dermassen andächtig, daß ich mich nicht erinnern kan, dergleichen jemals in Europa gesehen zu haben.

Nach vollbrachten Gottesdienste, da die Auswärtigen sich alle auf den Weg nach ihren Behausungen gemacht, und wir die Mittags-Mahlzeit eingenommen

hatten, behielt Albertus Herrn M. Schmeltzern allein
bey sich, um mit demselben wegen künfftiger Kirchen-
Ordnung, und anderer die Religion betreffenden
höchstnöthigen Anstalten, Unterredung zu pflegen.
Monsieur Wolffgang, der itzo durchaus nicht mehr
Capitain heissen wolte, ich, und die andern Neuangekommenen, wolten nunmehro bemühet seyn, unsere
Packen und übrigen Sachen auf die Insul herauff zu
schaffen, welches uns allerdings als ein sehr Beschwerlich Stück Arbeit fürkam, allein, zu unserer grösten
Verwunderung und Freude, fanden wir alle unsere
Güter in derjenigen grossen Sommer-Laube beysammen stehen, wo uns Albertus zuerst bewillkommet
hatte. Wir hatten schon gezweiffelt, daß wir binnen
4. biß 5. Tagen alle Sachen herauff zu bringen vermögend seyn würden, und sonderlich stelleten wir uns
das Aufreissen der grossen Packe und Schlag-Fässer
sehr mühsam vor, wusten aber nicht, daß die Einwohner der Insul, an einem verborgenen Orthe der hohen
Felsen, zwey vortrefflich-starcke Winden hatten,
durch deren force wohl ein gantzer Fracht-Wagen
auf einmal hätte hinauff gezogen werden können.
Mons. Litzberg hatte [105] sich binnen der Zeit die
Mühe genommen, unser mitgebrachtes Vieh zu besorgen, so aus 4. jungen Pferden, 6. jungen Stücken Rind-
Vieh, 6. Schweinen, 6. Schaafen, 2. Böcken, 4. Eseln,
4. Welschen Hünern, 2. Welschen Hähnen, 18. gemeinen Hünern, 3. Hähnen, 6. Gänsen, 6. Endten, 6. Paar
Tauben, 4. Hunden, 4. Katzen, 3. Paar Caninichen,
und vielerley Gattungen von Canari- und andern artigen Vögeln bestund. Er war damit in die nächste
Wohnstädte, Alberts-Raum genannt, gezogen, und
hatte bereits die daselbst wohnenden Leute völlig benachrichtiget, was diesem und jenen vor Futter gegeben werden müste. Selbige verrichteten auch in
Warheit diese in Europa so verächtliche Arbeit mit

gantz besondern Vergnügen, weiln ihnen dergleichen
Thiere Zeit ihres Lebens nicht vor die Augen kommen
waren.

Andere, da sie merckten, daß wir unsere Sachen gern
vollends hinauff in des Alberti Wohnhaus geschafft
haben möchten; brachten so fort gantz bequeme Roll-
wagen herbey, luden auf, was wir zeigten, spanneten
zahmgemachte Affen und Hirsche vor, diese zohen es
mit Lust den Hügel hinauff, liessen auch nicht eher
ab, biß alles unter des Alberti Dach gebracht war.

Immittelst hatte Mons. Wolffgang noch vor der
Abend-Mahlzeit das Schlag-Faß, worinnen die Bibeln
und andere Bücher waren, aufgemacht, und praesen-
tirte dem alten Alberto eine in schwartzen Sammet
eingebundene Bibel, welche aller Orten starck mit
Silber beschlagen, und auf dem Schnitt verguldet war.
Albertus Küssete diesel-[106]be, drückte sie an seine
Brust und vergoß häuffige Freuden-Thränen, da er
zumal sahe, daß wir noch einen so starcken Vorrath
an dergleichen und andern geistl. Büchern hatten,
auch hörete, daß wir dieselben bey ersterer Zusammenkunfft unter die 9. Julischen Familien, (welche
dem G. Leser zur Erläuterung dieser Historie, auf besondere, zu Ende dieses Buchs angehefftete Tabellen
gebracht worden,) austheilen wolten. Nächst diesem
wurden dem Alberto, und denen Alten, noch viele
andere köstliche Sachen eingehändiget, die so wol zur
Zierde als besonderer Bequemlichkeit gereichten, worüber alle insgesammt eine Verwunderungs-volle
Dancksagung abstatteten. Folgenden Tages als an
einem Sonnabend, muste ich, auf Mons. Wolffgangs
Ersuchen, in einer bequemen Kammer einen vollkommenen Krahm, so wohl von allerhand nützlichen
Sachen, als Kindereyen und Spielwerck auslegen,
weiln er selbiges unter die Einwohner der Insul vom
Grösten biß zum Kleinesten auszutheilen willens war.

Mons. Wolffgang aber, ließ indessen die übrigen Dinge, als Victualien, Instrumenta, Tücher, Leinwand, Kleyder-Geräthe und dergleichen, an solche Orte verschaffen, wo ein jedes vor der Verderbung sicher seyn konte.

Der hierauff einbrechende 25. Sonntag post Trin. wurde früh Morgens bey Aufgang der Sonnen, denen Insulanern zur Andächtigen Sabbats-Feyer, durch 2. Canonen-Schüsse angekündiget. Da sich nun dieselben 2. Stunden hernach ingesammt unter der Albertus-Burg, auf dem mit Bäumen umsetzten grünen Platze versammlet hat-[107]ten, fieng Herr M. Schmeltzer den Gottesdienst unter freyen Himmel an, und Predigte über das ordentliche Sonntags Evangelium, vom Greuel der Verwüstung, fast über 2. Stunden lang, ohne sich und seine Zuhörer zu ermüden, als welche Letztere alles andere zu vergessen, und nur ihn noch länger zuzuhören begierig schienen. Er hatte gantz ungemeine meditationes über die wunderbaren Wege GOTTES, Kirchen zu bauen, und selbige wiederum zu verwüsten, brachte anbey die application auf den gegenwärtigen Zustand der sämbtlichen Einwohner dieser Insul dermassen beweglich vor, daß, wenn auch die Helffte von den Zuhörern die gröbsten Atheisten gewesen wären, dennoch keiner davon ungerührt bleiben können.

Jedwedes von außwärtigen Zuhörern hatte sich, nach vollendeten Gottesdienste, mit benöthigten Speisen versorgt, wem es aber ja fehlete, der durffte sich nur bey dem Altvater auf der Burg melden, als welcher alle nach Nothdurfft sättigen ließ. Nachmittags wurde abermals ordentlicher Gottesdienst und Catechismus-Examen gehalten, welches über 4. Stunden lang währete, und hätten, nebst Herrn M. Schmeltzern, wir Einkömmlinge nimmermehr vermeynet dieses Orts Menschen anzutreffen, welche in den Glau-

bens-Articuln so trefflich wohl unterrichtet wären,
wie sich doch zu unseren grösten Vergnügen so wol
Junge als Alte finden liessen. Da nun auch dieses vor-
über war, beredete sich Albertus mit den Ältesten und
Vorstehern der 9. Stämme, und zeigten ihnen den
Platz, wo er gesonnen wäre eine Kirche aufbauen zu
lassen. Dersel-[108]be wurde nun unten an Fusse des
Hügels von Mons. Litzbergen, Lademannen und andern Bau-Verständigen ordentlich abgesteckt, worauff
Albertus sogleich mit eigenen Händen ein Loch in die
Erde grub, und den ersten Grund-Stein an denjenigen
Orth legte, wo der Altar solte zu stehen kommen. Die
Ältesten und Vorsteher gelobten hierbey an, gleich
morgenden Tag Anstalten zu machen, daß die benöthigten Bau-Materialien eiligst herbey geschafft
würden, und an fleißigen Arbeitern kein Mangel seyn
möchte. Worauff sich bey herannahenden Abende
jedes nach seiner Wohnstätte begab. Albertus, der sich
wegen so viel erlebten Vergnügens gantz zu verjün-
gern schiene, war diesen Abend absonderlich wohl
aufgeräumt, und ließ sich aus dem Freuden-Becher
unsern mitgebrachten Canari-Sect hertzlich wohl
schmecken, doch so bald er dessen Kräffte nur in
etwas zu spüren begunte, brach er so wohl als wir ab,
und sagte: Meine Kinder, nunmehro hat mich der
Höchste bey nahe alles erleben lassen, was ich auf
dieser Welt in zeitlichen Dingen gewünschet, da aber
mercke, daß ich noch bey ziemlichen Kräfften bin,
habe mir vorgenommen die übrige Zeit meines Lebens
mit solchen Verrichtungen hin zu bringen, die meinen
Nachkommen zum zeitlichen und ewigen Besten gereichen, diese Insul aber in den beglücktesten Zustand
setzen können.
Demnach bin ich gesonnen, in diesem meinem kleinen
Reiche eine General-Visitation zu halten, und, so
GOTT will, morgenden Tag damit den Anfang zu

machen, Monsieur Wolffgang wird, [109] nebst allen
neu angekommenen, mir die Gefälligkeit erzeigen und
mit reisen. Wir wollen alle Tage eine Wohnstatt von
meinen Abstammlingen vornehmen, und ihren jetzigen
Zustand wol erwegen, ein jeder mag sein Bedencken
von Verbesserung dieser und jener Sachen aufzeich-
nen, und hernach auf mein Bitten an mich liefern,
damit wir ingesammt darüber rathschlagen können.
Wir werden in 9. aufs längste in 14. Tagen damit fertig seyn, und hernach mit desto bessern Verstande die
Hände an das Werck unserer geistlichen und leiblichen Wohlfahrt legen. Nach unserer Zurückkunfft
aber, will ich alle Abend nach der Mahlzeit ein Stück
von meiner Lebens-Geschicht zu erzehlen Zeit anwenden, hierauff Beth-Stunde halten, und mich zur Ruhe
legen.

Monsieur Wolffgang nahm diesen Vorschlag so wol
als wir mit grösten Vergnügen an, wie denn auch
gleich folgenden Morgen mit aufgehender Sonne, nach
gehaltener Morgen-Gebets-Stunde, Anstalt zum Reisen gemacht wurde. Albertus, Herr M. Schmeltzer,
Mons. Wolffgang und ich, sassen beysammen auf
einem artigen Wagen, welcher von 4. Zahm gemachten Hirschen gezogen wurde, unsere übrige Gesellschafft aber folgte mit Lust zu Fusse nach. Der erste
und nächste Ort den wir besuchten, war die Wohnstatt, Alberts-Raum genannt, es lag gleich unter der
Alberts-Burg nach Norden zu, gerade zwischen den
zweyen gepflantzten Alleen, und bestund aus 21.
Feuerstätten, wohlgebaueten Scheunen, Ställen und
Gärten, doch hatten die guten Leute ausser einer wun-
der-[110]baren Art von Böcken, Ziegen, und Zahmgemachten Hirschen, weiter kein ander Vieh. Wir
traffen daselbst alles in der schönsten Haußhaltungs-
Ordnung an, indem die Alten ihre Arbeit auf dem
Felde verrichteten, die jungen Kinder aber von den

Mittlern gehütet und verpfleget wurden. Nachdem
wir die Wohnungen in Augenschein genommen, trieb
uns die Neugierigkeit an, das Feld, und die darauff
Arbeiteten, zu besehen, und fanden das Erstere trefflich bestellt, die Letzten aber immer noch fleißiger
daran bauen. Um Mittags-Zeit aber wurden wir von
ihnen umringet, in ihre Wohnstatt geführet, gespeiset,
getränckt, und von dem grösten Hauffen nach Hause
begleitet. Monsieur Wolffgang schenckte dieser Alber-
tinischen Linie, 10. Bibeln, 20. Gesang- und Gebeth-
Bücher, ausser den verschiedene nützlichen, auch
Spiel-Sachen vor die Kinder, und befahl, daß diejenigen so etwa leer ausgiengen, selbsten zu ihm kommen,
und das Ihrige abholen möchten.

Nachdem wir nun von diesen Begleitern mit freudi-
gem Dancke verlassen worden, und bey Alberto die
Abend-Mahlzeit eingenommen hatten, ließ dieser Alt-
Vater sonst niemand, als Herr Mag. Schmeltzern,
Mons. Wolffgangen und mich, in seiner Stube bleiben,
und machte den Anfang zu seiner Geschichts-Erzehlung
folgendermassen.

Ich Albertus Julius, bin anno 1628. den 8. Januar. von
meiner Mutter Maria Elisabetha Schlüterin zur Welt
gebohren worden. Mein Vater, Stephanus Julius, war
der Unglückseeligste Etaats-[111]Bediente eines gewissen Printzen in Teutschland, indem er in damaliger
heftiger Kriegs-Unruhe seines Herren Feinden in die
Hände fiel, und weil er seinem Fürsten, vielweniger
aber seinem GOTT ungetreu werden wolte, so wurde
ihm unter dem Vorwande, als ob er, in seinen Briefen
an den Fürsten, den respect gegen andere Potentaten
beyseit gesetzt, der Kopf gantz heimlicher und desto
mehr unschuldiger Weise vor die Füsse gelegt, mithin
meine Mutter zu einer armen Wittbe, 2. Kinder aber
zu elenden Wäysen gemacht. Ich gieng dazumal in

mein sechstes, mein Bruder Johann Balthasar aber, in
sein vierdtes Jahr, weiln wir aber unsern Vater, der
beständig bey dem Printzen in Campagne gewesen,
ohnedem sehr wenig zu Hause gesehen hatten, so war
unser Leydwesen, damaliger Kindheit nach, nicht also
beschaffen, als es der jämmerlich starcke Verlust, den
wir nachhero erstlich empfinden lerneten, erforderte,
ob schon unsere Mutter ihre Wangen Tag und Nacht
mit Thränen benetzte.

Meines Vaters Principal, welcher wol wuste, daß mein
Vater ein schlechtes Vermögen würde hinterlassen
haben, schickte zwar an meine Mutter 800. Thlr. rück-
ständige Besoldung, nebst der Versicherung seiner beständigen Gnade, allein das Kriegs-Feuer gerieth in
volle Flammen, der Wohlthätige Fürst wurde weit
von uns getrieben, der Todt raubte die Mutter, der
Feind das übrige blutwenige Vermögen, alle Freunde
waren zerstreuet, also wusten ich und mein Bruder
sonst kein ander Mittel, als den Bettel-Stab zu ergreiffen.

[112] Wir musten also bey nahe anderthalb Jahr, das
Brod vor den Thüren suchen, von einem Dorffe und
Stadt zur andern wandern, und letztlich fast gantz
ohne Kleider einher gehen, biß wir ohnweit Naum-
burg auf ein Dorff kamen, allwo sich die Priester-
Frau über uns erbarmete, ihren Kindern die alten
Kleider vom Leibe zog, und uns damit bekleidete, ehe
sie noch gefragt, woher, und weß Standes wir wären.
Der Priester kam darzu, lobte seiner Frauen Mitley-
den und redliche Wohlthaten, erhielt aber, auf sein
Befragen von mir, zulänglichen Bericht wegen unsers
Herkommens, weil ich dazumal schon 10. Jahr alt
war, und die betrübte Historie von meinen Eltern
ziemlich gut zu erzehlen wuste.

Der redliche Geistliche, welcher vielleicht nunmehro
schon seit vielen Jahren unter den Seeligen, als des

Himmels-Glantz leuchtet, mochte vielleicht von den
damaligen Läufften, und sonderlich von meines Vaters Begebenheiten, mehrere Nachricht haben als wir
selbst, schlug derowegen seine Hände und Augen gen
Himmel, führete uns arme Wäysen in sein Hauß, und
hielt uns nebst seinen 3. Kindern so wol, als ob wir
ihnen gleich wären. Wir waren 2. Jahr bey ihm gewesen, und hatten binnen der Zeit im Christenthum,
Lesen, Schreiben und andern studien, unserm Alter
nach, ein ziemliches profitiret, worüber er nebst seiner
Liebsten eine sonderliche Freude bezeigte, und ausdrücklich sagte: daß er sich unsere Aufnahme niemals
gereuen lassen wolte, weiln er augenscheinlich gespüret, daß ihn GOTT seit der Zeit, an zeitlichen Gü-
[113]tern weit mehr als sonsten gesegnet hätte; doch
da wenig Wochen hernach sein Befreundter, ein Amtmann aus dem Braunschweigischen, diesen meinen bißherigen Pflege-Vater besuchte, an meinem stillen Wesen einen Gefallen hatte, meine 12. jährige Person von
seinem Vetter ausbat, und versicherte, mich, nebst seinen Söhnen, studiren zu lassen, mithin den Mitleidigen Priesters-Leuten die halbe Last vom Halse nehmen wolte; liessen sich diese bereden, und ich muste
unter Vergiessung häuffiger Thränen von ihnen und
meinem lieben Bruder Abschied nehmen, mit dem
Amtmanne aber ins Braunschweigische reisen. Daselbst nun hatte ich die ersten 2. Jahre gute Zeit, und
war des Amtmanns Söhnen, die doch alle beyde älter
als ich, auch im Studiren weit voraus waren, wo
nicht vor- doch gantz gleich gekommen. Dem ohngeacht vertrugen sich dieselben sehr wohl mit mir, da
aber ihre Mutter starb, und statt derselben eine junge
Stieff-Mutter ins Hauß kam, zog zugleich der Un-
einigkeits-Teuffel mit ein. Denn diese Bestie mochte
nicht einmahl ihre Stieff-Kinder, vielweniger mich,
den sie nur den Bastard und Fündling nennete, gern

um sich sehen, stifftete derowegen immerfort Zanck
und Streit unter uns, worbey ich jederzeit das meiste
leiden muste, ohngeacht ich mich so wohl gegen sie als
andere auf alle ersinnliche Art demüthigte. Der Informator, welcher es so hertzlich wohl mit mir meinete,
muste fort, an dessen Stelle aber schaffte die regie-
rende Domina einen ihr besser anständigen Studenten herbey. Dieser gute Mensch war kaum zwey
[114] Wochen da, als wir Schüler merckten, daß er im
Lateinischen, Griechischen, Historischen, Geographischen und andern Wissenschafften nicht um ein Haar
besser beschlagen war, als die, so von ihm lernen solten, derowegen klappte der Respect, welchen er doch
im höchsten Grad verlangte, gar schlecht. Ohngeacht
aber der gute Herr Praeceptor uns keinen Autorem
vor-exponiren konte; so mochte er doch der Frau
Amtmännin des Ovidii Libr. de arte amandi desto
besser zu erklären wissen, indem beyde die Privat-
Stunden dermassen öffentlich zu halten pflegten, daß
ihre freye Aufführung dem Amtmanne endlich selbst
Verdacht erwecken muste.
Der gute Mann erwehlete demnach mich zu seinem
Vertrauten, nahm eine verstellete Reise vor, kam aber
in der Nacht wieder zurück unter das Kammer-Fen-
ster, wo der Informator nebst seinen Schülern zu
schlaffen pflegte. Dieser verliebte Venus-Professor
stund nach Mitternacht auf, der Frau Amtmännin eine
Visite zu geben. Ich, der, ihn zu belauschen, noch kein
Auge zugethan hatte, war der verbothenen Zusammenkunfft kaum versichert, als ich dem, unter dem
Fenster stehenden, Amtmanne das abgeredete Zeichen
mit Husten und Hinunterwerffung meiner Schlaff-
Mütze gab, welcher hierauf nicht gefackelt, sondern
sich in aller Stille ins Hauß herein practiciret, Licht
angeschlagen, und die beyden verliebten Seelen, ich
weiß nicht in was vor positur, ertappet hatte.

Es war ein erbärmlich Geschrey in der Frauen Cammer, so, daß fast alles Hauß-Gesinde herzu [115] gelauffen kam, doch da meine Mit-Schüler, wie die Ratzen, schlieffen, wolte ich mich auch nicht melden, konte aber doch nicht unterlassen, durch das Schlüssel-Loch zu gucken, da ich denn gar bald mit Erstaunen sahe, wie die Bedienten dem Herrn Praeceptor halb todt aus der nächtlichen Privat-Schule heraus schleppten. Hierauf wurde alles stille, der Amtmann ging in seine Schreibe-Stube, hergegen zeigte sich die Frau Amtmännin mit blutigen Gesichte, verwirrten Haaren, hinckenden Füssen, ein groß Messer in der Hand haltend auf dem Saale, und schrye: Wo ist der Schlüssel? Albert muß sterben, dem verfluchten Albert will ich dieses Messer in die Kaldaunen stossen.

Mir wurde grün und gelb vor den Augen, da ich diese höllische Furie also reden hörete, jedoch der Amtmann kam, einen tüchtigen Prügel in der rechten, einen blossen Degen aber in der lincken Hand haltend, und jagte das verteuffelte Weib zurück in ihre Cammer. Dem ohngeacht schrye sie doch ohn Unterlaß: Albert muß sterben, ja der Bastard Albert muß sterben, ich will ihn entweder selbst ermorden, oder demjenigen hundert Thaler geben, wer dem Hunde Gifft eingiebt.

Ich meines Orts gedachte: Sapienti sat! kleidete mich so hurtig an, als Zeit meines Lebens noch nicht geschehen war, und schlich in aller Stille zum Hause hinaus.

Das Glücke führete mich blindlings auf eine grosse Heer-Strasse, meine Füsse aber hielten sich so hurtig, daß ich folgenden Morgen um 8. Uhr die Stadt Braunschweig vor mir liegen sahe. Hun-[116]ger und Durst plagten mich, wegen der gethanen starcken Reise, gantz ungemein, doch da ich nunmehro auf keinem Dorffe, sondern in Braunschweig einzukehren geson-

nen war, tröstete ich meinen Magen immer mit demjenigen 24. Marien-Groschen-Stücke, welches mir der
Amtmann vor 2. Tagen geschenckt, als ich mit ihm
aus Braunschweig gefahren, und dieses vor mich so
fatale Spiel verabredet hatte.

Allein, wie erschrack ich nicht, da mir das helle Tages-
Licht zeigte, daß ich in der Angst unrechte Hosen und
an statt der Meinigen des Herrn Praeceptoris seine
ergriffen. Wiewohl, es war mir eben nicht um die
Hosen, sondern nur um mein schön Stücke Geld zu
thun, doch ich fand keine Ursache, den unvorsichtigen
Tausch zu bereuen, weil ich in des Praeceptors Hosen
bey nahe 6. Thlr. Silber-Geld, und über dieses einen
Beutel mit 30. spec. Ducaten fand. Demnach klagte
ich bey meiner plötzlichen Flucht weiter nichts, als
daß mir nicht erlaubt gewesen, von dem ehrlichen
Amtmanne, der an mir als ein treuer Vater gehandelt,
mündlich danckbarn Abschied zu nehmen. Doch ich
that es schrifftlich desto nachdrücklicher, entschuldigte mein Versehen wegen der vertauschten Hosen
aufs beste, kauffte mir in Braunschweig die nöthigsten
Sachen ein, dung mich auf die geschwinde Post, und
fuhr nach Bremen, allwo ich von der beschwerlichen
und ungewöhnlich weiten Reise sattsam auszuruhen
willens hatte.

Warum ich nach Bremen gereiset war? wuste ich mir
selbst nicht zu sagen. Ausser dem, daß es die [117] erste fortgehende Post war, die mir in Braunschweig
aufstieß, und die ich nur deßwegen nahm, um weit
genung hinweg zu kommen, es mochte auch seyn wo
es hin wolte. Ich schätzte mich in meinen Gedancken
weit reicher als den grossen Mogol, ließ derowegen
meinem Leibe an guten Speisen und Geträncke nichts
mangeln, schaffte mir ein ziemlich wohl conditionirtes
Kleid, nebst guter Wäsche und andern Zubehör an,
behielt aber doch noch etliche 40. Thlr. Zehrungs-

Geld im Sacke, wovon ich mir so lange zu zehren getrauete, biß mir das Glück wieder eine Gelegenheit
zur Ruhe zeigte, denn ich wuste mich selbst nicht zu
resolviren, was ich in Zukunfft vor eine Profession
oder Lebens-Art erwehlen wolte, da wegen der annoch
lichterloh brennenden Krieges-Flamme eine verdrüßliche Zeit in der Welt war, zumahlen vor einen, von
allen Menschen verlassenen, jungen Purschen, der
erstlich in sein 17des Jahr ging, und am Soldaten-
Leben den greulichsten Eckel hatte.

Eines Tages ging ich zum Zeitvertreibe vor die Stadt
spatzieren, und gerieth unter 4. ansehnliche junge
Leute, welche, vermuthlich in Betracht meiner guten
Kleidung, zierlicher Krausen und Hosen-Bänder, auch
wohl des an der Seite tragenden Degens, sehr viel
Achtbarkeit vor meine Person zeigten, und nach langen Herumgehen, mich zu sich in ein Wein-Hauß
nöthigten. Ich schätzte mir vor eine besondere Ehre,
mit rechtschaffenen Kerlen ein Glaß Wein zu trincken,
ging derowegen mit, und that ihnen redlich Bescheid.
So bald aber der Wein die Geister in meinem Gehirne
etwas rege [118] gemacht hatte, mochte ich nicht
allein mehr von meinem Thun und Wesen reden, als
nützlich war, sondern beging auch die grausame Thorheit, alles mein Geld, so ich im Leben hatte, heraus zu
weisen. Einer von den 4. redlichen Leuten gab sich
hierauf vor den Sohn eines reichen Kauffmanns aus,
und versprach mir, unter dem Vorwande einer besondern auf mich geworffenen Liebe, die beste Condition
von der Welt bey einem seiner Anverwandten zu verschaffen, weiln derselbe einen Sohn hätte, dem ich
meine Wissenschafften vollends beybringen, und hernach mit ihm auf die Universität nach Leyden reisen
solte, allwo wir beyde zugleich, ohne daß es mich
einen Heller kosten würde, die gelehrtesten Leute
werden könten. Er tranck mir hierauf Brüderschafft

zu, und mahlete meinen vom Wein-Geist benebelten Augen vortreffliche Lufft-Schlösser vor, biß ich mich dermassen aus dem Zirckel gesoffen hatte, daß mein elender Cörper der Länge lang zu Boden fiel.

Der hierauf folgende Morgen brachte sodann meine Vernunfft in etwas wieder zurücke, indem ich mich gantz allein, auf einer Streu liegend, vermerckte. Nachdem ich aufgestanden, und mich einiger massen wieder in Ordnung gebracht hatte, meine Taschen aber alle ausgeleeret befand, wurde mir verzweiffelt bange. Ich ruffte den Wirth, fragte nach meinem Gelde und andern bey mir gehabten Sachen, allein er wolte von nichts wissen, und kurtz zu sagen: Es lieff nach genauer Untersuchung dahinaus, daß ich unter 4. Spitzbuben gerathen, welche zwar gestern Abend die Zeche be-[119]zahlt, und wiederzukommen versprochen, doch biß itzo ihr Wort nicht gehalten, und allem Ansehen nach mich beschneutzet hätten.

Also war derjenige Schatz, den ich unverhofft gefunden, auch unverhofft wieder verschwunden, indem ich ausser den angeschafften Sachen, die in meinem Quartiere lagen, nicht einen blutigen Heller mehr im Beutel hatte. Ich blieb zwar noch einige Stunden bey dem Weinschencken sitzen, und hoffte auf der Herrn Sauff-Brüder frölicke Wiederkunfft, allein, mein Warten war vergebens, und da der Wirth gehöret, daß ich kein Geld mehr zu versauffen hatte, gab er mir noch darzu scheele Gesichter, weßwegen ich mich eben zum Hinweggehen bereiten wolte, als ein ansehnlicher Cavalier in die Stube trat, und ein Glaß Wein forderte. Er sagte mit einer freundlichen Mine, doch schlecht deutschen Worten zu mir: Mein Freund, gehet meinetwegen nicht hinweg, denn ich sitze nicht gern allein, sondern spreche lieber mit Leuten. Mein Herr! gab ich zur Antwort, ich werde an diesem mir unglückseligen Orte nicht länger bleiben können, denn

man hat mich gestern Abend allhier verführet, einen
Rausch zu trincken, nachdem ich nun darüber eingeschlaffen, ist mir alles mein Geld, so ich bey mir gehabt, gestohlen worden. Bleibet hier, wiederredete er,
ich will vor euch bezahlen, doch erweiset mir den
Gefallen, und erzehlet umständlicher, was euch begegnet ist. Weiln ich nun einen starcken Durst verspürete, ließ ich mich nicht zweymahl nöthigen, sondern blieb da, und erzehlete dem Cavalier meine
gantze Lebens-Geschicht von [120] Jugend an, biß
auf selbige Stunde. Er bezeigte sich ungemein vergnügt dabey, und belachte nichts mehr als des Praeceptors Liebes-Avantüre, nebst dem wohlgetroffenen
Hosen-Tausche. Wein und Confect ließ er genung
bringen, da er aber merckte, daß ich nicht viel
trincken wolte, weiln in dem gestrigen Rausche eine
Haare gefunden, welche mir alle die andern auf dem
Kopffe verwirret, ja mein gantzes Gemüthe in tieffe
Trauer gesetzt hatte, sprach er: Mein Freund! habt
ihr Lust in meine Dienste zu treten, so will ich euch
jährlich 30. Ducaten Geld, gute Kleidung, auch Essen
und Trincken zur Gnüge geben, nebst der Versicherung, daß, wo ihr Holländisch und Englisch reden
und schreiben lernet, eure Dienste in weiter nichts als
Schreiben bestehen sollen.

Ich hatte allbereit so viel Höflichkeit und Verstand
gefasset, daß ich ihm augenblicklich die Hand küssete,
und mich mit Vergnügen zu seinem Knechte anboth,
wenn er nur die Gnade haben, und mich ehrlich besorgen wolte, damit ich nicht dürffte betteln gehen.
Hierauf nahm er mich sogleich mit in sein Quartier,
ließ meine Sachen aus dem Gast-Hofe holen, und behielt mich in seinen Diensten, ohne daß ich das geringste thun durffte, als mit ihm herum zu spatziren,
weiln er ausser mir noch 4. Bedienten hatte.

Ich konte nicht erfahren, wer mein Herr seyn möchte,

biß wir von Bremen ab und in Antwerpen angelanget
waren, da ich denn spürete, daß er eines reichen Edelmanns jüngster Sohn sey, der sich bereits etliche Jahr
in Engelland aufgehalten [121] hätte. Meine Verrichtungen bey ihm, bestunden anfänglich fast in nichts,
als im guten Essen und Trincken, da ich aber binnen
6. Monathen recht gut Engell- und Holländisch reden
und schreiben gelernet, muste ich diejenigen Briefe ab-
fassen und schreiben, welche mein Herr in seines
Herrn Vaters Affairen öffters selbst schreiben solte.
Er warff wegen meiner Fähigkeit und besondern
Dienst-Geflissenheit eine ungemeine Liebe auf mich,
erwehlete auch, da er gleich im Anfange des Jahrs
1646. abermahls nach Engelland reisen muste, sonsten
niemanden als mich zu seinem Reise-Gefährten. Was
aber das nachdencklichste war, so muste ich, ehe wir
auf den Engelländischen Erdreich anlangeten, in
Weibes-Kleider kriechen, und mich stellen, als ob ich
meines Herrn Ehe-Frau wäre. Wir gingen nach Londen, und logirten daselbst in einem Gast-Hofe, der
das Castell von Antwerpen genannt war, ich durffte
wenig aus dem Hause kommen, hergegen brachte mein
Herr fast täglich fremde Mannes-Personen mit sich in
sein Logis, worbey ich meine Person dermassen wohl
zu spielen wuste, daß jedermann nicht anders vermeynte, als, ich sey meines Herrn junges Ehe-Weib.
Zu seiner und meiner Aufwartung aber, hatte er zwey
Englische Mägdgen und 4. Laqueyen angenommen,
welche uns beyde nach Hertzens Lust bedieneten.
Nachdem ich nun binnen etlichen Wochen aus dem
Grunde gelernet hatte, die Person eines Frauenzimmers zu spielen, sagte mein Herr eines Tages zu mir:
Liebster Julius, ich werde euch morgen-[122]den
Nachmittag, unter dem Titul meines Eheweibes, in
eine gewisse Gesellschafft führen, ich bitte euch sehr,
studiret mit allem Fleiß darauf, wie ihr mir alle be-

hörige Liebkosungen machen wollet, denn mein gantzes Glück beruhet auf der Comoedie, die ich itzo zu spielen genöthiget bin, nehmet einmahl die Gestalt eurer Amtmanns-Frau an, und caressiret mich also, wie jene ihren Mann vor den Leuten, den Praeceptor aber mit verstohlenen Blicken caressiret hat. Seyd nochmahls versichert, daß an dieser lächerlich-scheinenden Sache mein gantzes Glücke und Vergnügen hafftet, welches alles ich euch redlich mit geniessen lassen will, so bald nur unsere Sachen zu Stande gebracht sind. Ich wolte euch zwar von Hertzen gern das gantze Geheimniß offenbaren, allein verzeihet mir, daß es biß auf eine andere Zeit verspare, weil mein Kopff itzo gar zu unruhig ist. Machet aber eure Dinge zu unserer beyder Vergnügen morgendes Tages nur gut.

Ich brachte die gantze hierauf folgende Nacht mit lauter Gedancken zu, um zu errathen, was doch immermehr mein Herr mit dergleichen Possen ausrichten wolte; doch weil ich den Endzweck zu ersinnen, unvermögend war, ihm aber versprochen hatte, allen möglichsten Fleiß anzuwenden, nach seinem Gefallen zu leben, machte sich mein Gemüthe endlich den geringsten Kummer aus der Sache, und ich schlieff gantz geruhig ein.

Folgendes Tages, nachdem ich fast den gantzen Vormittag unter den Händen zweyer alter Weiber, die mich recht auf Engelländische Art anklei-[123]deten, zugebracht hatte, wurden mein Herr und ich auf einen neu-modischen Wagen abgeholet, und 3. Meilen von der Stadt in ein propres Garten-Hauß gefahren. Daselbst war eine vortreffliche Gesellschafft vorhanden, welche nichts beklagte, als daß des Wohlthäters Tochter, Jungfer Concordia Plürs, von dem schmertzlichen Kopff-Weh bey uns zu seyn verhindert würde. Hergegen war ihr Vater, als unser Wirth, nebst seiner

Frauen, 3. übrigen Töchtern und 2. Söhnen zugegen,
und machten sich das gröste Vergnügen, die ankom-
menden Gäste zu bewirthen. Ich will diejenigen Lustbarkeiten, welche uns diesen und den folgenden Tag
gemacht wurden, nicht weitläufftig erwehnen, sondern nur so viel sagen, daß wir mit allerley Speisen
und Geträncke, Tantzen, Springen, Spatziren-gehen
und Fahren, auch noch andern Zeitvertreibungen,
allerley Abwechselung machten. Ich merckte, daß die
3. anwesenden schönen Töchter unseres Wohlthäters
von vielen Liebhabern umgeben waren, mein Herr
aber bekümmerte sich um keine, sondern hatte mich
als seine Schein-Frau mehrentheils an der Seite, lieb-
koseten einander auch dermassen, daß ein jeder glauben muste, wir hielten einander als rechte Ehe-Leute
von Hertzen werth. Einsmahls aber, da mich mein
Herr im Tantze vor allen Zuschauern recht hertzlich
geküsset, und nach vollführten Tantze an ein Fenster
geführet hatte, kam ein junger artiger Kauffmann
herzu, und sagte zu meinem Liebsten: Mein Herr van
Leuven, ich verspüre nunmehro, daß ihr mir die Concordia Plürs mit [124] gutem Recht gönnen könnet,
weil ihr an dieser eurer Gemahlin einen solchen Schatz
gefunden, den euch vielleicht viele andere Manns-
Personen mißgönnen werden. Mein liebster Freund,
antwortete mein Herr, ich kan nicht läugnen, daß ich
eure Liebste, die Concordiam, von Grund der Seelen
geliebet habe, und sie nur noch vor weniger Zeit ungemein gern zur Gemahlin gehabt hätte, weiln aber
unsere beyden Väter, und vielleicht der Himmel selbst
nicht in unsere Vermählung einwilligen wolten; so
habe nur vor etliche Monathen meinen Sinn geändert,
und mich mit dieser Dame verheyrathet, bey welcher
ich alle diejenigen Tugenden gefunden habe, welche
ihr als Bräutigam vielleicht in wenig Tagen bey der
Concordia finden werdet. Ich vor meine Person

wünsche zu eurer Vermählung tausendfaches Vergnügen, und zwar so, wie ich dasselbe mit dieser meiner
Liebsten beständig geniesse, beklage aber nichts mehr,
als daß mich meine Angelegenheiten so eilig wiederum
nach Hause treiben, mithin verhindern, eurer Hochzeit, als ein frölicher Gast, beyzuwohnen.

Der junge Kauffmann stutzte, und wolte nicht glauben, daß der Herr von Leuven so bald nach Antwerpen zurück kehren müsse, da er aber den Ernst vermerckte, und seinen vermeinten Schwieger-Vater
Plürs, unsern Wohlthäter, herzu ruffte, ging es an ein
gewaltiges Nöthigen, jedoch der Herr von Leuven
blieb nach vielen dargethanen Entschuldigungen bey
seinem Vorsatze, morgenden Mittag abzureisen, und
nahm schon im Voraus von der gantzen Gesellschafft
Abschied.

[125] Es war die gantze Land-Lust auf 8. Tage lang
angestellet, da aber wir nur den 3ten Tag abgewartet
hatten, und fort wolten, erbothen sich die meisten uns
das Geleite zu geben, allein der Herr von Leuven
nebst denen Hoffnungs-vollen Schwieger-Söhnen des
Herrn Plürs brachten es durch vieles Bitten dahin,
daß wir des folgenden Tages bey Zeiten abreisen
durfften, ohne von jemand begleitet zu werden, dahero die gantze Gesellschafft ohngestöhrt beysammen
blieb.

So bald wir wiederum in Londen in unsern Quartier
angelanget waren, ließ mein Herr einen schnellen
Post-Wagen holen, unsere Sachen in aller Eil auf-
packen, und Tag und Nacht auf Douvres zu jagen,
allwo wir des andern Abends eintraffen, unsere
Sachen auf ein parat liegendes Schiff schafften, und
mit guten Winde nach Calais abfuhren.

Vor selbigen Hafen wartete allbereit ein ander Schiff,
weßwegen wir uns nebst allen unsern Sachen dahinein
begaben, das vorige Schiff zurück gehen liessen, und

den Weg nach Ost-Indien erwehleten. Es war allbereit
Nacht, da ich in das neue Schiff einstieg, allwo mich
der Herr von Leuven bey der Hand fassete, und in
eine Cammer führete, worinnen eine ungemein schöne
Weibs-Person bey einer jungen 24. jährigen Manns-
Person saß. Mein liebster Albert Julius! sagte der
Herr von Leuven zu mir, nunmehro ist der Haupt-
Actus von unserer gespielten Comoedie zum Ende,
sehet, dieses ist Concordia Plürs, das schönste Frauenzimmer, welches ihr gestern [126] vielmahls habt erwehnen hören. Kurtz, es ist mein liebster Schatz, dieser bey ihr sitzende Herr ist ihr Bruder, wir reisen
nach Ceylon, und hoffen daselbst unser vollkommenes
Vergnügen zu finden, ihr aber, mein lieber Julius,
werdet euch gefallen lassen, an allen unsern Glücks-
und Unglücks-Fällen gleichen Theil zu nehmen, denn
wir wollen euch nicht verlassen, sondern, so GOtt
will, in Ost-Indien reich und glücklich machen.
Ich küssete dem Herrn von Leuven die Hand, grüssete
die nunmehro bekandten Frembden, wünschte Glück
zu ihren Vorhaben, und versprach als ein treuer Diener von ihnen zu leben und zu sterben.
Wenige Tage hierauf ließ sich der Herr van Leuven
mit mir in grössere Vertraulichkeit ein, da ich denn
aus seinen Erzehlungen umständlich erfuhr, daß seine
Sachen folgende Beschaffenheit hatten: Der alte Herr
van Leuven war unter den Kriegs-Völckern der vereinigten Niederländer, seit vielen Jahren, als ein
hoher Officier in Diensten gewesen, und hatte in
einer blutigen Action den rechten Arm eingebüsset,
weßwegen er das Soldaten-Handwerck niedergelegt,
und in Antwerpen ein geruhiges Leben zu führen ge-
trachtet; weil er ein Mann, der grosse Mittel besaß.
Seine 3. ältesten Söhne suchten dem ohngeacht ihr
Glück unter den Kriegs-Fahnen und auf den Kriegs-
Schiffen der vereinigten Niederländer, der jüngste

aber, als mein gütiger Herr, Carl Franz van Leuven,
blieb bey dem Vater, solte ein Staats-Mann werden,
und wurde deßwegen in seinen besten Jahren hinü-
[127]ber nach Engelland geschickt, allwo er nicht
allein in allen Adelichen Wissenschafften vortrefflich
zunahm, sondern auch seines Vaters Engelländisches
Negotium mit ungemeiner Klugheit führete. Hierbey
aber verliebt er sich gantz ausserordentlich in die
Tochter eines Englischen Kauffmanns, Plürs genannt,
erweckt durch sein angenehmes Wesen bey derselben
eine gleichmäßige Liebe. Kurtz zu sagen, sie werden
vollkommen unter sich eins, schweren einander ewige
Treue zu, und Mons. van Leuven zweiffelt gar nicht
im geringsten, so wohl seinen als der Concordiae Vater dahin zu bereden, daß beyde ihren Willen zur
baldigen Ehe-Verbindung geben möchten. Allein, so
leicht sie sich anfangs die Sachen auf beyden Seiten
einbilden, so schwer und sauer wird ihnen nachhero
der Fortgang gemacht, denn der alte Herr van Leuven
hatte schon ein reiches Adeliches Fräulein vor seinen
jüngsten Sohn ausersehen, wolte denselben auch
durchaus nicht aus dem Ritter-Stande heyrathen lassen, und der Kauffmann Plürs entschuldigte seine ab-
schlägige Antwort damit, weil er seine jüngste Tochter, Concordiam, allbereit in der Wiege an eines reichen Wechslers Sohn versprochen hätte. Da aber dennoch Mons. van Leuven von der hertzlich geliebten
Concordia nicht ablassen will, wird er von seinem
Herrn Vater zurück nach Antwerpen beruffen. Er
gehorsamet zwar, nimmt aber vorhero richtigen Verlaß mit der Concordia, wie sie ihre Sachen in Zukunfft
anstellen, und einander öfftere schrifftliche Nachricht
von beyderseits Zustande geben wollen.
[128] So bald er seinem Herrn Vater die Hand geküsset, wird ihm von selbigem ein starcker Verweiß,
wegen seiner niederträchtigen Liebe, gegeben, mit der

Versicherung, daß er ihn nimmermehr vor seinen Sohn erkennen wolle, wenn sich sein Hertze nicht der gemeinen Kauffmanns-Tochter entschlüge, im Gegentheil das vorgeschlagene Adeliche Fräulein erwehlete. Mons. van Leuven will seinen Vater mit allzu starcker Hartnäckigkeit nicht betrüben, bequemet sich also zum Scheine, in allen Stücken nach dessen Willen, im Hertzen aber thut er einen Schwur, von der Concordia nimmermehr abzulassen.

Inzwischen wird der alte Vater treuhertzig gemacht, setzet in des Sohnes verstellten Gehorsam ein völliges Vertrauen, committirt ihn in wichtigen Verrichtungen einige Reisen an verschiedene Örter in Teutschland, wobey es denn eben zutraff, daß er mich in Bremen zu sich, von dar aber mit zurück nach Antwerpen nahm. Einige Zeit nach seiner Zurückkunfft muste sich der gute Monsieur van Leuven mit dem wiederwärtigen Fräulein, welche zwar sehr reich, aber von Gesichte und Leibes-Gestalt sehr heßlich war, versprechen, die Vollziehung aber dieses ehelichen Verbindnisses konte nicht sogleich geschehen, weil sich der Vater gemüssiget sahe, den jungen Herrn von Leuven vorhero nochmahls in wichtigen Verrichtungen nach Engelland zu schicken. Er hatte ihm die ernstlichsten Vermahnungen gegeben, sich von der Concordia nicht etwa wieder aufs neue fangen zu lassen, auch den Umgang mit ihren Anverwandten möglichstens [129] zu vermeiden, allein Mons. van Leuven konte der hefftigen Liebe ohnmöglich widerstehen, sondern war Vorhabens, seine Concordiam heimlich zu entführen. Jedoch in Engelland deßfals niemanden Verdacht zu erwecken, muste ich mich als ein Frauenzimmer ankleiden, und unschuldiger Weise seine Gemahlin heissen.

So bald wir in Londen angelanget waren, begab er sich zu seinen getreuen Freunden, in deren Behausung

er die Concordiam öffters, doch sehr heimlich, sprechen konte. Mit ihrem mittelsten Bruder hatte Mons.
Leuven eine dermassen feste Freundschafft gemacht,
daß es schiene, als wären sie beyde ein Hertz und eine
Seele, und eben dieser Bruder hatte geschworen, allen
möglichsten Fleiß anzuwenden, daß kein anderer
Mann, als Carl Franz van Leuven, seine Schwester
Concordiam ins Ehe-Bette haben solte. Wie er denn
aus eigenem Triebe sich bemühet, einen Priester zu gewinnen, welcher ohne den geringsten Scrupel die beyden Verliebten, eines gewissen Abends, nehmlich am
9. Mart. ao. 1646. ordentlich und ehelich zusammen
giebt, und zwar in ihrer Baasen Hause, in Beyseyn
etlicher Zeugen, wie dieses Priesters eigenhändiges
Attestat und beyder Verliebten Ehe-Contract, den ich,
von 6. Zeugen unterschrieben, annoch in meiner Verwahrung habe, klar beweiset. Sie halten hierauf in
eben dieser ihrer Baasen Hause ordentlich Beylager,
machen sich in allen Stücken zu einer baldigen Flucht
bereit, und warten auf nichts, als eine hierzu bequeme
Gelegenheit. Der alte Plürs wuste von dieser geheimen
Ver-[130]mählung so wenig als meines Herrn eigener
Vater und ich, da ich mich doch, sein vertrautester
Bedienter zu seyn, rühmen konte.
Immittelst hatte sich zwar Monsieur van Leuven
gantz nicht heimlich in London aufgehalten, sondern
so wohl auf der Bourse als andern öffentlichen Orten
fast täglich sehen lassen, jedoch alle Gelegenheit vermieden, mit dem Kauffmanne Plürs ins Gespräche zu
kommen.
Demnach beginnet es zwar diesem eigensinnigem Kopffe
nahe zu gehen, daß ihm ein so guter Bekandter, von
dessen Vater er so manchen Vortheil gezogen, gäntzlich aus dem Garne gehen solte. Gehet ihm derowegen
einsmahls gantz hurtig zu Leibe, und redet ihn also
an: Mein Herr von Leuven! Ich bin unglücklich, daß

auf so unvermuthete Art an euch einen meiner besten
Herrn und Freunde verlieren müssen, aber bedencket
doch selbst: meine Tochter hatte ich allbereit versprochen, da ihr um sie anhieltet, da ich nun allezeit lieber
sterben, als mein Wort brechen will, so saget mir doch
nur, wie ich euch, meiner Tochter und mir hätte helffen sollen? Zumahlen, da euer Herr Vater selbsten
nicht in solche Heyrath willigen wollen. Lasset doch
das vergangene vergessen seyn, und verbleibet mein
wahrer Freund, der Himmel wird euch schon mit
einer weit schönern und reichern Gemahlin zu versorgen wissen. Mons. Leuven hatte hierauf zur Antwort gegeben: Mein werthester Herr Plürs, gedencket
an nichts von allen vergangenen, ich bin ein getreuer
Freund und Diener von euch, vor eure Tochter, die
schöne Concordia, habe ich zwar an-[131]noch die
gröste Achtbarkeit, allein nichts von der auf eine Ehe
abzielenden hefftigen Liebe mehr, weil ich von dem
Glücke allbereits mit einer andern, nicht weniger annehmlichen Gemahlin versorgt bin, die ich auch itzo
bey mir in London habe.

Plürs hatte vor Verwirrung fast nicht reden können,
da er aber von Mons. Leuven einer guten Freundschafft, und daß er im puren Ernste redete, nochmahlige Versicherung empfieng, umarmete er denselben vor
grossen Freuden, und bath, seinem Hause die Ehre zu
gönnen, nebst seiner Gemahlin bey ihm zu logiren,
allein van Leuven danckte vor das gütige Erbieten,
mit dem Bedeuten: daß er sich nicht lange in London
aufhalten, mithin sein Logis nicht erstlich verändern
könne, doch wolte er dem Herrn Plürs ehester Tages,
so bald seine Sachen erstlich ein wenig expediret, in
Gesellschafft seiner Gemahlin, die itzo etwas Unpaß
wäre, eine Visite geben.

Hierbey bleibt es, Plürs aber, der sich bey des von
Leuven guten Freunden weiter erkundiget, vernimmt

die Bekräfftigung dessen, was er von ihm selbst vernommen, mit grösten Vergnügen, machet Anstalt uns
aufs beste zu bewirthen, da mitlerweile Mons. von
Leuven, seine Liebste, und ihr Bruder Anton Plürs,
auch die beste Anstalt zur schleunigen Flucht, und mit
einem Ost-Indien-Fahrer das Gedinge machten, der
sie auf die Insul Ceylon verschaffen solte. Indem
Mons. von Leuvens Vaters Bruder, ein Gouverneur
oder Con-[132]sul auf selbiger Insul war, und er sich
bey demselben alles kräfftigen Schutzes getröstete.

Der 25. May war endlich derjenige gewünschte Tag,
an welchem Mons. de Leuven nebst mir, seiner Schein-
Gemahlin, auf des Herrn Plürs Vorwerg 3. Meilen
von London gelegen, abfuhren, und allda 8. Tage zu
Gaste bleiben solten. Und eben selbigen Abend wolten
auch Anton Plürs, und Concordia, über Douvres nach
Calais passiren. Denn Concordia hatte, diese Land-
Lust zu vermeiden, nicht allein hefftige Kopf-
Schmertzen vorgeschützt, sondern auch ihren Eltern
ins Gesicht gesagt: Sie könne den van Leuven unmöglich vor Augen sehen, sondern bäte, man möchte sich
nur, binnen der Zeit, um sie unbekümmert lassen,
weil sie, so lange die Lust währete, bey ihrer Baase in
der Stille verbleiben wolte, welches ihr denn endlich
zugestanden wurde.

Wie wir hingegen auf dem Vorwerge unsere Zeit hingebracht, ingleichen wie wir allen Leuten unsere Ver-
bündniß glaubend gemacht, auch daß ich mit meinem
Herrn, welcher alle seine Dinge schon vorhero in Ordnung gebracht, ohne allen Verdacht abreisete, und
beyde glücklich bey dem vor Calais wartenden Ost-
Indien-Fahrer anlangeten, dieses habe allbereit erweh-
net; derowegen will nur noch mit wenigen melden,
daß Mons. Anton Plürs, gleich Abends am 25. May,
seine Schwester Concordiam, mit guten Vorbewust
ihrer Baase und anderer 4. Befreundten, entführet,

und in Manns-Kleidern glücklich aus dem Lande gebracht hatte. Die guten Freunde stunden zwar in den
Gedancken, als [133] solte Concordia nach Antwerpen geführet werden, allein es befand sich gantz anders, denn van Leuven, Anton und Concordia, hatten
eine weit genauere Abrede mit einander genommen.
Was man nach der Zeit in London und Antwerpen
von uns gedacht und geredet hat, kan ich zwar wol
Muthmassen, aber nicht eigentlich erzehlen. Jedoch
da wir bey den Canarischen Insuln, und den Insuln
des grünen Vor-Gebürges glücklich vorbey passiret
waren, also keine so hefftige Furcht mehr vor den
Spanischen Krieges-Schiffen hegen durfften, bekümmerten sich unsere erfreuten Hertzen weiter um
nichts, waren Lustig und guter Dinge, und hofften in
Ceylon den Haafen unseres völligen Vergnügens zu
finden.

Allein, meine Lieben! sagte hier Albertus Julius, es ist
nunmehro Zeit auf dieses mal abzubrechen, derowegen
wollen wir beten, zu Bette gehen, und so GOTT will,
Morgen die Einwohner in Davids-Raum besuchen.
Nach diesem werde in der Erzehlung meiner Lebens-
Geschicht, und der damit verknüpfften Umbstände
fortfahren. Wir danckten unserm lieben Alt-Vater vor
seine Bemühung, folgten dessen Befehle, und waren,
nach wohlgehaltener Ruhe, des folgenden Morgens
mit Aufgang der Sonnen wiederum beysammen.
Nachdem die Morgen-Gebeths-Stunde und ein gutes
Früh-Stück eingenommen war, reiseten wir auf gestrige Art den allerlustigsten Weg in einer Alleé biß nach
Davids-Raum, dieses war eine von den mittelmäßigen
Pflantz-Städten, indem wir 12. Wohnhäuser darinnen
antraffen, welche alle ziem-[134]lich geraumlich ge-
bauet, auch mit schönen Gärten, Scheuern und Ställen
versehen waren. Alle Winckel zeugten, daß die Ein-

wohner keine Müßiggänger seyn müsten, wie wir denn
selbige mehrentheils auf dem wohlbestellten Felde
fanden. Doch muß ich allhier nicht vergessen, daß
wir allda besondere Schuster in der Arbeit antraffen,
welche vor die anderen Insulaner gemeine Schue von
den Häuten der Meer-Thiere, und dann auch Staats-
Schue von Hirsch- und Reh-Leder machten, und dieselben gegen andere Sachen, die ihnen zu weit entlegen
schienen, vertauschten. In dasigem Felde befand sich
ein vortreffliches Kalck- Thon- und Leimen-Gebür-
ge, worüber unser mitgebrachter Töpffer, Nicolaus
Schreiner, eine besondere Freude bezeigte, und so
gleich um Erlaubniß bath: morgendes Tages den Anfang zu seiner Werckstadt zu machen. Die Gräntze
selbiger Einwohner setzte der Fluß, der sich, gegen
Westen zu, durch den Felsen hindurch ins Meer
stürtzte. Sonsten hatten sie ihre Waldung mit ihren
Nachbarn zu Alberts-Raum fast in gleichen Theile,
anbey aber musten sie auch mit diesen ihren Gräntz-
Nachbarn die Last tragen, die Küste und Bucht nach
Norden hin, zu bewahren. Dieserwegen war unten am
Felsen ein bequemliches Wacht-Hauß erbauet, worinnen sie im Winter Feuer halten und schlafen konten.
Mons. Wolffgang, ich und noch einige andere, waren
so curieux, den schmalen Stieg zum Felsen hinauf zu
klettern, und fanden auf der Höhe 4. metallene mittelmäßige Stücken gepflantzt, und dabey ein artiges
Schilder-Häußgen auf ein paar [135] Personen in den
Felsen gehauen, da man ebenfalls Feuer halten, und
gantz wol auch im Winter darinnen bleiben konte.
Nächst diesen eine ordentliche Zug-Brücke nach der
verborgenen Treppe zu, von welcher man herab nach
der Sand-Banck und See steigen konte, und selbiger
zur Seiten zwey vortreffliche Kloben und Winden,
vermittelst welcher man in einem Tage mehr als
1000. Centner Waaren auf- und nieder lassen konte.

Der angenehme prospect auf die Sand-Banck, in die offenbare See, und dann lincker Hand in die schöne Bucht, welche aber einen sehr gefährlichen Eingang hatte, war gantz ungemein, ausser dem, daß man allhier auch die gantze Insul, als unser kleines Paradieß, völlig übersehen konte.

Nachdem wir über eine gute Stunde auf solcher Höhe verweilet, und glücklich wieder herunter kommen waren, ließ sich unser Altvater, nebst Herr M. Schmeltzern, bey einer Kreissenden Frau antreffen, selbige kam bald darauff mit einer jungen Tochter nieder, und verrichtete Herr Mag. Schmeltzer allhier so gleich seinen ersten Tauff-Actum, worbey Mons. Wolffgang, ich und die nechste Nachbarin Tauff-Pathen abgaben, (selbiges junge Töchterlein, welches das erste Kind war, so auf dieser Insul durch Priesters Hand getaufft worden, und die Nahmen Eberhardina Maria empfieng, ist auf der untersten Linie der IX. Genealogischen Tabelle mit NB. *.** bezeichnet.) Wir wurden hierauff von dem Kindtauffen-Vater mit Wein, weissem Brodte, und wohlschmeckenden Früchten tracti-[136]ret, reiseten also gegen die Zeit des Untergangs der Sonnen vergnügt zurück auf Alberts Burg.

Herr Mag. Schmeltzer war sehr erfreuet, daß er selbiges Tages ein Stück heilige Arbeit gefunden hatte, der Altvater vergnügte sich hertzlich über diese besondere Gnade GOTTES. Mons. Wolffgang aber schickte vor mich und sich, noch selbigen Abend unserer kleinen Pathe zum Geschencke 12. Elen feine Leinewand, 4. Elen Cattun, ein vollgestopfftes Küssen von Gänse-Federn, nebst verschiedenen kräfftigen Hertzstärckungen und andern dienlichen Sachen vor die Wöchnerin, wie denn auch vor die gantze Gemeine das deputirte Geschenck an 10. Bibeln und 20. Gesang- und Gebeth-Büchern ausgegeben wurde. Nachdem

wir aber nunmehro unsere Tages-Arbeit verrichtet,
und die Abend-Mahlzeit eingenommen hatten, setzte
unser Alt-Vater die Erzehlung seiner Lebens-Geschicht
also fort:

Wir hielten eine dermassen glückliche Farth, dergleichen
sich wenig See-Fahrer zur selben Zeit, gethan zu
haben, rühmten. Indem das Vor-Gebürge der guten
Hofnung sich allbereit von ferne erblicken ließ, ehe
wir noch das allergeringste von Regen, Sturm, und
Ungewitter erfahren hatten. Der Capitain des Schiffs
machte uns Hoffnung, daß wir aufs Längste in 3.
oder 4. Tagen daselbst anländen, und etliche Tage auf
dem Lande ausruhen würden; Allein die Rechnung
war ohne den Wirth gemacht, und das Verhängniß
hatte gantz ein anderes über uns beschlossen, denn
folgenden Mittag umzohe sich der Himmel überall
mit schwar-[137]tzen Wolcken, die Lufft wurde dick
und finster, endlich schoß der Regen nicht etwa
Tropffen, sondern Strohm-Weise auf uns herab, und
hielt biß um Mitternacht ohne allen Unterlaß an. Da
aber die sehr tieff herab hangenden Wolcken ihrer
wichtigsten Last kaum in etwas entledigt und besänftigt
zu seyn schienen, erhub sich dargegen ein dermassen
gewaltiger Sturm-Wind, daß man auch vor
dessen entsetzlichen Brausen, wie ich glaube, den
Knall einer Canone nicht würde gehört haben. Diese
unsichtbare Gewalt muste, meines Erachtens, unser
Schiff zuweilen in einer Stunde sehr viel Meilen fortführen,
zuweilen aber schiene selbes auf einer Stelle
zu bleiben, und wurde als ein Kreusel in der See herum
gedrehet, hernachmals von den Erstaunens-würdigen
Wellen bald biß an die Wolcken hinan, augenblicklich
aber auch herunter in den aufgerissenen
Rachen der Tiefe geworffen. Ein frischer, und noch
viel heftigerer Regen als der Vorige, vereinigte sich

noch, zu unserem desto grössern Elende, mit dem
Sturm-Winden, und kurtz zu sagen, es hatte das Ansehen, als ob alle Feinde und Verfolger der See-Fahrenden unsern Untergang auf die erschrecklichste Arth
zu befördern beschlossen hätten.

Man sagt sonst: Je länger das Unglück und widerwärtige Schicksal anhalte, je besser man sich darein
schicken lerne, jedoch daß dieses damals bey uns eingetroffen, kan ich mich nicht im geringsten erinnern.
Im Gegentheil muß bekennen, daß unsere Hertzhafftigkeit, nachdem wir 2. Nachte und dritthalben Tag
in solcher Angst zugebracht, vol-[138]lends gäntzlich
zerfloß, weil die mit Donner und Blitz abermals herein brechende Nacht, schlechten Trost und Hoffnung
versprach. Concordia und ich waren vermuthlich die
allerelendesten unter allen, indem wir währenden
Sturms nicht allein keinen Augenblick geschlaffen
hatten, sondern auch dermassen matt und taumelnd
gemacht waren, daß wir den Kopf gantz und gar
nicht mehr in die Höhe halten konten, und fast das
Eingeweyde aus dem Leibe brechen musten. Mons. de
Leuven und Anton Plürs konten von der höchst sauren, und letzlich doch vergeblichen Arbeit auf dem
Schiffe, kaum so viel abbrechen, daß sie uns zuweilen
auf eine Minute besuchten, wiewol auch ohnedem
nichts vermögend war, uns einige Linderung zu verschaffen, als etliche Stunden Ruhe. Wir höreten auf
dem Schiffe, so offt der Sturm nur ein wenig inne
hielt, ein grausames Lermen, kehreten uns aber an
nichts mehr, weil sich unsere Sinnen schon bereitet
hatten, das jämmerliche Ende unseres Lebens mit Gedult abzuwarten. Da aber die erbärmlichen Worte
ausgeruffen wurden: GOTT sey uns gnädig, nun sind
wir alle des Todes, vergieng so wol mir als der Concordia der Verstand solchergestalt, daß wir als Ohnmächtige da lagen. Doch habe ich in meiner Schwach-

heit noch so viel verspüret, daß das Schiff vermuthlich an einen harten Felsen zerscheiterte, indem es ein
grausames Krachen und Prasseln verursachte, das
Hintertheil aber, worinnen wir lagen, mochte sehr
tieff unter Wasser gekommen seyn, weil selbiges
unsere Kammer über die Helffte anfüllete, jedoch
alsobald wieder zurück lief, [139] worauff alles in
gantz verkehrten Zustande blieb, indem der Fuß-
Boden zu einer Seiten-Wand geworden, und wir beyden Krancken uns in den Winckel der Kammer geworfen, befanden. Weiter weiß ich nicht, wie mir
geschehen ist, indem mich entweder eine Ohnmacht
oder allzustarcker Schlaf überfiel, aus welchem ich
mich nicht eher als des andern Tages ermuntern konte,
da sich mein schwacher Cörper auf einer Sand-Banck
an der Sonne liegend befand.
Es kam mir als etwas recht ungewöhnliches vor, da
ich die Sonne am aufgeklärten Himmel erblickte, und
von deren erwärmenden Strahlen die allerangenehmste Erquickung in meinen Gliedern empfieng. Ich
richtete mich auf, sahe mich um, und entsetzte mich
gewaltig, da ich sonst keinen Menschen, als die Concordia, Mons. van Leuven, und den Schiffs-Capitain
Lemelie, ohnfern von mir schlafend, hinterwärts
einen grausamen Felsen, seitwärts das Hintertheil vom
zerscheiterten Schiffe, sonsten aber nichts als Sand-
Bäncke, Wasser und Himmel sahe. Da aber die Seite,
auf welcher ich gelegen, nebst den Kleidern, annoch
sehr kalt und naß war, drehete ich selbige gegen die
Sonne um, und verfiel aufs neue in einen tieffen
Schlaf, aus welchem mich, gegen Untergang der Sonnen, Mons. van Leuven erweckte. Er gab mir einen
mäßigen Topf mit Weine, und eine gute Hand voll
Confect, welches ich noch halb schläferig annahm,
und mit grosser Begierde in den Magen schickte,
massen nunmehro fast in 4. Tagen weder gegessen

noch getruncken hatte. Hierauff empfieng ich noch
[140] einen halben Topf Wein, nebst einem Stück
Zwieback, mit der Erinnerung, daß ich mich damit
biß Morgen behelffen müste, weiln ein mehreres meiner Gesundheit schädlich seyn möchte.
Nachdem ich auch dieses verzehret, und mich durchaus erwärmt, auch meine Kleider gantz trucken befand, kam ich auf einmal wieder zu Verstande, und
bedünckte mich so starck als ein Löwe zu seyn. Meine
erste Frage war nach unsern übrigen Reise-Gefährten,
weil ich, außer uns vier vorerwehnten, noch niemand
mehr sahe. Muste aber mit grösten Leydwesen anhören, daß sie vermuthlich ingesammt würden er-
truncken seyn, wenn sie GOtt nicht auf so wunderbare Art als uns, errettet hätte. Denn vor Menschlichen Augen war es vergeblich, an eines eintzigen
Rettung zu gedencken, weiln die Zerscheiterung des
Schiffs noch vor Mitternacht geschehen, der Sturm
sich erstlich 2. Stunden vor Aufgang der Sonnen gelegt hatte, das Hintertheil des Schiffs aber, worauff
wir 4. Personen allein geblieben, mit aller Gewalt auf
diese Sand-Banck getrieben war. Ich beklagte sonderlich den ehrlichen Mons. Anton Plürs, der sich bey
uns nicht sicher zu seyn geschätzt, sondern nebst all-
zuvielen andern Menschen, einen leichten Nachen er-
wehlt, doch mit allen diesen sein Begräbniß in der
Tiefe gefunden. Sonsten berichtete Mons. van Leuven,
daß er so wol mich, als die Concordiam, mit gröster
Müh auf die Sand-Banck getragen, weil ihm der
eigensinnige und Verzweiffelungs-volle Capitain nicht
die geringste Handreichung thun wollen.
[141] Dieser wunderliche Capitain Lemelie saß dorten von ferne, mit unterstützten Haupte, und an statt,
daß er dem Allmächtigen vor die Fristung seines Lebens dancken solte, fuhren lauter schändliche gottlose
Flüche wider das ihm so feindselige Verhängniß aus

seinem ruchlosen Munde, wolte sich auch mit nichts
trösten lassen, weiln er nunmehro, so wol seine Ehre,
als gantzes Vermögen verlohren zu haben, vorgab.
Mons. de Leuven und ich verliessen den närrischen
Kopf, wünschten daß er sich eines Bessern besinnen
möchte, und giengen zur Concordia, welche ihr Ehe-
Mann in viele von der Sonne erwärmte Tücher und
Kleider eingehüllt hatte. Allein wir fanden sie dem
ohngeacht, in sehr schlechten Zustande, weil sie sich
biß diese Stunde noch nicht erwärmen, auch weder
Speise noch Geträncke bey sich behalten konte, sondern vom starcken Froste beständig mit den Zähnen
klapperte. Ich zog meine Kleider aus, badete durch
das Wasser biß an das zerbrochene Schiff, und langete von selbigem etliche stücken Holtz ab, welche
ich mit einem darauff gefundenen breiten Degen zer-
splitterte, und auf dem Kopffe hinüber trug, um auf
unserer Sand-Banck ein Feuer anzumachen, wobey
sich Concordia erwärmen könte. Allein zum Unglück
hatte weder der Capitain Lemelie, noch Mons. Leuvens ein Feuerzeug bey sich. Ich fragte den Capitain,
auf was vor Art wir etwa Feuer bekommen könten?
allein er gab zur Antwort: Was Feuer? ihr habt Ehre
genug, weil ihr alle Drey mit mir crepiret. Mein
Herr, gab ich zur Antwort, ich bin vor meine Person
so hochmüthig nicht. Besann mich aber [142] bald,
daß ich in unserer Cajüte ehemals eine Rolle Schwefel hengen sehen, badete derowegen nochmals hinüber
in das Schiff, und fand nicht allein diese, sondern
auch ein paar wol eingewickelte Pistolen, welche mir
nebst dem Schwefel zum schönsten Feuerzeuge dieneten, an statt des Strohes aber brauchte ich meinen
schönen Baumwollenen, in lauter Streiffen zerrissenen
Brust-Latz, machte Feuer an, und bließ so lange, biß
das ziemlich klein gesplitterte Holtz in volle Flamme
gerieth.

Mons. van Leuven war hertzlich erfreuet über meinen
glücklichen Einfall, und badete noch zwey mal mit
mir hinüber, um so viel Holtz aus dem Schiffs-Stücke
zu brechen, wobey wir uns die gantze Nacht hindurch
gemächlich wärmen könten. Die Witterung war zwar
die gantze Nacht hindurch, dermassen angenehm, als
es in Sachsen die besten Sommer-Nächte hindurch zu
seyn pfleget, allein es war uns nur um unsere frostige
Patientin zu thun, welche wir der Länge lang gegen
das Feuer legten, und aufs allerbeste besorgten. Der
tolle Capitain kam endlich auch zu uns, eine Pfeiffe
Toback anzustecken, da ich ihn aber mit seinen To-
backrauchen schraubte, indem er ja zu crepiren willens wäre, gieng er stillschweigend mit einer scheelen
mine zurück an seinen vorigen Ort.
Concordia war indessen in einen tieffen Schlaf gefallen, und forderte, nachdem sie gegen Morgen erwacht
war, einen Trunck frisch Wasser, allein weil ihr solches zu verschaffen unmöglich, beredete Mons. van
Leuven dieselbe, ein wenig Wein zu trincken, sie nahm
denselben, weil er sehr Frisch war, [143] begierig zu
sich, befand sich aber in kurtzen sehr übel drauff,
massen sie wie eine Kohle glüete, und ihr, ihrem sagen
nach, der Wein das Hertze abbrennen wolte. Ihr Ehe-
Herr machte ihr die grösten Liebkosungen, allein sie
schien sich wenig darum zu bekümmern, und fieng
unverhofft also zu reden an: Carl Frantz gehet mir
aus den Augen, damit ich ruhig sterben kan, die über-
mäßige Liebe zu euch hat mich angetrieben das 4te
Gebot zu übertreten, und meine Eltern biß in den tod
zu betrüben, es ist eine gerechte Strafe des Himmels,
daß ich, auf dieser elenden Stelle, mit meinen Leben
davor büssen muß. GOTT sey meiner und eurer Seele
gnädig.
Kein Donnerschlag hätte Mons. van Leuven erschreck-
licher in die Ohren schmettern können, als diese Cent-

ner schweren Worte. Er konte nichts darauff antworten, stund aber in vollkommener Verzweiffelung auf, lieff nach dem Meere zu, und hätte sich gantz gewiß ersäufft, wenn ich ihm nicht nachgelauffen, und durch die kräfftigsten Reden die mir GOTTES Geist eingab, damals sein Leib und Seele gerettet hätte.

So bald er wieder zurück auf die trockene Sand-Banck gebracht war, legte ich ihm nur diese Frage vor: Ob er denn sein Leben, welches ihm GOTT unter so vielen wunderbarer Weise erhalten, nunmehro aus Übereilung dem Teufel, samt seiner Seele hingeben wolte? Hierzu setzte ich noch, daß Concordia wegen übermäßiger Hitze nicht alle Worte so geschickt, wie sonsten, vorbringen könte, auch vielleicht in wenig Stunden gantz anders re-[144]den würde, u. s. w. Worauff er sich denn auch eines andern besonn, und mir hoch und theur zuschwur, sich mit christl. Gedult in alles zu geben, was der Himmel über ihn verhängen wolle. Er bat mich anbey, alleine zur Concordia zu gehen, und dieselbe mit Gelegenheit auf andere Gedancken zu bringen. Ich bat ihn noch einmal, seine Seele, Himmel und Hölle zu bedencken, und begab mich zur Concordia, welche mich bat: Ich möchte doch aus jenem Mantel etwas Regen-Wasser ausdrüken, und ihr solches zu trincken geben. Ich versicherte ihr solches zu thun, und begehrete nur etwas Gedult von ihr, weil diese Arbeit nicht so hurtig zugehen möchte. Sie versprach, wiewol in würcklicher Phantasie, eine halbe Stunde zu warten; Aber mein GOTT! da war weder Mantel noch nichts, woraus ein eintziger Tropffen Wassers zu drücken gewesen wäre. Derowegen lieff ich ohn ausgezogen durch die See nach dem Schiffe zu, und fand, zu meinen selbst eigenen grösten Freuden, ein zugepichtes Faß mit süssen Wasser, worvon ich ein erträgliches Lägel füllete, aus unserer Cajüte etwas Thee, Zucker und Zimmet zu

mir nahm, und so hurtig als möglich wieder zurück
eilete. Ohngeacht ich aber kaum eine halbe Stunde
ausgeblieben war, sagte doch Concordia, indem ich
ihr einen Becher mit frischen Wasser reichte: Ihr hättet binnen 5. Stunden keine Tonne Wasser außdrücken
dürffen, wenn ihr mich nur mit einem Löffel voll
hättet erquicken wollen; aber ihr wollet mir nur das
Hertze mit Weine brechen, GOTT vergebe es euch.
Doch da sie den Becher mit frischen Wasser aus-
[145]getruncken hatte, sagte ihr lechzender Mund:
Habet Danck mein lieber Albert Julius vor eure
Mühe, nun bin ich vollkommen erquickt, deckt mich
zu, und lasset mich schlafen. Ich Gehorsamete ihrem
Begehren, machte hinter ihren Rücken ein gelindes
Feuer an, welches nicht eher ausgehen durffte, biß die
Sonne mit ihren kräfftigen Strahlen hoch genung zu
stehen kam.
Immittelst da sie wiederum in einen ordentlichen
Schlaf verfallen war, ruffte ich ihren Ehe-Herrn, der
sich wol 300. Schritt darvon gesetzt hatte, herzu, tröstete denselben, und versicherte, daß mich seiner Liebsten Zustand gäntzlich überredete, sie würde nachdem
sie nochmals erwacht, sich ungemein Besser befinden.
Damals war ich ein unschuldiger, aber doch in der
Wahrheit recht glücklicher Prophete. Denn 2. Stunden
nach dem Mittage wachte Concordia von sich selbst
auf, forderte ein klein wenig Wein, und fragte zugleich, wo ihr Carl Frantz wäre? Selbiger trat Augenblicklich hervor, und Küssete dieselbe kniend mit thränenden Augen. Sie trocknete seine Thränen mit ihrem
Halß-Tuche ab, und sprach mit frischer Stimme: Wei-
net nicht mein Schatz, denn ich befinde mich itzo
weit Besser, GOTT wird weiter helffen.
Ich hatte, binnen der Zeit, in zweyen Töpffen Thee
gekocht, weiln aber keine Schaalen vorhanden waren,

reichte ich ihr selbigen Tranck, an statt des gefoderten
Weins, in dem Wein-Becher hin. Ihr lechzendes Hertze
fand ein besonderes Labsal daran, Mons. van Leuven
aber, und ich, schmau-[146]seten aus dem einen irr-
denen Topffe auch mit, und wusten fast vor Freuden
nicht was wir thun solten, da wir die halb tod gewesene Concordia nunmehro wiederum ausser Gefahr
halten, und bey vollkommenen Verstande sehen konten.

Lemelie hatte sich binnen der Zeit durch das Wasser
auf das zerbrochene Schiff gemacht, wir hofften zwar
er würde vor Abends wiederum zurück kommen,
sahen und höreten aber nichts von ihm, weßwegen
Mons. van Leuven Willens war hin zu baden, nach
demselben zu sehen, und etwas Holtz mit zu bringen,
da aber ich versicherte, daß wir auf diese Nacht noch
Holtz zur Gnüge hätten, ließ ers bleiben, und wartete
seine Concordia mit den trefflichsten Liebkosungen
ab, biß sie abermals einschlieff, worauff wir uns beredeten, wechsels-weise bey derselben zu wachen.

Selbige Nacht wurde schon weit vergnügter als die
vorige hingebracht, mit aufgehender Sonne aber
wurde ich gewahr, daß die See allerhand Packen und
Küsten auf die nah gelegenen Sand-Bäncke, und an
das grosse Felsen-Ufer, auch an unsere Sand-Banck
ebenfalls, nebst verschiedenen Waaren, einen mittelmäßigen Nachen gespielet hatte. Dieses kleine Fahr-
Zeug hieß wol recht ein vom Himmel zugeschicktes
Glücks-Schiff, denn mit selbigen konten wir doch,
wie ich so gleich bedachte, an den nah gelegenen Felsen fahren, aus welchen wir einen gantzen Strohm des
schönsten klaren Wassers schiessen sahen.

So bald demnach Mons. van Leuven aufgewacht,
zeigte ich ihme die Merckmahle der wunder-[147]
baren Vorsehung GOTTES, worüber er so wol als ich,
die allergröste Freude bezeigte. Wir danckten GOTT

bey unsern Morgen-Gebete auf den Knien davor,
und so bald Concordia erwacht, auch nach befunde-
nen guten Zustande, mit etwas Wein und Confect gestärckt war, machten wir uns an den Ort, wo das
kleine Fahrzeug gantz auf den Sand geschoben lag.
Mons. de Leuven erkannte an gewissen Zeichen, daß
es eben dasselbe sey, mit welchem sein Schwager
Anton Plürs untergangen sey, konte sich nebst mir
hierüber des Weinens nicht enthalten; Allein wir
musten uns über dessen gehabtes Unglück gezwungener Weise trösten, und die Hand an das Werck unserer
eigenen Errettung ferner legen, weiln wir zur Zeit
eines Sturms, auf dieser niedrigen Sand-Banck, bey
weiten nicht so viel Sicherheit als am Felsen, hoffen
durfften.
Es kostete nicht wenig Mühe, den so tieff im Sande
steckenden Nachen heraus ins Wasser zu bringen, da
es aber doch endlich angegangen war, banden wir selbiges an eine tieff in den Sand gesteckte Stange, machten aus Bretern ein paar Ruder, fuhren, da alles wol
eingerichtet war, nach dem Stücke des zerscheiterten
Schiffs, und fanden den Lemelie, der sich dermassen
voll Wein gesoffen, daß er alles was er im Magen gehabt, wieder von sich speyen müssen, im tieffsten
Schlafe liegen.
Mons. van Leuven wolte ihn nicht aufwecken, sondern suchte nebst mir alles, was wir von Victualien
finden konten, zusammen, packten so viel, als der
Nachen tragen mochte, auf, und thaten die erste Reise
gantz hurtig und glücklich nach dem Ufer des
[148] Felsens zu, fanden auch, daß allhier weit bequemlicher und sicherer zu verbleiben wäre, als auf
der seichten Sand-Banck. So bald der Nachen ausge-
packt war, fuhren wir eilig wieder zurück, um unsere
kostbareste Waare, nemlich die Concordia dahin zu
führen, wiewol vor rathsam befunden wurde, zugleich

noch eine Last von den nothdürfftigsten Sachen aus
dem Schiffe mit zu nehmen. Diese andere Farth gieng
nicht weniger glücklich von statten, derowegen wurde
am Felsen eine bequeme Klufft ausgesucht, darinnen
auch zur Zeit des Regens wol 6. Personen oberwarts
bedeckt, gantz geräumlich sitzen konten. Allhier
muste Concordia bey einem kleinen Feuer sitzen bleiben, wir aber thaten noch 2. Fahrten, und holeten
immer so viel, als auf dem Nachen fortzubringen
war, herüber. Bey der 5ten Ladung aber, welche
gantz gegen Abend gethan wurde, ermunterte sich
Lemelie erstlich, und machte grosse Augen, da er viele
Sachen und sonderlich die Victualien mangeln, uns
aber annoch in völliger Arbeit, auszuräumen sahe. Er
fragte was das bedeuten solte? warum wir uns solcher
Sachen bemächtigten, die doch nicht allein unser
wären, und ob wir etwa als See-Räuber agiren wolten? Befahl auch diese Verwegenheit einzustellen,
oder er wolle uns etwas anders weisen. Monsieur Lemelie, versatzte van Leuven hierauf, ich kan nicht
anders glauben, als daß ihr euren Verstand verlohren
haben müsset, weil ihr euch weder unseres guten Raths
noch würcklicher Hülffe bedienen wollet. Allein ich
bitte euch sehr, höret auf zu brutalisiren, denn die
Zeiten haben sich leyder! verändert, euer Comman-
[149]do ist zum Ende, es gilt unter uns dreyen einer
so viel als der andere, die meisten Stimmen gelten, die
Victualien und andern Sachen sind gemeinschafftlich,
will der 3te nicht was 2. haben wollen, so mag er
elendiglich crepiren. Schweiget mir auch ja von See-
Räubern stille, sonsten werde mich genöthiget sehen
zu zeigen, daß ich ein Cavalier bin, der das Hertze
hat euch das Maul zu wischen. Lemelie wolte über
diese Reden rasend werden, und Augenblicklich vom
Leder ziehen, doch van Leuven ließ ihn hierzu nicht
kommen, sondern riß den Großprahler als ein Kind

zu Boden, und ließ ihm mit der vollen Faust, auf
Nase und Maule ziemlich starck zur Ader. Nunmehro
hatte es das Ansehen, als ob es dem Lemelie bloß hieran gefehlet hätte, weil er in wenig Minuten wieder zu
seinem völligen Verstande kam, sich mit uns, dem
Scheine nach, recht Brüderlich vertrug, und seine
Hände mit an die Arbeit legte; so daß wir noch vor
Nachts wohlbeladen bey Concordien in der neuen
Felsen-Wohnung anlangeten. Wir bereiteten vor uns
ingesammt eine gute Abend-Mahlzeit, und rechneten
aus, daß wenigstens auf 14. Tage Proviant vor 4. Personen vorhanden sey, binnen welcher Zeit uns die
Hoffnung trösten muste, daß der Himmel doch ein
Schiff in diese Gegend, uns in ein gut Land zu führen,
senden würde.

Concordia hatte sich diesen gantzen Tag, wie auch
die darauff folgende Nacht sehr wol befunden, folgenden Tag aber, wurde sie abermals vom starcken Frost,
und darauff folgender Hitze überfallen, worbey sie
starck phanthasirte, doch gegen Abend [150] ward es
wieder gut, also schlossen wir daraus, daß ihre gantze
Kranckheit in einem gewöhnlichen kalten Fieber bestünde, welche Muthmassungen auch in so weit zu-
traffen, da sie selbiges Fieber wol noch 3. mal, allezeit
über den 3ten Tag hatte, und sich nachhero mit
48. Stündigen Fasten selbsten curirete. Immittelst
schien Lemelie ein aufrichtiges Mitleyden mit dieser
Patientin zu haben, suchte auch bey allen Gelegenheiten sich uns und ihr, aus dermassen gefällig und dienstfertig zu erzeigen. An denen Tagen, da Concordia
wol auf war, fuhren wir 3. Manns-Personen wechsels-
weise an die Sand-Bäncke, und langeten die daselbst
angeländeten Packen und Fässer von dar ab, und
schafften selbige vor unsere Felsen-Herberge. Wir
wolten auch das zerstückte Schiff, nach und nach
vollends außladen, jedoch ein nächtlicher mäßiger

Sturm war so gütig, uns solcher Mühe zu überheben, massen er selbiges gantze Stück nebst noch vielen andern Waaren, gantz nahe zu unserer Wohnung auf die Sand-Banck geschoben hatte. Demnach brauchten wir voritzo unsern Nachen so nöthig nicht mehr, führeten also denselben in eine Bucht, allwo er vor den Winden und Wellen sicher liegen konte.

Vierzehen Tage und Nächte verstrichen also, doch wolte sich zur Zeit bey uns noch kein Rettungs-Schiff einfinden, ohngeacht wir alle Tage fleißig Schildwache hielten, über dieses ein grosses weisses Tuch an einer hoch aufgerichteten Stange angemacht hatten. Concordia war völlig wieder gesund, doch fand sich nun nicht mehr, als noch etwa auf 3. oder 4. Tage Proviant, weßwegen wir alle [151] Fässer, Packen und Küsten ausräumeten und durchsuchten, allein, ob sich schon ungemein kostbare Sachen darinnen fanden, so war doch sehr wenig dabey, welches die bevorstehende Hungers-Noth zu vertreiben vermögend war.

Wir armen Menschen sind so wunderlich geartet, daß wir zuweilen aus blossen Muthwillen solche Sachen vornehmen, von welchen wir doch im voraus wissen, daß dieselben mit tausendfachen Gefährlichkeiten verknüpfft sind; Im Gegentheil wenn unser Gemüthe zu anderer Zeit nur eine einfache Gefahr vermerckt, die doch eben so wol noch nicht einmal gegenwärtig ist, stellen wir uns an, als ob wir schon lange Zeit darinnen gesteckt hätten. Ich will zwar nicht sagen, daß alle Menschen von dergleichen Schlage wären, bey uns 4en aber braucht es keines Zweiffels, denn wir hatten, wiewol nicht alles aus der Erfahrung, jedoch vom hören und lesen, daß man auf der Schiffarth nach Ost-Indien, die Gefährlichkeiten von Donner, Blitz, Sturmwind, Regen, Hitze, Frost, Sclaverey, Schiffbruch, Hunger, Durst, Kranckheit und Tod zu be-

fürchten habe; doch deren keine einzige konte den
Vorsatz nach Ost-Indien zu reisen unterbrechen, nunmehro aber, da wir doch schon ein vieles überstanden,
noch nicht den geringsten Hunger gelitten, und nur
diesen eintzigen Feind, binnen etlichen Tagen, zu befürchten hatten, konten wir uns allerseits im voraus
schon dermassen vor dem Hunger fürchten, daß auch
nur das blosse dran dencken unsere Cörper auszuhun-
gern vermögend war.

Lemelie that nichts als essen und trincken, To-[152]
back rauchen, und dann und wann am Felsen herum
spatzieren, worbey er sich mehrentheils auf eine recht
närrische Art mit Pfeiffen und Singen hören ließ, vor
seine künfftige Lebens-Erhaltung aber, trug er nicht
die geringste Sorge. Mons. van Leuven machte bey
seiner Liebsten lauter tieffsinnige Calender, und wenn
es nur auf sein speculiren ankommen wäre, hätten
wir, glaube ich, in einem Tage mehr Brod, Fleisch,
Wein und andere Victualien bekommen, als 100. Mann
in einem Jahre kaum aufessen können, oder es solte
uns ohnfehlbar, entweder ein Lufft- oder See-Schiff
in einem Augenblicke nach Ceylon geführet haben.
Ich merckte zwar wol, daß die guten Leute mit dergleichen Lebens-Art der bevorstehenden Hungers-
Noth kein Quee vorlegen würden, doch weil ich der
jüngste unter ihnen, und auch selbst nicht den geringsten guten Rath zu ersinnen wuste; unterstund ich
mich zwar, nicht die Lebens-Art älterer Leute zu tadeln, wolte aber doch auch nicht so verdüstert bey
ihnen sitzen bleiben, kletterte derowegen an den Felsen herum so hoch ich kommen konte, in beständiger
Hoffnung etwas neues und guts anzutreffen. Und
eben diese meine Hoffnung Betrog mich nicht: Denn
da ich eine ziemlich hohe Klippe, worauff ich mich
ziemlich weit umsehen konte, erklettert hatte, erblickte ich jenseit des Flusses der sich Westwärts aus

dem Felsen ins Meer ergoß, auf dem Sande viele
Thiere, welche halb einem Hunde und halb einem
Fische ähnlich sahen. Ich säumte mich nicht, die
Klippe eiligst wieder herunter zu klettern, lief zu
Mons. van Leuven, und sagte: Monsieur, wenn [153]
wir nicht eckel seyn wollen, werden wir allhier auch
nicht verhungern dürffen, denn ich habe eine grosse
Menge Meer-Thiere entdeckt, welche mit Lust zu
schiessen, so bald wir nur mit unsern Nachen über
den Fluß gesetzt sind. Mons. Leuven sprang hurtig
auf, nahm 2. wohlgeladene Flinten vor mich und sich,
und eilete nebst mir zum Nachen, welchen wir loß
machten, um die Klippe herum fuhren, und gerade
zu, queer durch den Fluß hindurch setzen wolten;
allein, hier hätte das gemeine Sprichwort: Eilen thut
kein gut, besser beobachtet werden sollen; denn als
wir mitten in den Strohm kamen, und ausser zweyen
kleinen Rudern nichts hatten, womit wir uns helffen
konten, führete die Schnelligkeit desselben den Nachen mit unserer grösten Lebens-Gefahr dermassen
weit in die offenbare See hinein, daß alle Hoffnung
verschwand, den geliebten Felsen jemahls wiederum
zu erreichen.

Jedoch die Barmhertzigkeit des Himmels hielt alle
Kräffte des Windes und der Wellen gäntzlich zurücke,
dahero wir endlich nach eingebrochener Nacht jenseit
des Flusses an demjenigen Orte anländeten, wo ich die
Meer-Thiere gesehen hatte. Wiewohl nun itzo nichts
mehr daselbst zu sehen, so waren wir doch froh genung, daß wir unser Leben gerettet hatten, setzten uns
bey hellen Mondscheine auf eine kleine Klippe, und
berathschlagten, auf was vor Art wiederum zu den
Unserigen zu gelangen wäre. Doch weil kein anderer
Weg als durch den Fluß, oder durch den vorigen Umschweiff zu erfinden, wurde die Wahl biß auf den
morgenden Tag verschoben.

[154] Immittelst, da unsere Augen beständig nach der See zu gerichtet waren, merckten wir etwa um Mitternachts-Zeit, daß etwas lebendiges aus dem Wasser kam, und auf dem Sande herum wühlete, wie uns denn auch ein offt wiederholtes Blöcken versicherte, daß es eine Art von Meer-Thieren seyn müsse. Wir begaben uns demnach von der Klippe herab, und gingen ihnen biß auf etwa 30. Schritt entgegen, sahen aber, daß sie nicht verweigerten, Stand zu halten, weßwegen wir, um sie desto gewisser zu fassen, ihnen noch näher auf den Leib gingen, zu gleicher Zeit Feuer gaben, und 2. darvon glücklich erlegten, worauf die übrigen groß und kleine gantz langsam wieder in See gingen.

Früh Morgens besahen wir mit anbrechenden Tage unser Wildpret, und fanden selbiges ungemein niedlich, trugen beyde Stück in den Nachen, getraueten aber doch nicht, ohne stärckere Bäume und bessere Ruder abzufahren, doch Mons. van Leuvens Liebe zu seiner Concordia überwand alle Schwürigkeiten, und da wir ohne dem alle Stunden, die allhier vorbey strichen, vor verlohren schätzten, befahlen wir uns der Barmhertzigkeit des Allmächtigen, setzten behertzt in den Strom, traffen aber doch dieses mahl das Gelencke etwas besser, und kamen nach Verlauff dreyer Stunden ohnbeschädiget vor der Felsen Herberge an, weil der heutige Umschweiff nicht so weit ist, als der gestrige, genommen war.

Concordia hatte die gestrigen Stunden in der grösten Bekümmerniß zugebracht, nachdem sie [155] wahrgenommen, daß uns die strenge Fluth so weit in die See getrieben, doch war sie um Mitternachts-Zeit durch den Knall unserer 2. Flinten, der sehr vernehmlich gewesen, ziemlich wieder getröstet worden, und hatte die gantze Nacht mit eiffrigen Gebeth, um unsere glückliche Zurückkunfft, zugebracht, welches

denn auch nebst dem unserigen von dem Himmel nach
Wunsche erhöret worden.

Lemelie erkandte das mitgebrachte Wildpret sogleich
vor ein paar See-Kälber, und versicherte, daß deren
Fleisch besonders wohlschmeckend wäre, wie wir
denn solches, nachdem wir die besten Stücken ausge-
schnitten, gebraten, gekocht und gekostet hatten, als
eine Wahrheit bekräfftigen musten.

Dieser bißhero sehr faul gewesene Mensch ließ sich
nunmehro auch in die Gedancken kommen, vor Lebens-Mittel zu sorgen, indem er aus etlichen aus Bretern geschnitzten Stäbigen 2. Angel-Ruthen verfer-
tigte, eine darvon der Concordia schenckte, und derselben zur Lust und Zeit-Vertreibe bey der Bucht das
Fischen lernete. Mons. van Leuven und ich machten
uns auch dergleichen, da ich aber sahe, daß Concordia
allein geschickt war, nur in einem Tage so viel Fische
zu fangen, als wir in etlichen Tagen nicht verzehren
konten, ließ ich diese vergebliche Arbeit bleiben, kletterte hergegen mit der Flinte an den Klippen herum,
und schoß etliche Vögel mit ungewöhnlich-grossen
Kröpffen herunter, welche zwar Fleisch genug an sich
hatten, jedoch, da wir sie zugerichtet, sehr übel zu
essen waren. Hergegen fand ich Abends beym Mond-
schein auf dem Sande etliche Schild-Kröten, vor
deren erstaunli-[156]cher Grösse ich mich anfänglich
scheuete, derowegen Mons. van Leuven und Lemelie
herbey rieff, welcher letztere sogleich ausrieff: Abermahls ein schönes Wildpret gefunden! Monsieur Albert, ihr seyd recht glücklich.

Wir hatten fast alle drey genung zu thun, ehe wir,
auf des Lemelie Anweisung, dergleichen wunderbare
Creatur umwenden und auf den Rücken legen konten.
Mit anbrechenden Morgen wurde eine mittelmäßige
geschlachtet, Lemelie richtete dieselbe seiner Erfahrung nach appetitlich zu, und wir fanden hieran eine

ausserordentlich angenehme Speise, an welcher sich
sonderlich Concordia fast nicht satt essen konte. Doch
da dieselbe nachhero besondere Lust verspüren ließ,
ein Feder-Wildpret zu essen, welches besser als die
Kropff-Vögel schmeckte, gaben wir uns alle drey die
gröste Müh, auf andere Arten von Vögeln zu lauern,
und selbige zu schiessen.

Im Klettern war mir leichtlich Niemand überlegen,
weil ich von Natur gar nicht zum Schwindel geneigt
bin, als nun vermerckte, daß sich oben auf den höchsten Spitzen der Felsen, andere Gattunge Vögel hören
und sehen liessen; war meine Verwegenheit so groß,
daß ich durch allerhand Umwege immer höher von
einer Spitze zur andern kletterte, und nicht eher nach-
ließ, biß ich auf den allerhöchsten Gipffel gelangt
war, allwo alle meine Sinnen auf einmahl mit dem
allergrösten Vergnügen von der Welt erfüllet wurden.
Denn es fiel mir durch einen eintzigen Blick das gantze
Lust-Revier dieser Felsen-Insul in die Augen, welches
rings herum von der Natur mit dergleichen star-[157]
cken Pfeilern und Mauren umgeben, und so zu sagen,
verborgen gehalten wird. Ich weiß gewiß, daß ich
länger als eine Stunde in der grösten Entzückung gestanden habe, denn es kam mir nicht anders vor, als
wenn ich die schönsten blühenden Bäume, das herum
spatzirende Wild, und andere Annehmlichkeiten dieser Gegend, nur im blossen Traume sähe. Doch endlich, wie ich mich vergewissert hatte, daß meine
Augen und Gedancken nicht betrogen würden, suchte
und fand ich einen ziemlich bequemen Weg, herab in
dieses angenehme Thal zu steigen, ausgenommen, daß
ich an einem eintzigen Orte, von einem Felsen zum
andern springen muste, zwischen welchen beyden ein
entsetzlicher Riß und grausam tieffer Abgrund war.
Ich erstaunete, so bald ich mich mitten in diesem
Paradiese befand, noch mehr, da ich das Wildpret, als

Hirsche, Rehe, Affen, Ziegen und andere mir unbekandte Thiere, weit zahmer befand, als bey uns in
Europa fast das andere Vieh zu seyn pfleget. Ich sahe
zwey- oder dreyerley Arten von Geflügel, welches
unsern Rebhünern gleichte, nebst andern etwas grössern Feder-Vieh, welches ich damahls zwar nicht
kannte, nachhero aber erfuhr, daß es Birck-Hüner
wären, weiln aber der letztern wenig waren, schonte
dieselben, und gab unter die Rebhüner Feuer, wovon
5. auf dem Platz liegen blieben. Nach gethanem
Schusse stutzten alle lebendige Creaturen gewaltig,
gingen und flohen, jedoch ziemlich bedachtsam fort,
und verbargen sich in die Wälder, weßwegen es mich
fast gereuen wolte, daß mich dieser angenehmen Ge-
sell-[158]schafft beraubt hatte. Zwar fiel ich auf die
Gedancken, es würden sich an deren Statt Menschen
bey mir einfinden, allein, da ich binnen 6. Stunden die
gantze Gegend ziemlich durchstreifft, und sehr wenige und zweiffelhaffte Merckmahle gefunden hatte,
daß Menschen allhier anzutreffen, oder sonst da gewesen wären, verging mir diese Hoffnung, als woran
mir, wenn ich die rechte Wahrheit bekennen soll, fast
gar nicht viel gelegen war. Im Gegentheil hatte allerhand, theils blühende, theils schon Frucht-tragende
Bäume, Weinstöcke, Garten-Gewächse von vielerley
Sorten und andere zur Nahrung wohl dienliche Sachen
angemerckt, ob mir schon die meisten gantz frembd
und unbekandt vorkamen.

Mittlerweile war mir der Tag unter den Händen verschwunden, indem ich wegen allzu vieler Gedancken
und Verwunderung, den Stand der Sonnen gar nicht
in acht genommen, biß mich der alles bedeckende
Schatten versicherte, daß selbige untergegangen seyn
müsse. Da aber nicht vor rathsam hielt, gegen die
Nacht zu, die gefährlichen Wege hinunter zu klettern,
entschloß ich mich, in diesem irrdischen Paradiese die

Nacht über zu verbleiben, und suchte mir zu dem
Ende auf einen mit dicken Sträuchern bewachsenen
Hügel eine bequeme Lager-Statt aus, langete aus meinen Taschen etliche kleine Stücklein Zwieback,
pflückte von einem Baume etliche ziemlich reiffe
Früchte, welche röthlich aussahen, und im Geschmacke
denen Morellen gleich kamen, hielt damit meine
Abend-Mahlzeit, tranck aus dem vorbey rausche-
[159]den klaren Bächlein einen süssen Trunck Wasser
darzu, befahl mich hierauf GOtt, und schlieff in dessen Nahmen gar hurtig ein, weil mich durch das hohe
Klettern und viele Herumschweiffen selbigen Tag ungemein müde gemacht hatte.

Hierbey mag vor dieses mahl (sagte der Alt-Vater
nunmehro, da es ziemlich späte war) meine Erzehlung
ihren Aufhalt haben. Morgen, geliebt es GOtt, wollen
wir, wo es euch gefällig, die Einwohner in Stephans-
Raum besuchen, und Abends wieder da anfangen, wo
ich itzo aufgehöret habe. Hiermit legten wir uns allerseits nach gehaltener Beth-Stunde zur Ruhe, folgenden Morgen aber ging die Reise abgeredter massen
auf Stephans-Raum zu.

Hieselbst waren 15. Wohnhäuser nebst guten Scheuern
und Ställen auferbauet, aber zur Zeit nur 11. bewohnt.
Durch die Pflantz-Stadt, welche mit den schönsten
Gärten umgeben war, lieff ein schöner klarer Bach,
der aus der grossen See, wie auch aus dem Ertz-Ge-
bürge seinen Ursprung hatte, und in welchem zu gewissen Zeiten eine grosse Menge Gold-Körner gesammlet werden konten, wie uns denn die Einwohner
fast mit einem gantzen Hute voll dergleichen, deren
die grösten in der Form eines Weitzen-Korns waren,
beschenckten, weil sie es als eine artige und gefällige
Materie zwar einzusammlen pflegten, doch lange
nicht so viel Wercks draus machten, als wir Neuange-

kommenen. Mons. Plager, der einige Tage hernach die Probe auf allerhand Art damit machte, versicherte, daß es so fein, ja fast noch feiner wäre, als in Europa das [160] Ungarische Gold. Gegen Westen zu stiegen wir auf die Klippen, allwo uns der Altvater den Ort zeigete, wo vor diesen auf beyden Seiten des Flusses ein ordentlicher und bequemer Eingang zur Insul gewesen, doch hätte nunmehro vor langen Jahren ein unbändig grosses Felsen-Stück denselben verschüttet, nachdem es zerborsten, und plötzlich herab geschossen wäre, wie er uns denn in den Verfolg seiner Geschichts-Erzehlung deßfals nähere Nachricht zu ertheilen versprach. Immittelst war zu verwundern, und lustig anzusehen, wie, dem ohngeacht, der starcke Arm des Flusses seinen Ausfall allhier behalten, indem das Wasser mit gröster Gewalt, und an vielen Orten etliche Ellen hoch, zwischen dem Gesteine heraus stürtzte. Ohnfern vom Flusse betrachteten wir das vortreffliche und so höchst-nutzbare Saltz-Gebürge, in dessen gemachten Gruben das schönste Sal gemmae oder Stein-Saltz war, und etwa 100. Schritt von demselben zeigte man uns 4. Lachen oder Pfützen, worinnen sich die schärffste Sole zum Saltz-Sieden befand, welche diejenigen Einwohner, so schön Saltz verlangten, in Gefässen an die Sonne setzten, das Wasser abrauchen liessen, und hernach das schönste, reinste Saltz aus dem Gefässe heraus schabten, gewöhnlicher Weise aber brauchten alle nur das feinste vom Stein-Saltze. Sonsten fand sich in dasigen Feldern ein Wein-Gebürge von sehr guter Art, wie sie uns denn, nebst allerhand guten Speisen, eine starcke Probe davon vortrugen, durch den Wald war eine breite Strasse gehauen, allwo man von der Alberts-Burg her, auf das unten [161] am Berge stehende Wacht-Hauß, gegen Westen sehen konte. Wie denn auch oben in die Felsen-Ecke ein Schilder-Hauß gehauen war, weil aber der Weg hinauf gar zu unbequem, stiegen wir dieses mahl nicht hinauf, zumahlen auch sonsten nichts gegen Westen zu sehen, als ein steiler biß in die offenbahre See hinunter steigender Felsen.

Nachdem wir nun solchermassen zwey Drittel des Tages hingebracht, und bey guter Zeit zurück gekehret waren, besichtigten wir die Arbeit am Kirchen-Bau, und befanden daselbst die Zeichen solcher eifferiger Anstalten, dergleichen wir zwar von ihren Willen hoffen, von ihren Kräfften aber nimmermehr glauben können. Denn es war nicht allein schon eine ziemliche Quantität Steine, Kalck und Leimen herbey geschafft, sondern auch der Grund allbereits sehr weit ausgegraben. Unter unsern sonderbaren Freudens-Bezeugungen über solchen angenehmen Fortgang, rückte die Zeit zur Abend-Mahlzeit herbey, nach deren Genuß der Altvater in seinem Erzehlen folgender massen fortfuhr:

Ich hatte mich, wie ich gestern Abend gesagt, auf dieser meiner Insul zur Ruhe gelegt, und zwar auf einem kleinen Hügel, der zwischen Alberts- und Davids-Raum befindlich ist, itzo aber ein gantz ander Ansehen hat. Indem die Einwohner nicht allein die Sträucher darauf abgehauen, sondern auch den mehresten Theil davon abgearbeitet haben. Meine Ruhe war dermassen vergnügt, daß ich mich nicht eher als des andern Morgens, etwa zwey Stunden nach Aufgang der Sonnen, er-[162]muntern konte. Ich schämete mich vor mir selbst, so lange geschlaffen zu haben, stund aber hurtig auf, nahm meine 5. gestern geschossene Rebhüner, schoß unter Wegs noch ein junges Reh, und eilete dem Wege zu, welcher mich zu meiner verlassenen Gesellschafft führen solte.

Mein Rückweg fand sich durch unverdrossenes Suchen weit leichter und sicherer als der gestrige, den ich mit

Leib- und Lebens-Gefahr hinauf gestiegen war, derowegen machte ich mir bey jeder Umkehrung ein gewisses Zeichen, um denselben desto eher wieder zu finden, weil die vielen Absätze der Felsen von Natur
einen würcklichen Irrgang vorstelleten. Mein junges
Reh wurde ziemlich bestäubt, indem ich selbiges
wegen seiner Schwere immer hinter mir drein schleppte, die Rebhüner aber hatte mit einem Bande an meinen Halß gehenckt, weil ich die Flinte statt eines
Wander-Staabs gebrauchte. Endlich kam ich ohn allen
Schaden herunter, und traff meine zurück gelassene
Gesellschafft, eben bey der Mittags-Mahlzeit vor der
Felsen-Herberge an. Mons. van Leuven und Concordia sprangen, so bald sie mich nur von ferne erblickten, gleich auf, und kamen mir entgegen gelauffen.
Der erste umarmte und küssete mich, sagte auch:
Monsieur Albert, der erste Bissen, den wir seit eurer
Abwesenheit gegessen haben, steckt noch in unsern
Munde, weil ich und meine Liebste die Zeit eurer Abwesenheit mit Fasten und gröster Betrübniß zugebracht haben. Fraget sie selbst, ob sie nicht seit Mitternachts-Zeit viele Thränen eurentwegen vergossen
hat? Madame, gab ich lachend [163] zur Antwort,
ich will eure kostbaren Thränen, in Abschlag mit
5. delicaten Rebhünern und einem jungen Reh bezahlen, aber, Monsieur van Leuven, wisset ihr auch, daß
ich das schöne Paradieß entdeckt habe, woraus vermuthlich Adam und Eva durch den Cherub verjagt
worden? Monsieur Albert, schrye van Leuven, habt
ihr etwa das Fieber bekommen? oder phantasirt ihr
auf andere Art? Nein, Monsieur, wiederredete ich,
bey mir ist weder Fieber noch einige andere Phantasie, sondern lasset mich nur eine gute Mahlzeit nebst
einem Glase Wein finden, so werdet ihr keine Phantasie, sondern eine wahrhafftige Erzehlung von allen
dem, was mir GOtt und das Glücke gewiesen hat, aus
meinem Munde hören können.

Sie ergriffen beyde meine Arme, und führeten mich
zu dem sich kranck zeigenden Lemelie, welcher aber
doch ziemlich wohl von der zugerichteten Schild-
Kröte und See-Kalbe essen konte, auch dem Wein-
Becher keinen Zug schuldig blieb. Ich meines Theils
ersättigte mich nach Nothdurfft, stattete hernachmahls den sämtlichen Anwesenden von meiner gethanen Reise den umständlichen Bericht ab, und dieser
setzte meine Gefährten in so grosse Freude als Verwunderung. Mons. van Leuven wolte gleich mit, und
das schöne Paradieß in meiner Gesellschafft besehen,
allein, meine Müdigkeit, Concordiens gute Worte und
des Lemelie Faulheit, fruchteten so viel, daß wir solches biß Morgenanbrechenden Tag aufschoben, immittelst aber desto sehnlicher auf ein vorbey seeglen-
des Schiff Achtung gaben, welches zwar immer in
unsern [164] Gedancken, auf der See aber desto weniger zum Vorscheine kommen wolte.

So bald demnach das angenehme Sonnen-Licht abermahls aus der See empor gestiegen kam, steckte ein
jeder an Lebens-Mitteln, Pulver, Bley und andern
Nothdürfftigkeiten so viel in seine Säcke, als er sich
fortzubringen getrauete. Concordia durffte auch nicht
ledig gehen, sondern muste vor allen andern in der
Hand eine scharffe Radehaue mitschleppen. Ich führete nebst meiner Flinte und Rantzen eine Holtz-Axt,
und suchte noch lange Zeit nach einem kleinen Hand-
Beile, womit man dann und wann die verhinderlichen
dünnen Sträucher abhauen könte, weil aber die Hand-
Beile, ich weiß nicht wohin, verlegt waren, und meine
3. Gefährten über den langen Verzug ungedultig werden wolten, beschenckte mich Lemelie, um nur desto
eher fortzukommen, mit einem artigen, 2. Finger breiten, zweyschneidigen und wohlgeschliffenen Stillet,
welches man gantz wohl statt eines Hand-Beils gebrauchen, und hernachmahls zur Gegenwehr wider

die wilden Thiere, mit dem Griffe in die Mündung des Flinten-Lauffs stecken konte. Ich hatte eine besondere Freude über das artige Instrument, danckte dem Lemelie fleißig davor, er aber wuste nicht, daß er hiermit ein solches kaltes Eisen von sich gab, welches ihm in wenig Wochen den Lebens-Faden abkürtzen würde, wie ihr in dem Verfolg dieser Geschichte gar bald vernehmen werdet. Doch da wir uns nunmehro völlig ausgerüstet, die Reise nach dem eingebildeten Paradiese anzutreten, ging ich als Weg-[165]weiser voraus, Lemelie folgte mir, Concordia ihm, und van Leuven schloß den gantzen Zug. Sie konten sich allerseits nicht gnugsam über meinen klugen Einfall verwundern, daß ich die Absätze der Felsen, welche uns auf die ungefährlichsten Stege führeten, so wohl gezeichnet hatte, denn sonsten hätte man wohl 8. Tage suchen, wo nicht gar Halß und Beine brechen sollen. Es ging zwar immer, je höher wir kamen, je beschwerlicher, sonderlich weil uns Concordiens Furchtsamkeit und Schwindel sehr viel zu schaffen machte, indem wir ihrentwegen hier und dar Stuffen einhauen musten. Doch erreichten wir endlich die alleroberste Höhe glücklich, allein, da es an den Sprung über die Felsen-Klufft gehen solte, war aufs neue Noth vorhanden, denn Concordia konte sich aus Furcht, zu kurtz zu springen und hinunter zu stürtzen, unmöglich darzu entschliessen, ohngeacht der Platz breit genug zum Ausholen war, derowegen musten wir dieselbe sitzen lassen, und unten im nächsten Holtze einige junge Bäume abhauen, welche wir mit gröster Mühe den Felsen wieder hinauf schleppten, Queer-Höltzer darauf nagelten und bunden, also eine ordentliche Brücke über diesen Abgrund schlugen, auf welcher nachhero Concordia, wiewohl dennoch mit Furcht und Zittern, sich herüber führen ließ.

Ich will die ungemeinen Freudens-Bezeugungen mei-

ner Gefährten, welche dieselben, da sie alles weit angenehmer auf dieser Gegend fanden, als ich ihnen die
Beschreibung gemacht, mit Stillschweigen übergehen,
und ohne unnöthige Weit-[166]läufftigkeit ferner erzehlen, daß wir nunmehro ingesamt anfingen das
gantze Land zu durchstreichen, wobey Mons. van
Leuven glücklicher als ich war, gewisse Merckmahle
zu finden, woraus zu schliessen, daß sich ohnfehlbar
vernünfftige Menschen allhier aufgehalten hätten, wo
selbige ja nicht noch vorhanden wären. Denn es fand
sich jenseit des etwa 12. biß 16. Schritt breiten Flusses
an dem Orte, wo itzo Christians-Raum angebauet ist,
ein mit zugespitzten Pfälen umsetzter Garten-Platz,
in welchen sich annoch die schönsten Garten-Gewächse, wiewohl mit vielen Unkraut verwachsen,
zeigten, wie nicht weniger schöne rare Blumen und
etliche Stauden von Hülsen-Früchten, Weitzen, Reiß
und andern Getrayde. Weiter hinwarts lagen einige
Scherben von zerbrochenen Gefässen im Grase, und
Sudwerts auf dem Wein-Gebürge, welches itzo zu
Christophs- und Roberts-Raum gehöret, fanden sich
einige an Pfähle fest gebundene Wein-Reben, doch
war dabey zu muthmassen, daß das Anbinden schon
vor etlichen Jahren müsse geschehen seyn. Hierauf
besahen wir die See, aus welcher der sich in 2. Arme
theilende Fluß entspringet, bemerckten, daß selbige
nebst dem Flusse recht voll Fischen wimmelte, kehreten aber, weil die Sonne untergehen wolte, und Concordia sehr ermüdet war, zurück auf vorerwehntes er-
habene Wein-Gebürge, und beschlossen, weil es eine
angenehme Witterung war, daselbst über Nacht auszuruhen. Nachdem wir zu Abends gespeiset hatten,
und das schönste Wild häuffig auf der Ebene herum
spatziren sahen, beurtheilten wir alles, was uns heuti-
ges [167] Tages zu Gesicht kommen war, und befunden uns darinnen einig, daß schwerlich ein schöner

Revier in der Welt anzutreffen wäre. Nur wurde beklagt, daß nicht noch einige Familien zugegen seyn,
und nebst uns diese fruchtbare Insul besetzen solten.
Lemelie sagte hierbey: Ich schwere bey allen Heiligen,
daß ich Zeit Lebens allhier in Ruhe zu bleiben die
gröste Lust empfinde, es fehlen also nichts als zwey
Weiber, vor mich und Mons. Albert, jedoch Monsieur,
(sagte er zu Mons. van Leuven) was solte es wohl
hindern, wenn wir uns bey dergleichen Umständen
alle 3. mit einer Frau behülffen, fleißig Kinder zeugten, und dieselbe sodann auch mit einander verheyra-
theten. Mons. van Leuven schüttelte den Kopff, weßwegen Lemelie sagte: ha Monsieur, man muß in solchen Fällen die Eyfersucht, den Eigensinn und den
Eckel bey Seite setzen, denn weil wir hiesiges Orts
keiner weltlichen Obrigkeit unterworffen sind, auch
leichtlich von Niemand beunruhiget zu werden fürchten dürffen, so können wir uns Gesetze nach eigenem
Gefallen machen, dem Himmel aber wird kein Verdruß erwecket, weil wir ihm zur Danckbarkeit, darvor, daß er uns von allen Menschen abgesondert hat,
eine gantz neue Colonie erzeugen.
Monsieur van Leuven schüttelte den Kopff noch weit
stärcker als vorhero, und gab zur Antwort: Mons.
Lemelie, ihr erzürnet den Himmel mit dergleichen
sündlichen Reden. Gesetzt aber auch, daß dieses, was
ihr vorgebracht, vor Göttlichen und weltlichen Rechten wohl erlaubt wäre, so kan ich euch doch versichern, daß ich, so lange noch Adelich [168] Blut in
meinen Adern rinnet, meine Concordia mit keinem
Menschen auf der Welt theilen werde, weil sie mir
und ich ihr allein auf Lebens-Zeit beständige Treue
und Liebe zugeschworen.
Concordia vergoß mittlerzeit die bittersten Thränen,
schlug die Hände über den Kopffe zusammen, und
schrye: Ach grausames Verhängniß, so hast du mich

denn aus dem halb überstandenen Tode an solchen
Ort geführet, wo mich die Leute an statt einer allgemeinen Hure gebrauchen wollen? O Himmel, erbarme
dich! Ich vor meine Person hätte vor Jammer bald
mit geweinet, legte mich aber vor sie auf die Knie,
und sagte: Madame, ich bitte euch um GOttes willen,
redet nicht von allen, da ihr euch nur über eine Person
zu beschweren Ursach habt, denn ich ruffe GOtt und
alle heiligen Engel zu Zeugen an, daß mir niemahls
dergleichen frevelhaffte und höchst-sündliche Gedancken ins Hertz oder Haupt kommen sind, ja ich
schwere noch auf itzo und folgende Zeit, daß ich eher
dieses Stillet selbst in meinen Leib stossen, als euch
den allergeringsten Verdruß erwecken wolte. Verzeihet mir, guter Albert, war ihre Antwort, daß ich un-
besonnener Weise mehr als einen Menschen angeklagt
habe. GOtt weiß, daß ich euch vor redlich, keusch
und tugendhafft halte, aber der Himmel wird alle
geilen Frevler straffen, das weiß ich gewiß. Worauf
sich aus ihren schönen Augen ein neuer Thränen-
Strohm ergoß, der den Lemelie dahin bewegte, daß er
sich voller Trug und List, doch mit verstellter Aufrichtigkeit, auch zu ihren Füssen warff, und folgende
Worte vorbrachte: Madame, [169] lasset euch um
aller Heiligen willen erbitten, euer Betrübniß und
Thränen zu hemmen, und glaubet mir sicherlich, alle
meine Reden sind ein blosser Schertz gewesen, vor mir
sollet ihr eure Ehre unbefleckt erhalten, und wenn
wir auch 100. Jahr auf dieser Insul allein beysammen
bleiben müsten. Monsieur van Leuven, euer Gemahl,
wird die Güte haben, mich wiederum bey euch aus-
zusöhnen, denn ich bin von Natur etwas frey im
Reden, und hätte nimmermehr vermeinet, euch so gar
sehr empfindlich zu sehen. Er entschuldigte seinen
übel gerathenen Schertz also auch bey Mons. van
Leuven, und nach einigen Wort-Wechselungen wurde

unter uns allen ein vollkommener Friede gestifftet,
wiewohl Concordia ihre besondere Schwermuth in
vielen nachfolgenden Tagen noch nicht ablegen
konte.
Wir brachten die auf selbigen streitigen Abend ein-
gebrochne Nacht in süsser Ruhe hin, und spatzirten
nach eingenommenen Frühstück gegen Süden um die
See herum, traffen abermahls die schönsten Weinberge
und Metall in sich haltende Steine an, wie nicht weniger die Saltz-Lachen und Berge, welche ihr heute
nebst mir in dem Stephans-Raumer Felde besichtigt
habt. Allhier konte man nicht durch den Arm des
Flusses kommen, indem derselbe zwar eben nicht brei-
ter, doch viel tieffer war als der andere, durch welchen wir vorigen Tages gantz gemächlich hindurch
waden können. Demnach musten wir unsern Weg
wieder zurück, um die See herum, nach demjenigen
Ruhe-Platze nehmen, wo es sich verwichene Nacht so
sanfft geschlaffen hatte. Weil es aber annoch hoch
Tag war, beliebten wir [170] etwas weiter zu gehen,
setzten also an einem seichten Orte durch den Fluß,
und gelangeten auf gegenwärtigem Hügel, der itzo
meine so genannte Alberts-Burg und unsere Personen
trägt.
Dieser mitten in der Insul liegende Hügel war damals
mit dem allerdicksten, wiewol nicht gar hohem, Ge-
püsche bewachsen, indem wir nun bemühet waren,
eine bequeme Ruhe-Städte daselbst auszusuchen, geriethen Mons. van Leuven, und Concordia von ohngefähr auf einen schmalen durch das Gesträuche gehauenen Weg, welcher dieselben in eine der angenehmsten Sommer-Läuben führete. Sie rieffen uns
beyde zurückgebliebenen dahin, um dieses angenehme
Wunderwerck nebst dessen Bequemlichkeit mit uns zu
theilen, da wir denn sogleich einstimmig bekennen
musten, daß dieses kein von der Natur, sondern von

Menschen Händen gemachtes Werck seyn müsse, denn
die Zacken waren oben allzukünstlich, als ein Gewölbe zusammen geflochten, so daß, wegen des sehr
dick auf einander liegenden Laubwercks, kein Tropffen Wasser durchdringen konte, über dieses gab der
Augenschein, daß der Baumeister vor diesen an 3en
Seiten rechte Fenster-Löcher gelassen, welche aber
nunmehro gantz wild verwachsen waren, zu beyden
seiten des Eingangs hingegen, stunden 2. oben abge-
sägte Bäume, deren im Bogen geschlungene Zweige ein
ordentliches Thür-Gewölbe formirten.

Es war in diesem grünen Lust-Gewölbe mehr Platz,
als 4. Personen zur Noth bedurfften, weßwegen Mons.
van Leuven vorschlug, daß wir sämtlich darinnen
schlaffen wolten, allein Lemelie [171] war von solcher unerwarteten Höfflichkeit, daß er sogleich heraus brach: Mons. van Leuven, der Himmel hat euch
beyden Verliebten aus besondern vorbedacht zuerst
in dieses angenehme Quartier geführet, derowegen
brauchet eure Bequemlichkeit alleine darinnen, Mons.
Albert wird euch so wenig als ich darinnen zu stöhren
willens seyn, hergegen sich, nebst mir, eine andere
gute Schlaf-Stelle suchen. Wie sehr sich nun auch
Mons. van Leuven und seine Gemahlin darwider zu
setzen schienen, so musten sie doch endlich uns nachgeben und bewilligen, daß dieses artige Quartier des
Nachts vor sie allein, am Tage aber, zu unser aller
Bequemlichkeit dienen solte.

Also liessen wir die beyden alleine, und baueten, etwa
30. Schritte von dieser, in der Geschwindigkeit eine
andere ziemlich bequeme Schlaf-Hütte vor Lemelie
und mich, brachten aber selbige in folgenden Tagen
erstlich recht zum Stande. Von nun an waren wir
eifrigst bemühet, unsere nöthigsten Sachen von der
Sand-Banck über das Felsen-Gebürge herüber auf die
Insul zu schaffen, doch diese Arbeit kostete manchen

Schweiß-Tropffen, indem wir erstlich viele Stuffen einarbeiten musten, um, mit der tragenden Last recht fussen und fortkommen zu können. Da aber dergleichen Vornehmen wenig förderte, und die Felsen, in einem Tage, nicht wol mehr als 2. mal zu besteigen waren, fiel uns eine etwas leichtere Art ein, worbey zugleich auch ein weit mehreres hinauff gebracht werden konte. Denn wir machten die annoch beybehaltenen Tauen und Stricke von dem Schiffs-Stücke [172] vollends loß, bunden die Sachen in mäßige Packe, legten von einem Absatze zum andern Stangen an, und zohen also die Ballen mit leichter Mühe hinauf, wobey Lemelie seinen Fleiß gantz besonders zeigte. Mittlerweile war Concordia gantz allein auf der Insul, übte sich fleißig im Schiessen, denn wir hatten eine gute quantität unverdorbenes Pulver im Vorrath, fieng anbey so viel Fische als wir essen konten, und ließ uns also an gekochten und gebratenen Speisen niemals Mangel leyden, obschon unser Zwieback gäntzlich verzehret war, welchen Mangel wir aber mit der Zeit schon zu ersetzen verhofften, weil wir die wenigen Waitzen und andern Geträyde-Ähren, wol umzäunt, und vor dem Wilde verwahrt hatten, deren Körner im Fall der Noth zu Saamen aufzuheben, und selbige zu vervielfältigen, unser hauptsächliches Absehen war.

Der erste Sonntag, den wir, laut Anzeigung der bey uns führenden Calender, auf dieser Insul erlebten, war uns ein höchst angenehmer erfreulicher Ruhe-Tag, an welchen wir alle gewöhnliche Wochen-Arbeit liegen liessen, und den gantzen Tag mit beten, singen und Bibel-lesen zubrachten, denn Concordia hatte eine Englische, und ich eine Hochteutsche Bibel, nebst einem Gesang und Gebet-Buche, mit gerettet, welches beydes ich auch noch biß auf diesen Tag, GOTT lob, als ein besonderes Heiligthum aufbehalten habe. Die

Englischen Bücher aber sollen euch ehester Tages in
Roberts-Raum gezeiget werden.
Immittelst ist es etwas nachdenckliches, daß dazumal
auf dieser Insul unter uns 4. Personen, die [173]
3. Haupt-Secten des christlichen Glaubens anzutreffen
waren, weil Mons. van Leuven, und seine Frau der
Reformirten, ich Albert Julius, als ein gebohrner
Sachse, der damals so genannten Lutherischen, und
Lemelie, als ein Frantzose, der Römischen Religion
des Pabsts beypflichteten. Die beyden Ehe-Leute und
ich konten uns im beten und singen gantz schön vereinigen, indem sie beyde ziemlich gut teutsch verstunden und redeten; Lemelie aber, der doch fast alle
Sprachen, ausser den Gelehrten Haupt-Sprachen, verstehen und ziemlich wol reden konte, hielt seinen
Gottesdienst von uns abgesondert, in selbst erwehlter
Einsamkeit, worinnen derselbe bestanden, weiß ich
nicht, denn so lange wir mit ihm umgegangen, hat er
wenig Gottgefälliges an sich mercken lassen.
Am gedachten Sonntage gegen Abend gieng ich unten
an der Seite des Hügels nach dem grossen See zu,
etwas lustwandeln herum, schurrte von ohngefähr auf
dem glatten Grase, und fiel in einen mit dünnen
Sträuchern verdeckten Graben über 4. Ellen tieff hinunter, worüber ich anfänglich hefftig erschrack, und
in einem Abgrund zu seyn glaubte, doch da ich mich
wieder besonnen, und nicht den geringsten Schaden
an meinem Leibe vermerckt, rafften sich meine zitt-
renden Glieder eilig auf. Im Umkehren aber wurden
meine Augen einer finstern Höle gewahr, welche mit
allem Fleisse in den Hügel hinein gearbeitet zu seyn
schiene.
Ich gieng biß zum Eintritt derselben getrost hin, da
aber nichts als eine dicke Finsterniß zu sehen war,
über dieses eine übelriechende Dunst mir einen be-
[174]sondern Eckel verursachte, fieng meine Haut an

zu schauern, und die Haare begonten Berg auf zu
stehen, weßwegen ich eiligst umwandte, und mit flie-
genden Schritten den Rückweg suchte, auch gar bald
wiederum bey Mons. van Leuven und Concordien ankam. Beyde hatten sogleich meine blasse Farbe und
hefftige Veränderung angemerckt, weßwegen ich auf
ihr Befragen alles erzehlte, was mir begegnet war.
Doch Mons. van Leuven sagte: Mein Freund, ihr seyd
zuweilen ein wenig allzu neugierig, wir haben nunmehro, GOtt sey Lob, genung gefunden, unser Leben
so lange zu erhalten, biß uns der Himmel Gelegenheit
zuschickt an unsern erwehlten Ort zu kommen, derowegen lasset das unnütze Forschen unterwegen, denn
wer weiß ob sich nicht in dieser Höle die gifftigen
Thiere aufhalten, welche euch augenblicklich ums Leben bringen könten. Ihr habt recht, mein Herr, gab
ich zur Antwort, doch dieses mal ist mein Vorwitz
nicht so viel schuld, als das unverhoffte Hinunterfal-
len, damit auch dergleichen hinführo niemanden mehr
begegnen möge, will ich die Sträucher rund herum
abhauen, und alltäglich eine gute Menge Erde abarbei-
ten, biß diese eckle Grufft vollkommen zugefüllet ist.
Mons. van Leuven versprach zu helffen, Concordia
reichte mir ein Gläßlein von dem noch sehr wenigem
Vorrathe des Weins, nebst 2. Stücklein Hertzstärcken-
den Confects, welches beydes mich gar bald wiederum
erquickte, so daß ich selbigen Abend noch eine starcke
Mahlzeit halten, und nach verrichteten Abend-Gebet,
mich gantz [175] aufgeräumt neben den Lemelie
schlafen legen konte.
Allein, ich habe Zeit meines Lebens keine ängstlichere
Nacht als diese gehabt. Denn etwa um Mitternacht,
da ich selbst nicht wuste ob ich schlieff oder wachte,
erschien mir ein langer Mann, dessen weisser Bart fast
biß auf die Knie reichte, mit einem langen Kleide von
rauchen Thier-Häuten angethan, der auch dergleichen

Mütze auf dem Haupte, in der Hand aber eine grosse
Lampe mit 4. Dachten hatte, dergleichen zuweilen in
den Schiffs-Laternen zu brennen pflegen. Dieses
Schreckens-Bild trat gleich unten zu meinen Füssen,
und hielt mir folgenden Sermon, von welchen ich
noch biß diese Stunde, wie ich glaube, kein Wort vergessen habe: Verwegner Jüngling! was wilstu dich
unterstehen diejenige Wohnung zu verschütten, woran
ich viele Jahre gearbeitet, ehe sie zu meiner Bequemlichkeit gut genung war. Meinestu etwa das Verhängniß habe dich von ohngefähr in den Graben gestossen,
und vor die Thür meiner Höle geführet? Nein keines
wegs! Denn weil ich mit meinen Händen 8. Personen
auf dieser Insul aus christlicher Liebe begraben habe,
so bistu auserkohren meinem vermoderten Cörper
eben dergleichen Liebes-Dienst zu erweisen. Schreite
derowegen ohne alle Bekümmerniß gleich morgenden
Tages zur Sache, und durchsuche diejenige Höle ohne
Scheu, welche du gestern mit Grausen verlassen hast,
woferne dir anders deine zeitliche Glückseligkeit lieb
ist. Wisse auch, daß der Himmel etwas besonderes mit
dir vor hat. Deine Glückseeligkeit aber wird sich nicht
[176] eher anheben, biß du zwey besondere Unglücks-
Fälle erlitten, und diesem deinen Schlaf-Gesellen, zur
bestimmten Zeit den Lohn seiner Sünden gegeben hast.
Mercke wohl was ich dir gesagt habe, erfülle mein
Begehren, und empfange dieses Zeichen, um zu wissen,
daß du nicht geträumet hast.

Mit Endigung dieser letzten Worte, drückte er mich,
der ich im grösten Schweisse lag, dermassen mit einem
seiner Finger oben auf meine rechte Hand, daß ich
laut an zu schreyen fieng, worbey auch zugleich Licht
und alles verschwand, so, daß ich nun weiter nichts
mehr, als den ziemlich hellen Himmel durch die Laub-
Hütte blicken sahe.

Lemelie, der über mein Geschrey auffuhr, war übel

zufrieden, daß ich ihm Unruh verursachte, da ich
aber aus seinen Reden vermerckt, daß er weder etwas
gesehen noch gehöret hätte, ließ ich ihn bey den Gedancken, daß ich einen schweren Traum gehabt, und
stellete mich an, als ob ich wieder schlaffen wolte,
wiewol ich nachfolgende Zeit biß an hellen Morgen
ohne Ruh, mit Überlegung dessen, was mir begegnet
war, zubrachte, an meiner Hand aber einen starck
mit Blut unterlauffenen Fleck sahe.

So bald zu muthmassen, daß Mons. van Leuven aufgestanden, verließ ich gantz sachte meine Lagerstatt,
verfügte mich zu ihm, und erzehlete, nachdem ich ihn
etwas ferne von der Hütte geführet, alles aufrichtig,
wie mir es in vergangener Nacht ergangen. Er umarmete mich freundlich, und sagte: Mons. Albert, ich
lerne immer mehr und mehr erkennen, daß ihr zwar
das Glück, selbiges aber euch noch weit mehr suchet,
derowegen biete ich mich zu euren Bru-[177]der an,
und hoffe ihr werdet mich nicht verschmähen, wir
wollen gleich itzo ein gut praeservativ vor die bösen
Dünste einnehmen, und die Höle in GOttes Nahmen
durchsuchen, denn das Zeichen auf eurer Hand hat
mich erstaunend und glaubend gemacht, daß der Verzug nunmehro schädlich sey. Aber Lemelie! Lemelie,
sagte er weiter, macht mir das Hertze schwer, so offt
ich an seine übeln Gemüths-Regungen gedencke, wir
haben gewiß nicht Ursach uns seiner Gesellschafft zu
erfreuen, GOTT steure seiner Boßheit, wir wollen ihn
zwar mit zu diesem Wercke ziehen; Allein mein Bruder! verschweiget ihm ja euer nächtliches Gesichte,
und saget: ihr hättet einen schweren Traum gehabt,
welcher euch schon wieder entfallen sey.

Dieser genommenen Abrede kamen wir in allem genau nach, beredeten Concordien, an den Fluß fischen
zu gehen, eröffneten dem Lemelie von unserm Vorhaben, so viel als er wissen solte, und giengen alle 3.

gerades Wegs nach der unterirrdischen Höle zu, nachdem ich in eine, mit ausgelassenen Seekalbs-Fett, an-
gefüllte eiserne Pfanne, etliche angebrannte Tochte
gelegt, und dieselbe an statt einer Fackel mitgenommen hatte.

Ich gieng voran, Lemelie folgte mir, und Mons. van
Leuven ihm nach, so bald wir demnach in die fürch-
terliche Höle, welche von meiner starck brennenden
Lampe überall erleuchtet wurde, eingetreten waren,
erschien ein starcker Vorrath allerhand Haußgeräths
von Kupffer, Zinn und Eisenwerck, nebst vielen Pack-
Fässern, und zusammen gebundenen Ballen, welches
alles aber ich nur oben hin be-[178]trachtete, und
mich rechter Hand nach einer halb offenstehenden
Seiten-Thür wandte. Nachdem aber selbige völlig eröffnet hatte, und gerade vor mich hingieng, that der
mir folgende Lemelie einen lauten Schrey und sanck
ohnversehens in Ohnmacht nieder zur Erden. Wolte
GOTT, seine lasterhaffte Seele hätte damals den
schändlichen Cörper gäntzlich verlassen! so aber riß
ihn van Leuven gleich zurück an die frische Lufft,
rieb ihm die Nase und das Gesicht so lange, biß er
sich etwas wieder ermunterte, worauff wir ihn allda
liegen liessen, und das Gewölbe rechter Hand, aufs
neue betraten. Hier kam uns nun dasjenige, wovor
sich Lemelie so grausam entsetzt hatte, gar bald zu
Gesichte. Denn in dem Winckel lincker Hand saß
ein solcher Mann, dergleichen mir vergangene Nacht
erschienen, auf einem in Stein gehauenen Sessel, als ob
er schlieffe, indem er sein Haupt mit dem einen Arme
auf den darbey befindlichen Tisch gestützt, die andere
Hand aber auf dem Tische ausgestreckt liegen hatte.
Über dem Tische an der Wand hieng eine 4. eckigte
Lampe, und auf demselben waren, nebst etlichen
Speise- und Trinck-Geschirren, 2. grosse, und eine etwas kleinere Tafel mit Schrifften befindlich, welche

3. letztern Stücke wir heraus ans Licht trugen, und in
der ersten Tafel, die dem Ansehen nach aus einem
Zinnern Teller geschlagen, und sauber abgeschabt
war, folgende Lateinische Zeilen eingegraben sehen,
und sehr deutlich lesen konten.

Mit diesen Worten stund unser Altvater Albertus Julius
auf, und langete aus einem Kasten ver-[179]schiedene
Brieffschafften, ingleichen die erwehnten 3. Zinnern
Tafeln, welche er biß dahero fleißig aufgehoben hatte,
überreichte eine grosse, nebst der kleinen, an Herr
M. Schmeltzern, und sagte: Mein Herr! ihr werdet
allhier das Original selbst ansehen, und uns selbiges
vorlesen. Dieser machte sich aus solcher Antiquität
eine besondere Freude, und laß uns folgendes ab:

ADvena!
quisquis es
si mira fata te in meum mirum domicilium
forsitan mirum in modum ducent,
sceleto meo praeter opinionem conspecto,
nimium ne obstupesce,
sed cogita,
te, noxa primorum parentum admissa, iisdem
fatis
eidemque mortalitati esse obnoxium.
Quod reliquum est,
reliquias mei corporis ne sine insepultas
relinqui;
Mortuus enim me mortuum ipse sepelire
non potui.
Christianum, si Christianus vel ad minimum
homo es, decet
honesta exsequiarum justa solvere Christiano,
qui totam per vitam laboravi,
ut in Christum crederem, Christo viverem,

Christo denique morerer.
Pro tuo labore parvo, magnum feres praemium.
[180]   Nimirum
Si tibi fortuna, mihi multos per annos
negata, contingit,
ut ad dissociatam hominum societatem
iterum consocieris,
pretiosissimum operae pretium ex hac spelunca
sperare & in spem longae felicitatis tecum
auferre poteris;
Sin vero mecum cogeris
In solitudine solus morti obviam ire
nonnulla memoratu dignissima scripta
quae in mea sella, saxo incisa, jacent
recondita,
Tibi fortasse erunt & gaudio & usui.
En!
grato illa accipe animo,
Aura secunda tuae navis vaga vela secundet!
sis me felicior,
quamvis me nunquam adeo infelicem dixerim!
Vale, Advena, vale,
manda rogatus me terrae
Et crede, Deum, quem colui, daturum,
ut bene valeas.

Auf dem kleinen Täfflein aber, welches, unsers Alt-
vaters Aussage nach, halb unter des Verstorbenen
rechter Hand verdeckt gelegen, waren diese Zeilen zu
lesen.

Natus sum d. IX. Aug. CIↃ CCCC LXXV.
Hanc Insulam attigi d. XIV. Nov. CIↃ IↃ XIIII.
Sentio, me, aetate confectum, brevi moriturum esse,
licet nullo morbo, nullisque dolo-[181]ribus oppri-
mar. Scriptum id est d. XXVII. Jun. CIↃ IↃC VI.

Vivo quidem, sed morti proximus. d. XXVIII.
XXIX. & XXX. Junii.
Adhuc d. I. Jul. II. III. IV.

Nachdem wir über diese sonderbare Antiquität und
die sinnreiche Schrifft, welche gewiß aus keinem un-
gelehrten Kopffe geflossen war, noch ein und anderes
Gespräch gehalten hatten, gab mir der Altvater Albertus die drey Zinnern Tafeln, (wovon die eine eben
dasselbe in Spanischer Sprache zu vernehmen gab, was
wir auf der grossen Lateinisch gelesen,) nebst den
übrigen schrifftlichen Uhrkunden in Verwahrung, mit
dem Befehle: Daß ich alles, was Lateinisch wäre, bey
künfftigen müßigen Stunden ins Hoch-Teutsche übersetzen solte, welches ich auch mit ehesten zu liefern
versprach. Worauff er uns nach verrichteten Abend-
Gebeth beurlaubte, und sich zur Ruhe legte.
Ich Eberhard Julius hingegen war nebst Hn. M.
Schmeltzern viel zu neugierig, um zu wissen was die
alten Brieffschafften in sich hielten, da wir denn in
Lateinischer Sprache eine Lebens-Beschreibung des
Spanischen Edelmanns Don Cyrillo de Valaro darunter fanden, (welches eben der 131. jährige Greiß
war, dessen Cörper damals in der Höle unter dem
Alberts-Hügel gefunden worden,) und biß zu Mitternacht ein Theil derselben, mit gröstem Vergnügen,
durchlasen. Ich habe dieselbe nachhero so zierlich, als
es mir damals möglich, ins Hoch-Teutsche übersetzt,
allein um den geneigten Le-[182]ser in den Geschichten keine allzugrosse Verwirrung zu verursachen, vor
besser gehalten, dieselbe zu Ende des Wercks, als einen
Anhang, beyzufügen, weil sie doch hauptsächlich zu
der Historie von dieser Felsen-Insul mit gehöret. Inzwischen habe einiger, im Lateinischen vielleicht nicht
allzu wohl erfahrner Leser wegen, die auf den Zinnern
Tafeln eingegrabene Schrifft, teutsch anhero zu set-

zen, vor billig und nöthig erachtet. Es ist mir aber solche Verdollmetschung, dem Wort-Verstande nach, folglich gerathen:

ANkommender Freund!
wer du auch bist
Wenn dich vielleicht das wunderliche Schicksal in
diese wunderbare Behausung wunderbarer
Weise führen wird,
so erstaune nicht allzusehr über die unvermuthete
Erblickung meines Gerippes,
sondern gedencke,
daß du nach dem Fall der ersten Eltern eben dem
Schicksal, und eben der Sterblichkeit
unterworffen bist.
Im übrigen
laß das Überbleibsel meines Leibes nicht unbegra-
ben liegen,
Denn weil ich gestorben bin, habe ich mich Verstorbenen nicht selbst begraben können.
Einen Christen
wo du anders ein Christ, oder zum wenigsten ein
Mensch bist,
stehet zu
einen Christen ehrlich zur Erde zu bestatten,
[183] Da ich mich in meinem gantzen Leben bestrebt,
daß ich an Christum gläubte, Christo lebte,
und endlich Christo stürbe.
Du wirst vor deine geringe Arbeit eine grosse
Belohnung erhalten.
Denn wenn dir das Glücke, dasjenige, was es mir
seit vielen Jahren her verweigert hat,
wiederfahren lässet,
nemlich, daß du dich wieder zu der abgesonderten
Gesellschafft der Menschen gesellen könnest;
So wirstu dir eine kostbare Belohnung zu verspre-

chen, und dieselbe aus dieser Höle mit hinweg
zu nehmen haben;
Wenn du aber so, wie ich, gezwungen bist,
In dieser Einsamkeit als ein Einsiedler dem Tode
entgegen zu gehen;
So werden doch einige merckwürdige
Schrifften,
die in meinem in Stein gehauenen Sessel verborgen liegen,
dir vielleicht erfreulich und nützlich seyn.
Wohlan!
Nimm dieselben mit danckbaren Hertzen an,
der gütige Himmel mache dich beglückt,
und zwar glücklicher als mich,
wiewohl ich mich niemals vor recht unglücklich
geschätzt habe.
Lebe wohl ankommender Freund! Lebe wohl,
höre meine Bitte, begrabe mich,
Und glaube, daß GOTT, welchem ich gedienet,
geben wird:
Daß du wohl lebest.

[184] Die Zeilen auf der kleinen Tafel, bedeuten in
teutscher Sprache so viel:

Ich bin gebohren den 9. Aug. 1475.
Auf diese Insul gekommen, den 14. Nov. 1514.
Ich empfinde, daß ich Alters halber in kurtzer Zeit
sterben werde, ohngeacht ich weder Kranckheit,
noch einige Schmertzen empfinde. Dieses habe ich
geschrieben am 27. Jun. 1606.
Ich lebe zwar noch, bin aber dem Tode sehr nahe,
d. 28. 29. und 30. Jun. und noch d. 1. Jul. 2. 3. 4.

Jedoch ich fahre nunmehro in unsern eigenen Geschichten fort, und berichte dem geliebten Leser, daß

wir mit Anbruch folgendes Donnerstags. d. 22. Novembr. uns nebst dem Altvater Albert Julio aufmachten, und die Pflantz-Städte Jacobs-Raum besuchten, welche aus 9. Wohn-Häusern, die mit allem Zubehör wol versehen waren, bestund.

Wiewol nun dieses die kleineste Pflantz-Stadt und schwächste Gemeine war, so befand sich doch bey ihnen alles in der schönsten Haußhaltungs-Ordnung, und hatten wir an der Einrichtung und besondern Fleisse, ihrem Verstande nach, nicht das geringste auszusetzen. Sie waren beschäfftiget, die Gärten, Saat, Felder, und sonderlich die vortrefflichen Weinstöcke, welche auf dem dasigen Gebürge in grosser Menge gepflantzt stunden, wol zu warten, indem es selbiger Zeit etwa 9. oder 10. Wochen vor der gewöhnlichen Wein-Erndte, bey den Feld-Früchten aber fast Erndte-Zeit war. Mons. Litzberg und Plager, untersuchten das Eingeweyde des [185] dasigen Gebürges, und fanden verschiedene Arten Steine, welche sehr reichhaltig von Kupffer und Silber-Ertz zu seyn schienen, die sie auch nachhero in der Probe unvergleichlich kostbar befanden. Nachdem wir aber auf der Rückkehr von den Einwohnern mit dem herrlichsten Weine, verschiedenen guten Speisen und Früchten, aufs beste tractirt waren, ihnen, gleich wie allen vorhero besuchten Gemeinen, 10. Bibeln, 20. Gesang- und Gebet-Bücher, auch allerhand andere feine nützliche Sachen, so wol vor Alte als Junge verehret hatten, kamen wir bey guter Zeit wiederum in der Alberts-Burg an, besuchten die Arbeiter am Kirchen-Bau auf eine Stunde, nahmen die Abend-Mahlzeit ein, worauff unser Altvater, nachdem er das Tisch-Gebeth gethan, unsere Begierde alsofort gemerckt, sich lächelnd in seinen Stuhl setzte, und die gestern abgebrochene Erzählung also fortsetzte:

Ich bin, wo mir recht ist, gestern Abend dabey geblieben: Da wir die Zinnernen Tafeln an das Tages-Licht
trugen, und die eingegrabenen Schrifften ausstudirten.
Mons. van Leuven und ich, konten das Latein, Lemelie aber, der sich von seinem gehabten Schrecken kaum
in etwas wieder erholet, das Spanische, welches beydes doch einerley Bedeutung hatte, gantz wol verstehen. Ich aber kan mit Warheit sagen, daß so bald
ich nur des letzten Willens, des Verstorbenen Don
Cyrillo de Valaro, hieraus völlig versichert war, bey
mir im Augenblicke alle annoch übrige Furcht verschwand. Meine Herren! sagte ich zu meinen Gefährten, wir sind schuldig dasjenige zu erfüllen, was dieser
ohn-[186]fehlbar seelig verstorbene Christ so sehnlich
begehret hat, da wir ausser dem uns eine stattliche
Belohnung zu versprechen haben. Mons. van Leuven
war so gleich bereit, Lemelie aber sagte: Ich glaube
nicht, daß die Belohnung so sonderlich seyn wird,
denn die Spanier sind gewohnt, wo es möglich ist,
auch noch nach ihrem Tode rodomontaden vorzu-
machen. Derowegen versichere, daß mich eher und
lieber mit zwey See-Räubern herum schlagen, als mit
dergleichen Leiche zu thun haben wolte; Jedoch euch
als meinen Gefährten zu Gefallen, will ich mich auch
bey dieser häßlichen Arbeit nicht ausschlüssen.
Hierauf lieff ich fort, langete ein grosses Stück alt
Seegel-Tuch, nebst einer Hacke und Schauffel, welche
2. letztern Stück ich vor der Höle liegen ließ, mit dem
Tuche aber begaben wir uns abermahls in die unter-
irrdische Höle. Mons. van Leuven wolten den Cörper
bey den Schultern, ich aber dessen Schenckel anfassen;
allein, kaum hatten wir denselben etwas angeregt, da
er auf einmahl mit ziemlichen Geprassele in einen
Klumpen zerfiel, worüber Lemelie aufs neue dermassen erschrack, daß er seinen Kopff zwischen die
Ohren nahm, und so weit darvon lieff, als er lauffen

konte. Mons. van Leuven und ich erschracken zwar
anfänglich auch in etwas, da wir aber überlegten, daß
dieses natürlicher Weise nicht anders zugehen, und
weder von unserm Versehen noch andern übernatür-
lichen Ursachen herrühren könte; Lasen und strichen
wir die Gebeine und Asche des seeligen Mit-Bruders
zusammen auf das ausgebreitete Seegel-[187]Tuch,
trugen selbiges auf einen schönen grünen Platz in die
Ecke, wo sich der aus dem grossen See entspringende
Fluß in zwey Arme theilet, machten daselbst ein feines Grab, legten alles ordentlich zusammen gebunden
hinein, und beschlossen, ihm, nach erlangten fernern
Uhrkunden, mit ehesten eine Gedächtniß-Säule zu
setzen. Ob nun schon der gute van Leuven durch seinen frühzeitigen und bejammerens-würdigen Tod dieses Vorhaben mit auszuführen verhindert wurde, so
ist es doch nachhero von mir ins Werck gerichtet worden, indem ich nicht allein dem Don Cyrillo de Valaro, sondern auch dem ehrlichen van Leuven und
meiner seel. Ehe-Frau der Concordia, jedem eine besondere Ehren- dem gottlosen Lemelie aber eine
Schand-Säule zum Gedächtniß über die Gräber auf-
gerichtet habe.

Diese Säulen nebst den Grabschrifften, sagte hier
Albertus, sollen euch, meine Freunde, ehester Tages zu
Gesichte kommen, so bald wir auf dem Wege nach
Christophs-Raum begriffen seyn werden. Jedoch ich
wende mich wieder zur damahligen Geschicht.

Nachdem wir, wie bereits gedacht, dem Don Cyrillo
nach seinem Begehren den letzten Liebes-Dienst erwiesen, seine Gebeine wohl verscharret, und einen
kleinen Hügel darüber gemacht hatten, kehreten wir
gantz ermüdet zur Concordia, welche uns eine gute
Mittags-Mahlzeit bereitet hatte. Lemelie kam auch
gar bald herzu, und entschuldigte seine Flucht damit,
daß er unmöglich mit verfauleten Cörpern umgehen

könne. Wir lächelten [188] hierzu, da aber Concordia
gleichfals wissen wolte, was wir heute vor eine besondere Arbeit verrichtet hätten, erzehlten wir derselben
alles umständlich. Sie bezeugte gleich nach der Mahlzeit besondere Lust mit in die Höle zu gehen, da aber
Mons. van Leuven, wegen des annoch darinnen befindlichen übeln Geruchs, ihr davon abrieth, und ihre
Begierde biß auf ein paar Tage zu hemmen bat; gab
sie sich gar bald zu frieden, ging wieder aus aufs
Jagen und Fischen, wir 3. Manns Personen aber in die
Höle, weil unsere grosse Lampe annoch darinnen
brandte.

Nunmehro war, nachdem wir, den moderigen Geruch
zu vertreiben, etliche mahl ein wenig Pulver angezündet hatten, unsere erste Bemühung, die alten Uhrkunden, welche in den steinernen Sessel verwahrt liegen solten, zu suchen. Demnach entdeckten wir im
Sitze ein viereckigtes Loch, in welches ein wohlge-
arbeiteter Deckel eingepasset war, so bald nun derselbe ausgehoben, fanden sich oben auf die in Wachs
eingefütterten geschriebenen Sachen, die ich euch,
mein Vetter und Sohn, gestern Abend eingehändiget
habe, unter denselbigen ein güldener Becher mit unschätzbaren Kleinodien angefüllet, welcher in den
schönsten güldenen Müntzen vielerley Gepräges und
Forme vergraben stund. Wir gaben uns die Mühe, dieses geraumliche Loch, oder den verborgenen Schatz-
Kasten, gantz auszuräumen, weil wir aber weiter
weder Briefschafften noch etwas anders fanden, schüt-
teten wir 18. Hüte voll Gold-Müntze wieder hinein,
nahmen den Gold-Becher nebst den Briefschafften
[189] zu uns, und gingen, um die letztern recht durch
zu studiren, hinauf in Mons. van Leuvens grüne
Hütte, allwo wir den übrigen Theil des Tages biß in
die späte Nacht mit Lesen und Verteutschen zubrachten, und allerhand höchst-angenehme Nachrichten

fanden, die uns und den künfftigen Bewohnern der
Insul gantz vortreffliche Vortheile versprechen konten.

Es war allbereit an dem, daß der Tag anbrechen
wolte, da van Leuven und ich, wiewohl noch nicht
vom Lesen ermüdet, sondern morgender Arbeit wegen
die Ruhe zu suchen vor dienlich hielten; indem Concordia schon schlieff, der faule Lemelie aber seit etlichen Stunden von uns zu seiner Schlaf-Stätte gegangen war. Ich nahm derowegen meinen Weg auch dahin, fand aber den Lemelie unter Weges, wohl
10. Schritt vor unserer Hütte, krum zusammen gezogen liegen, und als einen Wurm winseln. Auf Befragen, was er da mache? fing er entsetzlich zu flu-
chen, und endlich zu sagen an: Vermaledeyet ist der
verdammte Cörper, den ihr diesen Tag begraben habt,
denn das verfluchte Scheusal, über welches man ohnfehlbar keine Seelmessen gehalten hat, ist mir vor
etlichen Stunden erschienen, und hat meinen Leib erbärmlich zugerichtet. Ich gedachte gleich in meinen
Hertzen, daß dieses seiner Sünden Schuld sey, indem
ich von Jugend auf gehöret, daß man mit verstorbenen Leuten kein Gespötte treiben solle; wolte ihn
auch aufrichten, und in unsere Hütte führen, doch
weil er dahin durchaus nicht wolte, brachte ich den
elenden Menschen endlich mit grosser Mü-[190]he in
Mons. van Leuvens Hütte. Wiewohl ich nicht vergessen hatte, ihn zu bitten, um der Concordia willen,
nichts von dem, was ihm begegnet wäre, zu sagen,
sondern eine andere Unpäßlichkeit vorzuwenden. Er
gehorchte mir in diesem Stücke, und wir schlieffen
also, ohne die Concordia zu erwecken, diese Nacht in
ihrer Hütte.

Lemelie befand sich folgenden Tages todtkranck, und
ich selber habe noch selbigen Tag fast überall seinen
Leib braun und blau, mit Blute unterlauffen, gesehen,

doch weil es ihm leyd zu seyn schien, daß er mir sein
ausgestandenes entdeckt, versicherte ich ihm, selbiges
so wohl vor Mons. van Leuven als dessen Gemahlin
geheim zu halten, allein, ich sagte es doch gleich bey
erster Gelegenheit meinem besten Freunde.

Wir musten ihn also diesen und viele folgende Tage
unter der Concordia Verpflegung liegen lassen, gingen
aber beyde zusammen wiederum in die unterirrdische
Höle, und fanden, beschehener Anweisung nach, in
einem verborgenen Gewölbe über 3. Scheffel der auserlesensten und kostbarsten Perlen, nächst diesen
einen solchen Schatz an gediegenen Gold- und Silber-
Klumpen, edlen Steinen und andern Kostbarkeiten,
worüber wir gantz erstaunend, ja fast versteinert
stehen blieben. Über dieses eine grosse Menge von
allerhand vor unsere Personen höchst-nöthigen Stük-
ken, wenn wir ja allenfalls dem Verhängnisse auf dieser Insul Stand halten, und nicht wieder zu anderer
menschlicher Gesellschafft gelangen solten.

[191] Jedoch, was will ich hiervon viel reden, die
Kostbarkeiten kan ich euch, meine Freunde, ja noch
alle unverletzt zeigen. Worzu aber die übrigen nützlichen Sachen angewendet worden, davon kan meine
und meiner Kinder Haußhaltung und nicht vergeblich gethane Arbeit ein sattsames Zeugniß abstatten.
Ich muß demnach nur eilen, euch, meinen Lieben! den
fernern Verlauff der damahligen Zeiten noch kürtzlich zu erzehlen, ehe ich auf meine einseitige Geschicht, und die anfänglich betrübte, nachhero aber
unter GOttes Fügung wohl ausgeschlagene Haußhaltung komme.

Mittlerweile, da Lemelie kranck lage, räumeten Mons.
van Leuven und ich alle Sachen aus dem unterirrdischen Gewölbe herauf ans Tages-Licht und an die
Lufft, damit wir sehen möchten, was annoch zu gebrauchen wäre oder nicht; Nach diesen reinigten wir

die unterirrdische Höle, die ausser der kleinen Schatz-Kammer aus 3. geraumlichen Kammern bestund, von aller Unsauberkeit. Ermeldte Schatz-Kammer aber, die wir dem Lemelie nicht wolten wissen lassen, wurde von unsern Händen wohl vermauret, auswendig mit Leimen beschlagen, und so zugerichtet, daß niemand vermuthen konte, als ob etwas verborgenes darhinter steckte. Mons. van Leuven erwehlete das Vorgemach derselben, worinnen auch der verstorbene Don Cyrillo sein Lebens-Ziel erwartet, zu seinem Schlaff-Gemach, ich nahm vor mich die Kammer darneben, und vor Lemelie wurde die dritte zugerichtet, alle aber mit Pulver und Schiff-Pech etliche Tage nach einander wohl aus-[192]geräuchert, ja so zu sagen, gar ausgebrandt, denn dieser gantze Hügel bestehet aus einem vortrefflichen Sand-Steine.

So bald wir demnach alles in recht gute Ordnung gebracht hatten, wurde Concordia hinein geführet, welche sich ungemein darüber erfreuete, und so gleich ohne die geringste Furcht darinnen Hauß zu halten versprach. Wolte also der wunderliche Lemelie nicht oben alleine schlaffen, muste er sich halb gezwungener Weise nach uns richten.

Indessen, da er noch immer kranck war, schafften Mons. van Leuven und ich alltäglich noch sehr viele auf der Sand-Banck liegende nützliche Sachen auf die Insul, und kamen öffters nicht eher als mit sinckenden Tage nach Hause. Da immittelst Lemelie sich kräncker stellet als er ist, doch aber soviel Kräffte hat, der Concordia einmahl über das andere so viel vorzuschwatzen, um sie dahin zu bewegen, seiner Wollust ein Genüge zu leisten, und an ihrem Ehe-Manne untreu zu werden.

Concordia weiset ihn anfänglich mit GOttes Wort und andern tugendhafften Regeln zurücke, da er aber eins so wenig als das andere annehmen, und fast gar

Gewalt brauchen will, sie auch kaum Gelegenheit, sich seiner zu erwehren, gefunden, und in grösten Eiffer gesagt, daß sie ehe ihren Ehrenschänder oder sich selbst ermorden, als an ihren Manne untreu werden, und so lange dieser lebte, sich mit einem andern vermischen wolte; wirfft er sich zu ihren Füssen, und bittet seiner hefftigen Liebe wegen um Verzeihung, verspricht auch, ihr dergleichen nimmermehr wieder zuzumuthen, woferne [193] sie nur die eintzige Gnade vor ihn haben, und ihrem Manne nichts davon entdecken wolte. Concordia stellet sich besänfftiget an, giebt ihm einen nochmahligen scharffen Verweiß, und verspricht zwar, ihrem Manne nichts darvon zu sagen, allein, ich selbst muste noch selbigen Abend ein Zeuge ihrer Ehrlichkeit seyn, indem sie bey guter Gelegenheit uns beyden alles, was vorgegangen war, erzehlete, und einen Schwur that, viel lieber mit an die allergefährlichste Arbeit zu gehen, als eine Minute bey dem Lemelie hinführo alleine zu verbleiben. Mons. van Leuven betrübte sich nicht wenig über die grausame Unart unsers dritten Mannes, und sagte, daß er von Grund des Hertzens gern seinen Antheil von dem gefundenen Schatze missen wolte, wenn er nur mit solchen den Gottes-vergessenen Menschen von der Insul hinweg kauffen könte. Doch wir beschlossen, ihn ins künfftige besser in acht zu nehmen, und bey der Concordia niemahls alleine zu lassen.

Immittelst konte doch Mons. van Leuven seinen deßhalb geschöpfften Verdruß, wie sehr er sich auch solches angelegen seyn ließ, unmöglich gäntzlich verbergen, weßwegen Lemelie bald vermerckte, daß Concordia ihrem Manne die Treue besser, als ihm ihr Wort zu halten geartet, jedoch er suchte seinen begangenen Fehler aufs neue zu verbessern, denn da er wenig Tage hierauf sich völlig genesen zeigte, war von da an niemand fleißiger, dienstfertiger und höflicher als eben der Lemelie.

Wir hatten aber in des Don Cyrillo schrifftlichen
Nachrichten unter andern gefunden, daß durch [194]
den Ausfall des Flusses gegen Mitternacht zu, unter
dem Felsen hindurch, ein gantz bequemer Ausgang
von der Insul nach der Sand-Banck und dem Meere
zu, anzutreffen sey. Wenn man vorhero erstlich in
den heissen Monaten, da der Fluß am schwächsten
lieffe, einen Damm gemacht, und dessen Wasser durch
den Canal, welchen Cyrillo nebst seinen Gefährten
vor nunmehro 125. Jahren gegraben, in die kleine See
zum Ausflusse führete. Dieses nun in Erfahrung zu
bringen, sahen wir gegenwärtige Zeit am allerbequem-
sten, weil uns der seichte Fluß einen Damm hinein zu
machen Erlaubniß zu geben schien. Demnach fälleten
wir etliche Bäume, zersägten dieselben, und rammelten ziemlich grosse Plöcke um die Gegend in den
Fluß, wo wir die Wahrzeichen des Dammes unserer
Vorfahren mit grossen Freuden wahrgenommen hatten. Vor die mit allergröster Müh eingerammleten
Plöcke wurden lange Bäume über einander gelegt,
von solcher Dicke, als wir dieselbe fortzuschleppen
vermögend waren, und diese musten die vorgesetzten
Rasen-Stücke nebst dem vorgeschütteten fettem Erd-
reiche aufhalten. Mit solcher Arbeit brachten wir biß
in die 4te Woche zu, binnen welcher Zeit der Damm
seine nöthige Höhe erreichte, so, daß fast kein Tropffen Wasser hindurch konte, hergegen alles durch den
Canal sich in die kleine See ergoß. Lemelie hatte sich
bey dieser sauren Arbeit dermassen fleißig, in übriger
Aufführung aber so wohl gehalten, daß wir ingesammt glaubten, sein voriges übeles Leben müsse ihm
gereuet, und er von da an einen bessern Vorsatz gefasset haben.

[195] Nunmehro war es an dem, daß wir die grosse
Lampe anzündeten, und uns in eine abermahlige Felsen-Höle wagen wolten, welches auch des nächsten

Tages früh Morgens geschahe. Concordia wolte allhier nicht alleine zurücke bleiben, sondern sich unsers Glücks und Unglücks durchaus theilhafftig machen, derowegen traten wir unsern Weg in GOttes Nahmen an, fanden denselben ziemlich bequem zu gehen, ob gleich hie und da etliche hohe Stuffen befindlich, welchen doch gar mit leichter Müh nachzuhelffen war. Aber, o Himmel! wie groß war unsere Freude, da wir ohne die geringste Gefahr das Ende erreichten, Himmel und See vor uns sehen, und am Ufer des Felsens bey unsern annoch rückständigen Sachen herum spatziren, auch mit vielweniger Müh und Gefahr zurück auf unsere Insul kommen konten.

Ihr seyd, meine lieben Kinder, fuhr unser Alt-Vater Albertus in seiner Erzehlung fort, selbsten durch diesen Gang in die Insul kommen, derowegen könnet ihr am besten von dessen Bequemlichkeit und Nutzen urtheilen, wenn ihr zumahlen die gefährlichen und beschwerlichen Wege über die Klippen dargegen betrachtet. Uns war dieser gefundene Gang zu damahligen Zeiten wenigstens ungemein tröstlich, da wir in wenig Tagen alles, was annoch auf der Sand-Banck lag, herauf brachten, das Hintertheil des zerscheiterten Schiffs zerschlugen, und nicht den kleinesten Nagel oder Splitter davon zurück liessen, so, daß wir weiter ausserhalb des Felsens nichts mehr zu suchen wusten, als unsern Nachen oder kleines Boot, und [196] dann und wann einige Schild-Kröten, See-Kälber, nebst andern Meer-Thieren, wovon wir doch weiter fast nichts als die Häute und das Fett zu gebrauchen pflegten.

Solchergestalt wandten wir die fernern Tage auf nichts anders, als, nach und nach immer eine bessere Ordnung in unserer Haußhaltung zu stifften, sammleten von allerley nutzbarn Gewächsen die Saam-Körner ein, pflegten die Wein-Stöcke und Obst-

Bäume aufs beste, als worinnen ich bey meinen lieben
Pflege-Vätern, dem Dorff-Priester und dem Amtmanne, ziemliche Kunstgriffe und Vortheile abge-
merckt. Lebten im übrigen in der Hoffnung künfftiger noch besserer Zeiten gantz geruhig und wohl beysammen. Allein, in der Nacht zwischen den 8ten und
9ten Novembr. überfiel uns ein entsetzliches Schrek-
ken. Denn es geschahe ohngefähr um Mitternachts-
Zeit, da wir ingesammt im süssesten Schlaffe lagen,
ein dermassen grosser Knall in unserer unter-irrdischen
Wohnung, als ob das allerstärckste Stück Geschützes
loßgebrannt würde, so, daß man die Empfindung
hatte, als ob der gantze Hügel erschütterte. Ich sprang
von meinem Lager auf, und wolte nach der beyden
Ehe-Leute Kammer zu eilen, selbige aber kamen mir
so gleich im Dunckeln gantz erschrocken entgegen,
und eileten, ohne ein Wort zu sprechen, zur Höle hinaus, da der Schein des Monden fast alles so helle als
am Tage machte.

Ich kan nicht läugnen, daß Mons. van Leuven, Concordia und ich vor Furcht, Schrecken und Zittern,
kein Glied stille halten konten, unsere [197] Furcht
aber wurde noch um ein grosses vermehrt, da sich,
gegen Süden zu, eine weisse lichte Flamme sehen ließ,
welche immer gantz sachte fort zohe, und endlich um
die Gegend, wo wir des Don Cyrillo Cörper begraben
hatten, verschwand.

Die Haare stunden uns hierüber zu Berge, doch, nachdem wir uns binnen einer Stunde in etwas erholet
hatten, brach Mons. van Leuven endlich das lange
Stillschweigen, indem er sagte: Mein Schatz und Mons.
Albert! ich weiß, daß ihr euch über dieses Nacht-
Schrecken so wohl als ich unterschiedene Gedancken
werdet gemacht haben; allein ich glaube, daß der
sonst unerhörte Knall von einem Erdbeben herrühret,
wobey unser Sand-Stein-Hügel ohnfehlbar einen star-

cken Riß bekommen. Die weisse Flamme aber, so wir
gesehen, halte ich vor eine Schwefel-Dunst, welche
sich nach dem Wasser hingezogen hat. Monsieur van
Leuven bekam in diesen Meinungen Seiten meiner
starcken Beyfall, allein Concordia gab dieses darauf:
Mein Schatz, der Himmel gebe nur, daß dieses nicht
eine Vorbedeutung eines besondern Unglücks ist, denn
ich war kurtze Zeit vor dem grausamen Knalle durch
einen schweren Traum, den ich im Schrecken vergessen habe, ermuntert worden, und lag mit wachenden
offenen Augen an eurer Seite, als eben dergleichen
lichte Flamme unsere Kammer mit einer gantz ausserordentlichen Helligkeit erleuchtete, und die sonst alle
Nacht hindurch brennende grosse Lampe auslöschte,
worauf sogleich der grausame Knall und die hefftige
Erschütterung zu empfinden war.
[198] Über diesen Bericht nun hatte ein jedes seine
besondere Gedancken, Mons. van Leuven aber unterbrach dieselben, indem er sich um den Lemelie bekümmerte, und gern wissen mochte, wo sich dieser aufhielte. Meine Muthmassungen waren, daß er vielleicht
noch vor uns, durch den Schrecken, aus der Höle gejagt worden, und sich etwa hier oder da auf der Insul
befände; Allein, nachdem wir den übrigen Theil der
Nacht ohne fernern Schlaff hingebracht, und nunmehro das Sonnen-Licht mit Freuden wieder empor
kommen sahen, kam auch Lemelie unverhofft aus der
Höle heraus gegangen.
Dieser bekannte auf unser Befragen so gleich, daß er
weder etwas gesehen, noch vielweniger gehöret habe,
und verwunderte sich ziemlich, da wir ihm von allen
Begebenheiten voriger Nacht ausführliche Nachricht
gaben. Wir hielten ihn also vor glücklicher als uns,
stunden aber auf, und besichtigten nicht allein die
Höle, sondern auch den gantzen Hügel, fanden jedoch nicht das geringste Versehr, Ritze oder Spalte,

sondern alles in unveränderten guten Stande. Lemelie
sagte derowegen: Glaubet mir sicher, meine Freunde!
es ist alles ein pures Gauckel-Spiel, der im Fegefeuer
sitzenden Seele des Don Cyrillo de Valaro. Ach, wie
gern wolte ich einem Römisch-Catholischen Priester
100. Creutz-Thaler Seel-Meß-Gelder zahlen, um dieselbe daraus zu erlösen, wenn er nur gegenwärtig
wäre, und uns in vollkommene Ruhe setzen könte.
Van Leuven und ich hielten nicht vor rathsam, diesem
einfältigen Tropffen zu widersprechen, liessen [199]
ihn derowegen bey seinen 5. Augen, beschlossen aber
dennoch, etliche Nacht in unsern grünen Hütten zu
schlaffen, biß man sähe, was sich ferner wegen des
vermeintlichen Erdbebens zeigen, und die deßfalls bey
uns entstandene Furcht nach und nach verschwunden
seyn würde, welches auch dem Lemelie gantz vernünfftig vorkam.
Allein der ehrliche van Leuven schlieff nur noch
2. Nachte bey seiner liebsten Ehe-Frauen in der Lauber-Hütte. Denn am 11. Novembr. ging er, etwa
2. Stunden, nachdem die Sonne aufgegangen war, mit
einer Flinte fort, um ein oder zwey grosse wohl-
schmeckende Vogel, welche sich gemeiniglich auf den
obersten Klippen sehen liessen, herunter zu schiessen,
die wir selbigen Abend an statt der Martins-Gänse
braten und verzehren wolten. Lemelie war etwa eine
Stunde vorher ebenfalls darauf ausgegangen, ich aber
blieb bey der Concordia, um ihr beym Kochen mit
Holtz-Spalten und andern Handreichungen die Arbeit zu erleichtern.
Zwey Stunden über Mittag kam Lemelie mit zwey
schönen grossen Vogeln zurücke, über welche wir uns
sogleich hermachten, und dieselben reinigten. Mittlerweile fragte Lemelie Concordien, wo ihr Mann hin-
gegangen? und erhielt von selbiger zur Antwort, daß
er gleichergestalt auf solch Wildpret ausgegangen sey,

worbey sie sich erkundigte, ob sie einander nicht angetroffen. Lemelie antwortet mit Nein. Doch habe er
auf jener Seite des Gebürges einen Schuß vernommen,
woraus er gemuthmasset, daß sich gewiß einer von
uns daselbst aufhalten würde.

[200] Concordia machte noch einen Spaaß hierbey,
indem sie sagte: Wenn nun mein Carl Franz kömmt,
mag er seine geschossenen Martins-Gänse biß auf Morgen aufheben. Allein, da die Sonne bereits unterging,
und unsere beyden Braten zum Speisen tüchtig waren,
stellete sich dem ohngeacht unser guter van Leuven
noch nicht ein, wir warteten noch ein paar Stunden,
da er aber nicht kam, verzehreten wir den einen Vogel
mit guten Appetit, und spareten den andern vor ihn
und Concordien. Allein, die Nacht brach endlich auch
ein, und van Leuven blieb immer aussen. Concordien
begunte das Hertze schwer zu werden, indem sie genug zu thun hatte, die Thränen zurück zu halten, ich
aber tröstete sie, so gut ich konte, und meinete, weil
es heller Monden-Schein, würde ihr Ehe-Schatz schon
noch zurücke kommen. Sie aber versetzte: Ach, es ist
ja wider alle seine gewöhnliche Art, was wird ihm der
Monden-Schein helffen? Und wie kan er zurücke
kommen, wenn er vielleicht Unglück genommen hat?
Ja, ja, fuhr sie fort, mein Hertze sagt es mir, mein
Liebster ist entweder todt, oder dem Tode sehr nahe,
denn itzo fällt mir mein Traum auf einmahl wieder in
die Gedancken, den ich in der Schreckens-Nacht, seit
dem aber gäntzlich vergessen gehabt. Diese ihre Worte
wurden mit einer gewaltsamen Thränen-Fluth begleitet, Lemelie aber trat auf, und sagte: Madame! ver-
fallet doch nicht so gleich auf die ärgsten Gedancken,
es kan ihn ja vielleicht eine besonders glückliche Begebenheit, oder Neugierigkeit, etwa hier oder dar aufhalten. Stehet auf, wir wollen ihm alle drey [201]
entgegen gehen, und zwar um die Gegend, wo ich

heute von ferne seinen Schuß gehöret, wir wollen
schreyen, ruffen und schiessen, was gilts? er wird sich
bald melden, und uns zum wenigsten mit einem Schuß
oder Laut antworten. Concordia weinete dem ohngeacht immer noch hefftiger, und sagte: Ach, wie kan
er schiessen oder antworten, wenn er todt ist? Doch
da wir beyde, ihr ferner zuzureden, nicht unterliessen,
stund sie endlich auf, und folgte nebst mir dem Lemelie, wo er uns hinführete.

Es wurde die gantze Nacht hindurch an fleißigem
Suchen, Schreyen und Schiessen nichts gesparet, die
Sonne ging zwar darüber auf, doch van Leuven wolte
mit selbiger dennoch nicht zum Vorscheine kommen.
Wir kehreten zurück in unsere Lauber-Hütten und
unter-irrdische Wohnung, fanden aber nicht die geringste Spur, daß er Zeit seines Hinwegseyns wiederum da gewesen. Nunmehro begunte mir auch das
Hertz-Blat zu schiessen, Concordia wolte gantz verzweiffeln, und Lemelie selbst sagte: Es könne unmöglich richtig zugehen, sondern Mons. van Leuven müste
ohnfehlbar etwa ein Unglück genommen haben. Derohalben fingen wir ingesammt gantz von neuen an, ihn
zu suchen, und daß ich es nur kurtz mache, am dritten Tage nach seinem letzten Ausgange entdeckten
wir mit grausamsten Schrecken seinen entseelten Cörper, gegen Süden zu, ausserhalb an dem Absatze einer
jähen Stein-Klippe liegen, als von welcher er unserm
damahligen Vermuthen nach herab gefallen war. Ich
fing vor übermäßiger Betrübniß bey diesem jämmerlichen Anblicke überlaut zu schreyen und zu heulen
an, [202] und rauffte mir als ein unsinniger Mensch
gantze Hände voll Haare aus dem Kopffe, Concordia, die meine Geberden nur von ferne sahe, weil sie
die hohen Felsen nicht so, wie ich, besteigen konte,
sanck augenblicklich in Ohnmacht hin, Lemelie lieff
geschwind nach frischen Wasser, ich aber blieb als ein

halb-verzweiffelter Mensch gantz sinnloß bey ihr
sitzen.

Endlich halff doch des Lemelie oft wiederholtes Wasser giessen und sprengen so viel: daß Concordia sich
wieder in etwas ermunterte. Allein meine Freunde,
(so unterbrach allhier der Alt-Vater Albertus seine
Erzehlung in etwas,) ich befinde mich biß diese Zeit
noch nicht im Stande, ohne selbst eigene hefftige Gemüths-Bewegungen, der Concordia schmertzliches
Klagen, und mit wenig Worten zu sagen; Ihre fast
gäntzliche Verzweiffelung auszudrücken, wiewol solches ohnedem besser mit dem Verstande zu fassen, als
mit Worten auszusprechen ist. Doch ich setzte bey
ihrem übermäßigen Jammer, mein eigenes dabey ge-
schöpfftes Betrübniß in etwas bey Seite, und suchte
sie nur erstlich dahin zu bereden, daß sie sich von uns
nach der Laub-Hütte führen liesse. Wiewol nun in
dem ersten Auflauff ihrer Gemüths-Bewegungen
nichts von ihr zu erhalten war, indem sie mit aller
Gewalt ihren Carl Frantz sehen, oder sich selbsten den
Kopf an einem Felsen einstossen wolte; so ließ sie sich
doch endlich durch Vorstellung einiger Biblischen
Sprüche und anderer Vernunfft-Lehren, dahin bewegen, daß ich und Lemelie, welcher vor verstellter
Betrübniß kein Wort reden, doch auch kein Auge naß
machen konte [203] oder wolte, sie mit sinckenden
Tage in die Laubhütte führen durfften. Nachdem ich
auf ihr sehnliches Bitten versprochen: alle Mühe und
Kunst anzuwenden, den verunglückten Cörper ihres
werthen Schatzes herauff zu schaffen.

Ohngeacht aber Concordia und ich in vergangenen
Nachten fast wenig oder nichts geschlaffen hatten,
so konten wir doch auch diese Nacht, wegen des allzu
grossen Jammers, noch keinen Schlaf in unsere Augen
kriegen, sondern ich nahm die Bibel und laß der Concordia hieraus die kräfftigsten Trost-Psalmen und

Capitel vor, wodurch ihr vorheriges unruhiges, und
zur Verzweiffelung geneigtes Gemüthe, in merckliche
Ruhe gesetzt wurde. Indem sie, obschon das Weinen
und Klagen nicht unterließ, dennoch so viel zu vernehmen gab, daß sie allen Fleiß anwenden wolte,
sich mit Gedult in ihr klägliches Verhängniß zu
schicken, indem freylich gewiß wäre, daß uns ohne
GOttes Willen kein Unglück begegnen könne. Ihre
damaligen reformirten Glaubens-Gründe, trugen gewisser massen ein vieles zu der von mir gewünschten
Beruhigung bey, doch nachhero hat sie diese verdäch-
tigen Hülffs-Mittel besser erkennen, und sich, durch
mein Zureden, aus GOTTES Wort kräfftiger trösten
lernen.
Gegen Morgen schlief die biß in den Tod betrübte
Concordia etwa ein paar Stunden, ich that dergleichen, Lemelie aber, der die gantze Nacht hindurch als
ein Ratz geschlaffen hatte, stund auf, wünschte der
Concordia zum guten Morgen: Daß sie sich bey einer
Sache, die nunmehro unmöglich zu än-[204]dern
stünde, bald vollkommen trösten, und in ruhigern
Zustand setzen möchte, wolte hiermit seine Flinte
nehmen und spatzieren gehen, doch ich hielt ihn auf,
und bat: er möchte doch der Concordia die Gefälligkeit erzeigen, und den Cörper ihres Liebsten mir herauff bringen helffen, damit wir ihn ehrlich zur Erden
bestatten könten; Allein er entschuldigte sich, und
gab zu vernehmen, wie er zwar uns in allen Stücken
Gefälligkeit und Hülffe zu leisten schuldig wäre; doch
damit möchte man ihn verschonen, weiln uns ja zum
voraus bewust, daß er einen ungewöhnlichen natürlichen Abscheu vor todten Menschen hätte, auch ohngeacht er schon lange Zeit zu Schiffe gedienet, niemals
im Stande gewesen, einen frischen Todten in die See
zu werffen, vielweniger einen solchen anzugreiffen
der schon etliche Tage an der Sonne gelegen. Hiermit

gieng er seine Wege, Concordia aber hub von neuen
an, sich aufs allerkläglichste zu gebährden, da ich ihr
aber zugeredet, sich zu mäßigen, und mich nur allein
machen zu lassen, weil ich weder Gefahr noch Mühe
scheuen, sondern ihr, unter GOttes Schutz, den Cörper ihres Liebsten in ihre Hände liefern wolte; muste
sie mir erstlich zuschweren, sich Zeit meines Abseyns
selbst kein Leyd zuzufügen, sondern gedultig und stille
zu sitzen, auch vor mich, wegen bevorstehender Gefahr, fleißig zu beten. Worauff so viel Seile und Strik-
ke als zu ertragen waren, nebst einem stücke Seegel-
Tuch nahm, und nebst Concordien, die eine Holtz-
Axt nebst etwas Speise vor uns beyde trug, nach den
Felsen hin eilete. Daselbst ließ ich sie unten an einem
sichern Orte sitzen, und kletterte nach [205] und
nach zur Höhe hinauff, zohe auch die Axt, etliche
spitz gemachte Pfähle, und die übrigen Sachen, von
einem Absatz zum andern, hinter mir her. An der
auswendigen Seite muste ich mich aber viel grösserer
Gefahr unterwerffen, weil daselbst die Felsen weit
steiler, und an vielen Orten gar nicht zu beklettern
waren, weßwegen ich an drey Orten in die Felsen-
Ritzen Pfähle einschlagen, ein langes Seil dran binden
und mich 3. mal 8. 10. biß 12. Elen tief, an selbigen
herunter lassen muste. Solchergestalt gelangete ich
endlich zu meines lieben Herrn van Leuvens jämmerlich zerschmetterten Cörper, der, weil ihm das Gesicht
sehr mit Blut unterlauffen war, seine vorige Gestalt
gäntzlich verlohren hatte, und allbereit wegen der
grossen Hitze, einen üblen Geruch von sich gab, jedoch ich hielt mich nicht lange dabey auf, sondern
wickelte ihn eiligst in das bey mir habende Tuch, be-
wunde dasselbe mit Stricken, band ein Seil daran,
und zohe diese Last nach und nach hinauff. Zu meinem Glücke hatte ich in die vom Felsen herab hangenden Seile, verschiedener Weite nach, Knoten gebun-

den, sonst wäre fast unmöglich gewesen wieder hinauff zu kommen, doch der Himmel bewahrete mich
in dieser besondern Gefahr vor allem Unfall, und ich
gelangte nach etwa 6. oder 7. Stunden verlauff, ohn-
beschadet, doch sehr schwer beladen und ermüdet,
wiederum bey Concordien an. Durch vieles Bitten
und vernünfftige Vorstellungen, erhielt ich endlich so
viel von selbiger, daß sie sonst nichts als ihres seel.
Ehe-Mannes Gesichte und die Hand, woran er annoch
seinen Siegel-Ring stecken hatte, zu sehen be-[206]
gehrte. Sie wusch beydes mehr mit Thränen, als mit
Wasser aus dem vorbey rinnenden Bächlein ab, und
küssete ihn ohngeacht des übeln Aussehens und Geruchs vielfältige mal, zohe den Ring von seinem Finger, und ließ endlich unter hefftigen Jammer-Klagen
geschehen, daß ich den Cörper wieder einwickelte,
und auf vorige Art umwunde.
Sie halff mir denselben biß in unsere unterirrdische
Höle tragen, woselbst er, weil ich nicht allein sehr ermüdet, sondern es auch allbereit ziemlich spät war,
liegen blieb, und von uns beyden bewacht wurde. Mit
anbrechenden Tage machte ich ein Grab neben des
Don Cyrillo seinem, worein wir diesen lieben verunglückten Freund, unter vergiessung häuffiger Thränen,
begruben.
Lemelie, der unserer Arbeit von ferne zugesehen hatte,
kam erstlich des folgenden Tages wieder zu uns, und
Bemühete sich mit Erzehlung allerhand lustiger Geschichte, der Concordia Kummer zu vertreiben. Doch
dieselbe sagte ihm ins Gesicht: Daß sie lieber mit dergleichen Zeitvertreibe verschonet bleiben möchte, indem ihr Gemüthe nicht so leichtsinnig geartet, dergleichen höchst empfindlichen Verlust solchergestalt
zu versehmertzen. Derowegen führete er zwar nachhero etwas vernünfftigere Reden, doch Concordia, die
bißhero fast so wenig als nichts geruhet, verfiel dar-

über in einen tieffen Schlaf, weßwegen Lemelie und
ich uns gleichfalls in einer andern Ecke der Höle, zur
Ruhe legten. Jedoch es schien, als ob dieser Mensch
gantz besondere Anfechtungen hätte, indem er so wol
diese, als viele folgende Nachte, fast keine Stunde nach
einander [207] ruhig liegen konte. Er fuhr sehr öffters
mit ängstlichen Geschrey aus dem schlafe auf, und
wenn ich ihn deßwegen befragte, klagte er über sonst
nichts, als schwere Träume, wiewol man ihn nach und
nach sehr abgemattet, und fast an allen Gliedern ein
starckes Zittern verspürete, jedoch binnen 2. oder 3.
Wochen erholete er sich ziemlich, so, daß er nebst
mir, unserer künfftigen Nahrung wegen, sehr fleißig
arbeiten konte.

Bey dem allen aber, lebten wir 3. von gantz unter-
schiedenen Gemüths-Regungen eingenommene Personen, in einer vollkommenen Verwirrung, da es zumal
das gäntzliche Ansehen hatte, als ob alle unsere vorige
Gedult, ja unser völliges Vergnügen, mit dem van
Leuven begraben wäre. Wir sassen öffters etliche
Stunden beysammen, ohne ein Wort mit einander zu
sprechen, doch schien es als ob immer eines des andern
Gedancken aus den Augen lesen wolte, und dennoch
hatte niemand das Hertze, der andern und dritten
Person Hertzens-Meynung auszufragen. Endlich aber
da nach des van Leuvens Beerdigung etwa 4. Wochen
verlauffen waren, hatte sich Lemelie bey ersehener
Gelegenheit die Freyheit genommen, der Concordia in
Geheim folgende Erklärung zu thun: Madame! sagt er
ohngefähr: Ihr und ich haben bißhero das unglückliche Verhängniß eures seel. Ehe-Mannes zur gnüge
betrauret. Was ist nunmehro zu thun? Wir sehen kein
ander Mittel, als vielleicht noch lange Zeit unserm
Schicksal auf dieser Insul Gehorsam zu leisten. Ihr
seyd eine Wittbe und darzu hoch schwanger, zu euren
Eltern zurück zu kehren, ist so unmög-[208]lich als

schändlich, einen Mann müsset ihr haben, der euch
bey Ehren erhält, niemand ist sonsten vor euch da als
ich und Albert, doch weil ich nicht zweiffele, daß ihr
mich, als einen Edelmann, diesem jungen Lecker, der
zumal nur eine privat-Person ist, vorziehen werdet;
So bitte ich um eures eigenen Bestens willen, mir zu
erlauben, daß ich die erledigte Stelle eines Gemahls
bey euch ersetzen darff, so werden wir nicht allein
allhier unser Schicksal mit Gedult ertragen, sondern
in Zukunfft höchst vergnügt leben können, wenn wir
das Glück haben, daß uns vielleicht ein Schiff von
hier ab, und zu mehrerer menschlicher Gesellschafft
führen wird. Albert, sagt er ferner, wird sich nicht
einmal die hochmüthigen Gedancken einkommen lassen, unserer beyder Verbindung zu widerstreben, derowegen bedencket euer Bestes in der Kürtze, weil ich
binnen 3. Nachten als Ehe-Mann mit euch zu Bette
zu gehen entschlossen, und zugleich eure tragende
Leibes-Frucht, so gut als die Meinige zu achten, entschlossen bin.

Concordia, die sich aus seinen feurigen Augen, und
erhitzten Gemüths-Bewegungen, nichts guts prophe-
ceyet, bittet ihn um GOTTES Barmhertzigkeit willen,
ihr wenigstens eine halbjährige Frist zur Trauer- und
Bedenck-Zeit zu verstatten, allein der erhitzte Liebhaber will hiervon nichts wissen, sondern spricht vielmehr mit gröster Vermessenheit: Er habe ihre Schönheit ohne würcklichen Genuß lange genug vergebens
vor Augen gehabt, nunmehro aber, da ihn nichts als
der elende Albert daran verhinderlich seyn könte;
wäre er nicht gesonnen sich länger Gewalt anzuthun,
und kurtz! wolte sie haben, [209] daß er ihr selbst
nicht Gewalt anthun solte, müste sie sich entschliessen,
ihn ehe noch 3. Nächte verlieffen, als seine Ehe-Frau
beyzuwohnen. Anbey thut er die vorsichtige War-
nung, daß Concordia mir hiervon ja nichts in voraus

offenbaren möchte, widrigenfalls er meine Person
bald aus dem Wege räumen wolle. Jedoch die Angstvolle Concordia stellet sich zwar, als ob sie seinen
Drohungen ziemlich nachgäbe, so bald er aber etwas
entfernet war, erfuhr ich das gantze Geheimniß.
Meine Erstaunung hierüber war unsäglich, doch, ich
glaube eine besondere Krafft des Himmels, stärckte
mich augenblicklich dermassen, daß ich ihr den Rath
gab, allen seinen Anfällen aufs äuserste zu widerstreben, im übrigen sich auf meinen Beystand gäntzlich
zu verlassen; weiln ich von nun an fleißig auf sie
Acht haben, und ehe mich um mein Leben, als sie um
ihre Ehre bringen lassen wolte.

Immittelst war Lemelie drey Tage nach einander
lustig und guter Dinge, und ich richtete mich dermassen nach ihm, daß er in meine Person gar kein böses
Vertrauen setzen konte. Da aber die fatale Nacht
herein brach, in welcher er sein gottloses Vorhaben
vollbringen wolte; Befahl er mir auf eine recht Herr-
schafftliche Art, mich nun zur Ruhe zu legen, weiln er
nebst mir auf morgenden Tag eine recht schwere Arbeit vorzunehmen gesonnen sey. Ich erzeigte ihm
einen verstellten Knechtischen Gehorsam, wodurch er
ziemlich sicher gemacht wurde, sich gegen Mitternacht mit Gewalt in der Concordia Kammer ein-
drange, und mit Gewalt auf ihrem Lager Platz suchen
wolte.

[210] Kaum hatten meine aufmerckenden Ohren dieses gehöret, als ich sogleich in aller Stille aufstund,
und unter beyden einen langen Wort-Streit anhörete,
da aber Lemelie endlich allzu brünstig wurde, und
weder der unschuldigen Frucht, noch der kläglich
winselenden Mutter schonen, sondern die Letztere mit
Gewalt nothzüchtigen wolte; stieß ich, nachdem die-
selbige abgeredter massen, GOTT und Menschen um
Hülffe anrief, die Thür ein, und suchte den ruchlosen

Bösewicht mit vernünfftigen Vorstellungen auf bessere
Gedancken zu bringen. Doch der eingefleischte Teufel
sprang auf, ergriff einen Säbel, und versetzte mir
einen solchen Hieb über den Kopf, daß mir augenblicklich das Blut über das Gesichte herunter lieff.
Ich eilete zurücke in meine Kammer, weil er mich
aber biß dahin verfolgen, und seinem Vorsatze nach
gäntzlich ertödten wolte, ergriff ich in der Angst
meine Flinte mit dem aufgesteckten Stillet, hielt dieselbe ausgestreckt vor mich, und mein Mörder, der
mir inzwischen noch einen Hieb in die lincke Schulter
angebracht hatte, rannte sich im finstern selbst dergestalt hinein, daß er das Stillet in seinem Leibe steckend
behielt, und darmit zu Boden stürtzte.

Auf sein erschreckliches Brüllen, kam die zitternde
Concordia aus ihrer Kammer mit dem Lichte gegan-
gen, da wir denn gleich wahr namen, wie ihm das
Stillet vorne unter der Brust hinein, und hinten zum
Rücken wieder heraus gegangen war. Dem ohngeacht,
suchte er, nachdem er solches selbst heraus gezogen,
und in der lincken Hand behalten hatte, mit seinem
Säbel, entweder der Concordia, [211] oder mir einen
tödlichen Streich beyzubringen. Jedoch ich nam die
Gelegenheit in acht, machte, indem ich ihm den einen
Fuß auf die Kähle setzte, seine verfluchten Hände
wehrloß, und dieselben, nebst den Füssen, mit Stricken
fest zusammen, und ließ das Aaß solchergestalt eine
gute Zeitlang zappeln, nicht zweiffelnd, daß er sich
bald eines andern besinnen würde. Allein es hatte fast
das Ansehen, als ob er in eine würckliche Raserey verfallen wäre, denn als mir Concordia meine Wunden
so gut sie konte, verbunden, und das hefftige Bluten
ziemlich gestillet hatte, stieß er aus seinem verfluchten
Rachen die entsetzlichsten Gotteslästerungen, und
gegen uns beyde die heßlichsten Schand-Reden aus,
ruffte anbey unzehlige mal den Satan um Hülffe an,

verschwur sich denselben auf ewig mit Leib und Seele
zum Eigenthume, woferne nur derselbe ihm die
Freude machen, und seinen Tod an uns rächen wolte.
Ich hielt ihm hierauf eine ziemlich lange Predigt,
mahlete sein verruchtes Leben mit lebendigen Farben
ab, und stellete ihn sein unglückseeliges Verhängniß
vor Augen, indem er, da er mich zu ermorden ge-
trachtet, sein selbst eigener Mörder worden, ich aber
von GOTTES Hand erhalten wäre. Concordia that
das ihrige auch mit grösten Eifer darbey, verwiese ihn
aber letzlich auf wahre Busse und Erkäntniß seiner
Sünden, vielleicht, sagte sie, liesse sich die Barmhertzigkeit GOTTES noch in seiner letzten Todes-Stunde
erweichen, ihm Gnade und Vergebung wiederfahren
zu lassen; Doch dieser Bösewicht drückte die Augen
feste zu, knir-[212]schete mit den Zähnen, und kriegte
die hefftigsten Anfälle von der schweren Noth, so
daß ihm ein greßlicher Schaum vor dem Maule stund,
worauff er bißzu anbrechenden Tage stille liegen
blieb, nachhero aber mit schwacher Stimme etwas zu
trincken foderte. Ich gab ihm einen Trunck von unsern
besten Geträncke, welches der aus den Palm-Bäumen
gelauffene Safft war. Er schluckte denselben begierig
hinein, und hub mit matter Stimme zu sagen an: Was
habt ihr vor Vergnügen Mons. Albert, mich ferner zu
quälen, da ich nicht die allergeringste Macht habe
euch fernern Schaden zu thun, erzeiget mir derowegen
die Barmhertzigkeit, meine Hände und Füsse von den
schmertzlichen Banden zu erlösen, ich will euch so
dann ein offenhertziges Bekänntniß meiner abscheulichen Missethaten thun, nach diesem aber werdet ihr
mich meiner Bitte gewähren, und mir mit einem tödt-
lichem Stosse den wohlverdienten Lohn der Boßheit
geben, mithin meiner Leibes und Gewissens-Quaal ein
Ende machen, denn ihr seyd dessen, eurer Rache
wegen wol berechtiget, ich aber will solches annoch

vor eine besondere Gnade der Menschen erkennen, weil ich doch bey GOTT keine Gnade und Barmhertzigkeit zu hoffen habe, sondern gewiß weiß, daß ich in dem Reiche des Teuffels, welchem ich mich schon seit vielen Jahren ergeben, auf ewig verbleiben werde.

Es stunden uns bey diesen seinen letzten Worten die Haare zu Berge, doch nachdem ich alle, mir verdächtig vorkommende Sachen, auf die Seite geschafft und versteckt hatte, wurden seine Hände und [213] Füsse der beschwerlichen Bande entlediget, und der tödtlich verwundete Cörper auf eine Matratze gelegt. Er empfand einige Linderung der Schmertzen, wolte aber seine empfangene Wunde weder anrühren noch besichtigen lassen, hielt im gegentheil an die Concordia und mich ohngefehr folgende Rede.

Wisset, sagte er, daß ich aus einem der allervornehmsten Geschlechte in Franckreich entsprossen bin, welches ich, indem es mich als einen rechten Greuel der Tugenden erzeuget, nicht einmal nahmhaft machen will. Ich habe in meinem 18den Jahre meine leibliche Schwester genothzüchtiget, und nachhero, da es ihr gefiel, in die 3. Jahr Blut-Schande mit derselben getrieben. Zwey Huren-Kinder, die binnen der Zeit von ihr kamen, habe ich ermordet, und in Schmeltz-Tiegeln als eine besondere kostbare Massam zu Asche verbrannt. Mein Vater und Mutter entdeckten mit der Zeit unsere abscheuliche Blutschande, liessen sich auch angelegen seyn, eine fernere Untersuchung unsers Lebens anzustellen, doch weil ich alles bey Zeiten erfuhr, wurden sie beyde in einer Nacht durch beygebrachtes Gifft in die andere Welt geschickt. Hierauff wolten meine Schwester und ich als Ehe-Leute, unter verwechselten Nahmen, nach Spanien oder Engelland gehen, allein eine andere wollüstige Hure zohe meine gestilleten Begierden vollends von der Schwester ab, und auf sich, weßwegen meine um Ehre, Gut und Gewissen betrogene Schwester, sich nebst ihrer dritten von mir tragenden Leibes-Frucht selbst ermordete, denen Gerichten aber ein [214] offenhertziges Bekänntniß, meiner und ihrer Schand und Mordthaten, schrifftlich hinterließ, ich aber hatte kaum Zeit, mich, nebst meiner neu erwehlten Hure, und etlichen kostbaren Sachen, unter verstellter Kleidung und Nahmen, aus dem Lande zu machen. - - Hier wolte dem Bösewicht auch seine eigene schändliche Zunge den Dienst versagen, weßwegen ich, selbige zu stärcken, ihm noch einen Becher Palmen-Safft reichen muste, worauff er seine Rede also fortsetzte:

Ich weiß und mercke, sagte er, daß ich nicht eher sterben kan, biß ich auch den sterblichen Menschen den meisten Theil meiner schändlichen Lebens-Geschicht offenbaret habe, wisset demnach, daß ich in Engelland, als wohin ich mit meiner Hure geflüchtet war, nicht allein diese, wegen ihrer Untreue, sondern nebst derselben 19. Seelen allein durch Gifft hingerichtet habe.

Indessen aber hatte mich doch am Englischen Hofe, auf eine ziemliche Stuffe der Glückseligkeit gebracht, allein mein Ehrgeitz und ausschweiffende Wollust stürtzten den auf üblen Grunde ruhenden Bau, meiner zeitlichen Wohlfarth gar bald darnieder, so daß ich unter abermals verwechselten Nahmen und in verstelleter Kleidung, als ein Boots-Knecht, sehr arm und elend aus Engelland abseegeln muste.

Ein gantz besonderes Glücke führete mich endlich auf ein Holländisches Caper-Schiff, und machte nach und nach aus mir einen ziemlich erfahrnen See-Mann, allein wie ich mich durch Gifft-mischen, Meuchel-Mord, Verrätherey und andere [215] Räncke mit der Zeit biß zu dem Posten eines Capitains erhoben, ist wegen der kurtzen Frist, die ich noch zu leben habe,

unmöglich zu erzehlen. Der letztere Sturm, dergleichen ich noch niemals, ihr aber nebst mir ausgestanden, hätte mich bey nahe zur Erkäntniß meiner Sünden gebracht, allein der Satan, dem ich mich bereits
vor etlichen Jahren mit Leib und Seele verschrieben,
hat mich durchaus nicht dahin gelangen lassen, im
Gegentheil mein Hertze mit immerwährenden Boßheiten angefüllet. - - Er forderte hierbey nochmals
einen Trunck Palmen-Safft, tranck, sahe hierauff die
Concordia mit starren Augen an, und sagte: Bejam-
merns-würdige Concordia! Nehmet den Himmel zu
einem Artzte an, indem ich eure noch nicht einmal
verblutete Hertzens-Wunde von neuen aufreisse, und
bekenne: daß ich gleich in der ersten Minute, da eure
Schönheit mir in die Augen gefallen, die verzweiffeltesten Anschläge gefasset, eurer Person und Liebe
theilhafftig zu werden. Mehr als 8. mal habe ich noch
auf dem Schiffe Gelegenheit gesucht, euren seeligen
Gemahl mit Giffte hinzurichten: doch da er ohne
eure Gesellschafft selten gegessen oder getruncken hat,
euer Leben aber, mir allzukostbar war, sind meine
Anstalten jederzeit vergeblich gewesen. Öffentlich
habe niemals mit ihm anzubinden getrauet, weil ich
wol gemerckt, daß er mir an Hertzhafftigkeit überlegen, und ihn hinterlistiger Weise zu ermorden, wolte
auch lange Zeit nicht angehen, da ich befürchten
muste, daß ihr deßwegen einen tödtlichen Haß auf
mich werffen möchtet. Endlich aber gab mir der Teuffel und meine verfluchte [216] Begierde, bey ersehener Gelegenheit die Gedancken ein, euren seeligen
Mann von der Klippe herunter zu stürtzen. - - - Concordia wolte bey Anhörung dieser Beichte ohnmächtig
werden, jedoch der wenige Rest einer bey sich habenden balsamischen Artzeney, stärckte sie, nebst meinem
zwar ängstlichen doch kräfftigen Zureden, dermassen,
daß sie das Ende dieser jämmerlichen und erschreck-

lichen Geschicht, mit ziemlicher Gelassenheit vollends
abwarten konte.

Lemelie fuhr demnach im reden also fort: Euer Ehe-
Mann, Concordia! kam, indem er ein schönes Morgen-
Lied sang, die Klippe hinauff gestiegen, und erblickte
mich Seitwarts mit der Flinte im Anschlage liegen. Er
erschrack hefftig, ohngeacht ich nicht auf ihn, sondern nach einem gegen mir über sitzenden Vogel zielete, den er mit seiner Ankunfft verjagte. Wiewol mir
nun der Teuffel gleich in die Ohren bließ, diese
schöne Gelegenheit, ihn umzubringen, nicht vorbey
streichen zu lassen, so war doch ich noch listiger, als
hitzig, warff meine Flinte zur Erden, eilete und umarmete den van Leuven, und sagte: Mein edler
Freund, ich spüre daß ihr vielleicht einen bösen Verdacht habt, als ob ich nach eurem Leben stünde; Allein entweder lasset selbigen fahren, oder erschiesset
mich auf der Stelle, denn was ist mir mein verdrieß-
liches Leben ohne eure Freundschafft auf dieser einsamen Insul sonsten nütze. Van Leuven umarmete
und küssete mich hierauff gleichfalls, versicherte mich
seiner aufrichtigen und getreuen Freundschafft, setzte
auch viele gute Vermahnungen hinzu, vermöge deren
ich mich in Zukunfft [217] tugendhaffter und Gottes-
fürchtiger aufführen möchte. Ich schwur ihm alles zu,
was er vermuthlich gern von mir hören und haben
wolte, weßwegen wir dem äuserlichen Ansehen nach,
auf einmal die allerbesten Freunde wurden, unter den
vertraulichsten Gesprächen aber lockte ich ihn unvermerckt auf den obersten Gipffel des Felsens, und
zwar unter dem Vorwande, als ob ich ein von ferne
kommendes Schiff wahrnähme, da nun der höchst-
erfreute van Leuven, um selbiges zu sehen, auf die
von mir angemerckte gefährlichste Stelle kam, stürtzte
ich ihn mit einem eintzigen stosse, und zwar an einem
solchen Orthe hinab, wo ich wuste, daß er augen-

blicklich zerschmettern muste. Nachdem ich seines
Todes völlig versichert war, gieng ich mit zittern zu-
rücke, weil mir die Worte seines gesungenen Morgen
Liedes:

> Nimmstu mich, GOTT! in deine Hände,
> So muß gewiß mein Lebens Ende
>   Den Meinen auch zum Trost gedeyhn,
>   Es mag gleich schnell und kläglich seyn.

gar nicht aus den Gedancken fallen wolten, biß der
Teuffel und meine unzüchtigen Begierden mir von
neuen einen Muth und, wegen meines künfftigen Ver-
haltens, ferner Lehren einbliesen. Jedoch, sprach er
mit seufftzender und heiserer Stimme: mein Gottes-
und Ehrvergessenes Aufführen kan euch alles dessen
nachdrücklicher und besser überzeugen, als mein be-
schwerliches Reden. Und Mons. Albert, euch war der
Todt ebenfalls schon vorlangst geschworen, insoweit
ihr euch als einen Verhinderer meines Vergnügens angeben, und mir nicht als ei-[218]nem Befehlshaber
gehorchen würdet, jedoch das Verhängniß hat ein
anders beschlossen, indem ihr mich wiewol wieder
euren willen tödtlich verwundet habt. Ach machet
derowegen meiner zeitlichen Marter ein Ende, rächet
eure Freunde und euch selbst, und verschaffet mich
durch den letzten Todes-Stich nur bald in das vor
meine arme Seele bestimmte Quartier zu allen Teuf-
feln, denn bey GOTT ist vor dergleichen Sünder, wie
ich bin, weder Gnade noch Barmhertzigkeit zu hoffen.
Hiermit blieb er stille liegen, Concordia aber und ich
setzten allen unseren anderweitigen Jammer bey
Seite, und suchten des Lemelie Seele durch die trost-
reichsten Sprüche aus des Teuffels Rachen zu reissen.
Allein, seine Ohren waren verstopfft, und ehe wir uns

dessen versahen, stach er sich, mit einem bey sich
annoch verborgen gehaltenen Messer, in etlichen Sti-
chen das Hertze selbst vollends ab, und bließ unter
gräßlichen Brüllen seine ohnfehlbar ewig verdammte
Seele aus. Concordia und ich wusten vor Furcht,
Schrecken und überhäuffter Betrübniß nicht, was wir
anfänglich reden oder thun solten, doch, nachdem
wir ein paar Stunden vorbey streichen lassen, und
unsere Sinnen wieder in einige Ordnung gebracht hatten, schleppte ich den schändlichen Cörper bey den
Beinen an seinen Ort, und begrub ihn als ein Vieh,
weil er sich im Leben noch viel ärger als ein Vieh aufgeführet hatte.

Das war also eine zwar kurtze, doch mehr als Erstaunens-würdige Nachricht von dem schändlichen
Leben, Tode und Begräbniß eines solchen [219] Menschen, der der Erden eine verfluchte unnütze Last,
dem Teuffel aber eine desto nützlichere Creatur gewesen. Welcher Mensch, der nur ein Füncklein Tugend in seiner Seelen heget, wird nicht über dergleichen Abschaum aller Laster erstaunen, und dessen
durchteuffeltes Gemüthe verfluchen? Ich vor meine
Person hatte recht vom Glücke zu sagen, daß ich seinen Mord-Streichen, noch so zu sagen, mit blauen
Augen entkommen war, wiewohl ich an meinen empfangenen Wunden, die, wegen der sauren Arbeit bey
dem Begräbnisse dieses Höllenbrandes, starck erhitzt
wurden, nachhero Angst und Schmertzen genung auszustehen hatte.

Meine annoch eintzige Unglücks-Gefährtin, nehmlich
die Concordia, traff ich bey meiner Zurückkunfft
sich fast in Thränen badend an, weil ich nun der
eintzige Zeuge ihres Jammers war, und desselben Ursprung nur allzu wohl wuste, wegen ihrer besondern
Gottesfurcht und anderer Tugenden aber in meiner
Seelen ein hefftiges Mitleyden über ihr unglückliches

Verhängniß hegte, und mein selbst eigenes Theil ziemlich dabey hatte, so war mir um so viel desto leichter, ihr im klagen und weinen Gesellschafft zu leisten, also vertiefften wir uns dermassen in unserer Betrübniß, daß wir den gantzen Tag biß zu einbrechender Nacht ohne Essen und Trincken bloß mit seuffzen, weinen und klagen hinbrachten. Endlich da mir die vernünfftigen Gedancken wiederum einfielen, daß wir mit allzu übermäßiger Betrübniß unser Schicksal weder verbessern noch verschlimmern, die höchste Macht aber dadurch nur noch mehr zum Zorne rei-[220]tzen könten, suchte ich die Concordia so wohl als mich selbst zur Gedult zu bewegen, und dieses gelunge mir auch in so weit, daß wir einander zusagten: alles unser Bekümmerniß dem Himmel anzubefehlen, und mit täglichen fleißigen Gebet und wahrer GOtt-Gelassenheit zu erwarten, was derselbe ferner über uns verhängen würde.

Demnach wischeten wir die Thränen aus den Augen, stelleten uns recht hertzhafftig an, nahmen Speise und Tranck, und suchten, nachdem wir mit einander andächtig gebetet und gesungen, ein jedes seine besondere Ruhe-Stelle, und zwar beyde in einer Kammer. Concordia verfiel in einen süssen Schlaff, ich aber konte wegen meiner hefftig schmertzenden Wunden, die in Ermangelung guter Pflaster und Salben nur bloß mit Leinwand bedeckt und umwunden waren, fast kein Auge zuthun, doch da ich fast gegen Morgen etwa eine Stunde geschlummert haben mochte, fing Concordia erbärmlich zu winseln und zu wehklagen an, da ich nun vermeinete, daß sie solches wegen eines schweren Traumes etwa im Schlaffe thäte, und, sie sanffte zu ermuntern, aufstund, richtete sich dieselbe auf einmahl in die Höhe, und sagte, indem ihr die grösten Thränen-Tropffen von den Wangen herunter rolleten: Ach, Monsieur Albert! Ach, nunmehro befinde ich mich auf der höchsten Staffel meines Elendes! Ach Himmel, erbarme dich meines Jammers! Du weist ja, daß ich die Unzucht und Unkeuschheit Zeit Lebens von Grund der Seelen gehasset, und die Keuschheit vor mein bestes Kleinod geschätzet. Zwar habe mich durch über-[221]mäßige Liebe von meinen seel. Ehe-Mann verleiten lassen, mit ihm aus dem Hause meiner Eltern zu entfliehen, doch du hast mich ja dieserwegen auch hart genug gestrafft. Wiewohl, gerechter Himmel, zürne nicht über meine unbesonnenen Worte, ists noch nicht genung? Nun so straffe mich ferner hier zeitlich, aber nur, nur, nur nicht ewig.

Hierauf rang sie die Hände aufs hefftigste, der Angst-Schweiß lieff ihr über das gantze Gesichte, ja sie winselte, schrye, und wunde sich auf ihren Lager als ein armer Wurm.

Ich wuste vor Angst, Schrecken und Zittern nicht, was ich reden, oder wie ich mich gebärden solte, weil nicht anders gedencken konte, als daß Concordia vielleicht noch vor Tages Anbruch das Zeitliche gesegnet, mithin mich als den allerelendesten Menschen auf dieser Insul allein, ohne andere, als der Thiere Gesellschafft, verlassen würde. Diese kläglichen Vorstellungen, nebst ihren schmertzhafften Bezeigen, rühreten mich dermassen hefftig, daß ich auf Knie und Angesicht zur Erden fiel, und dermassen eiffrig zu GOtt schrye, daß es fast das Ansehen hatte, als ob ich den Allmächtigen mit Gewalt zwingen wolte, sich der Concordia und meiner zu erbarmen.

Immittelst war dieselbe gantz stille worden, weßwegen ich voller Furcht und Hoffnung zu GOtt aufstund, und besorgte, sie entweder in einer Ohnmacht oder wohl gar todt anzutreffen. Jedoch zu meinem grösten Troste, lag sie in ziemlicher Linderung, wiewohl sehr ermattet, da, nahm und drückte meine

Hand, legte selbige auf ihre Brust, und sagte [222] unter hefftigem Hertz-Klopffen: Es ist an dem, Mons. Albert, daß eure und meine Tugend von der Göttlichen Fürsehung auf eine harte Probe gesetzt wird. Wisset demnach, mein eintziger Freund und Beystand auf dieser Welt, daß ich in Kindes-Nöthen liege. Auf euer hertzliches Gebet hat mir der Höchste Linderung verschaffet, ich glaube, daß ich bloß um eurent willen noch nicht sterben werde. Allein, ich bitte euch um GOttes Barmhertzigkeit willen, lasset eure Keuschheit, Gottesfurcht und andere Tugenden, bey meinem itzigen Zustande über alle Fleisches-Lust, unkeusche Gedancken, ja über alle Bemühungen, die ich euch zu machen, von der Noth gezwungen bin, triumphiren. Denn ich bin versichert, daß alle äusserliche Versuchungen unsern keuschen Seelen keinen Schaden zufügen können, so fern dieselben nur an sich selbst rein von Lastern sind.

Hierauf legte ich meine lincke Hand auf ihre bekleidete Brust, meine rechte aber reckte ich in die Höhe, und sprach: Liebste Concordia, ich schwere hiermit einen würcklichen Eyd, daß ich zwar eure schöne Person unter allen Weibs-Personen auf der gantzen Welt aufs allerwertheste achte und liebe, auch dieselbe jederzeit hoch zu achten und zu lieben gedencke, wenn ich gleich, mit GOttes Hülffe, wieder unter 1000. und mehr andere Weibs- und Manns-Personen kommen solte; Allein wisset, daß ich euch nicht im geringsten aus einer wollüstigen Absicht, sondern bloß eurer Tugenden wegen liebe, auch alle geile Brunst, dergleichen Lemelie verspüren lassen, aufs hefftigste verfluche. Im Ge-[223]gentheil verspreche, so lange wir beysammen zu leben gezwungen sind, aus guten Hertzen, euch in allen treulich beyzustehen, und solte ja wider Vermuthen in Zukunfft bey mir etwa eine Lust entstehen, mit eurer Person verehligt zu seyn, so

will ich doch dieselbe, um euch nicht verdrüßlich zu
fallen, beständig unterdrücken, hingegen allen Fleiß
anwenden, euch mit der Helffte derjenigen Schätze,
die wir in Verwahrung haben, dahin zu verschaffen,
wo es euch belieben wird, weiln ich lieber Zeit-Lebens
unvergnügt und Ehe-loß leben, als eurer Ehre und
Tugend die geringste Gewalt anthun, mir aber in meinem Gewissen nur den kleinesten Vorwurff verursachen wolte. Verlasset euch derowegen sicher auf
mein Versprechen, worüber ich GOtt und alle heiligen
Engel zu Zeugen anruffe, fasset einen frischen Muth
und fröliches Hertze. GOtt verleihe euch eine glückliche Entbindung, trauet nechst dem auf meinen getreuen Beystand, thut eurer Gesundheit mit unnöthiger und vielleicht gefährlicher Schamhafftigkeit keinen Schaden, sondern verlasset euch auf euer und
meine tugendhaffte Keuschheit, welche in dieser
äusersten Noth unverletzt bleiben soll. Ich habe das
feste Vertrauen, der Himmel werde auch diese höchste
Staffel unseres Elendes glücklich übersteigen helffen,
und euch mir zum Trost und Beystande gesund und
vergnügt beym Leben erhalten. Befehlet mir derowegen nur ohne Scheu, was ich zu eurem Nutzen
etwa thun und herbey schaffen soll, GOtt wird uns,
in dieser schweren Sache gantz unerfahrnen Leuten,
am besten zu rathen wissen.

[224] Diesemnach küssete die keusche Frau aus reiner
Freundschafft meine Hand, versicherte mich, daß sie
auf meine Redlichkeit ein vollkommenes Vertrauen
setzte, und bat, daß ich aussen vor der Kammer ein
Feuer anmachen, anbey so wohl kaltes als warmes
Wasser bereit halten möchte, weil sie nechst Göttlicher
Hülffe sich einer baldigen Entbindung vermuthete.
Ich eilete, so viel mir menschlich und möglich, ihrem
Verlangen ein Genügen zu leisten, so bald aber alles in
völliger Bereitschafft, und ich wiederum nach meiner

Kreissenden sehen wolte, fand ich dieselbe in gantz anderer Verfassung, indem sie allen Vorrath von ihren Betten in der Kammer herum gestreuet, sich mitten in der Kammer auf ein Unter-Bette gesetzt, die grosse Lampe darneben gestellet, und ihr neugebohrnes Töchterlein, in zwey Küssen eingehüllet, vor sich liegen hatte, welches seine jämmerliche Ankunfft mit ziemlichen Schreyen zu verstehen gab. Ich wurde vor Verwunderung und Freude gantz bestürtzt, muste aber auf Concordiens sehnliches Bitten allhier zum ersten mahle das Amt einer Bade-Mutter verrichten, welches mir auch sehr glücklich von der Hand gegangen war, indem ich die kleine wohlgebildete Creatur ihrer Mutter gantz rein und schön zurück lieferte.

Mittlerweile war der Tag völlig angebrochen, weßwegen ich, nachdem Concordia auf ihr ordentliches Lager gebracht, und sich noch ziemlich bey Kräfften befand, ausgehen, ein Stücke Wild schiessen, und etliche gute Kräuter zum Zugemüse eintragen wolte, indem unser Speise-Vorrath [225] fast gäntzlich aufgezehret war. Doch selbige bat mich, noch eine Stunde zu verziehen, und erstlich das allernöthigste, nehmlich die heilige Tauffe ihres jungen Töchterleins zu besorgen, inmassen man nicht wüste, wie bald dergleichen zarte Creatur vom Tode übereilet werden könte. Ich konte diese ihre Sorge selbst nicht anders als vor höchst wichtig erkennen, nachdem wir uns also wegen dieser heiligen und christlichen Handlung hinlänglich unterredet, vertrat ich die Stelle eines Priesters, tauffte das Kindlein nach Anweisung der heiligen Schrifft, und legte ihm ihrer Mutter Nahmen Concordia bey.

Hierauf ging ich mit meiner Flinte, wiewohl sehr taumelnd, matt und krafftloß, aus, und da mir gleich über unsern gemachten Damme ein ziemlich starck und feister Hirsch begegnete, setzte ich vor dieses

mahl meine sonst gewöhnliche Barmhertzigkeit bey
seite, gab Feuer, und traff denselben so glücklich in
die Brust hinein, daß er so gleich auf der Stelle liegen
blieb. Allein, dieses grosse Thier trieb mir einen ziemlichen Schweiß aus, ehe ich selbiges an Ort und Stelle
bringen konte. Jedoch da meine Wöchnerin und ich
selbst gute Krafft-Suppen und andere gesunde Kräu-
ter-Speisen höchst von nöthen hatte, muste mir alle
Arbeit leicht werden, und weil ich also kein langes
Federlesen machte, sondern alles aufs hurtigste, wiewohl nicht nach den Regeln der Sparsamkeit, ein-
richtete, war in der Mittags-Stunde schon eine gute
stärckende Mahlzeit fertig, welche Con-[226]cordia
und ich mit wunderwürdigen und ungewöhnlichen
Appetite einnahmen.

Jedoch, meine Freunde! sagte hier der Alt-Vater Albertus, ich mercke, daß ich mich diesen Abend etwas
länger in Erzählung, als sonsten, aufgehalten habe,
indem sich meine müden Augen nach dem Schlafe
sehnen. Also brach er ab, mit dem Versprechen, morgendes Tages nach unserer Zurückkunfft von Johannis-Raum fortzufahren, und diesemnach legten wir
uns, auf gehaltene Abend-Andacht, ingesammt, wie
er, zur Ruhe.
Die abermahls aufgehende und alles erfreuende Sonne
gab selbigen Morgen einem jeden das gewöhnliche
Zeichen aufzustehen. So bald wir uns nun versammlet,
das Morgen-Gebet verrichtet, und das Früh-Stück eingenommen hatten, ging die Reise in gewöhnlicher
Suite durch den grossen Garten über die Brücke des
Westlichen Flusses, auf Johannis-Raum zu. Selbige
Pflantz-Städte bestunde aus 10. Häusern, in welchen
allen man wahrnehmen konte, daß die Eigenthums-
Herrn denen andern, so wir bißhero besucht, an guter
Wirthschafft nicht das geringste nachgaben. Sie hat-

ten ein besseres Feld, als die in Jacobs-Raum, jedoch
nicht so häuffigen Weinwachs, hergegen wegen des
naheliegenden grossen Sees, den vortrefflichsten Fischfang, herrliche Waldung, Wildpret und Ziegen in starcker Menge. Die Bäche daselbst führeten ebenfalls
häuffige Gold-Körner, worvon uns eine starcke Quantität geschenckt wurde. Wir machten uns allhier das
Vergnügen, in wohl ausgearbeiteten Kähnen auf der
grossen [227] See herum zu fahren, und zugleich mit
Angeln, auch artigen Netzen, die vom Bast gewisser
Bäume gestrickt waren, zu fischen, durchstrichen hierauf den Wald, bestiegen die oberste Höhe des Felsens,
und traffen daselbst bey einem wohlgebaueten Wach-
Hause 2. Stücken Geschützes an. Etliche Schritt hiervon ersahen wir ein in den Felsen gehauenes grosses
Creutze, worein eine zinnerne Platte gefügt war, die
folgende Zeilen zu lesen gab:

† † †

AUf dieser unglückseeligen Stelle
ist im Jahre Christi 1646.
am 11. Novembr.
der fromme Carl Franz van Leuven,
von dem gottlosen Schand-Buben Lemelie
meuchelmörderischer Weise
zum Felsen hinab gestürtzt und
elendiglich zerschmettert worden.
Doch seine Seele
wird ohne Zweiffel bey GOtt
in Gnaden seyn.

† † †

Unser guter Alt-Vater Albertus hatte sich mit grosser
Mühe auch an diesen Ort bringen lassen, und zeigete
uns die Stelle, wo er nunmehro vor 79. Jahren und

etlichen Tagen den Cörper seines Vorwirths, zerschmettert liegend, angetroffen. Wir musten erstaunen, da wir die Gefahr betrach-[228]teten, in welche
er sich gesetzt, denselben in die Höhe zu bringen.
Voritzo aber war daselbst ein zwar sehr enger, doch
bequemer Weg biß an die See gemacht, welchen wir
hinunter stiegen, und in der Bucht, Sud-Westwärts,
ein ziemlich starckes Fahrzeug antraffen, womit die
Unserigen öffters nach einer kleinern Insul zu fahren
pflegten, indem dieselbe nur etwa 2. Meilen von der
Felsen-Insul entlegen war, in Umfange aber nicht
vielmehr als 5. oder 6tehalb deutsche Meilen haben
mochte.

Es wurde beschlossen, daß wir nächstens das Fahrzeug
ausbessern, und eine Spatzier-Fahrt nach besagter kleinen Insul, welche Albertus klein Felsen-Burg benennet
hatte, vornehmen wolten. Vor dießmal aber nahmen
wir unsern Rückweg durch Johannis-Raum, reichten
den Einwohnern die gewöhnlichen Geschencke, wurden dagegen von ihnen mit einer vollkommenen
guten Mahlzeit bewirthet, die uns, weil die Mittags-
Mahlzeit nicht ordentlich gehalten worden, trefflich
zu statten kam, nahmen hierauff danckbarlichen Abschied, und kamen diesen Abend etwas später als sonsten auf der Albertus-Burg an.

Dem ohngeacht, und da zumalen niemand weiter etwas zu speisen verlangete, sondern wir uns mit etlichen Schaalen Coffeé, nebst einer Pfeiffe Toback zu
behelffen beredet, setzte bey solcher Gelegenheit unser
Altvater seine Geschichts-Erzehlung dergestalt fort:

Ich habe gestern gemeldet, wie wir damahligen beyden Patienten die Mahlzeit mit guten Appetit verzehret, jedoch Concordia befand sich sehr übel [229]
drauff, indem sie gegen Abend ein würckliches Fieber
bekam, da denn der abwechselnde Frost und Hitze

die gantze Nacht hindurch währete, weßwegen mir
von Hertzen angst und bange wurde, so daß ich meine
eigenen Schmertzen noch lange nicht so hefftig, als
der Concordiae Zufall empfand.

Von Artzeneyen war zwar annoch ein sehr weniges
vorhanden, allein wie konte ich wagen ihr selbiges
einzugeben? da ich nicht den geringsten Verstand oder
Nachricht hatte, ob ich meiner Patientin damit helffen
oder schaden könte. Gewiß es war ein starckes Versehen von Mons. van Leuven gewesen, daß er sich
nicht mit einem bessern Vorrath von Artzeneyen versorgt hatte, doch es kan auch seyn, daß selbige mit
verdorben waren, genung, ich wuste die gantze Nacht
nichts zu thun, als auf den Knien bey der Concordia
zu sitzen, ihr den kalten Schweiß von Gesicht und
Händen zu wischen, dann und wann kühlende Blätter
auf ihre Stirn und Arme zu binden, nächst dem den
allerhöchsten Artzt um unmittelbare kräfftige Hülffe
anzuflehen. Gegen Morgen hatte sie zwar, so wol als
ich, etwa 3. Stunden schlaff, allein die vorige Hitze
stellete sich Vormittags desto hefftiger wieder ein. Die
arme kleine Concordia fieng nunmehro auch, wie ich
glaube, vor Hunger und Durst, erbärmlich an zu
schreyen, verdoppelte also unser Hertzeleyd auf jämmerliche Art, indem sie von ihrer Mutter nicht einen
Tropffen Nahrungs-Safft erhalten konte. Es war mir
allbereit in die Gedancken kommen, ein paar melckende Ziegen einzufangen, allein auch diese Thiere
waren durch das öfftere schiessen dermassen wild
[230] worden, daß sie sich allezeit auf 20. biß
50. Schritt von mir entfernt hielten, also meine 3. stün-
dige Mühe vergeblich machten, also traf ich meine
beyden Concordien, bey meiner Zurückkunfft in noch
weit elendern Zustande an, indem sie vor Mattigkeit
kaum noch lechzen konten. Solchergestallt wuste ich
kein ander Mittel, als allen beyden etwas von dem

mit reinen Wasser vermischten Palm-Saffte einzu-
flössen, indem sie sich nun damit ein wenig erquickten,
gab mir der Himmel einen noch glücklichern Einfall.
Denn ich lieff alsobald wieder fort, und trug ein
Körblein voll von der, den Europäischen Apricosen
oder Morellen gleichförmigen, doch weit grössern
Frucht ein, schlug die harten Kernen entzwey, und
bereitete aus den inwendigen, welche an Annehmlich-
und Süßigkeit die süssen Mandeln bey weiten übertreffen, auch noch viel gesünder seyn, eine unvergleichlich schöne Milch, so wol auch ein herrliches
Gemüse, mit welchen beyden ich das kleine Würmlein
ungemein kräfftig stärcken und ernehren konte.
Concordia vergoß theils vor Schmertzen und Jammer,
theils vor Freuden, daß sich einige Nahrung vor ihr
Kind gefunden, die heissesten Thränen. Sie kostete
auf mein Zureden die schöne Milch, und labete sich
selbst recht hertzlich daran, ich aber, so bald ich dieses merckte: setzte alle unwichtige Arbeit bey seite,
und that weiter fast nichts anders als dergleichen
Früchte in grosser Menge einzutragen, und Kernen
aufzuschlagen, jedoch durffte nicht mehr als auf einen
Tag und Nacht Milch zubereiten, weil die Übernäch-
tige ihre schmackhaffte Krafft allezeit verlohr.
[231] Solchergestalt befand sich nun nicht allein das
Kind vollkommen befriediget, sondern die Mutter
konte 4. Tage hernach selbiges, zu aller Freude, aus
ihrer Brust stillen, und am 6ten Tage frisch und gesund das Bette verlassen, auch, wiewol wider meinen
Rath, allerhand Arbeit mit verrichten. Wir danckten
dem Allmächtigen hertzlich mit beten und singen vor
dessen augenscheinliche Hülffe, und meineten nunmehro in so weit ausser aller Gefahr zu seyn; Allein
die Reihe des kranckliegens war nun an mir, denn
weil ich meine Haupt-Wunde nicht so wohl als die
auf der Schulter warten können, gerieth dieselbe erst-

lich nach 12. Tagen dermassen schlimm, daß mir der
Kopf hefftig auffschwoll, und die innerliche grosse
Hitze den gantzen Cörper aufs grausamste überfiel.
War mein Bezeugen bey Concordiens Unpäßlichkeit
ängstlich und sorgfältig gewesen, so muß ich im gegentheil bekennen, daß ihre Bekümmerniß die meinige
zu übertreffen schien, indem sie sich besser als sich
und ihr Kind selbst pflegte und wartete. Meine Wunden wurden mit ihrer Milch ausgewaschen, und mit
darein getauchten Tüchleins bedeckt, mein gantzes
Gesichte, Hände und Füsse aber belegte sie mit dergleichen Blättern, welche ihr so gute Dienste gethan
hatten, suchte mich anbey mit den kräfftigsten Speisen und Geträncke, so nur zu erfinden war, zu erquicken. Allein es wolte binnen 10. Tagen nicht das
geringste anschlagen, sondern meine Kranckheit schien
immer mehr zu, als ab zu nehmen, welches Concordia,
ohngeacht ich mich stärcker stellete, als ich in der
That war, dennoch merckte, [232] und derowegen
vor Hertzeleyd fast vergehen wolte. Ich bat sie in-
standig, ihr Betrübniß zu mäßigen, weil ich das feste
Vertrauen zu GOTT hätte, und fast gantz gewiß versichert wäre, daß er mich nicht so früh würde sterben
lassen; Allein sie konte ihrem Klagen, Seufzen u.
Thränen, durchaus keinen Einhalt thun, wolte ich also
haben, daß sie des Nachts nur etwas ruhen solte, so
muste mich zwingen, stille zu liegen, und thun als ob
ich feste schlieffe, obgleich offters der grossen
Schmertzen wegen in 2. mal 24. Stunden kein rechter
Schlaf in meine Augen kam. Da ich aber einsmals
gegen Morgen sehr sanfft eingeschlummert war,
träumte mich, als ob Don Cyrillo de Valaro vor meinem Bette sässe, mich mit freundlichen Gebärden bey
der rechten Hand anfassete und spräche: Ehrlicher
Albert! sage mir doch, warum du meine hinterlassenen
Schrifften zu deinem eigenen Wohlseyn nicht besser

untersuchest. Gebrauche doch den Safft von diesem
Kraut und Wurtzel, welches ich dir hiermit im Traume zeige, und welches häuffig vor dem Außgange der
Höle wächset, glaube dabey sicher, daß dich GOtt
erhalten und deine Wunden heilen wird, im übrigen
aber erwege meine Schrifften in Zukunfft etwas genauer, weil sie dir und deinen Nachkommen ein herrliches Licht geben.

Ich fuhr vor grossen Freuden im Schlafe auf, und
streckte meine Hand nach der Pflantze aus, welche
mir, meinen Gedancken nach, von Don Cyrillo vorgehalten wurde, merckte aber sogleich, daß es ein
Traum gewesen. Concordia fragte mit weinenden
Augen nach meinem Zustande. Ich bat, sie [233] solte
einen frischen Muth fassen, weil mir GOTT bald helffen würde, nahm mir auch kein Bedencken, ihr meinen nachdencklichen Traum völlig zu erzehlen. Hierauff wischete sie augenblicklich ihre Thränen ab, und
sagte: Mein Freund, dieses ist gewiß kein blosser
Traum, sondern ohnfehlbar ein Göttliches Gesichte,
hier habt ihr des Don Cyrillo Schriften, durchsuchet
dieselben aufs fleißigste, ich will inzwischen hingehen
und vielerley Kräuter abpflücken, findet ihr dasjenige
darunter, welches ihr im schlafe gesehen zu haben
euch erinnern könnet, so wollen wir solches in GOT-
TES Nahmen zu euerer Artzeney gebrauchen.

Mein Zustand war ziemlich erleidlich, nachdem sie
mir also des Don Cyrillo Schrifften, nebst einer brennenden Lampe vor mein Lager gebracht, und eilig
fortgegangen war, fand ich ohne mühsames suchen
diejenigen Blätter, welche van Leuven und ich wenig
geachtet, in Lateinischer Sprache unter folgenden
Titul: »Verzeichniß, wie, und womit ich die, mir in
meinen mühseeligen Leben gar öffters zugestossenen
Leibes-Gebrechen und Schäden geheilet habe.« Ich
lief dasselbe so hurtig durch, als es meine nicht allzu-

vollkommene Wissenschafft der Lateinischen Sprache
zuließ, und fand die Gestalt, Tugend und Nutzbarkeit eines gewissen Wund-Krauts, so wol bey der Gelegenheit, da dem Don Cyrillo ein Stück Holtz auf
dem Kopf gefallen war, als auch da er sich mit dem
Beile eine gefährliche Wunde ins Bein versetzt, nicht
weniger bey andern Beschädigungen, dermassen eigentlich und ausführlich beschrieben, daß fast nicht
zweiffeln kon-[234]te, es müste eben selbiges Kraut
und Wurtzel seyn, welches er mir im Traume vorgehalten. Unter diesem meinen Nachsinnen, kam Concordia mit einer gantzen Schürtze voll Kräuter von
verschiedenen Arten und Gestallten herbey, ich erblickte hierunter nach wenigen herum werffen gar
bald dasjenige, was mir Don Cyrillo so wol schrifftlich bezeichnet, als im Traume vorgehalten hatte.
Derowegen richteten wir selbiges nebst der Wurtzel
nach seiner Vorschrifft zu, machten anbey von etwas
Wachs, Schiff-Pech und Hirsch-Unschlit ein Pflaster,
verbanden damit meine Wunden, und legten das zer-
quetschte Kraut und Wurtzel nicht allein auf mein
Gesicht, sondern fast über den gantzen Leib, worvon
sich die schlimmen Zufälle binnen 4. oder 5. Tagen
gäntzlich verlohren, und ich nach Verlauff zweyer
Wochen vollkommen heil und gesund wurde.

Nunmehro hatte so wol ich als Concordia recht erkennen lernen, was es vor ein edles thun um die Gesundheit sey. Als wir derowegen unser Te Deum laudamus abgesungen und gebetet hatten, wurde Rath
gehalten, was wir in Zukunfft täglich vor Arbeit
vornehmen müsten, um unsere kleine Wirthschafft in
guten Stand zu setzen, damit wir im fall der Noth
sogleich alles, was wir brauchten, bey der Hand
haben könten. Tag und Nacht in der unterirrdischen,
ob zwar sehr bequemen Höle zu wohnen, wolte Concordien durchaus nicht gefallen, derowegen fieng ich

an, oben auf dem Hügel, neben der schönen Lauber-
Hütte, ein bequemes Häußlein nebst einer kleinen
Küche zu bauen, auch [235] einen kleinen Keller zu
graben, in welchen letztern wir unser Geträncke, so
wol als das frische Fleisch und andere Sachen, vor der
grossen Hitze verbergen könten. Hiernechst machte
ich vor die kleine Tochter zum Feyerabende, an
einem abgelegenen Orte, eine bequeme, wiewol nicht
eben allzu zierliche Wiege, worüber meine Haußwir-
thin, da ich ihr dieselbe unverhofft brachte, eine ungemeine Freude bezeigte, und dieselbe um den allergrösten Gold-Klumpen nicht vertauscht hätte, denn
das Wiegen gefiel den kleinen Mägdelein dermassen
wohl, daß wir selbst unsere eintzige Freude daran
sahen.

Unser gantzer Geträyde-Vorrath, welchen wir auf
dieser Insul unter den wilden Gewächsen aufgesamm-
let hatten, bestund etwa in drey Hütten voll Europäischen Korns, 1. Hut voll Weitzen, 4. Hütten Gerste, und zwey ziemlich grossen Säcken voll Reiß, als
von welchem letztern wir Mehl stampften, solches
durchsiebeten und das Kind darmit nehreten, einen
Sack Reiß aber, nebst dem andern Geträyde, zur
Außsaat spareten. Über dieses alles, fanden sich auch
bey nahe 2. Hüte voll Erbsen, sonsten aber nichts von
bekandten Früchten, desto mehr aber von unbekandten, deren wir uns zwar nach und nach zur Leibes-
Nahrung, in Ermangelung des Brodtes gebrauchen
lerneten, doch ihre Nahmen als Plantains, James, Patates, Bananes und dergleichen mehr, nebst deren bessern und angenehmern Nutzung, erfuhren wir erstlich
in vielen Jahren hernach von Robert Hülter, der kleinen Concordia nachherigem Ehe-Manne.

[236] Inzwischen wandte ich damaliger Zeit, jedes
Morgens frühe 3. Stunden, und gegen Abend eben so
viel, zu Bestellung meiner Äcker an, und zwar in der

Gegend wo voritzo der grosse Garten ist, weil ich
selbigen Platz, wegen seiner Nähe und Sicherheit vor
dem Wilde, am geschicktesten darzu hielt. Die übrigen
Tages-Stunden aber, ausser den Mittags-Stunden, in
der grösten Hitze, welche ich zum Lesen und auf-
schreiben aller Dinge die uns begegneten, anwandte,
machte ich mir andern Zeitvertreib, indem ich einige
kleine Plätze starck verzäunete, und die auf listige
Art gefangenen Ziegen, nebst andern jungen Wildpret
hinein sperrete, welches alles Concordia täglich mit
gröster Lust speisete und tränckte, die Milchtragenden
Ziegen aber, nach und nach, so zahm machte, daß sie
sich ihre Milch gutwillig nehmen liessen, die wir nicht
allein an sich selbst zur Speise vor klein und grosse
gebrauchen, sondern auch bald einen ziemlichen Vorrath von Butter und Käse bereiten konten, indem ich
binnen Monats-Frist etliche 20. Stück melckende,
halb so viel andere, und 9. Stück jung Wildpret ein-
gefangen hatte.

Wir ergötzten uns gantz besonders, wenn wir an
unsere zukünfftige Saat und Erndte gedachten, weil
der Appetit nach ordentlichen Brodte gantz ungemein
war, gebrauchten aber mittlerweile an dessen statt
öffters die gekochten Wildprets-Lebern, als worzu
wir unsere Käse und Butter vortrefflich geniessen
konten.

Solchergestalt wurden die heissesten Sommer-Monate
ziemlich vergnügt hingebracht, ausgenommen, wenn
uns die erlittenen Trauer-Fälle ein be-[237]trübtes
Zurückdencken erweckten, welches wir aber immer
eines dem andern zu gefallen, so viel möglich, verbargen, um unsere in etwas verharrschten Hertzens-
Wunden nicht von neuen aufzureissen, mithin das
ohne dem einsame Leben zu verbittern, oder solche
Leute zu heissen, die wider das Verhängniß und
Straff-Gerichte GOttes murren wolten.

Der gütige Himmel schenckte uns mittler Zeit einen
angenehmen Zeit-Vertreib mit der Wein-Erndte, indem wir ohne die Trauben, deren wir täglich viel
verzehreten, wider alles Vermuthen ohngefähr 200.
Kannen Most ausdrücken, und 2. ziemlich grosse
Säcke voll aufgetrocknete Trauben sammlen konten,
welches gewiß eine herrliche Sache zu unserer Wirthschafft war. Unsere Unterthanen, die Affen, schienen
hierüber sehr verdrüßlich zu seyn, indem sie vielleicht
selbst grosse Liebhaber dieser edlen Frucht waren,
hatten auch aus Leichtfertigkeit viel zu Schanden gemacht, doch, da ich mit der Flinte etliche mahl blind
Feuer gegeben, geriethen sie in ziemlichen Gehorsam
und Furcht.

Ich weiß nicht, wie es kommen war, daß Concordia
eines Tages einen mittelmäßigen Affen, unter einem
Baum liegend, angetroffen, welcher das rechte Hinter-
bein zerbrochen, und sich jämmerlich geberdet hatte.
Ihr gewöhnliches weichhertziges Gemüth treibt sie so
weit, daß, ohngeacht dergleichen Thiere ihre Gnade
sonsten eben nicht sonderlich hatten, sie diesen verunglückten allerhand Liebkosungen machet, sein zer-
brochenes Bein mit einem Tuche umwindet, ja so gar
den armen Patienten [238] in ihren Schooß nimmt,
und so lange sitzen bleibt, biß ich darzu kam, und die
gantze Begebenheit vernahm. Wir trugen also denselben in unser Wohn-Hauß, verbunden sein Bein mit
Pflastern, Schindeln und Binden, und legten ihn hin
auf ein bequemes Lager, deckten auch eins von unsern
Haupt-Küssen über seinen Cörper, und gingen wieder
an unsere Arbeit. Gegen Mittag aber, da wir zurück
kamen, erschrack ich anfänglich einiger massen, da
sich 2. alte Affen, welche ohne Zweiffel des Patienten
Eltern seyn mochten, bey demselben aufhielten. Ich
wuste anfänglich nicht, ob ich trauen durffte oder
nicht? Doch da sie sich ungemein betrübt und de-

müthig stelleten, nahete ich mich hinzu, strich den
Patienten sanfft auf das Haupt, sahe nach seinem
Beine, und befand, daß er unverrückt liegen geblieben
war, weßwegen er noch ferner von mir gestreichelt
und mit etlichen guten Früchten gespeiset wurde. Die
2. Alten so wohl als der Patient selbst, liessen mich
hierauf ihre Danckbarkeit mit Leckung meiner Hände
spüren, streichelten auch mit ihren Vorder-Pfoten
meine Kleider und Füsse sehr sanffte, und bezeugten
sich im übrigen dermassen unterthänig und klug, daß
ich fast nichts als den Mangel der Sprache bey ihnen
auszusetzen hatte. Concordia kam auch darzu, und
hatte nunmehro ein besonderes Vergnügen an der
Treuhertzigkeit dieser unvernünfftigen Thiere, der
Krancke streckte seine Pfote gegen dieselbe aus, so,
daß es das Ansehen hatte, als ob er sie willkommen
heissen wolte, und da sie sich zu ihm nahete, schmei-
chelte er ihr mit Leckung der Hände und andern
Liebkosungen auf [239] solche verbindliche Art, daß
es mit Lust anzusehen war. Die zwey Alten lieffen
hierauf fort, kamen aber gegen Abend wieder, und
brachten uns zum Geschenck 2. grosse Nüsse mit,
deren jede 5. biß 6. Pfund wog, sie zerschlugen dieselben recht behutsam mit Steinen, so, daß die Kernen
nicht zerstückt wurden, welche sie uns auf eine recht
liebreiche Art praesentirten, und sich erfreuten, da sie
aus unsern Gebärden vermerckten, daß wir deren An-
nehmlichkeit rühmeten. Ob ich nun gleich damahls
noch nicht wuste, daß diese Früchte Cocos-Nüsse
hiessen, sondern es nachhero erst von Robert Hülter
erfuhr, so reitzte mich doch deren Vortrefflichkeit an,
den beyden alten Affen so lange nachzuschleichen,
biß ich endlich an den Ort kam, wo in einem kleinen
Bezirck etwa 15. biß 18. Bäume stunden, die dergleichen Früchte trugen, allein Concordia und ich waren
nicht so näschig, alle Nüsse aufzuzehren, sondern

steckten dieselben an vielen Orten in die Erde, woher
denn kommt, daß nunmehro auf dieser Insul etliche
1000. Cocos-Bäume anzutreffen sind, welches gewiß
eine gantz besondere Nutz- und Kostbarkeit ist. Jedoch wiederum auf unsere Affen zu kommen, so muß
ich ferner erzehlen, daß ohngeacht der Patient binnen
5. oder 6. Wochen völlig gerade und glücklich curirt
war, jedennoch weder derselbe noch die zwey Alten
von uns zu weichen begehreten, im Gegentheil noch
2. junge mitbrachten, mithin diese fünffe sich gäntzlich von ihrer andern Cameradschafft absonderten,
und also anstelleten, als ob sie würcklich bey uns zu
Hause gehöreten.

[240] Wir hatten aber von den 3. erwachsenen weder
Verdruß noch Schaden, denn alles was wir thaten,
afften sie nach, wurden uns auch nach und nach ungemein nützlich, indem von ihnen eine ungemeine
Menge der vortrefflichsten Früchte eingetragen wurden, so offt wir ihnen nur ordentlich darzu gemachte
Säcke anhingen, ausser dem trugen sie das von mir
klein gespaltete Holtz öffters von weiten Orten her
zur Küche, wiegten eins um das andere unser Kind,
langeten die angehängten Gefässe voll Wasser, in
Summa, sie thaten ohne den geringsten Verdruß fast
alle Arbeit mit, die wir verrichteten, und ihnen zu
verrichten lehreten, so, daß uns dieses unser Hauß-
Gesinde, welches sich zumahlen selbst beköstigte, nicht
allein viele Erleichterung in der Arbeit, sondern auch
ausser derselben mit ihren poßirlichen Streichen manche vergnügte Stunde machten. Nur die 2. jüngsten
richteten zuweilen aus Frevel mancherley Schaden
und Unheil an, da wir aber mit der allergrösten Verwunderung merckten, daß sie dieserwegen von den
2. Alten recht ordentlicher Weise mit Gebärden und
Schreyen gestrafft, ja öffters so gar geschlagen wurden, vergriffen wir uns sehr selten an ihnen, wenn es

aber ja geschahe, demüthigten sich die jungen wie die zahmen Hunde, bey den Alten aber war dieserwegen nicht der geringste Eiffer zu spüren.

Dem allen ohngeacht war doch bey mir immer ein geheimes Mißtrauen gegen dieses sich so getreu anstellende halb vernünfftige Gesinde, derowegen bauete ich vor dieselben einen geraumlichen festen Stall mit einer starcken Thüre, machte vor jedwe-[241]den Affen eine bequeme Lager-Stätte, nebst einem Tische, Bäncken, ingleichen allerhand Spielwerck hinein, und verschloß unsere Bedienten in selbigen, nicht allein des Nachts, sondern auch bey Tage, so offt es uns beliebte.

Immittelst da ich vermerckte, daß die Sonne mit ihren hitzigen Strahlen einiger massen von uns abzuweichen begunte, und mehr Regen-Wetter, als bißhero, einfiel, bestellete ich mit Concordiens treulicher Hülffe unser Feld, nach des Don Cyrillo schrifftlicher Anweisung, aufs allersorgfältigste, und behielt an jeder Sorte des Getreydes auf den äusersten Nothfall, wenn ja alles ausgesäete verderben solte, nur etwas weniges zurücke. Vom Reiß aber, als wormit ich 2. grosse Äcker bestellet, behielten wir dennoch bey nahe zwey gute Scheffel überley.

Hierauf hielten wir vor rathsam, uns auf den Winter gefast zu machen, derowegen schoß ich einiges Wildpret, und saltzten dasselbe, wie auch das ausgeschlachtete Ziegen-Fleisch ein, wobey uns so wohl die alten als jungen Affen gute Dienste thaten, indem sie das in den Stephans-Raumer Saltz-Bergen ausgehauene Saltz auf ihren Rücken biß in unsere unter-irrdische Höle tragen musten. Hiernächst schleppten wir einen grossen Hauffen Brenn-Holtz zusammen, baueten einen Camin in unserem Wohnhause auf dem Hügel, trugen zu den allbereits eingesammleten Früchten noch viel Kräuter und Wurtzeln ein, die theils eingemacht,

theils in Sand verscharret wurden, und kurtz zu sagen,
wir hatten uns dergestalt ange-[242]schickt, als ob
wir den allerhärtesten Winter in Holland, oder andern noch viel kältern Ländern abzuwarten hätten.
Allein, wie befanden sich doch unsere vielen Sorgen,
grosse Bemühungen und furchtsame Vorstellungen, wo
nicht gäntzlich, doch meistentheils vergeblich? Denn
unser Herbst, welcher dem Holländischen Sommer
bey nahe gleich kam, war kaum verstrichen, als ein
solcher Winter einfiel, welchen man mit gutem Recht
einen warmen und angenehmen Herbst nennen konte,
offtermahls fiel zwar ein ziemlicher Nebel und Regen-
Wetter ein, allein von durchdringender Kälte, Schnee
oder Eis, spüreten wir so wenig als gar nichts, der
grasigte Boden blieb immer grün, und der guten Concordia zusammen getragene grosse Heu-Hauffen dieneten zu nichts, als daß wir sie hernach den Affen
zum Lust-Spiele Preiß gaben, da sie doch nebst vielen
aufgetrockneten Baum-Blättern unserem eingestalleten
Viehe zur Winter-Nahrung bestimmt waren. Unsere
Saat war nach hertzens-Lust aufgegangen, und die
meisten Bäume veränderten sich fast nicht, diejenigen
aber, so ihre Blätter verlohren, waren noch nicht einmahl völlig entblösset, da sie schon frische Blätter und
Blüthen austrieben. Solchergestalt wurde es wieder
Frühling, da wir noch immer auf den Winter hofften,
weßwegen wir die Wunder-Hand GOttes in diesem
schönen Revier mit erstaunender Verwunderung erkandten und verehreten.
Es war uns aber in der That ein wunderbarer Wechsel
gewesen, da wir das heilige Weyhnacht-[243]Fest fast
mitten im Sommer, Ostern im Herbst, wenig Wochen
nach der Weinlese, und Pfingsten in dem so genannten
Winter gefeyert hatten. Doch weil ich in meinen
Schul-Jahren etwas weniges in den Land-Charten und
auf dem Globo gelernet, auch unter Mons. van Leu-

vens hinterlassenen wenigen Land-Charten und Büchern eins fand, welches mir meinen natürlichen Verstand ziemlicher massen schärffte, so konte ich mich nicht allein bald in diese Veränderung schicken, sondern auch die Concordia dessen belehren, und meine Tage-Bücher oder Calender auf viele Jahre in Voraus machen, damit wir doch wissen möchten, wie wir uns in die Zeit schicken, und unsern Gottesdienst gleich andern Christen in der weiten Welt anstellen solten.

Hierbey kan unberühret nicht lassen, daß ich nach der, mit der Concordia genommenen Abrede, gleich in meinen zu erst verfertigten Calender auf das Jahr 1647. Drey besondere Fest- Bet- und Fast-Tage anzeichnete, als erstlich den 10. Sept. an welchen wir zusammen in diese schöne Insul eingestiegen waren, und derowegen GOtt, vor die sonderbare Lebens-Erhaltung, so wohl im Sturme als Kranckheit und andern Unglücks-Fällen, den schuldigen Danck abstatten wolten. Zum andern den 11. Novembr. an welchen wir jährlich den erbärmlichen Verlust unsers lieben van Leuvens zu beklagen verbunden. Und drittens den 11. Dec. der Concordiens glücklicher Entbindung, hiernächst der Errettung von des Lemelie Schand- und Mord-Streichen, auch unser bey-[244] derseits wieder erlangter Gesundheit wegen angestellet war. Diese drey Fest- Bet- und Fast-Tage, nebst andern besondern Feyertagen, die ich Gedächtnisses wegen noch ferner hinzu gefüget, sind biß auf gegenwärtige Zeit von mir und den Meinen allezeit unverbrüchlich gefeyert worden, und werdet ihr, meine Lieben, kommenden Dienstag über 14. Tage, da der 11. Dec. einfällt, dessen Zeugen seyn.

Jedoch, fuhr unser Alt-Vater Albertus fort, ich kehre wieder zu den Geschichten des 1647. Jahres, und erinnere mich noch immer, daß wir mit dem neuen Früh-Jahre, so zu sagen, fast von neuen anfingen

lebhafft zu werden, da wir uns nehmlich der verdrüßlichen Winters-Noth allhier auf dieser Insul entübriget sahen.

Wiewohl nun bey uns nicht der geringste Mangel,
weder an Lebens-Mitteln, noch andern Bedürffnissen
und Bequemlichkeiten vorhanden war, so konte doch
ich nicht müßig sitzen, sondern legte einen geraumlichen Küchen-Garten an, und versetzte verschiedene
Pflantzen und Wurtzeln hinein, die wir theils aus des
Don Cyrillo Beschreibung, theils aus eigener Erfahrung vor die annehmlichsten und nützlichsten befunden hatten, um selbige nach unsern Verlangen gleich
bey der Hand zu haben. Hiernächst legte ich mich
starck auf das Pfropffen und Fortsetzen junger Bäume, brachte die Wein-Reben in bessere Ordnung,
machte etliche Fisch-Kästen, setzte allerhand Arten
von Fischen hinein, um selbige, so offt wir Lust darzu
hatten, gleich heraus zu nehmen, bauete Schuppen
und Ställe vor das eingefangene Wildpret und Ziegen,
zim-[245]merte Freß-Tröge, Wasser-Rinnen und
Saltz-Lecken vor selbige Thiere, und mit wenig Worten zu sagen, ich führete mich auf als ein solcher guter
Hauß-Wirth, der Zeit Lebens auf dieser Insul zu
verbleiben sich vorgesetzet hätte.

Inzwischen, ob gleich bey diesem allen Concordia mir
wenig helffen durffte, so saß sie doch in dem Hause
niemahls müßig, sondern nehete vor sich, die kleine
Tochter und mich allerhand nöthige Kleidungs-Stücke,
denn wir hatten in denen, auf den Sand-Bäncken angeländeten Ballen, vieles Tuch, Seyden-Zeug und
Leinwand gefunden, so, daß wir vor unsere und wohl
noch 20. Personen auf Lebens-Zeit nothdürfftige Kleider daraus verfertigen konten. Es war zwar an vielen
Tüchern und seydenen Zeugen durch das eingedrun-
gene See-Wasser die Farbe ziemlich verändert worden,
jedoch weil wir alles in der Sonne zeitlich abgetruck-

net hatten, ging ihm an der Haltbarkeit ein weniges
ab, und um die Zierlichkeit bekümmerten wir uns
noch weniger, weil Concordia das schlimmste zu erst
verarbeitete, und das beste biß auf künfftige Zeiten
versparen wolte, wir aber der Mode wegen einander
nichts vor übel hielten.

Unsere Saat-Felder stunden zu gehöriger Zeit in er-
wünschter Blüthe, so, daß wir unsere besondere Freude
daran sahen, allein, die frembden Affen gewöhneten
sich starck dahin, rammelten darinnen herum, und
machten vieles zu schanden, da nun unsere Hauß-
Affen merckten, daß mich dieses gewaltig verdroß,
indem ich solche Freveler mit Steinen und Prügeln
verfolgte, waren sie täglich auf [246] guter Hut, und
unterstunden sich, ihre eigenen Anverwandten und
Cameraden mit Steinwerffen zu verjagen. Diese wichen zwar anfänglich etliche mahl, kamen aber eines
Tages etliche 20. starck wieder, und fingen mit unsern
getreuen Hauß-Bedienten einen ordentlichen Krieg
an. Ich ersahe dieses von ferne, lieff geschwinde zurück, und langete aus unserer Wohnung zwey geladene
Flinten, kehrete mich etwas näher zum Kampff-
Platze, und wurde gewahr, daß einer von den unsern,
die mit rothen Halß-Bändern gezeichnet waren,
starck verwundet zu Boden lag, gab derowegen
2. mahl auf einander Feuer, und legte darmit 3. Feinde darnieder, weßwegen sich die gantze feindliche
Parthey auf die Flucht begab, meine 4. unbeschädig-
ten siegend zurück kehreten, und den beschädigten
Alten mit traurigen Gebärden mir entgegen getragen
brachten, der aber, noch ehe wir unsere Wohnung
erreichten, an seiner tödlichen Haupt-Wunde starb.

Es war das Weiblein von den 2. Ältesten, und ich kan
nicht sagen, wie sehr der Wittber und die vermuthlichen Kinder sich über diesen Todes-Fall betrübt bezeugten. Ich ging nach unserer Behausung, erzehlete

der Concordia, was vorgegangen war, und diese ergriff nebst mir ein Werckzeug, um ein Loch zu
machen, worein wir die auf dem Helden-Bette verstorbene Äffin begraben wolten; allein, wir traffen
bey unserer Dahinkunfft niemand an, sondern erblickten von ferne, daß die Leiche von den 4. Leidtragen-
den in den West-Fluß geworffen wurde, kehrten
derowegen zurück, und [247] sahen bald hernach
unsere noch übrigen 4. Bedienten gantz betrübt in
ihren Stall gehen, worinnen sie bey nahe zweymahl
24. Stunden ohne Essen und Trincken stille liegen
blieben, nachhero aber gantz freudig wieder heraus
kamen, und nachdem sie tapffer gefressen und gesoffen, ihre vorige Arbeit verrichteten. Mich ärgerte
diese Begebenheit dermassen, daß ich alle frembden
Affen täglich mit Feuer und Schwerdt verfolgte, und
dieselben binnen Monats-Frist in die Waldung hinter
der grossen See vertrieb, so, daß sich gar kein eintziger mehr in unserer Gegend sehen ließ, mithin konten
wir nebst unsern Hauß-Dienern in guter Ruh leben,
wiewohl der alte Wittber sich in wenig Tagen verlohr, doch aber nebst einer jungen Gemahlin nach
6. Wochen wiederum bey uns einkehrete, und den
lächerlichsten Fleiß anwandte, biß er dieselbe nach
und nach in unsere Haußhaltung ordentlich gewöhnete, so, daß wir sie mit der Zeit so aufrichtig als die
verstorbene erkandten, und ihr, das besondere Gna-
den-Zeichen eines rothen Halß-Bandes umzulegen,
kein Bedencken trugen.
Mittlerzeit war nunmehro ein gantzes Jahr verflossen,
welches wir auf dieser Insul zugebracht, derowegen
auch der erste Fest- Bet- und Fast-Tag gefeyret wurde,
der andere, als unser besonderer Trauer-Tag, lieff
ebenfalls vorbey, und ich muß gestehen, daß, da wir
wenig oder nichts zu arbeiten hatten, unsere Sinnen
wegen der erneuerten Betrübniß gantz niedergeschla-

gen waren. Dieselben, um wiederum in etwas aufzu-
muntern, ging ich fast täglich mit der Concordia, die
ihr Kind im [248] Mantel trug, durch den Felsen-
Gang an die See spatziren, wohin wir seit etlichen
Monaten nicht gekommen, erblickten aber mit nicht
geringer Verwunderung, daß uns die Wellen einen
starcken Vorrath von allerhand eingepackten Waaren
und zerscheiterten Schiffs-Stücken zugeführet hatten.
Ich fassete so gleich den Vorsatz, alles auf unsere
Insul zu schaffen, allein, da mir ohnverhofft ein in
ziemlicher Weite vorbey fahrendes Schiff in die
Augen kam, gerieth ich auf einmahl gantz ausser mir
selbst, so bald aber mein Geist sich wieder erholte,
fing ich an zu schreyen, zu schiessen, und mit einem
Tuche zu wincken, trieb auch solche mühsame, wie-
wohl vergebliche Bemühung so lange, biß sich gegen
Abend so wohl das vorbey fahrende Schiff als die
Sonne aus unsern Gesichte verlohr, da ich denn meines
Theils gantz verdrüßlich und betrübt zurück kehrete,
in lauter verwirrten Gedancken aber unterweges mit
Concordien kein Wort redete, biß wir wieder in unserer Behausung anlangten, allwo sich die 5. Affen als
Wächter vor die Thür gelagert hatten.
Concordia bereitete die Abend-Mahlzeit, wir speiseten, und hielten hierauf zusammen ein Gespräch, in
welchem ich vermerckte, daß sich dieselbe wenig oder
nichts um das vorbey gefahrne Schiff bekümmerte,
auch grössere Lust auf dieser Insul zu sterben bezeugte, als sich in den Schutz frembder und vielleicht
barbarischer Leute zu begeben. Ich hielte ihr zwar
dergleichen Gedancken, als einer furchtsamen und
schwachen Weibs-Person, die zumahlen ihres unglücklichen Schicksals halber ei-[249]nen Eckel gegen fernere Lust gefasset, zu gute, aber mit mir hatte es eine
gantz andere Beschaffenheit. Und was habe ich eben
Ursach, meine damahligen natürlichen Affecten zu

verleugnen: Ich war ein junger, starcker, und fast
20.jähriger Mensch, der Geld, Gold, Edelgesteine und
andere Güter im grösten Überfluß besaß, also gar
wohl eine Frau ernehren konte, allein, der Concordia
hatte ich einen würcklichen Eid geschworen, ihr mit
Vorstellung meiner verliebten Begierden keinen Verdruß zu erwecken, verspürete über dieses die stärcksten Merckmahle, daß sie ihren seel. Ehe-Mann noch
nach dessen Tode hertzlich liebte, auf die kleine Concordia aber zu warten, schien mir gar zu langweilig,
obgleich dieselbe ihrer schönen Mutter vollkommenes
Ebenbild vorstellete. Wer kan mich also verdencken,
daß meine Sehnsucht so hefftig nach der Gesellschafft
anderer ehrlichen Leute anckerte, um mich unter
ihnen in guten Stand zu setzen, und eine tugendhaffte
Ehegattin auszulesen.

Es verging mir demnach damahls fast alle Lust zur
Arbeit, verrichtete auch die allernöthigste, so zu
sagen, fast gezwungener Weise, hergegen brachte ich
täglich die meisten Stunden auf der Felsen-Höhe
gegen Norden zu, machte daselbst ein Feuer an, welches bey Tage starck rauchen und des Nachts helle
brennen muste, damit ein oder anderes vorbey fahrendes Schiff bey uns anzuländen gereitzet würde,
wandte dabey meine Augen beständig auf die offenbare See, und versuchte zum Zeitvertreibe, ob ich auf
der von Lemelie hinterlassenen Zitter von mir selbst
ein oder ander Lied könte [250] spielen lernen, welches mir denn in weniger Zeit dermassen glückte, daß
ich fast alles, was ich singen, auch zugleich gantz
wohlstimmig mit spielen konte.

Concordia wurde über dergleichen Aufführung ziemlich verwirrt und niedergeschlagen, allein ich konte
meine Sehnsucht unmöglich verbannen, vielweniger
über das Hertze bringen, derselben meine Gedancken
zu offenbaren, also lebten wir beyderseits in einem

heimlichen Mißvergnügen und verdeckten Kummer, begegneten aber dennoch einander nach wie vor, mit aller ehrerbiethigen, tugendhafften Freundschafft und Dienst-geflissenheit, ohne zu fragen, was uns beyderseits auf dem Hertzen läge.

Mittlerweile war die Ernte-Zeit heran gerückt, und unser Geträyde vollkommen reiff worden. Wir machten uns derowegen dran, schnitten es ab, und brachten solches mit Hülffe unserer getreuen Affen, bald in grosse Hauffen. Eben dieselben musten auch fleißig dreschen helffen, ohngeacht aber viele Zeit vergieng, ehe wir die reinen Körner in Säcke und Gefässe einschütten konten, so habe doch nachhero ausgerechnet, daß wir von dieser unserer ersten Außsaat ohngefähr erhalten hatten, 35. Scheffel Reiß, 10. biß 11. Scheffel Korn, 3. Scheffel Weitzen, 12. biß 14. Scheffel Gersten, und 4. Scheffel Erbsen.

Wie groß nun dieser Seegen war, und wie sehr wir uns verbunden sahen, dem, der uns denselben angedeyhen lassen, schuldigen Danck abzustatten, so konte doch meine schwermüthige Sehnsucht nach [251] demjenigen was mir einmal im Hertzen Wurtzel gefasset hatte, dadurch nicht vermindert werden, sondern ich blieb einmal wie das andere tieffsinnig, und Concordiens liebreiche und freundliche, jedoch tugendhaffte Reden und Stellungen, machten meinen Zustand allem Ansehen nach nur immer gefährlicher. Doch blieb ich bey dem Vorsatze, ihr den gethanen Eyd unverbrüchlich zu halten, und ehe zu sterben als meine keusche Liebe gegen ihre schöne Person zu entdecken.

Unterdessen wurde uns zur selbigen Zeit ein grausames Schrecken zugezogen, denn da eines Tages Concordia so wol als ich nebst den Affen beschäfftiget waren, etwas Korn zu stossen, und eine Probe von Mehl zu machen, gieng erstgemeldte in die Wohnung,

um nach dem Kinde zu sehen, welches wir in seiner
Wiege schlaffend verlassen hatten, kam aber bald mit
erbärmlichen Geschrey zurück gelauffen und berichtete, daß das Kind nicht mehr vorhanden, sondern aus
der Wiege gestohlen sey, indem sie die mit einem
höltzernen Schlosse verwahrte Thüre eröffnet gefunden, sonsten aber in der Wohnung nichts vermissete,
als das Kind und dessen Kleider. Meine Erstaunung
war dieserwegen ebenfalls fast unaussprechlich, ich
lieff selbst mit dahin, und empfand unsern kostbaren
Verlust leyder mehr als zu wahr. Demnach schlugen
wir die Hände über den Köpffen zusammen, und stelleten uns mit einem Worte, nicht anders als verzwei-
felte Menschen an, heuleten, schryen und rieffen das
Kind bey seinem Nahmen, allein da war weder Stimme noch Antwort zu hören, das eiffrigste Suchen auf
[252] und um den Hügel unserer Wohnung herum
war fast 3. Stunden lang vergebens, doch endlich, da
ich von ferne die Spitze eines grossen Heu-Hauffens
sich bewegen sahe, gerieth ich plötzlich auf die Gedancken: Ob vielleicht der eine von den jüngsten
Affen unser Töchterlein da hinauff getragen hätte,
und fand, nachdem ich auf einer angelegten Leiter
hinauf gestiegen, mich nicht betrogen. Denn das Kind
und der Affe machten unterdessen, da sie zusammen
ein frisches Obst speiseten, allerhand lächerliche Possen. Allein da das verzweiffelte Thier meiner gewahr
wurde, nahm es das Kind zwischen seine Vorder-
Pfoten, und rutschte mit selbigem auf jener Seite des
Hauffens herunter, worüber ich Schreckens wegen
fast von der Leiter gestürtzt wäre, allein es war
glücklich abgegangen. Denn da ich mich umsahe, lieff
der Kinder-Dieb mit seinem Raube aufs eiligste nach
unserer Behausung, hatte, als ich ihn daselbst antraff,
das fromme Kind so geschickt aus- als angezogen,
selbiges in seine Wiege gelegt, saß auch darbey und

wiegte es so ernsthafftig ein, als hätte er kein Wasser
betrübt.

Ich wuste theils vor Freuden, theils vor Grimm gegen
diesen Freveler nicht gleich was ich machen solte,
mitlerweile aber kam Concordia, so die gantze Comoedie ebenfalls von ferne mit angesehen hatte, mit
Zittern und Zagen herbey, indem sie nicht anders
vermeynte, es würde dem Kinde ein Unglück oder
Schaden zugefügt seyn, da sie es aber Besichtigte, und
nicht allein frisch und gesund, sondern über dieses
ausserordentlich gutes Muths befand, gaben wir uns
endlich zufrieden, wiewol ich aber be-[253]schloß,
daß dieser allerleichtfertigste Affe seinen Frevel
durchaus mit dem Leben büssen solte, so wolte doch
Concordia aus Barmhertzigkeit hierin nicht willigen,
sondern bath: Daß ich es bey einer harten Leibes-
Züchtigung bewenden lassen möchte, welches denn
auch geschahe, indem ich ihn mit einer grossen Ruthe
von oben biß unten dermassen peitschte, daß er sich in
etlichen Tagen nicht rühren konte, welches so viel
fruchtete, daß er in künfftigen Zeiten seine freveln
Streiche ziemlicher massen unterließ.

Von nun an schien es, als ob uns die, zwar jederzeit
hertzlich lieb gewesene kleine Concordia, dennoch um
ein merckliches lieber wäre, zumahlen da sie anfieng
allein zu lauffen, und verschiedene Worte auf eine
angenehme Art her zu lallen, ja dieses kleine Kind
war öffters vermögend meinen innerlichen Kummer
ziemlicher massen zu unterbrechen, wiewol nicht
gäntzlich aufzuheben.

Nachdem wir aber einen ziemlichen Vorrath von
Rocken- Reiß- und Weitzen-Mehle durchgesiebt und
zum Backen tüchtig gemacht, ich auch einen kleinen
Back-Ofen erbauet, worinnen auf einmal 10. oder
12. drey biß 4. Pfündige Brodte gebacken werden konten, und Concordia die erste Probe ihrer Beckerey, zu

unserer grösten Erquickung und Freude glücklich ab-
geleget hatte; Konten wir uns an dieser allerbesten
Speise, so über Jahr und Tag nunmehro nicht vor
unser Maul kommen war, kaum satt sehen und essen.
Dem ohngeacht aber, verfiel ich doch fast gantz von
neuen in meine angewöhnte Melancholey, ließ [254]
viele Arbeits-Stücken liegen, die ich sonsten mit Lust
vorzunehmen gewohnt gewesen, nahm an dessen statt
in den Nachmittags-Stunden meine Flinte und Zitter,
und stieg auf die Nord-Felsen-Höhe, als wohin ich
mir einen gantz ungefährlichen Weg gehauen hatte.
Am Heil. 3. Königs-Tage des 1648ten Jahres, Mittags
nach verrichteten Gottesdienste, war ich ebenfalls im
Begriff dahin zu steigen, Concordia aber, die solches
gewahr wurde, sagte lächelnd: Mons. Albert, ich sehe
daß ihr spatzieren gehen wollet, nehmet mir nicht
übel, wenn ich euch bitte, eure kleine Pflege-Tochter
mit zu nehmen, denn ich habe mir eine kleine nöthige
Arbeit vorgenommen, worbey ich von ihr nicht gern
verhindert seyn wolte, saget mir aber, wo ihr gegen
Abend anzutreffen seyd, damit ich euch nachfolgen
und selbige zurück tragen kan. Ich erfüllete ihr Begehren mit gröster Gefälligkeit, nahm meine kleine
Schmeichlerin, die so gern bey mir, als ihrer Mutter
blieb, auf den Arm, versorgte mich mit einer Flasche
Palmen-Safft, und etwas übrig gebliebenen Weyh-
nachts-Kuchen, hängte meine Zitter und Flinte auf
den Rücken, und stieg also beladen den Nord-Felß
hinauf. Daselbst gab ich dem Kinde einige tändeleyen
zu spielen, stützte einen Arm unter den Kopf, sahe
auf die See, und hieng den unruhigen Gedancken
wegen meines Schicksals ziemlich lange nach. Endlich
ergriff ich die Zitter und sang etliche Lieder drein,
welche ich theils zu Ausschüttung meiner Klagen,
theils zur Gemüths-Beruhigung aufgesetzt hatte. Da
aber die kleine Schmeichlerin über dieser Mu-[255]sic

sanfft eingeschlaffen war, legte ich, um selbige nicht
zu verstöhren, die Zitter beyseite, zog eine Bley-Feder
und Pappier aus meiner Tasche, und setzte mir ein
neues Lied folgenden Innhalts auf:

1.

ACh! hätt' ich nur kein Schiff erblickt,
So wär ich länger ruhig blieben
Mein Unglück hat es her geschickt,
Und mir zur Quaal zurück getrieben,
Verhängniß wilstu dich denn eines reichen Armen,
Und freyen Sclavens nicht zu rechter Zeit
erbarmen?

2.

Soll meiner Jugend beste Krafft
In dieser Einsamkeit ersterben?
Ist das der Keuschheit Eigenschafft?
Will mich die Tugend selbst verderben?
So weiß ich nicht wie man die lasterhafften Seelen
Mit größrer Grausamkeit und Marter solte quälen.

3.

Ich liebe was und sag' es nicht,
Denn Eid und Tugend heist mich schweigen,
Mein gantz verdecktes Liebes-Licht
Darf seine Flamme gar nicht zeigen,
Dem Himmel selbsten ist mein Lieben nicht
zuwieder,
Doch Schwur und Treue schlägt den Hofnungs-Bau
darnieder.

[256]
4.

Concordia du Wunder-Bild,
Man lernt an dir die Eintracht kennen,
Doch was in meinem Hertzen quillt

Muß ich in Wahrheit Zwietracht nennen,
Ach! liesse mich das Glück mit dir vereinigt leben,
Wir würden nimmermehr in Haß und Zwietracht
                              schweben.

5.

Doch bleib in deiner stillen Ruh,
  Ich suche solche nicht zu stöhren;
    Mein eintzigs Wohl und Weh bist du,
  Allein ich will der Sehnsucht wehren,
Weil deiner Schönheit Pracht vor mich zu Kostbar
                              scheinet,
Und weil des Schicksaals Schluß mein Wünschen
                              glatt verneinet.

6.

Ich gönne dir ein beßres Glück,
  Verknüpfft mit noch viel höhern Stande.
    Führt uns der Himmel nur zurück
  Nach unserm werthen Vater-Lande,
So wirstu letzlich noch dis harte Schicksal loben,
Ist gleich vor deinen Freund was schlechters
                              aufgehoben.

Nachdem aber meine kleine Pflege-Tochter aufgewacht, und von mir mit etwas Palm-Safft und
Kuchen gestärckt war, bezeigte dieselbe ein unschuldiges Belieben, den Klang meiner Zitter ferner zu hören,
derowegen nahm ich dieselbe wieder auf, studirte eine
Melodey auf mein gemachtes Lied aus, [257] und
wiederholte diesen Gesang binnen etlichen Stunden so
ofte, biß ich alles fertig auswendig singen und spielen
konte.
Hierauff nahm ich das kleine angenehme Kind in die
Arme vor mich, drückte es an meine Brust, küssete
dasselbe viele mal, und sagte im grösten Liebes-Affect
ohngefehr folgende laute Worte: Ach du allerliebster

kleiner Engel, wolte doch der Himmel daß du allbereit noch ein Mandel Jahre zurück gelegt hättest, vielleicht wäre meine hefftige Liebe bey dir glücklicher
als bey deiner Mutter, aber so lange Zeit zwischen
Furcht und Hoffnung zu warten, ist eine würckliche
Marter zu nennen. Ach wie vergnügt wolte ich, als
ein anderer Adam, meine gantze Lebens-Zeit in diesem
Paradiese zubringen, wenn nur nicht meine besten
Jugend-Jahre, ohne eine geliebte Eva zu umarmen,
verrauchen solten. Gerechter Himmel, warum schen-
ckestu mir nicht auch die Krafft, den von Natur allen
Menschen eingepflantzten Trieb zum Ehestande
gäntzlich zu ersticken und in diesem Stücke so un-
empfindlich als van Leuvens Wittbe zu seyn? Oder
warum lenckestu ihr Hertze nicht, sich vor deinen
allwissenden Augen mit mir zu vereheligen, denn mein
Hertze kennest du ja, und weist, daß meine sehnliche
Liebe keine geile Brunst, sondern deine heilige Ordnung zum Grunde hat. Ach was vor einer harten
Probe unterwirffstu meine Keuschheit und Tugend,
indem ich bey einer solchen vollkommen schönen
Wittfrau Tag und Nacht unentzündet leben soll. Doch
ich habe dir und ihr einen theuren Eyd geschworen,
welches Gelübde ich denn ehe mit meinem Leben be-
zah-[258]len, und mich nach und nach von der brennenden Liebes-Gluth gantz verzehren lassen, als selbiges leichtsinniger Weise brechen will.

Einige hierbey aus meinen Augen rollende Thränen
hemmeten das fernere Reden, die kleine Concordia
aber, welche kein Auge von meinem Gesichte ver-
wand hatte, fieng dieserwegen kläglich und bitterlich
an zu weinen, also drückte ich selbige aufs neue an
meine Brust, küssete den mitleydigen Engel, und stund
kurtz hernach mein und ihrer Gemüths-Veränderung
wegen auf, um noch ein wenig auf der Felsen-Höhe
herum zu spatzieren. Doch wenig Minuten hierauff

kam die 3te Person unserer hiesigen menschlichen Gesellschafft herzu, und fragte auf eine zwar sehr
freundliche, doch auch etwas tieffsinnige Art: Wie es
uns gienge, und ob wir heute kein Schiff erblickt hätten? Ich fand mich auf diese unvermuthete Frage
ziemlich betroffen, so daß die Röthe mir, wie ich
glaube, ziemlich ins Gesichte trat, sagte aber: Daß wir
heute so glücklich nicht gewesen wären. Mons. Albert!
gab Concordia darauff: Ich bitte euch sehr, sehet
nicht so oft nach vorbey fahrenden Schiffen, denn
selbige werden solchergestallt nur desto länger aus-
bleiben. Ihr habt seit einem Jahre vieles entdeckt und
erfahren, was ihr kurtz vorhero nicht vermeynet habt,
bedencket diese schöne Paradieß-Insul, bedencket wiewol uns der Himmel mit Nahrung und Kleidern versorgt, bedencket noch dabey den fast unschätzbaren
Schatz, welchen ihr ohne ängstliches Suchen und un-
gedultiges Hoffen gefunden. Ist euch nun von dem
Himmel eine noch fernere gewünschte Glückselig-
[259]keit zugedacht, so habt doch nebst mir das feste
Vertrauen, daß selbige zu seiner Zeit uns unverhoft
erfreuen werde.
Mein gantzes Hertze fand sich durch diese nachdencklichen Reden gantz ungemein gerühret, jedoch war
ich nicht vermögend eine eintzige Sylbe darauff zu
antworten, derowegen Concordia das Gespräch auf
andere Dinge wendete, und endlich sagte: Kommet
mein lieber Freund, daß wir noch vor Sonnen Untergang unsere Wohnung erreichen, ich habe einen gantz
besonders schönen Fisch gefangen, welcher euch so gut
als mir schmecken wird, denn ich glaube, daß ihr so
starcken appetit als ich zum Essen habt.
Ich war froh, daß sie den vorigen ernsthafften discours unterlassen hatte, folgte ihren Willen und
zwang mich einiger massen zu einer aufgeräumtern
Stellung. Es war würcklich ein gantz besonders rarer

Fisch, den sie selbigen Mittag in ihren ausgesteckten Angeln gefangen hatte, dieser wurde nebst zweyen Rebhünern zur Abend-Mahlzeit aufgetragen, worbey mir denn Concordia, um mich etwas lustiger zu machen, etliche Becher Wein mehr, als sonst gewöhnlich einnöthigte, und endlich fragte: Habe ich auch recht gemerckt Mons. Albert, daß ihr übermorgen euer zwantzigstes Jahr zurück legen werdet. Ja Madame, war meine Antwort, ich habe schon seit etlichen Tagen daran gedacht. GOTT gebe, versetzte sie, daß eure zukünfftige Lebens-Zeit vergnügter sey, allein darff ich euch wol bitten, mir euren ausführlichen Lebens-Lauff zu erzelen, denn mein seel. Ehe-Herr hat mir einmals [260] gesagt, daß derselbige theils kläglich, theils lustig anzuhören sey.

Ich war hierzu sogleich willig, und vermerckte, daß bey Erwehnung meiner Kinderjährigen Unglücks-Fälle Concordien zum öfftern die Augen voller Thränen stunden, doch da ich nachhero die Geschichten von der Ammtmanns Frau, der verwechselten Hosen, und den mir gespielten Spitzbuben-Streich, mit offt untermengten Schertz-Reden erzelete, konte sie sich fast nicht satt lachen. Nachdem ich aber aufs Ende kommen, sagte sie: Glaubet mir sicher Mons. Albert, weil eure Jugend-Jahre sehr kläglich gewesen, so wird euch GOTT in künfftiger Zeit um so viel desto mehr erfreuen, wo ihr anders fortfahret ihm zu dienen, euren Beruff fleißig abzuwarten, geduldig zu seyn, und euch der unnöthigen und verbothenen Sorgen zu entschlagen. Ich versprach ihrer löblichen Vermahnung eiffrigst nachzuleben, wünschte anbey, daß ihre gute Propheceyung eintreffen möchte, worauff wir unsere Abend-Beth-Stunde hielten, und uns zur Ruhe legten.

Weiln mir nun Concordiens vergangenes Tages geführten Reden so christlich als vernünfftig vorkamen,

beschloß ich, so viel möglich, alle Ungedult zu verbannen, und mit aller Gelassenheit die fernere Hülffe
des Himmels zu erwarten. Folgendes Tages arbeitete
ich solchergestalt mehr, als seit etlichen Tagen geschehen war, und legte mich von aushauung etlicher
Höltzerner Gefässe, ziemlich ermüdet, abermals zur
Ruhe, da ich aber am drauff folgenden Morgen, nemlich den 8ten Jan. 1648. aus [261] meiner abgesonderten Kammer in die so genannte Wohn-Stube kam,
fand ich auf dem Tische nebst einem grünen seydenen
Schlaf-Rocke, und verschiedenen andern neuen Klei-
dungs-Stücken, auch vieler weisser Wäsche, ein zusammen gelegtes Pappier folgendes Innhalts:

Liebster Hertzens Freund!

ICh habe fast alles mit angehöret, was ihr gestern auf
dem Nord-Felsen, in Gesellschaft meiner kleinen
Tochter, oft wiederholt gesungen und geredet habt.
Euer Verlangen ist dem Triebe der Natur, der Vernunfft, auch Göttl. und Menschl. Gesetzen gemäß;
Ich hingegen bin eine Wittbe, welcher der Himmel
ein hartes erzeiget hat. Allein ich weiß, daß Glück
und Unglück von der Hand des HERRN kömmt,
welche ich bey allen Fällen in Demuth küsse. Meinem
seel. Mann habe ich die geschworne Treu redlich gehalten, dessen GOTT und mein Gewissen Zeugniß
giebt. Ich habe seinen jämmerlichen Tod nunmehro
ein Jahr und zwey Monath aus auffrichtigen Hertzen
beweint und beklagt, werde auch denselben Zeit lebens, so offt ich dran gedencke, schmertzlich beklagen, weil unser Ehe-Band auf GOTTES Zulassung
durch einen Meuchel-Mörder vor der Zeit zerrissen
worden. Ohngeacht ich aber solchergestalt wieder
frey und mein eigen bin, so würde mich doch schwerlich zu einer anderwei-[262]tigen Ehe entschlossen

haben, wenn nicht eure reine und hertzliche Liebe mein Hertz aufs neue empfindlich gemacht, und in Erwegung eurer bißherigen tugendhafften Aufführung dahin gereitzet hätte, mich selbst zu eurer künfftigen Gemahlin anzutragen. Es stehet derowegen in eurem Gefallen, ob wir sogleich Morgen an eurem Geburts-Tage uns, in Ermangelung eines Priesters und anderer Zeugen, in GOttes und der Heil. Engel erbethener Gegenwart selbst zusammen trauen, und hinführo einander als eheliche Christen-Leute beywohnen wollen. Denn weil ich eurer zu mir tragenden Liebe und Treue völlig versichert bin, so könnet ihr im Gegentheil vollkommen glauben, daß ich euch in diesen Stücken nichts schuldig bleiben werde. Eure Frömmigkeit, Tugend und Auffrichtigkeit dienen mir zu Bürgen daß ihr mir dergleichen selbst eigenen Antrag meiner Person vor keine leichtfertige Geilheit und ärgerliche Brunst auslegen werdet, denn da ihr aus Übereilung mehr gelobet habt, als GOTT und Menschen von euch forderten, doch aber ehe löblich zu sterben, als solches zu brechen gesonnen waret; Habe ich in dieser Einsamkeit, uns beyde zu vergnügen, den Außspruch zu thun mich gezwungen gesehen. Nehmet demnach die von euch so sehr geliebte Wittbe des seel. van Leuvens, und lebet nach euren Versprechen führohin mit derselben nim-[263]mermehr in Haß und Zwietracht. GOTT sey mit uns allezeit. Nach Verlesung dieses, werdet ihr mich bey dem Damme des Flusses ziemlich beschämt finden, und ein mehreres mündlich mit mir überlegen können, allwo zugleich den Glück-Wunsch zu eurem Geburts-Tage abstatten wird, die euch auffrichtig ergebene

Geschrieben den 7. Jan. 1648.
                       Concordia van Leuvens.

Ich blieb nach Verlesung dieses Briefes dergestalt ent-
zückt stehen, daß ich mich in langer Zeit wegen der
unverhofften frölichen Nachricht nicht begreiffen
konte, wolte auch fast auf die Gedancken gerathen,
als suchte mich Concordia nur in Versuchung zu führen, da aber ihre bißherige aufrichtige Gemüths- und
Lebens Art in etwas genauere Betrachtung gezogen
hatte, ließ ich allen Zweifel fahren, fassete ein besonders frisch Hertze, machte mich auf den Weg, und
fand meinen allerangenehmsten Schatz, mit ihrer kleinen Tochter, beym Damme in Grase sitzend. Sie stund,
so bald sie mich von ferne kommen sahe, auf, mir
entgegen zu gehen, nachdem ich ihr aber einen glückseeligen Morgen gewünschet, erwiederte sie solchen
mit einem wohlersonnenen Glück-Wunsche wegen
meines Geburts-Tages. Ich stattete dieserwegen meine
Dancksagung ab, und wünschte ihr im gegentheil, ein
beständiges Leibes- und Seelen-Vergnügen. Da sie sich
aber nach diesen auf einen daselbst liegenden Baum-
Schafft [264] gesetzt, und mich, neben ihr Platz zu
nehmen, gebeten hatte, brach mein Mund in folgende
Worte aus: Madame! eure schönen Hände haben sich
gestern bemühet an meine schlechte Person einen
Brieff zu schreiben, und wo dasjenige, was mich an-
gehet, keine Versuchung, sondern eures keuschen Hertzens aufrichtige Meynung ist, so werde ich heute durch
des Himmels und eure Gnade, zum allerglückseeligsten
Menschen auf der gantzen Welt gemacht werden. Es
würde mir schwer fallen gnungsame Worte zu ersinnen, um damit den unschätzbaren Werth eurer vollkommen tugendhafften und Liebens würdigsten Person einiger massen auszudrücken, darum will ich nur
sagen: Daß ihr würdig wäret, eines grossen Fürsten
Gemahlin zu seyn. Was aber bin ich dargegen? Ein
schlechter geringer Mensch, der - - -
Hier fiel mir Concordia in die Rede, und sagte, indem

sie mich sanfft auf die Hand schlug: Liebster Julius,
ich bitte fanget nunmehro nicht erstlich an, viele unnöthige Schmeicheleyen und ungewöhnliches Wort-
Gepränge zu machen, sondern seyd fein aufrichtig
wie ich in meinem Schreiben gewesen bin. Eure Tugend, Frömmigkeit und mir geleisteten treuen Dienste,
weiß ich mit nichts besser zu vergelten, als wenn ich
euch mich selbst zur Belohnung anbiete, und versichere, daß eure Person bey mir in höhern Werthe
stehet, als des grösten Fürsten oder andern Herrn,
wenn ich auch gleich das Außlesen unter tausenden
haben solte. Ist euch nun damit gedienet, so erkläret
euch, damit wir uns nachhero fernerer Anstallten
wegen vertraulich unter-[265]reden, und auf alle
etwa bevorstehende Glücks- und Unglücks-Fälle gefast machen können.
Ich nahm hierauff ihre Hand, küssete und schloß
dieselbe zwischen meine beyden Hände, konte aber
vor übermäßigen Vergnügen kaum so viel Worte vorbringen, als nöthig waren, sie meiner ewig währenden
getreuen Liebe zu versichern, anbey mich gäntzlich
eigen zu geben, und in allen Stücken nach dero Rath
und Willen zu leben. Nein mein Schatz! versetzte
hierauff Concordia, das Letztere verlange ich nicht,
sondern ich werde euch nach Gottes Ausspruche jederzeit als meinen Herrn zu ehren und als meinen werthen Ehe-Mann beständig zu lieben wissen. Ihr sollet
durchaus meinem Rath und Willen keine Folge leisten, in so ferne derselbe von euren, Gottlob gesunden,
Verstande nicht vor gut und billig erkannt wird, weil
ich mich als ein schwaches Werckzeug zuweilen gar
leicht übereilen kan.
Unter diesen ihren klugen Reden küssete ich zum öfftern dero schönen Hände, und nahm mir endlich die
Kühnheit, einen feurigen Kuß auf ihre Rosen-Lippen
zu drücken, welchen sie mit einem andern ersetzte.

Nachhero stunden wir auf, um zu unsern heutigen
Hochzeit-Feste Anstalten zu machen. Ich schlachtete
ein jung Reh, eine junge Ziege, schoß ein paar Rebhüner, schaffte Fische herbey, steckte die Braten an
die Spiesse, welche unsere Affen wenden musten,
setzte das Koch-Fleisch zum Feuer, und laß das Beste
frische Obst aus, mittlerweile meine Braut, Kuchen,
Brod und allerley Gebackens zurichtete, und unsere
Wohnstube aufs herrlichste aus-[266]zierete, so daß
gegen Abend alles in schönster Ordnung war.

Demnach führeten wir, genommener Abrede nach,
einander in meine Schlaf-Kammer, allwo auf einen
reinlich gedeckten Tische ein Crucifix stunde, welches
wir mit unter des Don Cyrillo Schätzen gefunden
hatten. Vor selbigen lag eine aufgeschlagene Bibel.
Wir knieten beyde vor diesem kleinen Altare nieder,
und ich verlaß die 3. ersten Capitel aus dem 1. Buch
Mose. Hierauff redete ich meine Braut also an: Liebste Concordia, ich frage euch allhier vor dem Angesicht GOTTES und seiner Heil. Engel, ob ihr mich
Albert Julium zu einem ehelichen Gemahl haben wollet? gleich wie ich euch zu meiner ehelichen Gemahlin
nach Göttlicher Ordnung aus reinem und keuschen
Hertzen innigst begehre? Concordia antwortete nicht
allein mit einem lauten Ja, sondern reichte mir auch
ihre rechte Hand, welche ich nach verwechselten
Trau-Ringen in die meinige fügte, und also betete:
»Du heiliger wunderbarer GOTT, wir glauben gantz
gewiß, daß deine Vorsicht an diesem, von aller andern
menschlichen Gesellschafft entlegenen Orte, unsere
Seelen vereiniget hat, und in dieser Stunde auch die
Leiber mit dem heiligen Bande der Ehe zusammen
füget, darum soll unter deinem Schutze nichts als der
Tod vermögend seyn dieses Band zu brechen, und
solte ja auf dein Zulassen ein oder anderer Unglücks-
Fall die Leiber von einander scheiden, so sollen doch

unsere Seelen in beständiger Treue mit einander vereinigt bleiben.« Concordia sprach hierzu: Amen. Ich
aber schlug das [267] 8. Cap. im Buch Tobiä auf, und
betete des jungen Tobiä Gebeth vom 7. biß zu ende
des 9ten Verses; wiewol ich etliche Worte nach unserm
Zustande veränderte, auch so viel zusetzte als mir
meines Hertzens heilige Andacht eingab. Concordia
machte aus den Worten der jungen Sara, die im folgenden 10ten Vers stehen, ein schönes Hertz-brechen-
des und kräfftiges Gebet. Nach diesem beteten wir
einstimmig das Vater Unser und den gewöhnlichen
Seegen der Christlichen Kirche über uns, sungen das
Lied: Es woll uns GOTT genädig seyn, etc. küsseten
uns etliche mahl, und führeten einander wieder zurück, bereiteten die Mahlzeit, setzten uns mit unserer
kleinen Concordia, die unter währenden Trau-Actu so
stille als ein Lamm gelegen hatte, zu Tische, und nahmen unsere Speisen nebst dem köstlichen Geträncke
in solcher Vergnüglichkeit ein, als wohl jemahls ein
Braut-Paar in der gantzen Welt gethan haben mag.

Es schien, als ob aller vorhero ausgestandener Kummer und Verdruß solchergestalt auf einmahl verjagt
wäre, wir vereinigten uns von nun an, einander in
vollkommener Treue dergestalt hülffliche Hand zu
leisten, und unsere Anstalten auf solchen Fuß zu setzen, als ob wir gar keine Hoffnung, von hier hinweg
zu kommen, hätten, hergegen aus blosser Lust, Zeit-
Lebens auf dieser Insul bleiben, im übrigen alles der
Vorsehung des Himmels anbefehlen, und alle ängstlichen Sorgen wegen des Zukünfftigen einstellen wolten.

Indem aber die Zeit zum Schlaffen-gehen herbey
kam, sagte meine Braut mit liebreichen Ge-[268]bär-
den zu mir: Mein allerliebster Ehe-Schatz, ich habe
heute mit Vergnügen wahrgenommen, daß ihr in vielen Stücken des jungen Tobiä Sitten nachgefolget

seyd, derowegen halte vor löblich, züchtig und andächtig, daß wir diesen jungen Ehe-Leuten noch in dem Stücke nachahmen, und die 3. ersten Nächte mit Beten zubringen, ehe wir uns ehelich zusammen halten. Ich glaube gantz gewiß, daß GOTT unsern Ehestand um so viel desto mehr segnen und beglückt machen wird.

Ihr redet, mein Engel, gab ich zur Antwort, als eine vollkommen tugendhaffte, gottesfürchtige und keusche Frau, und ich bin eurer Meinung vollkommen, derowegen geschehe, was euch und mir gefällig ist. Solchergestalt sassen wir alle drey Nächte beysammen, und vertrieben dieselben mit andächtigen Beten, Singen und Bibel-Lesen, schlieffen auch nur des Morgens einige Stunden, in der vierdten Nacht aber opfferte ich meiner rechtmäßigen Ehe-Liebste die erste Krafft meiner Jugend, und fand in ihren Liebesvollen Umarmungen ein solches entzückendes Vergnügen, dessen unvergleichliche Vollkommenheit ich mir vor der Zeit nimmermehr vorstellen können.

Wenige Tage hierauf verspürete sie die Zeichen ihrer Schwangerschafft, und die kleine Concordia gewehnete sich von sich selbst, von der Brust gäntzlich ab, zu andern Speisen und Geträncke. Mittlerweile bescherete uns der Himmel eine abermahlige und viel reichere Wein-Erndte als die vorige, denn wir presseten über 500. Kannen Most aus, truckneten biß 6. Scheffel Trauben auf, ohne was von [269] uns und den Affen die gantze Weinlese hindurch gegessen, auch von den frembden diebischen Affen gestohlen und verderbt wurde. Denn dieses lose Gesindel war wiederum so dreuste worden, daß es sich nicht allein Schaaren-weise in unsern Weinbergen und Saat-Feldern, sondern so gar gantz nahe um unsere Wohnung herum sehen und spüren ließ. Weil ich aber schon damahls 3. leichte Stück-Geschützes auf die Insul ge-

schafft hatte, pflantzte ich dieselben gegen diejenigen
Örter, wo meine Feinde öffters zu zwanzig biß funf-
zigen beysammen hin zu kommen pflegten, und richtete mit offt wiederholten Ladungen von auserlesenen
runden Steinen starcke Niederlagen an, so, daß zuweilen 8. 10. 12. biß 16. todte und verwundete auf dem
Platze liegen blieben. Am allerwundersamsten kam
mir hierbey dieses vor, daß unsere Hauß- und Zucht-
Affen nicht das allergeringste Mitleyden über das
Unglück ihrer Anverwandten, im Gegentheil ein besonderes Vergnügen bezeugten, wenn sie die Verwun-/
dten vollends todt schlagen, und die sämmtlichen Lei-
chen in den nächsten Fluß tragen konten. Ich habe
solchergestalt und auf noch andere listige Art in den
ersten 6. Jahren fast über 500. Affen getödtet, und
dieselben auf der Insul zu gantz raren Thieren gemacht, wie sie denn auch nachhero von den Meinigen
zwar aufs hefftigste verfolgt, doch wegen ihrer
Poßierlichkeit und Nutzung in vielen Stücken nicht
gar vertilget worden.

Nach glücklich beygelegten Affen-Kriege und zu gut
gemachter Trauben-Frucht, auch abermahliger Bestellung der Weinberge und Saat-[270]Felder, war
meine tägliche Arbeit, diejenigen Waaren, welche uns
Wind und See von den in verschiedenen Stürmen zerscheiterten Schiffen zugeführet hatte, durch den hohlen Felsen-Weg herauf in unsere Verwahrung zu
schaffen. Hilff Himmel! was bekamen wir nicht solcher Gestalt noch vor Reichthümer in unser Gewalt?
Gold, Silber, edle Steine, schöne Zeuge, Böckel- und
geräuchert Fleisch nebst andern Victualien war dasjenige, was am wenigsten geachtet wurde, hergegen
Coffeé, Theé, Chocolade, Gewürtze, ausgepichte
Kisten mit Zucker, Pech, Schwefel, Öhl, Talg, Butter,
Pulver, allerhand eisern, zinnern, kupffern und
meßingen Hauß-Geräthe, dicke und dünne Seile,

höltzerne Gefässe u. d. gl. ergötzte uns am allermeisten.

Unser Hauß-Gesinde, das nunmehro, da sich der ehe-
mahlige Patient auch eine Frau geholet, aus 6. Personen bestund, that hierbey ungemeine Dienste, und
meine liebe Ehe-Frau brachte in der unterirrdischen
Höle alles, was uns nützlich, an gehörigen Ort und
Stelle, was aber von dem See-Wasser verdorben war,
musten ein paar Affen auf einen darzu gemachten
Roll-Wagen so gleich fortschaffen, und in den nächst-
gelegenen Fluß werffen. Nach diesem, da eine grosse
Menge zugeschnittener Breter und Balcken von den
zertrümmerten Schiffen vorhanden, erweiterte ich
unsere Wohnung auf dem Hügel noch um ein grosses,
bauete auch der Affen Behausung geräumlicher, und
brachte, kurtz zu sagen, alles in solchen Stand, daß
wir bevorstehenden Winter wenig zu schaffen [271]
hatten, sondern in vergnügter Ruhe beysammen leben
konten.

Unser Zeitvertreib war im Winter der allervergnügte-
ste von der Welt, denn wenn wir unsers Leibes mit
den besten Speisen und Geträncke wohl gepflegt, und
nach Belieben ein und andere leichte Arbeit getrieben
hatten, konten wir zuweilen etliche Stunden einander
in die Arme schliessen und mit untermengten Küssen
allerhand artige Geschichte erzehlen, worüber denn
ein jedes seine besondere Meinung eröffnete, so, daß
es öffters zu einem starcken Wort-Streite kam, allein,
wir vertrugen uns letztlich immer in der Güte, zumahlen, wenn die Sachen ins geheime Kammer-Gerichte
gespielet wurden.

Im Frühlinge, nehmlich am 19. Octobr. des Jahres
unserer Verehligung, wurde so wohl ich als meine
allerliebste Ehe-Gattin nach ausgestandenen 4. stündigen ängstlichen Sorgen mit inniglichen Vergnügen
überschüttet, indem sie eben in der Mittags-Stunde

ein paar kurtz auf einander folgende Zwillings-Söhne
zur Welt brachte. Sie und ich hatten uns zeithero, so
viel als erdencklich, darauf geschickt gemacht, derowegen befand sich, unter Göttlichen Beystande, meine
zarte Schöne bey dieser gedoppelten Kinder-Noth
dennoch weit stärcker und kräfftiger als das erste
mahl. Ich gab meinen hertzlich geliebten Söhnen
gleich in der ersten Stunde die heil. Tauffe, und nennete den ersten nach mir, Albertus, den andern aber
nach meinem seel. Vater, Stephanus, that anbey alles,
was einem getreuen Vater und [272] Ehe-Gatten
gegen seine lieben Kinder und wertheste Ehe-Gemahlin bey solchen Zustande zu thun oblieget, war im
übrigen höchst glücklich und vergnügt, daß sich
weder bey der Mutter noch bey den Kindern einige
besorgliche Zufälle ereigneten.

Ich kan nicht sagen, wie frölich sich die kleine Concordia, so allbereit wohl umher lauffen, und ziemlich
vernehmlich plaudern konte, über die Anwesenheit
ihrer kleinen Stieff-Brüder anstellete, denn sie war
fast gar nicht von ihnen hinweg zu bringen, unsere
Affen aber machten vor übermässigen Freuden ein
solches wunderliches Geschrey, dergleichen ich von
ihnen sonst niemahls gehöret, als da sie bey dem ersten
Kriege siegend zurück kamen, erzeigten sich nachhero
auch dermassen geschäfftig, dienstfertig und lieb-
kosend um uns und die Kinder herum, daß wir ihnen
kaum genung zu verrichten geben konten.

So weit war unser Alt-Vater Albertus selbigen Abend
in seiner Erzehlung kommen, als er die Zeit beobach-
tete, sich zur Ruhe zu legen, worinnen wir andern ihm
ihm Gesellschafft leisteten. Des darauf folgenden
Sonnabends wurde keine Reise vorgenommen, indem
Herr Mag. Schmelzer auf seine Predigt studirte, wir
übrigen aber denselben Tag auch nicht müßig, sondern

mit Einrichtung allerhand nöthiger Sachen zubrachten, und uns des Abends auf die morgende Sabbaths-
Feyer praeparirten. Selbiges war der 26. Sonntag p.
Trinit. an welchem sich etwa eine Stunde nach ge-
schehenen Canonen-Schusse fast alle gesunde Einwohner der Insel unter der Alberts-Burg [273] versammleten, und den Gottesdienst mit eiffrigster Andacht
abwarteten, worbey Herr Mag. Schmelzer in einer
vortrefflichen Predigt, die, den Frommen erfreuliche,
den Gottlosen aber erschröckliche Zukunfft Christi
zum Gerichte, dermassen beweglich vorstellete, daß
sich Alt und Jung ungemein darüber vergnügten.
Nachmittags wurde Catechismus-Examen gehalten, in
welchen Hr. Mag. Schmelzer sonderlich den Articul
vom heil. Abendmahl Christi durchnahm, und diejenigen Menschen, welche selbiges zu geniessen zwar
niemahls das Glück gehabt, dennoch von dessen heiliger Würde und Nutzbarkeit dermassen wohl unterrichtet befand, daß er nach einem gehaltenen weitläufftigen Sermon über diese hochheilige Handelung,
denen beyden Gemeinden in Alberts- und Davids-
Raum ankündigte, wie er sich diese gantze Woche
hindurch alle Tage ohngefehr zwey oder drey Stunden vor Untergang der Sonnen, in der Alleé auf ihrer
Gräntz-Scheidung einstellen wolte, derowegen möchten sich alle diejenigen, welche beyderley Geschlechts
über 14. Jahr alt wären, zu ihm versammlen, damit er
sie insgesammt und jeden besonders vornehmen, und
erforschen könte, welche mit guten Gewissen künfftigen Sonnabend zur Beichte, und Sonntags darauf zum
heil. Abendmahle zu lassen wären, indem es billig,
daß man das neue Kirchen-Jahr mit solcher höchst
wichtigen Handlung anfinge. Es entstund hierüber
eine allgemeine Freude, zumahlen da er versprach, in
folgenden Wochen mit den übrigen Gemeinden auf
gleiche Art zu verfahren, und immer 2. oder 3. auf

[274] einmahl zu nehmen, biß er sie ingesammt dieser unschätzbaren Glückseeligkeit theilhafftig gemacht. Hierauf wurden die anwesenden kleinen Kinder von Mons. Wolffgangen mit allerhand Zuckerwerck und Spiel-Sachen beschenckt, nach einigen wichtigen Unterredungen mit den Stamm-Vätern aber kehrete ein jeder vergnügt in seine Behausung.

Der anbrechende Montag erinnerte unsern Alt-Vater Albertum nebst uns die Reise nach Christophs-Raum vorzunehmen, als wir derowegen unsern Weg durch den grossen Garten genommen, gelangeten wir in der Gegend an, welche derselbe zum GOttes-Acker und Begräbniß vor die, auf dieser Insel verstorbenen, ausersehen hatte. Er führete uns so fort zu des Don Cyrillo de Valaro aufgerichteten Gedächtniß-Säule, die unten mit einem runden Mauerwerck umgeben, und woran eine Zinnerne Tafel geschlagen war, die folgende Zeilen zu lesen gab:

HIer liegen die Gebeine
eines vermuthlich seelig verstorbenen Christen
und vornehmen Spanischen Edelmanns,
Nahmens
Don Cyrillo de Valaro,
welcher, dessen Uhrkunden gemäß,
den 9. Aug. 1475. gebohren,
Auf dem Wege aus West-Indien nebst 8. andern
Manns-Personen den 14. Nov. 1514. in dieser
Insel angelanget,
In Ermangelung eines tüchtigen Schiffs allhier
bleiben müssen,
[275] Seine Gefährten, die ihm in der Sterblichkeit
vorgegangen, ehrlich begraben,
und ihnen endlich
ao. 1606. ohne Zweiffel in den ersten Tagen
des Monats Julii gefolget;

Nachdem er auf dieser Insel
weder recht vergnügt noch gäntzlich unvergnügt
gelebt 92. Jahr,
Sein gantzes Alter aber gebracht
über 130. Jahr und 10. Monate.
Den Rest seines entseelten Cörpers haben erstlich
nach 40. Jahren gefunden, und auf dieser
Stätte aus christl. Liebe begraben
Carl Franz van Leuven und Albertus Julius.

Von dieser, des Don Cyrillo Gedächtniß-Säule, stunde
etwa 4. Schritt Ost-wärts eine ohngefähr 6. Elen hohe
mit ausgehauenen Steinen aufgeführte Pyramide, auf
der eingemauerten grossen Kupffernen Platte aber
folgende Schrifft:

UNter diesem Grabmahle
erwartet der frölichen Auferstehung zum ewigen
Leben
eine Königin dieses Landes,
eine Crone ihres hinterlassenen Mannes,
und eine glückseelige Stamm-Mutter
vieler Lebendigen,
nehmlich
CONCORDIA, gebohrne PLÜRS,
die wegen ihrer Gottesfurcht, seltsamen Tugenden
und wunderbaren Schicksals,
[276] eines unsterblichen Ruhms würdig ist.
Sie ward gebohren zu Londen in Engelland
den 4. Apr. 1627.
Vermählete sich zum ersten mahle mit Herrn
Carl Franz van Leuven den 9. Mart. 1646.
Gebahr nach dessen kläglichen Tode, am 11. Dec.
selbigen Jahres, von ihm eine Tochter.
Verknüpffte das durch Mörders-Hand zerrissene
adeliche Ehe-Band nachhero mit

Albert Julio
am 8. Januar. 1648.
Zeugete demselben 5. Söhne, 3. lebendige und
eine todte Tochter.
Ersahe also in ihrer ersten, und andern 68.jährigen
weniger 11.tägigen Ehe 9. lebendige und
1. todes Kind.
87. Kindes-Kinder, 151. Kindes-Kindes-Kinder,
und 5. Kindes-Kindes-Kindes-Kinder.
Starb auf den allein seeligmachenden Glauben an
Christum, ohne Schmertzen, sanfft und seelig
den 28. Dec. 1715.
Ihres Alters 88. Jahr, 8. Monat und 2. Wochen.
Und ward von ihrem zurückgelassenen getreuen
Ehe-Manne und allen Angehörigen unter
tausend Thränen allhier in ihre
Grufft gesenckt.

Gleich neben dieser Pyramide stund an des van Leuvens Gedächtniß-Säule diese Schrifft:

* *
*

BEy dieser Gedächtniß-Säule
hoffet auf die ewige glückseelige Vereinigung
mit seiner durch Mörders-Hand
[277]   getrenneten Seele
der unglückliche Cörper
Herrn CARL FRANZ van LEUVENS.
eines frommen, tugendhafften und tapffern
Edel-Manns aus Holland.
Der mit seiner hertzlich-geliebten Gemahlin
Concordia, geb. Plürs,
nach Ceylon zu seegeln gedachte,
und nicht bedachte,
wie ungetreu das Meer zuweilen an denjenigen

handele, die sich darauf wagen.
Er entkam zwar dem entsetzlichen Sturme 1646.
im Monath Augusto glücklich, und setzte seinen
Fuß den 10. Sept. mit Freuden auf diese Insel,
hätte auch ohnfehlbar dem Verhängnisse
allhier mit ziemlichen Vergnügen
stille gehalten;
Allein, sein vermaledeyter Gefährte Lemelie, der
seine gegen die keusche Concordia lodernden
geilen Flammen, nach dessen Tode, gewiß
zu kühlen vermeynte,
stürtzte diesen redlichen Cavalier
am Tage Martini 1646.
von einem hohen Felsen herab,
der, nach dreyen Tagen erbärmlich zerschmettert
gefunden, von seiner schwangern keuschen Gemahlin und getreuen Diener Albert Julio auf
diese Stätte begraben, und ihm gegenwärtiges Denckmahl gesetzt worden.

*   *

*

[278] Etwa anderthalb hundert Schritt von diesen
3. Ehren- und Gedächtniß-Säulen fanden wir, nahe am
Ufer des West-Flusses, des Lemelie Schand-Seule, um
welche herum ein grosser Hauffen Feld-Steine geworffen war, so, daß wir mit einiger Mühe hinzu gelangen,
und folgende daran genagelten Zeilen lesen konten:

SPeye aus gegen diese Seule,
Mein Leser!
Denn
Allhier muß die unschuldige Erde
das todte Aas des vielschuldigen Lemelie
in ihrem Schoosse erdulden,
welches im Leben ihr zu einer schändlichen Last
gedienet.

Dieses Mord-Kindes rechter Nahme,
auch wo, wenn, und von wem es gebohren,
ist unbekandt.
Doch kurtz vor seinem erschrecklichen Ende
hat er bekannt,
Daß Vater- Mutter- Kinder- und vieler andern
Menschen Mord, Blut-Schande, Hurerey, Gifft-
mischen, ja alle ersinnliche Laster sein Hand-
werck von Jugend an gewesen.
Carl Franz van Leuvens unschuldig-vergossenes
Blut schreyet auf dieser Insul biß an den
jüngsten Tag
Rache über ihn.
Indem aber dasselbe kaum erkaltet war,
hatte sich der Mord-Hund schon wiederum gerüstet, eine neue Mord-That an dem armen Albert
[279] Julio zu begehen, weil sich dieser unterstund, seiner
geil-brünstigen Gewaltthätigkeit bey der
keuschen Concordia zu widerstehen.
Aber,
da die Boßheit am grösten,
war die Straffe am nächsten,
denn das Kind der Finsterniß lieff in der Finsterniß
derselben entgegen,
und wurde
von dem unschuldig-verwundeten
ohne Vorsatz
tödtlich, doch schuldig, verwundet.
Dem ohngeacht schien ihm
die Busse und Bekehrung unmöglich,
das Zureden seiner Beleydigten unnützlich,
GOttes Barmhertzigkeit unkräfftig,
die Verzweiffelung aber unvermeidlich,
stach sich derowegen mit seinem Messer selbst das
ruchlose Hertz ab.

Und also
starb der Höllen-Brand als ein Vieh,
welcher gelebt als ein Vieh,
und wurde allhier eingescharrt als ein Vieh
den 10. Decembr. 1646.
von
Albert Julio.
Der HErr sey Richter zwischen
uns und dir.

Wir bewunderten hierbey allerseits unsers Alt-Vaters
Alberti besondern Fleiß und Geschicklichkeit, brach-
ten noch über eine Stunde zu, die an-[280]dern Grab-
Stätten, welche alle mit kurtzen Schrifften bezeichnet
waren, zu besehen, und verfolgten hernachmahls
unsern Weg auf Christophs-Raum zu. Selbige Pflantz-
Stätte bestund aus 14. Wohn-Häusern, und führeten
die Einwohner gleich den andern allen eine sehr gute
Haußhaltung, hatten im übrigen fast eben dergleichen
Feld- Weinbergs- und Wasser-Nutzung als die Johannis-Raumer. Sonsten war allhier die erste Haupt-
Schleuse des Nord-Flusses, nebst einer wohlgebaueten
Brücke, zu betrachten. Im Garten-Bau und Erzeugung
herrlicher Baum-Früchte schienen sie es fast allen andern zuvor zu thun. Nachdem wir aber ihre Feld-
Früchte, Weinberge und alles merckwürdige wohl betrachtet, und bey ihnen eine gute Mittags-Mahlzeit
eingenommen hatten, kehreten wir bey guter Zeit zurück auf Alberts-Burg.
Herr Mag. Schmeltzer begab sich von dar, verspro-
chener massen, in die Davids-Raumer Alleé, um seinen
heiligen Verrichtungen obzuliegen, wir andern halffen
indessen mit gröster Lust bey der Grund-Mauer der
Kirche dasjenige verrichten, was zu besserer Fortsetzung dabey vonnöthen war. Nach Untergang der
Sonnen aber, da Herr Mag. Schmeltzer zurück ge-

kommen war, und die Abend-Mahlzeit mit uns eingenommen hatte, setzten wir uns in gewöhnlicher Gesellschafft wieder zusammen, und höreten dem Alt-
Vater Alberto in Fortsetzung seiner Geschichts-Erzehlung dergestalt zu:

Meine Lieben, fing er an, ich erinnere mich, daß meine
letzten Reden das besondere Vergnügen [281] erweh-
net haben, welches ich nebst meiner lieben Ehe-Gattin
über unsere erstgebohrnen Zwillinge empfand, und
muß nochmahls wiederholen, daß selbiges unvergleichlich war, zumahl, da meine Liebste, nach redlich aus-
gehaltenen 6. Wochen, ihre gewöhnliche Hauß-Arbeit
frisch und gesund vornehmen konte. Wir lebten also
in dem allerglückseligsten Zustande von der Welt,
indem unsere Gemüther nach nichts anders sich sehneten, als nach dem, was wir täglich erlangen und
haben konten, das Verlangen nach unserm Vaterlande
aber schien bey uns allen beyden gantz erstorben zu
seyn, so gar, daß ich mir nicht die allergeringste Mühe
mehr gab, nach vorbey fahrenden Schiffen zu sehen.
Kam uns gleich die Tages-Arbeit öffters etwas sauer
an, so konten wir doch Abends und des Nachts desto
angenehmer ausruhen, wie sich denn öffters viele Tage
und Wochen ereigneten, in welchen wir nicht aus
dringender Noth, sondern bloß zur Lust arbeiten
durfften.
Die kleine Concordia fing nunmehro an, da sie vollkommen deutlich, und zwar so wohl Teutsch als Englisch reden gelernet, das angenehmste und schmeichel-
haffteste Kind, als eines in der gantzen Welt seyn mag,
zu werden, weßwegen wir täglich viele Stunden zubrachten, mit selbiger zu schertzen, und ihren artigen
Kinder-Streichen zuzusehen, ja zum öfftern uns selbsten als Kinder mit anzustellen genöthiget waren.
Allein, meine lieben Freunde! (sagte hier unser Alt-

Vater, indem er ein grosses geschriebenes Buch aus einem Behältniß hervor langete) es kommt [282] mir theils unmöglich, theils unnützlich und allzu langweilig vor, wenn ich alle Kleinigkeiten, die nicht besonders merckwürdig sind, vorbringen wolte, derowegen will die Weitläufftigkeiten und dasjenige, worvon ihr euch ohnedem schon eine zulängliche Vorstellung machen könnet, vermeiden, mit Beyhülffe dieses meines Zeit-Buchs aber nur die denckwürdigsten Begebenheiten nachfolgender Tage und Jahre biß auf diese Zeit erzehlen.

Demnach kam uns sehr seltsam vor, daß zu Ende des Monats Junii 1649. auf unserer Insel ein ziemlich kalter Winter einfiel, indem wir damahls binnen 3. Jahren das erste Eis und Schnee-Flocken, auch eine ziemliche kalte Lufft verspüreten, doch da ich noch im Begriff war, unsere Wohnung gegen dieses Ungemach besser, als sonsten, zu verwahren, wurde es schon wieder gelinde Wetter, und dieser harte Winter hatte in allen kaum 16. oder 17. Tage gedauret.

Im Jahr 1650. den 16. Mart. beschenckte uns der Himmel wiederum mit einer jungen Tochter, welche in der heil. Tauffe den Nahmen Maria bekam, und im folgenden 1651ten Jahre wurden wir abermahls am 14. Dec. mit einem jungen Sohne erfreuet, welcher den Nahmen Johannes empfing. Dieses Jahr war wegen ungemeiner Hitze sehr unfruchtbar an Getreyde und andern Früchten, gab aber einen vortrefflichen Wein-Seegen, und weil von vorigen Jahren noch starcker Getreyde-Vorrath vorhanden, wusten wir dennoch von keinen Mangel zu sagen.

Das 1652te Jahr schenckte einen desto reichli-[283]chern Getreyde-Vorrath, hergegen wenig Wein. Mitten in der Weinlese starben unsere 2. ältesten Affen, binnen wenig Tagen kurtz auf einander, wir bedaureten diese 2. klügsten Thiere, hatten aber doch noch

4. Paar zu unserer Bedienung, weil sich die ersten
3. Paar starck vermehret, wovon ich aber nur 2. paar
junge Affen leben ließ, und die übrigen heimlich er-
säuffte, damit die Gesellschafft nicht zu mächtig und
muthwillig werden möchte.

Im Jahr 1653. den 13. May kam meine werthe Ehe-
Gattin abermals mit einer gesunden und wohlgestall-
ten Tochter ins Wochen-Bette, die in der Heil. Tauffe
den Nahmen Elisabeth empfieng. Also hatten wir
nunmehro 3. Söhne und 3. Töchter, welche der fleißigen Mutter Arbeit und Zeitvertreib genung machen
konten. Selbigen Winters fieng ich an mit Concordien, Albert u. Stephano, täglich etliche Stunden
Schule zu halten, indem ich ihnen die Buchstaben vor-
mahlete und kennen lehrete, fand auch dieselben so
gelehrig, daß sie, mit Außgang des Winters, schon
ziemlich gut Teutsch und Englisch buchstabiren konten, ausser dem wurden ihnen von der Mutter die
nützlichsten Gebeter und Sprüche aus der Bibel gelehret, so daß wir sie mit grösten Vergnügen bald
Teutsch, bald Englisch, die Morgen- Abend- und
Tisch-Gebeter, vor dem Tische, konten beten hören
und sehen. Meine liebe Frau durffte mir nunmehro
bey der Feld- und andern sauren Arbeit wenig mehr
helffen, sondern muste sich schonen, um die Kinder
desto besser und geduldiger zu warten, ich hergegen,
ließ es mir mit Beyhülffe der Affen, desto angelegener
seyn, die nö-[284]thigsten Nahrungs-Mittel von einer
Zeit zur andern zu besorgen.

Am ersten Heil. Christ-Tage anno 1655. brachte
meine angenehme Ehe-Liebste zum andern mahle ein
paar Zwillings-Söhne zur Welt, die ich zum Gedächtniß ihres schönen Geburts-Tages, den ersten Christoph,
und den andern Christian tauffte, die arme Mutter
befand sich hierbey sehr übel, doch die Krafft des
Allmächtigen halff ihr in etlichen Wochen wiederum
zu völliger Gesundheit.

Das 1656te Jahr ließ uns einen ziemlich verdrießlichen Herbst und Winter verspüren, indem der Erstere ungemein viel Regen, der Letztere aber etwas
starcke Kälte und vielen Schnee mit sich brachte, es
war derowegen so wohl die darauff folgende Erndte,
als auch die Wein-Lese kaum die vierdten Theils so
reichlich als im vorigen Jahren, und dennoch war vor
uns, unsere Kinder, Affen und ander Vieh, alles im
Überflusse vorhanden.

Im 1657ten Jahre den 22. Septembr. gebahr meine
fruchtbare Ehe-Liebste noch eine Tochter, welche
Christina genennet wurde, und im 1660ten Jahre befand sich dieselbe zum letzten mahle schwangeres
Leibes, denn weil sie eines Tages, da wir am Ufer des
Flusses hinwandelten, unversehens strauchelte, einen
schweren Fall that, und ohnfehlbar im Flusse ertrun-
cken wäre, woferne ich sie nicht mit selbst eigener
Lebens-Gefahr gerettet hätte; war sie dermassen er-
schreckt und innerlich beschädigt worden, daß sie zu
unser beyderseits grösten Leydwesen am 9. Jul. eine
unzeitige todte Tochter zur Welt, nachhero aber über
zwey gantzer Jahr zubrachte, [285] ehe die vorige
Gesundheit wieder zu erlangen war.

Nach Verlauf selbiger Zeit, befand sich mein werther
Ehe-Schatz zwar wiederum bey völligen Kräften, und
sahe in ihrem 35ten Jahre noch so schön und frisch
aus als eine Jungfrau, hat aber doch niemals wiedrum
ins Wochen-Bette kommen können. Gleichwol wurden
wir darüber nicht ungeduldig, sondern danckten
GOTT daß sich unsere 9. lieben Kinder bey völliger
Leibes-Gesundheit befanden, und in Gottesfurcht und
Zucht heran wuchsen, wie ich denn nicht sagen kan,
daß wir Ursach gehabt hätten, uns über eins oder
anderes zu ärgern, oder die Schärffe zu gebrauchen,
sondern muß gestehen, daß sie, bloß auf einen Winck
und Wort ihrer Eltern, alles thaten was von ihnen

verlanget wurde, und eben dieses schrieben wir nicht schlechter dings unserer klugen Auferziehung, sondern einer besondern Gnade GOttes zu.

Meine Stief-Tochter Concordia, die nunmehro ihre Mannbaren Jahre erreichte, war gewiß ein Mägdlein von außbündiger Schönheit, Tugend, Klugheit und Gottesfurcht, und wuste die Haußhaltung dermassen wol zu führen, daß ich und ihre Mutter sonderlich eine grosse Erleichterung unserer dahero gehabten Mühe und Arbeit verspüreten. Selbige meine liebe Ehe-Gattin muste sich also mit Gewalt gute Tage machen, und ihre Zeit bloß mit der kleinsten Kinder Lehrung und guter Erziehung vertreiben. Meine zwey ältesten Zwillinge hatte ich mit Göttlicher Hülffe schon so weit gebracht, daß sie den kleinern Geschwister das Lesen, Schreiben [286] und Beten wiederum beybringen konten, ich aber informirte selbst alle meine Kinder früh Morgens 2. Stunden, und Abends auch so lange. Ihre Mutter lösete mich hierinnen ordentlich ab, die übrige Zeit musten sie mit nützlicher Arbeit, so viel ihre Kräffte vermochten, hinbringen, das Schieß-Gewehr brauchen lernen, Fische, Vogel, Ziegen und Wildpret einfangen, in Summa, sich in Zeiten so gewöhnen, als ob sie so wol als wir Zeit Lebens auf dieser Insul bleiben solten.

Immittelst erzehlten wir Eltern unsern Kindern öffters von der Lebens-Art der Menschen in unsern Vaterländern und andern Welt-Theilen, auch von unsern eigenen Geschichten, so viel, als ihnen zu wissen nöthig war: spüreten aber niemals, daß nur ein eintziges von ihnen Lust bezeigte, selbige Länder oder Örter zu sehen, worüber sich meine Ehe-Frau hertzlich vergnügte, allein ich unterdrückte meinen, seit einiger Zeit wieder aufgewachten Kummer, biß eines Tages unsere ältesten zwey Söhne eiligst gelauffen kamen, und berichteten: Wie daß sich gantz weit in

der offenbaren See 3. grosse Schiffe sehen liessen, worauff sich ohnfehlbar Menschen befinden würden. Ihre
Mutter gab ihnen zur Antwort: Lasset sie fahren
meine Kinder, weil wir nicht wissen, ob es gute oder
böse Menschen sind. Ich aber wurde von meinen Gemüths-Bewegungen dergestalt übermeistert, daß mir
die Augen voll Thränen lieffen, und solches zu verbergen, gieng ich stillschweigend in die Kammer, und
legte mich mit Seuffzen aufs Lager. Meine Concordia
folgte mir auf dem Fusse nach, breitete sich über mich
und sagte, nach-[287]dem sie meinen Mund zum öfftern liebreich geküsset hatte. Wie ists, mein liebster
Schatz, seyd ihr der glückseeligen Lebens-Art, und
eurer bißhero so hertzlich geliebten Concordia, vielleicht schon auch gäntzlich überdrüßig, weil sich eure
Sehnsucht nach anderer Gesellschafft aufs neue so
starck verräth? Ihr irret euch, meine Allerliebste, gab
ich zur Antwort, oder wollet etwa die erste Probe
machen mich zu kräncken. Glaubet aber sicherlich,
zumahl wenn ich GOTT zum Zeugen anruffe, daß
mir gar nicht in die Gedancken kommen ist, von hier
hinweg zu reisen, oder euch zum Verdruß mich nach
anderer Gesellschafft zu sehnen, sondern ich wünsche
von Hertzen, meine übrige Lebens-Zeit auf dieser
glückseeligen Städte mit euch in Ruhe und Friede hin
zu bringen, zumal da wir das schwerste nunmehro mit
GOTTES Hülffe überwunden, und das gröste Vergnügen an unsern schönen Kindern, annoch in Hoffnung, vor uns haben. Allein saget mir um GOttes willen, warum sollen wir uns nicht nunmehro, da unsere
Kinder ihre Mannbaren Jahre zu erreichen beginnen,
nach andern Menschen umsehen, glaubet ihr etwa,
GOTT werde sogleich 4. Männer und 5. Weiber vom
Himmel herab fallen lassen, um unsere Kinder mit
selbigen zu begatten? Oder wollet ihr, daß dieselben,
so bald der natürliche Trieb die Vernunfft und Fröm-

migkeit übermeistert, Blut-Schande begehen, und einander selbst heyrathen sollen? Da sey GOTT vor! Ihr aber, mein Schatz, saget mir nun, wie eure Meynung über meine höchst wichtigen Sorgen ist, ob wir nicht Sünde und Schande von unsern bißhero wohlerzo-[288]genen Kindern zu befürchten haben? und ob es Wohlgethan sey, wenn wir durch ein und andere Nachläßigkeit, GOttes Allmacht ferner versuchen wollen?

Meine Concordia fieng hertzlich an zu weinen, da sie mich in so ungewöhnlichen Eifer reden hörete, jedoch die treue Seele umfassete meinen Halß, und sagte unter hundert Küssen: Ihr habt recht, mein allerliebster Mann, und sorget besser und vernünfftiger als ich. Verzeihet mir meine Fehler, und glaubet sicherlich, daß ich, dergleichen Blut-schändlich Ehen zu erlauben, niemals gesinnet gewesen, allein die Furcht vor bösen Menschen, die sich etwa unseres Landes und unserer Güter gelüsten lassen, euch ermorden, mich und meine Kinder schänden und zu Sclaven machen könten, hat mich jederzeit angetrieben, zu wiederrathen, daß wir uns frembden und unbekannten Leuten entdeckten, die vielleicht auch nicht einmal Christen seyn möchten. Anbey habe mich beständig darauff verlassen, daß GOtt schon von ohngefähr Menschen hersenden würde, die uns etwa abführeten, oder unser Geschlecht vermehren hülffen. Jedoch, mein allerliebster Julius, sagte sie weiter, ich bekenne, daß ihr eine stärckere Einsicht habt als ich, darum gehet hin mit unsern Söhnen, und versuchet, ob ihr die vorbeyfahrenden Schiffe anhero ruffen könnet, GOTT gebe nur, daß es Christen, und redliche Leute sind.

Dieses war also der erste und letzte Zwietracht, den ich und meine liebe Ehe-Frau untereinander hatten, wo es anders ein Zwietracht zu nennen ist. So bald

wir uns aber völlig verglichen, lieff ich mit mei-
[289]nen Söhnen, weil es noch hoch am Tage war,
auf die Spitzen des Nord-Felsens, schossen unsere Ge-
wehre loß, schryen wie thörichte Leute, machten
Feuer und Rauch auf der Höhe, und trieben solches
die gantze Nacht hindurch, allein ausser etlichen
Stückschüssen höreten wir weiter nichts, sahen auch
bey aufgehender Sonne keines von den Schiffen mehr,
wohl aber eine stürmische düstere See, woraus ich
schloß, daß die Schiffe wegen widerwärtigen Windes
unmöglich anländen können, wie gern sie vielleicht
auch gewolt hätten.

Ich konte mich deßwegen in etlichen Tagen nicht zufrieden geben, doch meine Ehe-Frau sprach mich endlich mit diesen Worten zufrieden: Bekümmert euch
nicht allzusehr, mein werther Albert, der HErr wirds
versehen und unsere Sorgen stillen, ehe wirs vielleicht
am wenigsten vermuthen.

Und gewiß, der Himmel ließ auch in diesem Stücke
ihre Hoffnung und festes Vertrauen nicht zu schanden
werden, denn etwan ein Jahr hernach, da ich am Tage
der Reinigung Mariä 1664. mit meiner gantzen Familie Nachmittags am Meer-Ufer spatzieren gieng, ersahen wir mit mäßiger Verwunderung: daß nach
einem daherigen hefftigen Sturme, die schäumenden
Wellen, nachdem sie sich gegen andere unbarmhertzig
erzeiget, uns abermals einige vermuthlich gute Waaren
zugeführet hatten. Zugleich aber fielen uns von ferne
zwey Menschen in die Augen, welche auf einen grossen
Schiffs-Balcken sitzend, sich an statt der Ruder mit
ihren blossen Händen äusserst bemüheten, eine, von
den vor uns liegenden Sand-Bäncken zu erreichen,
und ihr Le-[290]ben darauff zu erretten. Indem nun
ich, nur vor wenig Monaten, das kleine Boot, durch
dessen Hülffe ich am allerersten mit Mons. van Leuven bey dieser Felsen-Insul angelanget war, außge-

bessert hatte, so wagte ich nebst meinen beyden ältesten Söhnen, die nunmehro in ihr 16tes Jahr giengen,
hinnein zu treten, und diesen Nothleydenden zu
Hülffe zu kommen, welche unserer aber nicht eher
gewahr wurden, biß unser Boot von ohngefehr sehr
hefftig an ihren Balcken stieß, so daß der eine aus
Mattigkeit herunter ins Wasser fiel. Doch da ihm
meine Söhne das Seil, woran wir das Boot zu befestigen pflegten, hinaus wurffen, raffte er alle Kräffte
zusammen, hielt sich feste dran, und ward also von
uns gantz leichtlich ins Boot herein gezogen. Dieses
war ein alter fast gantz grau gewordener Mann, der
andere aber, dem dergleichen Gefälligkeit von uns
erzeigt wurde, schien ein Mann in seinen besten Jahren zu seyn.

Man merckte sehr genau, wie die Todes-Angst auf
ihren Gesichtern gantz eigentlich abgemahlet war, da
sie zumal uns gantz starr ansahen, jedoch nicht ein
eintziges Wort aussprechen konten, endlich aber, da
wir schon einen ziemlichen Strich auf der Zurück-
farth gethan, fragt ich den Alten auf deutsch: Wie er
sich befände, allein er schüttelte sein Haupt, und antwortete im Englischen, daß er zwar meine Sprache
nicht verstünde, gleichwol aber merckte wie es die
teutsche Sprache sey. Ich fieng hierauf sogleich an,
mit ihm Englisch zu reden, weßwegen er mir augenblicklich die Hände küssete und mich seinen Engel
nennete. Meine beyden Söhne klatsch-[291]ten derowegen in ihre Hände, und fiengen ein Freuden-Geschrey an, gaben sich auch gleich mit dem jungen
Manne ins Gespräche, welcher alle beyde umarmete
und küssete, auch ihnen auf ihre einfältigen Fragen
liebreiche Antwort gab. Doch da ich merckte, daß die
beyden Verunglückten vor Mattigkeit kaum die Zunge
heben und die Augen aufthun konten, liessen wir dieselben ungestöhrt, und brachten sie halb schlaffend an
unsere Felsen-Insul.

Meine Concordia hatte binnen der Zeit beständig mit
den übrigen Kindern auf den Knien gelegen, und
GOTT um unsere glückliche Zurückkunft angerufft,
weil sie dem sehr alten und geflickten Boote wenig
zu getrauet, derowegen war alles desto frölicher, da
wir in Gesellschafft zweyer andern Menschen bey
ihnen ankamen. Sie hatte etwas Vorrath von Speisen
und Geträncke vor unsere Kinder bey sich, welches
den armen Frembdlingen gereicht wurde. So bald nun
selbiges mit gröster Begierde in ihren Magen geschickt
war, merckte man wohl, daß sie hertzlich gern weiter
mit uns reden wolten, allein da sie bereits so viel zu
verstehen gegeben, wie sie nunmehro 3. Nächte und
4. Tage ohne Schlaff und Ruhe in den Meeres Wellen
zugebracht hätten, konten wir ihnen nicht verargen,
daß sie uns fast unter den Händen einschlieffen,
brachten aber doch beyde, wiewol mit grosser Mühe,
durch den holen Weg hinauff in die Insul.
Daselbst suncken sie als recht ohnmächtige Menschen
ins Graß nieder, und verfielen in den tieffsten Schlaff.
Meine beyden ältesten Söhne musten bey [292] ihnen
sitzen bleiben, ich aber gieng mit meiner übrigen Familie nach Hause, nahm zwey Rollwagen, spannete
vor jeden 4. Affen, kehrete damit wieder um, legte
die Schlaffenden ohne eintzige Empfindung drauff,
und brachte dieselben mit einbrechender Nacht in
unsere Behausung auf ein gutes Lager, welches ihnen
mitlerweile meine Hauß-Frau bereitet hatte. Beyde
wachten fast zu gleicher Zeit nicht früher auf, als
andern Tages ohngefähr ein paar Stunden vor Untergang der Sonnen, und so bald ich dessen vergewissert
war, gieng ich zu ihnen in die Kammer, legte vor
jeden ein gut Kleid nebst weisser Wäsche hin, bat sie
möchten solches anlegen, nachhero zu uns heraus
kommen.
Indessen hatte meine Hauß-Frau eine köstliche Mahl-

zeit zubereitet, den besten Wein und ander Geträncke
zurechte gesetzt, auch sich nebst ihren Kindern gantz
sauber angekleidet. Wie demnach unsere Gäste aus der
Kammer traten, fanden sie alles in der schönsten
Ordnung, und blieben nach verrichteter Begrüssung
als ein paar steinerne Bilder stehen. Meine Kinder
musten ihnen das Wasch-Wasser reichen, welches sie
annahmen und um Erlaubniß baten, sich vor der Thür
zu reinigen. Ich gab ihnen ohne eitle Ceremonien zu
verstehen, wie sie allhier, als ohnfehlbar gute christliche Menschen, ihre beliebige Gelegenheit brauchen
könten, weßwegen sie sich ausserhalb des Hauses, in
der freyen Luft völlig ermunterten, nachhero wieder
zu uns kehreten, da denn der alte ohngefähr 60. jährige Mann also zu reden anfieng: O du gütiger Himmel, welch ein schönes Paradieß ist dieses? saget uns
doch, o ihr [293] glückseligen Einwohner desselben,
ob wir uns unter Engeln oder sterblichen Menschen
befinden? denn wir können biß diese Stunde unsere
Sinnen noch nicht überzeugen, ob wir noch auf der
vorigen Welt leben; Oder durch den zeitlichen Tod in
eine andere Welt versetzt sind? Liebsten Freunde,
gab ich zur Antwort, es ist mehr als zu gewiß, daß
wir eben solche mühseelige und sterbliche Menschen
sind als ihr. Vor nunmehro fast 18. Jahren, hat ein
besonderes Schicksaal mich und diese meine werthe
Ehe-Gattin auf diese Insul geführet, die allhier in
Ordnung stehenden 9. Kinder aber, sind, binnen solcher Zeit, und in solcher Einsamkeit von uns entsprossen, und ausser uns, die wir hier beysammen sind,
ist sonst keine menschliche Seele mehr auf der gantzen
Insul anzutreffen. Allein, fuhr ich fort, wir werden
Zeit und Gelegenheit genung haben, hiervon weitläufftiger mit einander zu sprechen, derowegen lasset
euch gefallen, unsere Speisen und Geträncke zu
kosten, damit eure in dem Meere verlohrnen Kräffte
desto geschwinder wieder hergestellet werden.

Demnach setzten wir uns zu Tische, assen und truncken ingesammt, mit grösten appetite nach billigen
vergnügen. So bald aber das Danck-Gebeth gesprochen war, und der Alte vermerckte, daß so wol ich
als meine Concordia, von beyderseits Stande und Wesen gern benachrichtiget seyn möchten, vergnügte er
unsere Neugierigkeit mit einer weitläufftigen Erze-
lung, die biß Mitternacht währete. Ich aber will von
selbiger nur kürtzlich so viel melden, daß er sich
Amias Hülter nennete, [294] und vor etlichen Jahren
ein Pachtmann verschiedener Königlicher Küchen-
Güter in Engelland gewesen war. Sein Gefährte hieß
Robert Hülter, und war des Amias leiblichen Bruders
Sohn. Ferner vernahmen wir mit Erstaunen, daß die
aufrührischen Engelländer im Jahr 1649. den 30. Jan.
also 2. Jahr und 8. Monath nach unserer Abreise,
ihren guten König Carln grausamer Weise enthauptet,
und daß sich nach diesem einer, Nahmens Oliverius
Cromwel, von Geschlecht ein blosser Edelmann, zum
Beschützer des Reichs aufgeworffen hätte, dem anno
1658. sein Sohn, Richard Cromwel, in solcher Würde
gefolget, aber auch bald im folgenden Jahr wieder
abgesetzt wäre, worauff vor nunmehro fast 3. Jahren
die Engelländer einen neuen König, nemlich Carln
den Andern erwählet, und unter dessen Regierung
itzo ziemlich ruhig lebten.
Der gute Amias Hülter, welcher ehedessen bey dem
enthaupteten König Carln in grossen Gnaden gewesen, ein grosses Guth erworben, doch aber niemals
geheyrathet, war in solcher Unruhe fast um alles das
Seinige gekommen, aus dem Lande gejagt worden,
und hatte kaum so viel gerettet eine kleine Handlung
über Meer anzufangen, worbey er nach und nach
zwar wiederum ein ziemliches erworben, und dasselbe seinem Bruder Joseph Hülter in Verwahrung
gegeben. Dieser sein Bruder aber hatte die Reformirte

Religion verlassen, sich nach Portugall gewendet, daselbst zum andern mahle geheyrathet, und sein zeitliches Glück ziemlich gemacht. Allein dessen Sohn
Robert, war mit seines Vaters [295] Lebens-Art, und
sonderlich mit der Religions-Veränderung, nicht allerdings zufrieden gewesen, derowegen annoch in seinen
Jünglings-Jahren mit seinem Vetter Amias zu Schiffe
gegangen, und hatte sich bey demselben in West-
Indien ein ziemliches an Gold und andern Schätzen
gesammlet. Da aber vor einigen Monathen die Versicherung eingelauffen, daß nunmehro, unter der Regierung König Carls des Andern, in Engelland wiederum gute Zeiten wären, hatten sie Brasilien verlassen, und sich auf ein Schiff verdingt, um mit selbigen
nach Portugall, von dar aber zurück nach Engelland,
als in ihr Vaterland zu reisen, und sich bey dem neuen
Könige zu melden. Allein ihr Vorhaben wird durch
das widerwärtige Verhängniß zeitlich unterbrochen,
indem ein grausamer Sturm das Schiff von der ordentlichen Strasse ab- und an verborgene Klippen führet,
allwo es bey nächtlicher Zeit zerscheitert, und seine
gantze Ladung an Menschen und Gütern, in die wilden Fluthen wirfft. In solcher Todes-Angst ergreiffen
Amias und Robert denjenigen Balcken, von welchen
wir sie, nachdem die armen Menschen 3. Nachte und
4. Tage ein Spiel des Windes und der Wellen gewesen,
endlich noch eben zur rechten Zeit zu erlösen das
Glück hatten.

Meine Concordia wolte hierauff einige Nachricht von
den Ihrigen einziehen, konte aber nichts weiter erfahren, als daß Amias ihren Vater zwar öffters gesehen, gesprochen, auch ein und andern Geld-Verkehr
mit ihm gehabt, im übrigen aber wuste er von dessen
Hauß-Wesen nichts zu melden, [296] ausser daß er
im 1648ten Jahre noch im guten Stande gelebt hätte.
Hergegen wuste Robert, der bißhero wenig Worte

gemacht, sich noch gantz wohl zu erinnern, daß er zu
der Zeit, als er noch ein Knabe von 12. oder 13. Jahren gewesen, vernommen, wie dem Banquier Plürs
eine Tochter, Nahmens Concordia, von einem Cavalier entführet worden sey, wo sie aber hin, oder ob
dieselbe wieder zurück gebracht worden, wisse er
nicht eigentlich zu sagen.

Wir berichteten ihnen demnach, daß sie allhier eben
diese Concordia Plürs vor sich sähen, versprachen
aber unsere Geschichte morgendes Tages ausführlicher
zu erzehlen, und legten uns, nachdem wir die Abend-
Beth-Stunde in Englischer Sprache gehalten, sämmtlich zur Ruhe.

Ich nahm mir nebst meiner Hauß-Frauen von nun an
nicht das geringste Bedencken, diesen beyden Gästen
und Lands-Leuten, welchen die Redlichkeit aus den
Augen leuchtete, und denen die Gottesfurcht sehr angenehm zu seyn schien, alles zu offenbaren, was sich
von Jugend an, und sonderlich auf dieser Insul mit
uns zugetragen hatte. Nur eintzig und allein verschwiegen wir ihnen des Don Cyrillo vermaureten
grossen Schätze, hatten aber dennoch ausser diesem,
so viel Reichthümer an Gold, Silber, edlen Steinen
und andern Kostbarkeiten aufzuweisen, daß sie darüber erstauneten, und vermeynten: es wäre weder in
Engelland, noch sonst wo, ein Kauffmann, oder wol
noch weit grössere Standes-Person, ausser grossen
Potentaten anzutreffen, die sich Bemittelter zeigen
könte als wir. Dem ohngeacht, gab ich ihnen deutlich
zu vernehmen, daß ich [297] und meine Hauß-Frau
diese Sachen sehr gering, das Vergnügen aber, auf
dieser Insul in Ruhe, ohne Verfolgung, Kummer und
Sorgen zu leben, desto höher schätzten, und bäten
GOTT weiter um keine mehrere Glückseligkeit, als
daß er unsern Kindern fromme christliche Ehegatten
anhero schicken möchte, die da Lust hätten auf dieser

Insul mit ihnen in Ruhe und Friede zu leben, weil
dieselbe im Stande sey, ihre Einwohner fast mit allem,
was zur Leibes Nahrung und Nothdurfft gehörig,
reichlich und überflüßig zu versorgen.

Ich vermerckte unter diesen meinen Reden, daß dem
jungen Hülter das Geblüte ziemlich ins Angesichte
trat, da er zugleich seine Augen recht sehnlich auf
meine schöne und tugend-volle Stieff-Tochter warff,
jedoch nicht eher als nach etlichen Tagen durch seinen
Vetter Amias bey mir und meiner Frauen um selbige
anhalten ließ. Da nun ich und dieselbe schon deßfalls
mit einander geheime Abrede genommen, liessen wir
uns die Werbung dieses wohlgebildeten und frommen
jungen Mannes gefallen, versprachen ihm binnen
4. Wochen unsere Tochter ehelich zuzuführen, doch
mit der Bedingung, wenn er mit guten Gewissen
schweren könte und wolte, daß er (1.) noch unverheyrathet sey. (2.) Unserm Gottesdienste und Glauben
sich gleichförmig erzeigen. (3.) Friedlich mit seiner
Frau und uns leben, und (4.) Sie wieder ihren willen
niemals verlassen, oder von dieser Insul, ausser der
dringenden Noth, hinweg führen, sondern Zeit Lebens
allhier bleiben wolle. Der gute Robert schwur und
versprach alles zu erfüllen, was wir von ihm begeh-
[298]reten, und setzte hinzu: Daß dieses schöne Tu-
gend-Bild, nemlich seine zukünfftige Ehe-Liebste,
Reitzungen im Überflusse besässe, alle Sehnsucht nach
andern Ländern, Menschen und Schätzen zu vertreiben. Hierauff wurde das Verlöbniß gehalten, worbey
wir alle vor Freuden weineten, absonderlich der alte
Amias, welcher hoch betheurete: Daß wir bey unserm
Schwieger-Sohne das allerredlichste Gemüthe auf der
gantzen Welt angetroffen hätten, welches sich denn
auch, GOTT sey Danck, nachhero in allen Fällen also
eräusert hat.

Nun beklage ich, sagte der alte Amias, daß von mei-

nen Lebens-Jahren nicht etwa 30. oder wenigstens
20. können abgekaufft werden, um auch das Glück
zu haben, euer Schwieger-Sohn zu seyn, jedoch weil
dieser Wunsch vergeblich ist und ich einmal veraltet
bin, so will nur GOTT bitten, daß er mich zum
Werckzeuge gebrauchen möge: Vor eure übrigen Kinder Ehegatten anhero zu schaffen. Ich habe, verfolgte
er, keine thörichten Einfälle hierzu, will also nur
GOTT und etwas Zeit zu Hülffe nehmen.

Folgende Tage wurde demnach alles zu dem abgerede-
ten Beylager veranstalltet, und am 14. Mart. 1664.
solches ordentlich vollzogen, an welchem Tage ich als
Vater und Priester, das verlobte Paar zusammen gab.
Ihre Ehe ist so vergnügt und glücklich, als Fruchtbar
gewesen, indem sie in folgenden Jahren 14. Kinder, als
nemlich 5. Söhne und 9. Töchter mit einander gezeuget haben, welches mir und meiner lieben Hauß-Frau
zum stetigen Troste und Lust gereichte, zumal da
unser Schwieger-Sohn [299] aus eigenen Antriebe und
hertzlicher Liebe gegen uns, seinen eigenen Geschlechts Nahmen zurück setzte, und sich gleich am
ersten Hochzeit-Tage Robert Julius nennete.

Wir baueten noch im selbigen Herbst ein neues schönes
und räumliches Hauß vor die jungen Ehe-Leute,
Amias war ihr Hauß-Genosse, und darbey ein kluger
und vortrefflicher Arbeiter, der meine gemachten Anstalten auf der Insul in kurtzer Zeit auf weit bessern
Fuß bringen halff, so, daß wir in erwünschten Vergnügen mit einander leben konten.

Unser Vorrath an Wein, Geträyde, eingesaltzenen
Fleische, Früchten und andern Lebens-Mitteln war
dermassen zu gewachsen, daß wir fast keine Gefässe,
auch keinen Platz in des Don Cyrillo unterirrdischen
Gewölbern, selbige zu verwahren, weiter finden konten, dem ohngeacht, säeten und pflantzten wir doch
Jahr aus, Jahr ein, und speiseten die Affen, deren

nunmehro etliche 20. zu unsern Diensten waren, von
dem Überflusse, hätten aber dennoch im 1666ten
Jahre ohne unsern Schaden gar wohl noch hundert
andere Menschen ernehren können, da sich aber niemand melden wolte, musten wir zu unsern grösten
Leydwesen eine grosse Menge des besten Geträydes
liederlich verderben lassen.

Amias erseuffzete hierüber öffters, und sagte eines
Abends, da wir vor unsern Hauß-Thüren die kühlen
Abend-Lüffte zur Erquickung abwarteten: Wie wunderbar sind doch die Fügungen des Allmächtigen! Ach
wie viel tausend, und aber tausend sind doch unter
den Christen anzutreffen, die [300] mit ihrer sauern
Hand-Arbeit kaum so viel vor sich bringen, daß sie
sich nach Vergnügen ersättigen können. Die wenigsten
Reichen wollen den Armen von ihrem Überflusse etwas ansehnliches mittheilen, weil sie sich befürchten,
dadurch selbst in Armuth zu gerathen, und wir Einwohner dieses Paradieses wolten gern unsern Nächsten
alles, was wir haben, mit geniessen lassen, so muß es
uns aber nur an Leuten fehlen, die etwas von uns verlangen. Allein, mein werthester Julius, fuhr er fort,
stehet es zu verantworten, daß wir allhier auf der fau-
len Banck liegen, und uns eine kleine Mühe und Gefahr abschrecken lassen, zum wenigsten noch so viel
Menschen beyderley Geschlechts hieher zu verschaffen, als zur Beheyrathung eurer Kinder von nöthen
seyn, welche ihren mannbaren Alter entgegen gehen,
und ohne grosse Sünde und Schande einander nicht
selbst eheligen können? Auf derowegen! Lasset uns
den behertzten Entschluß fassen, ein Schiff zu bauen,
und unter starcken Vertrauen zu Göttlichem Beystande an das nächst-gelegenste Land oder Insul an-
fahren, wo sich Christen aufhalten, um vor eure Kinder Männer und Weiber daselbst auszusuchen. Meine
Gedancken sind auf die Insul S. Helena gerichtet, all-

wo sich Portugiesen niedergelassen haben, und wenn
ich nebst der Land- und See-Charte, die ich bey euch
gesehen, alle andern Umstände in Betrachtung ziehe,
so versichert mich ein geheimer Trieb, daß selbige
Insul unsern Wunsch nicht allein erfüllen, sondern
auch nicht allzu weit von hier entlegen seyn kan.

Meine Hauß-Frau und ich stutzten ziemlich über
[301] des Amias etwas allzu gefährlich scheinenden
Anschlag, ehe wir ihm gehörig darauf antworten, und
gar behutsame Einwürffe machen konten, da er aber
alle dieselben sehr vernünfftig widerlegte, und diese
Sache immer leichter machte; gab endlich meine Concordia den Ausschlag, indem sie sagte: Lieben Freunde, wir wollen uns dieserwegen den Kopff vor der
Zeit nicht zerbrechen, versuchet erstlich, wie weit es
mit eurem Schiff-Bau zu bringen ist, wird dasselbe
fertig, und in solchen Zustand gebracht, daß man sich
vernunfft-mäßig darauf wagen, und dergleichen gefährliche Reise vornehmen kan, und der Himmel zeiget uns binnen solcher Zeit keine andere Mittel und
Wege, unserer Sorgen loß zu werden, so haben wir
nachhero noch Zeit genung, Rath zu halten, wie es
anzufangen, auch wer, und wie viel von uns mit reisen sollen.

Nachdem diese Meinung von einem jeden gebilliget
worden, fingen wir gleich des folgenden Tages an,
Bäume zu fällen, und nachhero zu behauen, woraus
Balcken, Bohlen und Breter gehauen werden konten.
Auch wurde dasjenige Holtz, welches uns die See von
zerscheiterten Schiffen zugeführet hatte, fleißig zu-
sammen gesucht, doch ein bald darauf einfallendes
Regen-Wetter nebst dem nöthigen Acker- und Wein-
Bau verursachten, daß wir den Schiffs-Bau biß zu ge-
legener und besserer Zeit aufschieben musten.

Im August-Monat aber anno 1667. da des Roberts
Ehe-Frau allbereit mit der zweyten Tochter ins

Wochen-Bette gekommen war, setzten un-[302]sere
fleißigen Hände die Schiffs-Arbeit aufs neue eifferig
fort, so, daß wir mit den vornehmsten Holtz-Stücken
im April des 1668ten Jahres nach des Amias Abrisse
fast völlig fertig wurden. Dem zu Folge wurde unter
seiner Anweisung auch eine Schmiede Werck-Stätte
zu bauen angefangen, in welcher die Nägel und anderes zum Schiff-Bau gehöriges Eisenwerck geschmie-
det und zubereitet werden solte, hatten selbige auch
allbereit in ziemlich guten Stande, als eines Tages
meine 3. jüngsten Söhne, welche bestellet waren, die
leichtesten Holtz-Stücke mit Hülffe der Affen ans
Ufer zu schaffen, gelauffen kamen, und berichteten,
daß sich nahe an unserer Insul ein Schiff mit Menschen besetzt sehen liesse; weßwegen wir ingesammt
zwischen Furcht und guter Hoffnung hinab zum Meer
lieffen, und ersahen, wie bemeldtes Schiff auf eine
der vor uns liegenden Sand-Bäncke aufgelauffen war,
und nicht weiter von der Stelle kommen konte. Zwey
darauf befindliche Männer schienen uns mit ängstlichen Wincken zu sich zu nöthigen, derowegen sich
Robert mit meinen beyden ältesten Söhnen in unser
kleines Boot setzte, und zu ihnen hinüber fuhr, ein
langes Gespräch hielt, und endlich mit 9. frembden
Gästen, als 3. Weibs- und 6. Manns-Personen wieder
zu uns kam. Allein, diese Elenden schienen allesammt
den Todten ähnlicher als den Lebendigen zu seyn, wie
denn auch nur ein Weibs-Bild und zwey Männer noch
so viel Kräffte hatten, mit uns hinauf in die Insul zu
steigen, die übrigen 6., welche fast nicht auf die matten Füsse treten konten, musten hinauf getragen
werden.

[303] Der alte hocherfahrne Amias erkandte so gleich,
was sie selbsten gestehen musten, nehmlich, daß sie
nicht allein vom Hunger, sondern auch durch eine
schlimme See-Kranckheit, welche der Schaarbock ge-

nennet würde, in solchen kläglichen Zustand gerathen
wären, derowegen wurde ihnen so gleich Roberts
Wohnhaus zum Krancken-Hause eingeräumet, anbey
von Stund an zur besten Verpflegung alle Anstalt gemacht.

Wir bekümmerten uns in den ersten Tagen so wenig
um ihren Stand und Wesen, als sie sich um das unse-
rige, doch konte man mehr als zu wohl spüren, wie
vergnügt und erkänntlich ihre Hertzen wegen der
guten Bewirthung wären, dem allen ohngeacht aber
sturben so gleich, noch ehe 8. Tage verlieffen, eine
Weibs- und zwey Manns-Personen, und in folgender
Woche folgte die 3te Manns-Person; weil das Übel
vermuthlich allzu starck bey ihnen eingerissen, oder
auch wohl keine Maasse im Essen und Trincken gehalten war. Die Todten wurden von uns mit grossen
Leydwesen ehrlich begraben, und die annoch übrigen
sehr schwachen desto fleißiger gepflegt. Amias machte
ihnen Artzeneyen von unsern annoch grünenden
Kräutern und Wurtzeln, gab auch keinem auf einmahl
mehr Speise und Tranck, als er vor rathsam hielt, woher es nebst Göttlicher Hülffe endlich kam, daß sich
die noch übrigen 5. Gäste binnen wenig Wochen völlig
erholeten, und nicht die geringsten Merckmahle einer
Kranckheit mehr verspüreten.

Nun solte ich zwar, meine Lieben, sagte hiermit unser
Alt-Vater Albertus, euch billig noch berich-[304]ten,
wer die Frembdlinge gewesen, und durch was vor ein
Schicksal selbige zu uns gekommen wären, allein mich
bedünckt, meine Erzehlung möchte solcher Gestalt
auf heute allzu lange währen, darum will Morgen, so
es GOTT gefällt, wenn wir von Roberts-Raum zurücke kommen, damit den Anfang machen. Wir, als
seine Zuhörer, waren auch damit vergnügt, und traten
folgendes Tages auf gewöhnliche Weise den Weg nach
Roberts-Raum an.

Hieselbst fanden wir die leiblichen Kinder und fernere Abstammlinge von Robert Hülter, und der jüngern Concordia in 16. ungemein zierlich erbaueten Wohnhäusern ihre gute Wirthschafft führen, indem sie ein wohlbestelltes Feld um und neben sich, die Weinberge aber mit den Christophs-Raumern gemeinschafftlich hatten. Der älteste Sohn des Roberts führete uns in seiner seel. Eltern Hauß, welches er nach deren Tode in Besitz genommen hatte, und zeigete nicht allein eine alte Englische Bibel, Gesang- und Gebet-Buch auf, welches von dem gantzen Geschlecht als ein besonderes Heiligthum gehalten wurde, sondern nächst diesem auch allerhand andere kostbare und sehens-würdige Dinge, die der Stamm-Vater Robert zum Andencken seiner Klugheit und Geschicklichkeit denen Nachkommen hinterlassen hatte. Auf der äusersten Felsen-Höhe gegen Osten war ein bequemliches Wacht-Hauß erbauet, welches wir nebst denen dreyen dabey gepflantzten Stücken Geschützes in Augenschein nahmen, und uns anbey über das viele im Walde herum lauffende Wild sonderlich [305] ergötzten, nachhero in dem Robertischen Stamm-Hause aufs köstlichste bewirthet wurden, doch aber, nachdem diese Gemeine in jedes Hauß eine Englische Bibel und Gesang-Buch, nebst andern gewöhnlichen Geschencken vor die Jugend empfangen hatte, zu rechter Zeit den Rückweg auf Alberts-Burg antraten.

Mittlerweile, da Herr Mag. Schmelzer in die Davids-Raumer Allee, seine Geistlichen Unterrichtungen fortzusetzen, spatziret war, und wir andern mit gröster Begierde am Kirchen-Bau arbeiten halffen, hatte unser Alt-Vater Albertus seine beyden ältesten Söhne, nehmlich Albertum und Stephanum, nebst ihren annoch lebenden Ehe-Weibern, ingleichen den David Julius, sonst Rawkin genannt, mit seiner Ehe-Frau Christina, welche des Alt-Vaters jüngste Tochter war,

zu sich beschieden, um die Abend-Mahlzeit mit uns
andern allen einzunehmen, da sich nun selbige nebst
Herrn Mag. Schmelzern eingestellet, und wir sämmtlich gespeiset, auch unsere übrige Gesellschaffter sich
beuhrlaubt hatten; blieben der Alt-Vater Albertus,
dessen Söhne, Albertus und Stephanus, nebst ihren
Weibern, David und Christina, Hr. Mag. Schmelzer,
Mons. Wolffgang und ich, also unser 10. Personen
beysammen sitzen, da denn unser Alt-Vater also zu
reden anfing:
Ich habe, meine lieben Freunde, gestern Abend versprochen, euch nähern Bericht von denjenigen Personen zu erstatten, die wir im 1668ten Jahre, als aus-
gehungerte und krancke Leute aufzunehmen, das
Glück hatten, weil aber drey von denselben [306]
annoch am Leben, und allhier gegenwärtig sind, als
nehmlich dieser mein lieber Schwieger-Sohn, David,
und denn meine beyden lieben Schwieger-Töchter
des Alberti und Stephani Gemahlinnen, so habe vor annehmlicher erachtet, in eurer Gegenwart selbige zu
bitten, daß sie uns ihre Lebens-Geschichte selbst erzehlen möchten. Ich weiß, meine fromme Tochter,
sagte er hierauf zu des Alberti jun. Gemahlin, wie die
Kräffte eures vortrefflichen Verstandes, Gedächtnisses und der Wohlredenheit annoch so vollkommen bey
euch anzutreffen sind, als alle andere Tugenden, ohngeacht die Zeit uns alle auf dieser Insul ziemlich verändert hat. Derowegen habt die Güte, diesem meinem
Vettern und andern werthen Freunden, einen eigen-
mündlichen Bericht von den Begebenheiten eurer Jugend abzustatten, damit sie desto mehr Ursach haben,
sich über die Wunder-Hand des Himmels zu verwundern.
Demnach stund die bey nahe 80.jährige Matrone,
deren Gesichts- und Leibes-Gestalt auch in so hohen
Alter noch viele Annehmlichkeiten zeigete, von ihrem

Stuhle auf, küssete erstlich unsern Alt-Vater, setzte
sich, nachdem sie sich gegen die übrigen höflich ver-
neiget, wiederum nieder, und fing ihre Erzehlung folgender massen an:

Es ist etwas schweres, meine Lieben, daß eine Frau
von solchen Jahren, als ich bin, annoch von ihrer
Jugend reden soll, weil gemeiniglich darbey viele
Thorheiten vorzukommen pflegen, die einem reiffern
Verstande verächtlich sind, doch da das menschliche
Leben überhaupt ein Zusammenhang [307] vieler
Thorheiten, wiewohl bey einem mehr als bey dem
andern zu nennen ist, will ich mich nicht abschrecken
lassen, dem Befehle meines hertzlich geliebten Schwieger-Vaters Gehorsam zu leisten, und die Aufmercksamkeit edler Freunde zu vergnügen, welche mir als
einer betagten Frauen nicht verüblen werden, wenn
ich nicht alles mehr in behöriger Zierlichkeit und
Ordnung vorzubringen geschickt bin.
Mein Nahme ist Judith van Manders, und bin 1648.
eben um selbige Zeit gebohren, da die vereinigten
Niederländer wegen des allgemeinen Friedens-Schlus-
ses und ihrer glücklich erlangten Freyheit in grösten
Freuden begriffen gewesen. Mein Vater war einer der
ansehnlichsten und reichsten Männer zu Middelburg
in Seeland wohnhafft, der der Republic so wohl als
seine Vorfahren gewiß recht wichtige Dienste geleistet
hatte, auch dieserwegen zu einem Mit-Gliede des
hohen Raths erwehlet worden. Ich wurde, nebst einer
ältern Schwester und zweyen Brüdern, so erzogen,
wie es der Stand und das grosse Vermögen unserer
Eltern erforderte, deren Haupt-Zweck eintzig und
allein dieser war, aus ihren Kindern Gottesfürchtige
und tugendhaffte Menschen zu machen. Wie denn
auch keines aus der Art schlug, als unser ältester Bruder, der zwar jederzeit von aussen einen guten Schein

von sich gab, in Geheim aber allen Wollüsten und
liederlichem Leben oblage. Kaum hatte meine Schwester das 16te und ich mein 14des Jahr erreicht, als sich
schon eine ziemliche Anzahl junger vornehmer Leute
um unsere Bekandtschafft bewar-[308]ben, indem
meine Schwester Philippine vor eine der schönsten
Jungfrauen in Middelburg gehalten wurde, von meiner Gesichts-Bildung aber ging die Rede, als ob ich,
ohne Ruhm zu melden, nicht allein meine Schwester,
sondern auch alles andere Frauenzimmer im Lande an
Schönheit übertreffen solte. Doch schrieb man mir als
einen besonders grossen Fehler zu, daß ich eines allzu
stillen, eigensinnigen, melancholischen, dahero verdrüßlichen temperaments wäre, dahingegen meine
Schwester eine aufgeräumte und muntere Lebens-Art
blicken liesse.
Wiewohl ich mich nun um dergleichen Vorwürffe
wenig bekümmerte, so war dennoch gesinnet, dergleichen Aufführung bey ein oder anderer Gelegenheit möglichstens zu verbergen, zumahlen wenn mein
ältester Bruder William dann und wann frembde
Cavaliers in unser Hauß brachte. Solches war wenige
mahl geschehen, als ich schon an einem, Jan van
Landre genannt, einen eiffrigen Liebhaber wahrnahm,
dessen gantz besonderer Hertzens-Freund, Joseph van
Zutphen, meine Schwester Philippinam ebenfalls aufs
äuserste zu bedienen suchte. Eines Abends, da wir
solcher Gestalt in zuläßigen Vergnügen beysammen
sassen, und aus einem Glücks-Topffe, den Joseph van
Zutphen mitgebracht hatte, allerhand lächerliche
Loose zohen, bekam ich unter andern eines, worauf
geschrieben stund: Ich müste mich von demjenigen,
der mich am meisten liebte, 10. mahl küssen lassen.
Hierüber entstund unter 6. anwesenden Manns-Personen ein Streit, welcher mir zu entscheiden, anheim
[309] gestellet wurde, allein, um viele Weitläufftig-

keiten zu vermeiden, sprach ich: Meine Herren! Man
giebt mir ohnedem Schuld, daß ich eigensinnig und
allzu wunderlich sey, derowegen lasset es dabey bewenden, und erlaubet mir, daß ich mein Armband auf
den Boden der Kammer werffe, wer nun selbiges am
ersten erhaschet, soll nicht allein mich 10. mahl küssen, sondern auch das Armband zum Angedencken
behalten.

Dieser Vorschlag wurde von allen mit besondern Vergnügen angenommen, Joseph aber erwischte am aller-
geschwindesten das Arm-Band, welches Jan van
Landre, der es an dem äusersten Ende nicht fest halten
können, ihm überlassen muste. Jedoch er wandte sich
zu ihm, und sagte mit grosser Bescheidenheit: Überlas-
set mir, mein Bruder, nebst diesem Arm-Bande euer
darauf hafftendes Recht, wo es euch gefällig ist, zumahl da ihr allbereits euer Theil habet, und versichert
seyn könnet, daß ich dergleichen Kostbarkeit nicht
umsonst von euch zu empfangen begehre. Allein Joseph empfand dieses Ansinnen dermassen übel, daß er
in hefftigster Erbitterung gegen seinen Freund also
heraus fuhr: Wer hat euch die Briefe vorgelesen, Jan
van Landre, da ihr behaupten wollet, wie ich allbereits mein Theil habe? Und was wollet ihr mit dergleichen niederträchtigen Zumuthungen bey mir gewinnen? Meinet ihr etwa, daß mein Gemüth so Pöbel-
hafft beschaffen als das eure? und daß ich eine Kostbarkeit verkauffen soll, die doch weder von euch noch
eurer gantzen Freundschafft nach ihrem Werth bezahlet werden kan? Verschonet mich derowegen in
Zu-[310]kunfft mit solchen thörichten Reden, oder
man wird euch zeigen, wer Joseph van Zutphen sey.

Indem nun von diesen beyden jungen Stutzern einer
so viel Galle und Feuer bey sich führete, als der andere, kam es gar geschwind zum hefftigsten Wort-
Streite, und fehlete wenig, daß sie nicht ihre Degen-

Klingen in unserer Gegenwart gemessen hätten, doch
auf Zureden anderer wurde unter ihnen ein Schein-
Friede gestifftet, der aber nicht länger währete, biß
auf folgenden Morgen, da beyde mit erwählten Beyständen vor der Stadt einen Zwey-Kampff unter sich
vornahmen, in welchem Joseph von seinem vormahli-
gen Hertzens-Freunde dem Jan tödtlich verwundet auf
dem Platze liegen blieb; der Mörder aber seine Flucht
nach Franckreich nahm, von wannen er gar bald an
mich die verliebtesten Briefe schrieb, und versprach,
seine Sachen aufs längste binnen einem halben Jahre
dahin zu richten, daß er sich wiederum ohne Gefahr
in Middelburg dürffte sehen lassen, wenn er nur
sichere Rechnung auf die Eroberung meines Hertzens
machen könte.

Allein, bey mir war hinführo weder an die geringste
Liebe noch Aussöhnung vor Jan van Landre zu gedencken, und ob ich gleich vor der Zeit seinetwegen
mehr Empfindlichkeit als vor Joseph und andere
Manns-Personen in mir verspüret, so löschete doch
seine eigene mit Blut besudelte Hand und das klägliche Angedencken des meinetwegen jämmerlich Entleibten das kaum angezündete Füncklein der Liebe in
meinem Hertzen auf einmahl völlig aus, mithin vermehrete sich mein angebohrnes melancholi-[311]sches
Wesen dermassen, daß meinen Eltern dieserhalb nicht
allzu wohl zu Muthe wurde, indem sie befürchteten,
ich möchte mit der Zeit gar eine Närrin werden.

Meine Schwester Philippine hergegen, schlug ihren
erstochenen Liebhaber in wenig Wochen aus dem
Sinne, entweder weil sie ihn eben noch nicht starck
genung geliebet, oder Lust hatte, dessen Stelle bald
mit einem andern ersetzt zu sehen, denn sie war zwar
voller Feuer, jedoch in der Liebe sehr behutsam und
eckel. Wenige Zeit hernach stellete sich ein mit allen
Glücks-Gaben wohlversehener Liebhaber bey ihr dar,

er hatte bey einer Gasterey Gelegenheit genommen, meine Schwester zu unterhalten, sich in sie verliebt, den Zutritt in unser Hauß gefunden, ihr Hertz fast gäntzlich gewonnen, und es war schon so weit gekommen, daß beyderseits Eltern das öffentliche Verlöbniß zwischen diesen Verliebten anstellen wolten, als dieser mein zukünfftiger Schwager, vor dem ich mich jederzeit verborgen gehalten hatte, meiner Person eines Tages unverhofft, und zwar in meiner Schwester Zimmer, ansichtig wurde. Ich wäre ihm gerne entwischt, allein, er verrannte mir den Paß, so, daß mich recht gezwungen sahe, seine Complimenten anzuhören und zu beantworten. Aber! welch ein Unglück entstunde nicht hieraus? Denn der thörichte Mensch, welcher nicht einmahl eine völlige Stunde mit mir umgangen war, veränderte so fort sein gantzes Vorhaben, und wirfft alle Liebe, die er bißhero eintzig und allein zu meiner Schwester getragen hatte, nunmehro auf mich, ließ auch gleich folgendes Tages offenhertzig [312] bey den Eltern um meine Person anhalten. Dieses machte eine ziemliche Verwirrung in unserm Hause. Unsere Eltern wolten diese herrliche Parthie durchaus nicht fahren lassen, es möchte auch unter ihren beyden Töchter betreffen, welche sie wolte. Meine Schwester stellete sich über ihren ungetreuen Liebhaber halb rasend an, und ohngeacht ich hoch und theuer schwur, einem solchen Wetterhahne nimmermehr die ehlige Hand zu geben, so wolte sich doch dadurch keines von allen Interessenten befriedigen lassen. Meine Schwester hätte mich gern mit den Augen ermordet, die Eltern wandten allen Fleiß an, uns zu versöhnen, und versuchten, bald den wanckelmüthigen Liebhaber auf vorige Wege zu bringen, bald mich zu bereden, daß ich ihm mein Hertz schencken solte; Allein, es war so wohl eines als das andere vergeblich, indem ich bey meinem einmahl gethanen Schwure beständig

zu verharren beschloß, und wenn es auch mein Leben
kosten solte.

Wie demnach der Wetterhahn sahe, daß bey mir
durchaus nichts zu erhalten war, fing er wiederum an,
bey meiner Schwester gelinde Sayten aufzuziehen,
und diese spielete ihre Person dermassen schalckhafft,
biß er sich aus eigenem Antriebe bequemete, sie auf
den Knien um Vergebung seines begangenen Fehlers,
und um die vormahlige Gegen-Liebe anzusprechen.
Allein, diese vermeinete nunmehro erstlich sich völlige
Genugthuung vor ihre beleidigte Ehre zu verschaffen,
sagte derowegen, so bald sie ihn von der Erde aufgehoben hatte: Mein Herr! ich glaube, daß ihr mich vor
einiger Zeit vollkommen geliebt, auch so viel Merckmahle einer hertz-[313]lichen Gegen-Liebe von mir
empfangen habt, als ein rechtschaffener Mensch von
einem honetten Frauenzimmer verlangen kan. Dem
ohngeachtet habt ihr euer veränderliches Gemüthe
unmöglich verbergen können. Jedoch es ist vorbey,
und es soll euch Seiten meiner alles hertzlich vergeben
seyn. Ich schwere auch zu GOtt, daß ich dieser wegen
nimmermehr die geringste Feindschafft gegen eure
Person hegen, anbey aber auch nimmermehr eure Ehe-
Gattin werden will, weil die Furcht wegen der zukünfftigen Unbeständigkeit so wohl euch als mir bloß
zur beständigen Marter und Quaal gereichen würde.

Alle Anwesenden stutzten gewaltig hierüber, wandten
auch so wohl als der Neu-Verliebte allen Fleiß und
Beredsamkeit an, meine Schwester auf bessern Sinn
zu bringen, jedoch es halff alles nichts, sondern der
unbeständige Liebhaber muste wohlverdienter Weise
nunmehro bey beyden Schwestern durch den Korb zu
fallen sich belieben lassen.

Solcher Gestalt nun wurden wir beyden Schwestern
wiederum ziemlich einig, wiewohl die Eltern mit
unsern eigensinnigen Köpffen nicht allerdings zufrie-

den waren, indem sich bey uns nicht die geringste Lust
zu heyrathen, oder wenigstens mit Manns-Personen
umzugehen zeigen wolte.

Endlich, da nach erwehnten unglücklichen Heyraths-
Tractaten fast anderthalbes Jahr verstrichen war,
fand ein junger, etwa 28.jähriger Cavalier allerhand
artige Mittel, sich bey meiner Schwester einzuschmei-
cheln. Er hielt starcke Freundschafft mit meinen Brüdern, nennete sich Alexander de [314] la Marck, und
war seinem Vorgeben nach von dem Geschlecht des
Grafens Lumay de la Marck, der sich vor fast
100. Jahren durch die Eroberung der Stadt Briel in
Diensten des Printzen von Oranien einen unsterblichen Ruhm erworben, und so zu sagen, den Grund
zur Holländischen Republic gelegt hatte. Unsere
Eltern waren mit seiner Anwerbung wohl zu frieden,
weil er ein wohlgestalter, bescheidener und kluger
Mensch war, der sein grosses Vermögen bey allen
Gelegenheiten sattsam hervor blicken ließ. Doch wolten sie ihm das Ja-Wort nicht eher geben, biß er sich
deßfalls mit Philippinen völlig verglichen hätte. Ob
nun diese gleich ihre Resolution immer von einer
Zeit zur andern verschob, so wurde Alexander dennoch nicht verdrüßlich, indem er sich allzuwohl vorstellete, daß es aus keiner andern Ursache geschähe,
als seine Beständigkeit auf die Probe zu setzen, und
gegentheils wuste ihn Philippine jederzeit mit der
holdseligsten, doch ehrbarsten Freundlichkeit zu begegnen, wodurch seine Gedult und langes Warten sehr
versüsset zu werden schien.

Meiner Schwester, Brüdern und ihm zu Gefallen, ließ
ich mich gar öffters mit bey ihren angestellten Lustbarkeiten finden; doch aber durchaus von keinem
Liebhaber ins Netz bringen, ob sich schon viele deßwegen ziemliche Mühe gaben. Gallus van Witt, unser
ehemaliger Liebster, gesellete sich nach und nach auch

wieder zu uns, ließ aber nicht den geringsten Unmuth mehr, wegen des empfangenen Korbes, spüren, sondern zeigte ein beständiges freyes Wesen, und sagte ausdrücklich, [315] daß, da es ihm im Lieben auf doppelte Art unglücklich ergangen, er nunmehro fest beschlossen hätte, nimmermehr zu heyrathen. Meine Schwester wünschte ihm also einsmahls, daß er dergleichen Sinnen ändern, hergegen uns alle fein bald auf sein Hochzeit-Fest zu seiner vollkommen schönen Liebste, einladen möchte. Da er aber hierbey mit dem Kopffe schüttelte, sagte ich: So recht Mons. de Witt, nunmehro bin ich euch vor meine Person desto günstiger, weil ihr so wenig Lust als ich zum Heyrathen bezeiget. Er erröthete hierüber, und versetzte: Mademoiselle, ich wäre glücklich genug, wenn ich nur den geringsten Theil eurer beyder Gewogenheit wieder erlangen könte, und euch zum wenigsten als ein Freund oder Bruder lieben dürffte, ob ihr gleich beyderseits mich zu lieben, und ich gleichfalls das Heyrathen überhaupt verredet und verschworen. Es wird euch, sagte hierauff Philippine, mit solchen Bedingungen jederzeit erlaubt, uns zu lieben und zu küssen.

Auf dieses Wort unterstund sich van Witt die Probe mit küssen zu machen, welches wir ihm als einen Schertz nicht verweigern konten, nachhero führete er sich aber bey allen Gelegenheiten desto bescheidener auf.

Eines Tages brachten de la Marck, und meine Brüder, nicht allein den Gallus de Witt, sondern auch einen unbekandten vornehmen See-Fahrer mit sich, der erst neulich von den Bantamischen und Moluccischen Insuln, in Middelburg angelanget war; und wie er sagte, ehester Tages wieder dahin seegeln wolte. Mein Vater hatte so wol als wir [316] andern alle, ein grosses Vergnügen, dessen wundersame Zufälle und den glückseligen Zustand selbiger Insuln, die der Republic so Vortheilhafftig wären, anzuhören, schien sich auch kein Bedencken zu nehmen, mit der Zeit, einen von seinen Söhnen auf einem Schiffe dahin auszurüsten, worzu denn der Jüngere mehr Lust bezeigte, als der Ältere. Damit er aber mit diesem erfahrnen See-Manne in desto genauere Kundschafft kommen möchte, wurde derselbe in unserm Hause 3. Tage nach einander aufs Beste bewirthet. Nach deren Verlauff bat sich der See-Fahrer bey meinem Vater aus: derselbe möchte seinen 4. Kindern erlauben, daß sie nebst Alexander de la Mark und Gallus van Witt, auf seinem Schiffe, selbiges zu besehen, einsprechen dürfften, allwo er dieselben zur Danckbarkeit vor genossene Ehren-Bezeugung so gut als möglich bewirthen, und mit einigen ausländischen geringen Sachen beschencken wolte.

Unsere Eltern liessen sich hierzu leichtlich bereden, also wurden wir gleich folgenden Tages um Mittags-Zeit, von unsern aufgeworffenen Wohlthäter abgeholet und auf sein Schiff geführet, wiewol mein jüngster Bruder, der sich vergangene Nacht etwas übel befunden hatte, zu Hause bleiben muste. Auf diesem Schiffe fanden wir solche Zubereitungen, deren wir uns nimmermehr versehen hatten, denn die Seegel waren alle vom schönsten seidenen Zeuge gemacht, und die Tauen mit vielerley farbigen Bändern umwunden, Ruder und anderes Holtzwerck gemahlet und verguldet, und das Schiff inwendig mit den schönsten Tapeten ausgeschlagen, [317] wie denn auch die Boots-Leute in solche Liberey gekleidet waren, dergleichen de la Mark und Witt ihren Bedienten zu geben pflegten. Ehe wir uns hierüber sattsam verwundern konten, wurde die Gesellschafft durch Ankunfft noch zweyer Damen, und eines wohlgekleydeten jungen Menschen verstärckt, welchen mein Bruder William, auf geheimes Befragen, vor

einen Frantzösischen jungen Edelmann Nahmens
Henry de Frontignan, das eine Frauenzimmer aber,
vor seine Schwester Margarithe, und die andere vor
dessen Liebste Antonia de Beziers ausgab. Meine
Schwester und ich hatten gar kein Ursach an unsers
Bruders Bericht zu zweiffeln, liessen uns derowegen
gar bald mit diesen schönen Damen ins Gespräche ein,
und fanden dieselben so wohl, als den vermeynten
Frantzösischen Edelmann, von gantz besonderer Klugheit und Beredsamkeit.
Es war angestellet, daß wir auf dem Ober-Deck des
Schiffs in freyer Lufft speisen solten, da aber ein in
Seeland nicht ungewöhnlicher Regen einfiel, muste
dieses unter dem Verdeck geschehen. Mein Bruder that
den Vorschlag, was massen es uns allen zu weit grössern Vergnügen gereichen würde, wenn uns unser
Wirth bey so guten Winde eine Meile oder etwas
weiter in die See, und gegen Abend wieder zurück
führen liesse, welches denn niemanden von der Gesellschafft zuwider war, vielmehr empfanden wir so
wohl hiebey, als an den herrlichen Tractamenten,
wohlklingender Music, und nachhero an allerhand
ehrbaren Lust-Spielen einen besondern Wohlgefallen.
Weil aber unser [318] Wirth, Wetters- und Windes
wegen, alle Schau-Löcher hatte zu nageln, und bey
hellem Tage Wachs-Lichter anzünden lassen, so kunten wir bey so vielen Lustreichen Zeitvertreibungen
nicht gewahr werden, ob es Tag oder Nacht sey, biß
die Sonne allbereit vor 2. oder 3. Stunden untergegangen war. Mir kam es endlich sehr bedencklich vor,
daß unsere Manns-Personen einander den Wein ungewöhnlich starck zutrancken, auch daß die beyden
Frantzösischen Damen fast so gut mit sauffen konten
als das Manns-Volck. Derowegen gab ich meiner
Schwester einen Winck, welche sogleich folgte, und
mit mir auf das Oberdeck hinauff stieg, da wir denn,

zu unser beyder grösten Mißvergnügen, einen schwartz
gewölckten Himmel, nebst annoch anhaltenden starcken Regen, um unser Schiff herum lauter entsetzlich
schäumende Wellen, von ferne aber, den Glantz eines
kleinen Lichts gewahr wurden.

Es wurde gleich verabredet unsern Verdruß zu verbergen, derowegen fieng meine Schwester, so bald wir
wieder zur andern Gesellschafft kamen, nur dieses zu
sagen an: Hilff Himmel meine Freunde! es ist allbereits Mitternacht. Wenn wollen wir wieder nach Middelburg kommen? und was werden unsere Eltern
sagen? Gebet euch zufrieden meine Schwestern, antwortete unser Bruder William, ich will bey den Eltern
alles verantworten, folget nur meinem Beyspiele, und
lasset euch von euren Liebhabern also umarmen, wie
ich diesen meinen Hertzens-Schatz umarme. Zu gleicher Zeit nahm er die Margarithe vom Stuhle, und
setzte sie auf [319] seinen Schooß, welche alles geduldig litte, und als die ärgste Schand-Metze mit sich
umgehen ließ. Der vermeynte Edelmann, Henry, that
mit seiner Buhlerin ein gleiches, jedoch Alexander und
Gallus scheueten sich dem Ansehen nach noch in etwas, mit uns beyden Schwestern auf eben diese Arth
zu verfahren, ohngeachtet sie von unsern leiblichen
Bruder hierzu trefflich angefrischet wurden.

Philippine und ich erstauneten über dergleichen Anblick, wusten aber noch nicht, ob es ein Schertz heissen solte, oder ob wir im Ernst verrathen oder verkaufft wären. Jedennoch verliessen wir die unkeusche
Gesellschafft, rufften Gegenwärtige meine Schwägerin, des edlen Stephani noch itzige Ehe-Gemahlin,
damals aber, als unsere getreue Dienerin herbey, und
setzten uns, in lauter verwirrten Gedancken, bey
einer auf dem Oberlof des Schiffs brennend stehenden
Laterne nieder.

Der verfluchte Wohlthäter, nemlich unser vermeint-

licher Wirth, welcher sich als ein Vieh besoffen hatte,
kam hinauff und sagte mit stammlender Zunge: Sorget nicht ihr schönen Kinder! ehe es noch einmal
Nacht wird, werdet ihr in euren Braut-Bette liegen.
Wir wolten weiter mit ihm reden; Allein das überflüßig eingeschlungene Geträncke suchte seinen Außgang bey ihm überall, auf so gewaltsame Art, daß er
auf einmal als ein Ochse darnieder stürtzte, und uns,
den gräßlichen Gestanck zu vermeiden, eine andere
Stelle zu suchen zwunge.

Philippine und ich waren bey dergleichen schändlichen spectacul fast ausser Sinnen gekommen, und
[320] fielen in noch stärckere Verzweiffelung, als
gegenwärtige unsere getreue Sabina plötzlich in die
Hände schlug, und mit ängstlichen Seuffzen schrye:
Ach meine liebsten Jungfrauen! Wir sind, allem Ansehen nach, schändlich verrathen und verkaufft, werden auch ohne ein besonderes Wunderwerck des
Himmels, weder eure Eltern, noch die Stadt Middelburg jemals wieder zu sehen kriegen. Derowegen lasset uns nur den festen Entschluß fassen, lieber unser
Leben, als die Keuschheit und Ehre zu verlieren. Auf
ferneres Befragen gab sie zu verstehen; Daß ein ehr-
liebender auf diesem Schiffe befindlicher Reisender
ihr mit wenig Worten so viel gesagt: Daß sie an
unsern bevorstehenden Unglücke nicht den geringsten
Zweiffel tragen könne.

Wie gesagt, wir hätten solchergestalt verzweiffeln
mögen, und musten unter uns Dreyen alle Mittel anwenden, der bevorstehenden Ohnmacht zu entgehen;
Als ein resoluter Teutscher, Nahmens Simon Heinrich
Schimmer, Jacob Larson ein Schwede, und gegenwärtiger David Rawkin ein Engelländer, (welche alle
Drey nachhero allhier meine werthen Schwäger worden sind,) nebst noch 2. andern redlichen Leuten, zu
unserm Troste bey uns erschienen. Schimmer führete

das Wort in aller stille, und sagte: Glaubet sicherlich,
schönsten Kinder, daß ihr durch eure eigenen Anverwandten und Liebhaber verrathen worden. Zum Unglück haben ich und diese redlichen Leute solches
itzo erst vor einer Stunde von einem getreuen Boots-
Knechte erfahren, da wir schon sehr weit vom festen
Lande entfernet sind, sonsten wolten wir euch gar
bald in [321] Freyheit gesetzt haben; Allein nunmehro ist es unmöglich, wir hätten denn das Glück
uns in künfftigen Tagen einen stärckern Anhang zu
verschaffen. Solte euch aber immittelst Gewalt angethan werden, so ruffet um Hülffe, und seyd völlig
versichert, daß zum wenigsten wir 5. wehrhafften
Leute, ehe unser Leben dran setzen, als euch schänden
lassen wollen.

Wir hatten kaum Zeit, drey Worte, zu bezeugung
unserer erkänntlichen Danckbarkeit, gegen diese 5.
vom Himmel zugesandten redlichen Leute, vorzubringen; als unser leichtfertiger Bruder, von de la
Mark und Witt begleitet, herzu kam, uns hinunter zu
holen. Witt stolperte über den in seinem Unflath liegenden Wirth her, und balsamirte sich und seine Kleider so, daß er sich als eine Bestie hinweg schleppen
lassen muste, William sanck gleichfalls, da er die
freye Lufft empfand, zu Boden, de la Mark aber war
noch bey ziemlichen Verstande, und brachte es durch
viele scheinheilige Reden und Liebkosungen endlich
dahin, daß Philippine, ich und unsere Sabina, uns
endlich betäuben liessen, wieder hinunter in die Ca-
jute zu steigen.

Aber, o welch ein schändlicher Spectacul fiel uns allhier in die Augen. Der saubere Frantzösische von
Adel saß, zwischen den zweyen verfluchten Schand-
Huren, Mutternackend vor dem Camine, und zwar
in einer solchen ärgerlichen Stellung, daß wir mit lauten Geschrey zurück fuhren, und uns in einen beson-

dern Winckel mit verhülleten Angesichtern versteckten.

De la Mark kam hinter uns her, und wolte aus [322] der Sache einen Schertz machen, allein Philippine sagte: Bleibet uns vom Halse ihr vermaledeyten Verräther, oder der erste, der uns angreifft, soll auf der Stelle mit dem Brod-Messer erstochen werden. Weiln nun de la Mark spürete, daß wenig zu thun sey, erwartete er so wol, als wir, in einem andern Winckel des Tages. Dieser war kaum angebrochen, als wir uns in die Höhe machten und nach dem Lande umsahen, allein es wolte sich unsern begierigen Augen, ausser dem Schiffe, sonsten nichts zeigen, als Wasser und Himmel. Die Sonne gieng ungemein hell und klar auf, fand alle andern im festen schlafe liegen, uns drey Elenden aber in schmertzlichen Klagen und heissen Thränen, die wir anderer Menschen Boßheit wegen zu vergiessen Ursach hatten.

Kaum hatten die vollen Sauen den Rausch ausgeschlafen, da die gantze ehrbare Zunfft zum Vorscheine kam, und uns, mit ihnen Caffee zu trincken nöthigte. An statt des Morgen-Grusses aber, lasen wir unserm gottlosen Bruder ein solches Capitel, worüber einem etwas weniger ruchlosen Menschen hätten die Haare zu Berge stehen mögen. Doch dieser Schand-Fleck der Natur verlachte unsern Eifer anfänglich, nahm aber hernach eine etwas ernsthafftere mine an, und hielt folgende Rede: Lieben Schwestern, seyd versichert, daß, ausser meiner Liebsten Margaretha, mir auf der Welt niemand lieber ist als ihr, und meine drey besten Freunde, nemlich: Gallus, Alexander und Henry. Der erste, welcher dich Judith aufs allerhefftigste liebet, ist zur gnüge bekannt. Alexander, ob er gleich biß-[323]hero so wol als Henry nur ein armer Schlucker gewesen; hat alle Eigenschafften an sich, Philippinen zu vergnügen, und vor die gute Sabina

wird sich auch bald ein braver Kerl finden. Derowegen, lieben Seelen, schicket euch in die Zeit. Nach
Middelburg wiederum zu kommen, ist unmöglich,
alles aber, was ihr nöthig habt, ist auf diesem Schiff
vorräthig anzutreffen. Auf der Insul Amboina werden
wir unsere zukünfftige Lebens-Zeit ingesammt in grösten Vergnügen zubringen können, wenn ihr nur erstlich eure eigensinnigen Köpffe in Ordnung gebracht,
und nach unserer Lebens-Art eingerichtet habt.

Nunmehro war mir und meiner Schwester ferner unmöglich, uns einer Ohnmacht zu erwehren, also san-
cken wir zu Boden, und kamen erstlich etliche Stunden hernach wieder in den Stand, unsere Vernunfft
zu gebrauchen, da wir uns denn in einer besondern
Schiffs-Kammer allein, unter den Händen unserer getreuen Sabina befanden. Diese hatte mittlerweile von
den beyden schändlichen Dirnen das gantze Geheimniß, und zwar folgenden Umbständen nach, erfahren:

Gallus van Witt, als der Haupt-Uhrheber unsers Unglücks, hat gleich nach seinem, bey beyden Schwestern
umgeschlagenen Liebes-Glücke, die allervertrauteste
Freundschafft mit unserm Bruder William gemacht,
und demselben vorgestellet: Daß er ohnmöglich leben
könne, er müsse denn eine von dessen Schwestern zur
Frau haben, und solte er auch sein gantzes Vermögen,
welches bey nahe in 2. Tonnen Goldes bestünde, dran
setzen. William ver-[324]sichert ihn seines geneigten
Willens hierüber, verspricht sich in allen zu seinen
Diensten, und beklagt nur, daß er kein Mittel zu erfinden wisse, seines Hertzens-Freundes Verlangen zu
stillen. Gallus aber, der seit der Zeit beständig, so
wohl auf einen gewaltsamen, als listigen Anschlag
gesonnen, führet den William zu dem liederlichen
Commoedianten-Volcke, nemlich: Alexandern, Henry, Antonien und Margarithen, da sich denn derselbe

sogleich aufs allerhefftigste in die Letztere verliebt,
ja sich ihr und den übrigen schändlichen Verräthern
gantz zu eigen ergiebt. Alexander wird demnach, als
der Ansehnlichste, auf des Gallus Unkosten, in solchen
Stand gesetzt, sich als einer der vornehmsten Cavaliers aufzuführen und um Philippinen zu werben,
mittlerweile kleiden sie einen alten verunglückten See-
Räuber, vor einen erfahrnen Ost-Indien-Fahrer an,
der unsere Eltern und uns betrügen helffen, ja uns
armen einfältigen Kinder in das verfluchte Schiff
locken muß, welches Gallus und mein Bruder, zu
unserm Raube, so fälschlich mit grossen Kosten ausgerüstet hatten, um damit eine Farth nach den Moluccischen Insuln vorzunehmen. Der letztere, nemlich
mein Bruder, hatte nicht allein den Eltern eine erstaunliche Summe Geldes auf listige Art entwendet,
sondern auch Philippinens, und meine Kleinodien und
Baarschafften mit auf das Schiff gebracht, damit aber
doch ja unsere Eltern ihrer Kinder nicht alle auf einmal beraubt würden, giebt der verteuffelte Mensch
dem jüngern Bruder, Abends vorhero, unvermerckt
ein starckes Brech-Pulver ein, damit er künfftigen Tages bey der [325] Schiffs-Lust nicht erscheinen, und
folglich in unserer Entführung keine Verhinderung
machen könne.
Bey solchen unerhörten schändlichen Umbständen
sahen wir also vollkommen, daß vor uns keine Hoffnung übrig war diesem Unglücke zu entgehen, derowegen ergaben wir uns fast gäntzlich der Verzweiffelung, und wolten uns in der ersten Wuth mit den
Brod-Messern selbst ermorden, doch dem Himmel sey
Danck, daß unsere liebste und getreuste Sabina damals weit mehr Verstand als wir besaß, unsere Seelen
aus des Satans Klauen zu erretten. Sie wird sich annoch sehr wol erinnern können, was sie vor Arbeit
und Mühe mit uns beyden unglücklichen Schwestern

gehabt, und wie sie endlich, da nichts verfangen wolte, in solche Heldenmüthige Worte ausbrach: Fasset ein Hertze, meine gebiethenden Jungfrauen! Lasset uns abwarten, wer sich unterstehen will uns zu schänden, und solche Teuffels erstlich ermorden, hernach wollen wir uns der Barmhertzigkeit des Himmels überlassen, die es vielleicht besser fügen wird als wir vermeynen.

Kaum hatte sie diese tapffern Worte ausgesprochen, so wurde ein grosser Lermen im Schiffe, und Sabina zohe Nachricht ein, daß ein See-Räuber uns verfolgte, auch vielleicht bald Feuer geben würde. Wir wünschten, daß es ein Frantzose oder Engelländer seyn, der immerhin unser Schiff erobern, und alle Verräther todt schlagen möchte, so hätten wir doch ehe Hoffnung gegen Versprechung einer starcken ranzion, von ihm Ehre und Freyheit zu erhalten. Allein weil der Wind unsern Verräthern günstiger, ausserdem auch unser Schiff sehr [326] wol bestellt, leicht und flüchtig war, so brach die Nacht abermals herein, ehe was weiters vorgieng.

Wir hatten den gantzen Tag ohne Essen und Trincken zugebracht, liessen uns aber des Nachts von Sabinen bereden, etwas zu geniessen, und da weder William noch jemand anders, noch zur Zeit das Hertz hatte vor unsere Augen zu kommen, so verwahreten wir unsere Kammer aufs Beste, und gönneten den von Thränen geschwächten Augen, eine wiewol sehr ängstliche Ruhe.

Folgendes Tages befanden sich Philippine und Sabina so wol als ich in erbärmlichen Zustande, denn die gewöhnliche See-Kranckheit setzte uns dermassen hefftig zu, daß wir nichts gewissers als einen baldigen und höchstgewünschten Tod vermutheten; Allein der Himmel hatte selbigen noch nicht über uns verhänget, denn, nachdem wir über 15. Tage im ärgsten phantasiren, ja völligen Rasen zugebracht; ließ es sich nicht allein zur Besserung an, sondern unsere Gesundheit wurde nachhero, binnen etlichen Wochen, wieder unsern Willen, völlig hergestellet.

Zeitwährender unserer Kranckheit, hatten sich nicht allein die ehrbaren Damen, sondern auch die übrigen Verräther wegen unserer Bedienung viele Mühe geben wollen, waren aber jederzeit garstig empfangen worden. Indem wir ihnen öffters ins Gesichte gespyen, alles, was wir erlangen können, an die Köpffe geworffen, auch allen Fleiß angewendet hatten, ihnen die verhurten Augen auszukratzen. Weßwegen sie endlich vor dienlicher erachtet, sich [327] abwesend zu halten, und die Bedienung einer schon ziemlich alten Magd, welche vor Antonien und Margarithen mitgenommen war, zu überlassen. Nachdem aber unsere Gesundheit wiederum gäntzlich erlangt, und es eine fast unmögliche Sache war, beständig in der düstern Schiffs-Kammer zu bleiben, begaben wir uns, auf unserer liebsten Sabine öffteres Bitten, auf das Obertheil des Schiffs, um bey damahligen schönen Wetter frische Lufft zu schöpffen. Unsere Verräther waren dieses kaum gewahr worden, da die gantze Schaar herzu kam, zum neuen guten Wohlstande Glück wünschte und hoch betheurete, daß sich unsere Schönheit nach überstandener Kranckheit gedoppelt hervor thäte. Wir beantworteten aber alles dieses mit lauter verächtlichen Worten und Gebärden, wolten auch durchaus mit ihnen keine Gemeinschafft pflegen, liessen uns aber doch endlich durch alltägliches demüthiges und höffliches Zureden bewegen, in ihrer Gesellschafft zu essen und zu trincken, hergegen erzeigten sich unsere standhafften Gemüther desto ergrimmter, wenn etwa Gallus oder Alexander etwas verliebtes vorbringen wolten.

William unterstund sich, uns dieserwegen den Text zu

lesen, und vorzustellen, wie wir am klügsten thäten, wenn wir den bißherigen Eigensinn und Widerwillen verbanneten, hergegen unsern Liebhabern gutwillig den Zweck ihres Wunsches erreichen liessen, ehe sie auf verzweiffelte, uns vielleicht noch unanständigere Mittel gedächten, denen wir mit aller unserer Macht nicht widerstehen könten, da zumahlen alle Hoffnung zur Flucht, oder anderer [328] Erlösung nunmehro vergebens sey. Allein dieser verfluchte Kuppler wurde mit wenigen, doch dermassen hitzigen Worten, und Geberden dergestalt abgewiesen, daß er als ein begossener Hund, wiewol unter hefftigen Drohungen zurücke gieng, und seinen Absendern eine gantz unangenehme Antwort brachte. Sie kamen hierauff selbst, um ihr Heyl nochmals in der Güte, und zwar mit den allerverliebtesten und verpflichtetsten Worten und Betheurungen, zu versuchen, da aber auch diesesmal ihr schändliches Ansinnen verdammet und verflucht, auch ihnen der verwegne Jungfrauen-Raub behertzt zu Gemüthe geführet und zugeschworen wurde, daß sie in alle Ewigkeit kein Theil an uns überkommen solten, hatten wir uns abermals auf etliche Wochen Friede geschafft.

Endlich aber wolte die geile Brunst dieser verhurten Schand-Buben sich weiter durch nichts unterdrücken lassen, sondern in volle Flammen ausbrechen, denn wir wurden einstens in der Nacht von dreyen Schelmen, nemlich Alexander, Gallus und dem Schiffs-Quartiermeister plötzlich überfallen, die uns nunmehro mit Gewalt ihren vermaledeyten geilen Lüsten aufopffern wolten. Indem wir uns aber dergleichen Boßheit schon vorlängst träumen lassen, hatten so wol Philippine und Sabina als ich, beständig ein blosses Taschen-Messer unter dem Haupte zurechte gelegt, und selbiges allbereit zur Wehre gefasset, da unsere Kammer in einem Augenblicke aufgestossen wurde.

Alexander warff sich auf meine Schwester, Gallus auf mich, und der Quartiermeister auf die ehrliche Sabinen. [329] Und zwar mit solcher furie, daß wir Augenblicklich zu ersticken vermeynten. Doch aus dieser angestellten schändlichen Commoedie, ward gar bald eine blutige Tragoedie, denn da wir nur ein wenig Lufft schöpfften, und das in den Händen verborgene Gewehr anbringen konten, stiessen wir fast zu gleicher Zeit auf die verfluchten Huren-Hängste loß, so daß unsere Kleider von den schelmischen hitzigen Geblüte ziemlich bespritzt wurden.

Der Quartiermeister blieb nach einem eintzigen außgestossenen brüllenden Seufftzer, stracks todt auf der Stelle liegen, weil ihm die tapffere Sabina, allen Vermuthen nach, mit ihrem grossen und scharffen Messer das Hertz gäntzlich durchstossen hatte. Alexander, den meine Schwester durch den Hals, und Gallus, welchen ich in die lincke Bauch-Seite gefärlich verwundet, wichen taumelnd zurück, wir drey Zitterenden aber, schryen aus vollem Halse Zeter und Mordio.

William und Henry kamen herzu gelauffen, und wolten Mine machen ihrer schelmischen Mit-Brüder Blut mit dicken Knütteln an uns zu rächen, zu gleicher Zeit aber erschienen der tapffere Schimmer, Larson, Rawkin und etwa noch 4. oder 6. andere redliche Leute, welche bald Stillestandt machten, und uns in ihren Schutz nahmen, auch Angesichts aller andern theuer schwuren, unsere Ehre biß auf die letzte Minute ihres Lebens zu beschirmen. William und Henry musten also nicht allein mit ihrem Anhange zu Creutze kriechen, sondern sich so gar mit ihren Huren aus der besten Schiffs-Kammer heraus werffen lassen, in welche wir eingewie-[330]sen, und von Schimmers Anhang Tags und Nachts hindurch wol bewahret wurden. Das schändliche Aas des Quartiermeisters

wurde als ein Luder ins Meer geworffen, Alexander
und Gallus lagen unter den Händen des Schiffs-Bar-
bierers, Schimmer aber und sein Anhang spieleten den
Meister auf dem Schiffe, und setzten die andern alle
in ziemliche Furcht, ja da der alte so genannte Schiffs-
Capitain, nebst William und Henry, sich von neuen
mausig machen wolten, fehlete es nicht viel, daß
beyde Partheyen einander in die Haare gerathen
wären, ohngeacht niemand sichere Rechnung machen
konte, welches die stärckste wäre.
Solcher Verwirrung ohngeacht wurde die Reise nach
Ost-Indien bey favorablen Winde und Wetter dennoch immer eifferig fortgesetzt, welches uns zwar
höchst mißfällig war, doch da wir gezwungener
Weise dem Verhängniß stille halten musten, richteten
sich unsere in etwas ruhigere Sinnen eintzig und allein
dahin, dessen Ziel zu errathen.
Die um die Gegend des grünen Vor-Gebürges sehr
scharff creutzenden See-Räuber, veruhrsachten so
viel, daß sich die streitigen Partheyen des Schiffes auf
gewisse Puncte ziemlich wieder vereinigten, um den
gemeinschafftlichen Feinden desto bessern Wider-
standt zu thun, worunter aber der Haupt-Punct war,
daß man uns 3. Frauenzimmer nicht im geringsten
kräncken, sondern mit geziemenden Respect alle
selbst beliebige Freyheit lassen solte. Demnach lebten
wir in einigen Stücken ziemlich vergnügt, kamen aber
mit keinem Fusse an Land, ohngeacht schon 3. mal
unterwegs frisch Wasser [331] und Victualien von
den herum liegenden Insuln eingenommen worden.
Gallus und Alexander, die nach etlichen Wochen von
ihren gefährlichen Wunden völlig hergestellet waren,
scheueten sich uns unter Augen zu treten, William und
Henry redeten ebenfalls so wenig, als ihre Huren mit
uns, und kurtz zu sagen: Es war eine recht wunderliche Wirthschafft auf diesem Schiffe, biß uns ein

AEthiopischer See-Räuber dermassen nahe kam, daß sich die Unserigen genöthiget sahen, mit möglichster Tapfferkeit entgegen zu gehen.

Es entstunde dannenhero ein hefftiges Treffen, worinnen endlich gegen Abend der Mohr überwunden wurde, und sich mit allen, auf seinem Raub-Schiffe befindlichen, zur Beute übergeben muste. Hierbey wurden 13. Christen-Sclaven in Freyheit, hergegen 29. Mohren in unsere Sclaverey gebracht, anbey verschiedene kostbare Waaren und Kleinodien unter die Siegenden vertheilet, welche nicht mehr als 5. Todte und etwa 12. oder 16. Verwundete zehleten. Nachhero entstund ein grosser Streit, ob das eroberte Schiff versenckt, oder beybehalten werden solte. Gallus und sein Anhang verlangten das Versencken, Schimmer aber setzte sich mit seiner Parthey dermassen starck darwieder, biß er in so weit durchdrunge, daß alles Volck auf die zwey Schiffe ordentlich getheilet wurde. Also kam Schimmer mit seinem Anhange, worunter auch ich, Philippine und Sabina begriffen waren, auf das Mohrische Schiff, konte aber dennoch nicht verwehren, daß Gallus und Alexander auf selbigem das Commando überkamen, dahingegen Wil-[332]liam und Henry nebst ihren Schand-Metzen auf dem ersten Schiffe blieben, und aus besonderer Güte eine erbeutete Schand-Hure, die zwar dem Gesichte nach eine weisse Christin, aber ihrer Aufführung nach ein von allen Sünden geschwärztes Luder war, an Alexandern und Gallus zur Nothhelfferin überliessen. Dieser Schand-Balg, deren Geilheit unaussprechlich, und die, so wohl mit dem einem als dem andern, das verfluchteste Leben führete, ist nebst uns noch biß hieher auf diese Insul gekommen, doch aber gleich in den ersten Tagen verreckt.

Jedoch behöriger Ordnung wegen, muß in meiner Erzehlung melden, daß damahls unsere beyden Schiffe

ihren Lauff eiffrigst nach dem Vorgebürge der guten
Hoffnung richteten, aber durch einen lange anhaltenden Sturm davon abgetrieben wurden. Das Middel-
burgische Schiff verlohr sich von dem Unsern, kam
aber am fünfften Tage unverhofft wieder zu uns, und
zwar bey solcher Zeit, da es schiene, als ob alles Ungewitter vorbey wäre, und das schönste Wetter zum
Vorscheine kommen wolte. Wir ruderten ihm mit
möglichsten Kräfften entgegen, weil unsern Comman-
deurs, die, nebst ihren wenigen Getreuen, wenig oder
gar nichts von der künstlichen Seefahrt verstunden,
an dessen Gesellschafft nur allzu viel gelegen war.
Allein, nach meinen Gedancken hatte die Allmachts-
Hand des Allerhöchsten dieses Schiff keiner andern
Ursache wegen wieder so nahe zu uns geführet, als,
uns allen an demselben ein Zeichen seiner strengen
Gerechtigkeit sehen zu lassen, denn wir waren kaum
noch [333] eines Büchsen-Schusses weit von einander,
als es mit einem entsetzlichen Krachen plötzlich zer-
schmetterte, und theils in die Lufft gesprengt, theils
Stück-weise auf dem Wasser aus einander getrieben
wurde, so, daß hiervon auch unser Schiff sich grausamer Weise erschütterte, und mit Pfeil-mäßiger Geschwindigkeit eines Canonen-Schusses weit zurück ge-
schleudert wurde. Dennoch richteten wir unsern Weg
wieder nach der unglückseeligen Stelle, um vielleicht
noch einige im Meere zapplende Menschen zu erretten,
allein, es war hieselbst keine lebendige Seele, auch
sonsten nichts als noch einige zerstückte Balcken und
Breter anzutreffen.
Was dieser unverhoffte Streich in unsern und der
übrigen Gesellschafft Gemüthern vor verschiedene Be-
wegungen mag verursachet haben, ist leichtlich zu erachten. Wir Schwestern beweineten nichts, als unsers
in seinen Sünden hingerafften Bruders arme Seele, er-
kühneten uns aber nicht, über die Straff-Gerichte des

Allerhöchsten Beschwerde zu führen. Wie Alexandern
und Gallus zu Muthe war, ließ sich leichtlich schliessen, indem sie von selbigem Tage an keine fröliche
Mine mehr machen, auch sich um nichts bekümmern
konten, sondern das Commando an Mons. Schimmern
gutwillig überliessen, der, gegen den nochmahls ent-
stehenden Sturm, die besten und klügsten Verfassun-
gen machte. Selbiger hielt abermahls biß auf den 6ten
Tag, und hatte alle unsere Leute dermassen abgemattet, daß sie wie die Fliegen dahin fielen, und nach
gehaltener Ruhe im Essen und Trincken die verlohrnen Kräffte wieder suchten, [334] ob schon kein
eintziger eigentlich wissen konte, um welche Gegend
der Welt wir uns befänden.
Fünff Wochen lieffen wir also in der Irre herum, und
hatten binnen der Zeit nicht allein viele Beschädigungen am Schiffe erlitten, sondern auch alle Ancker,
Mast und besten Seegel verlohren, und zum allergrösten Unglücke ging mit der 6ten Woche nicht allein das süsse Wasser, sondern auch fast aller Proviant
zum Ende, doch hatte der ehrliche Schimmer die Vorsicht gebraucht, in unsere Kammer nach und nach
heimlich so viel einzutragen, worvon wir und seine
Freunde noch einige Wochen länger als die andern
gut zu leben hatten; dahingegen Alexander, Gallus
und andere allbereit anfangen musten, Leder und andere noch eckelere Sachen zu ihrer Speise zu suchen.
Endlich mochte ein schändlicher Bube unsere liebe
Sabina an einem harten Stücke Zwieback haben nagen
sehen, weßwegen so gleich ein Lermen entstund, so,
daß viele behaupten wolten, es müste noch vor alle
Vorrath genug vorhanden seyn. Derowegen rotteten
sich etliche zusammen, brachen in unsere Kammer ein,
und da sie noch vor etwa 10. Personen auf 3. Wochen
Speise darinnen fanden, wurden wir dieser wegen
erbärmlich, ja fast biß auf den Todt von ihnen geprü-

gelt. Mons. Schimmer hatte dieses Lerm nicht so bald
vernommen, als er mit seinen Freunden herzu kam,
und uns aus ihren Händen retten wolte, da aber so
gleich einer von seiner Parthey darnieder gestochen
wurde, kam es zu einem solchen entsetzlichen Blutvergiessen, daß, wenn ich noch daran gedencke, mir
die Haare zu [335] Berge stehen. Alexander und Gallus, welche sich nunmehro als öffentliche Rädels-Führer und abgesagte Feinde darstelleten, auch Schimmern ziemlich ins Haupt verwundet hatten, musten
alle beyde von seinen Händen sterben, und da die
andern seiner Löwen-mäßigen Tapfferkeit nachahme-
ten, wurden ihre Feinde binnen einer Stunde meistens
vertilget, die übrigen aber baten mit Aufzeigung ihrer
blutigen Merckmahle um Gnade und Leben.
Es waren nunmehro in allen noch 25. Seelen auf dem
Schiffe, worunter 5. Mohren und das schändliche
Weibs-Bild begriffen waren, diese letztere wolte
Schimmer durchaus ins Meer werffen, allein auf mein
und meiner Schwester Bitten ließ ers bleiben. Aller
Speise-Vorrath wurde unter die Guten und Bösen in
zwey gleiche Theile getheilet, ohngeacht sich der
Frommen ihrer 14. der Bösen aber nur 11. befanden,
nachdem aber das süsse Wasser ausgetruncken war,
und wir uns nur mit zubereiteten See-Wasser behelffen musten, riß die schädliche Kranckheit, nehmlich
der Schaarbock, als mit welchen ohnedem schon viele
befallen worden, auf einmahl dermassen hefftig ein,
daß in wenig Tagen von beyden Theilen 10. Personen
sturben. Endlich kam die Reihe auch an meine liebe
Schwester, welche ich mit bittern Thränen und Sabinens getreuer Hülffe auf ein Bret band, und selbige
den wilden Fluthen zum Begräbniß übergab. Es folgten ihr kurtz darauf noch 5. andere, die theils vom
Hunger, theils von der Kranckheit hingerafft wurden,
und da wir übrigen, nehmlich: Ich, Sabina, Schimmer,

Larson, Rawkin, [336] Schmerd, Hulst, Farding, und
das schändliche Weibs-Bild, die sich Clara nennete,
auch nunmehro weder zu beissen noch zu brocken
hatten, über dieses von erwehnter Kranckheit hefftig
angegriffen waren, erwarteten wir fast täglich die
letzte Stunde unseres Lebens; Allein, die sonderbare
gnädige Fügung des barmhertzigen Himmels führete
uns endlich gegen diesen von aussen wüste scheinenden
Felsen, in der That aber unsern werthen Errettern in
die Hände, welche keinen Augenblick versäumeten,
die allerelendesten Leute von der gantzen Welt, nemlich uns, in beglücktern, ja in den allerglückseeligsten
Stand auf Erden zu versetzen. Schmerd, Hulst und
Farding, die 3. redlichen und frommen Leute, musten
zwar so wohl als die schandbare Clara, gleich in den
ersten Tagen allhier ihren Geist aufgeben, doch wir
noch übrigen 5., wurden durch GOttes Barmhertzigkeit und durch die gute Verpflegung dieser frommen
Leute erhalten. Wie nachhero ich, meinem liebsten
Alberto, der mich auf seinem Rücken in dieses Paradies getragen, und wie diese liebe Sabina ihrem Gemahl Stephano, der ihr eben dergleichen Gütigkeit
erwiesen, zu Theile worden, auch was sich weiter mit
uns damahls neu angekommenen Gästen zugetragen,
wird vielleicht ein andermahl bequemlicher zu erzehlen seyn, wiewohl ich nicht zweiffele, daß es mein
liebster Schwieger-Vater geschickter als ich verrichten
wird. Voritzo bitte nur mit meinem guten Willen zufrieden zu seyn.

Also endigte die angenehme Matrone vor dieses mahl
ihre Erzehlung, weil es allbereits ziemlich spä-[337]te
war. Wir danckten derselben davor mit einem liebreichen Hand-Kusse, und legeten uns hernach sämmtlich zur Ruhe, nahmen aber nächstfolgenden Morgen
unsere Lust-Fahrt auf Christians-Raum zu. Hieselbst

waren nicht mehr als 10. wohl erbauete Feuer-Stätten, nebst darzu gehörigen Scheuern, Ställen, und ungemein schönen Garten-Wercke anzutreffen, anbey die Haupt-Schleusen des Nord-Flusses, nebst dem Canal, der das Wasser zu beliebiger Zeit in die kleine See zu führen, durch Menschen-Hände ausgegraben war, wohl Betrachtenswürdig. Diese Pflantz-Stadt lag also zwischen den Flüssen ungemein lustig, hatte zwar in ihrem Bezirck keine Weinberge, hergegen so wohl als andere ein vortrefflich wohlbestelltes Feld, Holtzung, Wild und herrlichen Fischfang. Vor die gute Aufsicht, und Besorgung wegen der Brücken und Schleusen, musten ihnen alle andern Einwohner der Insul sonderlich verbunden seyn, auch davor einen gewissen Zoll an Weine, Saltz und andern Dingen, die sie nicht selbst in der Nähe haben konten, entrichten.

Wir hielten uns allhier nicht lange auf, sondern reiseten, nachdem wir ihnen das gewöhnliche Geschencke gereicht, und die Mittags-Mahlzeit eingenommen hatten, wieder zurück. Abends, zu gewöhnlicher Zeit aber, fing David Rawkin auf Erinnerung des Alt-Vaters denen Versammleten seine Lebens-Geschicht folgender massen zu erzehlen an:

Ich stamme, sagte er, aus einem der vornehmsten Lords-Geschlechte in Engelland her, und bin [338] dennoch im Jahr 1640. von sehr armen Eltern in einer Bauer-Hütte auf dem Dorffe gebohren worden, weiln das Verbrechen meiner Vor-Eltern, so wohl väterlicher als mütterlicher Seite, ihre Nachkommen nicht allein um alles Vermögen, sondern so gar um ihren sonst ehrlichen Geschlechts-Nahmen gebracht, indem sie denselben aus Noth verläugnen, und sich nachhero schlecht weg Rawkins nennen müssen, um nur in einer frembden Provintz ohne Schimpff ruhig, obschon elend, zu leben. Meine Eltern, ob sie gleich unschuldig

an allen Übelthaten der Ihrigen gewesen, waren doch
durch derselben Fall gäntzlich mit niedergeschlagen
worden, so, daß sie, einem fürchterlichen Gefängnisse
und andern Beschwerlichkeiten zu entgehen, mit ihren
besten Sachen die Flucht genommen hatten. Doch,
wenn sich das Verhängniß einmahl vorgesetzt hat,
unglückseelige Menschen nachdrücklich zu verfolgen,
so müssen sich auch auf der allersichersten Strasse
ihre Feinde finden lassen. So war es meinen Eltern
ergangen, denn da sie allbereit weit genung hinweg,
also von ihren Verfolgern sicher zu seyn vermeinen,
werden die armen Leute des Nachts von einer Rotte
Strassen-Räuber überfallen, und biß aufs blosse
Hembde ausgeplündert und fortgejagt, so, daß sie
kaum mit anbrechenden Tage eine Mühle antreffen
können, in welche sie von der barmhertzigen Müllerin
aufgenommen, und mit etlichen alten Kleidern bedeckt werden. Weiln aber der darzu kommende närrische Müller hierüber scheele Augen macht, und sich
so wenig durch meiner Eltern gehabtes Unglück, als
durch meiner Eltern [339] Schönheit und Zärtlichkeit
zum Mitleiden bewegen lässet, müssen sie, nachdem er
doch aus besondern Gnaden ihnen ein halbes Brod
und 2. Käse gegeben, ihren Stab weiter setzen, werden
aber von einer Vieh-Magd, die ihnen die barmhertzige
Müllerin nachgeschickt, in eine kleine Bauer-Wohnung
des nächst-gelegenen Dorffs geführet, anbey wird
ihnen eine halbe Guinee an Gelde überreicht, und der
Bauers-Frau befohlen, diese Gäste auf der Müllerin
Unkosten bestens zu bewirthen.

Also haben meine arme Eltern allhier Zeit genung gehabt, ihr Unglück zu bejammern, anbey aber dennoch
die besondere Vorsorge GOttes und die Gütigkeit der
Müllerin zu preisen, welche fromme Frau meine Mutter wenigstens wöchentlich ein paar mahl besucht,
und unter der Hand wider ihres Mannes Wissen reich-

lich versorget, weiln sie als eine betagte Frau, die
weder Kinder noch andere Erben, als ihren unvernünfftigen Mann, dem sie alles zugebracht hatte, sich
ein Vergnügen machte, armen Leuten von ihrem Überflusse gutes zu thun.

In der dritten Woche ihres dasigen Aufenthalts
kömmt meine Mutter mit mir ins Wochen-Bette, die
Müllerin nebst andern Bauers-Leuten werden zu meinen Tauff-Zeugen erwehlet, welche erstere die gantze
Ausrichtung aus ihren Beutel bezahlet, und meiner
Mutter aufs äuserste verbietet, ihr grosses Armuth
niemanden kund zu geben, sondern jederman zu bereden, ihr Mann, als mein Vater, sey ein von einem
unruhigen Bischoffe vertriebener Schulmeister.

[340] Dieser Einfall scheinet meinem Vater sehr ge-
schicklich, seinen Stand, Person und gantzes Wesen,
allen erforderlichen Umständen nach, zu verbergen,
derowegen macht er sich denselben von Stund an
wohl zu Nutze, und passiret auch solcher Gestalt vor
allen Leuten, als ein abgedanckter Schulmeister, zumahl da er sich eine darzu behörige Kleidung verfertigen lässet. Er schrieb eine sehr feine Hand, derowegen geben ihm die daherum wohnenden Pfarr-Her-
ren und andere Gelehrten so viel abzuschreiben, daß
er das tägliche Brod vor sich, meine Mutter und mich
damit kümmerlich verdienen kan, und also der wohl-
thätigen Müllerin nicht allzu beschwerlich fallen
darff, die dem ohngeacht nicht unterließ, meine Mutter wöchentlich mit Gelde und andern Bedürffnissen
zu versorgen.

Doch etwa ein halbes Jahr nach meiner Geburth legt
sich diese Wohlthäterin unverhofft aufs krancken
Bette nieder, und stirbt, nachdem sie vorhero meine
Mutter zu sich kommen lassen, und derselben einen
Beutel mit Gold-Stücken, die sich am Werthe höher
als 40. Pfund Sterlings belauffen, zu meiner Erziehung

eingehändiget, und ausdrücklich gesagt hatte, daß wir
dieses ihres heimlich gesammleten Schatz-Geldes würdiger und bedürfftiger wären, als ihr ungetreuer
Mann, der ein weit mehreres mit Huren durchge-
bracht, und vielleicht alles, was er durch die Heyrath
mit ihr erworben, nach ihrem Tode auch bald durch-
bringen würde.

Mit diesem kleinen Capitale sehen sich meine Eltern
bey ihren damahligen Zustande ziemlich geholf-[341]
fen, und mein Vater läst sich in den Sinn kommen,
seine Frau und Kind aufzupacken, und mit diesem
Gelde nach Holland oder Franckreich überzugehen,
um daselbst entweder zu Lande oder zur See Kriegs-
Dienste zu suchen, allein, auf inständiges Bitten meiner Mutter, läst er sich solche löbliche Gedancken
vergehen, und dahin bringen, daß er den erledigten
Schulmeister-Dienst in unsern Dorffe annimmt, der
jährlich, alles zusammen gerechnet, etwa 10. Pfund
Sterlings Einkommens gehabt.

Vier Jahr lang verwaltet mein Vater diesen Dienst in
stillen Vergnügen, weil sich sein und meiner Mutter
Sinn nun gäntzlich in dergleichen Lebens-Art verlie-
bet. Jederman ist vollkommen wohl mit ihm zu frieden und bemühet, seinen Fleiß mit ausserordentlichen
Geschencken zu vergelten, weßwegen meine Eltern
einen kleinen Anfang zu Erkauffung eines Bauer-
Gütgens machen, und ihr bißhero zusammen gespartes
Geld an Ländereyen legen wollen, weil aber noch
etwas weniges an den bedungenen Kauff-Geldern
mangelt, siehet sich meine Mutter genöthiget, das
letzte und beste gehänckelte Gold-Stück, so sie von
der Müllerin bekommen, bey ihrer Nachbarin zu versetzen.

Diese falsche Frau gibt zwar so viele kleine Müntze
darauf, als meine Mutter begehret, weil sie aber das
sehr kennbare Gold-Stück sehr öffters bey der ver-

storbenen Müllerin gesehen, über dieses mit dem Müller in verbothener Buhlschafft leben mag, zeiget sie das Gold-Stück dem Müller, der dasselbe gegen ein ander Pfand von ihr nimmt, zum [342] Ober-Richter trägt, meinen Vater und Mutter eines Diebstahls halber anklagt, und es dahin bringt, daß beyde zugleich plötzlich, unwissend warum, gefangen und in Ketten und Banden geschlossen werden.

Anfänglich vermeynet mein Vater, seine Feinde am Königlichen Hofe würden ihn allhier ausgekundschafft und feste gemacht haben, erschrickt aber desto hefftiger, als man ihn so wohl als meine Mutter wegen des Diebstahls, den sie bey der verstorbenen Müllerin unternommen haben solten, zur Rede setzt. Sintemal aber in diesem Stücke beyde ein gutes Gewissen haben, und fernere Weitläufftigkeiten zu vermeiden, dem Ober-Richter die gantze Sache offenbaren, werden sie zwar nach fernern weitläufftigen Untersuchungen von des Müllers Anklage loß gesprochen, jedennoch so lange in gefänglicher Hafft behalten, biß sie ihres Standes und Wesens halber gewissere Versicherungen einbrächten, weiln das Vorgeben wegen eines vertriebenen Schulmeisters falsch befunden worden, und der Ober-Richter, ich weiß nicht was vor andere verdächtige Personen, in ihrer Haut gesucht.

Mittlerweile lieff ich armer 6. jähriger Wurm in der Irre herum, und nehrete mich von den Brosamen, die von frembder Leute Tische fielen, hatte zwar öffters Erlaubniß, meine Eltern in ihren Gefängnisse zu besuchen, welche aber, so offt sie mich sahen, die bittersten Thränen vergossen, und vor Jammer hätten vergehen mögen. Da ich nun solcher Gestalt wenig Freude bey ihnen hatte, kam [343] ich künfftig desto sparsamer zu ihnen, gesellete mich hergegen fast täglich zu einem Gänse-Hirten, bey dem ich das Vergnügen hatte, im Felde herum zu lauffen, und mit den mir höchst angenehmen Creaturen, nehmlich den jungen und alten Gänsen, zu spielen, und sie hüten zu helffen, wovor mich der Gänse-Hirte mit aller Nothdurfft ziemlich versorgte.

Eines Tages, da sich dieser mein Wohlthäter an einen schattigten Orte zur Ruhe gelegt, und mir das Commando über die Gänse allein überlassen hatte; kam ein Cavalier mit zweyen Bedienten geritten, welchen ein grosser Englischer Hund folgte. Dieser tummelte sich unter meinen Gänsen lustig herum, und biß fast in einem Augenblick 5. oder 6. Stück zu Tode. So klein als ich war, so hefftig ergrimmte mein Zorn über diesen Mörder, lieff derowegen als ein junger Wüterich auf denselben loß, und stieß ihm mit einen bey mir habenden spitzigen Stock dermassen tieff in den Leib hinein, daß er auf der Stelle liegen blieb. Der eine Bediente des Cavaliers kam derowegen schrecklich erbost zurück geritten, und gab mir mit der Peitsche einen ziemlichen Hieb über die Lenden, weßwegen ich noch ergrimmter wurde, und seinem Pferde etliche blutige Stiche gab.

Hierauf kam so wohl mein Meister als der Cavalier selbst herbey, welcher letztere über die Hertzhafftigkeit eines solchen kleinen Knabens, wie ich war, recht erstaunete, zumahlen ich denjenigen, der mich geschlagen hatte, noch immer mit grimmigen Gebärden ansahe. Der Cavalier aber ließ sich [344] mit dem Gänse-General in ein langes Gespräch ein, und erfuhr von demselben mein und meiner Eltern Zustand. Es ist Schade, sagte hierauf der Cavalier, daß dieser Knabe, dessen Gesichts-Züge und angebohrne Hertzhafftigkeit etwas besonderes zeigen, in seiner zarten Jugend verwahrloset werden soll. Wie heissest du, mein Sohn? fragte er mit einer liebreichen Mine, David Rawkin, gab ich gantz trotzig zur Antwort. Er fragte mich weiter: Ob ich mit ihm reisen, und bey ihm bleiben wolte, denn er wäre ein Edelmann, der nicht ferne von hier sein Schloß hätte, und gesinnet sey, mich in einen weit bessern Stand zu setzen, als worinnen ich mich itzo befände. Ich besonne mich nicht lange, sondern versprach ihm, gantz gern zu folgen, doch mit dem Bedinge, wenn er mir vor dem bösen Kerl Friede schaffen, und meinen Eltern aus dem Gefängniß helffen wolte. Er belachte das erstere, und versicherte, daß mir niemand Leyd zufügen solte, wegen meiner Eltern aber wolle er mit dem Ober-Richter reden.

Demnach nahm mich derjenige Bediente, welcher mein Feind gewesen, nunmehro mit sehr freundlichen Gebärden hinter sich aufs Pferd, und folgten dem Cavalier, der dem Gänse-Hirten 2. Hände voll Geld gegeben, und befohlen hatte, meinen Eltern die Helffte davon zu bringen, und ihnen zu sagen, wo ich geblieben wäre.

Es ist nicht zu beschreiben, mit was vor Gewogenheit ich nicht allein von des Edelmanns Frau und ihren zwey 8. biß 10. jahrigen Kindern, als einem Sohne und einer Tochter, sondern auch von [345] dem gantzen Hauß-Gesinde angenommen wurde, weil mein munteres Wesen allen angenehm war. Man steckte mich so gleich in andere Kleider, und machte in allen Stücken zu meiner Auferziehung den herrlichsten Anfang. Mein Herr nahm mich wenig Tage hernach mit sich zum Ober-Richter, und würckte so viel, daß meine Eltern, die derselbe im Gefängnisse fast gantz vergessen zu haben schien, aufs neue zum Verhör kamen. Kaum aber hatte mein Herr meinen Vater und Mutter recht in die Augen gefasset, als ihm die Thränen von den Wangen rolleten, und er sich nicht enthalten konte, vom Stuhle aufzustehen, sie beyderseits zu umarmen.

Mein Vater sahe sich solcher Gestalt entdeckt, hielt

derowegen vor weit schädlicher, sich gegen dem
Ober-Richter ferner zu verstellen, sondern offenbarete demselben seinen gantzen Stand und Wesen. Mein
Edelmann, der sich Eduard Sadby nennete, sagte
öffentlich: Ich bin in meinem Hertzen völlig überzeugt, daß diese armen Leute an dem Laster der beleydigten Majestät, welches ihre Eltern und Freunde
begangen haben, unschuldig sind; man verfähret zu
scharff, indem man die Straffe der Eltern auch auf
die unschuldigen Kinder ausdehnet. Mein Gewissen
läst es unmöglich zu, diese Erbarmens-würdigen
Standes-Personen mit verdammen zu helffen, ohngeacht ihre Vorfahren seit hundert Jahren her meines
Geschlechts Todt-Feinde gewesen sind.

Mit allen diesen Vorstellungen aber konte der ehrliche
Eduard nichts mehr ausrichten, als daß [346] meinen
Eltern alle ihre verarrestirten Sachen wieder gegeben,
und sie in einer, ihrem Stande nach, leidlichern Verwahrung gehalten wurden, weil der Ober-Richter zu
vernehmen gab, daß er sie, seiner Pflicht gemäß, nicht
eher völlig loß geben könne, biß er die gantze Sache
nach Londen berichtet, und von da her Befehl empfangen hätte, was er mit ihnen machen solte. Hiermit
musten wir vor dieses mahl alle zu frieden seyn, ich
wurde von ihnen viele hundert mahl geküsset, und
muste mit meinem gütigen Pflege-Vater wieder auf
sein Schloß reisen, der mich von nun an so wohl als
seine leibliche Kinder zu verpflegen Anstalt machte,
auch meine Eltern mit hundert Pfund Sterlings, ingleichen mit allerhand Standes-mäßigen Kleidern und
andern Sachen beschenckte.

Allein, das Unglück war noch lange nicht ermüdet,
meine armen Eltern zu verfolgen, denn nach etlichen
Wochen lieff bey dem Ober-Richter ein Königlicher
Befehl ein, welcher also lautete: Daß ohngeacht wider
meine Eltern nichts erhebliches vorhanden wäre, wel-

ches sie des Verbrechens ihrer Verwandten, mitschuldig erklären könne, so solten sie dem ohngeacht, verschiedener Muthmassungen wegen, in das Staats-Gefängniß nach Londen geliefert werden.

Diesemnach wurden dieselben unvermuthet dahin geschafft, und musten im Tour, obgleich als höchstunschuldig befundene, dennoch ihren Feinden zu Liebe, die ihre Güter unter sich getheilet, so lange schwitzen, biß sie etliche Monate nach des Königs Enthauptung, ihre Freyheit nebst der Hoff-[347]nung zu ihren Erb-Gütern, wieder bekamen; allein, der Gram und Kummer hatte seit etlichen Jahren beyde dermassen entkräfftet, daß sie sich in ihren besten Jahren fast zugleich aufs Krancken-Bette legten, und binnen 3. Tagen einander im Tode folgeten.

Ich hatte vor dem mir höchst-schmertzlichen Abschiede noch das Glück, den Väterlichen und Mütterlichen letzten Seegen zu empfangen, ihnen die Augen zuzudrücken, anbey ein Erbe ihres gantzen Vermögens, das sich etwa auf 150. Pfund Sterl. nebst einem grossen Sacke voll Hoffnung belieff, zu werden.

Eduard ließ meine Eltern Standes-mäßig zur Erden bestatten, und nahm sich nachhero meiner als ein getreuer Vater an, allein, ich weiß nicht, weßwegen er hernach im Jahr 1653. mit dem Protector Cromwel zerfiel, weßwegen er ermordet, und sein Weib und Kinder in eben so elenden Zustand gesetzt wurden, als der meinige war.

Mit diesem Pfeiler fiel das gantze Gebäude meiner Hoffnung, wiederum in den Stand meiner Vor-Eltern zu kommen, gäntzlich darnieder, weil ich als ein 13. jähriger Knabe keinen eintzigen Freund zu suchen wuste, der sich meiner mit Nachdruck annehmen möchte. Derowegen begab ich mich zu einem Kauffmanne, welchen Eduard meinetwegen 200. Pfund Sterlings auf Wucher gegeben hatte, und verzehrete

bey ihm das Interesse. Dieser wolte mich zwar zu
seiner Handthierung bereden, weil ich aber durchaus
keine Lust darzu hatte, hergegen entweder ein Ge-
lehrter oder ein Soldat werden wolte, [348] muste er
mich einem guten Meister der Sprachen übergeben,
bey dem ich mich dergestalt angriff, daß ich binnen
Jahres Frist mehr gefasset, als andere, die mich an
Jahren weit übertraffen.

Eines Tages, da ich auf denjenigen Platz spatziren
ging, wo ein neues Regiment Soldaten gemustert werden solte, fiel mir ein Mann in die Augen, der von
allen andern Menschen sonderbar respectiret wurde.
Ich fragte einen bey mir stehenden alten Mann: Wer
dieser Herr sey? und bekam zur Antwort: Daß dieses
derjenige Mann sey, welcher der gantzen Nation
Freyheit und Glückseeligkeit wieder hergestellet hätte,
der auch einem jeden Unterdrückten sein rechtes Recht
verschaffte. Wie heisset er mit Nahmen? war meine
weitere Frage, worauf mir der Alte zur Antwort gab:
Er heisset Oliverius Cromwell, und ist nunmehro des
gantzen Landes Protector.

Ich stund eine kleine Weile in Gedancken, und fragte
meinen Alten nochmahls: Solte denn dieser Oliverius
Cromwell im Ernste so ein redlicher Mann seyn?

Indem kehrete sich Cromwell selbst gegen mich, und
sahe mir starr unter die Augen. Ich sahe ihn nicht
weniger starr an, und brach plötzlich mit unerschrok-
kenem Muthe in folgende Worte aus: Mein Herr,
verzeihet mir! ich höre, daß ihr derjenige Mann seyn
sollet, der einem jeden, er sey auch wer er sey, sein
rechtes Recht verschaffe, derowegen liegt es nur an
euch, dieserwegen eine Probe an mir abzulegen, weil
schwerlich ein gebohrner vornehmer Engelländer härter und unschuldiger gedrückt ist, als eben ich.

[349] Cromwell ließ seine Bestürtzung über meine
Freymüthigkeit deutlich genug spüren, fassete aber

meine Hand, und führete mich abseits, allwo er meinen Nahmen, Stand und Noth auf einmahl in kurtzen Worten erfuhr. Er sagte weiter nichts darzu, als dieses: Habt kurtze Zeit Gedult, mein Sohn! ich werde nicht ruhen, biß euch geholffen ist, und damit ihr glaubet, daß es mein rechter Ernst sey, will ich euch gleich auf der Stelle ein Zeichen davon geben. Hiermit führete er mich unter einen Troupp Soldaten, nahm einem Fähndrich die Fahne aus der Hand, übergab selbige an mich, machte also auf der Stätte aus mir einen Fähndrich, und aus dem vorigen einen Lieutenant.

Mein Monathlicher Sold belieff sich zwar nicht höher als auf 8. Pfund Sterlings, doch Cromwells Freygebigkeit brachte mir desto mehr ein, so, daß nicht allein keine Noth leiden, sondern mich so gut und besser als andere Ober-Officiers aufführen konte. Immittelst verzögerte sich aber die Wiedereinsetzung in meine Güter dermassen, biß Cromwell endlich darüber verstarb, sein wunderlicher Sohn Richard verworffen, und der neue König, Carl der andere, wiederum ins Land geruffen wurde. Bey welcher Gelegenheit sich meine Feinde aufs neue wider mich empöreten, und es dahin brachten, daß ich meine Kriegs-Bedienung verließ, und mit 400. Pfund Sterl. baarem Gelde nach Holland überging, des festen Vorsatzes, mein, mir und meinen Vorfahren so widerwärtiges Vaterland nimmermehr wieder mit einem Fusse zu betreten.

Ich hatte gleich mein zwanzigstes Jahr erreicht, [350] da mich das Glücke nach Holland überbrachte, allwo ich binnen einem halben Jahre viel schöne Städte besahe, doch in keiner derselben einen andern Trost vor mich fand, als mein künfftiges Glück oder Unglück auf der See zu suchen. Weil aber meine Sinnen hierzu noch keine vollkommene Lust hatten, so setzte meine Reise nach Teutschland fort, um selbiges als das Hertz

von gantz Europa wohl zu betrachten. Mein Haupt-
Absehen aber war entweder unter den Käyserl. oder
Chur-Brandenburgl. Völckern Kriegs-Dienste zu su-
chen, jedoch zu meinem grösten Verdrusse wurde eben
Friede, und mir zu gefallen wolte keinem eintzigen
wiederum Lust ankommen, Krieg anzufangen.

Inzwischen passirete mir auf dem Wege durch den
beruffenen Thüringer Wald, ein verzweiffelter Streich,
denn als ich eines Abends von einem grausamen Don-
ner-Wetter und Platz-Regen überfallen war, so sahe
mich bey hereinbrechender Nacht genöthiget, vom
Pferde abzusteigen und selbiges zu führen, biß endlich, da ich mich schon weit verirret und etwa gegen
Mitternacht mit selbigen meine Ruhe unter einem
grossen Eichbaume suchen wolte, der Schein eines von
ferne brennenden Lichts, durch die Sträucher in meine
Augen fiel, der mich bewegte meinen Gaul aufs neue
zu beunruhigen, um dieses Licht zu erreichen. Nach
verfliessung einer halben Stunde war ich gantz nahe
dabey, und fand selbiges in einem Hause, wo alles
herrlich und in Freuden zugieng, indem ich von aussen
eine wunderlich schnarrende Music hörete, und durch
das Fenster 5. oder 6. paar Menschen im Tantze erblickte. Mein [351] vom vielen Regen ziemlich erkäl-
teter Leib, sehnete sich nach einer warmen Stube,
derowegen pochte an, bat die heraus guckenden Leute
um ein Nacht-Quartier, und wurde von ihnen aufs
freundlichste empfangen. Der sich angebende Wirth
führete mein Pferd in einen Stall, brachte meinen
blauen Mantel-Sack in die Stube, ließ dieselbe warm
machen, daß ich meine nassen Kleider trocknen
möchte, und setzte mir einige, eben nicht unappetit-
liche Speisen für, die mein hungeriger Magen mit
gröster Begierde zu sich nahm. Nachhero hätte mich
zwar gern mit drey anwesenden ansehnlichen Manns-
Personen ins Gespräche gegeben, da sie aber weder

Engel- noch Holländisch, vielweniger mein weniges
Latein verstehen konten, und mit zerstückten Deutschen nicht zufrieden seyn wolten, legte ich mich auf
die Streu nieder, und zwar an die Seite eines Menschen, welchen der Wirth vor einen bettlenden Studenten ausgab, blieb auch bey ihm liegen, ohngeacht
mir der gute Wirth nachhero, unter dem Vorwande,
daß ich allhier voller Ungeziefer werden würde, eine
andere Stelle anwiese.

Ich hatte die Thorheit begangen, verschiedene Gold-
Stücke aus meinem Beutel sehen zu lassen, jedoch selbige nachhero so wol als mein übriges Geld um den
Leib herum wol verwahret, meinen Mantel-Sack unter
den Kopf, Pistolen und Degen aber neben mich gelegt.
Allein dergleichen Vorsicht war in so weit vergeblich,
da ich in einen solchen tieffen Schlaff verfalle, der,
wo es GOTT nicht sonderlich verhütet, mich in den
Todes-Schlaf versenckt hätte. Denn kaum zwey Stunden nach mei-[352]nem niederliegen, machten die
drey ansehnlichen Manns-Personen, welches in der
That Spitzbuben waren, einen Anschlag auf mein
Leben, hätten mich auch mit leichter Mühe ermorden
können, wenn nicht der ehrliche neben mir liegende
studiosus, welches der nunmehro seelige Simon Heinrich Schimmer war, im verstellten Schlafe alles angehöret, und mich errettet hätte.

Die Mörder nehmen vorhero einen kurtzen Abtritt
aus der Stube, derowegen wendet Schimmer allen
Fleiß an, mich zu ermuntern, da aber solches unmöglich ist, nimmt er meine zum Häupten liegenden
Pistolen und Degen unter seinen Rock, welcher ihm
zur Decke dienete, vermerckt aber bald, daß alle drey
wieder zurück kommen, und daß einer mit einem
grossen Messer in der Hand, mir die Kehle abzu-
schneiden, mine macht.

Es haben sich kaum ihrer zwey auf die Knie gesetzt,

einer nemlich, mir den tödtlichen Schnitt zu geben,
der andere aber Schimmers Bewegung in acht zu nehmen, als dieser Letztere plötzlich aufspringet, und
fast in einem tempo alle beyde zugleich darnieder
schiesset, weil er noch vor meinem niederliegen wahr
genommen, daß ich die Pistolen ausgezogen und jede
mit 2. Kugeln frisch geladen hatte. Indem ich durch
diesen gedoppelten Knall plötzlich auffuhr, erblickte
ich, daß der dritte Haupt-Spitz-Bube von Schimmern
mit dem Degen darnieder gestochen wurde. Dem ohngeacht hatten sich noch 3. Mannes- und 4. Weibs-
Personen vom Lager erhoben, welche uns mit Höltzernen Gewehren darnieder zuschlagen vermeyneten,
allein da ich unter Schim-[353]mers Rocke meinen
Degen fand und zum Zuge kam, wurde in kurtzen
reine Arbeit gemacht, so, daß diese 7. Personen elendiglich zugerichtet, auf ihr voriges Lager niederfallen
musten. Am lächerlichsten war dieses bey dem gantzen
Streite, daß mich eine Weibs-Person, mit einer ziemlich starck angefüllten Katze voll Geld, über den
Kopf schlug, so daß mir fast hören und sehen vergangen wäre, da aber diese Amazonin durch einen ge-
waltigen Hieb über den Kopff in Ohnmacht gebracht,
hatte ich Zeit genung, mich ihres kostbaren Gewehrs
zu bemächtigen, und selbiges in meinem Busen zu verbergen.

Mittlerweile da Schimmer, mit dem von mir geforderten Kraut und Loth, die Pistolen aufs neue pfefferte,
kam der Wirth mit noch zwey Handfesten Kerln
herzu, und fragte: Was es gäbe? Schimmer antwortete: Es giebt allhier Schelme und Spitzbuben zu ermorden, und derjenige so die geringste mine macht
uns anzugreifen, soll ihnen im Tode Gesellschafft
leisten. Demnach stelleten sich der Wirth nebst seinen
Beyständen, als die ehrlichsten Leute von der Welt,
schlugen die Hände zusammen und schryen: O welch

ein Anblick? Was hat uns das Unglück heute vor
Gäste zugeführet? Allein Schimmer stellete sich als ein
anderer Hercules an, und befahl, daß der Wirth sogleich mein Pferd gesattelt hervor führen solte, mittlerweile sich seine zwey Beyständer als ein paar Hunde
vor der Stuben-Thür niederlegen musten. Wir beyde
kleideten uns inzwischen völlig an, liessen mein Pferd
heraus führen, die Thür eröffnen, und durch [354]
den Wirth den Mantel-Sack aufbinden, reiseten also
noch vor Tages Anbruch hinweg, und bedachten hernach erstlich, daß der Wirth vor grosser Angst nicht
ein mal die Zehrungs-Kosten gefordert hatte, vor
welche ihm allen Ansehen nach 3. oder 4. Todte, und
6. sehr Verwundete hinterlassen waren.

Wir leiteten das Pferd hinter uns her, und folgeten
Schritt vor Schritt, ohne ein Wort mit einander zu
reden, dem gebähnten Wege, auch unwissend, wo uns
selbiger hinführete, biß endlich der helle Tag anbrach,
der mir dieses mal mehr als sonsten, mit gantz besonderer Schätzbarkeit in die Augen leuchtete. Doch da
ich mein Pferd betrachtete, befand sichs, daß mir der
Wirth, statt meines blauen Mantel-Sacks, einen grünen aufgebunden hatte. Ich gab solches dem redlichen
Schimmer, mit dem ich auf dem Wege in Erwegung
unserer beyderseits Bestürtzung noch kein Wort gesprochen hatte, so gut zu verstehen, als mir die Lateinische Sprache aus dem Munde fliessen wolte, und
dieser war so neugierig als ich, zu wissen, was wir
vor Raritäten darinnen antreffen würden. Derowegen
führeten wir das Pferd seitwarts ins Gebüsche, packten den Mantel-Sack ab, und fanden darinnen 5. ver-
guldete silberne Kelche, 2. silberne Oblaten-Schach-
teln, vielerley Beschläge so von Büchern abgebrochen
waren, nebst andern kostbarn und mit Perlen gestick-
ten Kirchen-Ornaten, gantz zuletzt aber kam uns in
einem Bündel zusammen gewickelter schwartzer

Wäsche, ein lederner Beutel in die Hände, worinnen
sich 600. Stück species Ducaten befanden.

[355] Schimmern überfiel bey diesem Funde so wol
als mich, ein grausamer Schrecken, so daß der Angst-
Schweiß über unsere Gesichter lieff, und wir beyderseits nicht wusten was mit diesen mobilien anzufangen
sey. Endlich da wir einander lange genung angesehen,
sagte mein Gefährte: Wehrter Frembdling, ich mercke
aus allen Umbständen daß ihr so ein redliches Hertze
im Leibe habt als ich, derowegen wollen wir Gelegenheit suchen, die, zu GOttes Ehre geweyheten Sachen
und Heiligthümer, von uns ab- und an einen solchen
Orth zu schaffen, von wannen sie wiederum an ihre
Eigenthümer geliefert werden können, denn diejenigen, welche vergangene Nacht von uns getödtet und
verwundet worden, sind ohnfehlbar Kirchen-Diebe
gewesen. Was aber diese 600. spec. Ducaten anbelanget, so halte darvor daß wir dieselben zur recreation
vor unsere ausgestandene Gefahr und Mühe wol behalten können. Saget, sprach er, mir derowegen euer
Gutachten.

Ich gab zu verstehen daß meine Gedancken mit den
Seinigen vollkommen überein stimmeten, also packten
wir wiederum auf, und setzten unsern Weg so eilig,
als es möglich war, weiter fort, da mir denn Schimmer
unterweges sagte: Ich solte mich nur um nichts bekümmern, denn weil ich ohne dem der teutschen
Sprache unkundig wäre, wolte er schon alles so einzurichten trachten, daß wir ohne fernere Weitläufftigkeit und Gefahr weit genug fortkommen könten,
wohin es uns beliebte.

Es kam uns zwar überaus Beschwerlich vor, den gantzen Tag durch den fürchterlichen Wald, [356] und
zwar ohne Speise und Tranck zu reisen, jedoch endlich mit Untergang der Sonnen erreichten wir einen
ziemlich grossen Flecken, allwo Schimmer sogleich

nach des Priesters Wohnung fragte, und nebst mir,
vor derselben halten blieb.

Der Ehrwürdige etwa 60.jährige Priester kam gar
bald vor die Thür, welchen Schimmer in Lateinischer
Sprache ohngefehr also anredete: Mein Herr! Es
möchte uns vielleicht vor eine Unhöfflichkeit ausgelegt werden, bey euch um ein Nacht-Quartier zu bitten, indem wir als gantz frembde Leute in das ordentliche Wirthshaus gehören, allein es zwinget uns eine
gantz besondere Begebenheit, in Betrachtung eures
heiligen Amts, bey euch Rath und Hülffe zu suchen.
Derowegen schlaget uns keins von beyden ab, und
glaubet gewiß, daß in uns beyden keine Boßheit, sondern zwey redliche Hertzen befindlich. Habt ihr aber
dieser Versicherung ohngeacht ein Mißtrauen, welches
man euch in Erwegung der vielen herum schweiffenden Mörder, Spitzbuben und Diebe zu gute halten
muß, so brauchet zwar alle erdenckliche Vorsicht,
lasset euch aber immittelst erbitten unser Geheimniß
anzuhören.

Der gute ehrliche Geistliche machte nicht die geringste
Einwendung, sondern befahl unser Pferd in den Stall
zu führen, uns selbst aber nöthigte er sehr treuhertzig
in seine Stube, allwo wir von seiner Haußfrau, und
bereits erwachsenen Kindern, wohl empfangen wurden. Nachdem wir, auf ihr hefftiges Bitten, die
Abend-Mahlzeit bey ihnen eingenommen, führete uns
der ehrwürdige Pfarrer auf [357] seine Studier-Stube,
und hörete nicht allein die in vergangener Nacht vor-
gefallene Mord-Geschicht mit Erstaunen an, sondern
entsetzte sich noch mehr, da wir ihm das auf wunderbare Weise erhaltene Kirchen-Geschmeide und Geräthe aufzeigeten, denn er erkannte sogleich an gewissen Zeichnungen, daß es ohnfehlbar aus der Kirche
einer etwa 3. Meilen von seinem Dorffe liegenden
Stadt seyn müsse, und hofte deßfalls sichere Nach-

richt von einem vornehmen Beamten selbiger Stadt zu
erhalten, welcher Morgendes Tages ohnfehlbar zu ihm
kommen und mit einer seiner Töchter Verlöbniß halten würde.

Schimmer fragte ihn hierauff, ob wir als ehrliche
Leute genung thäten, wenn wir alle diese Sachen seiner Verwahrung und Sorge überliessen, selbige wiederum an gehörigen Ort zu liefern, uns aber, da wir uns
nicht gern in fernere Weitläufftigkeiten verwickelt
sähen, auf die weitere Reise machten. Der Priester
besonne sich ein wenig, und sagte endlich: Was massen
er derjenige nicht sey, der uns etwa Verdrießlichkei-
ten in den Weg zu legen oder aufzuhalten gesonnen,
sondern uns vielmehr auf mögliche Art forthelffen,
und die Kirchen-Güter so bald es thunlich, wieder an
ihren gehörigen Orth bringen wolte. Allein meine
Herrn, setzte er hinzu, da euch allen beyden die Redlichkeit aus den Augen leuchtet, eure Begebenheit sehr
wichtig, und die Auslieferung solcher kostbaren
Sachen höchst rühmlich und merckwürdig ist; Warum
lasset ihr euch einen kleinen Auffenthalt oder wenige
Versäumniß abschrecken, GOTT zu Ehren und der
[358] Weltlichen Obrigkeit zum Vergnügen, diese Geschichte öffentlich kund zu machen? Schimmer versetzte hierauff: Mein Ehrwürdiger Herr! ich nehme
mir kein Bedencken, euch mein gantzes Hertz zu offenbaren. Wisset demnach, daß ich aus der Lippischen
Grafschafft gebürtig bin, und vor etlichen Jahren auf
der berühmten Universität Jena dem studiren obge-
legen habe, im Jahr 1655. aber hatte das Unglück, an
einem nicht gar zu weit von hier liegenden Fürstlichen
Hofe, allwo ich etwas zu suchen hatte, mit einem
jungen Cavalier in Händel zu gerathen, und denselben
im ordentlichen Duell zu erlegen, weßwegen ich flüchtig werden, und endlich unter Käyserlichen Kriegs-
Völckern mit Gewalt Dienste nehmen muste. Weil

mich nun dabey wohl hielt, und über dieses ein ziemlich Stück Geld anzuwenden hatte, gab mir mein
Obrister gleich im andern Jahre den besten Unter-
Officiers Platz, nebst der Hoffnung, daß, wenn ich
fortführe mich wohl zu halten, mir mit ehesten eine
Fahne in die Hand gegeben werden solte. Allein vor
etwa 4. Monathen, da wir in Österreichischen Landen
die Winter-Quartiere genossen, machte mich mein
Obrister über alles vermuthen zum Lieutenant bey
seiner Leib-Compagnie, welches plötzliche Verfahren
mir den bittersten Haß aller andern, denen ich solchergestalt vorgezogen worden, über den Hals zohe,
und da zumahlen ein Lutheraner bin, so wurde zum
öfftern hinter dem Rücken vor einen verfluchten Ket-
zer gescholten, der des Obristen Hertz ohnfehlbar
bezaubert hätte. Mithin verschweren sich etliche, mir
bey ehester Gelegenheit das Lebens-Licht aus-[359]
zublasen, wolten auch solches einesmahls, da ich in
ihre Gesellschafft gerieth, zu Wercke richten, allein
das Blat wendete sich, indem ich noch bey zeiten mein
Seiten-Gewehr ergriff, zwey darnieder stieß, 3. sehr
starck verwundete, und nachhero ebenfalls sehr verwundet in Arrest kam.

Es wurde mir viel von harquibousiren vorgeschwatzt,
derowegen stelle mich, ohngeacht meine Wunden
bey nahe gäntzlich curiret waren, dennoch immer
sehr kranck an, biß ich endlich des Nachts Gelegenheit nahm zu entfliehen, meine Kleider bey Regens-
burg mit einem armen Studioso zu verwechseln, und
unter dessen schwartzer Kleidung in ärmlicher Gestalt
glücklich durch, und biß in diejenige Mord-Grube des
Thüringer Waldes zu kommen, allwo ich diesen jungen Engelländer aus seiner Mörder-Händen befreyen
zu helffen das Glück hatte. Sehet also mein werther
Herr, verfolgte Schimmer seine Rede, bey dergleichen
Umständen will es sich nicht wol thun lassen, daß ich

mich um hiesige Gegend lange aufhalte, oder meinen
Nahmen kund mache, weil ich gar leicht, den vor 5. Jahren erzürneten Fürsten, der seinen erstochenen Cavalier wol noch nicht vergessen hat, in die Hände fallen
könte. In Detmold aber, allwo meine Eltern seyn,
will ich mich finden lassen, und bemühet leben meine
Sachen an erwehnten Fürstlichen Hofe auszumachen.

Habt ihr sonsten keine Furcht, versetzte hierauff der
Priester, so will ich euch bey GOTT versichern, daß
ihr um diese Gegend vor dergleichen Gefahr so sicher
leben könnet, als in eurem Vaterlan-[360]de. Da er
auch über dieses versprach, mit seinem zukünfftigen
Schwieger-Sohne alles zu unsern weit grössern Vortheil und Nutzen einzurichten, beschlossen wir, uns
diesem redlichen Manne völlig anzuvertrauen, die
600. spec. Ducaten aber, biß auf fernern Bescheid, zu
verschweigen, als welche ich nebst der im Streit eroberten Geld-Katze, in welcher sich vor fast dritthalb
hundert teutscher Thaler Silber-Müntze befand, in
meine Reit-Taschen verbarg, und Schimmern versprach, so wol eins als das andre, redlich mit ihm zu
theilen.

Mittlerweile schrieb der Priester die gantze Begebenheit an seinen zukünfftigen Eidam, und schickte noch
selbige Nacht einen reitenden Boten zu selbigem in
die Stadt, von wannen denn der hurtige und redliche
Beambte folgenden Morgen bey guter Zeit ankam,
und die Kirchen-Güter, welche nur erstlich vor drey
Tagen aus dasiger Stadt-Kirchen gestohlen worden,
mit grösten Freuden in Empfang nahm. Schimmer
und ich liessen uns sogleich bereden mit ihm, nebst
ohngefähr 20. wohl bewehrten Bauern zu Pferde, die
vortreffliche Herberge im Walde noch einmal zu besuchen, welche wir denn gegen Mitternacht nach vielen
suchen endlich fanden. Jedoch nicht allein der ver-

zweiffelte Wirth mit seiner gantzen Familie, sondern auch die andern Galgen-Vögel waren alle ausgeflogen, biß auf 2. Weibs- und eine Manns-Person, die gefährlich verwundet in der Stube lagen, und von einer Stein alten Frau verpflegt wurden. Diese wolte anfänglich von nichts wissen, stellete sich auch gäntzlich taub und halb blind an, doch endlich nach scharffen Dro-[361]hungen zeigete sie einen alten wohlverdeckten Brunnen, aus welchen nicht allein die vier käntlichen Cörper, der von uns erschossenen und erstochenen Spitzbuben, sondern über dieses noch 5. theils halb, theils gäntzlich abgefaulte Menschen-Gerippe gezogen wurden. Im übrigen wurde so wol von den Verwundeten als auch von der alten Frau bekräfftiget, daß der Wirth, nebst den Seinigen und etlichen Gästen, schon gestrigen Vormittags mit Sack und Pack außgezogen wäre, auch nichts zurück gelassen hätte, als etliche schlechte Stücken Hauß-Geräthe und etwas Lebens-Mittel vor die Verwundeten, die nicht mit fortzubringen gewesen. Folgenden Tages fanden sich nach genauerer Durchsuchung noch 13. im Keller vergrabene menschliche Cörper, die ohnfehlbar von diesem höllischen Gastwirthe und seinen verteuffelten Zunfftgenossen ermordet seyn mochten, und uns allen ein wehmüthiges Klagen über die unmenschliche Verfolgung der Menschen gegen ihre Neben-Menschen auspresseten. Immittelst kamen die, von dem klugen Beamten bestellte 2. Wagens an, auf welche, da sonst weiter allhier nichts zu thun war, die 3. Verwundeten, nebst der alten Frau gesetzt, und unter Begleitung 10. Handfester Bauern zu Pferde, nach der Stadt zugeschickt wurden.

Der Beambte, welcher, nebst uns und den übrigen, das gantze Hauß, Hoff und Garten nochmals eiffrig durchsucht, und ferner nichts merckwürdiges angetroffen hatte, war nunmehro auch gesinnet auf den

Rückweg zu gedencken, Schimmer aber, der seine in
Händen habende Rade-Haue von ohnge-[362]fähr
auf den Küchen-Heerd warff, und dabey ein besonderes Getöse anmerckte, nahm dieselbe nochmals auf,
that etliche Hiebe hinein, und entdeckte, wieder alles
Vermuthen, einen darein vermaureten Kessel, worinnen sich, da es nachhero überschlagen wurde, 2000.
Thlr. Geld, und bey nahe eben so viel Gold und Sil-
berwerck befand. Wir erstauneten alle darüber, und
wusten nicht zu begreiffen, wie es möglich, daß der
Wirth dergleichen kostbaren Schatz im Stich lassen
können, muthmasseten aber, daß er vielleicht beschlossen, denselben auf ein ander mal abzuholen. Indem
trat ein alter Bauer auf, welcher erzehlete: Daß vor
etliche 40. Jahren in Kriegs-Zeiten ebenfalls ein Wirth
aus diesem Hause, Mord und Dieberey halber, ge-
rädert worden, der noch auf dem Richt-Platze, kurtz
vor seinem unbußfertigen Ende, versprochen hätte,
einen Schatz von mehr als 4000. Thlr. Werth zu entdecken, daferne man ihm das Leben schencken wolle.
Allein die Gerichts-Herren, welche mehr als zu viel
Proben seiner Schelmerey erfahren, hätten nichts anhören wollen, sondern das Urtheil an ihm vollziehen
lassen. Demnach könne es wol seyn, daß seine Nachkommen hiervon nichts gewust, und diesen unverhofft
gefundenen Schatz also entbehren müssen.
Der hierdurch zuletzt noch ungemein erfreute Beamte
theilete selbigen versiegelt in etliche Futter-Säcke der
Bauren, und hiermit nahmen wir unsern Weg zurück,
er in die Stadt, Schimmer und ich, nebst 4. Bauern
aber, zu unsern gutthätigen Pfarrer, der über die fernere Nachricht unserer Ge-[363]schicht um so viel
desto mehr Verwunderung und Bestürtzung zeigte.
Wir hatten dem redlichen Beamten versprochen, seiner
daselbst zu erwarten, und dieser stellete sich am 3ten
Tage bey uns ein, brachte vor Schimmern und mich

200. spec. Ducaten zum Geschencke mit, ingleichen ein gantz Stück Scharlach nebst allem Zubehör der Kleidungen, die uns zwey Schneiders aus der Stadt in der Pfarr-Wohnung sogleich verfertigen musten. Mittlerweile protocollirte er unsere nochmahlige Außsage wegen dieser Begebenheit, hielt darauff sein Verlöbniß mit des Priesters Tochter, welches Freuden-Fest wir beyderseits abwarten musten, nachhero aber, da sich Schimmer ein gutes Pferd erkaufft, und unsere übrige Equippage völlig gut eingerichtet war, nahmen wir von dem guthertzigen Priester und den Seinigen danckbarlich Abschied, liessen uns von 6. Handfesten, wohlbewaffneten und gut berittenen Bauern zurück durch den Thüringer Wald begleiten, und setzten nachhero unsere Reise ohne fernern Anstoß auf Detmold fort, allwo wir von Schimmers Mutter, die ihren Mann nur etwa vor 6. oder 8. Wochen durch den Tod eingebüsset hatte, hertzlich wol empfangen wurden.

Hieselbst theileten wir die, auf unserer Reise wunderbar erworbenen Gelder, ehrlich mit einander, und lebten über ein Jahr als getreue Brüder zusammen, binnen welcher Zeit ich dermassen gut Teutsch lernete, daß fast meine Mutter-Sprache darüber vergaß, wie ich mich denn auch in solcher Zeit zur Evangelisch-Lutherischen Religion wand-[364]te, und den verwirrten Englischen Secten gäntzlich absagte.

Schimmers Bruder hatte die Väterlichen Güter allbereit angenommen, und ihm etwa 3000. teutscher Thaler heraus gegeben, welche dieser zu Bürgerlicher Nahrung anlegen, und eine Jungfrau von nicht weniger guten Mitteln erheyrathen, mich aber auf gleiche Art mit seiner eintzigen schönen Schwester versorgen wolte. Allein zu meinem grösten Verdrusse hatte sich dieselbe allbereit mit einem wohlhabenden andern jungen Menschen verplempert, so daß meine zu ihr tragende aufrichtige Liebe vergeblich war, und da

vollends meines lieben Schimmers Liebste, etwa 3. Wochen vor dem angestellten Hochzeit-Feste, durch den
Tod hinweg gerafft wurde; fasseten wir beyderseits
einen gantz andern Schluß, nahmen ein jeder von seinem Vermögen 1000. spec. Ducaten, legten die übrigen Gelder in sichere Hände, und begaben uns unter
die Holländischen Ost-Indien-Fahrer, allwo wir auf
zwey glücklichen Reisen unser Vermögen ziemlich
verstärckten, derowegen auch gesonnen waren, die
dritte zu unternehmen, als uns die verzweiffelten Verräther, Alexander und Gallus, das Maul mit der Hoffnung eines grossen Gewinstes wässerig machten, und
dahin brachten, in ihrer Gesellschafft nach der Insul
Amboina zu schiffen.
Was auf dieser Fahrt vorgegangen, hat meine werthe
Schwägerin, des Alberti II. Gemahlin, mit behörigen
Umbständen erzehlet, derowegen will nur noch dieses
melden, daß Schimmer und ich eine heimliche Liebe
auf die beyden tugendhafften [365] Schwestern, nemlich Philippinen und Judith geworffen hatten, ingleichen daß sich Jacob Larson, der unser dritter Mann
und besonderer Hertzens-Freund war, nach Sabinens
Besitzung sehnete. Doch keiner von allen dreyen hatte
das Hertze, seinem Geliebten Gegenstande die verliebten Flammen zu entdecken, zumahlen da ihre Gemüther, durch damahlige ängstliche Bekümmernisse,
einmal über das andere in die schmertzlichsten Ver-
drießlichkeiten verfielen. In welchem elenden Zustande denn auch die fromme und keusche Philippine
ihr junges Leben kläglich einbüssete, welches Schimmern als ihren ehrerbietigen Liebhaber in geheim
1000. Thränen auspressete, indem ihm dieser Todes-
Fall weit hefftiger schmertzte, als der plötzliche Abschied seiner ersten Liebste. Ich und Larson hergegen
verharreten in dem festen Vorsatze, so bald wir einen
sichern Platz auf dem Lande erreicht, unsern beyden

Leit-Sternen die Beschaffenheit und Leydenschafft
der Hertzen zu offenbaren, und allen Fleiß anzuwenden, ihrer ungezwungenen schätzbaren Gegen-Gunst
theilhafftig zu werden. Dieses geschahe nun so bald
wir auf hiesiger Felsen-Insul unsere Gesundheit völlig
wieder erlangt hatten. Der Vortrag wurde nicht allein
guthertzig aufgenommen, sondern wir hatten auch
beyderseits Hoffnung bey unsern schönen Liebsten
glücklich zu werden. Doch Amias und Robert Hülter
brachten es durch vernünfftige Vorstellungen dahin,
daß wir insgesammt guter Ordnung wegen unsere
Hertzen beruhigten, und selbige auf andere Art vertauschten. Also kam meine innigst geliebte Middel-
burgische Judith an Al-[366]bertum II. Sabina an
Stephanum, Jacob Larson bekam zu seinem Theile,
weil er der älteste unter uns war, auch die älteste
Tochter unsers theuren Altvaters, Schimmer nahm
mit grösten Vergnügen von dessen Händen die andere, und ich wartete mit innigsten Vergnügen auf
meine, ihren zweyen Schwestern an Schönheit und
Tugend gleichförmige Christina bey nahe noch
6. Jahr, weil ihr beständig zarter und kräncklicher
Zustand unsere Hochzeit etliche Jahr weiter, biß ins
1674te hinaus verschobe. Wie vergnügt wir unsere
Zeit beyderseits biß auf diese Stunde zugebracht, ist
nicht auszusprechen. Mein Vaterland, oder nur einen
eintzigen Ort von Europa wieder zu sehen, ist niemals
mein Wunsch gewesen, derowegen habe mein weniges
zurück gelassenes Vermögen, so wohl als Schimmer,
gern im Stich gelassen und frembden Leuten gegönnet,
bin auch entschlossen, biß an mein Ende dem Himmel
unaufhörlichen Danck abzustatten, daß er mich an
einen solchen Ort geführet, allwo die Tugenden in
ihrer angebohrnen Schönheit anzutreffen, hergegen
die Laster des Landes fast gäntzlich verbannet und
verwiesen sind.

Hiermit endigte David Rawkin die Erzehlung seiner
und seines Freundes Schimmers Lebens-Geschicht,
welche wir nicht weniger als alles Vorige mit besondern Vergnügen angehöret hatten, und uns deßwegen
aufs höfflichste gegen diesen 85. jährigen Greiß, der
seines hohen Alters ohngeacht noch so frisch und munter, als ein Mann von etwa 40. Jahren war, auffs
höfflichste bedanckten. Der Altvater aber sagte zu
demselben: Mein werther [367] Sohn, ihr habt eure
Erzehlung voritzo zwar kurtz, doch sehr gut gethan,
jedennoch seyd ihr denen zuletzt angekommenen lieben Freunden den Bericht von euren zweyen Ost-
Indischen Reisen annoch schuldig blieben, und weil
selbiger viel merckwürdiges in sich fasset, mögen sie
euch zur andern Zeit darum ersuchen. Was den Jacob
Larson anbelanget, so will ich mit wenigen dieses von
ihm melden: Er war ein gebohrner Schwede, und also
ebenfalls Lutherischer Religion, seines Handwercks
ein Schlösser, der in allerhand Eisen- und Stahl-Arbeit
ungemeine Erfahrenheit und Kunst zeigete. In seinem
24. Jahre hatte ihn die gantz besondere Lust zum Reisen aufs Schiff getrieben, und durch verschiedene Zufälle zum fertigen See-Manne gemacht. Ost- und
West-Indien hatte derselbe ziemlich durchkrochen,
und dabey öffters grossen Reichthum erworben, welchen er aber jederzeit gar plötzlich und zwar öffters
aufs gefährlichste, nicht selten auch auf lächerliche
Art wiederum verlohren. Dennoch ist er einmal so
standhafft als das andere, auf Besehung frembder
Länder und Völcker geblieben, und ich glaube, daß er
nimmermehr auf dieser Insul Stand gehalten, wenn
ihm nicht meine Tochter, die er als seine Frau sehr
hefftig liebte, sonderlich aber die bald auf einander
folgenden Leibes-Erben, eine ruhigere Lebens-Art ein-
geflösset hätten. Es ist nicht auszusprechen, wie nützlich dieser treffliche Mann mir und allen meinen Kin-

dern gewesen, denn er hat nicht allein Eisen- und Metall-Steine allhier erfunden, sondern auch selbiges ausgeschmeltzt und auf viele Jahre hinaus nützliche Instrumenten dar-[368]aus verfertiget, daß wir das Schieß-Pulver zur Noth selbst, wiewol nicht so gar fein als das Europäische, machen können, haben wir ebenfalls seiner Geschicklichkeit zu dancken, ja noch viel andere Sachen mehr, welche hinführo den Meinigen Gelegenheit geben werden seines Nahmens-Gedächtniß zu verehren. Er ist nur vor 6. Jahren seiner seeligen Frauen im Tode gefolget, und hat den seeligen Schimmer etwa um 3. Jahre überlebt, der vielleicht auch noch nicht so bald gestorben wäre, wenn er nicht durch einen umgeschlagenen Balcken bey dem Gebäude seiner Kinder, so sehr beschädiget und ungesund worden wäre. Jedoch sie sind ohnfehlbar in der ewig seeligen Ruhe, welche man ihnen des zeitlichen Lebens wegen nicht mißgönnen muß.

Nunmehro aber meine Lieben, sagte hierbey unser Altvater, wird es Zeit seyn, daß wir uns sämmtlich der Ruhe bedienen, um Morgen geliebt es Gott des seel. Schimmers und seiner Nachkommen Wohnstädte in Augenschein zu nehmen. Demnach folgten wir dessen Rathe in diesem Stück desto williger, weil es allbereit Mitternacht war, folgenden Morgens aber, da nach genossener Ruhe und eingenommenen Früh-Stück, der jüngere Albertus, Stephanus und David mit ihren Gemahlinnen, dieses mal Abschied von uns nahmen, und wiederum zu den ihrigen kehreten, setzten wir übrigen nebst dem Altvater die Reise auf Simons-Raum fort.

Allda nahmen wir erstlich eine feine Brücke über den Nord-Fluß in Augenschein, nebst derjeni-[369]gen Schleuse, welche auf den Nothfall gemacht war, wenn etwa die Haupt-Schleusen in Christians-Raum nicht vermögend wären den Lauf des Flusses, welcher zu gewissen Zeiten sehr hefftig und schnelle trieb, gnugsamen Widerstand zu thun. Die Pflantz-Stadt selbst bestunde aus 13. Wohnhäusern, worunter aber 3. befindlich, die vor junge Anfänger nur kürtzlich neu aufgebauet, und noch nicht bezogen waren. Ihr Haußhaltungs-Wesen zeigte sich denen übrigen Insulanern, der Nahrhafftigkeit und accuratesse wegen, in allen gleichförmig, doch fanden sich ausserdem etliche Künstler unter ihnen, welche die artigsten und nützlichsten Geschirre, nebst andern Sachen, von einem vermischten Metall sauber giessen und ausarbeiten, auch die Formen selbst darzu machen konten, welches der seel. Simon Heinrich Schimmer durch seine eigene Klugheit, und Larsons Beyhülffe erfunden und seine Kinder damit belehret hatte. Im übrigen waren alle, in der Bau-Kunst und andern nöthigen Handthierungen, nach dasiger Art ungemein wohl erfahren.

Nachdem wir allen Haußwirthen daselbst eine kurtze Visite gegeben, und ihr gantzes Wesen wohl beobachtet hatten, begleiteten uns die Mehresten in den grossen Thier-Garten, den der Altvater bereits vor langen Jahren in der Nord-Ost-Ecke der Insul angelegt, und einiges Wild hinein geschaffet hatte, welches nachhero zu einer solchen Menge gediehen und dermassen Zahm worden, daß man es mit Händen greiffen und schlachten konte, so offt man Lust darzu bekam. Dieser schöne Thier-Gar-[370]ten wurde von verschiedenen kleinen Bächlein durchstreifft, die aus der kleinen Östlichen See gerauschet kamen, und sich in den äusersten Felsen-Löchern verlohren. Wir nahmen ermeldte kleine See, welche etwa tausend Schritte im Umfange hatte, wohl in Augenschein, passirten über den Ost-Fluß vermittelst einer verzäunten Brücke, und bemerckten, daß sich selbiger Fluß mit entsetzlichen Getöse in die holen Felsen-Klüffte hinein stürtzte, worbey uns gesagt wurde, was massen er ausserhalb nicht als ein Fluß, sondern in unzehlige Strudels zertheilt, in Gestalt der allerschönsten fontaine wiederum zum Vorscheine käme, und sich solchergestalt in die See verlöhre. Die andere Seite der See, nach Ost-Süden zu, war wegen der vielen starcken Bäche, die ihren Ursprung im Walde aus vielen sumpffigten Örtern nahmen, und durch ihren Zusammenfluß die kleine See machten, nicht wol zu umgehen, derowegen kehreten wir über die Brücke des Ost-Flusses, durch den Thier-Garten zurück nach Simons-Raum, wurden von dasigen Einwohnern herrlich gespeiset und getränckt, reichten ihnen die gewöhnlichen Geschencke, und kehreten nachhero zurücke. Herr Mag. Schmelzer nahm seinen Weg in die Davids-Raumer Alleé, um daselbst seine Catechismus-Lehren fortzusetzen, wir aber kehreten zurück und halffen biß zu dessen Zurückkunfft am Kirchen-Bau arbeiten, nahmen nachhero auf der Albertus-Burg die Abend-Mahlzeit ein, worauff der Altvater, uns Versammleten den Rest seiner vorgenommenen Lebens-Geschicht mitzutheilen, folgender massen anhub:

[371] Nunmehro wisset, ihr meine Geliebten, wer diejenigen Haupt-Personen gewesen sind, die ich im 1668ten Jahre mit Freuden auf meiner Insul ankommen und bleiben sahe. Also befanden wir uns sämtliche Einwohner derselben 20. Personen starck, als 11. männliches Geschlechts, unter welchen meine beyden jüngsten Zwillinge, Christoph und Christian im 13den Jahre stunden, und dann 9. Weibs-Bilder, worunter meine 11.jährige Tochter Christina und Roberts zwey kleinen Töchter, annoch in völliger Unschuld befindlich waren. Unsere zuletzt angekommenen Frembdlinge machten sich zwar ein grosses Vergnügen mit an die erforderliche Nahrungs-Arbeit zu

gehen, auch bequemliche Hütten vor sich zu bauen,
jedennoch konten weder ich und die Meinigen, noch
Amias und Robert eigentlich klug werden, ob sie gesinnet wären bey uns zu bleiben, oder ihr Glück
anderwärts zu suchen. Denn sie brachten nicht allein
durch unsere Beyhülffe ihr Schiff mit gröster Mühe
in die Bucht, sondern setzten selbiges binnen kurtzer
Zeit in Seegelfertigen Zustand. Endlich, da der ehrliche Schimmer alles genauer überlegt, und von unserer Wirtschafft völlige Kundschafft eingezogen hatte,
Verliebte er sich in meine Tochter Elisabeth, und
brachte seine beyden Gefährten, nemlich Jacob und
David dahin, daß sie sich nicht allein auf sein, sondern der übrigen Frembdlinge Zureden, bewegen liessen, ihre beyden Geliebten an meine ältesten Zwillinge
abzutreten, hergegen ihre Hertzen auf meine zwey
übrigen Töchter zu lencken. Demnach wurden im
1669ten Jahre, Jacob Larson mit Maria, Schim-[372]
mer mit Elisabeth, mein ältester Sohn mit Judith, und
Stephanus mit Sabinen, von mir ehelich zusammen
gegeben, der gute David aber, dessen zugetheilte
Christina noch allzu jung war, geduldete sich noch
etliche Jahr, und lebte unter uns als ein unverdrosse-
ner redlicher Mann.
Die Lust ein neues Schiff zu bauen war nunmehro so
wol dem Amias, als uns andern allen vergangen, indem das zuletzt angekommene von solcher Güte
schiene, mit selbigem eine Reise um die gantze Welt
zu unternehmen, jedoch es wurden alle Schätze an
Gelde und andern Kostbarkeiten, Waaren, Pulver und
Geschütze gäntzlich ausgeladen und auf die Insul,
das Schiff selbst aber an gehörigen Ort in Sicherheit
gebracht. Nachhero ergaben wir uns der bequemlich-
sten Hauß-Arbeit und dem Land-Baue dermassen, und
mit solcher Gemächlichkeit, daß wir zwar als gute
Hauß-Wirthe, aber nicht als eitele Bauch- und Mam-

mons-Diener zu erkennen waren. Das ist so viel gesagt, wir baueten uns mehrere und bequemlichere
Wohnungen, bestelleten mehr Felder, Gärten und
Weinberge, brachten verschiedene Werckstädten zur
Holtz- Stein- Metall- und Saltz-Zurichtung in behörige Ordnung, trieben aber damit nicht den geringsten Wucher, und hatten solchergestalt gar keines Geldes von nöthen, weil ein jeder mit demjenigen, was er
hatte, seinen Nächsten umsonst, und mit Lust zu dienen geflissen war.

[373] Im übrigen brachten wir unsere Zeit dermassen
vergnügt zu, daß es keinem eintzigen gereuete, von
dem Schicksal auf diese Insul verbannet zu seyn.
Meine liebe Concordia aber und ich waren dennoch
wohl die allervergnügtesten, da wir uns nunmehro
über die Einsamkeit zu beschweren keine fernere Ursache hatten, sondern unserer Kinder Familien im
besten Wachsthum sahen, und zu Ende des 1670ten
Jahres allbereit 9. Kindes-Kinder, nehmlich 6. Söhne
und 3. Töchter küssen konten, ohngeacht wir dazu-
mahl kaum die Helffte der schrifftmäßigen menschlichen Jahre überschritten hatten, also gar frühzeitig
Groß-Eltern genennet wurden.

Unser dritter Sohn, Johannes, trat damahls in sein
zwantzigstes Jahr, und ließ in allen seinen Wesen den
natürlichen Trieb spüren, daß er sich nach der Lebens-
Art seiner ältern Brüder, das ist, nach einem Ehe-
Gemahl, sehnete. Seine Mutter und ich liessen uns dessen Sehnsucht ungemein zu Hertzen gehen, wusten
ihm aber weder zu rathen noch zu helffen, biß sich
endlich der alte Amias des schwermüthigen Jünglings
erbarmete, und die Schiff-Fahrt nach der Helenen-
Insul von neuem aufs Tapet brachte, sintemahl ein
tüchtiges Schiff in Bereitschafft lag, welches weiter
nichts als behörige Ausrüstung bedurffte. Meine Concordia wolte hierein anfänglich durchaus nicht willi-

gen, doch endlich ließ sie sich durch die trifftigsten Vorstellungen der meisten Stimmen so wohl als ich überwinden, und willigte, wiewohl mit thränenden Augen, darein, daß Amias, Robert, Jacob, [374] Simon, nebst allen unsern 5. Söhnen zu Schiffe gehen solten, um vor die 3. Jüngsten Weiber zu suchen, wo sie selbige finden könten. David Rawkin, weil er keine besondere Lust zum Reisen bezeugte, wurde von den andern selbst ersucht, seiner jungen Braut wegen zurück zu bleiben, hergegen gaben sich Stephani, Jacobs und Simons Gemahlinnen von freyem Willen an, diese Reise mit zu thun, und bey ihren Männern gutes und böses zu erfahren. Roberts und Alberts Weiber aber, die ebenfalls nicht geringe Lust bezeigten, dergleichen Fahrt mit zu wagen, wurden genöthiget, bey uns zu bleiben, weil sie sich beyde hoch-schwangern Leibes befanden.

Dennoch gingen binnen wenig Tagen alle Anstalten fast noch hurtiger von statten, als unsere vorherige Entschliessung, und die erwehnten 12. Personen waren den 14. Januar. 1671. überhaupt mit allen fertig in See zu gehen, weil das Schiff mit gnugsamen Lebens-Mitteln, Gelde, nothdürfftigen Gütern, Gewehr und dergleichen vollkommen gut ausgerüstet, auch weiter nichts auf demselben mangelte, als etwa noch 2. mahl so viel Personen.

Jedoch der tapffere Amias, als Capitain dieses wenigen Schiffs-Volcks, war dermassen muthig, daß die übrigen alle mit Freuden auf die Stunde ihrer Abfahrt warteten.

Nachdem also Amias, Robert, Jacob und Simon mir einen theuren Eyd geschworen, keine weitern Abendtheuern zu suchen, als diejenigen, so unter uns abgeredet waren, im Gegentheil meine Kinder, so bald nur vor dieselben 3. anständige [375] Weibs-Personen ausgefunden, eiligst wieder zurück zu führen, gingen sie

den 16ten Jan. um Mittags-Zeit freudig unter Seegel,
stiessen unter unzehligen Glückwünschungen von dieser Insul ab, und wurden von uns Zurückbleibenden
mit thränenden Augen und ängstlichen Gebärden so
weit begleitet, biß sie sich nach etlichen Stunden
sammt ihren Schiffe gäntzlich aus unsern Gesichte
verlohren.

Solcher Gestalt kehreten Ich, David, und die beyden
Concordien zurück in unsere Behausung, allwo Judith
und meine jüngste Tochter Christina, auf die kleinen
9. Kinder Achtung zu haben, geblieben waren. Unser
erstes war, so gleich sämmtlich auf die Knie nieder zu
fallen, und GOTT um gnädige Erhaltung der Reisen-
den wehmüthigst anzuflehen, welches nachhero Zeit
ihrer Abwesenheit alltäglich 3. mahl geschahe. David
und ich liessen es uns mittlerweile nicht wenig sauer
werden, um unsere übrigen Früchte und den Wein
völlig einzuerndten, auch nachhero so viel Feld wiederum zu bestellen, als in unsern und der wohlgezoge-
nen Affen Vermögen stund. Die 3. Weiber aber durfften vor nichts sorgen, als die Küche zu bestellen, und
die unmündigen Kinder mit Christinens Beyhülffe
wohl zu verpflegen.

Jedoch weil sich ein jeder leichtlich einbilden kan,
daß wir die Hände allerseits nicht werden in Schooß
gelegt haben, und ich ohnedem schon viel von unserer
gewöhnlichen Arbeit und Haußhaltungs-Art gemeldet, so will voritzo nur erzehlen, wie es meinen See-
fahrenden Kindern ergangen. Selbige [376] hatten
biß in die 8te Woche vortrefflichen Wind und Wetter
gehabt, dennoch müssen die meisten unter ihnen der
See den gewöhnlichen Zoll liefern, allein, sie erholen
sich deßfalls gar zeitig wieder, biß auf die eintzige
Elisabeth, deren Kranckheit dermassen zunimmt, daß
auch von allen an ihren Leben gezweiffelt wird.
Simon Schimmer hatte seine getreue eheliche Liebe

bey dieser kümmerlichen Gelegenheit dermassen spüren lassen, daß ein jeder von seiner Aufrichtigkeit und Redlichkeit Zeugniß geben können, indem er nicht von ihrer Seite weicht, und den Himmel beständig mit thränenden Augen anflehet, das Schiff an ein Land zu treiben, weil er vermeinet, daß seine Elisabeth ihres Lebens auf dem Lande weit besser als auf der See versichert seyn könne. Endlich erhöret GOtt dieses eyffrige Gebet, und führet sie im mittel der 6ten Woche an eine kleine flache Insel, bey welcher sie anländen, jedoch weder Menschen noch Thiere, ausgenommen Schild-Kröten und etliche Arten von Vögeln und Fischen darauf antreffen. Amias führet das Schiff um so viel desto lieber in einen daselbst befindlichen guten Hafen, weil er und Jacob, als wohlerfahrne See-Fahrer, aus verschiedenen natürlichen Merckzeichen, einen bevorstehenden starcken Sturm muthmassen. Befinden sich auch hierinnen nicht im geringsten betrogen, da etwa 24. Stunden nach ihrem Aussteigen, als sie sich bereits etliche gute Hütten erbauet haben, ein solches Ungewitter auf der See entstehet, welches leichtlich vermögend gewesen, diesen wenigen und theils schwachen Leuten den Untergang zu befördern. [377] In solcher Sicherheit aber, sehen sie den entsetzlichen Sturm mit ruhiger Gemächligkeit an, und sind nur bemühet, sich vor dem öffters anfallenden Winde und Regen wohl zu verwahren, welcher letztere ihnen doch vielmehr zu einiger Erquickung dienen muß, da selbiges Wasser weit besser und annehmlicher befunden wird, als ihr süsses Wasser auf dem Schiffe. Amias, Robert und Jacob schaffen hingegen in diesem Stücke noch bessern Rath, indem sie an vielen Orten eingraben, und endlich die angenehmsten süssen Wasser-Brunnen erfinden. An andern erforderlichen Lebens-Mitteln aber haben sie nicht den geringsten Mangel, weil sie mit demjenigen, was meine

Insul Felsenburg zur Nahrung hervor bringet, auf
länger als 2. Jahr wohl versorgt waren.

Nachdem der Sturm dieses mahl vorbey, auch die
krancke Elisabeth sich in ziemlich verbesserten Zustande befindet, halten Amias und die übrigen vors
rathsamste, wiederum zu Schiffe zu gehen, und ein
solches Erdreich zu suchen, auf welchem sich Menschen befänden, doch Schimmer, der sich starck darwider setzt, und seine Elisabeth vorhero vollkommen
gesund sehen will, erhält endlich durch hefftiges Bitten so viel, daß sie sämmtlich beschliessen, wenigstens
noch 8. Tage auf selbiger wüsten Insul zu verbleiben,
ohngeacht dieselbe ein schlechtes Erdreich hätte, welches denen Menschen weiter nichts zum Nutzen darreichte, als einige schlechte Kräuter, aber desto mehr
theils hohe, theils dicke Bäume, die zum Schiff-Bau
wohl zu gebrauchen gewesen.

Meine guten Kinder hatten nicht Ursach gehabt,
[378] diese ihre Versäumniß zu bereuen, denn ehe
noch diese 8. Tage vergehen, fällt abermahls ein solches Sturm-Wetter ein, welches das vorige an Grausamkeit noch weit übertrifft, da aber auch dessen
4. tägige Wuth mit einer angenehmen und stillen Witterung verwechselt wird, hören sie eines Morgens früh
noch in der Demmerung ein plötzliches Donnern des
groben und kleinen Geschützes auf der See, und zwar,
aller Muthmassungen nach, gantz nahe an ihrer
wüsten Insul. Es ist leicht zu glauben, daß ihnen sehr
bange um die Hertzen müsse gewesen seyn, zumahlen
da sie bey völlig herein brechenden Sonnen-Lichte
gewahr werden, daß ein mit Holländischen Flaggen
bestecktes Schiff von zweyen Barbarischen Schiffen
angefochten und bestritten wird, der Holländer weh-
ret sich dermassen, daß der eine Barbar gegen Mittag
zu Grunde sincken muß, nichts desto weniger setzet
ihm der Letztere so grausam zu, daß bald hernach der
Holländer in letzten Zügen zu liegen scheinet.

Bey solchen Gefährlichen Umständen vermercken
Amias, Robert, Jacob und Simon, daß sie nebst den
Ihrigen ebenfalls entdeckt und verlohren gehen würden, daferne der Holländer das Unglück haben solte,
unten zu liegen, fassen derowegen einen jählingen und
verzweiffelten Entschluß, begeben sich mit Sack und
Pack in ihr mit 8. Canonen besetztes Schiff, schlupf-
fen aus dem kleinen Hafen heraus, gehen dem Barbar
in Rücken, und geben zweymahl tüchtig Feuer auf
denselben, weßwegen dieser in entsetzliches Schrecken
geräth, der Holländer aber neuen Muth bekömmt,
und seinen Feind mit [379] frischer recht verzweiffelter Wuth zu Leibe gehet. Die Meinigen lösen ihre
Canonen in gemessener Weite noch zweymahl kurtz
auf einander gegen den Barbar, und helffen es endlich
dahin bringen, daß derselbe von dem Holländer nach
einem rasenden Gefechte vollends gäntzlich überwunden, dessen Schiff aber mit allen darauf befindlichen
Gefangenen an die wüste und unbenahmte Insel geführet wird.

Der Hauptmann nebst den übrigen Herren des Holl-
ländischen Schiffs können kaum die Zeit erwarten,
biß sie Gelegenheit haben, meinen Kindern, als ihren
tapffern Lebens-Errettern, ihre danckbare Erkänntlichkeit so wohl mit Worten als in der That zu bezeugen, erstaunen aber nicht wenig, als sie dieselben in so
geringer Anzahl und von so wenigen Kräfften antreffen, erkennen derohalben gleich, daß der kühne
Vorsatz nebst einer geschickten und glücklich ausgeschlagenen List das beste bey der Sache gethan hätten.

Nichts desto weniger biethen die guten Leute den
Meinigen die Helffte von allen eroberten Gut und
Geldern an, weil aber dieselben ausser einigen gerin-
gen Sachen sonsten kein ander Andencken wegen des
Streits und der Holländer Höflichkeit annehmen wol-

len; werden die letztern in noch weit grössere Verwunderung gesetzt, indem sich die ihnen zugetheilte
Beute höher als 12000. Thlr. belauffen hatte.

Immittelst, da die Holländer sich genöthiget sehen,
zu völliger Ausbesserung ihres Schiffs wenigstens
14. Tage auf selbiger Insul stille zu liegen, [380] beschliessen die Meinigen anfänglich auch, biß zu deren
Abfahrt allda zu verharren. Zumahlen, da Amias gewahr wird, daß sich verschiedene, theils noch gar
junge, theils schon etwas ältere Frauens-Personen
unter ihnen befinden. Er sucht so wohl als Robert,
Jacob und Simon, mit selbigen ins Gespräch zu kommen; doch der Letztere ist am glücklichsten, indem er
gleich andern Tags darauf, eine, von ermeldten Weibs-
Bildern, hinter einem dicken Gesträuche in der Einsamkeit höchst betrübt und weinend antrifft. Schimmer erkündigt sich auf besonders höfliche Weise nach
der Ursach ihres Betrübnisses, und erfährt so gleich,
daß sie eine Wittbe sey, deren Mann vor etwa 3. Monaten auf diesem Schiffe auch in einem Streite mit
den See-Räubern todt geschossen worden, und die
nebst ihrer 14. jährigen Stieff-Tochter zwar gern auf
dem Cap der guten Hoffnung ihres seel. Mannes hin-
terlassene Güter zu Gelde machen wolte, allein, sie
würde von einem, auf diesem Holländischen Schiffe
befindlichen Kauffmanne, dermassen mit Liebe ge-
plagt, daß sie billig zu befürchten hätte, er möchte es
mit seinem starcken Anhange und Geschencken also
listig zu Karten trachten, daß sie sich endlich gezwungener Weise an ihm ergeben müsse. Schimmer stellet
ihr vor, daß sie als eine annoch sehr junge Frau noch
gar füglich zur andern Ehe schreiten, und einen Mann,
der sie zumahlen hefftig liebte, glücklich machen
könne; ob auch derselbe ihr eben an Gütern und Vermögen nicht gleich sey; Allein die betrübte Frau
spricht: Ihr habt recht, mein Herr! ich bin noch nicht

veraltert, weil sich mein [381] gantzes Lebens-Alter
wenig Wochen über 24. Jahr erstreckt, und ich Zeit
meines Ehe-Standes nur zwey Kinder zur Welt gebracht habe. Derowegen würde mich auch nicht wegern, in die andere Ehe zu treten, allein, mein unge-
stümer Liebhaber ist die allerlasterhaffteste Manns-
Person von der Welt, der sich nicht scheuen solte,
Mutter, Tochter und Magd auf einmahl zu lieben,
demnach hat mein Hertz einen recht natürlichen Abscheu vor seiner Person, ja ich wolte nicht allein meines seel. Mannes Verlassenschafft, die sich höher als
10000. Thlr. belauffen soll, sondern noch ein mehreres
darum willig hergeben, wenn ich entweder in Holland, oder an einem andern ehrlichen Orte, in unge-
zwungener Einsamkeit hinzubringen Gelegenheit finden könte.

Schimmer thut hierauf noch verschiedene Fragen an
dieselbe, und da er diese Frau vollkommen also gesinnet befindet, wie er wünscht, ermahnet er sie, ihr
Hertz in Gedult zu fassen, weil ihrem Begehren gar
leicht ein Genügen geleistet werden könne, daferne sie
sich seiner Tugend und guten Raths völlig anvertrauen wolle. Nur müste er vorhero erstlich mit einigen seiner Gesellschaffter von dieser Sachen reden,
damit er etwa Morgen um diese Zeit und auf selbiger
Stelle fernere Abrede mit ihr nehmen könne.

Die tugendhaffte Wittbe fängt hierauf gleich an, diesen Mann vor einen ihr von GOTT zugeschickten
menschlichen Engel zu halten, und wischet mit hertzlichen Vertrauen die Thränen aus ihren bekümmerten
Augen. Schimmer verläst also die-[382]selbe, und be-
giebt sich zu seiner übrigen Gesellschafft, welcher er
diese Begebenheit gründlich zu Gemüthe führet, und
erwehnte Wittbe als ein vollkommenes Bild der Tugend heraus streicht. Amias bricht solcher Gestalt auf
einmahl in diese Worte aus: Erkennet doch, meine

Kinder, die besondere Fügung des Himmels, denn ich zweiffele nicht, die schöne Wittbe ist vor unsern Johannem, und ihre Stieff-Tochter vor Christoph bestimmet, hilfft uns nun der Himmel allhier noch zu der dritten Weibs-Person vor unsern Christian, so haben wir das Ziel unserer Reise erreicht, und können mit Vergnügen auf eine fügliche Zurückkehr dencken.

Demnach sind sie allerseits nur darauf bedacht, der jungen Wittbe eine gute Vorstellung von ihrem gantzen Wesen zu machen, und da dieselbe noch an eben demselben Abend von Marien und Sabinen in ihre Hütte geführet wird, um die annoch etwas kräncklliche Elisabeth zu besuchen, kan sich dieselbe nicht gnungsam verwundern, daselbst eine solche Gesellschafft anzutreffen, welche ich, als ihr Stamm-Vater, wegen der Wohlgezogenheit, Gottesfurcht und Tugend nicht selbst weitläufftig rühmen mag. Ach meine Lieben! rufft die fromme Wittbe aus, sagt mir doch, wo ist das Land, aus welchen man auf einmahl so viel Tugendhaffte Leute hinweg reisen lässet? Haben euch denn etwa die gottlosen Einwohner desselben zum Weichen gezwungen? Denn es ist ja bekannt, daß die böse Welt fast gar keine Frommen mehr, sie mögen auch jung oder alt seyn, unter sich leiden will. Nein, meine schöne Frau, fällt ihr der alte Amias hierbey [383] in die Rede, ich versichere, daß wir, die hier vor euren Augen sitzen, der Tugend wegen noch die geringsten heissen, denn diejenigen, so wir zurück gelassen, sind noch viel vollkommener, und wir leben nur bemühet, ihnen gleich zu werden. Dieses war nun (sagte hierbey unser Alt-Vater Albertus) eine starcke Schmeicheley, allein, es hatte dem ehrlichen Amias damahls also zu reden beliebt, die Dame aber siehet denselben starr an, und spricht: Mein Herr! euer Ehrwürdiges graues Haupt bringet vielen Respect zu

wege, sonsten wolte sagen, daß ich nicht wüste, wie
ich mit euch dran wäre, ob ihr nemlich etwa mit mir
schertzen, oder sonsten etwas einfältiges aus meinen
Gedancken locken woltet?

Diese Reden macht sich Amias zu Nutze, und versetzt
dieses darauf: Madam! dencket von mir was ihr wollet, nur richtet meine Reden nicht ehe nach der
Schärffe, biß ich euch eine Geschicht erzehlet, die
gewiß nicht verdrüßlich anzuhören, und dabey die
klare Wahrheit ist. Hierauf fängt er an, als einer,
der meine und der Meinigen gantze Lebens-Geschicht vollkommen inne hatte, alles dasjenige auf dem Nagel her
zu sagen, was uns passiret ist, und worüber sich die
Dame am Ende vor Verwunderung fast nicht zu begreiffen weiß. Hiermit aber ist es noch nicht genung,
sondern Amias bittet dieselbe, von allen dem, was sie
anitzo gehöret, bey ihrer Gesellschafft nichts kundbar
zu machen, indem sie gewisser Ursachen wegen, sonst
Niemanden als ihr alleine, dergleichen Geheimnisse
wissen lassen, vielmehr einem jeden be-[384]reden
wolten, sie hätten auf der Insul St. Helenae ein besonderes Gewerbe auszurichten. Virgilia van Catmers,
so nennet sich diese Dame, verspricht nicht allein
vollkommene Verschwiegenheit, sondern bittet auch
um GOttes willen, sie nebst ihrer Stieff-Tochter, welches ein Kind guter Art sey, mit in dergleichen irrdisches Himmelreich (also hatte sie meine Felsen-Insul
genennet) zu nehmen, und derselben einen tugendhafften Mann heyrathen zu helffen. Ich vor meine Person,
setzt sie hinzu, kan mit Wahrheit sagen, daß ich mein
übriges Leben eben so gern im tugendhafften ledigen
Stande, als in der besten Ehe zubringen wolte, weil
ich von Jugend an biß auf diese Stunde Trübsal und
Angst genug ausgestanden habe, mich also nach einem
ruhigern Leben sehne. Meine Stieff-Tochter aber,
deren Stieff-Mutter ich nur seit 5. Jahren bin, und die

ich ihres sonderbaren Gehorsams wegen als mein eigen
Kind liebe, möchte ich gern wohl versorgt wissen,
weil dieselbe, im Fall wir das Cap der guten Hoffnung nicht erreichen solten, von ihrem väterlichen
Erbtheile nichts zu hoffen hat, als diejenigen Kostbarkeiten, welche ich bey mir führe, und sich allein an
Golde, Silber, Kleinodien und Gelde ohngefähr auf
16000. Ducaten belauffen, die uns aber noch gar leicht
durch Sturm oder See-Räuber geraubt werden können.

Amias antwortet hierauf, daß dergleichen zeitliche
Güter bey uns in grosser Menge anzutreffen wären,
doch aber nichts geachtet würden, weil sie auf unserer
Insul wenigen oder gar keinen Nutzen [385] schaffen
könten, im übrigen verspricht er binnen 2. Tagen völlige Resolution von sich zu geben, ob er sie nebst ihrer
Tochter unter gewissen Bedingungen, ohne Gefahr,
und mit gutem Gewissen, mit sich führen könne oder
nicht, lässet also die ehrliche Virgiliam vor dieses
mahl zwischen Furcht und Hoffnung wiederum von
der Gesellschafft Abschied nehmen.

Folgende zwey Tage legt er unter der Hand, und
zwar auf gantz klügliche Art, genaue Kundschafft
auf ihr von Jugend an geführtes Leben und Wandel,
und erfähret mit Vergnügen, daß sie ihn in keinem
Stücke mit Unwahrheit berichtet habe. Demnach
fragt er erstlich den Johannem, ob er die Virgiliam
zu seiner Ehe-Frau beliebte, und so bald dieser sein
treuhertziges Ja-Wort mit besondern frölichen Gemüths-Bewegungen von sich gegeben, sucht er abermahlige Gelegenheit, Virgiliam nebst ihrer Tochter
Gertraud in seine Hütten zu locken, welche letztere er
als ein recht ungemein wohlgezogenes Kind befindet.

Demnach eröffnet er der tugendhafften Wittbe sein
gantzes Hertze, wie er nemlich gesonnen sey, sie nebst
ihrer Stieff-Tochter mit grösten Freuden auf sein

Schiff zu nehmen, doch mit diesen beyden Bedingungen, daß sie sich gelieben lassen wolle, den Johannem, welchen er ihr vor die Augen stellet, zum Ehe-Manne zu nehmen, und dann sich zu bemühen, noch die 3te keusche Weibs-Person, die ohnfehlbar in ihrer Aufwärterin Blandina anzutreffen seyn würde, mit zu führen. Im übrigen dürffte keines von ihnen vor das Heyraths-Gut [386] sorgen, weil alles, was ihr Hertz begehren könne, bey den Seinigen in Überfluß anzutreffen wäre.

Meine Herren! versetzt hierauf Virgilia, ich mercke und verstehe aus allen Umständen nunmehro zur Gnüge, daß es euch annoch nur an 3. Weibs-Personen mangelt, eure übrigen und ledigen Manns-Personen zu beweiben, derowegen sind euch, so wohl meine Stieff-Tochter, als meine 17. jährige Aufwärterin hiermit zugesagt, weil ich gewiß glaube, daß ihr sonderlich die erstere mit dem Ehestande nicht übereilen werdet. Was meine eigene Person anbetrifft, sagt sie ferner, so habe ich zwar an gegenwärtigen frommen Menschen, der, wie ihr sagt, Johannes Julius heisset, und ehrlicher Leute Kind ist, nicht das allergeringste auszusetzen; allein, ich werde keinem Menschen, er sey auch wer er sey, weder mein Wort noch die Hand zur Ehe geben, biß mein Trauer-Jahr, um meinen seeligen Mann, und einen 2. jährigen Sohn, der nur wenig Tage vor seinem Vater verstorben, zu Ende gelauffen ist. Nach diesem aber will ich erwarten, wie es der Himmel mit meiner Person fügen wird. Ist es nun bey dergleichen Schlusse euch anständig, mich, nebst meiner Tochter und Magd, vor deren Ehre ich Bürge bin, heimlich mit hinweg zu führen, so soll euch vor uns dreyen ein Braut-Schatz, von 16000. Ducaten werth, binnen wenig Stunden eingeliefert werden.

Amias will so wohl, als alle die andern, nicht das geringste von Schätzen wissen, ist aber desto erfreuter,

daß er ihrer Personen wegen völlige Versicherung erhalten, nimmt derowegen diesen und [387] den folgenden Tag die sicherste Abrede mit Virgilien, so,
daß weder der in sie verliebte Kauffmann, noch jemand anders auf deren vorgesetzte Flucht Verdacht
legen kan.

Etliche Tage hernach, da die guten Holländer ihr
Schiff, um selbiges desto bequemer auszubessern, auf
die Seite gelegt, die kleinern Boote nebst allen andern
Sachen aufs Land gezogen, und ihr Pulver zu trocknen, solches an die Sonne gelegt haben; kömmt Amias
zu ihnen, und meldet, wie es ihm zu beschwerlich
falle, bey diesem guten Wetter und Winde allhier
stille zu liegen. Er wolle demnach, in Betrachtung,
daß sie wenigstens noch 3. biß 4. Wochen allhier verharren müsten, seine Reise nach der Insel S. Helenae
fortsetzen, seine Sachen daselbst behörig einrichten,
nachhero auf dem Rückwege wiederum allhier ansprechen, und nebst den Seinigen in ihrer Gesellschafft
mit nach einer Ost-Indischen guten Insul schiffen.
Inzwischen wolle er sie, gegen baare Bezahlung, um
etwas Pulver und Bley angesprochen haben, als woran es ihm ziemlich mangele.

Die treuhertzigen Holländer setzen in seine Reden
nicht das geringste Mißtrauen, versprechen einen
gantzen Monat auf ihn zu warten, weil erwehnte
Insel ohnmöglich über 100. Meilen von dar liegen
könne, verehren dem guten Manne 4. grosse Faß Pulver, nebst etlichen Centnern Bley, wie auch allerhand
treffliche Europäische Victualien, welche er mit andern, die auf unserer Insul gewachsen waren, ersetzet,
und dabey Gelegenheit nimmt, von diesem und jenen
allerhand Sämereyen, Frucht-[388]Kernen und Blu-
men-Gewächse auszubitten, gibt anbey zu verstehen,
daß er ohnfehlbar des 3ten Tages aufbrechen, und
unter Seegel gehen wolte; Allein der schlaue Fuchs

schiffet sich hurtiger ein, als die Holländer vermeynen, und wartet auf sonst nichts, als die 3. bestellten
Weibes-Personen. Da sich nun diese in der andern
Nacht mit Sack und Pack einfinden, lichtet er seine
Ancker, und läufft unter guten Winde in die offenbare See, ohne daß es ein eintziger von den Holländern gewahr wird. Mit anbrechenden Tage sehen sie
die wüste Insul nur noch in etwas von ferne, weßwegen Amias 2. Canonen löset, um von den Holländern ehrlichen Abschied zu nehmen, die ihm vom
Lande mit 4. Schüssen antworten, woraus er schliesset,
daß sie ihren kostbaren Verlust noch nicht empfänden,
derowegen desto freudiger die Seegel aufspannet, und
seinen Weg auf Felsenburg richtet.

Die Rück-Reise war dermassen bequem und geruhig
gewesen, daß sie weiter keine Ursach zu klagen gehabt, als über die um solche Zeit gantz ungewöhnliche
Wind-Stille, welche ihnen, da sie nicht vermögend
gewesen, der starcken Ruder-Arbeit beständig obzuliegen, eine ziemlich langsame Fahrt verursachet
hatte.

Es begegnet ihnen weder Schiff noch etwas anderes
merckwürdiges, auch will sich ihren Augen weder dieses oder jenes Land offenbaren, und da nachhero
vollends ein täglicher hefftiger Regen und Nebel einfällt, wird ihr Kummer noch grösser, ja die meisten
fangen an zu zweiffeln, die Ihrigen auf der Felsen-
Insul jemahls wieder zu sehen zu kriegen. [389] Doch
Amias und Jacob lassen wegen ihrer besondern Wis-
senschafft und Erfahrenheit im Compass, See-Charten
und andern zur Schiff-Fahrt gehörigen Instrumenten
den Muth nicht sincken, sondern reden den übrigen so
lange tröstlich zu, biß sie am 9ten Maji, in den Mittags-Stunden, dieses gelobte Land an seinen von der
Natur erbaueten Thürmern und Mauern von weiten
erkennen. Jacob, der so glücklich ist, solches am ersten

wahrzunehmen, brennet, abgeredter massen, gleich
eine Canone ab, worauf die im Schiff befindlichen
15. Personen sich so gleich versammlen, und zu allererst in einer andächtigen Bet-Stunde dem Höchsten
ihr schuldiges Danck-Opffer bringen.

Es ist ihnen selbiges Tages unmöglich, die Felsen-
Insul zu erreichen, weßwegen sie mit herein brechen-
der Nacht Ancker werffen, um bey der Finsterniß
nicht etwa auf die herum liegenden verborgenen
Klippen und Sand-Bäncke aufzulauffen. Indem aber
hiermit erstlich eine, kurtz darauf 2. und abermahls
3. Canonen von ihnen gelöset wurden, muste solches,
und zwar eben, als wir Insulaner uns zur Ruhe legen
wolten, in unsere Ohren schallen. David kam mir
demnach in seinem Nacht-Habit entgegen gelauffen,
und sagte: Mein Herr! wo ich nicht träume, so liegen
die Unserigen vor der Insel, denn ich habe das abge-
redte Zeichen mit Canonen vernommen. Recht, mein
Sohn! gab ich zur Antwort, ich und die übrigen haben
es auch gehöret. Alsofort machten wir uns beyderseits
auf, nahmen etliche Raqueten nebst Pulver und Feuer
zu uns, lieffen auf die Höhe des Nord-[390]Felsens,
gaben erstlich aus zweyen Canonen Feuer, zündeten
hernach 2. Raquetten an, und höreten hierauff nicht
allein des Schiffs 8. Canonen lösen, sondern sahen
auch auf demselben allerhand artige Lust-Feuer, welches uns die gewisse Versicherung gab, daß es kein
anders als meiner Kinder Schiff sey. Diesem nach
verschossen wir, ihnen und uns zur Lust, alles gegenwärtige Pulver, und giengen um Mitternachts-Zeit
wieder zurück, stunden aber noch vor Tage wieder
auf, verschütteten die Schleuse des Nord-Flusses, machten also unsere Thor-Fahrt trocken, und giengen hinab
an das Meer-Ufer, allwo in kurtzen unsere Verreise-
ten glücklich an Land stiegen, und von mir und David
die ersten Bewillkommungs-Küsse empfiengen. So

bald wir nebst ihnen den fürchterlichen hohlen Felsen-Weg hinauff gestiegen waren, und unsere Insul betraten, kam uns meine Concordia mit der gantzen Familie entgegen, indem sie die 9. Enckel auf einen grossen Rollwagen gesetzt, und durch die Affen hierher fahren lassen. Nunmehro gieng es wieder an ein neues Bewillkommen, jedoch es wurden auf mein Zureden nicht viel Weitläufftigkeiten gemacht, biß wir ingesamt auf diesem Hügel in unsern Wohnungen anlangeten.

Ich will, meine Lieben! sagte hier unser Altvater, die Freuden-Bezeugungen von beyden Theilen, nebst allen andern, was biß zu eingenommener Mittags-Mahlzeit vorgegangen, mit Stillschweigen übergehen, und nur dieses Berichten: Daß mir nachhero die Meinigen einen umständlichen Bericht von ihrer Reise abstatteten, worauff die mit [391] angekommene junge Wittbe ihren wunderbaren Lebens-Lauff weitläufftig zu erzehlen anfieng. Da aber ich, meine Lieben! entschuldigte sich der Altvater, mich nicht im Stande befinde, selbigen so deutlich zu erzehlen, als er von ihrer eigenen Hand beschrieben ist, so will ich denselben hiermit meinem lieben Vetter Eberhard einhändigen, damit er euch solche Geschicht vorlesen könne.

Ich Eberhard Julius empfieng also, aus des Altvaters Händen, dieses in Holländischer Sprache geschriebene Frauenzimmer-Manuscript, welches ich sofort denen andern in Teutscher Sprache also lautend herlaß:

Im Jahr Christi 1647. bin ich, von Jugend auf sehr Unglückseelige, nunmehro aber da ich dieses auf der Insul Felsenburg schreibe, sehr, ja vollkommen vergnügte Virgilia van Cattmers zur Welt gebohren worden. Mein Vater war ein Rechts-Gelehrter und Procurator zu Rotterdam, der wegen seiner besondern Gelehrsamkeit, die Kundschafft der vornehmsten

Leute, um ihnen in ihren Streit-Sachen beyzustehen
erlangt, und Hoffnung gehabt, mit ehesten eine vor-
nehmere Bedienung zu bekommen. Allein, er wurde
eines Abends auf freyer Strasse Meuchelmördischer
Weise, mit 9. Dolch-Stichen ums Leben gebracht, und
zwar eben um die Zeit, da meine Mutter 5. Tage vorher abermals einer jungen Tochter genesen war. Ich
bin damals 4. Jahr und 6. Monat alt gewesen, weiß
mich aber noch wohl zu erinnern, wie jämmerlich es
aussahe: Da der annoch starck blutende Cörper meines Vaters, von darzu bestellten Personen besichtiget,
[392] und dabey öffentlich gesagt wurde, daß diesen
Mord kein anderer Mensch angestellet hätte, als ein
Gewissenloser reicher Mann, gegen welchen er Tags
vorhero einen rechtlichen Process zum Ende gebracht,
der mehr als hundert tausend Thaler anbetroffen, und
worbey mein Vater vor seine Mühe sogleich auf der
Stelle 2000. Thaler bekommen hatte.

Vor meine Person war es Unglücklich genung zu schätzen, einen treuen Vater solchergestalt zu verlieren, allein
das unerforschliche Schicksal hatte noch ein mehreres
über mich beschlossen, denn zwölff Tage hernach
starb auch meine liebe Mutter, und nahm ihr jüngst
gebohrnes Töchterlein, welches nur 4. Stunden vorher
verschieden, zugleich mit in das Grab. Indem ich nun
die eintzige Erbin von meiner Eltern Verlassenschafft
war, so fand sich gar bald ein wohlhabender Kauffmann, der meiner Mutter wegen, mein naher Vetter
war, und also nebst meinem zu Gelde geschlagenen
Erbtheile, die Vormundschafft übernahm. Mein Vermögen belief sich etwa auf 18000. Thlr. ohne den
Schmuck, Kleider-Werck und schönen Hauß-Rath,
den mir meine Mutter in ihrer wohlbestellten Haußhaltung zurück gelassen hatte. Allein die Frau meines
Pflege-Vaters war, nebst andern Lastern, dem schändlichen Geitze dermassen ergeben, daß sie meine schön-

sten Sachen unter ihre drey Töchter vertheilete, denen
ich bey zunehmenden Jahren als eine Magd auffwar-
ten, und nur zufrieden seyn muste, wenn mich Mutter
und Töchter nicht täglich aufs erbärmlichste mit
Schlägen tractirten. Wem [393] wolte ich mein Elend
klagen, da ich in der gantzen Stadt sonst keinen Anverwandten hatte, frembden Leuten aber durffte mein
Hertz nicht eröffnen, weil meine Auffrichtigkeit
schon öffters übel angekommen war, und von denen
4. Furien desto übler belohnet wurde.
Solchergestalt ertrug ich mein Elend biß ins 14. Jahr
mit gröster Gedult, und wuchs zu aller Leute Verwunderung, und bey schlechter Verpflegung dennoch
starck in die Höhe. Meiner Pflege-Mutter allergröster
Verdruß aber bestund darinne, daß die meisten Leute
von meiner Gesichts-Bildung, Leibes-Gestalt und gantzen Wesen mehr Wesens und rühmens machten als
von ihren eigenen Töchtern, welche nicht allein von
Natur ziemlich heßlich gebildet, sondern auch einer
geilen und leichtfertigen Lebens-Art gewohnt waren.
Ich muste dieserwegen viele Schmach-Reden und Ver-
drießlichkeiten erdulden, war aber bereits dermassen
im Elende abgehärtet, daß mich fast nicht mehr darum bekümmerte.
Mitlerweile bekam ich ohnvermuthet einen Liebhaber
an dem vornehmsten Handels-Diener meines Pflege-
Vaters, dieses war ein Mensch von etliche 20. Jahren,
und konte täglich mit Augen ansehen, wie unbillig
und schändlich ich arme Wäyse, vor mein Geld, welches mein Pflege-Vater in seinen Nutzen verwendet
hatte, tractiret wurde, weiln ihm aber alle Gelegenheit
abgeschnitten war, mit mir ein vertrautes Gespräch zu
halten, steckte er mir eines Tages einen kleinen Brief
in die Hand, worinnen nicht allein sein hefftiges Mitleyden we-[394]gen meines Zustandes, sondern auch
die Ursachen desselben, nebst dem Antrage seiner

treuen Liebe befindlich, mit dem Versprechen: Daß, wo ich mich entschliessen wolte eine Heyrath mit ihm zu treffen; er meine Person ehester Tages aus diesem Jammer-Stande erlösen, und mir zu meinem Väter- und Mütterlichen Erbtheile verhelffen wolle, um welches es ohnedem itzo sehr gefährlich stünde, da mein Pfleg-Vater, allem Ansehen nach, in kurtzer Zeit banquerot werden müste.

Ich armes unschuldiges Kind wuste mir einen schlechten Begriff von allen diesen Vorstellungen zu machen, und war noch darzu so unglücklich, diesen aufrichtigen Brief zu verlieren, ehe ich denselben weder schrifftlich noch mündlich beantworten konte. Meine Pflege-Mutter hatte denselben gefunden, ließ sich aber nicht das geringste gegen mich mercken, ausserdem daß ich nicht aus meiner Kammer gehen durffte, und solcher gestalt als eine Gefangene leben muste, wenig Tage hernach aber erfuhr ich, daß man diesen Handels-Diener früh in seinem Bette tod gefunden hätte, und wäre er allen Umständen nach an einem Steck-Flusse gestorben.

Der Himmel wird am besten wissen, ob dieser redliche Mensch nicht, seiner zu mir tragenden Liebe wegen, von meiner bösen Pflege-Mutter mit Gifft hingerichtet worden, denn wie jung ich auch damals war, so konte doch leichtlich einsehen, was vor eine ruchlose Lebens-Art, zumahlen in Abwesenheit meines Pflege-Vaters im Hause vorgieng. Immittelst traff dennoch ein, was der verstorbene Han-[395]dels-Diener vorher geweissaget hatte, denn wenig Monathe hernach machte sich mein Vetter oder Pflege-Vater aus dem Staube und überließ seinen Gläubigern ein ziemlich ausgeleertes Nest, dessen Frau aber behielt dennoch ihr Hauß nebst andern zu ihm gebrachten Sachen, so daß dieselbe mit ihren Kindern annoch ihr gutes Auskommen haben konte. Ich vor meine Person muste zwar bey

ihr bleiben, durffte mich aber niemals unterstehen zu
fragen, wie es um mein Vermögen stünde, biß endlich
ihr ältester Sohn aus Ost-Indien zurück kam, und sich
über das verkehrte Hauß-Wesen seiner Eltern nicht
wenig verwunderte. Er mochte von vertrauten Freunden gar bald erfahren haben, daß nicht so wohl seines
Vaters Nachläßigkeit als die üble Wirthschafft seiner
Mutter und Schwestern an diesem Unglück Schuld
habe, derowegen fieng er als ein tugendhafftiger und
verständiger Mensch gar bald an, ihnen ihr übles
Leben anfänglich ziemlich sanfftmüthig, hernach aber
desto ernstlicher zu Gemüthe zu führen, allein die
4. Furien bissen sich weidlich mit ihm herum, musten
aber doch zuletzt ziemlich nachgeben, weil sie nicht
Unrecht vermuthen konten, daß er durch seinen erworbenen Credit und grosses Gut, ihr verfallenes
Glück wiederum herzustellen vermögend sey. So bald
ich dieses merckte, nahm ich auch keinen fernern Aufschub, diesem redlichen Manne meine Noth zu klagen,
und da es sich eben schickte, daß ich ihm eines Tages
auf Befehl seiner Mutter ein Körbgen mit sauberer
Wäsche überbringen muste, gab solches die beste Gelegenheit ihm meines Hertzens-Gedancken zu [396]
offenbaren. Er schien mir diesen Tag etwas aufge-
räumter und freundlicher als wohl sonsten gewöhnlich, nachdem ich ihm also meinen Gruß abgestattet,
und die Wäsche eingehändiget hatte, sprach er: Es ist
keine gute Anzeigung vor mich, artige Virgilia, da ihr
das erste mal auf meiner Stube mit einem Körbgen
erscheinet, gewiß dieses solte mich fast abschrecken,
euch einen Vortrag meiner aufrichtigen und ehrlichen
Liebe zu thun. Ich schlug auf diese Reden meine
Augen zur Erden nieder, aus welchen alsofort die hellen Thränen fielen, und gab mit gebrochenen ängstlichen Worten so viel darauff. Ach mein Herr! Nehmet euch nicht vor, mit einer unglückseeligen Person

zu schertzen, erbarmet euch vielmehr einer armen von
aller Welt verlassenen Waise, die nach ihren ziemlichen Erbtheil, nicht ein mal fragen darff, über dieses
vor ihr eigen Geld als die geringste Magd dienen, und
wie von Jugend auf, so noch biß diesen Tag, die erbärmlichsten Schläge von eurer Mutter und Schwestern erdulden muß. Wie? Was hör ich? gab er mir zur
Antwort, ich vermeine euer Geld sey in Banco gethan,
und die Meinigen berechnen euch die Zinsen davon?
Ach mein Herr! versetzte ich, nichts weniger als dieses, euer Vater hat das Capital nebst Zinsen, und
allen meinen andern Sachen an sich genommen, wo es
aber hingekommen ist, darnach habe ich biß auf diese
Stunde noch nicht fragen dürffen, wenn ich nicht die
erbärmlichsten Martern erdulden wollen. Das sey dem
Himmel geklagt! schrye hierauff Ambrosius van Kee-
len, denn also war sein Nahme, schlug anbey die
Hände [397] über dem Kopffe zusammen, und saß
eine lange Zeit auf dem Stuhle in tieffen Gedancken.
Ich wuste solchergestalt nicht wie ich mit ihm daran
war, fuhr derowegen im Weinen fort, fiel endlich nieder, umfassete seine Knie und sagte: Ich bitte euch um
GOttes willen mein Herr, nehmet es nicht übel, daß
ich euch mein Elend geklagt habe, verschaffet nur
daß mir eure Mutter, auf meine gantze gerechte Forderung, etwa zwey oder drey hundert Thaler zahle,
so soll das übrige gäntzlich vergessen seyn, ich aber
will mich alsobald aus ihrem Hause hinweg begeben
und andere Dienste suchen, vielleicht ist der Himmel
so gnädig, mir etwa mit der Zeit einen ehrbaren
Handwercks-Mann zuzuführen, der mich zur Ehe
nimmt, und auf meine Lebens Zeit ernehret, denn ich
kan die Tyranney eurer Mutter und Schwestern ohnmöglich länger ertragen. Der gute Mensch konte sich
solchergestalt der Thränen selbst nicht enthalten, hub
mich aber sehr liebreich von der Erden auf, drückte

einen keuschen Kuß auf meine Stirn, und sagte: Gebt
euch zufrieden meine Freundin, ich schwere zu GOTT!
daß mein gantzes Vermögen, biß auf diese wenigen
Kleider so ich auf meinem Leibe trage, zu eurer Beruhigung bereit seyn soll, denn ich müste befürchten,
daß GOTT, bey so gestallten Sachen, die Mißhand-
lung meiner Eltern an mir heimsuchte, indessen gehet
hin und lasset euch diesen Tag über, weder gegen
meine Mutter noch Geschwister nicht das geringste
mercken, ich aber will noch vor Abends eures Anlie-
gens wegen mit ihnen sprechen, und gleich morgendes
Tages Anstalt ma-[398]chen, daß ihr Standesmäßig
gekleidet und gehalten werdet.
Ich trocknete demnach meine Augen, gieng mit ge-
trösteten Hertzen von ihm, er aber besuchte gute
Freunde, und nahm noch selbigen Abend Gelegenheit
mit seiner Mutter und Schwestern meinetwegen zu
sprechen. Wiewol nun dieselben mich auf sein Begehren, um sein Gespräch nicht mit anzuhören, beyseits
geschafft hatten, so habe doch nachhero vernommen,
daß er ihnen das Gesetz ungemein scharff gepredigt,
und sonderlich dieses vorgeworffen hat: Wie es zu
verantworten stünde, daß sie meine Gelder durchge-
bracht, Kleider und Geschmeide unter sich getheilet,
und über dieses alles, so jämmerlich gepeiniget hätten?
Allein auf solche Art wurde die gantze Hölle auf einmal angezündet, denn nachdem Ambrosius wieder auf
seine Stube gegangen, ich aber meinen Henckern nur
entgegen getreten war, redete mich die Alte mit fun-
ckelnden Augen also an: Was hastu verfluchter Find-
ling vor ein geheimes Verständniß mit meinem Sohne?
und weßwegen wilstu mir denselben auf den Halß
hetzen? Ich hatte meinen Mund noch nicht einmal
zur Rechtfertigung aufgethan, da alle 4. Furien über
mich herfielen und recht Mörderisch mit mir umgien-
gen, denn ausserdem, daß mir die helffte meiner

Haupt-Haare ausgeraufft, das Gesichte zerkratzt, auch Maul und Nase Blutrünstig geschlagen wurden, trat mich die Alte etliche mahl dergestalt hefftig auf den Unter-Leib und Magen, daß ich unter ihren Mörder-Klauen ohnmächtig, ja mehr als halb todt liegen blieb. Eine alte Dienst-Magd [399] die dergleichen Mord-Spiel weder verwehren, noch in die Länge ansehen kan, laufft alsobald und rufft den Ambrosius zu Hülffe. Dieser kömmt nebst seinem Diener eiligst herzu, und findet mich in dem allererbärmlichsten Zustande, läst derowegen seinem gerechten Eiffer den Zügel schiessen, und zerprügelt seine 3. leiblichen Schwestern dergestalt, daß sie in vielen Wochen nicht aus den Betten steigen können, mich halb todte Creatur aber, trägt er auf den Armen in sein eigenes Bette, lässet nebst einem verständigen Artzte, zwey Wart-Frauen holen, machte also zu meiner besten Verpflegung und Cur die herrlichsten Anstalten. Ich erkannte sein redliches Gemüthe mehr als zu wohl, indem er sich fast niemals zu meinem Bette nahete, oder sich meines Zustandes erkundigte, daß ihm nicht die hellen Thränen von den Wangen herab gelauffen wären, so bald er auch merckte daß es mir unmöglich wäre, in diesem vor mich unglückseeligen Hause einige Ruhe zu geniessen, vielweniger auf meine Genesung zu hoffen, ließ er mich in ein anderes, nächst dem seinen gelegenes Hauß bringen, allwo in dem einsamen Hinter-Gebäue eine schöne Gelegenheit zu meiner desto bessern Verpflegung bereitet war.

Er ließ es also an nichts fehlen meine Genesung aufs eiligste zu befördern, und besuchte mich täglich sehr öffters, allein meine Kranckheit schien von Tage zu Tage gefährlicher zu werden, weilen die Fuß-Tritte meiner alten Pflege-Mutter eine starcke Geschwulst in meinem Unterleibe veruhrsacht hatten, welche mit einem schlimmen Fieber vergesellschafftet war, so, daß

der Medicus [400] nachdem er über drey Monat an
mir curiret hatte, endlich zu vernehmen gab: es müsse
sich irgendwo ein Geschwür im Leibe angesetzt haben,
welches, nachdem es zum Aufbrechen gediehen, mir
entweder einen plötzlichen Todt, oder baldige Genesung verursachen könte.

Ambrosius stellete sich hierbey gantz Trostloß an,
zumahlen da ihm sein Compagnon aus Amsterdam
berichtete: wie die Spanier ein Holländisches Schiff
angehalten hätten, worauff sich von ihren gemeinschafftlichen Waaren allein, noch mehr als 20000.
Thlr. Werth befänden, demnach müsse sich Ambrosius
in aller Eil dahin begeben, um selbiges Schiff zu lösen,
weiln er, nemlich der Compagnon, wegen eines Bein-
Bruchs ohnmöglich solche Reise antreten könte.

Er hatte mir dieses kaum eröffnet, da ich ihn umstän-
dig bat, um meiner Person wegen dergleichen wichti-
ges Geschäffte nicht zu verabsäumen, indem ich die
stärckste Hoffnung zu GOTT hätte, daß mich derselbe binnen der Zeit seines Abwesens, vielleicht gesund herstellen würde, solte ich aber ja sterben, so
bäte mir nichts anders aus, als vorhero die Verfügung
zu machen, daß ich ehrlich begraben, und hinkünfftig
dann und wann seines guten Andenckens gewürdiget
würde. Ach! sprach er hierauff mit weinenden Augen,
sterbt ihr meine allerliebste Virgilia, so stirbt mit euch
alles mein künfftiges Vergnügen, denn wisset: Daß ich
eure Person eintzig und allein zu meinem Ehe-Gemahl
erwehlet habe, soferne ich aber euch verlieren solte, ist
mein Vorsatz, nimmermehr zu Heyrathen, saget derowegen, [401] ob ihr nach wieder erlangter Gesundheit
meine getreue Liebe mit völliger Gegen-Liebe belöh-
nen wollet? Ich stelle, gab ich hierauff zur Antwort,
meine Ehre, zeitliches Glück und alles was an mir ist,
in eure Hände, glaubet demnach, daß ich als eine
arme Waise euch gäntzlich eigen bin, und machet mit

mir, was ihr bey GOTT, eurem guten Gewissen und
der ehrbaren Welt verantworten könnet. Über diese
Erklärung zeigte sich Ambrosius dermassen vergnügt,
daß er fast kein Wort vorzubringen wuste, jedoch
erkühnete er sich einen feurigen Kuß auf meine Lippen zu drücken, und weiln dieses der erste war, den
ich meines wissens von einer Manns-Person auf meinen Mund empfangen, gieng es ohne sonderbare Be-
schämung nicht ab, jedoch nachdem er mir seine beständige Treue aufs heiligste zugeschworen hatte,
konte ich ihm nicht verwehren, dergleichen auf meinen blassen Wangen, Lippen und Händen noch öffter
zu wiederholen. Wir brachten also fast einen halben
Tag mit den treuhertzigsten Gesprächen hin, und endlich gelückte es mir ihn zu bereden, daß er gleich
Morgendes Tages die Reise nach Spanien vornahm,
nachdem er von mir den allerzärtlichsten Abschied
genommen, 1000. Stück Ducaten zu meiner Verpflegung zurück gelassen, und sonsten meinetwegen die
eiffrigste Sorgfalt vorgekehret hatte.

Etwa einen Monat nach meines werthen Ambrosii
Abreise, brach das Geschwür in meinem Leibe, welches sich des Artzts, und meiner eigenen Meynung
nach, am Magen und Zwerchfell angesetzt hatte, in
der Nacht plötzlich auf, weßwegen etliche Tage
[402] nach einander eine erstaunliche Menge Eiter
durch den Stuhlgang zum Vorschein kam, hierauff
begunte mein dicker Leib allmählig zu fallen, das Fieber nachzulassen, mithin die Hoffnung, meiner volli-
gen Genesung wegen, immer mehr und mehr zuzu-
nehmen. Allein das Unglück, welches mich von Jugend an so grausam verfolget, hatte sich schon wieder
aufs neue gerüstet, mir den allerempfindlichsten
Streich zu spielen, denn da ich einst um Mitternacht
im süssen Schlummer lag, wurde meine Thür von den
Gerichts-Dienern plötzlich eröffnet, ich, nebst meiner

Wart-Frau in das gemeine Stadt-Gefängniß gebracht,
und meiner grossen Schwachheit ohngeacht, mit
schweren Ketten belegt, ohne zu wissen aus was Ursachen man also grausam mit mir umgienge. Gleich
folgendes Tages aber erfuhr ich mehr als zu klar, in
was vor bösen Verdacht ich arme unschuldige Creatur
gehalten wurde, denn es kamen etliche ansehnliche
Männer im Gefängnisse bey mir an, welche, nach
weitläufftiger Erkundigung wegen meines Lebens und
Wandels, endlich eine roth angestrichene Schachtel
herbey bringen liessen, und mich befragten: Ob diese
Schachtel mir zugehörete, oder sonsten etwa känntlich
sey? Ich konte mit guten Gewissen und freyen Muthe
Nein darzu sagen, so bald aber dieselbe eröfnet und
mir ein halb verfaultes Kind darinnen gezeiget wurde,
entsetzte ich mich dergestalt über diesen eckelhafften
Anblick, daß mir Augenblicklich eine Ohnmacht zu-
stieß. Nachdem man meine entwichenen Geister aber
wiederum in einige Ordnung gebracht, wurde ich aufs
neue befragt: Ob dieses [403] Kind nicht von mir zur
Welt gebohren, nachhero ermordet und hinweg geworffen worden? Ich erfüllete das gantze Gemach
mit meinem Geschrey, und bezeugte meine Unschuld
nicht allein mit hefftigen Thränen, sondern auch mit
den nachdrücklichsten Reden, allein alles dieses fand
keine statt, denn es wurden zwey, mit meiner seel.
Mutter Nahmen bezeichnete Teller-Tüchlein, zwar als
stumme, doch der Richter Meynung nach, allergewisseste Zeugen dargelegt, in welche das Kind gewickelt
gewesen, ich aber konte nicht läugnen, daß unter meinem wenigen weissen Zeuge, eben dergleichen Teller-
Tücher befindlich wären. Es wurde mir über dieses
auferlegt mich von zwey Weh-Müttern besichtigen zu
lassen, da nun nicht anders gedachte, es würde durch
dieses höchst empfindliche Mittel, meine Unschuld
völlig an Tag kommen, so muste doch zu meinem

allergrösten Schmertzen erfahren, wie diese ohne allen
Scheu bekräfftigten, daß ich, allen Umständen nach,
vor weniger Zeit ein Kind zur Welt geboren haben
müsse. Ich beruffte mich hierbey auf meinen bißherigen Artzt so wol, als auf meine zwey Wart-Frauen,
allein der Artzt hatte die Schultern gezuckt und bekennet, daß er nicht eigentlich sagen könne, wie es mit
mir beschaffen gewesen, ob er mich gleich auf ein
innerliches Magen-Geschwür curiret hätte, die eine
Wart-Frau aber zog ihren Kopf aus der Schlinge und
sagte: Sie wisse von meinem Zustande wenig zu sagen,
weil sie zwar öffters bey Tage, selten aber des Nachts
bey mir gewesen wäre, schob hiermit alles auf die
andere Wart-Frau, die so wohl als ich in Ketten und
Banden lag.

[404] O du barmhertziger GOTT! rieff ich aus, wie
kanstu zugeben, daß sich alle ängstlichen Umstände
mit der Boßheit der Menschen vereinigen müssen, einer
höchst unschuldigen armen Waise Unglück zu befördern. O ihr Richter, schrye ich, übereilet euch nicht
zu meinem Verderben, sondern höret mich an, auf
daß euch GOtt wiederum höre. Hiermit erzehlete ich
ihnen meinen von Kindes Beinen an geführten Jammer-Stand deutlich genung, allein da es zum Ende
kam, hatte ich tauben Ohren geprediget und sonsten
kein ander Lob davon, als daß ich eine sehr gewitzigte
Metze und gute Rednerin sey, dem allen ohngeacht
aber solte ich mir nur keine Hoffnung machen sie zu
verwirren, sondern nur bey Zeiten mein Verbrechen
in der Güte gestehen, widrigenfalls würde ehester
Tage Anstalt zu meiner Tortur gemacht werden. Dieses war der Bescheid, welchen mir die allzuernsthaff-
ten Inquisiteurs hinterliessen, ich armes von aller Welt
verlassenes Mägdlein wuste mir weder zu helffen noch
zu rathen, zumahlen, da ich von neuen in ein solches
hitziges Fieber verfiel, welches meinen Verstand biß

in die 4te Woche gantz verrückte. So bald mich aber
durch die gereichten guten Artzeneyen nur in etwas
wiederum erholet hatte, verhöreten mich die Inquisiteurs aufs neue, bekamen aber, Seiten meiner, keine
andere Erklärung als vormals, weßwegen sie mir noch
drey Tage Bedenck-Zeit gaben, nach deren Verlauff
aber in Gesellschafft des Scharff-Richters erschienen,
der sein peinliches Werckzeug vor meine Augen legte,
und mit grimmigen Gebärden sagte: Daß er mich in
kurtzer Zeit zur [405] bessern Bekänntniß meiner
Boßheiten bringen wolle.
Bey dem Anblicke so gestallter Sachen veränderte sich
meine gantze Natur dergestalt, daß ich auf einmal
Lust bekam, ehe tausendmal den Tod, als dergleichen
Pein zu erleiden, demnach sprach ich mit gröster
Hertzhafftigkeit dieses zu meinen Richtern: Wohlan!
ich spüre, daß ich meines zeitlichen Glücks, Ehre und
Lebens wegen, von GOTT und aller Welt verlassen
bin, auch der schmählichen Tortur auf keine andere
Art entgehen kan, als wenn ich alles dasjenige, was
ihr an mir sucht, eingestehe und verrichtet zu haben
auf mich nehme, derowegen verschonet mich nur mit
unnöthiger Marter, und erfraget von mir was euch
beliebt, so will ich euch nach euren Belieben antworten, es mag mir nun zu meinem zeitlichen Glück und
Leben nützlich oder schädlich seyn. Hierauff thaten
sie eine klägliche Ermahnung an mich, GOtte, wie
auch der Obrigkeit ein wahrhafftiges Bekänntniß abzustatten, und fiengen an, mir mehr als 30. Fragen
vorzulegen, allein so bald ich nur ein oder andere mit
guten Gewissen und der Wahrheit nach verneinen,
und etwas gewisses zu meiner Entschuldigung vorbringen wolte, wurde alsobald der Scharff-Richter
mit seinen Marter-Instrumenten näher zu treten ermahnet, weßwegen ich aus Angst augenblicklich meinen Sinn änderte und so antwortete, wie es meine

Inquisiteurs gerne hören und haben wolten. Kurtz zu melden, es kam so viel heraus, daß ich das mir unbekannte halb verfaulte Kind von Ambrosio empfangen, zur Welt gebohren, selbst ermordet, und solches durch meine [406] Wart-Frau in einen Canal werffen lassen, woran doch in der That Ambrosius und die Wart-Frau, so wol als ich vor GOTT und allen heiligen Engeln unschuldig waren.

Solchergestalt vermeynten nun meine Inquisiteurs ihr Ammt an mir rechtschaffener Weise verwaltet zu haben, liessen derowegen das Gerüchte durch die gantze Stadt erschallen, daß ich nunmehro in der Güte ohne alle Marter den Kinder-Mord nebst allen behörigen Umständen solchergestalt bekennet, daß niemand daran zu zweiffeln Ursach haben könte, demnach war nichts mehr übrig als zu bestimmen, auf was vor Art und welchen Tag die arme Virgilia vom Leben zum Tode gebracht werden solte. Immittelst wurde noch zur Zeit kein Priester oder Seel-Sorger zu mir gesendet, ohngeacht ich schon etliche Tage darum angehalten hatte. Endlich aber, nachdem noch zwey Wochen verlauffen, stellete sich ein solcher, und zwar ein mir wohl bekandter frommer Prediger bey mir ein. Nach gethanem Grusse war seine ernsthaffte und erste Frage: Ob ich die berüchtigte junge Raben-Mutter und Kinder-Mörderin sey, auch wie ich mich so wohl in meinem Gewissen als wegen der Leibes-Gesundheit befände? Mein Herr! gab ich ihm sehr freymüthig zur Antwort, in meinem Gewissen befinde ich mich weit besser und gesunder als am Leibe, sonsten kan ich GOTT eintzig und allein zum Zeugen anruffen, daß ich niemals eine Mutter, weder eines todten noch lebendigen Kindes gewesen bin, vielweniger ein Kind ermordet oder solches zu ermorden zugelassen habe. Ja, ich ruffe nochmals GOTT zum Zeu-[407]gen an, daß ich niemals von einem Manne erkannt

und also noch eine reine und keusche Jungfrau bin,
jedoch das grausame Verfahren meiner Inquisiteurs
und die grosse Furcht vor der Tortur, haben mich gezwungen solche Sachen zu bekennen, von denen mir
niemals etwas in die Gedancken kommen ist, und noch
biß diese Stunde bin ich entschlossen, lieber mit freu-
digen Hertzen in den Tod zu gehen, als die Tortur
auszustehen. Der fromme Mann sahe mir starr in die
Augen, als ob er aus selbigen die Bekräfftigung meiner
Reden vernehmen wolte, und schärffte mir das Gewissen in allen Stücken ungemein, nachdem ich aber bey
der ihm gethanen Aussage verharrete, und meinen
gantzen Lebens-Lauff erzehlet hatte, sprach er: Meine
Tochter, eure Rechts-Händel müssen, ob GOTT will,
in kurtzen auf andern Fuß kommen, ich spreche euch
zwar keineswegs vor Recht, daß ihr, aus Furcht vor
der Tortur, euch zu einer Kinder- und Selbst-Mörde-
rin machet, allein es sind noch andere eurer Einfalt
unbewuste Mittel vorhanden eure Schuld oder Unschuld ans Licht zu bringen. Hierauff setzte er noch
einige tröstliche Ermahnungen hinzu, und nahm mit
dem Versprechen Abschied, mich längstens in zweyen
Tagen wiederum zu besuchen.

Allein gleich folgenden Tages erfuhr ich ohnverhofft,
daß mich GOTT durch zweyerley Hülffs-Mittel, mit
ehesten aus meinem Elende heraus reissen würde, denn
vors erste war meine Unschuld schon ziemlich ans
Tages Licht gekommen, da die alte Dienst-Magd meiner Pflege-Mutter, aus eigenem Gewissens-Triebe, der
Obrigkeit angezeiget [408] hatte, wie nicht ich, sondern die mittelste Tochter meiner Pflege-Mutter das
gefundene Kind gebohren, selbiges, vermittelst einer
grossen Nadel, ermordet, eingepackt, und hinweg zu
werffen befohlen hätte, und zwar so hätten nicht
allein die übrigen zwey Schwestern, sondern auch die
Mutter selbst mit Hand angelegt, dieweilen es bey

ihnen nicht das erste mahl sey, dergleichen Thaten begangen zu haben. Meine andere tröstliche Zeitung war, daß mein bester Freund Ambrosius vor wenig Stunden zurück gekommen, und zu meiner Befreyung die äusersten Mittel anzuwenden, allbereits im Begriff sey.

Er bekam noch selbigen Abends Erlaubniß, mich in meinem Gefängnisse zu besuchen, und wäre bey nahe in Ohnmacht gefallen, da er mich Elende annoch in Ketten und Banden liegen sahe, allein, er hatte doch nach Verlauff einer halben Stunde, so wohl als ich, das Vergnügen, mich von den Banden entlediget, und in ein reputirlicher Gefängniß gebracht zu sehen. Ich will mich nicht aufhalten zu beschreiben, wie jämmerlich und dennoch zärtlich und tröstlich diese unsere Wiederzusammenkunfft war, sondern nur melden, daß ich nach zweyen Tagen durch seine ernstliche Bemühung in völlige Freyheit gesetzt wurde. Über dieses ließ er es sich sehr viel kosten, wegen meiner Unschuld hinlängliche Erstattung des erlittenen Schimpffs von meinen allzu hitzigen Inquisiteurs zu erhalten, empfing auch so wohl von den geistlichen als weltlichen Gerichten die herrlichsten Ehren-Zeugnisse vor seine und meine Person, am allermeisten aber erfreuete [409] er sich über meine in wenig Wochen völlig wieder erlangte Gesundheit.

Nach der Zeit bemühete sich Ambrosius, seine lasterhaffte Mutter und schändliche Schwestern, vermittelst einer grossen Geld-Summe, von der fernern Inquisition zu befreyen, zumahlen da ich ihnen das mir zugefügte Unrecht von Hertzen vergeben hatte, allein, er konte nichts erhalten, sondern muste der Gerechtigkeit den Lauff lassen, weil sie nach der Zeit überzeugt wurden, daß dieses schon das dritte Kind sey, welches seine zwey ältesten Schwestern gebohren, und mit Beyhülffe ihrer Mutter ermordet hätten, weßwegen sie auch

ihren verdienten Lohn empfingen, indem die Mutter
nebst den zwey ältesten mit dem Leben büssen, die
jüngste aber in ein Zucht-Hauß wandern muste.

Jedoch, ehe noch dieses geschahe, reisete mein Ambrosius mit mir nach Amsterdam, weil er vermuthlich
dieses traurige Spectacul nicht abwarten wolte, ließ
sich aber doch noch in selbigem Jahre mit mir ehelich
verbinden, und ich kan nicht anders sagen, als daß ich
ein halbes Jahr lang ein recht stilles und vergnügtes
Leben mit ihm geführet habe, indem er eine der besten
Handlungen mit seinem Compagnon daselbst anlegte.
Allein, weil das Verhängniß einmahl beschlossen hatte,
daß meiner Jugend Jahre in lauter Betrübniß zugebracht werden solten, so muste mein getreuer Ambrosius über Vermuthen den gefährlichsten Anfall der
rothen Ruhr bekommen, welche ihn in 17. Tagen dermassen abmattete, daß er seinen Geist darüber aufgab,
und im 31. Jahre seines Alters mich zu [410] einer
sehr jungen, aber desto betrübtern Wittbe machte. Ich
will meinen dieserhalb empfundenen Jammer nicht
weitläufftig beschreiben, genung, wenn ich sage, daß
mein Hertz nichts mehr wünschte, als ihm im Grabe
an der Seite zu liegen. Der getreue Ambrosius aber
hatte noch vor seinem Ende vor mein zeitliches Glück
gesorget, und meine Person so wohl als sein gantzes
Vermögen an seinen Compagnon vermacht, doch mit
dem Vorbehalt, daß, wo ich wider Vermuthen denselben nicht zum andern Manne verlangete, er mir
überhaupt vor alles 12000. Thlr. auszahlen, und mir
meinen freyen Willen lassen solte.

Wilhelm van Cattmer, so hieß der Compagnon meines
seel. Ehemannes, war ein Mann von 33. Jahren, und
nur seit zweyen Jahren ein Wittber gewesen, hatte
von seiner verstorbenen Frauen eine eintzige Tochter,
Gertraud genannt, bey sich, die aber, wegen ihrer
Kindheit, seinem Hauß-Wesen noch nicht vorstehen

konte, derowegen gab er mir nach verflossenen Trauer-Jahre so wohl seine aufrichtige Liebe, als den letzten Willen meines seel. Mannes sehr beweglich zu verstehen, und drunge sich endlich durch tägliches Anhalten um meine Gegen-Gunst solcher Gestalt in mein Hertz, daß ich mich entschloß, die Heyrath mit ihm einzugehen, weil er mich hinlänglich überführete, daß so wohl der Wittben-Stand, als eine anderweitige Heyrath mit Zurücksetzung seiner Person, vor mich sehr gefährlich sey.

Ich hatte keine Ursach über diesen andern Mann zu klagen, denn er hat mich nach der Zeit in unsern [411] 5. jährigen Ehe-Stande mit keiner Gebärde, vielweniger mit einem Worte betrübt. Zehen Monat nach unserer Vereheligung kam ich mit einer jungen Tochter ins Kind-Bette, welche aber nach anderthalb Jahren an Masern starb, doch wurde dieser Verlust bald wiederum ersetzt, da ich zum andern mahle mit einem jungen Sohne nieder kam, worüber mein Ehe-Mann eine ungemeine Freude bezeigte, und mir um so viel desto mehr Liebes-Bezeugungen erwiese. Bey nahe zwey Jahr hernach erhielt mein Wilhelm die betrübte Nachricht, daß sein leiblicher Vater auf dem Cap der guten Hoffnung Todes verblichen sey, weil nun derselbe in ermeldten Lande vor mehr als 30000. Thaler werth Güter angebauet und besessen hatte; als beredete er sich dieserwegen mit seinem eintzigen Bruder und einer Schwester, fassete auch endlich den Schluß, selbige Güter in Besitz zu nehmen, und seinem Geschwister zwey Theile des Werths heraus zu geben. Er fragte zwar vorhero mich um Rath, auch ob ich mich entschliessen könte, Europam zu verlassen, und in einem andern Welt-Theile zu wohnen, beschrieb mir anbey die Lage und Lebens-Art in selbigem fernen Lande aus dermassen angenehm, so bald ich nun merckte, daß ihm so gar sehr viel daran gelegen wäre, gab ich alsofort meinen Willen drein, und versprach, in seiner Gesellschafft viel lieber mit ans Ende der Welt zu reisen, als ohne ihn in Amsterdam zu bleiben. Demnach wurde aufs eiligste Anstalt zu unserer Reise gemacht, wir machten unsere besten Sachen theils zu Gelde, theils aber liessen wir selbige [412] in Verwahrung unsers Schwagers, der ein wohlhabender Jubelier war, und reiseten in GOttes Nahmen von Amsterdam ab, dem Cap der guten Hoffnung, oder vielmehr unserm Unglück entgegen, denn mittlerweile, da wir an den Canarischen Insuln, uns ein wenig zu erfrischen, angelandet waren, starb unser kleiner Sohn, und wurde auch daselbst zur Erden bestattet. Wenig Tage hierauf wurde die fernere Reise fortgesetzt, und mein Betrübniß vollkommen zu machen, überfielen uns zwey Räuber, mit welchen sich unser Schiff ins Treffen einlassen muste, auch so glücklich war, selbigen zu entgehen, ich aber solte doch dabey die allerunglückseeligste seyn, indem mein lieber Mann mit einer kleinen Kugel durch den Kopff geschossen wurde, und dieserwegen sein redliches Leben einbüssen muste.

Der Himmel weiß, ob mein seeliger William seinen tödtlichen Schuß nicht vielmehr von einem Meuchel-Mörder als von den See-Räubern bekommen hatte, denn alle Umstände kamen mir dabey sehr verdächtig vor, jedoch, GOtt verzeihe es mir, wenn ich den Severin Water in unrechten Verdacht halte.

Dieser Severin Water war ein junger Holländischer, sehr frecher und wollüstiger Kauffmann, und hatte schon öffters in Amsterdam Gelegenheit gesucht, mich zu einem schändlichen Ehe-Bruche zu verführen. Ich hatte ihn schon verschiedene mahl gewarnet, meine Tugend mit dergleichen verdammten Ansinnen zu verschonen, oder ich würde mich genöthiget finden, solches meinem Manne [413] zu eröffnen, da er aber

dennoch nicht nachlassen wolte, bat ich würcklich
meinen Mann inständig, seine und meine Ehre gegen
diesen geilen Bock zu schützen, allein, mein William
gab mir zur Antwort: Mein Engel, lasset den Haasen
lauffen, er ist ein wollüstiger Narr, und weil ich mich
eurer Tugend vollkommen versichert halte, so weiß
ich auch, daß er zu meinem Nachtheil nichts bey euch
erhalten wird, indessen ist es nicht rathsam, ihn noch
zur Zeit zum offenbaren Feinde zu machen, weil ich
durch seine Person auf dem Cap der guten Hoffnung
einen besondern wichtigen Vortheil erlangen kan.
Und eben in dieser Absicht sahe es auch mein William
nicht ungern, daß Severin in seiner Gesellschafft mit
dahin reisete. Ich indessen war um so viel desto mehr
verdrüßlich, da ich diesen geilen Bock alltäglich vor
mir sehen, und mit ihm reden muste, er führete sich
aber bey meines Mannes Leben noch ziemlich vernünfftig auf, jedoch gleich etliche Tage nach dessen
jämmerlichen Tode, trug er mir so gleich seine eigene
schändliche Person zur neuen Heyrath an. Ich nahm
diese Leichtsinnigkeit sehr übel auf, und bat ihn, mich
zum wenigsten auf ein Jahr lang mit dergleichen Antrage zu verschonen, allein, er verlachte meine Einfalt,
und sagte mit frechen Gebärden: Er frage ja nichts
darnach, ich möchte schwanger seyn oder nicht, genung, er wolle meine Leibes-Frucht vor die seinige
erkennen, über dieses wäre man auf den Schiffen der
Geistlichen Kirchen-Censur nicht also unterworffen,
als in unsern Vaterlande, und was dergleichen Ge-
schwätzes mehr war, mich zu [414] einer gleichmäßigen schändlichen Leichtsinnigkeit zu bewegen, da ich
aber, ohngeacht ich wohl wuste, daß sich nicht die
geringsten Zeichen einer Schwangerschafft bey mir
äuserten, dennoch einen natürlichen Abscheu so wohl
vor der Person als dem gantzen Wesen dieses Wüst-
lings hatte, so suchte ihn, vermöge der verdrüßlichsten

und schimpfflichsten Reden, mir vom Halse zu schaffen; Allein, der freche Bube kehrete sich an nichts, sondern schwur, ehe sein gantzes Vermögen nebst dem Leben zu verlieren, als mich dem Wittwen-Stande oder einem andern Manne zu überlassen, sagte mir anbey frey unter die Augen, so lange wolle er noch Gedult haben, biß wir das Cap der guten Hoffnung erreicht hätten, nach diesem würde sich zeigen, ob er mich mit Güte oder Gewalt ins Ehe-Bette ziehen müsse.

Ich Elende wuste gegen diesen Trotzer nirgends Schutz zu finden, weil er die Befehlshaber des Schiffs so wohl als die meisten andern Leute durch Geschencke und Gaben auf seine Seite gelenckt hatte, solcher Gestalt wurden meine jämmerlichen Klagen fast von jederman verlacht, und ich selbst ein Spott der ungehobelten Boots-Knechte, indem mir ein jeder vorwarff, meine Keuschheit wäre nur ein verstelltes Wesen, ich wolte nur sehr gebeten seyn, würde aber meine Tugend schon wohlfeiler verkauffen, so bald nur ein junger Mann - - - -

Ich scheue mich, an die lasterhafften Reden länger zu gedencken, welche ich mit gröster Hertzens-Quaal von diesen Unflätern täglich anhören muste, über dieses klagte mir meine Aufwärterin Blandina [415] mit weinenden Augen, daß ihr Severin schändliche Unzucht zugemuthet, und versprochen hätte, sie auf dem Cap der guten Hoffnung nebst mir, als seine Kebs-Frau, beyzubehalten, allein, sie hatte ihm ins Angesicht gespyen, davor aber eine derbe Maulschelle hinnehmen müssen. Meiner zarten und fast noch nicht mannbaren Stieff-Tochter, der Gertraud, hatte der Schand-Bock ebenfalls seine Geilheit angetragen, und fast Willens gehabt, dieses fromme Kind zu nothzüchtigen, der Himmel aber führete mich noch bey Zeiten dahin, diese Unschuldige zu retten.

Solcher Gestalt war nun mein Jammer-Stand abermahls auf der höchsten Stuffe des Unglücks, die
Hülffe des Höchsten aber desto näher. Ich will aber
nicht weiter beschreiben, welcher Gestalt ich nebst
meiner Tochter und Aufwärterin von den Kindern
und Befreunden des theuren Alt-Vaters Albert Julii
aus dieser Angst gerissen und errettet worden, weil ich
doch versichert bin, daß selbiger solches alles in seiner
Geschichts-Beschreibung so wohl als mein übriges
Schicksal, nebst andern mit aufgezeichnet hat, sondern hiermit meine Lebens-Beschreibung schliessen,
und das Urtheil darüber andern überlassen. GOTT
und mein Gewissen überzeugen mich keiner muthwilli-
gen und groben Sünden, wäre ich aber ja eine lasterhaffte Weibs-Person gewesen, so hätte thöricht gehandelt, alles mit solchen Umständen zu beschreiben,
woraus vielleicht mancher etwas schlimmeres von mir
muthmassen könte.
[416]   *
             *   *

Dieses war also alles, was ich Eberhard Julius meinen
Zuhörern, von der Virgilia eigenen Hand geschrieben,
vorlesen konte, worauf der Alt-Vater seine Erzehlung
folgender massen fortsetzte:

Unsere allerseitige Freude über die gewünschte Wiederkunfft der Meinigen war gantz unvergleichlich,
zumahlen da die mitgekommene junge Wittbe nebst
ihrer Tochter und einer nicht weniger artigen Jungfrau bey unserer Lebens-Art ein vollkommenes Vergnügen bezeugten. Also wurde der bevorstehende
Winter so wohl als der darauf folgende Sommer mit
lauter Ergötzlichkeit zugebracht. Das Schiff luden
meine Kinder aus, und stiessen es als eine nicht allzu
nöthige Sache in die Bucht, weil wir uns nach keinen
weitern Handel mit andern Leuten sehneten. Dahin-

gegen erweiterten wir unsere alten Wohnungen, baueten noch etliche neue, versperreten alle Zugänge zu
unserer Insul, und setzten die Hauß-Wirthschafften in
immer bessern Stand. Amias hatte von einem Holländer ein Glaß voll Lein-Saamen bekommen, von welchen er etwas aussäete, um Flachs zu zeugen, damit
die Weiber Spinnwerck bekämen, über dieses war seine
gröste Freude, daß diejenigen Blumen und andere Ge-
wächse zu ihrer Zeit so schön zum Vorschein kamen,
zu welchen er die Saamen, Zwiebeln und Kernen von
den Holländern erbettelt und mitgebracht hatte. Seiner Vorsicht, guter Wartung und besonderen Klugheit
habe ich es eintzig und allein zu dancken, daß mein
grosser Garten, zu welchen er im Jahr 1672. den
Grund gelegt, in guten Stande ist.

[417] Doch eben in selbigem Jahre, ließ sich die tugendhaffte Virgilia van Cattmers, und zwar am
8. Jan., nemlich an meinem Geburths-Tage, mit meinem Sohne Johanne durch meine Hand ehelich zusammen geben, und weil der jüngste Zwilling, Christian, seine ihm zugetheilte Blandina an seinen ältern
Bruder Christoph gutwillig überließ, anbey aber mit
ruhigen Hertzen auf die Gertraud warten wolte, so
geschahe dem Christoph und der Blandina, die einander allem Ansehen nach recht hertzlich liebten, ein
gleiches, so, daß wir abermahls zwey Hochzeit-Feste
zugleich begingen.

Im Jahr 1674. wurden endlich die letzten zwey von
meinen leiblichen Kindern verehliget, nemlich Christian mit Gertraud, und Christina mit David Rawkin,
als welcher letztere gnungsame Proben seiner treuen
und geduldigen Liebe zu Tage gelegt hatte. Demnach
waren alle die Meinigen dermassen wohl begattet und
berathen, daß es, unser aller vernünfftigen Meinung
nach, unmöglich besser erdacht und ausgesucht werden können, jedoch waren meine Concordia und ich

ohnstreitig die allervergnügtesten zu nennen, denn alle die Unserigen erzeigten uns aus willigen ungezwungenen Hertzen den allergenausten Gehorsam, der mit einer zärtlichen Ehrerbietung verknüpfft war, wolten auch durchaus nicht geschehen lassen, daß wir uns mit beschwerlicher Arbeit bemühen solten, sondern suchten alle Gelegenheit, uns derselben zu überheben, von selbst, so, daß eine vollkommene Liebe und Eintracht unter uns allen anzutreffen war. Der Himmel erzeigte sich auch dermassen gnädig gegen uns [418] von allen andern abgesonderte Menschen, daß wir seine barmhertzige Vorsorge in allen Stücken gantz sonderbar verspüren konten, und nicht die geringste Ursache hatten, über Mangel oder andere dem menschlichen Geschlecht sonst zustossende betrübte Zufälle zu klagen, hergegen nahmen unsere Familien mit den Jahren dermassen zu, daß man recht vergnügt überrechnen konte, wie mit der Zeit aus denselben ein grosses Volck entstehen würde.

Im Jahr 1683. aber begegnete uns der erste klägliche Zufall, und zwar solcher Gestalt: Wir hatten seit etlichen Jahren her, bey müßigen Zeiten, alle diejenigen Örter an den auswendigen Klippen, wo wir nur vermerckten, daß jemand dieselben besteigen, und uns überfallen könte, durch fleißige Hand-Arbeit und Sprengung mit Pulver, dermassen zugerichtet, daß auch nicht einmahl eine Katze hinauf klettern, und die Höhe erreichen können, hergegen arbeiteten wir zu unserer eigenen Bequemlichkeit 4. ziemlich verborgene krumme Gänge, an 4. Orten, nehmlich: Gegen Norden, Osten, Süden und Westen zu, zwischen den Felsen-Klippen hinab, die niemand so leicht ausfinden konte, als wer Bescheid darum wuste, und dieses geschahe aus keiner andern Ursache, als daß wir nicht die Mühe haben wolten, um aller Kleinigkeiten wegen, die etwa zwey oder drey Personen an der See

zu verrichten hätten, allezeit die grossen und gantz
neu gemachten Schleusen auf- und zu zu machen. Jedoch, wie ihr meine Lieben selbst wahrgenommen
habt, verwahreten wir den Aus- und Eingang solcher
bequemlicher Wege mit tieffen [419] Abschnitten und
andern Verhindernissen, solcher Gestalt, daß niemanden, ohne die herab gelassenen kleinen Zug-Brücken,
die doch von eines eintzigen Menschen Händen leicht
zu regieren sind, weder herüber- noch hinüber zu
kommen vermögend ist. Indem nun alle Seiten und
Ecken durch unermüdeten vieljährigen Fleiß in vollkommen guten Stand gesetzt waren, biß auf noch
etwas weniges an der West-Seite, allwo, auf des Amias
Angeben, noch ein ziemlich Stück Felsen abgesprengt
werden solte, versahe es der redliche Mann hierbey
dermassen schlimm, daß, da er sich nicht weit genung
entfernet hatte, sein linckes Bein durch ein grosses
fliegendes Stein-Stücke erbärmlich gequetscht und zerschmettert wurde, welcher Schade denn in wenig Tagen diesem redlichen Manne, ohngeacht aller ange-
wandten kräfftigen Wund-Mittel, die auf unserer
Insul in grosser Menge anzutreffen sind, und die wir
so wohl aus des Don Cyrillo Anweisung, als aus eigener Erfahrung ziemlich erkennen gelernet, sein edles
Leben, wiewohl im hohen Alter, doch bey gesunden
Kräfften und frischen Hertzen, uns allen aber noch
viel zu früh, verkürtzte.
Es war wohl kein eintziger, ausgenommen die gantz
jungen Kinder, auf dieser Insel anzutreffen, der dem
guten Robert, als dessen Bruders Sohne, im wehmü-
thigsten Klagen, wegen dieses unverhofften Todes und
Unglücks-Falles, nicht eifrige Gesellschafft geleistet
hätte, Jacob, Simon und David, die alle drey in der
Tischler-Arbeit die geschicktesten waren, machten
ihm einen recht schönen Sarg nach Teutscher Art,
worein wir den zierlich [420] angekleideten Cörper

legten, und an denjenigen Ort, welchen ich vor längst
zum Begräbniß der Todten ausersehen, ehrlich zur
Erde bestatteten.

Robert, der in damahligem 19ten Jahre seines Ehe-
standes mit der jüngern Concordia allbereit 11. Kinder, als 3. Söhne und 8. Töchter, gezeuget hatte, war
nunmehro der erste, der sich von uns trennete, und vor
sich und sein Geschlechte eine eigene Pflantz-Stadt,
jenseit des Canals gegen Osten zu, anlegte, weil uns
der Platz und die Gegend um den Hügel herum, fast
zu enge werden wolte. Mein ältester Sohn, Albert,
folgte dessen Beyspiele mit seiner Judith, 6. Söhnen
und 2. Töchtern am ersten, und legte seine Pflantz-
Stadt Nordwerts an. Diesem that Stephanus mit seiner Sabina, 4. Söhnen und 5. Töchtern, ein gleiches
nach, und zwar im Jahr 1685. da er seine Wohnung
jenseit des West-Flusses aufschlug. Im folgenden Jahre
folgte Jacob und Maria mit 3. Söhnen und 4. Töchtern, ingleichen Simon mit 3. Söhnen und 2. Töchtern,
auch Johannes mit der Virgilia, 2. Söhnen und
5. Töchtern.

Ich ersahe meine besondere Freude hieran, und weil
sie alle als Brüder einander im Hauß-Bauen und andern Dinge redlich zu Hülffe kamen, so machte auch
ich mir die gröste Freude daraus, ihnen kräfftige
Handreichung zu thun. Bey uns auf dem Hügel aber
wohnete also niemand mehr, als David und Christina
mit 3. Söhnen und 3. Töchtern, Christoph mit 3. Söhnen und 4. Töchtern, und letztlich Christian mit 2. Söhnen und einer Tochter, ingesammt, meine Concordia
und mich [421] mit gerechnet, 24. Seelen, ausserhalb
des Hügels aber 59. Seelen. Summa, im Jahr 1688. da
die erstere Haupt-Vertheilung vollendet wurde, aller
auf dieser Insul lebenden Menschen, 83. Nehmlich
39. Mannes- und 44. Weibs-Personen.

Ich habe euch aber, meine Lieben, diese Rechnung nur

dieserwegen vorgehalten, weil ich eben im 1688ten
Jahre mein Sechzigstes Lebens-Jahr, und das Vierzig-
ste Jahr meines vergnügt-geführten Ehestandes zurück
gelegt hatte, auch weil, ausser meinem letzten Töchterlein, biß auf selbige Zeit kein eintziges noch mehr
von meinen Kindern oder Kindes-Kindern gestorben
war, welches doch nachhero eben so wohl unter uns,
als unter andern sterblichen Menschen-Kindern geschahe, wie mein ordentlich geführtes Todten-Register
solches bezeuget, und auf Begehren zur andern Zeit
vorgezeigt werden kan.
Nun solte zwar auch von meiner Kindes-Kinder fernerer Verheyrathung ordentliche Meldung thun, allein, wem wird sonderlich mit solchen allzu grossen
Weitläufftigkeiten gedienet seyn, zumahlen sich ein
jeder leichtlich einbilden kan, daß sie sich mit Niemand anders als ihrer Väter und Mütter, Brüders- und
Schwester-Kindern haben verehligen können, welches,
so viel mir wissend, Göttlicher Ordnung nicht gäntzlich zuwider ist, und worzu mein erster Sohnes-Sohn,
Albertus der dritte allhier, anno 1689. mit Roberts
ältesten Tochter den Anfang machte, welchen die
andern Mannbaren, zu gehöriger Zeit, biß auf diesen
Tag nachgefolget sind.

[422] Es mag aber, ließ sich hierauf unser Alt-Vater
hören, hiermit auf diesen Abend sein Bewenden haben,
doch Morgen, geliebt es GOtt, und zwar nach verrichteten Morgen-Gebeth und eingenommenen Frühstück,
da wir ohnedem einen Rast-Tag machen können, will
ich den übrigen Rest meiner Erzehlung von denjenigen Merckwürdigkeiten thun, die mir biß auf des
Capitain Wolffgangs Ankunfft im Jahr 1721. annoch
Erzehlens-würdig scheinen, und ohngefähr beyfallen
werden.
Demnach legten wir uns abermahls sämmtlich zur

Ruhe, da nun dieselbe nebst der von dem Alt-Vater
bestimmten Zeit abgewartet war, gab er uns den Be-
schluß seiner bißhero ordentlich an einander gehenck-
ten Erzehlung also zu vernehmen:

Im Jahr 1692. wandten sich endlich die 3. letzten
Stämme auch von unserm Hügel, und baueten an
selbst erwehlten Orten ihre eigene Pflantz-Städten
vor sich und ihre Nachkommen an, damit aber meine
liebe Concordia und ich nicht alleine gelassen würden,
schickte uns ein jeder von den 9. Stämmen eins seiner
Kinder zur Bedienung und Gesellschafft zu, also hatten wir 5. Jünglinge und 4. Mägdleins nicht allein zum
Zeitvertreibe, sondern auch zu täglichen Lust-Arbei-
tern und Küchen-Gehülffen um und neben uns, denn
vor Brodt und andere gute Lebens-Mittel durfften
wir keine Sorge tragen, weil die Stamm-Väter alles im
Überflusse auf den Hügel schafften. Die Affen machten bey allen diesen neuen Einrichtungen die liederlichsten Streiche, denn ob ich gleich dieselben ordentlich als Sclaven meinen Kindern zugetheilet, [423]
und ein jeder Stamm die seinigen mit einem besondern
Halß-Bande gezeichnet hatte, so wolten sich dieselben
anfänglich doch durchaus nicht zertheilen lassen, sondern versammleten sich gar öffters alle wieder auf
dem Hügel bey meinen zweyen alten Affen, die ich
vor mich behalten hatte, biß sie endlich theils mit
Schlägen, theils mit guten Worten zum Gehorsam gebracht wurden.
Im Jahr 1694. fingen meine sämmtlichen Kinder an,
gegenwärtiges viereckte schöne Gebäude auf diesem
Hügel vor mich, als ihren Vater und König, zur Residentz aufzubauen, mit welchen sie erstlich nach 3en
Jahren völlig fertig wurden, weßwegen ich meine alte
Hütte abreissen und gantz hinweg schaffen ließ, das
neue hergegen bezohe, und es Alberts-Burg nennete,

nachhero habe in selbigem, durch den Hügel hindurch
biß in des Don Cyrillo unterirrdische Höle, eine bequemliche Treppe hauen, den auswendigen Eingang
derselben aber biß auf ein Lufft-Loch vermauren und
verschütten lassen, so, daß mir selbige kostbare Höle
nunmehro zum herrlichsten Keller-Gewölbe dienet.
So bald die Burg fertig, wurde der gantze Hügel mit
doppelten Reihen der ansehnlichsten Bäume in der
Rundung umsetzt, ingleichen der Anfang von mir gemacht, zu den beyden Alléen, zwischen welchen Alberts-Raum mitten inne liegt, und die nunmehro seit
etliche 20. Jahren zum zierlichsten Stande kommen
sind, wie ich denn nebst meiner Concordia manche
schöne Stunde mit Spatziren-gehen darinne zugebracht habe.

[424] Im 1698ten Jahre stieß uns abermahls eine der
merckwürdigsten Begebenheiten vor. Denn da David
Rawkins drey ältesten Söhne eines Tages den Nord-
Steg hinnab an die See gestiegen waren, um das Fett
von einem ertödteten See-Löwen auszuschneiden, erblicken sie von ohngefähr ein Schiff, welches auf den
Sand-Bäncken vor unseren Felsen gestrandet hatte.
Sie lauffen geschwind zurück und melden es ihrem
Vater, welcher erstlich zu mir kam, um sich Raths zu
erholen, ob man, daferne es etwa Nothleydende
wären, ihnen zu Hülffe kommen möchte? Ich ließ
alle wehrhaffte Personen auf der Insul zusammen
ruffen, ihr Gewehr und Waffen ergreiffen, und alle
Zugänge wohl besetzen, und begab mich mit etlichen
in eigener Person auf die Höhe. Von dar ersahen wir
nun zwar das gestrandete Schiff sehr eigentlich, wurden aber keines Menschen darauff gewahr, ohngeacht einer um den andern mit des seel. Amias hinterlassenen Perspectiv fleißig Acht hatte, biß der Abend
herein zu brechen begunte, da wir meisten, uns wiederum zurück begaben, doch aber die gantze Nacht

hindurch die Wachten wohl bestellet hielten, indem
zu besorgen war, es möchten etwa See-Räuber oder
andere Feinde seyn, die vorigen Tages unsere jungen
Leute von ferne erblickt, derowegen ein Boot mit
Mannschafft ausgesetzt hätten, um den Felsen auszu-
kundschaffen, mitlerweile sich die übrigen im Schiffe
verbergen müsten.

Allein wir wurden weder am andern, dritten, vierdten, fünfften noch sechsten Tage nichts mehr gewahr,
als das auf einer Stelle bleibende Schiff, [425] welches
weder Masten noch Seegel auf sich zeigte. Derowegen
fasseten endlich am siebenden Tage David, nebst noch
11. andern wohl bewaffneten starcken Leuten, das
Hertze, in unser grosses Boot, welches wir nur vor
wenig Jahren zu Ausübung unserer Strand-Gerechtig-
keit verfertiget, einzusteigen, und sich dem Schiffe zu
nähern.

Nachdem sie selbiges erreicht und betreten, kommen
dem David sogleich in einem Winckel zwey Personen
vor Augen, welche bey einem todten menschlichen
Cörper sitzen, mit grossen Messern ein Stück nach
dem andern von selbigen abschneiden, und solche
Stücken als rechte heißhungerige Wölffe eiligst ver-
schlingen. Über diesen gräßlichen Anblick werden alle
die Meinigen in nicht geringes Erstaunen gesetzt, jedoch selbiges wird um so viel mehr vergrössert, da
einer von diesen Menschen-Fressern jählings aufspringet, und einen von Davids Söhnen, mit seinem grossen
Messer zu erstechen sucht, doch da dieser Jüngling
seinen Feind mit der Flinte, als einen leichten Stroh-
Wisch zu Boden rennet, werden endlich alle beyde
mit leichter Müh überwältiget und gebunden hinge-
legt.

Hierauff durchsuchen sie weiter alle Kammern, Ecken
und Winckel des Schiffs, finden aber weder Menschen,
Vieh, noch sonsten etwas, wovor sie sich ferner zu

fürchten Ursach hätten. Hergegen an dessen statt
einen unschätzbaren Vorrath an kostbaren Zeug und
Gewürtz-Waaren, schönen Thier-Häuten, zugerichteten Ledern und andern vortrefflichen Sachen. Über
dieses alles trifft David auf die fünfftehalb Centner ungemüntzet Gold, 14. Centner [426] Silber,
2. Schlag-Fässer voll Perlen, und drey Kisten voll
gemüntztes Gold und Silber an, von dessen Glantze,
indem er an seiner Jugend-Jahre gedenckt, seine
Augen gantz verblendet werden.

Jedoch meine guten Kinder halten sich hierbey nicht
lange auf, sondern greiffen zu allererst nach den kostbarn Zeug- und Gewürtz-Waaren, tragen so viel davon in das Boot als ihnen möglich ist, nehmen die
zwey Gebundenen mit sich, und kamen also, nachdem
sie nicht länger als etwa 4. Stunden aussen gewesen,
wieder zurück, und zwar durch den Wasser-Weg, auf
die Insul. Wir vermerckten gar bald an den zweyen
Gebundenen, daß es rasende Menschen wären, indem
sie uns die gräßlichsten Gebärden zeigten, so oft sie
jemand ansahe, mit den Zähnen knirscheten, diejenigen Speisen aber, welche ihnen vorgehalten wurden,
hurtiger als die Kraniche verschlungen, weßwegen zu
Alberts-Raum, ein jeder in eine besondere Kammer
gesperret, und mit gebundenen Händen und Füssen
aufs Lager gelegt, dabey aber allmählig mit immer
mehr und mehr Speise und Tranck gestärckt wurde.
Allein der schlimmste unter den Beyden, reisset folgende Nacht seine Bande an Händen und Füssen entzwey, frisset erstlich allen herum liegenden Speise-
Vorrath auf, erbarmt sich hiernächst über ein Fäßlein,
welches mit einer besondern Art von eingemachten
Wurtzeln angefüllet ist, und frist selbiges ebenfalls
biß auf die Helffte aus, bricht hernach die Thür entzwey, und läufft dem Nord-Walde zu, allwo er folgendes Tages gegen Abend, jämmerlich zerborsten, ge-

funden, und auf selbiger Stelle begraben wurde. [427]
Der andere arme Mensch schien zwar etwas ruhiger
zu werden, allein man merckte doch, daß er seines
Verstandes nicht mächtig werden konte, ohngeacht
wir ihn drey Tage nach einander aufs Beste verpfleg-
ten. Endlich am 4ten Tage, da ich Nachmittags bey
ihm in der Kammer gantz stille saß, kam ihm das
Reden auf einmal an, indem er mit schwacher Stimme
rieff: JESUS, Maria, Joseph! Ich fragte ihn erstlich
auf Deutsch, hernach in Holländischer und letzlich in
Englischer wie auch in Lateinischer Sprache: Wie ihm
zu Muthe wäre, jedoch er redete etliche Spanische
Worte, welche ich nicht verstund, derowegen meinen
Schwieger-Sohn Robert herein ruffte, der ihn meine
Frage in Spanischer Sprache erkläretе, und zur Antwort erhielt: Es stünde sehr schlecht um ihn und sein
Leben. Robert versetzte, weil er JESUM zum Helffer
angerufft, werde es nicht schlecht um ihn stehen, er
möge sterben oder leben. Ich hoffe es mein Freund,
war seine Antwort, dahero ihn Robert noch ferner
tröstete, und bat: wo es seine Kräffte zuliessen, uns
mit wenig Worten zu berichten: Was es mit ihm und
dem Schiffe vor eine Beschaffenheit habe? Hierauff
sagte der arme Mensch: Mein Freund! das Schiff, ich
und alles was darauff ist, gehöret dem Könige von
Spanien. Ein hefftiger Sturm hat uns von dessen West-
Indischen Flotte getrennet, und zweyen Raub-Schiffen entgegen geführet, denen wir aber durch Tapfferkeit und endliche Flucht entgangen sind. Jedoch die
fernern Stürme haben uns nicht vergönnet einen
sichern Hafen zu finden, vielweniger den Abgang
unserer Lebens-[428]Mittel zu ersetzen. Unsere Cameraden selbst haben Verrätherisch gehandelt, denn
da sie von ferne Land sehen, und selbiges mit dem
übel zugerichteten Schiffe nicht zu erreichen getrauen,
werffen sich die Gesunden ins Boot und lassen etliche

Krancke, ohne alle Lebens-Mittel zurücke. Wir
wünschten den Tod, da aber selbiger, zu Endigung
unserer Marter, sich nicht bey allen auf einmal einstellen wolte, musten wir uns aus Hunger an die Cörper derjenigen machen, welche am ersten sturben,
hierüber hat unsere Kranckheit dermassen zugenom-
men, daß ich vor meine Person selbst nicht gewust
habe, ob ich noch lebte oder allbereits todt wäre.

Robert versuchte zwar noch ein und anderes von ihm
zu erforschen, da aber des elenden Spaniers Schwachheit allzugroß war, musten wir uns mit dem Bescheide:
Er wolle Morgen, wenn er noch lebte, ein mehreres
reden, begnügen lassen. Allein nachdem er die gantze
Nacht hindurch ziemlich ruhig gelegen, starb er uns,
mit anbrechenden Tage, sehr sanfft unter den Händen, und wurde seiner mit wenig Worten und Gebärden bezeigten christlichen Andacht wegen, an die
Seite unsers Gottes-Ackers begraben. Solchergestalt
war niemand näher die auf dem Schiff befindlichen
Sachen in Verwahrung zu nehmen, als ich und die
Meinigen, und weil wir dem Könige von Spanien auf
keinerley Weise verbunden waren, so hielt ich nicht
vor klug gehandelt, meinen Kindern das Strand-
Recht zu verwehren, welche demnach in wenig Tagen
das gantze Schiff, nebst allen darauff befindlichen
Sachen, nach und nach Stückweise auf die Insul
brachten. [429] Ich theilete alle nützliche Waaren
unter dieselben zu gleichen Theilen aus, biß auf das
Gold, Silber, Perlen, Edelgesteine und Geld, welches
von mir, um ihnen alle Gelegenheit zum Hoffart,
Geitz, Wucher und andern daraus folgenden Lastern
zu benehmen, in meinen Keller zu des Don Cyrillo
und andern vorhero erbeuteten Schätzen legte, auch
dieserwegen von ihnen nicht die geringste scheele mine
empfieng.

Der erste Jan. im Jahr Christi 1700. wurde nicht al-

lein als der Neue Jahrs-Tag und Fest der Beschnei-
dung Christi, sondern über dieses als ein solcher Tag,
an welchen wir ein neues Jahrhundert, und zwar das
18de nach Christi Gebuhrt antraten, recht besonders
frölich von uns gefeyert, indem wir nicht allein alle
unsere Canonen löseten, deren wir auf dem letztern
Spanischen Schiffe noch 12. Stück nebst einem starcken Vorrath an Schieß-Pulver überkommen hatten,
sondern auch nach zweymahligen verrichteten Gottesdienste, unsere Jugend mit Blumen-Kräntzen auszie-
reten, und selbige im Reyhen herum singen und tantzen liessen. Folgendes Tages ließ ich, vor die junge
Mannschafft, von 16. Jahren und drüber, die annoch
gegenwärtige Vogel-Stange aufrichten, einen höltzernen Vogel daran häncken, wornach sie schiessen
musten, da denn diejenigen, welche sich wohl hielten,
nebst einem Blumen-Crantze verschiedene neue Kleidungs-Stücke, Äxte, Sägen und dergleichen, derjenige
aber so das letzte Stück herab schoß, von meiner Concordia ein gantz neues Kleid, und von mir eine kostbare Flinte zum Lohne bekam. Diese Lust ist nachhero
all-[430]jährlich einmahl um diese Zeit vorgenommen
worden.

Am 8. Jan. selbigen Jahres, als an meinen Geburts-
und Vereheligungs-Tage, beschenckte mich der ehrliche Simon Schimmer mit einem neugemachten artigen Wagen, der von zweyen zahmgemachten Hirschen gezogen wurde, also sehr bequem war, mich
und meine Concordia von einem Orte zum andern
spatzieren zu führen. Schimmer hatte diese beyden
Hirsche noch gantz jung aus dem Thier-Garten genommen, und selbige durch täglichen unverdrossenen
Fleiß, dermassen Kirre gewöhnet, daß sie sich Regieren liessen wie man wolte. Ihm haben es nachhero
meine übrigen Kinder nach gethan, und in wenig Jahren viel dergleichen zahme Thiere auferzogen.

Nun könte ich zwar noch vieles anführen, als nemlich: von Entdeckung der Insul Klein-Felsenburg. Von Erzeugung des Flachses, und wie unsere Weiber denselben zubereiten, spinnen und wircken lernen. Von allerhand andern Handwercken, die wir mit der Zeit durch öffteres Versuchen ohne Lehrmeisters einander selbst gelehret und zu Stande bringen helffen. Von allerhand Waaren und Geräthschafften, die uns von Zeit zu Zeit durch die Winde und Wellen zugeführet worden. Von meiner 9. Stämme Vermehrung und immer besserer Wirthschaffts-Einrichtung im Acker-Garten- und Wein-Bau. Von meiner eigenen Wirthschafft, Schatz- Rüst- und Vorraths-Kammer und dergleichen; Allein meine Lieben, weil wir doch länger beysammen bleiben, und GOTT mir hof-[431]fentlich noch das Leben eine kleine Zeit gönnen wird, so will selbiges biß auf andere Zeiten versparen, damit wir in künfftigen Tagen bey dieser und jener Gelegenheit darüber mit einander zu sprechen Ursach finden, vor jetzo aber will damit schliessen, wenn ich noch gemeldet habe, was der Tod in dem eingetretenen 18den Seculo vor Haupt-Personen, aus diesem unsern irrdischen, in das Himmlische Paradieß versetzt hat, solches aber sind folgende:

1. Johannes mein dritter leiblicher Sohn starb 1706. seines Alters 55. Jahr.
2. Maria meine älteste Tochter, starb 1708. ihres Alters 58. Jahr.
3. Elisabeth meine zweyte Tochter starb 1711. ihres Alters 58. Jahr.
4. Virgilia van Cattmers Johannis Gemahl. starb 1713. ihres Alters 66. Jahr.
5. Meine seel. Ehe-Gemahlin Concordia, starb 1715. ihres Alters im 89ten Jahre.
6. Simon Heinrich Julius, sonst Schimmer, starb 1716. seines Alters 84. Jahr.

7. Die jüngere Concordia und 8. Robert Julius, sonst Hülter, sturben binnen 6. Tagen, als treue Ehe-Leute. 1718. ihres Alters, sie im 72. und Er im 84. Jahre.

9. Jacob Julius, sonst Larson, starb 1719. seines Alters 89. Jahr.

10. Blandina, Christophs Gemahl. starb 1719. ihres Alters 65. Jahr.

11. Gertraud, Christians Gemahl. starb 1723. ihres Alters 66. Jahre.

Nunmehro, mein Herr Wolffgang! sagte hier-[432] auff der Altvater Albertus, indem er sich, wegen Erinnerung seiner verstorbenen Geliebten, mit weinenden Augen zum Capitain Wolffgang wandte, werdet ihr von der Güte seyn, und dasjenige anführen, was ihr binnen der Zeit eurer ersten Anwesenheit auf dieser Insul angetroffen und verbessert habt.

Demnach setzte selbiger redliche Mann des Altvaters und seine eigene Geschicht folgender massen fort: Ich habe euch, meine werthesten Freunde, (sagte er zu Herr Mag. Schmeltzern und mir,) meine Lebens-Geschicht, zeitwährender unserer Schiffarth biß dahin wissend gemacht: Da ich von meinen schelmischen Gefährten an diesen vermeintlichen wüsten Felsen ausgesetzt, nachhero aber von hiesigen frommen Einwohnern erquickt und aufgenommen worden. Diese meine merckwürdige Lebens-Erhaltung nun, kan ich im geringsten nicht einer ohngefähren Glücks-Fügung, sondern eintzig und allein der sonderbaren Barmhertzigen Vorsorge GOTTES zuschreiben, denn die Einwohner dieser Insul waren damals meines vorbey fahrenden Schiffs so wenig als meiner Aussetzung gewahr worden, wusten also nichts darvon, daß ich elender Mensch vor ihrem Wasser-Thore lag, und verschmach-

ten wolte. Doch eben an demselben Tage, welchen ich
damahligen Umständen nach, vor den letzten meines
Lebens hielt, regieret GOTT die Hertzen 6. ehrlicher
Männer aus Simons- und Christians Geschlechte, mit
ihrem Gewehr nach dem in der Bucht liegenden Boote
zu gehen, auf selbigen eine Fahrt nach der West-Seite
zu thun, und [433] allda auf einige See-Löwen und
See-Kälber zu lauren. Diese waren also, kurtz gesagt,
die damahligen Werckzeuge GOTTES zu meiner Errettung, indem sie mich erstlich durch den Wasser-
Weg zurück in ihre Behausung führeten, völlig erquickten, und nachhero dem Altvater von meiner
Anwesenheit Nachricht gaben. Dieser unvergleichliche
Mann, den GOTT noch viele Jahre zu meinem und
der Seinigen Trost erhalten wolle, hatte kaum das
vornehmste von meinen Glücks- und Unglücks-Fällen
angehöret, als er mich sogleich hertzlich umarmete,
und versprach: Mir meinen erlittenen Schaden drey-
fach zu ersetzen, weil er solches zu thun wohl im
Stande sey, und da ich keine Lust auf dieser Insul zu
bleiben hätte, würde sich mit der Zeit schon Gelegenheit finden, wieder in mein Vaterland zurück zu kommen. Immittelst nahm er mich sogleich mit auf seinen
Hügel, gab mir eine eigene wohl zubereitete Kammer
ein, zog mich mit an seine Tafel, und versorgte mich
also mit den köstlichsten Speisen, Geträncke, Kleidern, ja mit allem, was mein Hertz verlangen konte,
recht im überflusse. Ich bin jederzeit ein Feind des
Müßiggangs gewesen, derowegen machte mir alltäglich, bald hier bald dar, genung zu schaffen, indem
ich nicht allein etliche 12. biß 16. jährige Knaben aus-
lase, und dieselben in allerhand nützlichen Wissenschafften, welche zwar allhier nicht gäntzlich unbe-
kannt, doch ziemlich dunckel und Beschwerlich fielen,
auf eine weit leichtere Weise unterrichtete, sondern
auch den Acker- Wein- und Garten-Bau fleißig be-

sorgen halff. Mein Wohlthäter bezeugte [434] nicht
allein hierüber seinen besondern Wohlgefallen, sondern ich wurde bey weiterer Bekandtschafft von allen
Einwohnern, Jung und Alt, fast auf den Händen getragen, weßwegen ein Streit in meinen Hertzen entstund: Ob ich bey ereigneter Gelegenheit diese Insul
verlassen, oder meine übrige Lebens-Zeit auf derselben
zubringen wolte, als welches Letztere alle Einwohner
sehnlich wünscheten, allein meine wunderlich herum
schweiffenden Sinnen konten zu keinem beständigen
Schlusse kommen, sondern ich wanckte zwey gantzer
Jahre lang von einer Seite zur andern, biß endlich im
dritten Jahre folgende Liebes-Begebenheit mich zu
dem festen Vorsatze brachte: alles Guth, Ehre und
Vergnügen, was ich etwa noch in Europa zu hoffen
haben könte, gäntzlich aus dem Sinne zu schlagen,
und mich allhier auf Lebens-Zeit feste zu setzen: Der
gantze Handel aber fügte sich also: Der Stamm-Vater
Christian hatte eine vortreffliche schöne und tugendhaffte Tochter, Sophia genannt, um welche ein junger
Geselle, aus dem Jacobischen Geschlecht, sich eifrig
bemühete, dieselbe zur Ehe zu haben, allein da diese
Jungfrau denselben, so wohl als 4. andere, die schon
vorhero um sie angehalten hatten, höflich zurück
wiese, und durchaus in keine Heyrath mit ihm willigen wolte, bat mich der Vater Christian eines Tages
zu Gaste, und trug mir an: Ob ich, als ein kluger
Frembdling, nicht etwa von seiner Tochter ausfor-
schen könne und wolle, weßwegen sie diesen Jung-
gesellen, der ihrer so eiffrig begehrte, ihre eheliche
Hand nicht reichen möchte; Ich nahm diese Commission willig auf, begab mich mit guter ma-[435]nier zu
der schönen Sophie, welche im Garten unter einem grünen schattigen Baume mit der Spindel die zärtesten
Flachs-Faden spann, weßwegen ich Gelegenheit ergriff mich bey ihr nieder zu setzen, und ihrer zarten

Arbeit zuzusehen, welche ihre geschickten und saubern
Hände gewiß recht anmuthig verrichteten.

Nach ein und andern schertzhafften jedoch tugendhafften Gesprächen, kam ich endlich auf mein propos,
und fragte etwas ernsthaffter: Warum sie denn so
eigensinnig im Lieben sey, und denjenigen Jungen Gesellen, welcher sie so hefftig liebte, nicht zum Manne
haben wolle. Das artige Kind eröthete hierüber,
wolte aber nicht ein Wort antworten, welches ich
vielmehr ihrer Schamhafftigkeit, als einer Blödigkeit
des Verstandes zurechnen muste, indem ich allbereit
zur Gnüge verspüret, daß sie einen vortrefflichen
Geist und aufgeräumten Sinn hatte. Derowegen setzte
noch öffter an, und brachte es endlich durch vieles
Bitten dahin, daß sie mir ihr gantzes Hertz in folgenden Worten eröffnete: Mein Herr! sagte sie, ich zweiffele nicht im geringsten, daß ihr von den Meinigen
abgeschickt seyd, meines Hertzens Gedancken auszuforschen, doch weil ich euch vor einen der redlichsten
und tugendhafftesten Leute halte, so will ich mich
nicht schämen euch das zu vertrauen, was ich auch
meinem Vater und Geschwister, geschweige denn andern Befreundten, zu eröffnen Scheu getragen habe.
Wisset demnach, daß mir unmöglich ist einen Mann
zu nehmen, der um so viele Jahre jünger ist als ich,
bedencket doch, ich habe allbereit mein 32stes Jahr
zurück ge-[436]legt, und soll einen jungen Menschen
Heyrathen, der sein zwantzigstes noch nicht ein mal
erreicht hat. Es ist ja Gottlob kein Mangel an Weibs-
Personen auf dieser Insul, hergegen hat er so wohl als
andere noch das Auslesen unter vielen, wird also nicht
unverheyrathet sterben dürffen, wenn er gleich mich
nicht zur Ehe bekömmt, solte aber ich gleich ohn verheyrathet sterben müssen, so wird mir dieses weder im
Leben noch im Tode den allergeringsten Verdruß erwecken. Ich verwunderte mich ziemlicher massen

über dieses 32. jährigen artigen Frauenzimmers resolution, und hätte, ihrem Ansehen und gantzen Wesen
nach, dieselbe kaum mit guten Gewissen auf 20. Jahr
geschätzet, doch da ich in ihren Reden einen lautern
Ernst verspürete, gab ich ihr vollkommen Recht und
fragte nur: Warum sie aber denn allbereit 4. andere
Liebhaber vor diesem letzten abgewiesen hätte?
Worauff sie antwortete: Sie sind alle wenigstens 10.
biß 12. Jahr jünger gewesen als ich, derowegen habe
unmöglich eine Heyrath mit ihnen treffen können,
sondern viel lieber ledig bleiben wollen.

Hierauff lenckte ich unser Gespräch, um ihren edlen
Verstand ferner zu untersuchen auf andere Sachen,
und fand denselben so wohl in geistlichen als weltlichen Sachen dermassen geschärfft, daß ich so zu
sagen fast darüber erstaunete, und mit innigsten Vergnügen so lange bey ihr sitzen blieb, biß sich unvermerckt die Sonne hinter die hohen Felsen-Spitzen verlohr, weßwegen wir beyderseits den Garten verliessen,
und weil ich im Hause vernahm, daß sich der Vater
Christian auf der Schleusen-Brücke [437] befände,
wünschete ich der schönen Sophie nebst den übrigen
eine gute Nacht, und begab mich zu ihm. Indem er
mir nun das Geleite biß auf die Alberts-Burg zu
unserm Altvater gab, erzehlete ich ihm unterwegens
seiner tugendhafften Tochter vernünfftiges Bedencken
über die angetragene Heyrath, so wohl als ihren ernstlich gefasseten Schluß, worüber er sich ebenfalls nicht
wenig verwunderte, und deßfalls erstlich den Altvater
um Rath fragen wolte. Derselbe nun that nach einigen
überlegen diesen Ausspruch: Zwinge dein Kind nicht,
mein Sohn Christian, denn Sophia ist eine keusche
und Gottesfürchtige Tochter, deren Eigensinn in diesem Stück unsträflich ist, ich werde ihren Liebhaber
Andream anderweit berathen, u. versuchen ob ich
Nicolaum, deines seel. Bruders Johannis dritten Sohn,

der einige Jahre älter ist, mit der frommen Sophie
vereheligen kan.

Wir geriethen demnach auf andere Gespräche, allein
ich weiß nicht wie es so geschwinde bey mir zugieng,
daß ich auf einmahl gantz tieffsinnig wurde, welches
der liebe Altvater sogleich merckte, und sich um
meine jählinge Veränderung nicht wenig bekümmerte,
doch da ich sonst nichts als einen kleinen Kopff-
Schmertzen vorzuwenden wuste, ließ er mich in Hofnung baldiger Besserung zu Bette gehen. Allein ich
lage lange biß nach Mitternacht, ehe die geringste
Lust zum Schlafe in meine Augen kommen wolte,
und, nur kurtz von der Sache zu reden, ich spürete
nichts richtigers in meinem Hertzen, als daß es sich
vollkommen in die schöne und tugendhaffte Sophie
verliebt hätte. Hergegen machten mir des [438] lieben
Altvaters gesprochene Worte: *Ich werde versuchen,
ob ich Nicolaum mit der frommen Sophie vereheligen
kan*, den allergrösten Kummer, denn erstlich hatte ich
als ein elender Einkömmling noch die gröste Ursach
zu zweiffeln, ob ich der schönen Sophie Gegen-Gunst
erlangen, und vors andere schwerlich zu hoffen, daß
mich der Altvater seinem Enckel Nicolao vorziehen
würde. Nachdem ich mich aber dieserwegen noch eine
gute Weile auf meinem Lager herum geworffen, und
meiner neuen Liebe nachgedacht hatte, fassete ich
endlich den festen Vorsatz keine Zeit zu versäumen,
sondern meinem aufrichtigen Wohlthäter mein gantzes Hertze, gleich Morgen früh zu offenbaren, nachhero, auf dessen redliches Gutachten, selbiges der schönen Sophie ohne alle Weitläufftigkeiten ehrlich anzutragen.

Hierauff liessen sich endlich meine Furcht und Hoff-
nungs-volle Sinnen durch den Schlaff überwältigen,
doch die Einbildungs-Kräffte machten ihnen das Vergnügen, die schöne Sophie auch im Traume darzu-

stellen, so, daß sich mein Geist den gantzen übrigen
Theil der Nacht hindurch mit derselben unterredete,
und so wohl an ihrer äuserlichen schönen Gestalt, als
innerlichen vortreflichen Gemüths-Gaben ergötzte.
Ich wachte gegen Morgen auf, schlieff aber unter dem
Wunsche, dergleichen Traum öffter zu haben, bald
wieder ein, da mir denn vorkam, als ob meine auf der
Insul Bonair seelig verstorbene Salome, die tugendhaffte Sophie in meine Kammer geführet brächte,
und derselben ihren Trau-Ring, den ich ihr mit in den
[439] Sarg gegeben hatte, mit frölichen Gebärden
überlieferte, hernach zurücke gieng und Sophien an
meiner Seiten stehen ließ. Hierüber erwachte ich zum
andern mahle, und weil die Morgen-Röthe bereits
durch mein von durchsichtigen Fisch-Häuten gemachtes Fenster schimmerte, stund ich, ohne den Altvater
zu erwecken, sachte auf, spatzierete in dessen grossen
Lust-Garten, und setzte mich auf eine, zwischen den
Bäumen gemachte Rasen-Banck, verrichtete mein
Morgen-Gebeth, sung etliche geistliche Lieder, zohe
nach diesen meine Schreib-Tafel, die mir nebst andern
Kleinigkeiten von meinen Verräthern annoch in Kleidern gelassen worden, hervor, und schrieb folgendes
Lied hinnein.

1.

UNverhoffte Liebes-Netze
    Haben meinen Geist bestrickt.
Das, woran ich mich ergötze,
    Hat mein Auge kaum erblickt;
Kaum, ja kaum ein wenig Stunden,
    Da der güldnen Freyheit Pracht
Ferner keinen Platz gefunden,
    Darum nimmt sie gute Nacht.

2.

Holder Himmel! darff ich fragen:
　　Wilst du mich im Ernst erfreun?
Soll, nach vielen schweren Plagen,
　　Hier mein ruhigs Eden seyn?
O! so macht dein Wunder-Fügen,
　　Und die süsse Sclaverey,
Mich von allen Mißvergnügen,
　　Sorgen, Noth und Kummer frey.

[440]　　　　　　　3.

Nun so fülle, die ich liebe,
　　Bald mit Glut und Flammen an,
Bringe sie durch reine Triebe
　　Auf die keusche Liebes-Bahn,
Und ersetze meinem Hertzen,
　　Was es eh'mals eingebüßt;
Denn so werden dessen Schmertzen
　　Durch erneute Lust versüßt.

Kaum hatte ich diesen meinen poëtischen Einfall zurechte gebracht, als ich ihn unter einer bekandten
weltlichen Melodey abzusingen etliche mahl probirte,
und nicht vermerckte, daß ich an dem lieben Altvater
einen aufmercksamen Zuhörer bekommen, biß er mich
sanfft auf die Schulter klopffte und sagte: Ists möglich mein Freund, daß ihr in meine Auffrichtigkeit
einigen Zweiffel setzen und mir euer Liebes-Geheim-
niß verschweigen könnet, welches doch ohnfehlbar
auf einem tugendhafften Grunde ruhet? Ich fand
mich solchergestalt nicht wenig betroffen, entschuldigte meine bißherige Verschwiegenheit mit solchen
Worten, die der Wahrheit gemäß waren, und offenbarete ihm hierauff mein gantzes Hertze. Es ist gut,
mein Freund, versetzte der werthe Altvater dargegen,

Sophia soll euch nicht vorenthalten werden, allein übereilet euch nicht, sondern machet vorhero weitere Bekanntschafft mit derselben, untersuchet so wohl ihre als eure selbst eigene Gemüths-Neigungen, wann ihr so dann vor thunlich befindet, eure Lebens-Zeit auf dieser Insul mit einander zuzubringen, soll euch er-[441]laubt seyn, mit selbiger in den Stand der Ehe zu treten, doch das sage ich zum voraus: Daß ihr so wohl, als meine vorigen Schwiger-Söhne, einen cörperlichen Eyd schweren müsset, so lange als meine Augen offen stehen, nichts von dieser Insel, vielweniger eines meiner Kinder eigenmächtiger oder heimlicher Weise hinweg zu führen. Nächst diesem, war seine fernere Rede, hat mir ohnfehlbar der Geist GOttes ein besonderes Vorhaben eingegeben, zu dessen Ausführung mir keine tüchtigere Person von der Welt vorkommen können, als die eurige. Ich danckte dem lieben Alt-Vater nicht allein vor dessen gütiges Erbiethen, sondern versprach auch, was so wohl den Eyd, als alles andere beträffe, so er von mir verlangen würde, nach meinem äusersten Vermögen ein völliges Genügen zu leisten. Derselbe aber verlangte vorhero nochmahls eine umständliche Erzehlung meiner Lebens-Geschichte, worinnen ich ihm noch selbigen Tag gehorsamete, und ohngefähr mit erwehnete: Wie ich in einer gewissen berühmten Handels-Stadt, unter andern auch mit einem Kauffmanne in Bekandtschafft gerathen, der ebenfalls den Zunahmen Julius geführet hätte, doch, da ich von dessen Geschlecht und Herkommen keine fernere Nachricht zu geben wuste, erseuffzete der liebe Alter-Vater dieserwegen, und wünschte, daß selbiger Kauffmann ein Befreundter von ihm, oder gar ein Abstammling von seinen ohnfehlbar nunmehro seel. Bruder seyn möchte; Allein, ich konte, wie bereits gemeldet, hiervon so wenig, als von des Kauffmanns übriger Familie und dessen Zu-

[442]stande Nachricht geben. Derowegen brach endlich der werthe Alt-Vater loß, und hielt mir in einer
weitläufftigen Rede den glückseeligen Zustand vor,
in welchen er sich nebst den Seinigen auf dieser Insul
von GOtt gesetzt sähe. Nur dieses eintzige beunruhige
sein Gewissen, daß nemlich er und die Seinigen ohne
Priester seyn, mithin des heiligen Abendmahls nebst
anderer geistlicher Gaben beraubt leben müsten: Über
dieses, da die Anzahl der Weibs-Personen auf der
Insul stärcker sey, als der Männer, so wäre zu wünschen, daß noch einige zum Ehe-Stande tüchtige
Handwercker und Künstler anhero gebracht werden
könten, welches dem gemeinen Wesen zum sonderbaren Nutzen, und manchen armen Europäer, der sein
Brod nicht wohl finden könte, zum ruhigen Vergnügen gereichen würde. Und letzlich wünschte der liebe
Alt-Vater, vor seinem Ende noch einen seiner Bluts-
Freunde aus Europa bey sich zu sehen, um demselben
einen Theil seines fast unschätzbaren Schatzes zuzuwenden, denn, sagte er: Was sind diese Glücks-Güter
mir und den Meinigen auf dieser Insul nütze, da wir
mit niemanden in der Welt Handel und Wandel zu
treiben gesonnen? Und gesetzt auch, daß dieses in
Zukunfft geschehen solte, so trägt diese Insul so viele
Reichthümer und Kostbarkeiten in ihrem Schoosse,
wovor alles dasjenige, was etwa bedürfftig seyn
möchte, vielfältig eingehandelt werden kan. Demnach
möchte es wohl seyn, daß sich meines Bruders Geschlecht in Europa in solchem Zustande befände, dergleichen Schätze besser als wir zu gebrauchen und
an-[443]zulegen; Warum solte ich also ihnen nicht
gönnen, was uns überflüßig ist und Schaden bringen
kan? Oder solche Dinge, die GOtt dem Menschen
zum löblichen Gebrauch erschaffen, heimtückischer
und geitziger Weise unter der Erden versteckt behalten?

Nachdem er nun noch sehr vieles von diesen Sachen
mit mir gesprochen, schloß er endlich mit diesen treuhertzigen Worten: Ihr wisset nunmehro, mein redlicher Freund Wolffgang, was mir auf dem Hertzen
liegt, und euer eigener guter Verstand wird noch mehr
anmercken, was etwa zu Verbesserung unseres Zustandes von nöthen sey, darum saget mir in der
Furcht GOttes eure aufrichtige Meinung: Ob ihr euch
entschliessen wollet, noch eine Reise in Europam zu
unternehmen, mein Hertz und Gewissen, gemeldten
Stücken nach, zu beruhigen, und nach glücklicher
Zurückkunfft Sophien zu ehligen. An Gelde, Gold,
Silber und Kleinodien will ich zwey biß drey mahl
hundert tausend Thaler werth zu Reise-Kosten geben,
was sonsten noch darzu erfordert wird, ist nothdürff-
tig vorhanden, wegen der Reise-Gesellschafft und anderer Umstände aber müsten wir erstlich genauere
Abrede nehmen, denn mit meinem Willen soll keines
von meinen Kindern seinen Fuß auf die Europäische
Erde setzen.

Ich nahm nicht den geringsten Aufschub, dem lieben
Alt-Vater, unter den theuresten Versicherungen meiner Redlichkeit und Treue, alles einzuwilligen, was er
von mir verlangte, weil ich mir so gleich die feste
Hoffnung machte, GOtt würde mich auf dieser Reise,
die hauptsächlich seines [444] Diensts und Ehre
wegen vorgenommen sey, nicht unglücklich werden
lassen. Derowegen wurden David und die andern
Stamm-Väter zu Rathe gezogen, und endlich beschlossen wir ingesammt, unser leichtes Schiff in guten
Stand zu setzen, auf welchen mich David nebst
30. Mann biß auf die Insul St. Helenae bringen, daselbst aussetzen, und nachhero mit seiner Mannschafft so gleich wieder zurück auf Felsenburg seegeln
solte.

Mittlerweile, da fast alle starcke Leute keine Zeit

noch Mühe spareten, das Schiff nach meinem Angeben
auszubessern, und Seegel-fertig zu machen, nahm ich
alle Abend Gelegenheit, mich mit der schönen Sophie
in Gesprächen zu vergnügen, auch endlich die Kühnheit, derselben mein Hertz anzubieten, weil nun der
liebe Alt-Vater allbereit die Bahne vor mich gebrochen hatte, konte mein verliebtes Ansinnen um desto
weniger unglücklich seyn, sondern, kurtz zu sagen,
wir vertauschten bey einem öffentlichen Verlöbnisse
unsere Hertzen mit solcher Zärtlichkeit, die mir auszusprechen unmöglich ist, und verschoben die Vollziehung dieses ehelichen Bündnisses biß auf meine, in
der Hoffnung, glückliche Zurückkunfft.

Gegen Michaelis-Tag des verwichenen 1724ten Jahres
wurden wir also mit Ausrüstung unseres Schiffs, welches ich die Taube benennete, und demselben Holländische Flaggen aufsteckte, vollkommen fertig, es war
bereits mit Proviant und allem andern wohl versehen,
der gute alte David Julius, der jedoch an Leibes- und
Gemüths-Kräfften es noch manchem jungen Manne
zuvor that, hielt sich [445] mit seiner auserlesenen
und wohl bewaffneten jungen Mannschafft alltäglich
parat, einzusteigen, exercirte aber dieselben binnen
der Zeit auf recht lustige und geschickte Art. Da es
demnach nur an meiner Abfertigung lage, ließ mich
der Alt-Vater, weil er eben damahls einiges Reissen in
Knien hatte, also nicht ausgehen konte, vor sein Bette
kommen, und führete mir nochmahls alles dasjenige,
was ich ihm zu leisten versprochen, liebreich zu Gemüthe, ermahnete mich anbey GOtt, ihm und den
Seinigen, diesen wichtigen und eines ewigen Ruhms
würdigen Dienst, redlich und getreu zu erweisen, welchen GOTT ohnfehlbar zeitlich und ewig vergelten
würde. Ich legte hierauf meine lincke Hand auf seine
Brust, die rechte aber richtete ich zu GOTT im Himmel in die Höhe, und schwur einen theuren Eyd, nicht

allein die mir aufgetragenen 3. Haupt-Puncte nach
meinem besten Vermögen zu besorgen, sondern auch
alles andere, was dem gemeinen Wesen zur Verbesserung gereichlich, wohl zu beobachten. Hierauf lieferte
er mir denjenigen Brief ein, welchen ich euch, mein
Eberhard Julius, in Amsterdam annoch wohl versiegelt übergeben habe, und wiese mich zugleich in eine
Kammer, allwo ich aus einem grossen Pack-Fasse an
Geld, Gold und Edlen-Steinen so viel nehmen möchte,
als mir beliebte. Es befanden sich in selbigen am Werth
mehr denn 5. biß 6. Tonnen Schatzes, doch ich nahm
nicht mehr davon als 30. runde Stücken gediehenes
Goldes, deren ich jedes ohngefähr 10. Pfund schwer
befand, nächst diesen an Spanischer Gold- und Silber-
Müntze [446] 50000. Thlr. werth, ingleichen an Perlen und Kleinodien ebenfalls einer halben Tonne Goldes werth. Ich brauchte die Vorsicht, die kostbarsten
Kleinodien und grossen güldnen Müntzen so wohl in
einen bequemen Gürtel, den ich auf den blossen Leibe
trug, als auch in meine Unter-Kleider zu verwahren,
die grossen Gold-Klumpen aber wurden zerhackt, und
in die mit den allerbesten Rosinen angefülleten Körbe
vertheilet und verborgen. Mit den Perlen thaten wir
ein gleiches, das gemüntzte Geld aber vertheilete ich
in verschiedene Lederne Beutel, und verwahrete es
also, daß es zur Zeit der Noth gleich bey der Hand
seyn möchte. Dem Alt-Vater gefielen zwar meine Anstalten, jedennoch aber war er der Meynung, ich
würde mit so wenigen Gütern nicht alles ausrichten
können. Doch, da ihm vorstellete, wie es sich nicht
schicken würde, mit mehr als einem Schiffe wieder
zurück zu kehren, also ein überflüßiges Geld und Gut
mir nur zur Last und schlimmen Verdacht gereichen
könne; überließ er alles meiner Conduite, und also
gingen wir nach genommenen zärtlichen Abschiede
unter tausend Glückwünschen der zurück bleibenden

Insulaner am 2ten Octobr. 1724. vergnügt unter Seegel, wurden auch durch einen favorablen Wind dermassen hurtig fortgeführet, daß wir noch vor Untergang der Sonnen Felsenburg aus den Augen verlohren.

Unterwegs, nachdem diejenigen, so des Reisens unge-
wohnt, der See den bekannten verdrüßlichen Tribut
abgestattet, und sich völlig erholet hatten, war unser
täglicher Zeitvertreib, daß [447] ich meine Gefährten
im richtigen Gebrauch des Compasses, der See-Charten und andern Vortheilen bey der Schiffs-Arbeit,
immer besser belehrete, damit sie ihren Rückweg nach
Felsenburg desto leichter zu finden, und sich bey er-
eignenden Sturme oder andern Zufällen eher zu helffen wüsten, ohngeacht sich deßfalls bey einigen, und
sonderlich bey dem guten alten David, der das Steuer-
Ruder beständig besorgte, bereits eine ziemliche Wis-
senschafft befand.

Solchergestalt erreichten wir, ohne die geringste Gefahr ausgestanden zu haben, die Insul St. Helenae
noch eher, als ich fast vermuthet hatte, und traffen
daselbst etliche 20. Engell- und Holländische Schiffe
an, welche theils nach Ost-Indien reisen, theils aber,
als von dar zurück kommende, den Cours nach ihren
Vater-Lande nehmen wolten. Hier wolte es nun Kunst
heissen, Rede und Antwort zu gestehen, und doch dabey das Geheimniß, woran uns allen so viel gelegen,
zu verschweigen, derowegen studirte ich auf allerhand
scheinbare Erfindungen, welche mit meinen Gefährten
abredete, und hiermit auch so glücklich war, alle diejenigen, so sich um mein Wesen bekümmerten, behörig
abzuführen. Von den Holländern traff ich keinen
eintzigen bekandten Menschen an, hergegen kam mir
ein Englischer Capitain unvermuthet zu Gesichte, dem
ich vor Jahren auf der Fahrt nach West-Indien einen
kleinen Dienst geleistet hatte, diesem gab ich mich zu

:rkennen, und wurde von ihm aufs freundlichste empfangen und tractiret. Er judicirte anfangs aus meinem
:iuserlichen We-[448]sen, daß ich ohnfehlbar unglück-
.ich worden, und in Nöthen stäcke? Weßwegen ich
ihm gestund, daß zwar einige unglückliche Begebenheiten mich um mein Schiff, keines weges aber um das
gantze Vermögen gebracht, sondern ich hätte noch so
viel gerettet, daß mich im Stande befände, eine neue
Ausrüstung vorzunehmen, so bald ich nur Amsterdam
erreichte. Er wandte demnach einige Mühe an, mich
zu bereden, in seiner Gesellschafft mit nach Java zu
gehen, und versprach bey dieser Reise grossen Profit,
auch bald ein Schiffs-Commando vor mich zu schaffen, allein, ich danckte ihm hiervor, und bat dargegen, mich an einen seiner Lands-Leute, die in ihr
Vater-Land reiseten, zu recommendiren, um meine
Person und Sachen vor gute Bezahlung biß dahin zu
nehmen, weil ich allbereit so viel wüste, daß mir
meine Lands-Leute, nehmlich die Holländer, diesen
Dienst nicht leisten könten, indem sie sich selbsten
schon zu starck überladen hätten. Hierzu war der
ehrliche Mann nun gleich bereit, führete mich zu
einem nicht weniger redlichen Patrone, mit welchen
ich des Handels bald einig wurde, meine Sachen, die
in Ballen, Fässer und Körbe eingepackt waren, zu ihm
einschiffte, und den Vater David mit den Seinigen,
nachdem sie sonst nichts als frisches Wasser eingenommen hatten, wieder zurück schickte, unter dem
Vorwande, als hätten dieselben noch viele auf der
Insul Martin Vas vergrabene und ausgesetzte Waaren
abzuholen, mit welchen sie nachhero ebenfalls nach
Holland seegeln und mich daselbst antreffen würden.
Allein, wie ich nunmehro ver-[449]nommen, so haben
sie den Rückweg nach Felsenburg so glücklich, als den
nach St. Helena, wieder gefunden, auch unterwegs
nicht den geringsten Anstoß erlitten. Mir vor meine

Person gieng es nicht weniger nach Wunsche, denn,
nachdem ich nur 11. Tage in allen, vor St. Helena
stille gelegen, lichtete der Patron seine Ancker, und
seegelte in Gesellschafft von 13. Engell- und Holländischen Schiffen seine Strasse. Der Himmel schien uns
recht ausserordentlich gewogen zu seyn, denn es regte
sich nicht die geringste wiederwärtige Lufft, auch
durfften wir uns vor feindlichen Anfällen gantz nicht
fürchten, indem unser Schiff von den andern bedeckt
wurde. Doch, da ich in Canarien einen bekandten
Holländer antraff, der mich um ein billiges mit nach
Amsterdam nehmen wolte, über dieses mein Engelländer sich genöthiget sahe, um sein Schiff auszubessern, allda in etwas zu verbleiben, so bezahlte ich dem
letztern noch ein mehreres, als das Gedinge biß nach
Engelland austruge, schiffte mich vieler Ursachen
wegen höchst vergnügt bey dem Holländer ein, und
kam am 10. Febr. glücklich in Amsterdam an.
Etwas recht nachdenckliches ists, daß ich gleich in
dem ersten Gast-Hause, worinnen ich abtreten, und
meine Sachen hinschaffen wolte, einen von denjenigen
Mord-Buben antraff, die mich, dem Jean le Grand zu
gefallen, gebunden, und an die Insul Felsenburg ausgesetzt hatten. Der Schelm wolte, so bald er mich
erkandte, gleich entwischen, weil ihm sein Gewissen
überzeugte, daß er den Strick um den Halß verdienet
hätte. Derowegen [450] trat ich vor, schlug die Thür
zu, und sagte: Halt, Camerad! wir haben einander
vor drey Jahren oder etwas drüber gekandt, also müssen wir mit einander sprechen. Wie hälts? Was macht
Jean le Grand? hat er viel auf seinen gestohlnen
Schiffe erworben? Ach mein Herr! gab dieser Strauch-
Dieb zur Antwort, das Schiff und alle, die darauf gewesen, sind vor ihre Untreu sattsam gestrafft, denn
das erstere ist ohnweit Madagascar geborsten und ver-
suncken, Jean le Grand aber hat nebst allen Leuten

elendiglich ersauffen müssen, ja es hat sich niemand retten können, als ich und noch 3. andere, die es mit euch gut gemeynet haben. So hast du es, versetzte ich, auch gut mit mir gemeynet? Ach, mein Herr! schrye er, indem er sich zu meinen Füssen warff, ist gleich in einem Stücke von mir Boßheit verübt worden, so habe doch ich hauptsächlich hintertreiben helffen, daß man euch nicht ermordet hat, welches, wie ihr leichtlich glauben werdet, von dem gantzen Complot beschlossen war. Ich wuste, daß dieser Kerl zwar ein ziemlicher Bösewicht, jedoch keiner von den allerschlimmsten gewesen war, derowegen, als mir zugleich die Geschicht Josephs und seiner Brüder einfiel, jammerte mich seiner, so, daß ich ihn aufhub und sagte: Siehe, du weist ohnfehlbar, welches dein Lohn seyn würde, wenn ich die an mir begangene Boßheit gehöriges Orts anhängig machen wolte; Allein, ich vergebe dir alles mit Mund und Hertzen, wünsche auch, daß dir GOtt alle deine Sünde vergeben möge, so du jemahls begangen. Mercke das Exempel der Rache GOttes an deinen unglückli-[451]chen Mitgesellen, wo du mich anders nicht beleugst, und bessere dich. Mit mir habt ihrs böse zu machen gedacht, aber GOtt hats gut gemacht, denn ich habe voritzo mehr Geld und Güter, als ich jemahls gehabt habe. Hiermit zohe ich ein Gold-Stück, am Werth von 20. deutschen Thalern, aus meinem Beutel, verehrte ihm dasselbe, und versprach, noch ein mehreres zu thun, wenn er mir diejenigen herbringen könne, welche sich nebst ihm von dem verunglückten Schiffe gerettet hätten. Der neubelebte arme Sünder machte mir also aufs neue die demüthigsten und danckbarlichsten Bezeugungen, und versprach, noch vor Abends zwey von den erwehnten Personen, nehmlich Philipp Wilhelm Horn, und Adam Gorques, zu mir zu bringen, den dritten aber, welches Conrad Bellier gewesen, wisse er nicht mehr anzu-

treffen, sondern glaubte, daß derselbe mit nach
Gröenland auf den Wall-Fisch-Fang gegangen sey.
Ich hätte nicht vermeynet, daß der Vogel sein Wort
halten würde, allein, Nachmittags brachte er beyde
erst erwehnten in mein Logis, welche denn, so bald sie
mich erblickten, mir mit Thränen um den Halß fielen,
und ihre besondere Freude über meine Lebens-Erhaltung nicht genug an den Tag zu legen wusten. Ich
hatte ebenfalls nicht geringe Freude, diese ehrlichen
Leute zu sehen, weiln gewiß wuste, daß sie nicht in
den Rath der Gottlosen eingestimmet hatten, sonderlich machte mir Horns Person ein grosses Vergnügen,
dessen Klugheit, Erfahrenheit und Courage mir von
einigen Jahren her mehr als zu bekandt war. Er hatte
sich ohnlängst wiederum [452] in Qualität eines
Quartiermeisters engagiret, und zu einer frischen
Reise nach Batavia parat gemacht, jedoch, so bald er
vernahm, daß ich ebenfalls wiederum ein Schiff aus-
rüsten, und eine neue Tour nehmen wolte, versprach
er, sich gleich morgenden Tag wiederum loß zu
machen, und bey mir zu bleiben. Ich schenckte diesen
letztern zweyen, so bald sich der erste liederliche
Vogel hinweg gemacht, jeden 20. Ducaten, Horn aber,
der zwey Tage hernach wieder zu mir kam, und berichtete, daß er nunmehro frey und gäntzlich zu meinen Diensten stünde, empfing aus meinen Händen
noch 50. Ducaten zum Angelde, und nahm alle diejenigen Verrichtungen, so ich ihm auftrug, mit Freuden über sich.

Ich heuerte mir ein bequemer und sicherer Quartier,
nahm die vor etlichen Jahren in Banco gelegten Gelder zwar nicht zurück, assignirte aber dieselben an
mein Geschwister, und that denselben meine Anwesenheit in Amsterdam zu wissen, meldete doch anbey,
daß ich mich nicht lange daselbst aufhalten, sondern
ehestens nach Ost-Indien zurück reisen, und alldorten

Zeit Lebens bleiben würde, weßwegen sich niemand
zu mir bemühen, sondern ein oder der andere nur
schreiben dürffte, wie sich die Meinigen befänden.
Mittlerweile muste mir Horn die Perlen und einige
Gold-Klumpen zu gangbaren Gelde machen, wovor
ich ihm die vortrefflichen Felsenburgischen Rosinen
zur Ergötzlichkeit überließ, aus welchen er sich denn
ein ziemlich Stück Geld lösete.

Hierauf sahe ich mich nach einem Nagel-neuen [453]
Schiffe um, und da ich dergleichen angetroffen und
baar bezahlet hatte, gab ich ihm den Nahmen *der
getreue Paris*, Horn aber empfing von mir eine punctation, wie es völlig ausgerüstet, und mit was vor Leuten es besetzt werden solte. Ob ich nun schon keinen
bösen Verdacht auf diesen ehrlichen Menschen hatte,
so muste er doch alle hierzu benöthigten Gelder von
einem Banquier, der mein vertrauter Hertzens-Freund
von alten Zeiten her war, abfordern, und eben diesen
hatte ich auch zum Ober-Aufseher meiner Angelegenheiten bestellet, bevor ich die Reise, mein Eberhard,
nach eurer Geburths-Stadt antrat. Dieselbe nun erreichte ich am verwichenen 6ten Maji. Aber, o Himmel! wie erschrack mein gantzes hertze nicht, da ich
auf die erste Frage, nach dem reichen Kauffmanne
Julius, von meinem Wirthe die betrübte Zeitung erfuhr, daß derselbe nur vor wenig Wochen unvermuthet banquerot worden, und dem sichersten Vernehmen nach, eine Reise nach Ost- oder West-Indien
angetreten hätte. Ich kan nicht anders sagen, als daß
ein jeder Mensch, der auf mein weiteres Fragen des
Gast-Wirths Relation bekräfftigte, auch dieses redlichen Kauffmanns Unglück beklagte, ja die vornehmsten wolten behaupten: Es sey ein grosser Fehler und
Übereilung von ihm, daß er sich aus dem Staube gemacht, immassen allen seinen Creditoren bekandt, daß
er kein liederlicher und muthwilliger Banquerotteur

sey, dahero würde ein jeder gantz gern mit ihm in die
Gelegenheit gesehen, und vielleicht zu seinem Wieder-
aufkommen etwas beygetragen haben. Allein, was
konten mir nunmehro [454] alle diese sonst gar wohl
klingenden Reden helffen, der Kauffmann Julius war
fort, und ich konte weiter nichts von seinem gantzen
Wesen zu meinem Vortheil erfahren, als daß er einen
eintzigen Sohn habe, der auf der Universität in Leipzig studire. Demnach ergriff ich Feder und Dinte,
setzte einen Brief an diesen mir so fromm beschriebenen Studiosum auf, um zu versuchen, ob ich der selbst
eigenen Reise nach Leipzig überhoben seyn, und euch,
mein Eberhard, durch Schrifften zu mir locken könte.
Der Himmel ist selbsten mit im Spiele gewesen, darum
hat mirs gelungen, ich setzte euch und allen andern, die
ich zu Reise-Gefährten mitnehmen wolte, einen sehr
kurtzen Termin, glaubte auch nichts weniger, als so
zeitlich von Amsterdam abzusegeln, und dennoch
muste sich alles nach Hertzens Wunsche schicken.
Meiner allergrösten Sorge aber nicht zu vergessen,
muß ich melden, daß mich eines Mittags nach der
Mahlzeit auf den Weg machte, um dem Seniori des
dasigen Geistl. Ministerii eine Visite zu geben, und
denselben zu bitten, mir einen feinen Exemplarischen
Menschen zum Schiffs-Prediger zuzuweisen; weil ich
aber den Herrn Senior nicht zu Hause fand, und erstlich folgenden Morgen wieder zu ihm bestellet wurde,
nahm ich einen Spatzier-Gang ausserhalb der Stadt in
einem lustigen Gange vor, allwo ich ohngefähr einen
schwartz-gekleideten Menschen in tieffen Gedancken
vor mir hergehend ersahe. Derowegen verdoppelten
sich meine Schritte, so, daß er von mir bald eingeholet
wurde. Es ist gegenwärtiger Herr Mag. Schmeltzer,
und ohngeacht ich [455] ihn zuvor niemahls gesehen,
sagte mir doch mein Hertze so gleich, daß er ein
Theologus seyn müste. Wir grüsseten einander freund-

lich, und ich nahm mir die Freyheit, ihn zu fragen:
Ob er ein Theologus sey. Er bejahete solches, und
setzte hinzu, daß er in dieser Stadt zu einer Condition
verschrieben worden, durch einen gehabten Unglücks-
Fall aber zu späte gekommen sey. Hierauf fragte ich
weiter: Ob er nicht einen feinen Menschen zuweisen
könne, der da Lust habe, als Prediger mit mir zu
Schiffe zu gehen. Er verfärbte sich deßwegen ungemein, und konte mir nicht so gleich antworten, endlich aber sagte er gantz bestürtzt: Mein Herr! Ich
kan ihnen bey GOtt versichern, daß ich voritzo allhier keinen eintzigen Candidatum Ministerii Theolo-
gici kenne, denn ich habe zwar vor einigen Jahren
bey einem hiesigen Kauffmanne, Julius genannt, die
Information seines Sohnes gehabt, da aber nach der
Zeit mich wiederum an andern Orten aufgehalten, und
nunmehro erstlich vor 2. Tagen, wiewohl vergebens,
allhier angekommen bin, ist mir unbewust, was sich
anitzo von dergleichen Personen allhier befindet.
Ich gewann den werthen Herrn Mag. Schmelzer
unter währenden diesen Reden, und zwar wegen der
wunderbaren Schickung GOttes, dermassen lieb, daß
ich mich nicht entbrechen konte, ferner zu fragen: Ob
er nicht selbsten Belieben bey sich verspürete, die Sta-
tion eines Schiffs-Predigers anzunehmen, zumahlen da
ich ihm dasjenige, was sonst andere zu gemessen hätten, gedoppelt zahlen wolte? Hierauf gab er zur Antwort: GOtt, der [456] mein Hertze kennet, wird mir
Zeugniß geben, daß ich nicht um zeitlichen Gewinstes
willen in seinem Weinberge zu dienen suche, weil ich
demnach dergleichen Beruff, als itzo an mich gelanget, vor etwas sonderbares, ja Göttliches erkenne, so
will nicht weigern, demselben gehorsame Folge zu leisten, jedoch nicht eher, als biß ich durch ein behöriges
Examen darzu tüchtig befunden, und dem heiligen
Gebrauche nach zum Priester geweyhet worden.

Es traten unter diesen Reden mir und ihm die Thränen in die Augen, derowegen reichte ich ihm die
Hand, und sagte weiter nichts als dieses: Es ist genung, mein HErr! GOtt hat Sie und mich berathen,
derowegen bitte, nur mit mir in mein Logis zu folgen,
allwo wir von dieser Sache umständlicher mit einander sprechen wollen. So bald wir demnach in selbigem angelanget, nahm ich mir kein Bedencken, ihm
einen wahrhafften und hinlänglichen Bericht von dem
Zustande der Felsenburgischen Einwohner abzustatten, welchen er mit gröster Verwunderung anhörete,
und betheurete, daß er bey so gestallten Sachen die
Reise in besagtes Land desto vergnügter unternehmen,
auch sich gar nicht beschweren wolte, wenn er gleich
Zeit Lebens daselbst verbleiben müste, daferne er nur
das Glück hätte, dem dort versammleten Christen-
Häuflein das Heil ihrer Seelen zu befördern. Hierauf,
da er mir eine kurtze Erzehlung seiner Lebens-Geschicht gethan, nahm ich mir Gelegenheit, ihn wegen des
Kauffmanns, Franz Martin Julii, und dessen Familie
ein und anderes zu befragen, und er-[457]fuhr, daß
Herr Mag. Schmelzer von Anno 1716. biß 1720. bey
demselben als Informator seines Sohns Eberhards und
seiner Tochter Julianae Louise in Condition gewesen
wäre, ja er wuste, zu meinem desto grössern Vergnügen, mir die gantze Geschicht des im 30. jährigen
Kriege enthaupteten Stephan Julii so zu erzehlen, wie
ich dieselbe von dem lieben Altvater Alberto in Felsenburg bereits vernommen hatte, und zu erweisen,
daß Franz Martin Julius des Stephani ächter Enckel
im dritten Gliede sey, immassen er die gantze Sache
von seinem damahligen Patron Franz Martin Julio
sehr öffters erzehlen hören, und im guten Gedächt-
nisse erhalten.
Ich entdeckte ihm hierauff treuhertzig: wie ich den
jungen Eberhard, der sich sichern Vernehmen nach,

itzo in Leipzig aufhielte, nur vor wenig Tagen durch
Briefe und beygelegten Wechsel zu Reise-Geldern,
nach Amsterdam in mein Logis citiret hätte, und
zweiffelte nicht, daß er sich gegen Johannis Tag daselbst einfinden würde, wo nicht? so sähe mich genöthiget selbst nach Leipzig zu reisen und denselben
aufzusuchen. Nachdem wir aber gantz biß in die
späte Nacht von meinen wichtigen Affairen discuri-
ret, und Herr Mag. Schmeltzer immer mehr und mehr
Ursachen gefunden hatte, die sonderbaren Fügungen
des Himmels zu bewundern, auch mir eydlich zu-
sagte: seinen Vorsatz nicht zu ändern, sondern GOT-
TES Ehre und den seligen Nutzen so vieler Seelen zu
befördern, mir redlich dahin zu folgen, wohin ich ihn
haben wolte; legten wir uns zur Ruhe, und giengen
folgenden Tag in [458] aller Frühe mit einander zum
Seniori des geistlichen Ministerii. Dieser sehr fromme
Mann hatte unsern Vortrag kaum vernommen, als er
noch 3. von seinen Ammts-Brüdern zu sich beruffen
ließ, und nebst denselben Herrn Mag. Schmeltzern, in
meiner Gegenwart 4. Stunden lang aufs allerschärffste
examinirte, und nach befundener vortrefflicher Gelehrsamkeit, zwey Tage darauff in öffentlicher Kirche
ordentlich zum Priester weyhete. Ich fand mich bey
diesem heiligen Actu von Freude und Vergnügen über
meinen erlangten kostbaren Schatz dermassen gerühret, daß die hellen Thränen die gantze Zeit über aus
meinen Augen lieffen, nachdem aber alles vollbracht,
zahlete ich an das geistliche Ministerium 200. spec.
Ducaten, in die Kirche und Armen-Casse aber eine
gleichmäßige Summe, nahm also von denen Herrn
Geistlichen, die uns tausendfachen Seegen zu unsern
Vorhaben und Reise wünschten zärtlichen Abschied.
Herrn Mag. Schmeltzern hätte ich zwar von Hertzen
gern sogleich mit mir nach Amsterdam genommen, da
aber derselbe inständig bat ihm zu vergönnen, vor-

hero die letzte Reise in sein Vaterland zu thun, um
von seinen Anverwandten und guten Freunden völligen Abschied auch seine vortreffliche Bibliothec mit-
zunehmen, zahlete ich ihm 1000. Thlr. an Golde, und
verabredete die Zeit, wenn und wo er mich in Amsterdam antreffen solte, so, daß ich noch biß dato Ursach
habe vor dessen accuratesse danckbar zu seyn.

Ich vor meine Person setzte immittelst meine Rück-
reise nach Amsterdam gantz bequemlich fort, [459]
und nahm unterwegs erstlich den Chirurgum Kra-
mern, hernach Litzbergen, Plagern, Harkert und die
übrigen Handwercks-Leute in meine Dienste, gab
einem jeden 5. Frantzösische Louis d'or auf die Hand,
und sagte ihnen ohne Scheu, daß ich sie auf eine angenehme fruchtbare Insul führen wolte, allwo sie sich
mit ihrer Hand-Arbeit redlich nehren, auch da es
ihnen beliebig, mit daselbst befindlichen schönen
Jungfrauen verheyrathen könten, doch nahm ich von
jedweden einen Eyd, diese Sache weder in Amsterdam, noch bey dem andern Schiffs-Volcke ruchtbar
zu machen, indem ich nur gewisse auserlesene Leute
mit dahin zu nehmen vorhabens sey. Zwar sind mir
ihrer 3. nachhero zu Schelmen worden, nemlich ein
Zwillich-macher, Schuster und Seiffensieder, allein sie
mögen diesen Betrug bey GOTT und ihren eigenen
Gewissen verantworten, ich aber habe nachhero erwogen, daß ich an dergleichen Betrügern wenig eingebüsset, immassen unsere Insulaner diese Künste nach
Nothdurfft selbst, obschon nicht so zierlich und leicht
verrichten können.

Am 11. Jun. gelangete ich also mit meinen angenom-
menen Leuten glücklich in Amsterdam an, und hatte
eine besondere Freude, da mein lieber getreuer Horn
und Adam Gorques, unter Aufsicht meines werthen
Freundes des Banquiers G. v. B. das Schiff nebst allem
Zubehör in völlige, ja bessere Ordnung als ich ver-

muthet, gebracht hatten. Demnach kaufften wir noch
das Vieh und andere Sachen ein, die ich mit anhero zu
nehmen vor höchst nöthig hielt. Ein jeder von meinen
Neu angeworbe-[460]nen Künstlern und Handwerckern bekam so viel Geld, als er zu Anschaffung
seines Werckzeugs und andern Bedürffnissen begehrte,
und da, zu meinem gantz besondern Vergnügen, der
liebe Eberhard Julius sich wenig Tage nach meiner
Ankunfft bey mir einfand, bekam er etliche Tage
nach einander ebenfalls genung zu thun, die ihm vor-
geschriebenen Waaren an Büchern und andern nöthigen Stücken einzuhandeln. Endlich am 24. Jun. gelangte die letzte Person, auf die ich allbereit mit
Schmertzen zu hoffen anfing, nemlich Herr Mag.
Schmeltzer bey mir an, und weil Horn indessen die
Zahl der Matrosen und Freywillig-Mitreisenden voll
geschafft hatte, hielt ich des folgenden Tages General-
Musterung im Schiffe, und fand weiter nicht das geringste zu verbessern, demnach musten alle Personen
im Schiffe verbleiben, und auf meine Ankunfft warten, ich aber machte meine Sachen bey der Ost-Indischen Compagnie vollends richtig, empfieng meine
sichern Paesse, Handels- und Frey-Briefe, und konte
solchergestalt, über alles Verhoffen, um eben dieselbe
Zeit von Amsterdam ablauffen, als ich vor etlichen
Monaten gewünschet hatte.

Auf der Insul Teneriffa, allwo wir nach ausgestandenen hefftigen Sturm unser Schiff auszubessern und
uns mit frischen Lebens-Mitteln zu versehen, einige
Tage stille lagen, zohe ich eines Abends meinen
Lieutenant Horn auf die Seite, und sagte: Höret mein
guter Freund, nunmehro ist es Zeit, daß ich mein gantzes Hertz offenbare, und euch zum wohlhabenden
Manne mache, daferne ihr mir vor-[461]hero einen
leiblichen Eyd zu schweren gesonnen, nicht allein dasjenige Geheimniß, welches ich sonsten niemanden als

euch und dem redlichen Gorques anvertrauen will, so
viel als nöthig, zu verschweigen, sondern auch die billige Forderung so ich an euch beyde thun werde, zu
erfüllen. Horn wurde ziemlich bestürtzt, doch auf
nochmahliges Ermahnen, daß ich von ihm nichts sünd-
liches, unbilliges oder unmögliches verlangte, schwur
er mir einen leiblichen Eyd, worauff ich ferner also
redete: Wisset mein Freund, daß ich nicht Willens bin
mit nach Ost-Indien zu gehen, sondern ich werde
mich ehester Tages an einem mir gelegenen Orte nebst
denen darzu bestimmten Personen und Waaren aussetzen lassen, euch aber will ich nicht allein das Schiff,
sondern auch alles darzu gehörige erb- und eigen-
thümlich schencken, und eure Person statt meiner zum
Capitain und Patron denen übrigen vorstellen, weil
ich hierzu laut meiner Paesse und Frey-Briefe von
denen Häuptern der Ost-Indischen Compagnie satt-
same Gewalt und Macht habe. Hergegen verlange ich
davor nichts, als daß ihr dem Adam Gorques, welcher
an eure statt Lieutenant werden soll, nicht allein seinen richtigen Sold zahlet, sondern ihm auch den 3ten
Theil von demjenigen, was ihr auf dieser ersten Reise
profitiret, abgebet, auf der Rückreise aber, die ihr
doch ohnfehlbar binnen 2. oder drittehalb Jahren
thun werdet, euch wiederum durch etliche Canonen-
Schüsse an demjenigen Orte meldet, wo ich mich
werde aussetzen lassen, im übrigen aber von meinem
Auffenthalt weder in Europa noch sonst anderswo
ruchtbar machet.

[462] Der gute Horn wuste mir anfänglich, ohne
Zweiffel wegen verschiedener deßfalls bey ihm ent-
standenen Gemüths-Bewegungen, kein Wort zu antworten, jedoch nachdem ich mich noch deutlicher erkläret, und ihm eine Specification derer Dinge eingehändiget, welche er bey seiner Rück-Reise aus Ost-
Indien an mich mitbringen solte; schwur er nochmals,

nicht allein alles, was ich von ihm begehrte, redlich
zu erfüllen, sondern danckte mir auch dermassen zärtlich und verbindlich, daß ich keine Ursache habe, an
seiner Treue und Erkänntlichkeit zu zweiffeln. Ich
habe auch die Hoffnung daß ihn GOTT werde glücklicher seyn lassen, als den Bösewicht Jean le Grand,
denn solchergestallt werden wir, durch seine Hülffe,
alles was wir etwa noch in künfftigen Zeiten aus
Europa vonnöthen haben möchten, gar bequem erlangen können, und uns darbey keiner Hinterlist und
Boßheit sonderlich zu befürchten haben.

Wie es mit unserer fernern Reise und glücklichen Ankunfft auf dieser angenehmen Insul beschaffen gewesen, ist allbereit bekannt, derowegen will nur von
mir noch melden, daß ich nunmehro den Haafen meiner zeitlichen Ruhe und Glückseligkeit erreicht zu
haben verhoffe, indem ich den lieben Altvater gesund,
alle Einwohner in unveränderten Wohlstande, und
meine liebe Sophia getreu und beständig wieder gefunden. Nunmehro aber, weil mir der liebe Altvater,
und mein gutes Gewissen, alle glücklich ausgelauffene
Anstalten auch selbsten Zeugniß geben, daß ich alles
redlich und wohl ausgerichtet habe, werde ein Gelübde thun: ausser der äusersten [463] Noth und besonders wichtigen Umständen nicht wieder aus dieser
Gegend in ein ander Land zu weichen, sondern die
übrige Lebens-Zeit mit meiner lieben Sophie nach
GOTTES Willen in vergnügter Ruhe hinbringen. Der
liebe Altvater inzwischen wird mir hoffentlich gütig
erlauben, daß ich künfftigen Sonntags nach vollbrachten GOttes Dienste mich mit meiner Liebsten
durch den Herrn Mag. Schmeltzern ehelich zusammen
geben lasse, anbey das Glück habe, der erste zu seyn,
der auf dieser Insul, christlichem Gebrauche nach,
seine Frau von den Händen eines ordinirten Priesters
empfängt. Thut was euch gefällig ist, mein werther

Hertzens-Freund und Sohn, antwortete hierauff der
Altvater Albertus, denn eure Redlichkeit verdienet,
daß ihr allhier von niemanden Erlaubniß bitten oder
Befehle einholen dürffet, weil wir allerseits vollkommen versichert sind, daß ihr GOTT fürchtet, und uns
alle hertzlich liebet. Diesem fügte der Altvater annoch
seinen kräfftigen Seegen und sonderbaren Wunsch zu
künfftigen glücklichen Ehe-Stande bey, nach dessen
vollendung Herr Mag. Schmeltzer und ich, ebenfalls
unsere treugesinnten Glückwünsche bey dem Herrn
Wolffgang abstatteten, nachhero aber ihm einen
schertzhafften Verweiß gaben, daß er weder unterwegs, noch Zeit unseres hierseyns noch nicht das allergeringste von seinen Liebes-Angelegenheiten entdeckt,
vielweniger uns seine Liebste in Person gezeiget hätte,
welches doch billig als etwas merckwürdiges angefüh-
ret werden sollen, da wir am verwichener Mittwochen
die Pflantz-Stadt Christians-[464]Raum und seines
Schwieger-Vaters Wohnung in Augenschein genommen.
Herr Wolffgang lächelte hierüber, und sagte: Es ist,
meine werthesten Freunde, aus keiner andern Ursache
geschehen, als hernach die Freude unter uns auf einmal desto grösser zu machen. Meine Liebste hielt sich
an vergangener Mittewochen verborgen, und man hat
euch dieserwegen auch nicht einmal entdeckt, daß die
neu erbaute Wohnung, welche wir besahen, Zeit meines Abwesens vor mich errichtet worden. Doch diesen
Mittag, weil es bereits also bestellet ist, werden wir
das Vergnügen haben, meinen Schwieger-Vater Christian Julium, nebst meiner Liebsten Sophie bey der
Mahlzeit zu sehen.

Demnach aber der bißherige Capitain, Herr Leonhard
Wolffgang, solchergestallt seine völlige Erzehlung ge-
endiget, mithin die Mittags-Zeit heran gekommen

war, stelleten sich Christian Julius und dessen Tochter
Sophie bey der Mahlzeit ein, da denn, so wohl Herr
Mag. Schmeltzer, als ich, die gröste Ursach hatten,
der letztern besondere Schönheit und ausnehmenden
Verstand zu bewundern, anbey Herrn Wolffgangs ge-
troffene Wahl höchst zu billigen.

Gleich nach eingenommener Mittags-Mahlzeit, begleiteten wir ingesammt Herrn Mag. Schmeltzern in die
Davids-Raumer Alleé, um abgeredter massen das
Glaubens-Bekänntniß aller dererjenigen öffentlich anzuhören, die des morgenden Tages ihre Beichte thun,
und folgendes Tages das Heil. Abendmahl empfangen
wolten, und vermerckten [465] mit grösten Vergnügen: daß so wol Alt als Jung in allen Haupt-Articuln
und andern zur christlichen Lehre gehörigen Wissenschafften vortrefflich wohl gegründet waren. Als
demnach alle und jede ins besondere von Herrn
Magist. Schmeltzern aufs schärffste tentiret und exa-
miniret worden, welches biß zu Untergang der Sonnen
gewähret hatte, confirmirte er diese seine ersten
Beicht-Kinder durch ein andächtiges Gebeth und Auf-
legung der Hand auf eines jeglichen Haupt, und nach
diesen nahmen wir mit ihm den Rück-Weg nach der
Albertus-Burg.

In der Mittags-Stunde des folgenden Tages, als Sonnabends vor dem I. Advent-Sonntage, begab sich Herr
Mag. Schmeltzer in die schöne Lauber-Hütte der Davids-Raumer Alleé, welche unten am Alberts-Hügel,
vermittelst Zusammenschliessung der dahin gepflantzten Bäume, angelegt war, und erwartete daselbst seine
bestellten Beicht-Kinder. Der Altvater Albertus war
der erste, so sich in heiliger Furcht und mit heissen
Thränen zu ihm nahete und seine Beichte ablegte, ihm
folgten dessen Sohn, Albertus II. David Julius, Herr
Wolffgang nebst seiner Liebsten Sophie, ich Eberhard
Julius und diejenigen so mit uns aus Europa angekom-

men waren, hernachmals aus den Alberts- und Davids-
Raumer Gemeinden alle, so 14. Jahr alt und drüber
waren.

Es daurete dieser Heil. Actus biß in die Nacht, indem
sich Herr Mag. Schmeltzer bey einem jeden mit dem
absolviren sehr lange aufhielt, und sich dermassen abgemattet hatte, daß wir fast zweiffel-[466]ten, ob er
Morgen im Stande seyn würde eine Predigt zu halten.
Allein der Himmel stärckte ihn unserm Wunsche nach
aufs allerkräfftigste, denn als der erste Advent-Sonn-
tag eingebrochen, und das neue Kirchen-Jahr mit
6. Canonen-Schüssen allen Insulanern angekündiget
war, und sich dahero dieselben an gewöhnlicher Stelle
versammlet hatten, trat Herr Mag. Schmeltzer auf,
und hielt eine ungemein erbauliche Predigt über das
gewöhnliche Sonntags Evangelium, so von dem Einzuge des Welt-Heylandes in die Stadt Jerusalem handelt. Das Exordium generale war genommen aus
Ps. 118. v. 24. Diß ist der Tag, der HERR macht,
lasst uns freuen etc. Er redete in der Application so
wohl von den Ursachen, warum sich die Insulaner
freuen solten, als auch von der geistl. Freude, welche
sie über die reine Predigt des Worts GOttes, und andere Mittel des Heyls, so ihnen in Zukunfft reichlich
würden verkündiget und mitgetheilet werden, haben
solten. In dem Exordio speciali, erklärete er die Worte
Esaiä c. 62. v. 11. Saget der Tochter Zion etc. Wieß
in der Application, daß die Insulaner auch eine geistliche Tochter Zion wären, zu welchen itzo Christus
mit seinem Worte und Heil. Sacramenten käme. Darauff stellete er aus dem Evangelio vor:

Die erfreute Tochter Zion,
und zwar:

(1) Worüber sich dieselbe freuete? als:
   (a) über den Einzug des Ehren-Königs JEsu Christi

[467] (b) über das Gute, so sie von ihm geniessen solte,
aus den Worten: Siehe dein König etc.
  (2) Wie sich dieselbe freuete? als:
    (a) Wahrhafftig.
    (b) Hertzlich.

Nachdem er alles vortrefflich wohl ausgelegt, verschiedene erbauliche Gedancken und Ermahnungen
angebracht, und die Predigt also beschlossen hatte,
wurde das Lied gesungen: GOTT sey danck durch alle
Welt etc. Hierauff schritt Herr Magist. Schmeltzer
zur Consecration der auf einer güldenen Schale liegenden Hostien, und des ebenfalls in einem güldenen
grossen Trinck-Geschirr zu rechtgesetzten Weins,
nahm eine Hostie in seine Hand, und sprach: Mein
gecreutzigter Heyland, ich empfange anitzo aus deinen, wiewohl unsichtbaren Händen, deinen wahrhaff-
tigen Leib, und bin versichert, daß du mich, jetzigen
Umständen nach, von den gewöhnlichen Ceremonien
deiner reinen Evangelisch-Lutherischen Kirche ent-
binden, anbey mein Dir geweyhetes Hertze und Sinn
betrachten wirst, es gereiche also dein heiliger Leib
mir und niemanden zum Gewissens-Scrupel, sondern
stärcke und erhalte mich im wahren und reinen Glauben zum ewigen Leben Amen!
Hierauff nahm er die gesegnete Hostie zu sich, und
bald darauff sprach er: Auf eben diesen Glauben und
Vertrauen, mein JESU! empfange ich aus deinen unsichtbaren Händen dein warhafftes Blut, welches du
am Stamm des Creutzes vor [468] mich vergossen
hast, das stärcke und erhalte mich in wahren Glauben
zum ewigen Leben Amen! Nahm also den gesegneten
Wein zu sich, kniete nieder und Betete vor sich, theilete hernachmals das Heil. Abendmahl allen denenjenigen aus, welche gestriges Tages gebeichtet hatten,

und beschloß den Vormittäglichen Gottesdienst nach
gewöhnlich Evangelisch-Lutherischer Art.

Nachmittags, nachdem wir die Mahlzeit ingesammt
auf Morgenländische Art im grünen Grase, bey ausgebreiteten Teppichen sitzend, eingenommen, und uns
hierauff eine kleine Bewegung gemacht hatten, wurde
zum andern mahle GOttes-Dienst gehalten, und nach
Vollbringung dessen Hr. Wolffgang mit Sophien ehelich zusammen gegeben, auch ein paar Zwillinge, aus
dem Jacobischen Stamme, getaufft, welche Tab. VII.
bezeichnet sind.

Solchergestallt wurde alles mit dem Lob-Gesange:
HERR GOTT dich loben wir etc. beschlossen, Mons.
Litzberg und ich gaben, mit Erlaubniß des Altvaters,
noch 12. mal Feuer aus denen auf dem Albertus-Hügel
gepflantzten Canonen, und nachdem Herr Wolffgang
verkündigen lassen, wie er G. G. den 2ten Januar.
nächstfolgenden 1726ten Jahres, von wegen seiner
Hochzeit, allen Insulanern ein Freuden-Fest anrichten
wolte, kehrete ein jeder, geistlich und leiblich vergnügt, in seine Wohnung.

Herr Mag. Schmeltzer hatte bereits verabredet: Daß
die Stephans- Jacobs- und Johannis-Raumer Gemeinden, den Andern Advent-Sonn-[469]tag, die Chri-
stophs- und Roberts-Raumer den 3ten, und letzlich
die Christians- und Simons-Raumer, den 4ten Advent
zum Heil. Abendmahle gehen solten, daferne sich jede
Gemeinde die Woche vorhero behörig versammlen,
und die Catechismus-Lehren also, wie ihre Vorgänger,
die Alberts- und Davids-Raumer, annehmen wolte;
Weil nun alle hierzu eine heisse Begierde gezeiget hatten, wartete der unermüdete Geistliche alltäglich seines Ammts getreulich, wir andern aber liessen unsere
aller angenehmste Arbeit seyn, den Kirchen-Bau aufs
eiferigste zu befördern, worbey der Altvater Albertus
beständig zugegen war, und nach seinem Vermögen

die materialien herbey bringen halff, auch sich, ohngeacht unserer trifftigen Vorstellungen wegen seines
hohen Alters, gar nicht davon abwenden ließ.
Eines Morgens, da Herr Mag. Schmeltzer unsere Arbeit besahe, fiel ihm ein: daß wir vergessen hätten
einige schrifftliche Urkunden, der Nachkommen-
schafft zum Vergnügen, und der Gewohnheit nach, in
den Grund-Stein einzulegen, da nun der Altvater sich
erklärete, daß hieran noch nichts versäumet sey, sondern gar bald noch ein anderer ausgehölter Stein, auf
den bereits eingesenckten gelegt werden könte, auch
sogleich den Seinigen deßwegen Befehl ertheilete, ver-
fertigte indessen Herr Magist. Schmeltzer eine
Schrifft, welche in Lateinischer, Deutscher und Englischer Sprache abgeschrieben, und nachhero mit
Wachs in den ausgehölten Grund-Stein eingedruckt
wurde. Es wird hoffentlich dem geneigten Leser nicht
zu wider seyn, wenn ich dieselbe Lateinisch und
Deutsch mit beyfüge:

[470]   Hic lapis
                           ab
               ALBERTO JULIO,
            Vero veri Dei cultore,
           Anno CIƆIƆCCXXV.
              d. XVIII. Novembr.
          fundamenti loco positus,
       aedem Deo trinuno consecratam,
      sanctum coelestium ovium ovile,
inviolabile Sacramentorum, baptismi & sacrae
            coenae domicilium,
       immotamque verbi divini sedem,
          suffulcit ac suffulciet:
Machina quot mundi posthac durabit in annos,
   Tot domus haec duret, stet, vigeatque Dei!
Semper sana sonent hic dulcis dogmata Christi,
   Per quem credenti vita salusque datur!

Deutsch:

Dieser
von ALBERTO JULIO
Im Jahr Christi 1725. den 18. November.
gelegte Grund-Stein,
unterstützet und wird unterstützen:
eine dem Dreyeinigen GOTT gewidmete Kirche,
einen heiligen Schaaf-Stall christlicher
Schaafe,
eine unverletzliche Behausung der Sacramenten
der Taufe und des Heil. Abendmahls,
und einen unbeweglichen Sitz des Worts
GOTTES.
[471] So lange diese Welt wird unbeweglich stehen
So lange soll diß Haus auch nicht zu Grunde gehen!
Was hier gepredigt wird, sey Christi reines Wort,
Wodurch ein Gläubiger, erlangt den Himmels-Port!

*   *
*

Herr Wolffgang bezohe immittelst, mit seiner Liebste,
das in Christians-Raum vor dieselben neuerbauete
Hauß, ließ aber nicht mehr als die nöthigsten von seinen mitgebrachten mobilien dahin schaffen, und das
übrige auf der geraumlichen Albertus-Burg in des
Altvaters Verwahrung. Unsere mitgebrachten Künstler und Handwercks-Leute bezeugten bey solcher Gelegenheit auch ein Verlangen den Ort zu wissen, wo
ein jeder seine Werckstatt aufschlagen solte, derowegen wurden Berathschlagungen angestellet, ob es
besser sey, vor dieselben eine gantz neue Pflantz-
Stadt anzubauen? oder Sie in die bereits angebaueten
Pflantz-Städte einzutheilen? Demnach fiel endlich der
Schluß dahinaus, daß, da in Erwegung des vorhabenden Kirchen-Baues anitzo keine andere Bau-Arbeit

vorzunehmen rathsam sey, die Neuangekommenen an solche Orte eingetheilet werden möchten, wie es die Umstände ihrer verschiedenen Profeßionen erforderten.

Diese Resolution war ihnen sämtlich die allerangenehmste, und weil Herr Wolffgang von dem [472] Altvater freye Macht bekommen hatte, in diesem Stücke nach seinem Gutbefinden zu handeln, so wurden die sämtlichen neu-angekommenen Europäer folgender massen eingetheilet: Mons. Litzberg der Mathematicus bezohe sein Quartier in Christophs-Raum bey Herr Wolffgangen. Der wohlerfahrne Chirurgus Mons. Kramer, in Alberts-Raum. Mons. Plager, und Peter Morgenthal der Kleinschmidt, in Jacobs-Raum. Harckert der Posamentirer, in Roberts-Raum. Schreiner der sich bey dem Tohne als ein Töpffer selbst einlogirt hatte, in Davids-Raum. Wetterling der Tuchmacher, in Christophs-Raum. Kleemann der Pappier-Müller, in Johannis-Raum. Herrlich der Drechßler, und Johann Melchior Garbe der Böttcher, in Simons-Raum. Lademann der Tischler, und Philipp Krätzer der Müller, in Stephans-Raum.

Solchergestalt blieben Herr Magist. Schmeltzer und ich Eberhard Julius nur allein bey dem Altvater Alberto auf dessen so genannter Alberts-Burg, welcher annoch beständig 5. Jünglinge und 4. Jungfrauen von seinen Kindes-Kindern zur Bedienung bey sich hatte. Herr Mag. Schmeltzer und Herr Wolffgang ermahneten die abgetheilten Europäer, eine Gottesfürchtige und tugendhaffte Lebens-Art unter ihren wohlerzogenen Nachbarn zu führen, stelleten ihnen dabey vor, daß: Daferne sie gesinnet wären, auf dieser Insul zu bleiben, sich ein jeder eine freywillige Ehe-Gattin erwehlen könte. Derjenige aber, welchem diese Le-[473] bens-Art nicht anständig sey, möchte sich nur aller geilen und boßhafften Außschweiffungen gäntzlich enthalten, und versichert seyn: daß er solchergestalt binnen zwey oder 3. Jahren nebst einem Geschencke von 2000. Thlrn. wieder zurück nach Amsterdam geschafft werden solte.

Es gelobte einer wie der andere dem Altvater Alberto, Hrn. Mag. Schmeltzern als ihren Seel-Sorger, und Herrn Wolffgangen als ihren leiblichen Versorger, treulich an, sich gegen GOTT und den Nächsten redlich und ehrlich aufzuführen, seiner Hände Werck, zu GOTTES Ehren und dem gemeinschafftl. Wesen, ohne Verdruß zu treiben, übrigens den Altvater Albertum, Hrn. Wolffgangen, und Herrn Magist. Schmeltzern, vor ihre ordentliche Obrigkeit in geistlichen und weltlichen Sachen zu erkennen, und sich bey ein und andern Verbrechen deren Vermahnungen und gehörigen Strafen zu unterwerffen.

Es soll von ihrer künfftigen Aufführung, und Vereheligung, im Andern Theile dieser Felsenburgischen Geschicht, des geneigten Lesers curiosität möglichste Satisfaction empfangen. Voritzo aber habe noch zu melden, daß die sämtlichen Bewohner dieser Insul am 11. Decembr. dieses ablauffenden 1725ten Jahres, den allbereit vor 78. Jahren, von dem Altvater Alberto angesetzten dritten grossen Bet- und Fast-Tag biß zu Untergang der Sonnen celebrirten, an welchen Herr Mag. Schmeltzer den 116ten Psalm in zweyen [474] Predigten ungemein tröstlich und beweglich auslegte. Die übrigen Stämme giengen an den bestimmten Sonntagen gemachter Ordnung nach, aufs andächtigste zum Heil. Abendmahle, nach diesen wurde das eingetretene Heil. Christ-Fest erfreulich gefeyret, und solchergestalt erreichte damals das 1725te Jahr, zu aller Einwohner hertzlichen Vergnügen, vorjetzo aber bey uns der Erste Theil der Felsenburgl. Geschichts-Beschreibung sein abgemessenes

ENDE.

Avertissement.

MAn ist zwar, Geneigter Leser, anfänglich Willens gewesen diese Felsenburgische Geschichte, oder dasjenige, was auf dem Titul-Blate versprochen worden, ohne Absatz, en Suite heraus zu geben, allein nach fernern reiffern Überlegungen hat man sich, en regard ein und anderer Umstände, zu einer Theilung verstehen müssen. Dem Herrn Verleger wäre es zwar weit angenehmer gewesen, wenn er sofort alles auf einmahl haben können; jedoch wenn ich nur dieses zu betrachten gebe: Daß des Herrn Eberhard Julii Manuscript sehr confus aussiehet, indem er zuweilen in Folio, ein ander mahl in Quarto, und wieder ein ander mahl in Octavo geschrieben, auch viele marquen beygefügt, welche auf fast unzehlige Beylagen kleiner Zettel weisen, die hier und anderswo einzuflicken [475] gewesen, so habe den stylum unmöglich so concise führen können, als mir anfänglich wohl eingebildet hatte. Im Gegentheil ist mir das Werck unter den Händen unvermerckt, ja fast täglich angewachsen, weßwegen ich denn vors dienlichste erachtet, ein kleines Interstitium zu machen. Anderer Vortheile, die so wohl der geneigte Leser, als der Herr Verleger und meine ohnedem niemahls müßige Feder hierbey geniessen können, voritzo zu geschweigen. Ist dieser Erste Theil so glücklich, seinen Lesern einiges Vergnügen zu erwecken und derselben Beyfall zu erhalten, so kan dabey versichern, daß der andere Theil, den ersten, an curiositäten, wo nicht übertreffen, doch wenigstens nichts nachgeben wird. Denn in selbigem werden nicht allein die theils wunderbaren, theils lächerlichen, theils aber auch merckwürdigen Fata ausführlich vorkommen, welche denen letztern Felsenburgl. Einkömmlingen von Jugend auf zugestossen sind, sondern ich will über dieses keinen Fleiß sparen, Mons. Eberhard Julii Manuscripta ordentlich zusammen zu lesen, und daraus umständlich zu berichten: In was vor einen florisanten Zustand die Insul Felsenburg, durch den Fleiß der neuangekommenen Europäischen Künstler und Handwercker, binnen 3. folgenden Jahren gesetzt worden; Wie Mons. Eberhard Julius seine Rückreise nach Europa angestellet, seinen Vater wieder gefunden, selbigen durch seinen kostbaren Schatz in vorige Renommée gesetzt, und endlich in Begleitung seines Vaters, und der aus Schweden zurück verschriebenen Schwester, die andere Reise nach Felsenburg angetreten hat.

[476] Hält oft erwehnter Mons. Eberhard Julius seine Parole so treulich, als er versprochen, nach und nach die fernern Begebenheiten der Felsenburger, entweder Herrn Banquier G. v. B. in Amsterdam, oder Herrn W. in Hamburg schrifftlich zu übersenden, so kan vielleicht der dritte Theil dieses vorgenommenen Wercks auch noch wohl zum Vorscheine kommen.

Übrigens bitte mir von dem geneigten Leser, vor meine deßfalls angewandte Mühe, und wiewol gantz unvollkommene Schreib-Art, nochmahls ein affectionirtes, wenigstens unpassionirtes sentiment aus, und beharre

Desselben

dienstwilligster

GISANDER.

Genealogische TABELLen

über das

ALBERT-JULISCHE Geschlechte,

Wie solches aus Europa herstammet, und biß
zu Ende des 1725ten Jahres auf der Insul
Felsenburg fortgeführet, und forn p. 106.
besprochen worden.

Tab. I.

Stephanus Julius und **Maria Elisabeth Schlüerin,**
geb. d. 7. Aug. 1597. decollit ao. 1633. | geb. d. 24. Octob. 1604. † d. 28. Apr. 1636.

Johann Balthasar Julius,
geb. 1630. d. 13. Mart.
†1686. d. 11. Jun.
Europäis. Linie.

Albertus Julius I.
geb. 1628. d. 8. Jan.
Felsenburg. I. Linie.

Albert. II. Stephanus,	Maria,	Johann.	Elisabeth,	Christoph	Christian	Christina	Christia-	Julia-	Friedr.
geb. 1648. d. 19. Oct.	geb. 1650.	1651.	1653.	1655.	1657.	geb. 11.	nus,	na,	Wilh.
vid. Tab. II. Tab. III.	vid.	vid.	Tab. VIII.	vid. Tab.	vid. Tab.	† d. 9. Jul.	geb. 1651.	1653.	geb. 1657.
	Tab. VII.	Tab. IV.		V. VI.		1660. Tab. IX.			†1678.

Dorothea Sybilla, | *Franz Martin,* | *Magdal. Sophie,*
geb. 1678. | geb. 1680. d. 13. Jun. | geb. 1683. † 1695.

Eberhard Julius,
geb. 1706. d. 12. Maji.

Juliana Louise,
geb. 1709.

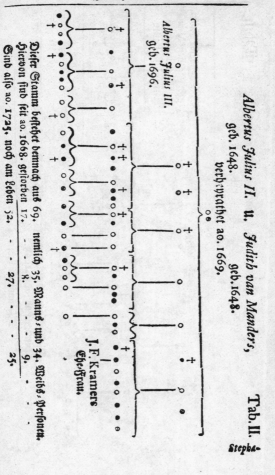

Albertus Julius II. u. Judith van Manders,
geb. 1648.   geb. 1648.

verheyrathet ao. 1669.

Tab. II.

Albertus Julius III.
geb. 1696.

J. F. Kramers
Ehe-Frau.

Dieser Stamm bestehet demnach aus 69.　nemlich 35. Manns- und 34. Weibs-Personen.

Hiervon sind seit ao. 1668. gestorben 17.　-　-　-　8.　-　-　-　9.

Sind also ao. 1725. noch am Leben 52.　-　-　-　27.　-　-　-　25.

Stepha-

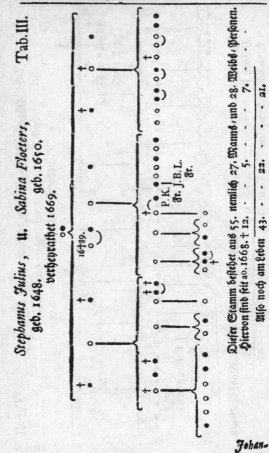

Tab. III.

Stephanus Julius, u. Sabina Floeters,
geb. 1648.   geb. 1650.
          verheyrathet 1669.

P. K.
Fr. J. B. L.
Fr.

Dieser Stamm bestehet aus 55. nemlich 27. Manns, und 28. Weibs-Personen.
Hiervon sind seit ao. 1668. † 12. - - - 5. - - - 7. -
Also noch am Leben 43. - - - 22. - - - 21.

Johan-

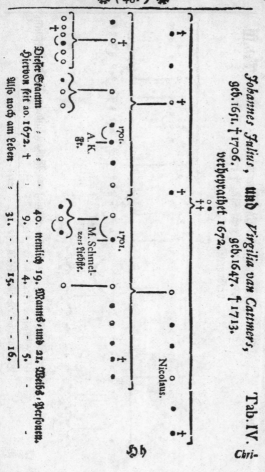

Tab. IV.

Johannes Julius, und *Virgilia van Cattmers,*
geb. 1651. †1706.   geb. 1647. †1713.
verheyrathet 1672.

Nicolaus.

A. K. Fr.   1701.

M. Schmel-
zers Liebste.   1701.

Diese Stamm ; ; ; 40. nemlich 19. Manns, und 21. Weibs-Personen.
Hiervon seit ao. 1672. † ; 9. - - 4. - - 5.
Also noch am Leben ; 31. - - 15. - - 16.

Tab. V.

Christoph Julius u. Blandina N.
geb. 1655. geb. 1654. † 1719.
verheyrathet 1672.

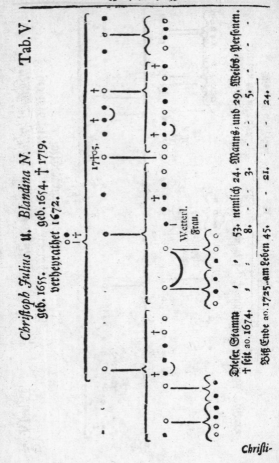

Wetterl. Frau.

1705.

Dieser Stamm , , 53. nemlich 24. Manns = und 29. Weibs = Personen.
† seit ao. 1674. 8. - - 3. - - 5.

Diß Ende ao. 1725. am Leben 45. - - 21. - - 24.

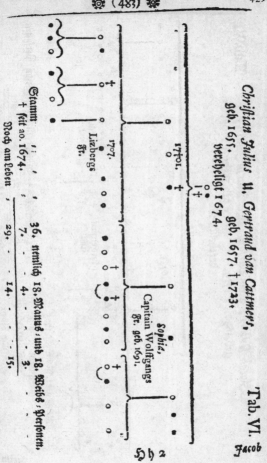

Christian Julius II. *Gertrand van Cattmers,*
geb. 1655.   geb. 1657. † 1733.
verehelist 1674.

Tab. VI.

1701.

1707.
Lizbergs Fr.

Sophia,
Capitain Wolffgangs
Fr. geb. 1691.

Stamm   36. nemlich 18. Manns- und 18. Weibs-Personen.
† seit ao. 1674.   7. - 4. - 3.
Noch am Leben   29. - 14. - - - 15.

Hh 2   *Jacob*

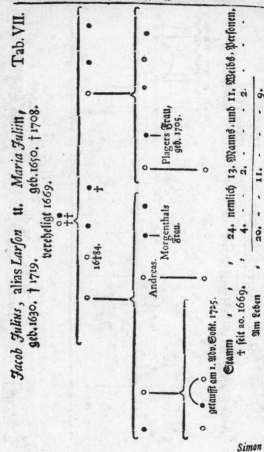

Tab. VII.

Jacob Julius, alias Larson u. Maria Juliin,
geb. 1630. † 1719.   geb. 1650. † 1708.
verheeligt 1669.

Plagers Frau,
geb. 1705.

Andreas. Morgenthals
Frau.

getaufft am 1. Nov. Gott. 1725.

Stamm , , 24. nemlich 13. Manns, und 11. Weibs. Personen.
† seit 20. 1669.   4. - - - 2. - - - 2.
Am Leben   20. - - - 11. - - - 9.

Simon

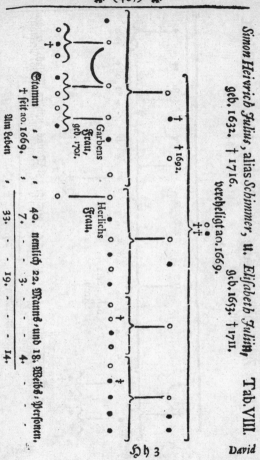

Simon Heinrich Julius, alias Schimmer, u. Elisabeth Julia,
geb. 1632. † 1716.   geb. 1653. † 1711.

verehligt ao. 1669.

Tab. VIII.

Garbens
Frau,
geb. 1701.

Herlichs
Frau,

† 1692.

Stamm , , 4o. nemlich 22. Manns, und 18. Weibs-Personen.
† seit ao. 1669, , 7. - 3. - - - 4.
Am Leben , 33. - 19. - - - - 14.

David

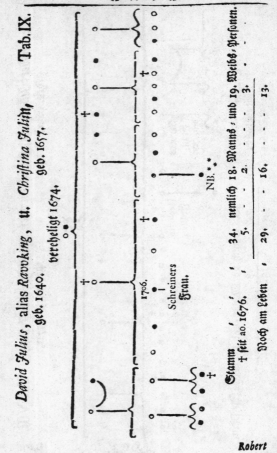

Tab. IX.

David Julius, alias *Ravvking,* u. *Chriſtina Julith,*
geb. 1640. geb. 1677.

vereheligt 1674.

1706.

Schreiners
Frau.

NB. **

Stamm		nemlich 18. Manns- und 19. Weibs-Perſonen.
✝ ſeit ao. 1676,	34.	18. 19.
Noch am Leben	5.	2. 3.
	29.	16. 13.

Robert

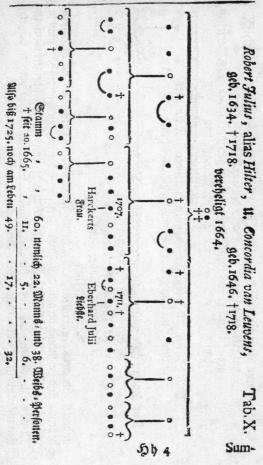

Robert Julius, alias Hilter, u. Concordia van Leuven,
geb. 1634. † 1718.
verehligt 1664.
geb. 1646. † 1718.

Tab. X.

Harckerts
Frau.

Eberhard Julii
siehe.

1707.

1711. †

Stamm   ,   ,   60. nemlich 22. Manns- und 38. Weibs-Personen.
† seit ao. 1665,   II. -   5. -   6. -
Also biß 1725. noch am Leben 49. -   -   17. -   -   32.

Hh 4

Sum-

Summa aller beym Schlusse des 1725ten Jahres auf der Insul Felsenburg nebst lebenden Personen, worzu der Capitain Wolffgang nebst seinen 14. mitgebrachten Europäern gerechnet ist, , 346. Personen. nehmlich , , 177. Manns- und
169. Weibs-Personen.

Aller Seelen, die besage der Tabellen zu Alberti I. Felsenburgischen Geschlecht gehören, so wohl todte als lebende , 429.

Not.

Der geneigte Leser beliebe anzumercken, daß das Signum
o die Manns-Personen,
• die Weibs-Personen,
) Zwillings-Kinder, und
† die verstorbenen

andeutet, übrigens zu excusiren, daß nicht alle diese Personen mit ihren Tauff-Nahmen benennet sind, welches, da man das gantze Verzeichniß derselben in Händen hat, nicht so viel Mühe als unnöthige Weitläufftigkeiten verursacht hätte. Die übrigen wenigen Merckmahle werden gantz klar in die Augen fallen, wenn sich derselbe vorhero den ersten und andern Theil der Geschlechts-Beschreibung befandt gemacht hat.

Anhang

Anhang

Der Pag. 182.

versprochenen

Lebens-Beschreibung

Des

DON CYRILLO

DE

VALARO,

aus seinem Lateinischen Ma-
nuscript ins deutsche übersetzt.

ICh Don Cyrillo de Valaro, bin im Jahr nach Christi
Gebuhrt 1475. den 9. Aug. von meiner Mutter Blanca
de Cordoua im Feld-Lager unter einem Gezelt zur
Welt gebracht worden. Denn mein Vater Don Dionysio de Valaro, welcher in des neuen Castilianischen
Königs Ferdinandi Kriegs-Dienste, als Obrister über
ein Regiment Fuß-Volck getreten war, hatte meine
Mutter mit sich geführet, da er gegen den Portugisischen König Alphonsum mit zu Felde gehen muste.
Dieser Alphonsus hatte sich mit der Joanna Henrici des
IV. Königs in Castilien Tochter, welche doch von
jederman vor ein Bastard gehalten wurde, verlobet,
und dieserwegen nicht allein den Titul und Wapen
von Castilien angenommen, mithin unserm Ferdinando die Crone disputirlich gemacht, sondern sich bereits
vieler Städte bemächtiget, weilen ihn, so wohl König
Ludwig der XI. aus Franckreich, als auch viele Gran-
des aus Castilien starck zu secundiren versprochen.
Nachdem aber die Portugiesen im folgenden 1476ten
Jahre bey Toro ziemlich geklopfft worden, und mein
Vater vermerckte: Daß es wegen des vielen hin und
her marchirens nicht wohl gethan sey, uns länger bey
sich zu behalten, schaffte er meine Mutter und mich
zurück nach Madrit, er selbst aber kam nicht ehe
wieder zu uns, biß die Portugiesen 1479. bey Albu-
hera totaliter geschlagen, und zum Frieden gezwungen worden, worbey Alphonsus nicht allein auf Castilien, sondern auch auf seine Braut renuncir-[491]te,
Johanna aber, der man jedoch unsern Castilischen
Printzen Johannem, ob selbiger gleich noch ein kleines
Kind war, zum Ehe-Gemahl versprach, gieng aus
Verdruß in ein Closter, weil sie vielleicht gemuthmasset, daß sie nur vexiret würde.

Ich weiß mich, so wahr ich lebe, noch einigermassen der Freude und des Vergnügens, doch als im Traume, zu erinnern, welches ich als ein 4. jähriger Knabe über die glückliche Zurückkunfft meines lieben Vaters empfand, allein wir konten dessen erfreulicher Gegenwart sehr kurtze Zeit geniessen, denn er muste wenige Wochen hernach dem Könige, welcher ihn nicht allein zum General bey der Armee, sondern auch zu seinem Geheimbden Etaats-Ministre mit ernennet, bald nach Arragonien folgen, weiln der König, wegen des Absterbens seines höchst seel. Herrn Vaters, in diesem seinen Erb-Reiche die Regierung gleichfalls antrat. Doch im folgenden Jahre kam mein Vater nebst dem Könige abermals glücklich wieder zurück, und erfreuete dadurch mich und meine Mutter aufs neue, welche ihm mittler Zeit noch einen jungen Sohn geboren hatte.

Er hatte damals angefangen seine Haußhaltung nach der schönsten Bequemlichkeit einzurichten, und weil ihm nicht so wohl der Krieg, als des Königs Gnade zu ziemlichen Baarschafften verholffen, verschiedene Land-Güter angekaufft, indem er auf selbigen sein gröstes Vergnügen zu empfinden verhoffte. Allein da mein Vater in der besten Ruhe zu sitzen gedachte, nahm der König Anno 1481. einen Zug wider die Granadischen Mauros vor, und mein [492] Vater muste ihm im folgenden 1482ten Jahre mit 10000. neugeworbenen Leuten nachfolgen. Also verließ er uns abermals zu unsern grösten Mißvergnügen, hatte aber vorhero noch Zeit gehabt, meiner Mutter Einkünffte und das, was zu seiner Kinder Standesmäßiger Erziehung erfodert wurde, aufs Beste zu besorgen. Im Jahre 1483. war es zwischen den Castilianern und Mohren, bey Malacca zu einem scharffen Treffen gekommen, worbey die Erstern ziemlich gedränget, und mein Vater fast tödtlich verwundet worden, doch hatte er sich einigermassen wieder erholet, und kam bald darauff nach Hause, um sich völlig ausheilen zu lassen.

Der König und die Königin liessen ihm beyderseits das Glück ihres hohen Besuchs geniessen, beschenckten ihn auch mit einer starcken Summe Geldes, und einem vortrefflichen Land-Gute, mich aber nahm der König, vor seinen jungen Printzen Johannem, der noch 3. Jahr jünger war als ich, zum Pagen und Spiel-Gesellen mit nach Hofe, und versprach, mich bey ihm auf Lebens-Zeit zu versorgen. Ob ich nun gleich nur in mein zehendtes Jahr gieng, so hatte mich doch meine Mutter dermassen gut erzogen, und durch geschickte Leute erziehen lassen, daß ich mich gleich von der ersten Stunde an, nicht allein bey den Königl. Kindern, sondern auch bey dem Könige und der Königin selbst, ungemein beliebt machen konte. Und da sich eine besondere natürliche Fertigkeit bey mir gezeiget, hatte der König allen Sprach- und Exercitien-Meistern ernstlichen Befehl ertheilet, an meine Person so wohl, als an seinen eigenen Sohn, den allerbesten Fleiß zu wen-[493]den, welches denn nebst meiner eigenen Lust und Beliebung so viel fruchtete: Daß mich ein jeder vor den Geschicktesten unter allen meinen Cammeraden halten wolte.

Mittlerweile war mein Vater aufs neue wieder zu Felde gegangen, und hatte, nicht allein wegen seiner Verwundung, an denen Mohren in etlichen Scharmützeln ziemliche Rache ausgeübt, sondern auch vor den König viele Städte und Plätze einnehmen helffen, bey welcher Gelegenheit er auch zu seinem Theile viele Schätze erobert, und dieselben nach Hause geschickt hatte. Allein im Jahr 1491. da die Stadt Granada mit 50000. Mann zu Fuß, und 12000. zu Roß angegriffen, und der König Boabdiles zur Übergabe gezwungen wurde, verlohr mein getreuer und Hel-

denmüthiger Vater, sein edles Leben darbey, und zwar
im allerletzten Sturme auf den erstiegenen Mauren.

Der König bekam die Briefe von dieser glücklichen
Eroberung gleich über der Tafel zu lesen, und rieff
mit vollen Freuden aus: GOTT und allen Heiligen
sey gedanckt! Nunmehro ist die Herrschafft der Maurer, welche über 700. Jahr in Spanien gewähret, glücklich zu Grunde gerichtet. Derowegen entstunde unter
allen, so wohl hohen als niedrigen Bedienten, ein
allgemeines jubiliren, da er aber die Liste von den
ertödteten und verwundeten hohen Kriegs-Bedienten
zur Hand nahm, und unter andern lase: Daß Don
Dionysio de Valaro, als ein Held mit dem Degen in
der Faust, auf der Mauer gestorben sey, vergiengen
mir auf einmahl alle meine 5. Sinne dermassen, daß
ich hinter dem [494] Cron-Printzen ohnmächtig zur
Erden niedersincken muste.

Es hatte dem mittleydigen Könige gereuet, daß er sich
nicht vorhero nach mir umgesehen, ehe er diese klägliche Zeitung, welche ihm selbst sehr zu Hertzen
gieng, laut verlesen. Jedoch so bald mich die andern
Bedienten hinweg und in mein Bette getragen, auch in
etwas wieder erfrischet hatten, besuchte mich nicht
allein der Cron-Printz mit seiner 13. jährigen Schwester Johanna, sondern die Königin selbst mit ihrem
vornehmsten Frauenzimmer. Dem ohngeacht konte
ich mein Gemüthe, wegen des jämmerlichen Verlusts
meines so lieben und getreuen Vaters, nicht so gleich
besänfftigen, sondern vergoß etliche Tage nach einander die bittersten Thränen, biß mich endlich der
König vor sich kommen ließ und folgendermassen anredete: Mein Sohn Cyrillo de Valaro, wilstu meiner
fernern Gnade geniessen, so hemme dein Betrübniß
wenigstens dem äuserlichen Scheine nach, und bedencke dieses: Daß ich an dem Don Dionysio de
Valaro, wo nicht mehr, doch eben so viel als du ver-

lohren, denn er ist mein getreuer Diener gewesen, der
keinem seines gleichen den Vorzug gelassen, ich aber
stelle mich selbst gegen dich an seine Stelle und will
dein Versorger seyn, hiermit sey dir sein erledigtes
Regiment geschenckt, worüber ich dich gleich jetzo
zum Obristen bestellen und zum Ritter schlagen will,
jedoch sollstu nicht ehe zu Felde gehen, sondern bey
meinem Cron-Printz bleiben, biß ich euch beyde ehestens selbst mit mir nehme. Ich that hierauff dem
Könige zur Danckbarkeit einen Fußfall, und empfohl
mich seiner be-[495]ständigen Gnade, welcher mir
sogleich die Hand darreichte, die ich in Unterthänig-
keit küssete, und von ihm selbst auf der Stelle zum
Ritter geschlagen wurde, worbey ich die gantz besondere Gnade hatte, daß mir die Princeßin Johanna das
Schwerdt umgürtete, und der Cron-Printz den rechten
Sporn anlegte.

Solchergestallt wurde mein Schmertzen durch Königliche besondere Gnade, und durch vernünfftige Vorstellungen, nach und nach mit der Zeit ziemlich gelin-
dert, meine Mutter aber, nebst meinem eintzigen Bruder und zweyen Schwestern, konten sich nicht so bald
beruhigen, und weil die erstere durchaus nicht wieder
Heyrathen wolte, begab sie sich mit meinem Geschwister aus der Residentz-Stadt hinweg auf das Beste
unserer Land-Güter, um daselbst ruhig zu leben, und
ihre Kinder mit aller Vorsicht zu erziehen.

Immittelst ließ ich mir die Übung in den Waffen, wie
auch in den Kriegs- und andern nützlichen Künsten
dermassen angelegen seyn, daß sich in meinem 18den
Jahre kein eintziger Ritter am Spanischen Hofe schämen durffte mit mir umzugehen, und da bey damahligen ziemlich ruhigen Zeiten der König vielfältige Rit-
ter- und Lust-Spiele anstellete, fand ich mich sehr
eiffrig und fleißig darbey ein, kam auch fast niemals
ohne ansehnlichen Gewinst darvon.

Am Geburts-Tage der Princeßin Johanna wurde bey Hofe ein prächtiges Festin gegeben, und fast die halbe Nacht mit Tantzen zugebracht, indem aber ich, nach dem Abschiede aller andern, mich eben-[496]falls in mein Zimmer begeben wolte, fand ich auf der Treppe ein kleines Päcklein, welches in ein seidenes Tüchlein eingewickelt und mit Gold-Faden umwunden war. Ich machte mir kein Bedencken diese so schlecht verwahrte Sache zu eröffnen, und fand darinnen, etliche Elen grün mit Gold durchwürcktes Band, nebst dem Bildnisse einer artigen Schäferin, deren Gesicht auf die Helffte mit einem grünen Schleyer verdeckt war, weil sie vielleicht nicht von allen und jeden erkannt werden wolte. Über dieses lag ein kleiner Zettel mit folgenden Zeilen darbey:

Geliebter Ritter!

Ihr verlanget von mir mein Bildniß nebst einer Liberey, welches beydes hiermit aus gewogenen Hertzen übersende. Seyd damit bey morgenden Turnier glücklicher, als voriges mahl, damit ich eurentwegen von andern Damen keine Stichel-Reden anhören darff, sondern das Vergnügen habe, eure sonst gewöhnliche Geschicklichkeit mit dem besten Preise belohnt zu sehen. Lebet wohl und gedencket eurer

Freundin.

Meine damahlige Schalckhafftigkeit wiederrieth mir denjenigen auszuforschen, wem dieses Paquet eigentlich zukommen solte, bewegte mich im Gegentheil diese Liberey, nebst dem artigen Bildnisse der Schäferin, bey morgenden Lantzenbrechen selbst auf meinem Helme zu führen. Wie gedacht, so [497] gemacht, denn am folgenden Morgen band ich die grüne Liberey nebst dem Bildnisse auf meinen Helm, legte einen gantz neuen Himmelblauen mit goldenen Sternlein beworffenen Harnisch an, und erschien also gantz unerkannt in den Schrancken mit meinem Schilde, worinnen ein junger Adler auf einem ertödten alten Adler mit ausgebreiteten Flügeln sitzend, und nach der Sonne sehend, zur Devise gemahlt war. Die aus dem Horatio genommene Beyschrifft lautete also:

Non possunt aquilae generare columbam.

Deutsch:
Es bleibet bey dem alten Glauben,
Die Adler hecken keine Tauben.

Kaum hatte ich Zeit und Gelegenheit gehabt meine Kräffte an 4. Rittern zu probiren, worvon 3. wanckend gemacht, den 4ten aber gäntzlich aus dem Sattel gehoben und in den Sand gesetzt, als mir ein unbekandter Schild-Knabe einen kleinen Zettel einhändigte, auf welchen folgende Zeilen zu lesen waren.

Verwegener Ritter,
ENtweder nehmet sogleich dasjenige Bildniß und Liberey, welches ihr unrechtmäßiger Weise auf eurem Helme führet, herunter, und liefert es durch Überbringern dieses seinem Eigenthums Herrn ein, oder seyd gewärtig, daß nicht allein euern bereits ziemlich erworbenen Ruhm, bey diesem Lust-Rennen nach allen Kräfften verdunckeln, sondern euch Morgen Früh auf [498] Leib und Leben ausfodern wird: Der Verehrer der schönen Schäferin.

Auf diese trotzige Schrifft gab ich dem Schild-Knaben mündlich zur Antwort: Sage demjenigen, der dich zu mir geschickt: Woferne er seine Anfoderung etwas höflicher an mich gethan, hätte ich ihm mit Vergnügen willfahren wollen. Allein seiner unbesonnenen

Drohungen wegen, wolte ich vor heute durchaus meinen eigenen Willen haben.

Der Schild Knabe gieng also fort, und ich hatte die Lust denjenigen Ritter zu bemercken, welchem er die Antwort überbrachte. Selbiger, so bald er mich kaum ein wenig müßig erblickt, kam gantz hochmüthig heran getrabet, und gab mir mit gantz hönischen Stellungen zu verstehen: Daß er Belieben habe mit mir einoder etliche Lantzen zu brechen. Er trug einen Feuerfarbenen silber gestreifften Harnisch, und führete einen blaß blauen Feder-Stutz auf seinem Helme, welcher mit schwartz und gelben Bande umwunden war. In seinem Schilde aber zeigte sich das Gemählde des Apollinis, der sich einer jungen Nymphe, Isse genannt, zu gefallen, in einen Schäfer verstellet, mit den Bey-Worten: Similis simili gaudet, als wolte er deutlich dieses zu verstehen geben:

> Isse meine Schäferin
> Machts, daß ich ein Schäfer bin.

Ich vermerckte sogleich bey Erblickung dieser Devise, daß der arme Ritter nicht allzuwohl unter dem Helme verwahret seyn müsse. Denn wie schlecht reimete sich doch der Feuerfarbene Harnisch nebst dem blaulichen Feder-Stutze, auch gelb und [499] schwartzen Bande zu der Schäferischen Liebes-Grille? Indem mir aber das fernere Nachsinnen durch meines Gegners Anrennen unterbrochen wurde, empfieng ich ihn mit meiner hurtig eingelegten Lantze zum ersten mahle dermassen, daß er auf beyden Seiten Bügel loß wurde, und sich kaum mit Ergreiffung seines Pferdes Mähne im Sattel erhalten konte. Dem ohngeacht versuchte er das andere Rennen, wurde aber von meinem hefftigen Lantzen-Stosse so gewaltig aus dem Sattel gehoben, daß er halb ohnmächtig vom Platze getragen werden muste. Solchergestalt war der verliebte Feuerfarbene

Schäfer vor dieses mahl abgefertiget, und weil ich
mich die übrige Zeit gegen andere noch ziemlich hurtig hielt, wurde mir bey Endigung des Turniers von
den Kampf-Richtern der andere Preiß zuerkannt,
welches ein vortrefflicher Maurischer Säbel war, dessen güldenes Gefässe mit den kostbarsten Edel-Steinen
prangete. Die Printzeßin Johanna hielt mir denselben
mit einer lächlenden Geberde schon entgegen, da ich
noch wohl 20. Schritte biß zu ihrem auferbaueten
Throne zu thun hatte, indem ich aber auf der untersten Staffel desselben nieder kniete, und meinen Helm
abnahm, mithin mein blosses Gesichte zeigte, stutzte
nicht allein die Princeßin nebst ihren andern Frauenzimmer gewaltig, sondern Dero liebstes Fräulein, die
Donna Eleonora de Sylva, sanck gar in einer Ohnmacht darnieder. Die Wenigsten mochten wohl errathen können, woher ihr dieser jählinge Zufall kam,
und ich selbst wuste nicht, was es eigentlich zu bedeuten hatte, machte mich aber in noch währen-[500]den
Auflauffe, nachdem ich meinen Gewinst empfangen,
ohne von andern Rittern erkannt zu werden, gantz
hurtig zurücke.

Zwey Tage hernach wurde mir von vorigen Schild-
Knaben ein Cartell folgendes Innhalts eingehändiget:

Unredlicher Ritter,

SO kan man euch mit gröstem Rechte nennen, indem
ihr nicht allein einem andern, der Besser ist als ihr,
dasjenige Kleinod listiger Weise geraubt, welches er als
seinen kostbarsten Schatz geachtet, sondern euch
überdieses frevelhafft unterstanden habt, solches zu
seinem Verdruß und Spott öffentlich auf dem Helme
zu führen. Jedoch man muß die Boßheit und den Un-
verstand solcher Gelb-Schnäbel bey zeiten dämpffen,
und euch lehren, wie ihr mit würdigen Leuten umgehen müsset. Es ist zwar leichtlich zu erachten, daß

ihr euch wegen des letztern ohngefähr erlangten Preises beym Lantzenbrechen, das Glücke zur Braut bekommen zu haben, einbildet; Allein wo ihr das Hertz habt, Morgen mit Aufgang der Sonnen, nebst nur einem eintzigen Beystande, auf der grossen Wiese zwischen Madrit und Aranjuez zu erscheinen; wird sich die Mühe geben, euch den Unterscheid zwischen einem lustbaren Lantzen-brechen und ernstlichen Schwerdt-Kampffe zu lehren, und den Kindischen Frevel zu bestraffen,

euer abgesagter Feind.

[501] Der Überbringer dieses, wolte durchaus nicht bekennen, wie sein Herr mit Nahmen hiesse, derowegen gab ihm nur an denselben folgende wenige Zeilen zurück:

Frecher Ritter!

WOferne ihr nur halb so viel Verstand und Klugheit, als Prahlerey und Hochmuth besasset, würdet ihr rechtschaffenen Leuten wenigstens nur etwas glimpflicher zu begegnen wissen. Doch weil ich mich viel lieber mit dem Schwerdt, als der Feder gegen euch verantworten, und solchergestalt keine Ursach geben will, mich vor einen zaghafften Schäfer-Courtisan zu halten, so verspreche Morgen die bestimmte Zeit und Ort in acht zu nehmen, daselbst soll sich zeigen daß mein abgesagter Feind ein Lügner, ich aber sey

Don Cyrillo de Valaro.

Demnach begab ich mich noch selbigen Abend nebst dem Don Alphonso de Cordua, meiner Mutter Bruders Sohne, den ich zum Beystande erwählet hatte, aus Madrit in das allernächst der grossen Wiese gelegene Dorff, allwo wir über Nacht verblieben, und noch vor Aufgang der Sonnen die grosse Wiese betraten.

Mein Gegner, den ich an seinen Feuerfarbenen Harnisch erkannte, erschien zu bestimmter Zeit, und konte mich ebenfalls um so viel desto eher erkennen, weil ich das grüne Band, nebst dem Bilde der Schäferin, ihm zum Trotz abermahls wieder auf den Helm gebunden [502] hatte. Er gab mir seinen Verdruß, und die Geringschätzung meiner Person, mit den allerhochmüthigsten Stellungen zu erkennen, jedoch ich kehrete mich an nichts, sondern fieng den verzweiffeltesten Schwerdt-Kampf mit meinem annoch unbekandten Feinde an, und brachte ihn binnen einer halben Stunde durch verschiedene schwere Verwundungen dahin, daß er abermahls halb todt und gäntzlich Krafftloß zur Erden sincken muste. Indem ich aber hinzu trat und seinen Helm öffnete, erkannte ich ihn vor den Sohn eines vornehmen Königlichen Etaats-Bedienten, Nahmens Don Sebastian de Urrez, der sich auf die Gnade, so der König seinem Vater erzeigte, ungewöhnlich viel einbildete, sonsten aber mehr mit Geld und Gütern, als Adelichen Tugenden, Tapffer- und Geschicklichkeit hervor zu thun wuste. Mir war bekannt, daß ausser einigen, welche seines Vaters Hülffe bedurfften, sonst niemand von rechtschaffenen Rittern leicht mit ihm umzugehen pflegte, derowegen wandte mich mit einer verächtlichen Mine von ihm hinweg, und sagte zu den Umstehenden: Daß es mir hertzlich leyd sey, meinen allerersten ernstlichen Kampff mit einem Haasen-Kopffe gethan zu haben, weßwegen ich wünschen möchte, daß niemand etwas darvon erführe, setzte mich auch nebst meinem Secundanten Don Alfonso, der seinen Gegner ebenfalls sehr blutig abgespeiset hatte, sogleich zu Pferde, und ritten zurück nach Madrit.

Der alte Urrez hatte nicht bloß dieses Kampffs, sondern seines Sohnes hefftiger Verwundung wegen, alle Mühe angewandt mich bey dem Könige [503] in Un-

gnade zu setzen, jedoch seinen Zweck nicht erreichen
können, denn wenig Tage hernach, da ich in dem
Königl. Vor-Gemach aufwartete, rief mich derselbe in
sein Zimmer, und gab mir mit wenig Worten zu verstehen: Wie ihm meine Hertzhafftigkeit zwar im geringsten nicht mißfiele, allein er sähe lieber, wenn ich
mich vor unnöthigen Händeln hütete, und vielleicht
in kurtzen desto tapfferer gegen die Feinde des Königs bezeugte. Ob ich nun gleich versprach, mich in
allen Stücken nach Ihro Majest. allergnädigsten Befehlen zu richten; so konte doch nicht unterlassen,
bey dem bald darauff angestellten Stier-Gefechte, so
wohl als andere Ritter, einen Wage-Hals mit abzugeben, dabey denn einen nicht geringen Ruhm erlan-
gete, weil drey unbändige Büffel durch meine Faust
erlegt wurden, doch da ich von dem Letzten einen
ziemlichen Schlag an die rechte Hüfften bekommen
hatte, nöthigte mich die Geschwulst, nebst dem ge-
ronnenen Geblüte, etliche Tage das Bette zu hüten.
Binnen selbiger Zeit lieff ein Schreiben folgendes Innhalts bey mir ein:

Don Cyrillo de Valaro.

WArum wendet ihr keinen bessern Fleiß an, euch wiederum öffentlich frisch und gesund zu zeigen? Denn
glaubet sicherlich, man hat zweyerley Ursachen, eurer
Aufführung wegen schwere Rechenschafft zu fordern,
erstlich daß ihr euch unterstanden, beym letztern
Turnier eine frembde Liberey zu führen, und vors
andere, daß ihr kein Bedencken getragen, eben dieselbe beym Stier-[504]Gefechte leichtsinniger Weise
zurück zu lassen. Überlegt wohl, auf was vor Art ihr
euch redlicher Weise verantworten wollet, und wisset,
daß dennoch mit euren itzigen schmertzhafften Zustande einiges Mittleyden hat

Donna Eleonora de Sylva.

Ich wuste erstlich nicht zu begreiffen was dieses Fräulein vor Ursach hätte, mich, meiner Aufführung wegen zur Rede zu setzen; biß mir endlich mein Leib-Diener aus dem Traume halff. Denn dieser hatte von der Donna Eleonora vertrauten Aufwärterin so viel vernommen, daß Don Sebastian de Urrez bey selbigen Fräulein bißhero in ziemlich guten Credit gestanden, nunmehro aber denselben auf einmahl gäntzlich verlohren hätte, indem er sie wahnsinniger Weise einer groben Untreue und Falschheit beschuldigte. Also könte ich mir leichtlich die Rechnung machen, daß Eleonora, um sich rechtschaffen an ihm zu rächen, mit meiner Person entweder eine Schertz- oder Ernsthaffte Liebes-Intrigue anzuspinnen suchte.

Diese Muthmassungen schlugen keines weges fehl, denn da ich nach völlig erlangter Gesundheit im Königlichen Lust-Garten zu Buen-Retiro Gelegenheit nahm mit der Eleonora ohne beyseyn anderer Leute zu sprechen, wolte sie sich zwar anfänglich ziemlich kaltsinnig und verdrießlich stellen, daß ich mir ohne ihre Erlaubniß die Freyheit genommen, Dero Liberey und Bildniß zu führen; Jedoch so bald ich nur einige trifftige Entschuldigungen nebst [505] der Schmeicheley vorgebracht, wie ich solche Sachen als ein besonderes Heiligthum zu verehren, und keinem Ritter, wer der auch sey, nicht anders als mit Verlust meines Lebens, zurück zu geben gesonnen wäre, fragte sie mit einer etwas gelaßnern Stellung: Wie aber, wenn ich dasjenige, was Don Sebastian nachläßiger Weise verlohren, ihr aber zufälliger Weise gefunden, und ohne meine Vergünstigung euch zugeeignet habt, selbst zurück begehre? So muß ich zwar, gab ich zur Antwort, aus schuldigen Respect eurem Befehle und Verlangen ein Genügen leisten, jedoch darbey erkennen, daß ihr noch grausamer seyd als das Glücke selbst, über dessen Verfolgung sich sonsten die Un-

glückseeligen eintzig und allein zu beklagen pflegen.
Es ist nicht zu vermuthen, sagte sie hierauff, daß euch
hierdurch eine besondere Glückseeligkeit zuwachsen
würde, wenn gleich dergleichen Kleinigkeiten in euren
Händen blieben. Und vielleicht darum, versetzte ich,
weil Don Sebastian eintzig und allein bey eurer schönen Person glückseelig seyn und bleiben soll? Unter
diesen Worten trat der Donna Eleonora das Blut
ziemlich in die Wangen, so daß sie eine kleine Weile
inne hielt, endlich aber sagte: Seyd versichert Don
Valaro daß Urrez Zeit seines Lebens weniger Gunst-
Bezeugungen von mir zu hoffen hat, als der allergeringste Edelmann, denn ob ich mich gleich vor einiger Zeit durch gewisse Personen, die ich nicht nennen
will, bereden lassen, vor ihn einige Achtbarkeit, oder
wohl gar einige Liebe zu hegen, so ist mir doch nunmehro seine ungeschickte und pöbelhaffte Aufführung
besser bekannt und zum rechten Eckel [506] und Abscheu worden. Ich weiß ihm, sprach ich darauff,
weder böses noch guts nachzusagen, ausser dem, daß
ihn wenig rechtschaffene Ritter ihres Umgangs gewürdiget. Allein er ist nicht darum zu verdencken,
daß er dergleichen Schmach jederzeit wenig geachtet,
indem ihn das Vergnügen, sich von dem allerschönsten
Fräulein am gantzen Hofe geliebt zu sehen, dieserhalb
sattsam trösten können.

Donna Eleonora vermerckte vielleicht, daß sie ihre
gegen sich selbst rebellirenden Affecten in die Länge
nicht würde zwingen können, denn sie muste sich freylich in ihr Hertz hinein schämen, daß selbiges bißhero
einem solchen übel berüchtigten Ritter offen gestanden, der sich bloß mit seinem Weibischen Gesichte,
oder etwa mit Geschencken und sclavischen Bedienungen bey ihr eingeschmeichelt haben mochte; Derowegen sagte sie mit einer etwas verdrießlichen Stimme: Don Cyrillo, lasset uns von diesem Gespräch ab-

brechen, denn ich mag den verächtlichen Sebastian de
Urrez nicht mehr erwehnen hören, von euch aber will
ich ausbitten, mir die nichtswürdigen Dinge zurück zu
senden, damit ich in Verbrennung derselben, zugleich
das Angedencken meines abgeschmackten bißherigen
Liebhabers vertilgen kan. Was soll denn, versetzte ich,
das unschuldige Band und das artige Bildniß den Frevel eines nichtswürdigen Menschen büssen, gewißlich
diese Sachen werden noch in der Asche ihren hohen
Werth behalten, indem sie von so schönen Händen
gekommen, um aber das verdrießliche Angedencken
auszurotten, so erzeiget mir die Gnade und gönnet
[507] meinem Hertzen die erledigte Stelle in dem eurigen, glaubet anbey gewiß, daß mein gantzes Wesen
sich jederzeit dahin bestreben wird, eurer unschätzbaren Gegen-Gunst würdiger zu seyn als der liederliche Urrez.
Donna Eleonora mochte sich ohnfehlbar verwundern,
daß ich als ein junger 18. jähriger Ritter allbereit so
dreuste und alt-klug als der erfahrenste Liebhaber
reden konte, replicirte aber dieses: Don Cyrillo, eure
besondere Tapffer- und Geschicklichkeit, hat sich
zwar zu fast aller Menschen Verwunderung schon
sattsam spüren lassen, indem ihr in Schertz- und Ernsthafften Kämpffen Menschen und Thiere überwunden,
aber mein Hertz muß sich dennoch nicht so leicht
überwinden lassen, sondern vielmehr der Liebe auf
ewig absagen, weil es das erste mahl unglücklich im
wählen gewesen, derowegen verschonet mich in Zukunfft mit dergleichen verliebten Anfällen, erfüllet
vielmehr mein Begehren mit baldiger Übersendung
der verlangten Sachen.
Ich hätte wider diesen Ausspruch gern noch ein und
andere Vorstellungen gethan, allein die Ankunfft einiger Ritter und Damen verhinderte mich vor dieses
mahl. So bald ich nach diesem allein in meiner Kam-

mer war, merckete mein Verstand mehr als zu deutlich, daß der gantze Mensch von den Annehmlichkeiten der Donna Eleonora bezaubert wäre, ja mein
Hertze empfand eine dermassen hefftige Liebe gegen
dieselbe, daß ich diejenigen Stunden vor die aller-
traurigsten und verdrießlichsten hielt, welche ich ohne
sie zu sehen hinbringen muste. Derowegen nahm
meine Zuflucht zur Feder, und [508] schrieb einen
der allerverliebtesten Briefe an meinen Leitstern, worinnen ich hauptsächlich bat, nicht allein mich zu
ihrem Liebhaber auf und anzunehmen, sondern auch
die Liberey nebst Dero Bildnisse zum ersten Zeichen
ihrer Gegen-Gunst in meinen Händen zu lassen.
Zwey gantzer Tage lang ließ sie mich hierauff zwischen Furcht und Hoffnung zappeln, biß ich endlich
die halb erfreuliche und halb traurige Antwort erhielt: Ich möchte zwar behalten, was ich durch Glück
und Tapfferkeit mir zugeeignet hätte, doch mit dem
Bedinge: Daß ich solches niemahls wiederum öffentlich zeigen, sondern vor jederman geheim halten solle.
Über dieses solte mir auch erlaubt seyn, sie morgenden
Mittag in ihren Zimmer zu sprechen, allein abermahls
mit der schweren Bedingung: Daß ich kein eintziges
Wort von Liebes-Sachen vorbrächte.
Dieses Letztere machte mir den Kopff dermassen
wüste, daß ich mir weder zu rathen noch zu helffen
wuste, und an der Eroberung dieses Felsen-Hertzens
schon zu zweiffeln begunte, ehe noch ein recht ernstlicher Sturm darauff gewagt war. Allein meine Liebe
hatte dermahlen mehr Glücke als ich wünschen mögen, denn auf den ersten Besuch, worbey sich mein
Gemüthe sehr genau nach Eleonorens Befehlen richtete, bekam ich die Erlaubniß nach täglich nach der
Mittags-Mahlzeit aufzuwarten, und die Zeit mit dem
Bret-Spiele zu verkürtzen. Da aber meine ungewöhnliche Blödigkeit nebst ihrem ernstlich wiederholten

Befehle das verliebte Vorbringen lange genung zurück
gehalten hatten, gab [509] die feurige Eleonora endlich selbst Gelegenheit, daß ich meine hefftigen Seuffzer und Klagen kniend vor derselben ausstieß, und
mich selbst zu erstechen drohete, woferne sie meine
alleräuserste Liebe nicht mit gewünschter Gegen-
Gunst beseeligte.

Demnach schiene sie auf einmahl anders Sinnes zu
werden, und kurtz zu sagen, wir wurden von derselben Stunde an solche vertraute Freunde mit einander,
daß nichts als die Priesterliche Einsegnung fehlte, uns
beyde zu dem allervergnügtesten Paare ehelicher Personen zu machen. Immittelst hielten wir unsere Liebe
dennoch dermassen heimlich, daß zwar der gantze
Hof von unserer sonderbaren Freundschafft zu sagen
wuste, die Wenigsten aber glaubten, daß unter uns
annoch sehr jungen Leuten allbereits ein würckliches
Liebes-Verbündniß errichtet sey.

Es war niemand vorhanden der eins oder das andere
zu verhindern trachtete, denn mein eintziger Feind
Don Sebastian de Urrez hatte sich, so bald er wieder
genesen, auf die Reise in frembde Länder begeben.
Also lebte ich mit meiner Eleonora über ein Jahr lang
in süßesten Vergnügen, und machte mich anbey dem
Könige und dessen Familie dermassen beliebt, daß es
das Ansehen hatte, als ob ich dem Glücke gäntzlich
im Schoosse sässe.

Mittlerweile da König Carl der VIII. in Franckreich,
im Jahr 1494. den Krieges-Zug wider Neapolis vorgenommen hatte, fanden sich verschiedene junge vornehme Neapolitanische Herren am Castilianischen
Hofe ein. Einer von selbigen hatte die Donna Eleonora de Sylva kaum zum erstenmahle [510] erblickt,
als ihn dero Schönheit noch geschwinder als mich zum
verliebten Narren gemacht hatte. Ich vermerckte
mehr als zu frühe, daß er sich aufs eiffrigste ange-

legen seyn ließ, mich bey ihr aus dem Sattel zu heben,
und sich an meine Stelle hinein zu schwingen, jedoch
weil ich mich der Treue meiner Geliebten höchst versichert schätzte, über dieses der Höflichkeit wegen
einem Fremden etwas nachzusehen verbunden war,
ließ sich mein vergnügtes Hertze dieserwegen von
keinem besondern Kummer anfechten. Allein mit der
Zeit begunte der hoffärtige Neapolitaner meine Höflichkeit vor eine niederträchtige Zaghafftigkeit zu
halten, machte sich also immer dreuster und riß eines
Tages der Eleonora einen Blumen-Strauß aus den
Händen, welchen sie mir, indem ich hurtig vorbey
gieng, darreichen wolte. Ich konte damahls weiter
nichts thun, als ihm meinen dieserhalb geschöpfften
Verdruß mit den Augen zu melden, indem ich dem
Könige eiligst nachfolgen muste, allein noch selbigen
Abend kam es unter uns beyden erstlich zu einem
hönischen, bald aber zum schimpfflichsten Wort-
Wechsel, so daß ich mich genöthiget fand, meinen
Mit-Buhler kommenden Morgen auf ein paar spitzige
Lantzen und wohlgeschliffenes Schwerdt hinnaus zu
fordern. Dieser stellete sich hierüber höchst vergnügt
an, und vermeinte mit einem solchen zarten Ritter, der ich zu seyn schiene, gar bald fertig zu werden,
ohngeacht der Prahler die Jünglings-Jahre selbst noch
nicht gantz überlebt hatte; Allein noch vor Mitter-
Nacht ließ mir der König durch einen Officier von
der Leib-Wacht befehlen, bey Verlust aller seiner Königl. Gnade u. mei-[511]nes zeitlichen Glücks, mich
durchaus mit dem Neapolitaner, welches ein vornehmer Printz unter verdeckten Nahmen wäre, in keinen
Zwey-Kampf einzulassen, weiln der König unsere
nichtswürdige Streit-Sache ehester Tages selbst beylegen wolte.
Ich hätte hierüber rasend werden mögen, muste aber
dennoch gehorsamen, weil der Officier Ordre hatte,

mich bey dem geringsten widerwärtigen Bezeigen sogleich in Verhafft zu nehmen. Eleonora bemühete sich, so bald ich ihr mein Leyd klagte, durch allerhand Schmeicheleyen dasselbe zu vernichten, indem sie mich ihrer vollkommenen Treue gäntzlich versicherte, anbey aber hertzlich bat, ihr nicht zu verargen, daß sie auf der Königin Befehl, gewisser Staats-Ursachen wegen, dem Neapolitaner dann und wann einen Zutritt nebst einigen geringen Liebes-Freyheiten erlauben müste, inzwischen würde sich schon mit der Zeit noch Gelegenheit finden, deßfalls Rache an meinem Mit-Buhler auszuüben, wie sie denn nicht zweiffelte, daß er sich vor mir fürchte, und dieserwegen selbst unter der Hand das Königl. Verboth auswürcken lassen.

Ich ließ mich endlich, wiewohl mit grosser Mühe, in etwas besänfftigen, allein es hatte keinen langen Bestand, denn da der König die Untersuchung unserer Streit-Sache verzögerte u. ich dem Neapolitaner allen Zutritt bey Eleonoren aufs möglichste verhinderte, geriethen wir unverhofft aufs neue zusammen, da der Neapolitaner Eleonoren im Königlichen Lust-Garten an der Hand spatzieren führete, und ich ihm vorwarff: Wie er sich dennoch besser [512] anzustellen wisse, ein Frauenzimmer, als eine Lantze oder blosses Schwerdt an der Hand zu führen. Er betheurete hierauff hoch, meine frevele Reden sogleich mit seinem Seiten-Gewehr zu bestraffen, wenn er nicht befürchtete den Burg-Frieden im Königl. Garten zu brechen; Allein ich gab mit einem hönischen Gelächter zu verstehen: Wie es nur bey ihm stünde, mir durch eine kleine Pforte auf einen sehr bequemen Fecht-Platz zu folgen, der nur etwa 100. Schritte von dannen sey, und gar nicht zur Burg gehöre.

Alsobald machte der Neapolitaner Eleonoren, die vor Angst an allen Gliedern zitterte, einen Reverentz, und folgte mir auf einen gleichen Platz ausserhalb des

Gartens, allwo wir Augenblicklich vom Leder zohen, um einander etliche blutige Characters auf die Cörper zu zeichnen.

Der erste Hieb gerieth mir dermassen glücklich, daß ich meinem Feinde sogleich die wallenden Adern am Vorder-Haupt eröffnete, weil ihm nun solchergestalt das häuffig herabfliessende Blut die Augen ziemlich verdunckelte, hieb er dermassen blind auf mich loß, daß ich ebenfalls eine kleine Wunde über den rechten Arm bekam, jedoch da er von mir in der Geschwindigkeit noch zwey starcke Hiebe empfangen, davon der eine in die Schulter, und der andere in den Hals gedrungen war, sanck mein feindseeliger Neapolitaner ohnmächtig zu Boden. Ich sahe nach Leuten, die ihn verbinden und hinweg tragen möchten, befand mich aber im Augenblick von der Königl. Leibwacht umringet, die mir mein Quartier in demjenigen Thurne, wo noch andere Über-[513]treter der Königl. Gebote logirten, ohne alle Weitläufftigkeit zeigeten. Hieselbst war mir nicht erlaubt an jemanden zu schreiben, vielweniger einen guten Freund zu sprechen, jedoch wurde mit den köstlichsten Speisen und Geträncke zum Überflusse versorgt, und meine geringe Wunde von einem Chirurgo alltäglich zweymal verbunden, welche sich binnen 12. Tagen zu völliger Heilung schloß.

Eines Abends, da der Chirurgus ohne beyseyn der Wacht mich verbunden, und allbereit hinweg gegangen war, kam er eiligst wieder zurück und sagte: Mein Herr! jetzt ist es Zeit, euch durch eine schleunige Flucht selbst zu befreyen, denn ausserdem, daß kein eintziger Mann von der Wacht vorhanden, so stehen alle Thüren eures Gefängnisses offen, darum eilet und folget mir! Ich besonne nicht lange, ob etwa dieser Handel mit fleiß also angestellet wäre oder nicht, sondern warff augenblicklich meine völlige Klei-

dung über mich, und machte mich nebst dem Chirurgo
in gröster Geschwindigkeit auf den Weg, beschenckte
denselben mit einer Hand voll Gold-Cronen, und kam
ohne eintzigen Anstoß in des Don Gonsalvo Ferdinando de Cordua, als meiner Mutter leiblichen Bruders Behausung an, dessen Sohn Don Alphonso mir
nicht allein den sichersten heimlichen Auffenthalt
versprach, sondern sich zugleich erboth, alles auszuforschen, was von meiner Flucht bey Hofe gesprochen
würde.

Da es nun das Ansehen hatte als ob der König dieserwegen noch hefftiger auf mich erbittert worden, indem er meine gehabte Wacht selbst gefangen zu setzen, und mich auf allen Strassen und im gan-[514]
tzen Lande aufzusuchen befohlen; vermerckte ich mehr
als zu wohl, daß in Castilien meines bleibens nicht
sey, ließ mir derowegen von meiner Mutter eine zulängliche Summe Reise-Gelder übersenden, und
practicirte mich, nach verlauff etlicher Tage, heimlich
durch nach Portugall, allwo ich in dem nächsten
Hafen zu Schiffe und nach Engelland übergieng, um
daselbst unter König Henrico VII. der, der gemeinen
Sage nach, mit den Schotten und einigen Rebellen
Krieg anfangen wolte, mich in den Waffen zu üben.
Allein meine Hoffnung betrog mich ziemlicher massen, indem dieses Kriegs-Feuer bey zeiten in seiner
Asche erstickt wurde. Ich hatte zwar das Glück dem
Könige aufzuwarten, und nicht allein seines mächti-
gen Schutzes, sondern auch künfftiger Beförderung
vertröstet zu werden, konte aber leicht errathen daß
das Letztere nur leere Worte wären, und weil mir
ausserdem der Englische Hof allzuwenig lebhafft vorkam, so hielt mich nur einige Monate daselbst auf,
besahe hierauff die vornehmsten Städte des Reichs,
gieng nach diesen wiederum zu Schiffe, und reisete
durch die Niederlande an den Hof Kaysers Maximi-

liani, allwo zur selbigen Zeit alles Vergnügen, so sich ein junger Ritter wünschen konte, im grösten Überflusse blühete. Ich erstaunete über die gantz seltsame Schönheit des Käyserlichen Printzens Philippi, und weiln bald darauff erfuhr, daß derselbe ehestens mit der Castilianischen Princeßin Johanna vermählet werden solte, so preisete ich dieselbe allbereit in meinen Gedancken vor die allerglückseeligste Princeßin, wiewol mich die hernach folgenden Zeiten und Begebenheiten gantz anders belehreten.

[515] Inzwischen versuchte mein äuserstes, mich in dieses Printzen Gunst und Gnade zu setzen, weil ich die sichere Rechnung machen konte, daß mein König mich auf dessen Vorspruch bald wiederum zu Gnaden annehmen würde. Das Glücke war mir hierbey ungemein günstig, indem ich in verschiedenen Ritter-Spielen sehr kostbare Gewinste, und in Betrachtung meiner Jugend, vor andern grossen Ruhm erbeutete. Bey so gestallten Sachen aber fanden sich gar bald einige, die solches mit scheelen Augen ansahen, unter denen sonderlich ein Savoyischer Ritter war, der sich besonders Tapffer zu seyn einbildete, und immer nach und nach Gelegenheit suchte mit mir im Ernste anzubinden. Er fand dieselbe endlich noch ehe als er vermeinte, wurde aber, in Gegenwart mehr als tausend Personen, fast tödtlich verwundet vom Platze getragen, dahingegen ich an meinen drey leichten Wunden nicht einmahl das Bette hüten durffte, sondern mich täglich bey Hofe öffentlich zeigen konte. Wenig Wochen darnach wurde ein Gallier fast mit gleicher Müntze von mir bezahlet, weil er die Spanischen Nationen mit ehrenrührigen Worten, und zwar in meinem Beyseyn angriff. Doch eben diese beyden Unglücks-Consorten hetzten den dritten Feind auf mich, welches ebenfalls ein Neapolitaner war, der nicht so wohl den Savoyer und Gallier, sondern vielmehr sei-

nen in Madrit verunglückten Lands-Mann an mir
rächen wolte.

Er machte ein ungemeines Wesen von sich, bath unseres Zwey-Kampffs wegen bey dem Käyser selbst,
nicht allein die Vergünstigung, sondern auch [516]
frey und sicher Geleite aus, in soferne er mich ent-
leibte, welches ihm der Käyser zwar anfänglich ab-
schlug, jedoch endlich auf mein unterthänigstes Ansuchen zugestunde.

Demnach wurden alle Anstallten zu unserm Mord-
Spiele gemacht, welchem der Käyser nebst dessen
gantzer Hofstatt zusehen wolte. Wir erschienen also
beyderseits zu gehöriger Zeit auf dem bestimmten
Platze, mit Wehr, Waffen und Pferden aus dermassen
wohl versehen, brachen unsere Lantzen ohne besondern Vortheil, griffen hierauff zun Schwerdtern, worbey ich gleich anfänglich spürete: Daß mein Gegner
kein ungeübter Ritter sey, indem er mir dermassen
hefftig zusetzte, daß ich eine ziemliche Weile nichts
zu thun hatte, als seine geschwinden Streiche abzu-
wenden. Allein er war sehr starck und ungeschickt,
mattete sich also in einer viertheils Stunde also hefftig
ab, daß er lieber gesehen, wenn ich ihm erlaubt hätte,
etwas auszuruhen. Jedoch ich muste mich dieses meines Vortheils auch bedienen, zumahlen sich an meiner
rechten Hüffte die erste Verwundung zeigte, derowegen fieng ich an meine besten Kräffte zu gebrauchen, brachte auch die nachdrücklichsten Streiche auf
seiner Sturm-Hauben an, worunter mir einer also
Mißrieth, daß seinem Pferde der Kopf gespalten, u. er
herunter zu fallen genöthiget wurde. Ich stieg demnach gleichfalls ab, ließ ihn erstlich wieder aufstehen,
und traten also den Kampf zu Fusse, als gantz von
neuen wieder an. Hierbey dreheten wir uns dermassen
offt und wunderlich herum, daß es das Ansehen hatte
als ob wir zugleich tantzen und auch fechten müsten,

mittler-[517]weile aber drunge allen beyden das Blut
ziemlicher massen aus den zerkerbten Harnischen heraus, jedoch mein Gegner fand sich am meisten entkräfftet, weßwegen er auf einige Minuten Stillstand
begehrte, ich vergönnete ihm selbigen, und schöpffte
darbey selbst neue Kräffte, zumahlen da ich sahe, daß
mir der Käyserl. Printz ein besonderes Zeichen seiner
Gnade sehen ließ. So bald demnach mein Feind sein
Schwerdt wiederum in die Höhe schwunge, ließ ich
mich nicht träge finden, sondern versetzte ihm einen
solchen gewaltsamen Hieb in das Haupt daß er zu
taumeln anfieng, und als ich den Streich wiederholet,
endlich todt zur Erden stürtzte. Ich warff mein
Schwerdt zurück, nahete mich hinzu, um durch Ab-
reissung des Helms ihm einige Lufft zu schaffen, da
aber das Haupt fast biß auf die Augen gespalten war,
konte man gar leicht begreiffen, wo die Seele ihre
Ausfarth genommen hatte, derowegen überließ ihn
der Besorgung seiner Diener, setzte mich zu Pferde
und ritte nach meinem Quartiere, allwo ich meine
empfangenen Wunden, deren ich zwey ziemlich tieffe
und 6. etwas geringere aufzuweisen hatte, behörig
verbinden ließ.

Dieser Glücks-Streich brachte mir nicht allein am
gantzen Käyserl. Hofe grosse Achtbarkeit, sondern
des Käyserl. Printzens völlige Gunst zuwege, so daß
er mich in die Zahl seiner Leib-Ritter aufnahm, und
jährlich mit einer starcken Geld-Pension versahe.
Hierbey erhielt ich Erlaubniß, nicht allein die vornehmsten teutschen Fürsten-Höfe, sondern auch die
Königreiche Böhmen, Ungarn und Pohlen zu besuchen, worüber mir die Zeit geschwinder [518] hin-
lieff als ich gemeinet hatte, indem ich nicht ehe am
Käyserl. Hofe zurück kam, als da die Princeßin Margaretha unserm Castilianischen Cron-Printzen Jo-
hanni als Braut zugeführet werden solte. Da nun der

Käyserl. Printz Philippus dieser seiner Schwester das
Geleite nach Castilien gab, bekam ich bey solcher Gelegenheit mein geliebtes Vaterland, nebst meiner allerliebsten Eleonora wieder zu sehen, indem mich König
Ferdinandus, auf Vorbitte der Käyserl. und seiner
eigenen Kinder, zu Gnaden annahm, und den ehemals
begangenen Fehler gäntzlich zu vergessen versprach.

Es ist nicht zu beschreiben was die Donna Eleonora
vor eine ungewöhnliche Freude bezeigte, da ich den
ersten Besuch wiederum bey ihr ablegte, hiernächst
wuste sie mich mit gantz neuen und sonderbaren Liebkosungen dermassen zu bestricken, daß meine ziemlich
erkaltete Liebe weit feuriger als jemahls zu werden
begunte, und ob mir gleich meine besten Freunde dero
bißherige Aufführung ziemlich verdächtig machten,
und mich von ihr abzuziehen trachteten; indem dieselbe nicht allein mit dem Neapolitaner, der sich,
nach Heilung seiner von mir empfangenen Wunden,
noch über ein Jahr lang in Madrit aufgehalten, eine
allzugenaue Vertraulichkeit solte gepflogen, sondern
nächst diesem auch allen andern Frembdlingen verdächtige Zugänge erlaubt haben; so war doch nichts
vermögend mich aus ihren Banden zu reissen, denn so
offt ich ihr nur von dergleichen verdrießlichen Dingen
etwas erwehnete, wuste sie von ihrer verfolgten Unschuld ein solches Wesen zu machen, und ihre Keuschheit so wohl mit [519] grossen Betheurungen als heissen Thränen dermassen zu verfechten, daß ich ihr in
allen Stücken völligen Glauben beymessen, und mich
glücklich schätzen muste, wenn sich ihr in Harnisch
gebrachtes Gemüthe durch meine kniende Abbitte und
äusersten Liebes-Bezeugungen nur wiederum besänfftigen ließ.

Da nun solchergestalt alle Wurtzeln der Eifersucht
von mir gantz frühzeitig abgehauen wurden, und sich
unsere Hertzen aufs neue vollkommen vereinigt hat-

ten, über dieses meine Person am gantzen Hofe immer
in grössere Achtbarkeit kam, so bedünckte mich, daß
das Mißvergnügen noch weiter von mir entfernet
wäre, als der Himmel von der Erde. Nachdem aber
die, wegen des Cron-Printzens Vermählung, angestel-
leten Ritter-Spiele und andere vielfältige Lustbarkeiten zum Ende gebracht, gab mir der König ein neues
Regiment Fuß-Volck, und damit meine Waffen nicht
verrosten möchten, schickte er mich nebst noch mehrern gegen die um Granada auf dem Gebürge wohnenden Maurer zu Felde, welche damahls allerhand
lose Streiche machten, und eine förmliche Empörung
versuchen wolten. Dieses war mein allergröstes Vergnügen, alldieweilen hiermit Gelegenheit hatte meines
lieben Vaters frühzeitigen Tod an dieser verfluchten
Nation zu rächen, und gewiß, sie haben meinen
Grimm sonderlich im 1500ten und folgenden Jahre,
da ihre Empörung am hefftigsten war, dermassen
empfunden, daß dem Könige nicht gereuen durffte
mich dahin geschickt zu haben.

Immittelst war Ferdinandus mit Ludovico [520] XII.
Könige in Franckreich, über das Königreich Neapolis,
welches sie doch vor kurtzer Zeit unter sich getheilet,
und den König Fridericum dessen entsetzt hatten, in
Streit gerathen, und mein Vetter Gonsalvus Ferdinandus de Cordua, der die Spanischen Trouppen im Nea-
politanischen en Chef commandirte, war im Jahr
1502. so unglücklich gewesen, alles zu verliehren, biß
auf die eintzige Festung Barletta. Demnach schrieb er
um schleunigen Succurs, und bat den König, unter
andern mich, als seiner Schwester Sohn, mit dahin zu
senden. Der König willfahrete mir und ihm in diesen
Stücke, also gieng ich fast zu Ende des Jahres zu ihm
über. Ich wurde von meinem Vetter, den ich in vielen
Jahren nicht gesehen, ungemein liebreich empfangen,
und da ich ihm die erfreuliche Zeitung von den bald

nachkommenden frischen Völckern überbrachte, wurde er desto erfreuter, und zweiffelte im geringsten nicht, die Scharte an denen Frantzosen glücklich auszuwetzen, wie er sich denn in seinem Hoffnungs vollen Vorsatze nicht betrogen fand, denn wir schlugen die Frantzosen im folgenden 1503ten Jahre erstlich bey Cereniola, rückten hierauff vor die Haupt-Stadt Neapolis, welche glücklich erobert wurde, lieferten ihnen noch eine uns vortheilhaffte Schlacht bey dem Flusse Garigliano, und brachten, nachdem auch die Festung Cajeta eingenommen war, das gantze Königreich Neapolis, unter Ferdinandi Botmäßigkeit, so daß alle Frantzosen mit grösten Schimpf daraus vertrieben waren. Im folgenden Jahre wolte zwar König Ludovicus uns mit einer weit stärckern Macht angreiffen, [521] allein mein Vetter hatte sich, vermöge seiner besondern Klugheit, in solche Verfassung gesetzt, daß ihm nichts abzugewinnen war. Demnach machten die Frantzosen mit unserm Könige Friede und Bündniß, ja weil Ferdinandi Gemahlin Isabella eben in selbigem Jahre gestorben war, nahm derselbe bald hernach eine Frantzösische Dame zur neuen Gemahlin, und wolte seinen Schwieger-Sohn Philippum verhindern, das, durch den Tod des Cron-Printzens auf die Princeßin Johannam gefallene, Castilien in Besitz zu nehmen. Allein Philippus drunge durch, und Ferdinandus muste nach Arragonien weichen.

Mittlerweile hatte sich mein Vetter Gonsalvus zu Neapolis in grosses Ansehen gesetzt, regierte daselbst, jedoch zu Ferdinandi grösten Nutzen, als ein würcklicher König, indem alle Unterthanen Furcht und Liebe vor ihm hegten. Allein so bald Ferdinandus dieses etwas genauer überlegte, entstund der Argwohn bey ihm: Ob vielleicht mein Vetter dahin trachtete, dieses Königreich dem Philippo zuzuschantzen, oder sich wohl gar selbst dessen Krone auf seinen Kopf zu

setzen? Derowegen kam er unvermuthet in eigner
Person nach Neapolis, stellete sich zwar gegen Gon-
salvum ungemein gnädig, hielt auch dessen gemachte
Reichs-Anstalten vor genehm, allein dieser verschla-
gene Mann merckte dennoch, daß des Königs Freundlichkeit nicht von Hertzen gienge, dem ohngeacht
verließ er sich auf sein gut Gewissen, und reisete, ohne
einige Schwürigkeit zu machen, mit dem Könige nach
Arragonien, allwo er vor seine treu geleisteten Dienste, mehr Hohn und [522] Spott, als Danck und
Ruhm zum Lohne empfieng. Meine Person, die Ferdinando ebenfalls verdächtig vorkam, muste meines Vetters Unfall zugleich mit tragen, jedoch da ich in Arragonien ausser des Königs Gunst nichts zu suchen, sondern mein Väter- und Mütterliches Erbtheil in Castilien zu fordern hatte, nahm ich daselbst meinen Abschied, und reisete zu Philippo, bey dessen Gemahlin
die Donna Eleonora de Sylva aufs neue in Dienste
getreten, und eine von ihren vornehmsten Etaats-
Fräuleins war.
Philippus gab mir sogleich eine Cammer-Herrens-
Stelle, nebst starcken jährlichen Einkünfften, also
heyrathete ich wenig Monathe hernach die Donna
Eleonora, allein ob sich hiermit gleich ein besonders
schöner weiblicher Cörper an den Meinigen fügte, so
fand ich doch in der genausten Umarmung bey weiten
nicht dasjenige Vergnügen, wovon die Naturkündiger
so vieles Geschrey machen, und beklagte heimlich,
daß ich auf dergleichen ungewisse Ergötzlichkeit, mit
so vieljähriger Beständigkeit gewartet, und den ehemahligen Zuredungen meiner vertrauten Freunde
nicht mehrern Glauben gegeben hatte.
Jedoch ich nahm mir sogleich vor, dergleichen unglückliches Verhängniß mit möglichster Gelassenheit
zu verschmertzen, auch meiner Gemahlin den allzu-
zeitlich gegen sie gefasseten Eckel auf alle Weise zu

verbergen, immittelst mein Gemüthe nebst eiffrigen
Dienstleistungen gegen das Königliche Haus, mit andern vergönnten Lustbarkeiten zu ergötzen.

[523] Das Glücke aber, welches mir biß in mein dreis-
sigstes Jahr noch so ziemlich günstig geschienen,
mochte nunmehro auf einmahl beschlossen haben, den
Rücken gegen mich zu wenden. Denn mein König und
mächtiger Versorger starb im folgenden 1506ten
Jahre, die Königin Johanna, welche schon seit einigen
Jahren an derjenigen Ehe-Stands-Kranckheit labo-
rirte, die ich in meinen Adern fühlete, jedoch nicht
eben dergleichen Artzeney, als ich, gebrauchen wolte
oder konte, wurde, weil man so gar ihren Verstand
verrückt glaubte, vor untüchtig zum regieren erkannt,
derowegen entstunden starcke Verwirrungen unter
Grossen des Reichs, biß endlich Ferdinandus aus Arragonien kam, und sich mit zurücksetzung des 6. jährigen Cron-Printzens Caroli, die Regierung des Castilianischen Reichs auf Lebens-Zeit wiederum zueignete.

Ich weiß nicht ob mich mein Eigensinn oder ein allzu
schlechtes Vertrauen abhielt, bey diesem meinem
alten, und nunmehro recht verneuerten Herrn, um die
Bekräfftigung meiner Ehren-Stelle und damit ver-
knüpffter Besoldung anzuhalten, wie doch viele meines gleichen thaten, zumahlen da er sich sehr gnädig
gegen mich bezeigte, und selbiges nicht undeutlich
selbst zu verstehen gab; Jedoch ich stellete mich in
diesen meinen besten Jahren älter, schwächer und
kränklicher an als ich war, bath mir also keine andere Gnade aus, als daß mir die übrige Zeit meines
Lebens auf meinen Väterlichen Land-Gütern in Ruhe
hinzubringen erlaubt seyn möchte, welches mir denn
auch ohne alle Weitläufftigkeiten zugelassen wurde.

[524] Meine Gemahlin schien hiermit sehr übel zu
frieden zu seyn, weil sie ohnfehlbar gewisser Ursachen

wegen viellieber bey Hofe geblieben wäre, jedoch, sie
sahe sich halb gezwungen, meinem Willen zu folgen,
gab sich derowegen gantz gedultig drein. Ich fand
meine Mutter nebst der jüngsten Schwester auf meinem besten Ritter-Gute, welche die Haußhaltung da-
selbsten in schönster Ordnung führeten. Mein jüngster
Bruder hatte so wohl als die älteste Schwester eine
vortheilhaffte und vergnügte Heyrath getroffen, und
wohneten der erste zwey, und die letztere drey Meilen
von uns. Ich verheyrathete demnach, gleich in den
ersten Tagen meiner Dahinkunfft, die jüngste Schwester an einen reichen und qualificirten Edelmann, der
vor etlichen Jahren unter meinem Regiment als
Hauptmann gestanden hatte, und unser Gräntz-Nach-
bar war, die Mutter aber behielt ich mit grösten Vergnügen bey mir, allein zu meinem noch grössern
Schmertzen starb dieselbe ein halbes Jahr darauf
plötzlich, nachdem ich ihr die Freude gemacht, nicht
allein meinen Schwestern ein mehreres Erbtheil auszu-
zahlen, als sie mit Recht verlangen konten, sondern
auch dem Bruder die Helffte aller meiner erblichen
Ritter-Güter zu übergeben, als wodurch diese Geschwister bewogen wurden, mich nicht allein als Bruder, sondern als einen Vater zu ehren und zu lieben.
Nunmehro war die Besorgung der Ländereyen auf
drey nahe beysammen gelegenen Ritter-Gütern mein
allervergnügtester Zeitvertreib, nächst [525] dem ergötzte mich in Durchlesung der Geschichte, so in
unsern und andern Ländern vorgegangen waren, damit mich aber niemand vor einen Geitzhalß oder
Grillenfänger ansehen möchte, so besuchte meine
Nachbaren fleißig, und ermangelte nicht, dieselben
zum öfftern zu mir zu bitten, woher denn kam, daß
zum wenigsten alle Monat eine starcke Zusammenkunfft vieler vornehmer Personen beyderley Geschlechts bey mir anzutreffen war.

Mit meiner Gemahlin lebte ich ungemein ruhig und
verträglich, und ohngeacht wir beyderseits wohl
merckten, daß eins gegen das andere etwas besonders
müste auf dem Hertzen liegen haben, so wurde doch
alle Gelegenheit vermieden, einander zu kräncken. Am
allermeisten aber muste bewundern, daß die sonst so
lustige Donna Eleonora nunmehro ihren angenehmsten Zeitvertreib in geistlichen Büchern und in dem
Umgange mit heiligen Leuten beyderley Geschlechts
suchte, dahero ich immer befürchtete, sie möchte auf
die Gedancken gerathen, sich von mir zu scheiden,
und in ein Kloster zu gehen, wie sie denn sich von
freyen Stücken gewöhnete, wöchentlich nur zwey
mahl bey mir zu schlaffen, worbey ich gleichwohl
merckte, daß sie zur selbigen Zeit im Wercke der
Liebe gantz unersättlich war, dem ohngeacht wolten
sich von unseren ehlichen Beywohnungen gar keine
Früchte zeigen, welche ich doch endlich ohne allen
Verdruß hätte um mich dulden wollen.
Eines Tages, da ich mit meiner Gemahlin auf dem
Felde herum spatziren fuhr, begegnete uns ein Weib,
welches nebst einem ohngefähr 12. biß 13. [526] jährigen Knaben, in die nächst gelegene Stadt Weintrauben
zu verkauffen tragen wolte. Meine Gemahlin bekam
Lust, diese Früchte zu versuchen, derowegen ließ ich
stille halten, um etwas darvon zu kauffen. Mittlerweile sagte meine Gemahlin heimlich zu mir: Sehet
doch, mein Schatz, den wohlgebildeten Knaben an,
der vielleicht sehr armer Eltern Kind ist, und sich
dennoch wohl besser zu unserm Bedienten schicken
solte, als etliche, die des Brodts nicht würdig sind.
Ich nehme ihn, versetzte ich, so gleich zu eurem Pagen
an, so ferne es seine Mutter und er selbst zufrieden ist.
Hierüber wurde meine Gemahlin alsofort vor Freuden
Blut-roth, sprach auch nicht allein die Mutter, sondern den Knaben selbst um den Dienst an, schloß den

gantzen Handel mit wenig Worten, so, daß der Knabe so gleich mit seinem Frucht-Korbe uns auf unser Schloß folgen muste.

Ich muste selbst gestehen, daß meine Gemahlin an diesen Knaben, welcher sich Caspar Palino nennete, keine üble Wahl getroffen hatte, denn so bald er sein roth mit Silber verbrämtes Kleid angezogen, wuste er sich dermassen geschickt und höfflich aufzuführen, daß ich ihn selbst gern um mich leiden mochte, und allen meinen andern Bedienten befahl, diesem Knaben, bey Verlust meiner Gnade, nicht den geringsten Verdruß anzuthun, weßwegen sich denn meine Gemahlin gegen mich ungemein erkänntlich bezeugte.

Wenige Wochen hernach, da ich mit verschiedenen Gästen und guten Freunden das Mittags-Mahl einnahm, entstund ein grausames Lermen [527] in meinem Hofe, da nun dieserwegen ein jeder an die Fenster lieff, wurden wir gewahr, daß meine Jagd-Hunde eine Bettel-Frau, nebst einer etwa 9. jährigen Tochter zwar umgerissen, jedoch wenig beschädiget hatten. Meine Gemahlin lieff aus mitleidigen Antriebe so gleich hinunter, und ließ die mehr von Schrecken als Schmertzen ohnmächtigen Armen ins Hauß tragen und erquicken, kam hernach zurück, und sagte: Ach mein Schatz! was vor ein wunderschönes Kind ersiehet man an diesem Bettel-Mägdlein, vergönnet mir, wo ihr anders die geringste Liebe vor mich habt, daß ich selbiges so wohl als den artigen Caspar auferziehen mag.

Ich nahm mir kein Bedencken, ihr solches zu erlauben, da denn in kurtzen das Bettel-Mägdlein dermassen heraus geputzt wurde, auch sich solchergestallt in den Staat zu schicken wuste, als ob es darzu gebohren und auferzogen wäre. Demnach konte sich die Donna Eleonora alltäglich so vieles Vergnügen mit demselben machen, als ob dieses Mägdlein ihr leibliches Kind

sey, ausserdem aber bekümmerte sie sich wenig oder
gar nichts um ihre Haußhaltungs-Geschäffte, sondern
wendete die meiste Zeit auf einen strengen GOttes-
Dienst, den sie nebst einer heiligen Frauen oder so genannten Beata zum öfftern in einen verschlossenen
Zimmer verrichtete.

Diese Beata lebte sonst gewöhnlich in dem Hospital
der Heil. Mutter GOttes in Madrid, hatte, meiner
Gemahlin Vorgeben nach, einen Propheten-Geist, solte
viele Wunder gethan haben, und noch thun können,
über dieses fast täglicher Er-[528]scheinungen der
Mutter GOttes, der Engel und anderer Heiligen gewürdiget werden. Sie kam gemeiniglich Abends in der
Demmerung mit verhüllten Gesichte, und brachte sehr
öffters eine ebenfalls verhüllete junge Weibs-Person
mit, die sie vor ihre Tochter ausgab. Ein eintziges
mahl wurde mir vergönnet, ihr blosses Angesicht zu
sehen, da ich denn bey der Alten ein ausserordentlich
häßliches Gesichte, die Junge aber ziemlich wohlge-
bildet wahrnahm, jedoch nachhero bekümmerte ich
mich fast gantz und gar nicht mehr um ihren Aus-
und Eingang, sondern ließ es immerhin geschehen,
daß diese Leute, welche ich so wohl als meine Gemahlin vor scheinheilige Narren hielt, öffters etliche Tage
und Wochen aneinander in einem verschlossenen Zimmer sich aufgehalten, u. mit den köstlichsten Speisen
und Geträncke versorget wurden. Ich muste auch
nicht ohne Ursach ein Auge zudrücken, weil zu befürchten war, meine Gemahlin möchte dereinst beym
Sterbe-Fall ihr grosses Vermögen mir entziehen, und
ihren Freunden zuwenden.

Solchergestalt lebte nun biß ins vierdte Jahr mit der
Donna Eleonora, wiewohl nicht sonderlich vergnügt,
doch auch nicht gäntzlich unvergnügt, biß endlich
folgende Begebenheit meine bißherige Gemüths-Gelas-
senheit völlig vertrieb, und mein Hertz mit lauter

Rach-Begierde und rasenden Eiffer anfüllete: Meiner
Gemahlin vertrautes Cammer-Mägdgen, Apollonia,
wurde von ihren Mit-Bedienten vor eine Geschwän-
gerte ausgeschryen, und ohngeacht ihr dicker Leib der
Sache selbst einen starcken Beweißthum gab, so verließ
sie sich doch be-[529]ständig aufs Läugnen, biß ich
endlich durch erleidliches Gefängniß, die Wahrheit
nebst ihrem eigenen Geständnisse, wer Vater zu ihrem
Hur-Kinde sey, zu erforschen Anstalt machen ließ.
Dem ohngeacht blieb sie beständig verstockt, allein,
am 4ten Tage ihrer Gefangenschafft meldete der
Kerckermeister in aller Frühe, daß Apollonia vergangene Nacht plötzlich gestorben sey, nachdem sie vorhero Dinte, Feder und Pappier gefordert, einen Brief
geschrieben, und ihn um aller Heiligen Willen gebeten, denselben mit gröster Behutsamkeit, damit es
meine Gemahlin nicht erführe, an mich zu übergeben.
Ich erbrach den Brief mit zitterenden Händen, weil
mir mein Hertz allbereit eine gräßliche Nachricht
propheceyete, und fand ohngefähr folgende Worte
darinnen:

Gestrenger Herr!

VErnehmet hiermit von einer sterbenden ein Geheimniß, welches sie bey Verlust ihrer Seeligkeit nicht mit
ins Grab nehmen kan. Eure Gemahlin, die Donna
Eleonora, ist eine der allerlasterhafftesten Weibes-Bil-
der auf der gantzen Welt. Ihre Jungfrauschafft hat
sie schon, ehe ihr dieselbe geliebt, dem Don Sebastian
de Urrez Preiß gegeben, und so zu reden, vor einen
kostbarn Haupt-Schmuck verkaufft. Mit dem euch
wohl bekandten Neapolitaner hat sie in eurer Abwesenheit den Knaben Caspar Palino gezeuget, welcher ihr voritzo als Page aufwartet, und das vermeynte Bettel-Mägdlein [530] Euphrosine ist ebenfalls ihre
leibliche Tochter, die sie zu der Zeit, als ihr gegen die

Maurer zu Felde laget, von ihrem Beicht-Vater
empfangen, und heimlich zur Welt geborhen hat. Lasset eures Verwalters Menellez Frau auf die Folter
legen, so wird sie vielleicht bekennen, wie es bey der
Geburth und Auferziehung dieser unehelichen Kinder
hergegangen. Eure Mutter, die ihr gleich anfänglich
zuwider war, habe ich auf ihren Befehl mit einem sub-
tilen Gifft aus der Zahl der Lebendigen schaffen müssen, euch selbst aber, ist eben dergleichen Verhängniß
bestimmet, so bald ihr nur eure bißherige Gelindigkeit
in eine strengere Herrschafft verwandeln werdet. Wie
aber ihre Geilheit von Jugend auf gantz unersättlich
gewesen, so ist auch die Zahl derjenigen Manns-Personen allerley Standes, worunter sich öffters so gar
die allergeringsten Bedienten gefunden, nicht auszusprechen, die ihre Brunst so wohl bey Tage als Nacht
Wechsels-weise abkühlen müssen, indem sie den öfftern Wechsel in diesen Sachen jederzeit vor ihr allergröstes Vergnügen gehalten. Glaubet ja nicht, mein
Herr, daß die so genannte Beata eine heilige Frau sey,
denn sie ist in Wahrheit eine der allerliederlichsten
Kupplerinnen in gantz Madrit, unter derjenigen Person aber, die vor ihre Tochter ausgegeben wird, ist
allezeit ein verkappter Münch, oder ein anderer junger Mensch, [531] versteckt, der eure Gemahlin, so
offt ihr die Lust bey Tage ankömmt, vergnügen, und
des Nachts an ihrer Seite liegen muß, und eben dieses
ist die sonderbare Andacht, so dieselbe in dem verschlossenen Zimmer verrichtet. Ich fühle, daß mein
Ende heran nahet, derowegen muß die übrigen
Schand-Thaten unberühret lassen, welche jedoch von
des Menellez Frau offenbaret werden können, denn
ich muß, die vielleicht noch sehr wenigen Augenblicke
meines Lebens, zur Busse und Gebet anwenden, um
dadurch von GOtt zu erlangen, daß er mich grosse
Sünderin seiner Barmhertzigkeit geniessen lasse. Was

ich aber allhier von eurer Gemahlin geschrieben habe,
will ich in jenem Leben verantworten, und derselben
von gantzen Hertzen vergeben, daß sie gestern Abend
die Cornelia zu mir geschickt, die mich nebst meiner
Leibes-Frucht, vermittelst eines vergiffteten Apffels,
unvermerckt aus der Welt schaffen sollen, welches ich
nicht ehe als eine Stunde nach Geniessung desselben
empfunden und geglaubet habe. Don Vincentio de
Garziano, welcher der Donna Eleonora seit 4. Monaten daher von der Beata zum Liebhaber zugeführet
worden, hat wider meiner Gebietherin Wissen und
Willen seinen Muthwillen auch an mir ausgeübt, und
mich mit einer unglückseeligen Leibes-Frucht belästi-
get. Vergebet mir, gnädigster Herr, meine Boßheiten
[532] und Fehler, so wie ich von GOTT Vergebung
zu erhalten verhoffe, lasset meinen armseeligen Leib
in keine ungeweyhete Erde begraben, und etliche Seel-
Messen vor mich und meine Leibes-Frucht lesen, damit ihr in Zukunfft von unsern Geistern nicht verun-
ruhiget werdet. GOTT, der meine Seele zu trösten
nunmehro einen Anfang machet, wird euch davor
nach ausgestandenen Trübsalen und Kümmernissen
wiederum zeitlich und ewig zu erfreuen wissen. Ich
sterbe mit grösten Schmertzen als eine bußfertige Christin und eure

unwürdige Dienerin
Apollonia.

Erwege selbst, du! der du dieses liesest, wie mir nach
Verlesung dieses Briefes müsse zu Muthe gewesen
seyn, denn ich weiß weiter nichts zu sagen, als daß
ich binnen zwey guten Stunden nicht gewust habe, ob
ich noch auf Erden oder in der Hölle sey, denn mein
Gemüthe wurde von gantz ungewöhnlichen Bewegun-
gen dermassen gefoltert und zermartert, daß ich vor
Angst und Bangigkeit nicht zu bleiben wuste, jedoch,

da aus den vielen Hin- und Hergehen der Bedienten
muthmassete, daß Eleonora erwacht seyn müsse,
brachte ich dasselbe in behörige Ordnung, nahm eine
verstellte gelassene Gebärde an, und besuchte sie in
ihrem Zimmer, ich war würcklich selbst der erste, der
ihr von dem Tode der Apolloniae die Zeitung brachte,
welche sie mit mäßiger Verwunderung anhörete, und
dar-[533]bey sagte: Der Schand-Balg hat sich ohnfehlbar selbst mit Giffte hingerichtet, um des
Schimpffs und der Straffe zu entgehen, man muß es
untersuchen, und das Aas auf den Schind-Anger begraben lassen. Allein, ich gab zur Antwort: Wir werden besser thun, wenn wir die gantze Sache vertuschen, und vorgeben, daß sie eines natürlichen Todes
gestorben sey, damit den Leuten, und sonderlich der
heiligen Inquisition, nicht Gelegenheit gegeben wird,
vieles Wesen davon zu machen, ich werde den Pater
Laurentium zu mir ruffen lassen, und ihm eine Summe Geldes geben, daß er nach seiner besondern Klugheit alles unterdrücke, den unglückseeligen Cörper auf
den Kirchhof begraben lasse, und etliche Seel-Messen
vor denselben lese. Ihr aber, mein Schatz! sagte ich
ferner, werdet, so es euch gefällig ist, die Güte haben,
und nebst mir immittelst zu einem unserer Nachbarn
reisen, und zwar, wohin euch beliebt, damit unsere
Gemüther, nicht etwa dieser verdrüßlichen Begebenheit wegen, einige Unlust an sich nehmen, sondern
derselben bey lustiger Gesellschafft steuren können.
Es schien, als ob ihr diese meine Reden gantz besonders angenehm wären, auf mein ferneres Fragen aber,
wohin sie vor dieses mahl hin zu reisen beliebte?
schlug sie so gleich Don Fabio de Canaria vor, welcher 3. Meilen von uns wohnete, keine Gemahlin hatte,
sondern sich mit etlichen Huren behalff, sonsten aber
ein wohlgestalter, geschickter und kluger Edelmann
war. Ich stutzte ein klein wenig über diesen Vorschlag,

Eleonora aber, welche [534] solches so gleich merckte,
sagte: Mein Schatz, ich verlange nicht ohne Ursache,
diesen übel-berüchtigten Edelmann einmahl zu besuchen, um welchen es Schade ist, daß er in so offen-
barer Schande und Lastern lebt, vielleicht aber können wir ihn durch treuhertzige Zuredungen auf andere Wege leiten, und dahin bereden, daß er sich eine
Gemahlin aussuchet, mithin den Lastern absaget. Ihr
habt recht, gab ich zur Antwort, ja ich glaube, daß
niemand auf der Welt, als ihr, geschickter seyn wird,
diesen Cavalier zu bekehren, von dessen Lebens-Art,
ausser der schändlichen Geilheit, ich sonst sehr viel
halte, besinnet euch derowegen auf gute Vermahnungen, ich will indessen meine nöthigsten Geschäffte besorgen, und so dann gleich Anstalt zu unserer Reise
machen lassen. Hierauf ließ ich den Kercker-Meister
zu mir kommen, und erkauffte ihn mit 200. Cronen,
wegen des Briefs und Apolloniens weitern Geschichten, zum äusersten Stillschweigen, welches er mir mit
einem theuren Eyde angelobte. Mit dem Pater Lauren-
tio, der mein Beicht-Vater und Pfarrer war, wurde
durch Geld alles geschlichtet, was des todten Cörpers
halber zu veranstalten war. Nach diesen befahl meinem allergetreusten Leib-Diener, daß er binnen der
Zeit unserer Abwesenheit eine kleine schmale Thür
aus einem Neben-Zimmer in dasjenige Gemach durch-
brechen, und mit Bretern wohl verwahren solte, allwo
die Beata nebst ihrer Tochter von meiner Gemahlin
gewöhnlich verborgen gehalten wurde, und zwar solchergestalt, daß Niemand von dem andern Gesinde
etwas davon er-[535]führe, auch in dem Gemach
selbst an den Tapeten nichts zu mercken seyn möchte.
Mittlerweile erblickte ich durch mein Fenster, daß die
Beata nebst ihrer verstellten Tochter durch die Hinter-
Thür meines Gartens abgefertiget und fortgeschickt
wurde, weßwegen ich meinen Leib-Diener nochmahls

alles ordentlich zeigte, und ihn meiner Meynung vollkommen verständigte, nach eingenommener Mittags-
Mahlzeit aber, mit Eleonoren zu Don Fabio de Canaria reisete.

Nunmehro waren meine Augen weit heller als sonsten,
denn ich sahe mehr als zu klärlich mit was vor feurigen Blicken und geilen Gebährden Eleonora und Fabio einander begegneten, so daß ich leichtlich schliessen konte: wie sie schon vor dem müsten eine genauere
Bekandtschafft untereinander gepflogen haben, anbey
aber wuste mich dermassen behutsam aufzuführen,
daß beyde Verliebten nicht das geringste von meinen
Gedancken errathen oder mercken konten. Im gegentheil gab ihnen die schönste Gelegenheit allein zusammen zu bleiben, und sich in ihrer verdammten Geilheit
zu vergnügen, als womit ich Eleonoren ausserordentlich sicher machte, dem Fabio aber ebenfalls die Meynung beybrachte: ich wolte oder könte vielleicht nicht
Eiffersüchtig werden. Allein dieser Vogel war es eben
nicht allein, den ich zu fangen mir vorgenommen
hatte. Er hatte noch viele andere Edelleute zu sich
einladen lassen, unter denen auch mein Bruder nebst
seiner Gemahlin war, diesem vertraute ich bey einem
einsamen Spatzier-Gange im Garten, was mir vor ein
schwerer Stein auf dem Hertzen [536] läge, welcher
denn dieserwegen eben so hefftige Gemüths-Bewegungen als ich selbst empfand, jedoch wir verstelleten uns
nach genommener Abrede aufs Beste, und schienen so
wohl als alle andern, drey Tage nach einander rechtschaffen lustig zu seyn. Am vierdten Tage aber reiseten wir wiederum aus einander, nachdem mein Bruder
versprochen, alsofort bey mir zu erscheinen, so bald
ich ihm deßfalls nur einen Boten gesendet hätte. Zwey
Tage nach unserer Heimkunfft, kam die verhüllte
Beata nebst ihrer vermeynten Tochter in aller Frühe
gewandelt, und wurde von Eleonoren mit gröstem

vergnügen empfangen. Mein Hertz im Leibe ent-
brannte vom Eiffer und Rache, nachdem ich aber die
Arbeit meines Leib-Dieners mit Fleiß betrachtet, und
die verborgene Thür nach meinem Sinne vollkommen
wohl gemacht befunden, ließ ich meinen Bruder zu
mir entbiethen, welcher sich denn noch vor Abends
einstellete. Meine Gemahlin war bey der Abend-
Mahlzeit ausserordentlich wohl aufgeräumt, und
schertzte wieder ihre Gewohnheit sehr lange mit uns,
da wir aber nach der Mahlzeit einige Rechnungen
durchzugehen vornahmen, sagte sie: Meine Herren,
ich weiß doch, daß euch meine Gegenwart bey dergleichen ernstlichen Zeitvertreibe beschwerlich fällt,
derowegen will mit eurer gütigen Erlaubniß Abschied
nehmen, meine Andacht verrichten, hernach schlafen
gehen, weil ich ohnedem heute ausserordentlich müde
bin. Wir fertigten sie von beyden Seiten mit unver-
dächtiger Freundlichkeit ab, blieben noch eine kurtze
Zeit beysammen sitzen, begaben uns hernach mit
zweyen Blend-Laternen und [537] blossen Seiten-Ge-
wehren, gantz behutsam und stille in dasjenige Zimmer, wo die neue Thür anzutreffen war, allwo man
auch durch die kleinen Löcher, welche so wohl durch
die Breter als Tapeten geschnitten und gestochen
waren, alles gantz eigentlich sehen konte, was in dem,
vor heilig gehaltenen Gemache vorgieng.
Hilff Himmel! Was vor Schande! Was vor ein
scheußlicher Anblick! Meine schöne, fromme, keusche,
tugendhaffte, ja schon halb canonisirte Gemahlin,
Donna Eleonora de Sylva, gieng mit einer jungen
Manns-Person Mutternackend im Zimmer auf und ab
spatzieren, nicht anders als ob sie den Stand der Unschuld unserer ersten Eltern, bey Verlust ihres Lebens
vorzustellen, sich gezwungen sähen. Allein wie kan
ich an den Stand der Unschuld gedencken? Und warum solte ich auch diejenigen Sodomitischen Schand-

Streiche erwehnen, die uns bey diesem wunderbaren
Paare in die Augen fielen, die aber auch kein tugend-
liebender Mensch leichtlich errathen wird, so wenig
als ich vorhero geglaubt, daß mir dergleichen nur im
Traume vorkommen könne.

Mein Bruder und ich sahen also diesem Schand- und
Laster-Spiele länger als eine halbe Stunde zu, binnen
welcher Zeit ich etliche mahl vornahm die Thür ein-
zustossen, und diese bestialischen Menschen zu ermorden, allein mein Bruder, der voritzo etwas weniger
hitzig als ich war, hielt mich davon ab, mit dem Bedeuten: dergleichen Strafe wäre viel zu gelinde, über
dieses so wolten wir doch erwarten was nach dem
saubern Spatziergange würde vorgenom-[538]men
werden. Wiewohl nun solches leichtlich zu errathen
stund, so wurde doch von uns die rechte Zeit, und
zwar mit erstaunlicher Gelassenheit abgepasset. So
bald demnach ein jedes von den Schand-Bälgen einen
grossen Becher ausgeleeret, der mit einem besonders
annehmlichen Geträncke, welches die verfluchte Geilheit annoch vermehren solte, angefüllet gewesen; fielen sie, als gantz berauschte Furien, auf das seitwärts
stehende Huren-Lager, und trieben daselbst solche
Unfläthereyen, deren Angedencken ich gern auf ewig
aus meinen Gedancken verbannet wissen möchte.
Nunmehro, sagte mein Bruder, haben die Lasterhafften den höchsten Gipffel aller schändlichen Wollüste
erstiegen, derowegen kommet mein Bruder! und lasset
uns dieselben in den tieffsten Abgrund alles Elendes
stürtzen, jedoch nehmet euch so wohl als ich in acht,
daß keins von beyden tödtlich verwundet werde.
Demnach wurde die kleine Thür in aller Stille aufgemacht, wir traten durch die Tapeten hinein, ohne von
ihnen gemerckt zu werden, biß ich den verfluchten
geilen Bock beym Haaren ergriff, und aus dem Bette
auf den Boden warff. Eleonora that einen eintzigen

lauten Schrey, und bliebe hernach auf der Stelle ohnmächtig liegen. Die verteuffelte Beata kam im blossen
Hembde mit einem Dolche herzu gesprungen, und
hätte mich ohnfehlbar getroffen, wo nicht mein Bruder ihr einen solchen hefftigen Hieb über den Arm
versetzt, wovon derselbe biß auf eine eintzige Sehne
durchschnitten und gelähmet wurde. Ich gab meinem
Leib-Diener ein abgeredetes Zeichen, welcher sogleich
nebst 2. Knechten in dem Neben-Zimmer zum Vor-
[539]scheine kam, und die zwey verfluchten Frembdlinge, so wir dahinein gestossen hatten, mit Stricken
binden, und in einen sehr tieffen Keller schleppen
ließ.

Eleonora lag so lange noch ohne alle Empfindung,
biß ihr die getreue Cornelia bey nahe dreyhundert
Streiche mit einer scharffen Geissel auf den wollüstigen nackenden Leib angebracht hatte, denn diese
Magd sahe sich von mir gezwungen, ihrer Frauen dergleichen kräfftige Artzeney einzugeben, welche die
gewünschte Würckung auch dermassen that, daß
Eleonora endlich wieder zu sich selbst kam, mir zu
Fusse fallen, und mit Thränen um Gnade bitten wolte.
Allein meine bißherige Gedult war gäntzlich er-
schöpfft, derowegen stieß ich die geile Hündin mit
einem Fusse zurücke, befahl der Cornelia ihr ein
Hembd überzuwerffen, worauff ich beyde in ein lee-
res wohlverwahrtes Zimmer stieß, und alles hinweg
nehmen ließ, womit sie sich etwa selbsten Schaden
und Leyd hätten zufügen können. Noch in selbiger
Stunde wurde des Menellez Frau ebenfalls gefänglich
eingezogen, den übrigen Theil der Nacht aber, brachten ich und mein Bruder mit lauter Berathschlagungen
hin, auf was vor Art nehmlich, die wohl angefangene
Sache weiter auszuführen sey. Noch ehe der Tag anbrach, begab ich mich hinunter in das Gefängniß zu
des Menellez Frau, welche denn gar bald ohne Folter

und Marter alles gestund, was ich von ihr zu wissen begehrte. Hierauff besuchte nebst meinem Bruder die Eleonora, und gab derselben die Abschrifft von der Apollonie Briefe zu lesen, worbey sie etliche [540] mahl sehr tieff seuffzete, jedoch unseres Zuredens ohngeacht, die äuserste Verstockung zeigte, und durchaus kein Wort antworten wolte. Demnach ließ ich ihren verfluchten Liebhaber in seiner Blösse, so wohl als die schändliche Beata herzu führen, da denn der Erste auf alle unsere Fragen richtige Antwort gab, und bekannte: Daß er Don Vincentio de Garziano hiesse, und seit 4. oder 5. Monaten daher, mit der Eleonora seine schandbare Lust getrieben hatte, bat anbey, ich möchte in Betrachtung seiner Jugend und vornehmen Geschlechts ihm das Leben schencken. Es ist mir, versetzte ich, mit dem Tode eines solchen liederlichen Menschen, wie du bist, wenig oder nichts geholffen, derowegen solstu zwar nicht hingerichtet, aber doch also gezeichnet werden, daß die Lust nach frembden Weibern verschwinden, und dein Leben ein täglicher Tod seyn soll. Hiermit gab ich meinem Leib-Diener einen Winck, welcher sogleich 4. Handfeste Knechte herein treten ließ, die den Vincentio sogleich anpackten, und auf eine Tafel bunden. Dieser merckte bald was ihm wiederfahren würde, fieng derowegen aufs neue zu bitten und endlich zu drohen an: wie nehmlich sein Vater, der ein vornehmer Königl. Bedienter und Mit-Glied der Heil. Inquisition sey, dessen Schimpff sattsam rächen könte, allein es halff nichts, sondern meine Knechte verrichteten ihr Ammt so, daß er unter kläglichen Geschrey seiner Mannheit beraubt, und nachhero wiederum gehefftet wurde. Ich muste zu meinem allergrösten Verdrusse sehen: Daß Eleonora dieserwegen die bittersten Thränen fallen ließ, um deßwillen sie von mir mit dem Fusse [541] dermassen in die Seite gestossen wurde, daß sie zum an-

dern mahle ohnmächtig darnieder sanck. Bey mir entstund dieserwegen nicht das geringste Mittleyden, sondern ich verließ sie unter den Händen der Cornelia,
der Verschnittene aber muste nebst der vermaledeye-
ten Kupplerin zurück ins Gefängniß wandern. Nachhero wurde auch die Cornelia vorgenommen, welche
sich in allen aufs Läugnen verließ, und vor die aller-
unschuldigste angesehen seyn wolte, so bald ihr aber
nur die Folter-Banck nebst dem darzu gehörigen
Werck-Zeuge gezeigt wurde, bekannte die liederliche
Metze nicht allein, daß sie auf Eleonorens Befehl den
vergiffteten Apffel zugerichtet, und ihn der Apollonie zu essen eingeschwatzt hätte, sondern offenbarete
über dieses noch ein und anderes von ihrer verstorbenen Mit-Schwester Heimlichkeiten, welches alles aber
nur Eleonoren zur Entschuldigung gereichen, und
mich zur Barmhertzigkeit gegen dieselbe bewegen
solte. Allein dieses war alles vergebens, denn mein
Gemüthe war dermassen von Grimm und Rache erfüllet, daß ich nichts mehr suchte als dieselbe recht-
mäßiger Weise auszuüben. Inmittelst, weil ich mich
nicht allzusehr übereilen wolte, wurde die übrige Zeit
des Tages nebst der darauff folgenden Nacht, theils
zu reifflicher Betrachtung meines unglückseel. Ver-
hängnisses, theils aber auch zur benöthigten Ruhe angewendet.
Da aber etwa zwey Stunden vor Anbruch des Tages
im halben Schlummer lag, erhub sich ein starcker
Tumult in meinem Hofe, weßwegen ich aufsprunge
und durchs Fenster ersahe, wie meine Leute [542] mit
etlichen frembden Personen zu Pferde, bey Lichte
einen blutigen Kampf hielten. Mein Bruder und ich
warffen sogleich unsere Harnische über, und eileten
den unsern beyzustehen, von denen allbereit zwey
hart verwundet auf dem Platze lagen, jedoch so bald
wir unsere Schwerdter frisch gebrauchten, fasseten

meine Leute neuen Muth, daß 5. unbekandte Feinde getödtet, und die übrigen 7. verjagt wurden. Indem kam ein Geschrey, daß sich auf der andern Seiten des Schlosses, ein Wagen nebst etlichen Reutern befände, welche Eleonoren und Cornelien, die sich eben itzo zum Fenster herab liessen, hinweg führen wolten. Wir eileten ingesammt mit vollen sprüngen dahin, und traffen die beyden saubern Weibs-Bilder allbereit auf der Erden bey dem Wagen an, demnach entstunde daselbst abermahls ein starckes Gefechte, worbey 3. von meinen Leuten, und 8. feindliche ins Graß beissen musten, jedoch letzlich wurden Wagen und Reuter in die Flucht geschlagen, Eleonora und Cornelia aber blieben in meiner Gewalt, und musten, um besserer Sicherheit willen, sich in ein finsteres Gewölbe verschliessen lassen.

Ohnfehlbar hatte Cornelia diesen nächtlichen Überfall angesponnen, indem sie vermuthlich Gelegenheit gefunden, etwa eine bekandte getreue Person aus dem Fenster anzuruffen, und dieselbe mit einem Briefe so wohl an ihre eigene als Eleonorens Vettern oder Buhler abzusenden, welche denn allerhand Wagehälse an sich gezogen, und sie zu erlösen, diesen Krieg mit mir und den Meinigen angefangen [543] hatten, allein ihr Vortheil war sehr schlecht, indem sie 13. todte zurück liessen, wiewohl ich von meinen Bedienten und Unterthanen auch 4. Mann dabey einbüssete. Dieses eintzige kam mir hierbey am allerwundersamsten vor, daß derjenige Keller in welchem die Beata und der Verschnittene lagen, erbrochen, beyde Gefangene aber nirgends anzutreffen waren, wie ich denn auch nachhero niemahls etwas von diesen schändlichen Personen erfahren habe.

Ich ließ alle meine Nachbarn bey den Gedancken, daß mich vergangene Nacht eine Räuber-Bande angesprenget hätte, denn weil meine Bedienten und

Unterthanen noch zur Zeit reinen Mund hielten,
wuste niemand eigentlich, was sich vor eine verzweiffelte Geschicht in meinem Hause zugetragen. Gegen
Mitternacht aber lieff die grausame Nachricht bey
mir ein, daß sich so wohl Eleonora als Cornelia, vermittelst abgerissener Streiffen von ihren Hembdern,
verzweiffelter Weise an zwey im Gewölbe befindliche
Haken, selbst erhänckt hätten, auch bereits erstarret
und erkaltet wären. Ich kan nicht läugnen daß mein
Gemüthe dieserwegen höchst bestürtzt wurde, indem
ich mir vorstellete: Daß beyde mit Leib und Seele zugleich zum Teuffel gefahren, indem aber nebst meinem Bruder diesen gräßlichen Zufall beseuffzete und
berathschlagte, was nunmehro anzufangen sey, meldete sich ein Bothe aus Madrit, der sein Pferd zu tode
geritten hatte, mit folgenden Briefe bey mir an:

[544]   Mein Vetter.

ES hat mir ein vertrauter Freund vom Hofe in geheim
gesteckt, daß sich entsetzliche Geschichte auf eurem
Schlosse begeben hätten, worüber jederman, der es
höret, erstaunen müste. Ihr habt starcke Feinde, die
dem, euch ohne dieses schon ungnädigen Könige, solche Sache noch heute Abends vortragen und den
Befehl auswürcken werden, daß der Königl. Blut-
Richter nebst seinen und des Heil. Officii Bedienten,
vermuthlich noch Morgen vor Mittags bey euch einsprechen müssen. Derowegen bedencket euer Bestes,
machet euch bey Zeiten aus dem Staube, und glaubet
sicherlich, daß man, ihr möget auch Recht oder Unrecht haben, dennoch euer Gut und Blut aussaugen
wird. Reiset glücklich, führet eure Sachen in besserer
Sicherheit aus, und wisset, daß ich beständig sey

euer getreuer Freund,
Don Alphonso de Cordua.

Nunmehro wolte es Kunst heissen, in meinen verwirrten Angelegenheiten einen vortheilhafften Schluß zu
fassen, jedoch da alle Augenblicke kostbarer zu werden schienen, kam mir endlich meines getreuen Vetters
Rath am vernünfftigsten vor, zumahlen da mein Bruder denselben gleichfalls billigte. Also nahm ich einen
eintzigen getreuen Diener zum Gefährten, ließ zwey
der besten Pferde satteln, und so viel Geld und Kleinodien darauf pa-[545]cken, als sie nebst uns ertragen
mochten, begab mich solchergestallt auf die schnellste
Reise nach Portugall, nachdem ich nicht allein meinem Bruder mein übriges Geld und Kostbarkeiten mit
auf sein Gut zu nehmen anvertrauet, sondern auch,
nebst ihm meinem Leib-Diener und andern Getreuen,
Befehl ertheilet, wie sie sich bey diesen und jenen Fällen verhalten solten. Absonderlich aber solte mein
Bruder des Menellez Frau, wie nicht weniger den
Knaben Caspar Palino, und das Mägdlein Euphrosi-
nen heimlich auf sein Schloß bringen, und dieselben in
genauer Verwahrung halten, damit man sie jederzeit
als lebendige Zeugen darstellen könne.
Ich gelangete hierauff in wenig Tagen auf dem Portu-
gisischen Gebiethe, und zwar bey einem bekandten
von Adel an, der mir auf seinem wohlbefestigten
Land-Gute den sichersten Auffenthalt versprach.
Von dar aus überschrieb ich meine gehabten Unglücks-
Fälle mit allen behörigen Umständen an den König
Ferdinandum, und bat mir nichts als einen Frey- und
Sicherheits-Brief aus, da ich denn mich ohne Zeit-
Verlust vor dem hohen Gerichte stellen, und meine
Sachen nach den Gesetzen des Landes wolte unter-
suchen und richten lassen. Allein ob zwar der König
anfänglich nicht ungeneigt gewesen mir dergleichen
Brief zu übersenden, so hatten doch der Eleonora und
des Vincentio Befreundte, nebst meinen anderweitigen
Feinden alles verhindert, und den König dahin be-

redet: Daß derselbe, nachdem ich, auf dreymahl wiederholte Citation, [546] mich nicht in das Gefängniß
des Heil. Officii gestellet, vor schuldig und straffbar
erkläret wurde.

Bey so gestallten Sachen waren alle Vorstellungen,
die ich so wohl selbst schrifftlich, als durch einige
annoch gute Freunde thun ließ, gäntzlich vergebens,
denn meine Güter hatte der König in Besitz nehmen
lassen, und einen Theil von den Einkünfften derselben
dem Heil. Officio anheim gegeben. Ich glaube gantz
gewiß, daß des Königs Geitz, nachdem er diese schöne
Gelegenheit besser betrachtet, mehr Schuld an diesem
meinen gäntzlichen Ruine gewesen, als die Verfolgung
meiner Feinde, ja als die gantze Sache selbst. Mein
Bruder wurde ebenfalls nicht übergangen, sondern um
eine starcke Summe Geldes gestrafft, jedoch dieser
hat meinetwegen keinen Schaden gelitten, indem ich
ihm alles Geld und Gut, so er auf mein Bitten von
dem Meinigen zu sich genommen, überlassen, und niemahls etwas zurück gefordert habe. Also war der
König, der sich in der Jugend selbst zu meinen Versorger aufgeworffen hatte, nachhero mein Verderber,
welches mich jedoch wenig Wunder nahm, wenn ich
betrachtete, wie dessen unersättlicher Eigen-Nutz
nicht allein alle vornehmsten des Reichs zu paaren
trieb, sondern auch die besten Einkünffte der Ordens-
Ritter an sich zohe.

Dem ohngeacht schien es als ob ich noch nicht un-
glückseelig genung wäre, sondern noch ein härter
Schicksaal am Leibe und Gemüth ertragen solte, denn
es schrieb mir abermahls ein vertrauter Freund: Daß
Ferdinandus meinen Auffenthalt in Portugal erfahren
hätte, und dieserwegen ehe-[547]stens bey dem Könige Emanuel, um die Auslieferung meiner Person bitten wolte, im Fall nun dieses letztere geschähe, dürffte
keinen Zweiffel tragen, entweder meinen Kopf zu

verlieren, oder wenigstens meine übrige Lebens-Zeit
in dem Thurme zu Segovia als ein ewiger Gefangener
hinzubringen. Da nun weder dieses noch jenes zu versuchen beliebte, und gleichwohl eines als das andere
zu befürchten die gröste Ursach hatte, fassete ich den
kurtzen Schluß: mein verlohrnes Glück zur See wieder
zu suchen, und weil eben damahls vor 8. oder 9. Jahren die Portugiesen in der neuen Welt eine grosse und
vortreffliche Landschafft entdeckt, und selbige Brasilien genennet hatten, setzte ich mich im Port-Cale zu
Schiffe, um selbiges Land selbst in Augenschein zu
nehmen, und da es nur in etwas angenehm befände,
meine übrige Lebens-Zeit daselbst zu verbleiben. Allein das Unglück verfolgte mich auch zur See, denn
um die Gegend der so genannten glückseeligen Insuln,
wurden die Portugisischen Schiffe, deren 8. an der
Zahl waren, so mit einander seegelten, durch einen
hefftigen Sturm-Wind zerstreuet, dasjenige aber, worauf ich mich befand, zerscheiterte an einem Felsen, so
daß ich mein Leben zu erhalten einen Balcken ergreiffen, und mich mit selbigen 4. Tage nach einander vom
Winde und Wellen muste herum treiben lassen. Mein
Untergang war sehr nahe, jedoch der Himmel hatte
eben zu rechter Zeit etliche Spanische Schiffe in diese
Gegend geführet, welche nebst andern auch mich auf-
fischeten und erquickten.

Es waren dieses die Schiffe des Don Alphonso [548]
Hojez, und des Don Didaco de Niquesa, welche beyde
von dem Spanischen Könige, als Gouverneurs, und
zwar der Erste über Carthago, der Andere aber über
Caragua, in die neu erfundene Welt abgefertiget
waren. Unter allen bey sich habenden Leuten war nur
ein eintziger, der mich, und ich hinwiederum ihn von
Person sehr wohl kennete, nehmlich: Don Vasco Nunez di Valboa, der unter dem Hojez ein Schiffs-
Hauptmann war, dieser erzeigte sich sehr auffrichtig

gegen mich, hatte vieles Mittleyden wegen meines unglücklichen Zustandes, und Schwur wider meinen willen, mich niemanden zu entdecken, also blieb ich bey
ihm auf seinem Schiffe, allwo er mich, mit Vorbewust
des Hojez, zu seinem Schiff-Lieutenant machte.

Wir erreichten demnach ohne ferneres Ungemach die
Insul Hispaniolam, daselbst rüstete der Gouverneur
Hojez, 4. grosse und starcke, nebst etlichen kleinen
Neben-Schiffen aus, auf welchen wir gerades Wegs
hinüber nach der Stadt Neu-Carthago zu seegelten.
Hieselbst publicirte Hojez denen Einwohnern des
Landes das Königliche Edict: Wie nehmlich dieselben
von ihrem bißherigen Heydnischen Aberglauben ab-
lassen, von den Spaniern das Christenthum nebst guten
Sitten und Gebräuchen annehmen, und den König in
Castilien vor ihren Herrn erkennen solten, widrigen
falls man sie mit Feuer und Schwerdt verfolgen, und
in die strengste Sclaverey hinweg führen wolte.

Allein diese Leute gaben hierauff sehr freymüthig zur
Antwort: Daß sie sich um des Königs von Ca-[549]
stilien Gnade oder Ungnade gar nichts bekümmerten,
nächst diesen möchten sie zwar gern das Vergnügen
haben in ihrem Lande mit frembden Völckern umzugehen, und denenselben ihre überflüßigen Reichthümer zuzuwenden, doch müsten sich selbige freundlich,
fromm und tugendhafft aufführen. Da aber die Spanier seit ihrer ersten Ankunfft etliche Jahre daher
nichts als Tyranney, Geitz, Morden, Blutvergiessen,
Rauben, stehlen, sängen und brennen, nebst andern
schändlichen Lastern von sich spüren lassen, nähmen
sie sich ein billiges Bedencken, dergleichen verdächtiges Christenthum, Sitten und Gebräuche anzunehmen.
Demnach möchten wir nur alsofort zurücke kehren
und ihre Gräntzen verlassen, widrigenfalls sie sich
genöthiget sähen ihre Waffen zu ergreifen, und uns
mit Gewalt von dannen zu treiben.

Ich vor meine Person wuste diesen sehr vernunfft-
mäßigen Entschluß nicht im geringsten zu tadeln, zumahlen da die gottlose und unchristliche Aufführung
meiner Lands-Leute mehr als zu bekannt worden.
Dem ohngeacht ließ der Gouverneur alsobald sein
Kriegs-Volck an Land steigen, fieng aller Orten zu
sängen, zu brennen, todtzuschlagen und zu verfolgen
an, verschonete auch weder Jung noch Alt, Reich
noch Arm, Männ- oder Weibliches Geschlechte, sondern es muste alles ohne Unterscheid seiner Tyranney
herhalten.
Meine Hände hüteten sich so viel als möglich war,
dieses unschuldige Blut vergiessen zu helffen, ja ich
beklagte von Grunde meiner Seelen, daß mich ein
unglückliches Verhängniß eben in dieses jam-[550]
mervolle Land geführet hatte, denn es bedünckte mich
unrecht und grausam, auch gantz wieder Christi Befehl zu seyn, den Heyden auf solche Art das Evangelium zu predigen. Über dieses verdroß mich heimlich,
daß der Gouverneur aus purer Boßheit, das Königliche Edict, welches doch eigentlich nur auf die Caraiber oder Menschen-Fresser zielete, so muthwillig
und schändlich mißbrauchte, und nirgends einen
Unterschied machte, denn ich kan mit Wahrheit
schreiben: daß die Indianer auf dem festen Lande,
und einigen andern Insuln, nach dem Lichte der
Natur dermassen ordentlich und tugendhafft lebten,
daß mancher Maul-Christe dadurch nicht wenig beschämt wurde.
Nachdem aber der Gouverneur Hojez um Carthago
herum ziemlich reine Arbeit gemacht, und daselbst
ferner keinen Gegenstandt seiner Grausamkeit antreffen konte, begab er sich über die zwölff Meilen weiter
ins Land hinein, streiffte allerwegen herum, Bekriegte
etliche Indianische Könige, und verhoffte solchergestallt eine grosse Beute von Gold und Edelgesteinen

zu machen, weil ihm etliche gefangene Indianer hierzu die gröste Hoffnung gemacht hatten. Allein er
fand sich hierinnen gewaltig betrogen, denn da wir
uns am allersichersten zu seyn bedüncken liessen, hatte
sich der Caramairinenser König mit seinem außerlesensten Land-Volcke in bequeme heimliche Örter
versteckt, welcher uns denn dermassen scharff zusetzte, daß wir gezwungen wurden eiligst die Flucht
zu ergreiffen und dem Meere zu zu eilen, nachdem
wir das Hojez Obristen Lieutenant Don Juan de la
Cossa, nebst [551] 74. der tapffersten Leute eingebüsset, als welche von den Indianern jämmerlich zerhackt und gefressen worden, woraus geurtheilet
wurde, daß die Caramairinenser von den Caraibern
oder Menschen-Fressern herstammeten, und derselben
Gebrauche nachlebten, allein ich halte davor, daß es
diese sonst ziemlich vernünfftigen Menschen damahls,
mehr aus rasenden Eiffer gegen ihre Todt-Feinde, als
des Wohlschmeckens wegen gethan haben mögen.

Dieser besondere Unglücks-Fall veruhrsachte, daß der
Gouverneur Hojez in dem Hafen vor Carthago, sehr
viel Noth und Bekümmerniß ausstehen muste, zumahlen da es uns so wohl an Lebens-Mitteln als andern
höchstnöthigen Dingen zu mangeln begunte. Jedoch
zu gutem Glücke traff Don Didaco de Niquesa nebst
etlichen Schiffen bey uns ein, welche mit bey nahe
800. guten Kriegs-Leuten und gnungsamen Lebens-
Mitteln beladen waren. So bald er demnach den Hojez
und dessen Gefährten aufs Beste wiederum erquickt
hatte, wurde berathschlagt, den empfangenen unglücklichen Streich mit zusammen gesetzter Macht an
den Caramairinensern zu rächen, welches denn auch
grausam genung von statten gieng. Denn wir überfielen bey nächtlicher Weile dasjenige Dorff, bey welchem de la Cossa nebst seinen Gefährten erschlagen
worden, zündeten dasselbe rings herum mit Feuer an,

und vertilgeten alles darinnen was nur lebendigen Othem hatte, so daß von der grossen Menge Indianer die sich in selbigem versammlet hatten, nicht mehr übrig blieben als 6. Jünglinge, die unsere Gefangene wurden.

[552] Es vermeynete zwar ein jeder, in der Asche dieses abgebrannten Dorffs, so aus mehr als hundert Wohnungen bestanden, einen grossen Schatz an Gold und edlen Steinen zu finden, allein das Suchen war vergebens, indem fast nichts als Unflat von verbrannten Cörpern und Todten-Knochen, aber sehr wenig Gold zum vorscheine kam, weßwegen Hojez gantz verdrießlich zurück zohe, und weiter kein Vergnügen empfand, als den Todt des de la Cossa und seiner Gefährten gerochen zu haben.

Wenige Zeit hernach beredeten sich die beyden Gouverneurs nehmlich Hojez und Niquesa, daß ein jeder diejenige Landschafft, welche ihm der König zu verwalten übergeben, gnungsam auskundschaffen und einnehmen wolte. Hojez brach am ersten auf, die Landschafft Uraba, so ihm nebst dem Carthaginensischen Port zustunde, aufzusuchen. Wir landeten erstlich auf einer Insul an, welche nachhero von uns den Nahmen Fortis erhalten, wurden aber bald gewahr, daß dieselbe von den allerwildesten Canibalen bewohnet sey, weßwegen keine Hoffnung, allhier viel Geld zu finden, vorhanden war. Jedoch fand sich über Vermuthen noch etwas von diesem köstlichen metall, welches wir nebst zweyen gefangenen Männern und 7. Weibern mit uns hinweg führeten. Von dar aus seegelten wir gerades Weges nach der Landschafft Uraba, durchstreifften dieselbe glücklich, und baueten Ostwärts in der Gegend Caribana einen Flecken an, nebst einem wohlbefestigten Schlosse, wohin man sich zur Zeit der feindlichen Empörung und plötzlichen Überfalls sicher zurück ziehen und aufhal-[553]ten

önte. Dem ohngeacht, ließ sich der schon so oft be-
rogene Hojez abermahls betriegen, indem ihn die
gefangenen Indianer viel Wesens von einer austräg-
lichen Gold-Grube machten, welche bey dem, 12000.
Schritt von unserm Schloß gelegenen Dorffe Tirafi,
anzutreffen wäre. Wir zogen also dahin, vermeynten
die Einwohner plötzlich zu überfallen und alle zu
erschlagen, allein selbige empfiengen uns mit ihren
vergifteten Pfeilen dermassen behertzt, daß wir mit
Zurücklassung etlicher Todten und vieler Verwundeten schimpflich zurück eilen musten.
Folgendes Tages kamen wir in einem andern Dorffe
eben so übel, ja fast noch schlimmer an, auf dem
Rück-Wege aber begegnete dem Gouverneur Hojez
der allerschlimmste und gefährlichste Streich, denn es
kam ein kleiner König, dessen Ehefrau von dem Ho-
ez Gefangen genommen war, und gab vor, dieselbe
mit 20. Pfund Goldes auszulösen, wie denn auch
8. Indianer bey ihm waren, welche, unserer Meynung
nach, das Gold bey sich trügen, allein über alles Vermuthen schoß derselbe einen frisch vergifteten Pfeil
in des Gouverneurs Hüffte, und wolte sich mit seinen
Gefährten auf die Flucht begeben, wurden aber von
der Leib-Wacht ergriffen, und sämtlich in Stücken
zerhauen. Jedoch hiermit war dem Gouverneur wenig
geholffen, weiln er in Ermangelung kräfftiger Ärtze-
neyen, die dem Giffte in der Wunde Widerstand zu
thun vermögend, entsetzliche Quaal und Schmertzen
ausstehen muste, wie er sich denn seiner Lebens-Erhaltung wegen, etliche mahl ein glüend Eisen-Blech
auf die [554] Wunde legen ließ, um das Gifft heraus
zu brennen, als welches die allergewisseste und sicherste Cur bey dergleichen Schäden seyn solte, jedennoch
dem Hojez nicht zu seiner völligen Gesundheit verhelffen konte.
Mittlerzeit kam Bernardino de Calavera, mit einem

starcken Schiffe, das 60. tapffere Kriegs-Leute, nebst
vielen Lebens-Mitteln aufgeladen hatte, zu uns, welches beydes unsern damahligen gefährlichen und be-
dürfftigen Zustand nicht wenig verbesserte. Da aber
auch diese Lebens-Mittel fast aufgezehret waren, und
das Krieges-Volck nicht den geringsten glücklichen
Ausschlag von des Hojez Unternehmungen sahe, fiengen sie an, einen würcklichen Aufstandt zu erregen,
welchen zwar Hojez damit zu stillen vermeynte, daß
er sie auf die Ankunfft des Don Martin Anciso ver-
tröstete, als welchem er befohlen, mit einem Last-
Schiffe voll Proviant uns hierher zu folgen, jedoch
die Kriegs-Knechte, welche diese Tröstungen, die doch
an sich selbst ihre Richtigkeit hatten, in Zweiffel
zohen, und vor lauter leere Worte hielten, beredeten
sich heimlich, zwey Schiffe von den Unsern zu entführen, und mit selbigen in die Insul Hispaniolam zu
fahren.
So bald Hojez diese Zusammen-Verschwerung entdeckt, gedachte er dem Unheil vorzubauen, und that
den Vorschlag, selbst eine Reise nach Hispaniolam
anzutreten, bestellete derowegen den Don Francisco
de Pizarro in seiner Abwesenheit zum Obristen-
Lieutenant, mit dem Bedeuten, daß wo er innerhalb
50. Tagen nicht wiederum bey uns [555] einträffe, ein
jeder die Freyheit haben solte hin zu gehen wohin er
wolte.
Seine Haupt-Absichten waren, sich in Hispaniola an
seiner Wunde bey verständigen Ärtzten völlig heilen
zu lassen, und dann zu erforschen, was den Don Anciso abgehalten hätte, uns mit dem bestellten Proviant
zu folgen. Demnach setzte er sich in das Schiff, welches Bernardino de Calavera heimlich und ohne Erlaubniß des Ober-Admirals und anderer Regenten aus
Hispaniola entführet hatte, und seegelte mit selbigen
auf bemeldte Insul zu.

Wir Zurückgebliebenen warteten mit Schmertzen auf
dessen Wiederkunfft, da aber nicht allein die 50. Tage,
sondern noch mehr als zweymahl so viel verlauffen
waren, und wir binnen der Zeit vieles Ungemach, so
wohl wegen feindlicher Anfälle, als grosser Hungers-
Noth erlitten hatten; theilete sich alles Volck in des
Hojez zurückgelassene zwey Schiffe ein, des willens
ihren Gouverneur selbst in Hispaniola aufzusuchen.

Kaum hatten wir das hohe Meer erreicht, da uns ein
entsetzlicher Sturm überfiel, welcher das Schiff, worinnen unsere Mit-Gesellen sassen, in einem Augenblicke umstürtzte und in den Abgrund versenckte, so
daß kein eintziger zu erretten war. Wir übrigen suchten dergleichen Unglücke zu entgehen, landeten derowegen bey der Insul Fortis, wurden aber von den
Pfeilen der wilden Einwohner dermassen unfreund-
lich empfangen, daß wir vor unser gröstes Glück
schätzten, noch bey zeiten das Schiff zu erreichen,
und von dannen zu seegeln.

[556] Indem nun bey solchen kümmerlichen Umständen die Fahrt nach Hispaniola aufs eiligste fortgesetzt
wurde, begegnete uns über alles verhoffen der Oberste
Gerichts-Praesident Don Martin Anciso, welcher nicht
allein auf einem Last-Schiffe allerhand Nahrungs-
Mittel und Kleider-Geräthe, sondern auch in einem
Neben-Schiffe gute Kriegs-Leute mit sich führete.

Seine Ankunfft war uns ungemein tröstlich, jedoch da
er nicht glauben wolte, daß wir von unsern Gouverneur Hojez verlassen wären, im Gegentheil uns vor
Aufrührer oder abgefallene Leute ansahe, musten wir
uns gefallen lassen, erstlich eine Zeitlang in der Ein-
farth des Flusses Boyus zwischen den Carthaginensischen Port und der Landschafft Cuchibacoam bey
ihm stille zu liegen, hernachmahls aber in seiner Begleitung nach der Urabanischen Landschafft zurück
zu seegeln, weil er uns weder zu dem Niquesa noch in

Hispaniolam führen wolte, sondern vorgab, er müsse
uns alle, Krafft seines tragenden Ammts und Pflich-
ten, durchaus in des Gouverneurs Hojez Provinz zurücke bringen, damit dieselbe nicht ohne Besatzung
bliebe.

Demnach richteten wir unsern Lauff dahin, allein es
schien als ob das Glück allen unsern Anschlägen zuwider wäre, denn als des Anciso allerbestes Schiff in
den etwas engen Hafen einlauffen wolte, gienge selbiges durch Unvorsichtigkeit des Steuer-Manns zu
scheitern, so daß aller Proviant, Kriegs-Geräthe,
Gold, Kleinodien, Pferde und andere Thiere zu
Grunde sincken, die Menschen aber sehr [557] kümmerlich ihr Leben retten musten, welches wir doch
ingesammt, wegen Mangel der nöthigen Lebens-Mittel und anderer Bedürffnissen ehestens zu verlieren,
fast sichere Rechnung machen konten.

Endlich, nachdem wir uns etliche Tage mit Wurtzeln,
Kräutern, auch elenden sauern Baum-Früchten des
Hungers erwehret, wurde beschlossen etwas tieffer ins
Land hinein zu rücken, und viellieber Heldenmüthig
zu sterben, als so schändlich und verächtlich zu leben,
allein da wir kaum 4. Meilen Wegs zurück gelegt, begegnete uns eine erstaunliche Menge wohl bewaffneter
Indianer, die den tapffern Vorsatz alsobald zernich-
teten, und uns über Halß und Kopf, mit ihren vergiffteten Pfeilen, an das Gestade des Meers allwo
unsere Schiffe stunden, wieder rückwarts jagten.

Die Bekümmerniß über diesen abermahligen Unglücks-Fall war dennoch nicht so groß als die Freude,
so uns von einigen gefangenen Indianern gemacht
wurde, welche berichteten, daß oberhalb dieses Meer-
Busens eine Landschafft läge die an Früchten und
allen nothdürfftigen Lebens-Mitteln alles im grösten
Überflusse hervor brächte. Don Anciso sahe sich also
gezwungen, uns dahin zu führen. Die dasigen Ein-

wohner hielten sich anfänglich ziemlich ruhig, so bald
wir aber anfiengen in diesem gesegneten Lande Häuser aufzubauen, und unsere Wirthschafft ordentlich
einzurichten, brach der König Comaccus mit seinen
Unterthanen auf, und versuchte, uns frembde Gäste
aus dem Lande zu jagen. Es kam solchergestallt zu
einem grausamen [558] Treffen, welches einen gantzen Tag hindurch und biß in die späte Nacht währete,
jedoch wir erhielten den Sieg, jagten den zerstreueten
Feinden aller Orten nach, und machten alles, was
lebendig angetroffen wurde, aufs grausamste darnieder.

Nunmehro fand sich nicht allein ein starcker Überfluß an Brod, Früchten, Wurtzeln und andern nothwendigen Sachen, sondern über dieses in den Ge-
püschen und sümpffichten Örtern der Flüsse, über
drittehalb tausend Pfund gediehen Gold, nebst Leinwand, Bett-Decken, allerley metallenes, auch irrdenes
und höltzernes Geschirr und Fässer, welches der König Comaccus unsertwegen dahin verstecken und vergraben lassen. Allhier ließ Don Anciso nachhero eine
Stadt und Kirche, welche er Antiqua Darienis nennete,
aufbauen, und solches that er wegen eines Gelübdes,
so er der sancta Maria Antiqua die zu Sevilien sonderlich verehret wird, noch vor der Schlacht versprochen
hatte. Mittlerzeit ließ Don Anciso unsere zurückgelassenen Leute, in zweyen Schiffen herbey holen, unter
welchen sich auch mein besonderer Freund der Hauptmann Don Vasco Nunez di Valboa befand, welcher
nunmehro an der, von einem vergiffteten Pfeile empfangenen Wunde wiederum völlig hergestellet war.
Da es nun wegen der erbeuteten Güter zur behörigen
Theilung kommen solte, und ein jeder vermerckte,
wie Don Anciso als ein eigennütziger Geitzhals überaus unbillig handelte, indem er sich selbst weit grössere Schätze zueignete, als ihm von rechts wegen zu-

kamen, entstund dieserwegen unter dem Kriegs-Volcke
erstlich ein heimliches Gemurmele, welches [559] hernach zu einem öffentlichen Auffruhr ausschlug, da
sich die besten Leute an den Don Valboa henckten,
und ihn zu ihren Ober-Haupt und Beschützer auf-
warffen. Des Don Anciso Anhang gab zwar dem
Valboa Schuld: daß er von Natur ein auffrührischer
und unnützer Mensch sey, dessen Regiersucht nur
allerley Unglück anzustifften trachte; Allein so viel
ich die gantze Zeit meines Umgangs bey ihm gemerckt, war er ein Mann von besonderer Hertzhafftigkeit, der sich vor niemanden scheute, und derowegen das Unrecht, so ihm und den Seinigen geschahe,
unmöglich verschmertzen konte, hergegen selbiges auf
alle erlaubte Art zu rächen suchte, wiewohl er hierbey
niemals den Respect und Vortheil des Königs in Castilien aus den Augen setzte.

In diesem Lermen kam Don Roderiguez Colmenarez
mit zweyen Schiffen aus Hispaniola zu uns, welche
nicht allein mit frischen Kriegs-Volck, sondern auch
vielen Proviant beladen waren. Dieser vermeynete den
Hojez allhier anzutreffen, von dem er erfahren, daß
er nebst seinem Volck in grosser Angst und Nöthen
steckte, fand aber alles sehr verwirrt, indem sich Anciso und Valboa um die Ober-Herrschafft stritten,
und jeder seinen besondern Anhang hatte. Um nun
einen fernern Streit und endliches Blutvergiessen zu
verhüten, schiffte Colmenarez zurück, seinen Vettern
Don Didaco de Niquesa herbey zu bringen, welcher
die streitenden Partheyen aus einander setzen, und
das Ober-Commando über die andern alle annehmen
solte.

Colmenarez war so glücklich den Niquesa eben [560]
zu rechter Zeit anzutreffen, und zwar in der Gegend
die von ihm selbst Nomen Dei benahmt worden, allwo
der arme Niquesa nackend und bloß, nebst seinen

Leuten halb todt gehungert, herum irrete. Jedoch
nachdem ihn Colmenarez nebst 75. Castilianern zu
Schiffe und auf die rechte Strasse gebracht, kam er
unverhofft bey uns in Antiqua Darienis an. Hieselbst
war er kaum an Land gestiegen, als es lautbar wurde,
wie schmählich und schimpflich er so wohl von Anciso als Valboa geredet, und gedrohet, diese beyden
nebst andern Haupt-Leuten, theils ihrer Ämter und
Würden zu entsetzen, theils aber um Gold und Geld
aufs schärffste zu bestraffen. Allein eben diese Drohungen gereichten zu seinem allergrösten Unglücke,
denn es wurden solchergestalt beyde Theile gegen ihn
erbittert, so daß sie den armen Niquesa nebst seinen
Leuten wieder zurück in sein Schiff, und unbarm-
hertziger weise, ohne Proviant, als einen Hund aus
derselbigen Gegend jagten.

Ich habe nach Verfluß einiger Monate etliche von
seinen Gefährten auf der Zorobarer Landschafft angetroffen, welche mich berichteten, daß er nahe bey
dem Flusse, nebst etlichen der Seinen, von den Indianern sey erschlagen und gefressen worden, weßwegen
sie auch diesen Fluß Rio de los perditos, auf Teutsch
den Fluß des Verderbens nenneten, und mir einen
Baum zeigten, in dessen glatte Rinde diese Lateinischen Worte geschnitten waren: Hic misero errore
fessus, DIDACUS NIQUESA infelix periit. Zu
Teutsch: Hier ist der vom elenden herum schweiffen
ermüdete, und unglückliche Didacus Niquesa umgekommen.

[561] Jedoch ich erinnere mich, um bey meiner Geschichts-Erzehlung eine richtige Ordnung zu halten,
daß wir nach des Niquesa Vertreibung abermahls den
grösten Kummer, Noth und Hunger leyden musten,
indem des Colmenarez dahin gebrachter Proviant gar
bald auffgezehret war, so daß wir als wilde Menschen,
ja als hungerige Wölffe überall herum lieffen, und

alles hinweg raubten was nur in den nächst gelegenen
Landschafften anzutreffen war.

Endlich nachdem Valboa einen Anhang von mehr als
150. der außerlesensten Kriegs-Leute beysammen
hatte, gab er öffentlich zu verstehen, daß er nunmehro, da der Gouverneur Hojez allem vermuthen
nach umgekommen, unter keines andern Menschen
Commando stehen wolle, als welcher ein eigen Di-
ploma von dem Könige selbst aufzuweisen hätte.
Anciso hingegen trotzete auf sein oberstes Gerichts-
Praesidenten-Ammt, weiln aber sein Beglaubigungs
Brief vielleicht im letztern Schiffbruche mit versun-
cken war, oder er nach vieler anderer Meynung wohl
gar keinen gehabt hatte, fand Valboa desto mehr
Ursach sich demselben nicht zu unterwerffen, und so
bald Anciso sein Ansehen mit Gewalt zu behaupten
mine machte, überfiel ihn Valboa plötzlich, ließ den
Prahlhafften Geitzhals in Ketten und Banden legen,
und theilete dessen Gold und Güter der Königlichen
Cammer zu. Jedoch nachdem ich und andere gute
Freunde dem Valboa sein allzuhitziges Verfahren
glimpfflich vorstelleten, besann er sich bald eines andern, bereuete seine jachzornige Strengigkeit, stellete
den Anciso wiederum [562] auf freyen Fuß, gab ihm
sein Gold und Güter ohne Verzug zurück, und hätte
sich ohnfehlbar gäntzlich mit Anciso ausgesöhnet,
wenn derselbe nicht allzurachgierig gewesen wäre.
Wenig Tage hernach seegelte Anciso mit seinen An-
hängern von uns hinweg und hinterließ die Drohungen, sich in Castilien, bey dem Könige selbst, über den
Valboa zu beklagen, jedoch dieser letztere kehrete
sich an nichts, sondern brachte sein sämtliches Kriegs-
Volck in behörige Ordnung, setzte ihnen gewisse Befehlshaber, auf deren Treue er sich verlassen konte,
als worunter sich nebst mir auch Don Rodriguez Colmenarez befand, und fieng alsobald an sein und unser
aller Glück mit rechten Ernste zu suchen.

Coiba war die erste Landschafft, welche von uns angegriffen wurde, und deren König Careta, als er sich
mit dem Mangel entschuldigte, Proviant und andere
Bedürfnissen herzugeben, muste sich nebst Weib, Kindern und allem Hof-Gesinde nach Darien abführen
lassen.

Mittlerzeit sahe Valboa so wol als alle andern vor
nöthig an, den Valdivia und Zamudio nach Hispaniola zu senden, deren der erstere bey dem Ober-
Admiral, Don Didaco Columbo, und andern Regenten
dieser Lande, den Valboa bestens recommandiren, und
um schleunige Bey-Hülffe mit Proviant und andern
Bedürffnissen bitten solte, Zamudio aber war befehligt
eiligst nach Castilien zu seegeln, und des Valboa mit
Anciso gehabten Händel bey dem Könige aufs eiffrigste zu vertheidigen. Inzwischen wurde der Coiba-
nische König Careta wieder auf freyen Fuß gestellet,
jedoch unter die Be-[563]dingungen, daß er nicht
allein unser Kriegs-Volck nach möglichkeit mit Speise
und Tranck versehen, sondern auch dem Valboa in
dem Kriegs-Zuge, wider den benachbarten König
Poncha, beystehen, und die rechten Wege zeigen
solte.

Indem nun Careta mit diesem seinen ärgsten Feinde
Poncha beständig Krieg geführet, und von ihm sehr in
die Enge getrieben worden, nahm er diese Gelegenheit
sich einmahl zu rächen mit Freuden an, zog mit seinen
Unterthanen, welche mit langen höltzernen Schwerdtern und sehr spitzigen Wurff-Spiessen bewaffnet
waren, stets voraus, um den Poncha unversehens zu
überfallen. Allein dieser hatte dennoch unsern Anzug
bey zeiten ausgekundschafftet und dieserwegen die
Flucht ergriffen, dem ohngeacht fanden wir daselbst
einen starcken Vorrath an Lebens-Mitteln und andern
trefflichen Sachen, wie nicht weniger etliche 30. Pfund
feines Goldes.

Nach diesem glücklichen Streiche wurde der König
Comogrus überfallen, mit welchen wir aber auf des
Königs Caretae Unterhandlung Bündniß und Friede
machten. Dieser Comogrus hatte 7. wohlgestallte
Söhne, von welchen der Älteste ein Mensch von gantz
besondern Verstande war, und nicht allein vieles Gold
und Kleinodien unter uns austheilete, sondern auch
Anschläge gab, wo wir dergleichen köstliche Waaren
im überflusse antreffen könten.

Es ließ sich der König Comogrus mit seiner gantzen
Familie zum christlichen Glauben bereden, weßwegen
er in der Tauffe den Nahmen Carolus em-[564]
pfieng, nachdem aber das Bündniß und Freundschafft
mit ihm auf solche Art desto fester geschlossen worden, nahmen wir unsern Rückweg nach Antiquam
Darienis, allwo der Valdivia zwar wiederum aus
Hispaniola angelangt war, jedoch sehr wenig Proviant, hergegen starcke Hoffnung mit sich brachte,
daß wir ehestens alles Benöthigte in desto grösserer
Menge empfangen solten.

Das Elend wurde also abermahls sehr groß, dazumah-
len unsere Erndte durch ungewöhnlich starcke Wasser-
Fluthen verderbt, alle um und neben uns liegende
Landschafften aber ausgezehret waren, derowegen
trieb uns die Noth mit grosser Gefahr in das Mittel-
Land hinein, nachdem wir am 9ten December des
Jahrs 1511. den Valdivia mit vielen Gold und Schätzen, die vor den König Ferdinandum gesammlet
waren, über Hispaniolam nach Spanien zu seegeln
abgefertiget hatten.

In diesem Mittägigen Lande traffen wir etliche Häuser an, aus welchen ein kleiner König Dabaiba genannt, nebst seinen Hof-Gesinde und Unterthanen
entflohen war, und wenig Lebens-Mittel, allein sehr
viel Hauß-Geräthe, Waffen, auch etliche Pfund ge-
arbeitetes Gold zurück gelassen hatte. Auf der weitern

Farth brachte uns ein gewaltiger Sturm um 3. Schiffe, welche mit Volck und allen Geräthe zu Grunde giengen.

So bald wir mit Kummer und Noth zu Lande kamen, wurde der König Abenamacheius angegriffen, dessen Hof-Lager in mehr als 500. wohlgebaueten Hütten bestand. Er wolte mit den Seinigen die Flucht nehmen, muste aber endlich Stand [565] halten, und sich nach einer blutigen Schlacht nebst seinen besten Leuten gefangen geben. Dieser König hatte in der Schlacht einem von unsern Kriegs-Leuten eine leichte Wunde angebracht, welches dem Lotter-Buben dermassen verdroß, daß er ihm, da er doch schon unser Gefangener war, so schändlich als geschwind einen Arm vom Leibe herunter hieb. Weil aber diese That dem Valboa hefftig verdroß, wurde dieser Knecht fast biß auf den tod zerprügelt.

Nach diesem erlangten Siege und herrlicher Beute, führete uns ein nackender Indianer in die grosse Landschafft des Königs Abibeiba, der seine Residenz auf einem sehr hohen und dicken Baume aufgebauet hatte, indem er wegen öffterer Wassergüsse nicht wohl auf dem Erdboden wohnen konte. Dieser König wolte sich weder durch Bitten noch durch Droh-Worte bewegen lassen von diesem hohen Gebäude herab zu steigen, so bald aber die Unsern einen Anfang machten den Baum umzuhauen, kam er nebst zweyen Söhnen herunter, und ließ seine übrigen Hof-Bedienten in der Höhe zurück. Wir machten Friede und Bündniß mit ihm, und begehrten eine billige Schatzung an Lebens-Mitteln und Golde geliefert zu haben, indem er nun wegen des letztern seinen sonderlichen Mangel vorgeschützt, gleichwohl aber nur desto hefftiger angestrenget wurde etliche Pfund zu verschaffen, versprach er nebst etlichen seiner Leute auszugehen, und uns binnen 6. Tagen mehr zu bringen als wir verlangt hätten. Allein er ist darvon gegangen und nachhero niemahls wiederum vor unsere Augen ge-[566]kommen, nachdem wir uns also von ihm betrogen gesehen, wurde aller Vorrath von Speise, Wein und andern guten Sachen hinweg geraubt, wodurch unsere ermatteten Leiber nicht wenig erquickt und geschickt gemacht wurden, eine fernere mühsame Reise anzutreten.

Mittlerweile hatten sich 5. Könige, nehmlich letztgemeldter Abiebaiba, Cemacchus, Abraibes, dessen Schwager Abenamacheius und Dabaiba zusammen verschworen, uns mit zusammen gesetzten Kräfften plötzlich zu überfallen und gäntzlich zu vertilgen, jedoch zu allem Glücke hatte Valboa eine außerordentlich schöne Jungfrau unter seinen gefangenen Weibs-Bildern, welche er vor allen andern hertzlich liebte, diese hatte solchen Blut-Rath von ihrem leiblichen Bruder nicht so bald ausgeforschet, als sie von der getreuen Liebe getrieben wurde dem Valboa alle wider ihn gemachten Anschläge zu offenbahren. Dieser theilete sogleich sein Volck in zwey Hauffen, er selbst gieng nebst mir und etliche 70. Mann auf die vertheileten Hauffen der versammleten Indianer loß, zerstreuete dieselben und bekam sehr viele von der Könige Bedienten gefangen, die wir mit zurück in unser Lager führeten, Don Colmenarez aber muste mit 4. Schiffen auf den Flecken Tirichi loß gehen, allwo er so glücklich war denselben unvermuthet zu überfallen, und der Indianer gantze Kriegs-Rüstung, die daselbst zusammen gebracht war zu zernichten, auch eine grosse Beute an Proviant, Gold, Wein und andern brauchbaren Geräthschafften zu machen. Über dieses hat er allen Aufrührern und Feinden ein ent-setz-[567]liches Schrecken eingejagt, indem der oberste Feld-Herr an einen Baum gehenckt und mit Pfeilen durchschossen, nechst dem noch andere Indianische

Befehlshaber andern zum Beyspiele aufs grausamste
hingerichtet worden.

Solchergestallt verkehrte sich alle bißherige Gefahr,
Unruhe und kümmerliches Leben auf einmahl, in lauter Friede, Ruhe, Wollust und Freude, denn da sich
nachhero die vornehmsten Aufrührer gutwillig unter
des Valboa Gehorsam begaben, ließ er einen allgemeinen Frieden und Vergebung aller vorgegangenen
Widerspenstigkeit halber, ausruffen, sein Volck aber
auf so vieles ausgestandenes Ungemach eine Zeitlang
der Ruhe geniessen.

Hierauff nahmen wir unsern Rück-Weg nach der
Urabanischen Landschafft, allwo nach vielen Berathschlagungen endlich beschlossen wurde, daß Don
Rodriguez Colmenarez nebst dem Don Juan de Quicedo nach Hispaniolam, und von dar zum Könige in
Castilien abgesandt werden solten, um an beyden Orten ordentlichen Bericht von unsern sieghafften Begebenheiten abzustatten, und die Sachen dahin zu ver-
anstallten, daß wir mit etwa 1000. Mann und allen
Zubehör verstärckt, den Zug in die Goldreichen Landschafften gegen Mittag sicher unternehmen, und dieselben unter des Königs in Castilien Bothmäßigkeit
bringen könten, denn Valdivia und Zamudio wolten
nicht wieder zum vorscheine kommen, woraus zu
schliessen war, daß sie etwa auf der See verunglückt
seyn möchten. Demnach giengen Colmenarez und
Quicedo im October 1512. unter Seegel, nachdem sie
versprochen [568] keine Zeit zu versäumen, sich so
bald als nur möglich wiederum auf den Urabanischen
Küsten einzustellen. Allein da Valboa dieser beyden
Männer Zurückkunfft nunmehro fast 11. Monath vergeblich abgewartet, und in Erfahrung brachte, daß
Don Pedro de Arias, ehestens als Königlicher Gouverneur über die Urabanische und angräntzende Landschafften bey uns eintreffen würde, trieb ihn so wohl

die allbereits erlangte Ehre, als Verlangen die Mittäglichen Goldreichen Länder zu erfinden, so weit,
daß er mit den Ober-Häuptern der Landschafften zu
Rathe gieng, und den gefährlichen Zug dahin mit
etwa 200. Kriegs-Leuten vornahm, ohngeacht ihm
nicht allein von des Comogri Sohne, sondern auch von
andern Indianischen Königen gerathen worden, diesen
Zug mit nicht weniger als 1000. Mann zu wagen, indem er daselbst ungemein streitbare Völcker antreffen
würde.

Es war der 4te Sept. 1513. da wir mit 3. grossen und
10. sehr kleinen Schiffen abseegelten, und zum erstenmahle wiederum bey des Coibanischen Königs Caretae
Landschafft anländeten. Hieselbst ließ Valboa die
Schiffe nebst einer Besatzung zurück, wir aber zogen
170. Mann starck fort, und wurden von des Caretae
uns zugegebenen Wegweisern in des Ponchae Königreich geführet, welchen wir, nachdem er unsern ehemaligen Zuspruch erwogen, endlich mit grosser Mühe
zum Freunde und Bundsgenossen bekamen. Nachhero
haben wir viele andere Könige, als den Quarequa,
Chiapes, Coquera, und andere mehr, theils mit Güte
und Liebe, theils aber auch mit Gewalt zum Gehorsam
[569] gebracht, mittlerweile aber am 18. October des-
selbigen Jahres das Mittägliche Meer erfunden, und
um selbige Gegend einen erstaunlichen Schatz an Gold
und Edel-Steinen zusammen gebracht.

Bey so glückseeligen Fortgange unseres Vorhabens,
bezeigte sich Valboa dermassen danckbar gegen
GOTT und seine Gefährten, daß kein eintziger Ursach hatte über ihn zu klagen. Eines Tages aber, da er
mich an einem einsamen Orte ziemlich betrübt und in
Gedancken vertiefft antraff, umarmete er mich mit
gantz besonderer Freundlichkeit und sagte: Wie so
unvergnügt mein allerbester Hertzens-Freund, fehlet
euch etwa Gesundheit, so habe ich Ursach euch zu be-

klagen, sonsten aber wo Gold, Perlen und edle Steine euren Kummer zu stillen vermögend sind, stehet euch von meinem Antheil so viel zu diensten als ihr verlanget. Ich gab ihm hierauff zu verstehen: daß ich an dergleichen Kostbarkeiten selbst allbereit mehr gesammlet, als ich bedürfte, und mich wenigstens 5. mahl reicher schätzen könte als ich vor dem in Castilien gewesen. Allein mein jetziges Mißvergnügen rühre von nichts anders her, als daß ich mich vor der Ankunfft meines abgesagten Feindes, des Don Pedro de Arias fürchtete, und indem ich noch zur Zeit von dem Könige Ferdinando keinen Pardon-Brief aufzuweisen hätte, würde mir derselbe allen ersinnlichen Tort anthun, und wenigstens verhindern, daß ich auch in dieser neuen Welt weder zu Ehren noch zur Ruhe kommen könte. Valboa fieng hierüber an zu lachen und sagte: Habt ihr sonst keine Sorge, mein werthester Freund, so entschlaget euch nur auf einmahl aller [570] Grillen, und glaubet sicherlich, daß es nunmehro mit uns allen beyden keine Noth habe, denn diejenigen Dienste, so wir dem Könige durch Erfindung dieses Mittägigen Meeres und der Gold-reichen Länder geleistet haben, werden schon würdig seyn, daß er uns alle beyde, jedweden mit einem ansehnlichen Gouvernement, in diesen Landschafften begabet, welche binnen wenig Jahren also einzurichten sind, daß wir unsere übrige Lebens-Zeit vergnügter darinnen zubringen können, als in Castilien selbst. Es sey euch, fuhr er fort, im Vertrauen gesagt, daß ich in kurtzer Zeit selbst eine Reise nach Spanien zu thun willens bin, allda sollen mir eure Sachen noch mehr angelegen seyn, als die meinigen, solchergestalt zweiffele auch im geringsten nicht, euer und mein Glücke zu befestigen.

Diese wohlklingenden Zuredungen machten mein Gemüthe auf einmahl höchst vergnügt, so, daß ich den

Valboa umarmete, mich vor seine gute Vorsorge im
Voraus hertzlich bedanckte, und versprach, Zeit Lebens sein getreuer Freund und Diener zu verbleiben.
Er entdeckte mir hierauf, wie er nur noch willens sey,
den Mittägigen Meer-Busen, welchen er St. Michael
genennet hatte, nebst den so reich beschriebenen Per-
len-Insuln auszukundschafften, nachhero aber so
gleich die Rück-Reise nach Uraba anzutreten, welches
Vorhaben ich nicht allein vor billig erachtete, sondern
auch alles mit ihm zu unternehmen versprach.
Dieser Meer-Busen solte sich, des Indianischen Königs
Chiapes Aussage nach, 160. Meilen weit von dem
festen Lande biß zu dem äusersten Meeres-[571]
Schlunde erstrecken. Derowegen wurde bald Anstalt
gemacht, diese Fahrt anzutreten, und ohngeacht der
König Chiapes dieselbe hefftig wiederrieth, indem er
angemerckt hatte, daß um diese Zeit zwey biß drey
Monate nach einander die See entsetzlich zu stürmen
und zu wüten pflegte, so wolte doch Valboa hiervon
im geringsten nicht abstehen, sondern ließ etliche
Indianische kleine Schifflein zurechte machen, in welche wir uns mit etliche 80. der muthigsten Kriegs-
Leute setzten, und von dannen seegelten.
Allein, nunmehro hatte das unerforschliche Verhängniß beschlossen, mich vor dißmahl nicht allein von
dem Valboa, sondern nach etlichen Jahren auch von
aller andern menschlichen Gesellschafft abzusondern,
denn wenige Tage nach unserer Abfahrt entstund ein
entsetzlicher Sturm, welcher die kleinen Schifflein
aus einander jagte, und unter andern auch das meinige, worauf ich nebst 9. Kriegs-Leuten saß, in den
Abgrund des Meers zu versencken drohete. Indem
nun kein Mittel zu erfinden war, dem jämmerlichen
Verderben zu entgehen, überliessen wir uns gäntzlich
den unbarmhertzigen Fluthen, und suchten allein bey
GOtt in jenem Leben Gnade zu erlangen, weil er uns

selbige in diesen zeitlichen abzuschlagen schien. Jedoch, nachdem wir noch zwey Tage und Nacht recht wunderbarer Weise bald in die erstaunlichste Höhe, bald aber in grausame Abgründe zwischen Fluth und Wellen hin verschlagen und fortgetrieben worden, warffen uns endlich die ergrimmten Wellen auf eine halb überschwemmte Insul, die [572] zwar vor das jämmerliche Ertrincken ziemliche Sicherheit versprach, jedoch wenig fruchtbare Bäume oder andere Lebens-Mittel zeigte, womit wir bey etwa langweiligen Aufenthalt unsern Hunger stillen könten.

Es war das Glück noch einem unserer Fahrzeuge, worauf sich 8. von unsern Kriegs-Leuten nebst zweyen Indianern befanden, eben so günstig gewesen, selbiges so wohl als uns auf diese Insul zu führen, derowegen erfreueten wir uns ungemein, als dieselben zwey Tage hernach zu uns kamen, und ihre glückliche Errettungs-Art erzehleten.

Wir blieben demnach beysammen, trockneten unser Pulver, betrachteten den wenigen Speise-Vorrath, brachten alle übrigen Sachen in Ordnung, und fingen hierauf an, die gantze Insul durch zu streiffen, worinnen wir doch weder Menschen noch Vieh, wohl aber einige Bäume und Stauden antraffen, welche sehr schlecht nahrhaffte Früchte trugen. Demnach musten wir uns mehrentheils mit Fischen behelffen, welche die beyden Indianer, so sich in unserer Gesellschafft befanden, auf eine weit leichtere und geschwindere Art, als wir, zu fangen wusten. Da aber nach etlichen Tagen das Wasser in etwas zu fallen begunte, sammleten wir eine grosse Menge der vortrefflichsten Perlen-Muscheln, die das umgerührte Eingeweyde des Abgrundes auf diese Insul auszuspeyen gezwungen worden. Ich selbst habe an diesem Orte 34. Stück Perlen von solcher Grösse ausgenommen, und mit anhero gebracht, dergleichen ich vorhero noch nie gesehen oder beschreiben hören, doch nach [573] der Zeit habe auf andern Inseln noch mehr dergleichen, ja theils noch weit grössere gesammlet, welche derjenige, so diese meine Schrifft am ersten zu lesen bekömmt, ohnfehlbar finden wird.

Jedoch meinen damahligen Glücks- und Unglücks-Wechsel zu folgen, ersahe einer von unsern Indianern, der ein gantz ungewöhnlich scharffes Gesichte hatte, Süd-Westwerts eine andere Insul, und weiln wir daselbst einen bessern Speise-Vorrath anzutreffen verhofften, wurden unsere kleinen Schiffe bey damahligen stillen Wetter, so gut als möglich, zugerichtet, so, daß wir einsteigen, und besagte Insul nach dreyen Tagen mit abermahliger gröster Lebens-Gefahr erreichen konten. Über alles Vermuthen traffen wir auch daselbst ein kleines Schiff an, welches das wütende Meer mit 11. unserer Mit-Gesellen dahin geworffen hatte. Die Freuden- und Jammer-Thränen lieffen häuffig aus unsern Augen, ersten theils wegen dieser glücklichen Zusammenkunfft, andern theils darum, weil uns die letztern berichteten, daß Valboa nebst den übrigen ohnmöglich noch am Leben seyn könte, weil sie ingesammt durch den Sturm auf die gefährlichste und fürchterlichste Meeres-Höhe getrieben worden, allwo weit und breit keine Insuln, wohl aber bey hellen Wetter erschröckliche aus dem Wasser hervor ragende Felsen und Klippen zu sehen wären. Im übrigen war diese Insul so wenig als unsere vorige mit Menschen besetzt, jedoch liessen sich etliche vierfüßige Thiere sehen, welche theils den Europäischen Füchsen, theils aber den wilden Katzen gleichten. Wir nahmen uns kein [574] Bedencken, dieselben zu schiessen, und als vortreffliche Lecker-Bissen zu verzehren, worbey wir eine gewisse Wurtzel, die unsere Indianer in ziemlicher Menge fanden, an statt des Brodts gebrauchten. Nechst diesen liessen sich auch

etliche Vögel sehen, die wir ebenfalls schossen, und
mit grösten Appetit verzehreten, anbey das Fleisch
der vierfüßigen Thiere dörreten, und auf den Nothfall spareten.

Ich konte meine Gefährten, ohngeacht sie mich ein-
hellig vor ihr Ober-Haupt erkläreten, durchaus nicht
bereden, die Rück-Fahrt nach St. Michaël vorzunehmen, weil ihnen allezeit ein Grausen ankam, so offt
sie an die gefährlichen Klippen und stürmende See
gedachten, derowegen fuhren wir immer gerades
Weges vor uns von einer kleinen Insul zur andern,
biß uns endlich das Glück auf eine ziemlich grosse
führete, die mit Menschen besetzt war. Selbige kamen
häuffig herzu, und sahen uns Elenden, die wir durch
19. tägige Schiff-Fahrt gantz krafftloß und ziemlich
ausgehungert waren, mit gröster Verwunderung zu
Lande steigen, machten aber dieserwegen nicht die geringste grimmige Gebärde, sondern hätten uns vielleicht gar als Götter angebetet, wenn unsere zwey
Indianer ihnen nicht bedeutet hätten, daß wir arme
verirrete Menschen wären, die lauter Liebe und
Freundschafft gegen sie bezeugen würden, woferne
man uns nur erlaubte, allhier auszuruhen, und unsere
hungerigen Magen mit einigen Früchten zu befriedigen. Ob nun schon die Einwohner der unsern Sprache
nicht völlig verstunden, sondern das meiste durch Zeichen errathen musten, so erzeigten [575] sich dieselben
doch dermassen gefällig, daß wir an ihren natürlichen
Wesen noch zur Zeit nicht das geringste auszusetzen
fanden. Sie brachten uns gedörretes Fleisch und Fische,
nebst etlichen aus Wurtzel-Mehl gebackenen Brodten
herzu, wovor wir die gläsernen und meßingenen
Knöpffe unter sie theileten, so wir an unsern Kleidern
trugen, indem dergleichen schlechte Sachen von ihnen
ungemein hoch geschätzt, und mit erstaunlicher Freude angenommen wurden. Gegen Abend kam ihr Kö-

nig, welcher Madan genennet wurde, zu uns, dieser
trug einen Schurtz von bunten Federn um den Leib,
wie auch dergleichen Crone auf dem Haupte, führete
einen starcken Bogen in der rechten Hand, in der
lincken aber einen höltzernen spitzigen Wurff-Spieß,
wie auch einen Köcher mit Pfeilen auf dem Rücken.
Ich hatte das Glück, ihm ein höchst angenehmes Geschenck zu überreichen, welches in einem ziemlich
grossen Taschen-Messer, einem Feuer-Stahl und
zweyen Flinten-Steinen bestund, und habe niemahls
bey einer lebendigen Creatur grössere Verwunderung
gespüret, als sich bey diesem Menschen zeigte, so bald
er nur den Nutzen und Krafft dieses Werckzeugs erfuhr. Er bekam über dieses noch ein Hand-Beil von
mir, dessen vortreffliche Tugenden ihn vollends dahin
bewegten, daß uns alles, was wir nur anzeigen konten,
gereicht und verwilliget wurde. Demnach baueten
meine Gefährten ohnfern vom Meer-Ufer etliche
Hütten auf, worinnen 4. 5. oder 6. Personen bequemlich beysammen ruhen, und den häuffig herzu gebrachten Speise-Vorrath verzehren konten. Von un-
[576]sern Schieß-Gewehr wusten sich diese Leute
nicht den geringsten Begriff zu machen, ohngeacht
unsere Indianer ihnen bedeuteten, daß diese Werckzeuge Donner, Blitz und Feuer hervor bringen, auch
sogleich tödtliche Wunden machen könten, da aber
einige Tage hernach sich eine ziemliche Menge mittel-
mäßiger Vögel auf einem Baume sehen liessen, von
welchen der König Madan in grössester Geschwindigkeit zwey mit einem Pfeile herunter schoß, ergriff ich
ihn bey der Hand, nahm meine Flinte, und führete
ihn biß auf etliche 30. Schritt, gegen einen andern
Baum, auf welchen sich diese Vögel abermahls nieder
gelassen hatten, und schoß, vermittelst eingeladenen
Schrots, auf einmahl 6. von diesen Vögeln herunter.
Kaum war der Schuß gethan, als dieser König nebst

allen seinen anwesenden Unterthanen plötzlich zu Boden fiel, da sie denn vor Schrecken sich fast in einer
halben Stunde nicht wieder erholen konten. Auf unser
freundliches und liebreiches Zureden kamen sie zwar
endlich wiederum zu sich selbst, bezeugten aber nach
der Zeit eine mit etwas Furcht vermischte Hochachtung vor uns, zumahlen da wir ihnen bey fernerer
Bekandtschafft zeigten, wie wir unsere Schwerdter
gegen böse Leute und Feinde zu entblössen und zu
gebrauchen pflegten.

Immittelst hatten wir Gelegenheit, etliche Pfund
Gold, das auf eine wunderliche Art zu Halß- und
Armbändern, Ringen und Angehencken verarbeitet
war, gegen allerhand elende und nichts-würdige Dinge
einzutauschen, auch einen starcken Vorrath von ge-
dörreten Fleisch, Fischen, [577] Wurtzeln und andern
nahrhafften Früchten einzusammlen. Nachdem wir
aber 3. von den allerdicksten Bäumen umgehauen,
und in wenig Wochen so viel Schiffe daraus gezim-
mert, die da weit stärcker als die vorigen, auch mit
Seegel-Tüchern von geflochtenen Matten und zusammen gedreheten Bast-Stricken versehen waren, suchten wir mit guter Gelegenheit von diesen unsern
Wohlthätern Abschied zu nehmen, und nach dem
Furth St. Michael zurück zu kehren, allein, da meine
Gefährten von den Einwohnern dieser Insul vernahmen, daß weiter in See hinein viel grössere bewohnte
Insuln anzutreffen wären, worinnen Gold, Edle-
Steine, und sonderlich die Perlen in gröster Menge
befindlich, geriethen sie auf die Verwegenheit, dieselben aufzusuchen. Ich setzte mich zwar so viel, als
möglich, darwieder, indem ich ihnen die gröste Gefahr, worein wir uns begäben, sattsam vorstellete,
allein, es halff nichts, ja es trat alsobald einer auf,
welcher mit gröster Dreustigkeit sagte: Don Valaro,
bedencket doch, daß Valboa nebst unsern andern

Cameraden im Meere begraben worden, also dürffen
wir uns auf unsere geringen Kräffte so wenig, als auf
die ehemahligen Bündnisse und Freundschafft der
Indianischen Könige verlassen, welche ohne Zweiffel
des Valboa Unglück zeitig genung erfahren haben,
diesemnach uns Elenden auch bald abschlachten werden. Lasset uns also viellieber neue Insuln und Menschen aufsuchen, welche von der Grausamkeit und
dem Geitze unserer Lands-Leute noch keine Wissenschafft haben, und seyd versichert, daß, so ferne wir
christ-[578]lich, ja nur menschlich mit ihnen umgehen
werden, ein weit grösseres Glück und Reichthum vor
uns aufgehaben seyn kan, als wir in den bißherigen
Landschafften empfunden haben. Kommen wir aber
ja im Sturme um, oder werden ein Schlacht-Opffer
vieler Menschen, was ists mehr? Denn wir müssen
eben dergleichen Unglücks auf der Rück-Fahrt nach
St. Michael und in den Ländern der falsch-gesinneten
Könige gewärtig seyn.

Ich wuste wider diese ziemlich vernünfftige und sehr
tapffermüthige Rede nicht das geringste einzuwenden,
weßwegen ich dieses mahl meinen Gefährten nachgab,
und alles zur baldigen Abfahrt veranstalten ließ.

Der Abschied von dem König Madan und seinen von
Natur recht redlichen Unterthanen ging mir wahrhafftig ungemein nahe, zumahlen, da dieselben auf
die letzte fast mehr Speise-Vorrath herzu brachten,
als wir in unsere kleinen Schiffe einladen konten,
einer aber von ihnen, der vom ersten Tage an beständig um mich gewesen war, fing bitterlich zu weinen
an, und bat, sonderlich da er vernahm, wie ich auf
dem Rückwege allhier wiederum ansprechen wolte,
ich möchte ihm vergönnen, daß er mit uns reisen
dürffte, welches ich ihm denn auch mit grösten Vergnügen erlaubte. Er war ein Mensch von etwa 24. Jahren, wohl gewachsen und eines recht feinen Ansehens,

zumahlen, da er erstlich etliche Kleidungs-Stück auf
den Leib bekam, sein Nahme hieß Chascal, welchen
ich aber nachhero, da er den christlichen Glauben annahm, [579] und von mir die heilige Tauffe empfing,
verändert habe.

Solchergestalt fuhren wir mit diesem neuen Wegweiser, der aber wenigen oder gar keinen Verstand von
der Schiff-Fahrt hatte, auf und davon, bekamen zwar
in etlichen Wochen nichts als Himmel und Wasser zu
sehen, hatten aber doch wegen des ungemein stillen
Wetters eine recht ruhige Fahrt. Endlich gelangeten
wir an etliche kleine Insuln, welche zwar sehr
schlecht bevölckert, auch nicht allzusehr fruchtbar
waren, jedoch hatten wir die Freude, unsere kleinen
Schiffe daselbst aufs neue auszubessern, und mit frischen Lebens-Mitteln anzufüllen, biß wir endlich etliche, nahe an einander gelegene grosse Insuln erreichten, und das Hertz fasseten, auf einer der grösten an
Land zu steigen.

Hier schienen die Einwohner nicht so guter Art als
die vorigen zu seyn, allein, unsere 3. Indianischen Gefährten leisteten uns bey ihnen recht vortreffliche
Dienste, so, daß wir in wenig Tagen mit ihnen allen
recht gewünschten Umgang pflegen kunten. Wir erfuhren, daß diese Leute vor wenig Jahren grosse Mühe
gehabt, sich einer Art Menschen, die ebenfalls beklei-
det gewesen, zu erwehren, indem ihnen selbige die
Lebens-Mittel, Gold, Perlen und Edlen-Steine mit Gewalt abnehmen und hinweg führen wollen, jedoch,
nachdem sie unsere Freund- und Höfflichkeit zur
Gnüge verspüret, wurde uns nicht allein mit gleich-
mäßiger Freundlichkeit begegnet, sondern wir hatten
Gelegenheit, auf dieser Insul erstaunliche Schätze und
Kostbar-[580]keiten einzusammln, wie wir denn
auch die andern nahgelegenen besuchten, und solchergestalt fast mehr zusammen brachten, als unsere

Schiffe zu ertragen vermögend waren.* Meine Leute
nahmen sich demnach vor, ein grosses Schiff zu bauen,
in welchem wir sämmtlich bey einander bleiben, und
unsere Güter desto besser fortbringen könten, ich
selbst sahe dieses vor gut an, zumahlen wir nicht allein
alle Bedürffnisse darzu vor uns sahen, sondern uns
auch der Einwohner redlicher Beyhülffe getrösten
konten. Demnach wurden alle Hände an das Werck
gelegt, welches in kürtzerer Zeit, als ich selbst vermeynte, zum Stande gebracht wurde. Die Einwohner
selbiger Insuln fuhren zwar selbsten auch in einer Art
von Schiffen, die mit Seegeln und Rudern versehen
waren, doch verwunderten sie sich ungemein, da das
unsere ihnen, auf so sonderbare Art zugerichtet, in die
Augen fiel. Wir schenckten ihnen zwey von unsern
mit dahin gebrachten Schiffen, nahmen aber das
dritte an statt eines Boots mit uns, wie wir denn auch
zwey kleine Nachen verfertigten, um selbige auf der
Reise nützlich zu gebrauchen.

Nachdem wir uns also mit allen Nothdürfftigkeiten
wohl berathen hatten, seegelten wir endlich von dannen, und kamen nach einer langweiligen und beschwerlichen Fahrt an ein festes Land, allwo [581]
wir aussteigen, und uns abermahls mit frischen Wasser
nebst andern Bedürffnissen versorgen wolten, wurden
aber sehr übel empfangen, indem uns gleich andern
Tages mehr als 300. wilde Leute ohnversehens überfielen, gleich anfänglich drey der unsern mit Pfeilen
erschossen, und noch fünff andere gefährlich verwundeten. Ob nun schon im Gegentheil etliche 20. von
unsern Feinden auf dem Platze bleiben musten, so
sahen wir uns doch genöthiget, aufs eiligste nach

---

* Es ist fast zu vermuthen, daß der Autor solchergestalt auf die
jetziger Zeit so genannten Insulas Salomonis gekommen, jedoch in
Erwegung anderer Umstände können auch wohl nur die Peru und
Chili gegen über gelegenen Insuln gemeynet seyn.

unsern Schiffe zurück zu kehren, mit welchen wir
etliche Meilen an der Küste hinunter fuhren, und endlich abermahls auf einer kleinen Insul anländeten, die
zwar nicht mit Menschen, aber doch mit vielerley
Arten von Thieren besetzt war, anbey einen starcken
Vorrath an nützlichen Früchten, Wurtzeln und Kräutern zeigte. Allhier hatten wir gute Gelegenheit auszuruhen, biß unsere Verwundeten ziemlich geheilet
waren, fuhren hernachmahls immer Südwerts von
einer Insul zur andern, sahen die Küsten des festen
Landes lincker Seits beständig mit sehnlichen Augen
an, wolten uns aber dennoch nicht unterstehen, daselbst anzuländen, weiln an dem Leben eines eintzigen
Mannes nur allzu viel gelegen war, endlich, nachdem
wir viele hundert Meilen an der Land-Seite hinunter
geseegelt, ließ sich die äuserste Spitze desselben beobachten, um welche wir herum fuhren, und nebst einer
kalten und verdrüßlichen Witterung vieles Ungemach
auszustehen hatten. Es war leichtlich zu muthmassen,
daß allhier ein würckliches Ende des festen Landes
der neuen Welt gefunden sey, derowegen machten wir
die Rechnung, [582] im Fall uns das Glück bey der
Hinauf-Fahrt der andern Seite nicht ungünstiger, als
bißhero, seyn würde, entweder den rechten Weg nach
Darien, oder wohl gar nach Europa zu finden, oder
doch wenigstens unterwegs Portugisen anzutreffen, zu
welchen wir uns gesellen, und ihres Glücks theilhafftig
machen könten, denn es lehrete uns die Vernunfft,
daß die von den Portugisen entdeckte Landschafften
ohnfehlbar auf selbiger Seite liegen müsten.

Immittelst war die höchste Noth vorhanden, unser
Schiff aufs neue auszubessern, und frische Lebens-
Mittel anzuschaffen, derowegen wurde eine Landung
gewagt, welche nach überstandener größter Gefahr
ein gutes Glücke versprach, daferne wir nicht Ursach
gehabt hätten, uns vor feindseeligen Menschen und

wilden Thieren zu fürchten. Jedoch die allgewaltige
Macht des Höchsten, welche aller Menschen Hertzen
nach Willen regieren kan, war uns dermahlen sonderlich geneigt, indem sie uns zu solchen Menschen führete, die, ohngeacht ihrer angebohrnen Wildigkeit,
solche Hochachtung gegen uns hegten, und dermassen
freundlich aufnahmen, daß wir uns nicht genung darüber verwundern konten, und binnen wenig Tagen
alles Mißtrauen gegen dieselben verschwinden liessen.
Es war uns allen wenig mehr um Reichthum zu thun,
da wir allbereit einen fast unschätzbarn Schatz an
lautern Golde, Perlen und Edelgesteinen besassen, bemüheten uns derowegen nur um solche Dinge, die uns
auf der vorhabenden [583] langweiligen Reise nützlich seyn könten, welches wir denn alles in kurtzer
Zeit gewünscht erlangten.

Die bey uns befindlichen 3. redlichen Indianer machten sich das allergröste Vergnügen, einige wunderbare
Meer-Thiere listiger Weise einzufangen, deren Fleisch,
Fett, und sonderlich die Häute, vortrefflich nutzbar
waren, denn aus den letztern konten wir schönes Rie-
men-Werck, wie auch Lederne Koller, Schuhe, Müt-
zen und allerley ander Zeug verfertigen.

So bald wir demnach nur mit der Ausbesserung und
Versorgung des Schiffs fertig, dasselbe auch, wo nur
Raum übrig, mit lauter nützlichen Sachen angefüllet
hatten, traten wir die Reise auf der andern Land-
Seite an, vermerckten aber gleich anfänglich, daß
Wind und Meer allhier nicht so gütig, als bey der
vorigen Seite, war. Zwey Wochen aneinander ging es
noch ziemlich erträglich, allein, nachhero erhub sich
ein sehr hefftiger Sturm, der über 9. Tage währete,
und bey uns allen die gröste Verwunderung erweckte,
daß wir ihm endlich so glücklich entkamen, ohngeacht
unser Schiff sehr beschädiget an eine sehr elende Küste
getrieben war, allwo sich auf viele Meilwegs herum,

ausser etlichen unfruchtbaren Bäumen, nicht das geringste von nützlichen Sachen antreffen ließ.

Etliche von meinen Gefährten streifften dem ohngeacht überall herum, und kamen eines Abends höchst
erfreut zurück, weil sie, ihrer Sage nach, ein vortrefflich ausgerüstetes Europäisches Schiff, in einer kleinen
Bucht liegend, jedoch keinen einzi-[584]gen lebendigen Menschen darinnen gefunden hätten. Ich ließ mich
bereden, unser sehr beschädigtes Schiff dahin zu führen, und fand mit gröster Verwunderung, daß es die
lautere Wahrheit sey. Wir bestiegen dasselbe, und
wurden ziemlichen starcken Vorrath von Wein, Zwieback, geräucherten Fleische und andern Lebens-Mitteln darinnen gewahr, ohne was in den andern Ballen
und Fässern verwahret war, die noch zur Zeit niemand eröffnen durffte. Tieffer ins Land hinein wolte
sich keiner wagen, indem man von den höchsten Felsen-Spitzen weit und breit sonsten nichts als lauter
Wüsteney erblickte, derowegen wurde beschlossen,
unser Schiff, so gut als möglich, auszubessern, damit,
wenn die Europäer zurück kämen, und uns allenfalls
nicht in das Ihrige aufnehmen wolten oder könten,
wir dennoch in ihrer Gesellschafft weiter mitseegeln
möchten.

Allein, nachdem wir mit allem fertig waren, und
einen gantzen Monath lang auf die Zurückkunfft der
Europäer vergeblich gewartet hatten, machten meine
Gefährten die Auslegung, daß dieselben ohnfehlbar
sich zu tieff ins Land hinein gewagt, und nach und
nach ihren Untergang erreicht hätten, weßwegen sie
vors allerklügste hielten, wenn wir uns das köstliche
Schiff nebst seiner gantzen Ladung zueigneten, und
mit selbigen davon führen. Ich setzte mich starck
wider diesen Seeräuberischen Streich, konte aber
nichts ausrichten, indem alle einen Sinn hatten, und
alle unsere Sachen in möglichster Eil in das grosse

Schiff einbrachten, wolte ich also nicht alleine an
einem [585] wüsten Orte zurück bleiben, so muste mir
gefallen lassen, das gestohlne Schiff zu besteigen, und
mit ihnen von dannen zu seegeln, konte auch kaum so
viel erbitten, daß sie unser bißheriges Fahrzeug nicht
versenckten, sondern selbiges an dessen Stelle stehen
liessen.

Kaum hatten wir die hohe See erreicht, als sich die
Meinigen ihres Diebstahls wegen ausser aller Gefahr
zu seyn schätzten, derowegen alles, was im Schiffe
befindlich war, eröffnet, besichtiget, und ein grosser
Schatz an Golde nebst andern vortrefflichen Kostbarkeiten gefunden wurde. Allein, wir erfuhren leider!
allerseits gar bald, daß der Himmel keinen Gefallen
an dergleichen Boßheit habe, sondern dieselbe ernstlich zu bestraffen gesinnet sey. Denn bald hernach
erhub sich ein abermahliger dermassen entsetzlicher
Sturm, dergleichen wohl leichtlich kein See-Fahrer
hefftiger ausgestanden haben mag. Wir wurden von
unserer erwehlten Strasse gantz Seitwerts immer nach
Süden zu getrieben, welches an dem erlangten Com-
passe, so offt es nur ein klein wenig stille, deutlich zu
ersehen war, es halff hier weder Arbeit noch Mühe,
sondern wir musten uns gefallen lassen, dem aufge-
sperreten Rachen der gräßlichen und tödtlichen Fluthen entgegen zu eilen, viele wünschten, durch einen
plötzlichen Untergang ihrer Marter bald abzukom-
men, indem sie weder Tag noch Nacht ruhen konten,
und die letzte klägliche Stunde des Lebens in beständiger Unruhe unter dem schrecklichsten Hin- und
Wiederkollern erwarten musten. Es währete dieser
erste Ansatz des Sturms [586] 16. Tage und Nacht
hinter einander, ehe wir nur zwey biß drey Stunden
ein wenig verschnauben, und das Sonnen-Licht auf
wenige Minuten betrachten konten, bald darauf aber
meldete sich ein neuer, der nicht weniger grimmig, ja

fast noch hefftiger als der vorige war, Mast und Seegel wurden den erzürnten Wellen zum Opffer überliefert, worbey zugleich 2. von meinen Gefährten über
Boort geworffen, und nicht erhalten werden konten,
wie denn auch 3. gequetschte und 2. andere krancke
folgendes Tages ihren Geist aufgaben. Endlich wurde
es zwar wiederum vollkommen stille und ruhig auf
der See, allein, wir bekamen in etlichen Wochen
weder Land noch Sand zu sehen, so, daß unser süsses
Wasser nebst dem Proviante, welchen das eingedrun-
gene See-Wasser ohnedem schon mehr als über die
Helffte verdorben hatte, völlig zum Ende ging, und
wir uns Hungers wegen gezwungen sahen, recht wie-
dernatürliche Speisen zu suchen, und das bitter-sal-
tzige See-Wasser zu trincken. Bey so beschaffenen Umständen riß der Hunger, nebst einer schmertzhafften
Seuche, in wenig Tagen*einen nach dem andern hinweg, so lange, biß ich, die 3. Indianer und 5. Spanische
Kriegs-Leute noch ziemlich gesund übrig blieben. Es
erhub sich immittelst der dritte Sturm, welchen wir
9. Personen, als eine Endschafft unserer Quaal, recht
mit Freuden ansetzen höreten. Ich kan nicht sagen, ob
er so hefftig als die vorigen zwey Stürme gewesen,
weil ich auf nichts mehr gedachte, als mich nebst meinen Gefährten zum seeligen Sterben zuzuschicken,
allein, eben dieser Sturm [587] muste ein Mittel unserer dermahligen Lebens-Erhaltung und künfftiger
hertzlicher Busse seyn, denn ehe wir uns dessen versahen, wurde unser jämmerlich zugerichtetes Schiff
auf eine von denenjenigen Sand-Bäncken geworffen,
welche ohnfern von dieser mit Felsen umgebenen
Insul zu sehen sind. Wir liessen bey bald darauff er-
folgter Wind-Stille unsern Nachen in See, das Schiff
aber auf der Sand-Banck in Ruhe liegen, und fuhren
mit gröster Lebens-Gefahr durch die Mündung des
Westlichen Flusses, welche zur selbigen Zeit durch die

herab gestürtzten Felsen-Stücken noch nicht verschüttet war, in diese schöne Insul herein, welche ein jeder
vernünfftiger Mensch, so lange er allhier in Gesellschafft anderer Menschen lebt, und nicht mit andern
Vorurtheilen behafftet ist, ohnstreitig vor ein irrdisches Paradieß erkennen wird.

Keiner von uns allen gedachte dran, ob wir allhier
Menschen-Fresser, wilde Thiere oder andere feindsee-
lige Dinge antreffen würden, sondern so bald wir den
Erdboden betreten, das süsse Wasser gekostet und
einige fruchttragende Baume erblickt hatten, fielen so
wohl die drey Indianer als wir 6. Christen, auf die
Knie nieder und danckten dem Allerhöchsten Wesen,
daß wir durch desselben Gnade so wunderbarer, ja
fast übernatürlicher Weise erhalten worden. Es war
ohngefähr zwey Stunden über Mittag, da wir trostloß
gewesenen Menschen zu Lande kamen, hatten derowegen noch Zeit genung unsere hungerigen Magen
mit wohlschmeckenden Früchten anzufüllen, und aus
den klaren Wasser-Bächen zu trincken, nach diesen
wurden [588] alle fernern Sorgen auf dieses mahl bey
Seite gesetzt, indem sich ein jeder mit seinem Gewehr
am Ufer des Flusses zur Ruhe legte, biß auf meinen
getreuen Chascal, welcher die Schildwächterey von
freyen stücken über sich nahm, um uns andern vor
besorglichen Unglücks-Fällen zu warnen. Nachdem
aber ich etliche Stunden und zwar biß in die späte
Nacht hinein geschlaffen, wurde der ehrliche Chascal
abgelöset, und die Wacht von mir biß zu Auffgang
der Sonne gehalten. Hierauff fieng ich an, nebst 4.
der stärcksten Leute, einen Theil der Insul durchzu-
streiffen, allein wir fanden nicht die geringsten Spuren
von lebendigen Menschen oder reissenden Thieren, an
deren statt aber eine grosse Menge Wildpret, Ziegen
auch Affen von verschiedenen Farben. Dergleichen
Fleischwerck nun konte uns, nebst den überflüßigen

herrlichen Kräutern und Wurzeln, die gröste Versicherung geben, allhier zum wenigsten nicht Hungers
wegen zu verderben, derowegen giengen wir zurück,
unsern Gefährten diese frölige Bothschafft zu hinter-
bringen, die aber nicht eher als gegen Abend anzutreffen waren, indem sie die Nordliche Gegend der
Insul ausgekundschafft, und eben dasjenige bekräfftigten, was wir ihnen zu sagen wusten. Demnach erlegten wir noch selbigen Abend ein stück Wild nebst
einer Ziege, machten Feuer an und brieten solch schönes Fleisch, da immittelst die drey Indianer die besten
Wurzeln ausgruben, und dieselben an statt des Brods
zu rösten und zuzurichten wusten, welches beydes wir
so dann mit gröster Lust verzehreten. In folgenden
Tagen bemüheten wir uns sämtlich aufs [589] äuserste, die Sachen aus dem gestrandeten Schiffe herüber
auf die Insul zu schaffen, welches nach und nach mit
gröster Beschwerlichkeit ins Werck gerichtet wurde,
indem wir an unser kleines Boot der Länge nach etliche Floß-Höltzer fügten, welche am Vordertheil
etwas spitzig zusammen lieffen, hinten und vorne
aber mit etlichen darauff befestigten Queer-Balcken
versehen waren, und solchergestalt durfften wir nicht
allein wegen des umschlagens keine Sorge tragen, sondern konten auch ohne Gefahr, eine mehr als vier-
fache Last darauff laden.

Binnen Monats-Frist hatten wir also alle unsere Güter,
wie auch das zergliederte untüchtige Schiff auf die
Insul gebracht, derowegen fiengen wir nunmehro an
Hütten zu bauen, und unsere Haußhaltung ordentlich
einzurichten, worbey der Mangel des rechten Brodts
uns das eintzige Mißvergnügen erweckte, jedoch die
Vorsorge des Himmels hatte auch hierinnen Rath geschafft, denn es fanden sich in einer Kiste etliche wohl
verwahrte steinerne Flaschen, die mit Europäischen
Korne, Weitzen, Gerste, Reiß und Erbsen, auch andern

nützlichen Sämereyen angefüllet waren, selbige säeten
wir halben Theils aus, u. ich habe solche edle Früchte
von Jahr zu Jahr mit sonderlicher Behutsamkeit fort-
gepflantzt, so daß sie, wenn GOTT will, nicht allein
Zeit meines Lebens sich vermehren, sondern auch auf
dieser Insul nicht gar vergehen werden, nur ist zu
befürchten, daß das allzuhäuffig anwachsende Wild
solche edle Ähren, noch vor ihrer völligen Reiffe, ab-
fressen, und die selbst eigene Fortpflanzung, welche
hiesiges Orts gantz sonderbar zu bewundern ist, verhindern werde.

[590] *Du wirst, mein Leser, dir ohnfehlbar eine
wunderliche Vorstellung von meinem Glauben
machen, da ich in diesen Paragrapho *die Vorsorge
des Himmels* bewundert, und doch oben beschrieben
habe, wie meine Gefährten das Schif nebst allem
dem was drinnen, worunter auch die mit Geträyde
angefülleten Flaschen gewesen, unredlicher Weise
an sich gebracht, ja aufrichtig zu reden, gestohlen
haben; Wie reimet sich dieses, wirstu sagen, zur Erkäntniß der Vorsorge GOttes? Allein sey zufrieden,
wenn ich bey Verlust meiner Seeligkeit betheure:
daß so wohl ich, als mein getreuer Chascal an diesen
Diebs-Streiche keinen gefallen gehabt, vielmehr
habe ich mich aus allen Kräfften darwieder gesetzt,
jedoch nichts erlangen können. Ist es Sünde gewesen, daß ich in diesem Schiffe mitten unter den
Dieben davon gefahren, und mich aus dermahligen
augenscheinlichen Verderben gerissen, so weiß ich
gewiß, daß mir GOTT dieselbe auf meine eiffrige
Busse und Gebeth gnädiglich vergeben hat. Inzwischen muß ich doch vieler Umstände wegen die
Göttliche Vorsorge hiebey erkennen, die mich nicht
allein auf der stürmenden See, sondern auch in der
grausamen Hungers-Noth und schädlichen Seuche

erhalten, und auf der Insul mittelbarer Weise mit
vielem guten überhäufft. Meine Gefährten sind alle
in der Helffte ihrer Tage gestorben, ausgenommen
der eintzige Chascal welcher sein Le-[591]ben ohngefähr biß 70. Jahr gebracht, ich aber bin allein am
längsten überblieben, auf daß ich solches ansagte.

Wir machten uns inzwischen die unverdorbenen Gü-
ter, so auf dem gestohlenen Schiffe mitgebracht
waren, wohl zu nutze, ich selbst bekam meinen guten
Theil an Kleiderwerck, Büchern, Pappier und andern
Geräthschafften davon, that aber dabey sogleich ein
Gelübde, solcher Sachen zehnfachen Werth in ein
geistliches Gestiffte zu liefern, so bald mich GOTT
wiederum unter Christen Leute führete.
Es fanden sich Weinstöcke in ihrem natürlichen
Wachsthume, die wir der Kunst nach in weit bessern
Stand brachten, und durch dieselben grosses Labsal
empfiengen, auch kamen wir von ohngefähr hinter
den künstlichen Vortheil, aus gewissen Bäumen ein
vortreffliches Geträncke zu zapffen, welches alles ich
in meinen andern Handschrifften deutlicher beschrieben habe. Nach einem erleidlichen Winter und angenehmen Frühlinge, wurde im Sommer unser Getrayde
reiff, welches wir wiewohl nur in weniger Menge ein-
erndten, jedoch nur die Probe von dem künftig wohlschmeckenden Brodte machen konten, weil das meiste
zur neuen Aussaat vor 9. Personen nöthig war, allein
gleich im nächstfolgenden Jahre wurde so viel einge-
sammlet, daß wir zur Aussaat und dem nothdürfftigen Lebens-Unterhalt völlige Genüge hatten.
Mittlerweile war mein Chascal so weit gekommen,
daß er nicht allein sehr gut Castilianisch reden, [592]
sondern auch von allen christlichen Glaubens-Articuln
ziemlich Rede und Antwort geben konte, derowegen
nahm ich mir kein Bedencken an diesem abgelegenen

Orte einen Apostel abzugeben, und denselben nach
Christi Einsetzung zu tauffen, worbey alle meine
5. christlichen Gefährten zu Gevattern stunden, er
empfieng dabey, wegen seiner besondern Treuhertzigkeit, den Nahmen *Christian Treuhertz.* Seine beyden
Gefährten befanden sich hierdurch dermassen gerühret, daß sie gleichmäßigen Unterricht wegen des Chri-
stenthums von mir verlangten, welchen ich ihnen mit
grösten Vergnügen gab, und nach Verfluß eines halben Jahres auch beyde tauffte, da denn der erstere
Petrus Gutmann, der andere aber *Paulus Himmel-
freund* genennet wurde.

In nachfolgenden 3. oder 4. Jahren, befand sich alles
bey uns in dermassen ordentlichen und guten Stande,
daß wir nicht die geringste Ursach hatten über appe-
titliche Lebens-Mittel oder andern Mangel an unent-
berlichen Bedürffnissen zu klagen, ich glaube auch,
meine Gefährten würden sich nimmermehr aus dieser
vergnügenden Landschafft hinweg gesehnet haben:
wenn sie nur Hoffnung zur Handlung mit andern
Menschen, und vor allen andern Dingen, Weibs-Leute,
ihr Geschlechte fortzupflantzen, gehabt hätten. Da
aber dieses letztere ermangelte, und zu dem erstern sich
gantz und gar keine Gelegenheit zeigen wolte, indem
sie nun schon einige Jahre vergeblich auf vorbeyfah-
rende Schiffe gewartet hatten, gaben mir meine
5. Lands-Leute ziemlich trotzig zu verstehen: daß man
Anstalt machen müste [593] ein neues Schiff zu bauen,
um damit wiederum eine Fahrt zu andern Christen zu
wagen, weil es GOtt unmöglich gefallen könte, dergleichen kostbare Schätze, als wir besässen, so nachläßiger Weise zu verbergen, und sich ohne eintzigen
Heil. Beruff und Trieb selbst in den unehelichen Stand
zu verbannen, darbey aber aller christlichen Sacramenten und Kirchen-Gebräuche beraubt zu leben.
Ohngeacht nun ich sehr deutlich merckte, daß es

ihnen nicht so wohl um die Religion als um die Wei-
ber-Liebe zu thun wäre, so nahm mir doch ein Bedencken ihrem Vorhaben zu widerstreben, zumahlen
da sie meinen vernünfftigen Vorstellungen gantz und
gar kein Gehör geben wolten. Meine an sie gethane
Fragen aber waren ohngefähr folgendes Innhalts:
Meine Freunde bedenckt es wohl, sprach ich,

1. Wie wollen wir hiesiges Orts ein tüchtiges Schiff
bauen können, das uns etliche hundert, ja vielleicht
mehr als 1000. Meilen von hier hinweg führen und
alles Ungemach der See ertragen kan. Wo ist gnug-
sames Eisenwerck zu Nägeln, Klammern und dergleichen? Wo ist Pech, Werck, Tuch, Strickwerck
und anders Dinges mehr, nach Nothdurfft anzutreffen?

2. Werden wir nicht GOTT versuchen, wenn wir uns
auf einen übel zugerichteten Schiffe unterstehen
einen so fernen Weg anzutreten, und werden wir
nicht als Selbst-Mörder zu achten seyn, daferne uns
die Gefahr umbringt, worein wir uns muthwillig
begeben?

[594] 3. Welcher unter uns weiß die Wege, wo wir hin
gedencken, und wer kan nur sagen in welchem Theile
der Welt wir uns jetzo befinden? auch wie weit die
Reise biß nach Europa ist?

Solche und noch vielmehr dergleichen Fragen die von
keinem vernünfftig genung beantwortet wurden, dieneten weiter zu nichts, als ihnen Verdruß zu erwecken,
und den gefasseten Schluß zu befestigen, derowegen
gab ich ihnen in allen Stücken nach, und halff den
neuen Schiff-Bau anfangen, welcher langsam und unglücklich genung von statten gieng, indem der Indianer Paulus von einem umgehauenen Baume plötzlich
erschlagen wurde. Dieser war also der erste welcher
allhier von mir begraben wurde.

Im dritten Sommer nach angefangener Arbeit war

endlich das Schiff so weit fertig, daß wir selbiges in
den Fluß, zwischen denen Felsen, allwo es gnugsame
Tieffe hatte, einlassen konten. Weiln aber zwey von
meinen Lands-Leuten gefährlich Kranck darnieder zu
liegen kamen, wurde die übrige wenige Arbeit, nebst
der Einladung der Güter, biß zu ihrer völligen Genesung versparet.

Meine Gefährten bezeigten allerseits die gröste Freude
über die ihrer Meynung nach wohlgerathene Arbeit,
allein ich hatte an dem elenden Wercke nur allzuviel
auszusetzen, und nahm mir nebst meinem getreuen
Christian ein billiges Bedencken uns darauff zu wagen, weil ich bey einer so langwierigen Reise dem
Tode entgegen zu lauffen, gantz gewisse Rechnung
machen konte.

Indem aber nicht allein grosse Verdrießlichkeit, [595]
sondern vielleicht gar Lebens-Gefahr zu befürchten
war, soferne meine Gefährten dergleichen Gedancken
merckten, hielt ich darmit an mich, und nahm mir vor
auf andere Mittel zu gedencken, wodurch diese un-
vernünfftige Schiffarth rückgängig gemacht werden
könte. Allein das unerforschliche Verhängniß überhob
mich dieser Mühe, denn wenig Tage hierauff, erhub
sich ein grausamer Sturm zur See, welchen wir von
den hohen Felsen-Spitzen mit erstaunen zusahen, jedoch gar bald durch einen ungewöhnlichen hefftigen
Regen in unsere Hütten getrieben wurden, da aber
bey hereinbrechender Nacht ein jeder im Begriff war,
sich zur Ruhe zu begeben, wurde die gantze Insul von
einem hefftigen Erdbeben gewaltig erschüttert, worauff ein dumpffiges Geprassele folgete, welches binnen
einer oder zweyer Stunden Zeit noch 5. oder 6. mahl
zu hören war. Meine Gefährten, ja so gar auch die
zwey Krancken kamen gleich bey erster Empfindung
desselben eiligst in meine Hütte gelauffen, als ob sie
bey mir Schutz suchen wolten, und meyneten nicht

anders, es müsse das Ende der Welt vorhanden seyn,
da aber gegen Morgen alles wiederum stille war, und
der Sonnen lieblicher Glantz zum Vorscheine kam,
verschwand zwar die Furcht vor dasmahl, allein unser
zusammengesetztes Schrecken war desto grösser, da
wir die eintzige Einfahrt in unsere Insul, nehmlich den
Auslauff des Westlichen Flusses, durch die von beyden
Seiten herab geschossenen Felsen gäntzlich verschüttet
sahen, so daß das gantze Westliche Thal von dem ge-
hemmten Strome unter Wasser gesetzt war.
[596] Dieses Erdbeben geschahe am 18den Jan. im
Jahr Christi 1523. bey eintretender Nacht, und ich
hoffe nicht unrecht zu haben, wenn ich solches ein
würckliches Erdbeben oder Erschütterung dieser gantzen Insul nenne, weil ich selbiges selbst empfunden,
auch nachhero viele Felsen-Risse und herabgeschossene
Klumpen angemerckt, die vor der Zeit nicht da gewesen sind. Der Westliche Fluß fand zwar nach wenigen Wochen seinen geraumlichen Auslauff unter den
Felsen hindurch, nachdem er vielleicht die lockere
Erde und Sand ausgewaschen und fortgetrieben hatte,
und solchergestallt wurde auch das Westliche Thal
wiederum von der Wasser-Fluth befreyet, jedoch die
Hoffnung unserer baldigen Abfahrt war auf einmahl
gäntzlich zerschmettert, indem das neu erbaute Schiff
unter den ungeheuern Felsen-Stücken begraben lag.
GOTT pflegt in der Natur dergleichen Wunder- und
Schreck-Wercke selten umsonst zu zeigen. Dieses erkandte ich mehr als zu wohl, wolte solches auch meinen Gefährten in täglichen Gesprächen beybringen,
und sie dahin bereden, daß wir ingesamt als Heilige
Einsiedler unser Leben in dieser angenehmen und
fruchtbarn Gegend zum wenigsten so lange zubringen
wolten, biß uns GOTT von ohngefähr Schiffe und
Christen zuschickte, die uns von dannen führeten.
Allein ich predigte tauben Ohren, denn wenige Zeit

hernach, da ihnen abermahls die Lust ankam ein neues
Schiff zu bauen, welches doch in Ermangelung so vielerley materialien ein lächerliches Vornehmen war,
machten sie erstlich einen Anschlag, im Mittel der
Insul den Nördlichen Fluß [597] abzustechen, mithin
selbigen durch einen Canal in die kleine See zu führen, deren Ausfluß sich gegen Osten zu, in das Meer
ergiesset.

Dieser letztere Anschlag war mir eben nicht mißfällig, weiln ich allem Ansehen nach, leicht glauben
konte, daß durch das Nördliche natürliche Felsen-
Gewölbe, nach abgeführten Wasser-Flusse, ohnfehlbar ein bequemer Außgang nach der See zu finden
seyn möchte. Derowegen legte meine Hände selbsten
mit ans Werck, welches endlich, nach vielen sauern
vergossenen Schweisse, im Sommer des 1525ten Jahres
zu Stande gebracht wurde. Wir funden einen nach
Nothdurfft erhöheten und weiten Gang, musten aber
den Fuß-Boden wegen vieler tieffen Klüffte und steiler Abfälle, sehr mühsam mit Sand und Steinen bequemlich ausfüllen und zurichten, biß wir endlich sehr
erfreut das Tages-Licht und die offenbare See ausserhalb der Insul erblicken konten.

Nach diesem glücklich ausgeschlagenen Vornehmen,
solten aufs eiligste Anstallten zum abermahligen
Schiff-Bau gemacht, und die zugerichteten Bäume
durch den neu erfundenen Weg an den auswendigen
Fuß des Felsens hinunter geschafft werden; Aber! ehe
noch ein eintziger Baum darzu behauen war, legten
sich die zwey schwächsten von meinen Lands-Leuten
darnieder und starben, weil sie ohnedem sehr unge-
sundes Leibes waren, und sich noch darzu bißhero bey
der ungezwungenen Arbeit allzuhefftig angegriffen haben mochten. Solchergestallt blieb der neue Schiffs-Bau
unterwegs, zu-[598]mahlen da ich und die mir getreu-
en zwey Indianer keine Hand mit anlegen wolten.

Allein, indem ich aus gantz vernünfftigen Ursachen dieses tollkühne Werck gäntzlich zu hintertreiben suchte, und mich auf mein gutes Gewissen zu beruffen wuste, daß solches aus keiner andern Absicht geschähe, als den Allerhöchsten wegen einer unmittelbaren Erhaltung nicht zu versuchen, noch seiner Gnade zu mißbrauchen, da ich mich aus dem ruhigsten und gesegnetesten Lande nicht in die allersicherste Lebens Gefahr stürtzen wolte; so konte doch einem andern gantz abscheulichen Übel nicht vorbauen, als worüber ich in die alleräuserste Bestürtzung gerieth, und welches einem jeden Christen einen sonderbaren Schauder erwecken wird.

Es meldete mir nehmlich mein getreuer Christian, daß meine 3. noch übrigen Lands-Leute seit etlichen Monathen 3. Äffinnen an sich gewöhnet hätten, mit welchen sie sehr öffters, so wohl bey Tage als Nacht eine solche schändliche Wollust zu treiben pflegten, die auch diesen ehemahligen Heyden recht eckelhafft und wider die Natur lauffend vorkam. Ich ließ mich keine Mühe verdriessen dieser wichtigen Sache, um welcher willen der Höchste die gantze Insul verderben können, recht gewiß zu werden, war auch endlich so glücklich, oder besser zu sagen, unglücklich, alles selbst in Augenschein zu nehmen, und ein lebendiger Zeuge davon zu seyn, worbey ich nichts mehr, als verdammte Wollust bestialischer Menschen, nechst dem, die ungewöhnliche Zuneigung solcher vierfüßigen Thiere, über alles dieses aber die besondere Langmuth GOttes zu bewun-[599]dern wuste. Folgendes Tages nahm ich die 3. Sodomiten ernstlich vor, und hielt ihnen, wegen ihres begangenen abscheulichen Lasters eine kräfftige Gesetz-Predigt, führete ihnen anbey den Göttlichen Ausspruch zu Gemüthe: Wer bey einem Viehe schläfft, soll des Todes sterben etc. etc. Zwey von ihnen mochten sich ziemlich gerührt

befinden, da aber der dritte, als ein junger freveler
Mensch, ihnen zusprach, u. sich vernehmen ließ, daß
ich bey itzigen Umständen mich um ihr Leben u.
Wandel gar nichts zu bekümmern, vielweniger ihnen
etwas zu befehlen hätte, giengen sie alle drey höchst
verdrießlich von mir.

Mittlerzeit aber, da ich diese Straf-Predigt gehalten,
hatten die zwey frommen Indianer Christianus und
Petrus, auf meinen Befehl die drey verfluchten Affen-
Huren glücklich erwürget, so bald nun die bestialischen Liebhaber dieses Spectacul ersahen, schienen
sie gantz rasend zu werden, hätten auch meine Indianer ohnfehlbar erschossen, allein zu allem Glücke hatten sie zwar Gewehr, jedoch weder Pulver noch Bley,
weiln der wenige Rest desselben in meiner Hütte verwahret lag. In der ersten Hitze machten sie zwar
starcke Gebärden, einen Krieg mit mir und den Meinigen anzufangen, da ich aber meinen Leuten gelade-
nes Gewehr und Schwerdter gab, zogen die schändlichen Buben zurücke, dahero ich ihnen zurieff: sie
solten auf guten Glauben herzu kommen, und diejenigen Geräthschafften abholen, welche ich ihnen aus
Barmhertzigkeit schenckte, nachhero aber sich nicht
gelüsten lassen, über den Nord-Fluß, in unser Revier
zu kommen, widrigenfalls wir sie als Hunde darnieder
schiessen wolten, [600] weil geschrieben stünde: Du
sollst den Bösen von dir thun.

Hierauff kamen sie alle drey, und langeten ohne eintziges Wort sprechen diejenigen Geschirre und andere
höchstnöthigen Sachen ab, welche ich durch die Indianer entgegen setzen ließ, und verlohren sich damit in
das Ostliche Theil der Insul, so daß wir in etlichen
Wochen nicht das geringste von ihnen zu sehen bekamen, doch war ich nebst den Meinen fleißig auf der
Hut, damit sie uns nicht etwa bey nächtlicher Zeit
überfallen und erschlagen möchten.

Allein hiermit hatte es endlich keine Noth, denn ihr
böses Gewissen und zaghaffte Furchtsamkeit mochte
sie zurück halten, jedoch die Rache folgte ihnen auf
dem Fusse nach, denn die Bösewichter musten kurtz
hernach einander erschröcklicher Weise selbsten auf-
reiben, und den Lohn ihrer Boßheiten geben, weil sich
niemand zum weltlichen Richter über sie aufwerffen
wolte.

Eines Tages in aller Frühe, da ich den dritten Theil
der Nacht-Wache hielt, hörete ich etliche mahl nach
einander meinen Nahmen Don Valaro von ferne laut
ausruffen, nahm derowegen mein Gewehr gieng vor
die Hütte heraus, und erblickte auf dem gemachten
Damme des Nord-Flusses, einen von den dreyen Böse-
wichten stehen, der mit der rechten Hand ein grosses
Messer in die Höhe reckte. So bald er mich ersahe,
kam er eilends herzu gelauffen, da aber ich mein auf-
gezogenes Gewehr ihm entgegen hielt, blieb er etwa
20. Schritt vor mir stehen und schrye mit lauter Stimme: Mein Herr! mit diesem Messer habe ich in vergangener [601] Nacht meine Cameraden ermordet,
weil sie mit mir um ein junges Affen-Weib Streit anfiengen. Der Weinbeer und Palmen-Safft hatte uns
rasend voll gemacht, sie sind beyde gestorben, ich aber
rase noch, sie sind ihrer grausamen Sünden wegen ab-
gestrafft, ich aber, der ich noch mehr als sie gesündiget
habe, erwarte von euch einen tödtlichen Schuß, damit
ich meiner Gewissens-Angst auf einmahl loß komme.

Ich erstaunete über dergleichen entsetzliche Mord-
Geschicht, hieß ihm das Messer hinweg werffen und
näher kommen, allein nachdem er gefragt: Ob ich ihn
erschiessen wolle? und ich ihm zur Antwort gegeben:
Daß ich meine Hände nicht mit seinem Blute be-
sudeln, sondern ihn GOTTES zeitlichen und ewigen
Gerichten überlassen wolle; fassete er das lange Messer in seine beyden Fäuste, und stieß sich selbiges mit

solcher Gewalt in die Brust hinein, daß der verzweiffelte Cörper sogleich zur Erden stürtzen und seine
schandbare Seele ausblasen muste. Meine verschiedenen Gemüths-Bewegungen presseten mir viele Thränen
aus den Augen, ohngeacht ich wohl wuste, daß solche
lasterhaffte Personen derselben nicht werth waren,
doch machte ich, mit Hülffe meiner beyden Getreuen,
sogleich auf der Stelle ein Loch, und scharrete das
Aaß hinein. Hierauff durchstreifften wir die Ostliche
Gegend, und fanden endlich nach langem Suchen die
Hütte, worinnen die beyden Entleibten beysammen
lagen, das teufflische Affen-Weib saß zwischen beyden inne, und wolte durchaus nicht von dannen weichen, weßwegen ich das schändliche Thier gleich auf
der Stelle [602] erschoß, und selbiges in eine Stein-
Klufft werffen ließ, die beyden Viehisch-Mensch-
lichen Cörper aber begrub ich vor der Hütte, zer-
störete dieselbe, und nahm die nützlichsten Sachen
daraus mit zurück in unsere Haußhaltung. Dieses geschahe in der Weinlese-Zeit im Jahre 1527.

Von nun an führete ich mit meinen beyden Getreuen
christlichen Indianern die allerordentlichste Lebens-
Art, denn wir beteten täglich etliche Stunden mit einander, die übrige Zeit aber wurde theils mit nöthigen
Verrichtungen, theils aber in vergnügter Ruhe zugebracht. Ich merckte an keinen von beyden, daß sie
sonderliche Lust hätten, wiedrum zu andern Menschen zu gelangen, und noch vielweniger war eine
Begierde zum Frauen-Volck an ihnen zu spüren, sondern sie lebten in ihrer guten Einfalt schlecht und ge-
recht. Ich vor meine Person empfand in meinem Hertzen den allergrösten Eckel an der Vermischung mit
dem Weiblichen Geschlechte, und weil mir ausserdem
der Appetit zu aller weltlichen Ehre, Würde, und den
darmit verknüpfften Lustbarkeiten vergangen war, so
fassete den gäntzlichen Schluß, daß, wenn mich ja der

Höchste von dieser Insul hinweg, und etwa an andere christliche Örter führen würde, daselbst zu seinen Ehren, vermittelst meiner kostbaren Schätze, ein Closter aufzubauen, und darinnen meine Lebens-Zeit in lauter GOttes-Furcht zuzubringen.

Im Jahr Christi 1538. starb auch der ehrliche getauffte Christ, Petrus Gutmann, welchen ich nebst dem Christiano hertzlich beweinete, und ihn [603] aufs ordentlichste zur Erde bestattete. Er war ohngefähr etliche 60. Jahr alt worden, und bißhero gantz gesunder Natur gewesen, ich glaube aber, daß ihn ein jählinger Trunck, welchen er etwas starck auf die Erhitzung gethan, ums Leben brachte, doch mag er auch sein ihm von GOtt bestimmtes, ordentliches Lebens-Ziel erreicht haben.

Nach diesem Todes-Falle veränderten wir unsere Wohnung, und bezogen den grossen Hügel, welcher zwischen den beyden Flüssen fast mitten auf der Insul lieget, allda baueten wir eine geraumliche Hütte, überzogen dieselbe dermassen starck mit Laub-Werck, daß uns weder Wind noch Regen Verdruß anthun konte, und führeten darinnen ein solches geruhiges Leben, dergleichen sich wohl alle Menschen auf der gantzen Welt wünschen möchten.

Wir haben nach der Zeit sehr viel zerscheiterte Schiffs-Stücken, grosse Ballen und Pack-Fässer auf den Sand-Bäncken vor unserer Insul anländen sehen, welches alles ich und mein Christian, vermittelst eines neugemachten Flosses, von dannen herüber auf unsere Insul holeten, und darinnen nicht allein noch mehrere kostbare Schätze an Gold, Silber, Perlen, Edlen-Steinen und allerley Hauß-Geräthe, sondern auch Kleider-Werck, Betten und andere vortreffliche Sachen fanden, welche letztern unsern Einsiedler-Orden von aller Strengigkeit befreyeten, indem wir, vermittelst desselben, die Lebens-Art aufs allerbequemste einrichten konten.

[604] Neunzehn gantzer Jahre habe ich nach des Petri Tode mit meinem Christiano in dem allerruhigsten Vergnügen gelebt, da es endlich dem Himmel gefiel, auch diesen eintzigen getreuen Freund von meiner Seite, ja von dem Hertzen hinweg zu reissen. Denn im Frühlinge des 1557ten Jahres fing er nach und nach an, eine ungewöhnliche Mattigkeit in allen Gliedern zu empfinden, worzu sich ein starcker Schwindel des Haupts, nebst dem Eckel vor Speise und Tranck gesellete, dahero ihm in wenig Wochen alle Kräffte vergingen, biß er endlich am Tage Allerheiligen, nehmlich am 1. Novembr. selbigen Jahres, früh bey Aufgang der Sonnen, sanfft und seelig auf das Verdienst Christi verschied, nachdem er seine Seele in GOttes Hände befohlen hatte.

Die Thränen fallen aus meinen Augen, indem ich dieses schreibe, weil dieser Verlust meines lieben Getreuen mir in meinem gantzen Leben am allerschmertzlichsten gewesen. Voritzo, da ich diesen meinen Lebens-Lauff zum andern mahle aufzuzeichnen im Begriff bin, stehe ich in meinem 105ten Jahre, und wünsche nur dieses:

Meine Seele sterbe des Todes der Gerechten, und mein Ende werde wie meines getreuen Christians Ende.

Den werthen Cörper meines allerbesten Freundes habe ich am Fusse dieses Hügels, gegen Morgen zu, begraben, und sein Grab mit einem grossen [605] Steine, worauf ein Creutz nebst der Jahr-Zahl seines Ablebens gehauen, bemerckt. Meine Augen sind nachhero in etlichen Wochen niemahls trocken von Thränen worden, jedoch, da ich mir nachhero den Allerhöchsten zum eintzigen Freunde erwehlte, so wurde auf gantz besondere Art getröstet, und in den Stand gesetzt, mein Verhängniß mit gröster Gedult zu ertragen.

Drey Jahr nach meines liebsten Christians Tode,
nehmlich im Jahr 1560. habe ich angefangen in den
Hügel einzuarbeiten, und mir auf die Winters-Zeit
eine bequeme Wohnung zuzurichten. Du! der du dieses
liesest, und meinen Bau betrachtest, wirst gnungsame
Ursache haben, dich über die Unverdrossenheit eines
eintzelen Menschen zu verwundern, allein, bedencke
auch die lange Weile, so ich gehabt habe. Was solte
ich sonst nutzbares vornehmen? Zu meinem Acker-
Bau brauchte ich wenige Tage Mühe, und bekam
jederzeit hundertfachen Segen. Ich habe zwar gehofft,
von hier hinweg geführet zu werden, und hoffe es
noch, allein, es ist mir wenig daran gelegen, wenn
meine Hoffnung, wie bißhero, vergeblich ist und
bleibt.

Den allergrösten Possen haben mir die Affen auf dieser Insul bewiesen, indem sie mir mein Tage-Buch, in
welches ich alles, was mir seit dem Jahr 1509. biß auf
das Jahr 1580. merckwürdiges begegnet, richtig aufgezeichnet hatte, schändlicher [606] Weise entführet,
und in kleine Stücken zerrissen, also habe ich in dieser
zweyten Ausfertigung meiner Lebens-Beschreibung
nicht so ordentlich und gut verfahren können, als ich
wohl gewollt, sondern mich eintzig und allein auf
mein sonst gutes Gedächtniß verlassen müssen, welches doch Alters wegen ziemlich stumpff zu werden
beginnet.

Immittelst sind doch meine Augen noch nicht dunckel
worden, auch bedüncket mich, daß ich an Kräfften
und übriger Leibes-Beschaffenheit noch so starck,
frisch und ansehnlich bin, als sonsten ein gesunder,
etwa 40. biß 50. jähriger Mann ist.

In der warmen Sommers-Zeit habe ich gemeiniglich
in der grünen Laub-Hütte auf dem Hügel gewohnet,
zur Regen- und Winters-Zeit aber, ist mir die ausge-
haune Wohnung unter dem Hügel trefflich zu statten

gekommen, hieselbst werden auch diejenigen, so vielleicht wohl lange nach meinem Tode etwa auf diese Stelle kommen, ohne besondere Mühe, meine ordentlich verwahrten Schätze und andere nützliche Sachen finden können, wenn ich ihnen offenbare, daß in der kleinsten Kammer gegen Osten, und dann unter meinem Steinernen Sessel das allerkostbarste anzutreffen ist.

Ich beklage nochmahls, daß mir die leichtfertigen Affen mein schönes Tage-Buch zerrissen, denn wo dieses vorhanden wäre, wolte ich dir, mein zukünfftiger Leser, ohnfehlbar noch ein und andere nicht unangenehme Begebenheiten und Nachrichten beschrieben haben. Sey immittelst [607] zu frieden mit diesen wenigen, und wisse, daß ich den Vorsatz habe, so lange ich sehen und schreiben kan, nicht müßig zu leben, sondern dich alles dessen, was mir hinführo noch sonderbares und merckwürdiges vorkommen möchte, in andern kleinen Büchleins benachrichtigen werde. Voritzo aber will ich diese Beschreibung, welche ich nicht ohne Ursach auch ins Spanische übersetzt habe, beschliessen, und dieselbe bey Zeiten an ihren gehörigen Ort beylegen, allwo sie vor der Verwesung lange Zeit verwahrt seyn kan, denn ich weiß nicht, wie bald mich der Todt übereilen, und solchergestalt alle meine Bemühung nebst dem guten Vorsatze, meinen Nachkommen einen Gefallen zu erweisen, gäntzlich zernichten möchte. Der GOtt, dem ich meine übrige Lebens-Zeit aufs allereiffrigste zu dienen mich verpflichte, erhöre doch, wenn es sein gnädiger Wille, und meiner Seelen Seeligkeit nicht schädlich ist, auch in diesem Stücke mein Gebeth, und lasse mich nicht plötzlich, sondern in dieser meiner Stein-Höle, entweder auf dem Lager, oder auf meinen Sessel geruhig sterben, damit mein Cörper den leichtfertigen Affen und andern Thieren nicht zum Spiele und

Scheusal werde, solte auch demselben etwa die zukünfftige Ruhe in der Erde nicht zugedacht seyn:
Wohlan! so sey diese Höle mir an statt des Grabes,
biß zur frölichen Auferstehung aller Todten.

*   *

*

[608] SO viel ists, was ich Eberhard Julius von des
seeligen Don Cyrillo de Valaro Lebens-Beschreibung
aus dem Lateinischen Exemplar zu übersetzen gefunden, kömmt es nicht allzu zierlich heraus, so ist doch
dem Wercke selbst weder Abbruch noch Zusatz geschehen. Es sind noch ausser diesem etliche andere
Manuscripta, und zwar mehrentheils in Spanischer
Sprache vorhanden, allein, ich habe bißhero unterlassen, dieselben so wohl als die wenigen Lateinischen ins
Deutsche zu übersetzen, welches jedoch mit der Zeit
annoch geschehen kan, denn sein Artzeney-Buch, worinnen er den Nutzen und Gebrauch der auf dieser
Insul wachsenden Kräuter, Wurtzeln und Früchte ab-
handelt, auch dabey allerley Kranckheiten und Schäden, die ihm und seinen Gefährten begegnet sind, erzehlet, verdienet wohl gelesen zu werden, wie denn
auch sein Büchlein vom Acker- und Garten-Bau, ingleichen von allerhand nützlichen Regeln wegen der
Witterung nicht zu verachten ist.

LUDWIG TIECK

Vorrede

zur

neuen Ausgabe der Insel Felsenburg.

Ein Freund, mit dem ich in den wichtigsten Sachen einig bin, und eben deshalb oft von seiner Meinung dennoch abweiche, trat herein, und rief, indem er diese Überschrift sah: Wie? auch dieses alte Buch soll neu gedruckt werden? ist denn noch nicht der schlechten Leserei sogenannter Romane genug? Diese alte Robinsonade, diese weitläufige, umständliche Geschichte, die schon bei unsern Eltern sprichwörtlich ein schlechtes Buch bedeutete, soll wieder in einem neuen Gewande, welches das Flickwerk nur schlecht verbergen wird, auftreten? Und Sie haben nichts Besseres zu thun, als zu einer so vergessenen oder berüchtigten Waare eine Vorrede und Einleitung zu schreiben?

Ich habe es dem Verleger, meinem Freunde, versprochen, der mich darum ersuchte; antwortete ich, ohne jene Verlegenheit in der Miene, die der zürnende Freund wahrscheinlich erwartete.

Und doch, fuhr jener fort, sind wir Beide längst darüber einig, und haben es oft gemeinsam beklagt, daß diese Flut unnützer Bücher immer mehr anschwillt, daß auch die geringere Menschenklasse, Dienstboten und Bauern in so vielen Gegenden, Kinder und Unmündige, Mädchen und Weiber, immer mehr und mehr in diesen verschlingenden Wirbel hineingezogen werden: daß das Bedürfniß, die Zeit auf diese Weise zu verderben, immer mächtiger wird, und daß auf diesem Wege Character, Gesinnung, Empfindung und Verstand, die besten Kräfte des Menschen, vorzüglich aber jene Frische der Unschuld, ohne welche der Begabte selbst nur ohnmächtig erscheint, nothwendig zu Grunde gehen müssen. – Oder halten Sie denn etwa diese weitschichtige

Felsenburgische Chronik für so vortrefflich, daß ihre Erneuung nothwendig und ein literarisches Verdienst wird? Ihre Vorliebe für das Alterthümliche und Unreife ist mir zwar bekannt, aber diese Bücher, in die ich nur flüchtige Blicke geworfen habe, werden Sie doch gewiß nicht jenen Heldenliedern, oder Liebesdichtern des Mittelalters, oder den wenigen originellen Erfindungen beizählen wollen, die unsere Vorfahren, mit weniger Zärtlichkeit begabt, als die frühere Zeit, so hoch hielten?

Der Fragen, sagte ich, sind zu viele, um sie schnell zu beantworten, da überdies in jeder dieser Fragen wieder andere neue enthalten sind.

F r e u n d. Erörtern Sie, welche Sie wollen, wenn Sie mir die Antwort nur nicht überall schuldig bleiben. Ist wohl jemals so viel gelesen worden, als heutzutage? Ist je so viel Unnützes, Geschmackloses geschrieben?

Kann sein.

F r. Soll dies nicht die Menschen von besserer Beschäftigung abhalten?

Möglich; haben Sie doch auch manches unnütze Buch gelesen, von mir zu schweigen, der ich weniger gewissenhaft bin, als Sie.

F r. Eifern Sie nicht aber selbst genug gegen das Schlechte und Mittelmäßige?

Vielleicht zu viel, weil es unnütz ist, immer den höchsten Maßstab anzulegen. Wer seine Familie heutzutage nur von einem Titian will malen lassen, wird sein Geld in der Tasche und seine Leinwand ungefärbt behalten.

F r. Sie sind heute wieder vom Geist des Widerspruchs beseelt, und freilich, wenn man durchaus Recht behalten will, so kann einem dies Vergnügen nicht entgehen.

Aber warum so ungeduldig? Ist es denn Unrecht, selbst wenn ich mit Ihnen in der Hauptsache einverstanden wäre, auch von andern Seiten den Gegenstand zu betrachten? Wie in einem Prozesse auch die Umstände hervor zu heben, welche die Anklage mildern, den angeklagten Theil wenn auch nicht rechtfertigen, oder frei sprechen, doch entschuldigen könnten? Mich dünkt, dann erst wären wir ganz und unpartheiisch des Gegenstandes Meister.

F r. Ist das auch bei einer Sache nöthig, die längst abgeurthelt, wo die Akten schon seit Jahren geschlossen sind?

Zuweilen hat sich auch in entschiedenen Prozessen ein Irrthum versteckt, der den Forschenden wohl schon sonst veranlaßt hat, die längst ausgemachte Sache vor ein neues Urtheil und eine neue Untersuchung zu citiren.

F r. Meinethalben. So will ich Ihnen auch glauben, daß Griechen und Römer, so wie die kräftigen Menschen des Mittelalters, so viel gelesen haben, als wir, ob sie gleich die Presse noch nicht erfunden hatten; so will ich ebenfalls zugestehen, daß es nicht möglich sei, daß ein Volk durch diesen lesenden Müssiggang sich schwächen und am Ende ganz verderben könne; ich will glauben, daß das Lesen unbedingt etwas Heilsames und diese Roman-Literatur vortrefflich sei, und ich beklage nur, daß ich meinen Irrthum und Widerwillen größtentheils aus Ihren Gesprächen geschöpft habe.

Warum so heftig? Können Sie sich denn mit der Meinung vertragen, daß irgend etwas Großes in der Geschichte aus einer einzigen Ursach hervorgegangen sei? Ist eben nicht das nur eine wahre Begebenheit, ein wirkliches Schicksal, was an tausend sichtbaren und unsichtbaren Fäden hängt, und Vorzeit und Gegenwart verknüpft? Waren Gelehrsamkeit, Bildung und Theologie, bei den spätern Byzantinern mit der traurigsten Scholastik, Disputirsucht und der schlechtesten Sophistik vermählt, auch bis zum Abgeschmackten und Nichtigen herabgesunken: so hat doch diese Entartung der geistigen Kräfte gewiß nicht das Kaiserthum gestürzt. Grund und Boden muß schon längst untergraben sein, wenn das Vaterland, so wie damals, verloren gehen kann, und jene geistlose Gelehrsamkeit kann alsdann wohl als ein Symptom der Krankheit,

nicht aber für die Krankheit selber gelten. Sollte Athen
wohl an seinen Komödien oder dem Überflusse seiner Bildsäulen sich vernichtet haben? Eben so wenig als eine Anzahl von Schriftstellern die französische Revolution hervorbringen konnte. Wie Ursach und Wirkung sich gegen-
seitig bedingen, und im Verlauf der Begebenheit ihre Stelle
wechseln, wie ein Ding des andern Spiegel wird, und der
Weise oder Geschichtforscher mit Kennerblick auch im
Fuß die Figur der Pallas erräth und entziffert, ist freilich
eine andere Frage und Untersuchung.

F r. Um uns nicht zu weit von unsern Romanen zu
verschlagen, – ist es denn nicht eine Seelenkrankheit, die
unser Zeitalter charakterisirt, eine Art von Blödsinn oder
Geistesschwäche, ein Bedürfniß in sich zu erzeugen und zu
nähren, das die Menge zu Büchern und Zeitschriften treibt,
die so unverholen schlecht sind, daß viele der Genießer
ihre Erbärmlichkeit kennen, und so im Zusammenstoß der
Naivität mit der Naivität der Beschauer draußen ein fast
rührendes Schauspiel genießen kann, wenn er sich nicht
daran ärgern will?

Manchmal sich ärgern, zuweilen gerührt sein, dann wieder lachen, und es großentheils ganz vergessen und selber
nicht mit lesen, ist wohl das Beste. – Übrigens meine ich
doch, die Zeiten sind mehr in Rücksicht der Bedürfnisse
der Menschen, als in Ansehung der Menschen selbst we-
sentlich verschieden, und wenn nur die großen Verhältnisse
der Regierung und Verfassung dem Richtigen nahe bleiben,
so gleichen sich, nach längeren oder kürzeren Schwankun-
gen, die geringeren von selbst wieder aus, und man darf
von diesen weder zu viel Heil, noch zu schädliches Unheil
erwarten. Gelesen ward immer, Gutes und Schlechtes. Und
welches von beiden sollen wir schlecht oder gut nennen?
Erleben wir nicht oft, daß das beste Buch unter den Augen
des Lesenden ein schlechtes wird, weil es dessen körper-
lichen Augen an den geistigen fehlt? Ganze Zeitalter und
Nationen dürften nur aufrichtig sein, um den Homer und

Sophokles den elendesten Scribenten beizugesellen. Es ist
auch mehr oder minder schon öffentlich geschehen. Giebt
es nicht noch Menschen, die sich Geist zuschreiben, welche
die Nibelungen nicht begreifen und verwerfen? Wie lange
blieb Hamann unverstanden? Ist nicht zu unseren Zeiten
Calderon gewissermaßen wie eine verlorne Insel neu entdeckt worden? Und haben Sie es nicht erlebt, daß in der
Einsamkeit des Landes, oder auf der Reise, im Gebirge,
Ihnen ein zufällig gefundenes Buch, selbst wenn es nicht zu
den besseren gehörte, ungemein tröstlich und lehrreich werden konnte? Eben so in verwirrten, zu lebendigen Gesell-
schaften, wo, wenn alles geistreich, scharfsinnig, vielseitig,
höchst gebildet, durch und an einander rennt, und unbeant-
wortete Fragen sich kreuzen, und Urtheile sich übereilen,
und neue Ansichten hundert verwirrende Perspectiven bil-
den: wie gern nimmt man auch dort den trivialen Mann
in ein ruhigeres Fenster, und erbaut sich an seinen mäßigen
Gedanken wie an tiefer Weisheit! Dürfte man irgend ein
Buch in diesem Chaos aufschlagen und lesen, so würde uns
fast jedes ein Sirach dünken.

F r. Jetzt sind wir in das Gebiet der Sophismen gerathen. Denn so giebt es freilich weder gute noch schlechte
Bücher, und die Auslegung ist älter wie der Text.

Wie immer; und wie kann es anders sein, da jeder Text
nur die Bestätigung einer frühern Auslegung wird? Woher
käme er sonst? Erst, wenn er anfängt mißverstanden zu
werden, kommt ihm eine spätere Ausdeutung zu Hülfe.

F r. In dieser scheinbaren Antwort liegen mehr Fragen,
als in meinen ersten, mit welchen ich Sie bestürmte. Lassen
wir dergleichen Räthselspiele und bleiben wir bei unserer
eigentlichen Aufgabe stehen, die, beim besten Willen, vielleicht keinen sonderlichen Tiefsinn zulassen dürfte.

Sprechen wir also mit Leichtsinn. Wenn wir den rechten
antreffen, dürfte er von seinem ernstblickenden Bruder
nicht so gar weit entfernt wohnen.

F r. Sie äußerten, es wäre immer viel gelesen worden.

Auch zu jenen Zeiten, als die süßen Legenden von Tristan, die heitern von Gawain und Iwain, oder die tiefsinnigen von Titurel, die damals gebildete Welt bewegten und entzückten?

Wenn das Volk selbst, so wie der Bauer und die Knechte, nicht gerade viel lasen, so hörten sie doch oft die großen Sagen von Siegfried und Dietrich, von Bänkelsängern auf Jahrmärkten und Kirmsen, in den Winterstuben und bei ihren fröhlichen Gelagen absingen. Zum Lesen, auch wenn sie die Buchstaben gekannt hätten, hatten sie freilich die Zeit nicht. Denn jedem Jahrhunderte und Menschenalter ist seine Zeit auf eine, ihm eigenthümliche Weise, zugemessen, und wenn jene früheren Menschen also nicht ihre Zeit im Sinn der gegenwärtigen verdarben, so möchte ich ihnen das nicht zum Verdienst anrechnen.

F r. Und warum nicht? Und warum fehlte ihnen Zeit zum Lesen, selbst wenn es so viele gekonnt hätten, wie in unserm Jahrhundert?

Weil sie zum Leben selbst mehr brauchten. Und so wie es Zeiten gab, wo man sich ohne Geld behalf, waren Buch und Lesen damals nicht so, wie jetzt, ein Zeichen für das Leben, eine Quelle des Unterrichts, eine Anregung aller Kräfte, der religiösen so gut wie der heiteren, wie in unsern Tagen. In einer belagerten Stadt, wo man jede Minute Sturm und Eroberung fürchtet; am Tage eines glänzenden Festes, wo die Menge sich drängt, den Einzug eines geliebten Fürsten zu sehen; auf Jahrmärkten, wo jeder sieht, kauft und genießt, werden auch jetzt nicht viele Bücher aufgeschlagen. Eben das Leben nahm damals die Zeit, auch des Geringsten, ganz anders in Anspruch. Die Kirchenfeste, die Prozessionen, die Turniere, die Aufzüge der Ritter und Gilden, das Schönbartlaufen, das Scheibenschießen, Waffenübungen, die ländlichen Belustigungen, die Reisen der Dienstleute und Lehnsmänner, die Religion und ihr Cultus: nicht zu vergessen, daß Erfindungen und Maschinen damals bei vielen Arbeiten und Ge-

werken, nicht wie bei uns, viele Zeit ersparten, und daß
der Mensch bis zum Niedrigsten hinab mehr öffentlich und
im Staate, auf dem Markt und in den Versammlungen oder
Schenkhäusern lebte, von einem nahe liegenden wichtigen
Interesse durchdrungen, daß er auf tausend Fragen Rede
und Antwort geben mußte, und also unmöglich – den
Klosterbruder abgerechnet – darauf fallen konnte, seine
Zeit so einzuteilen, wie heute, wo man ihm alles dergleichen erspart, ihm aber zugleich alle jene Ergötzlichkeiten oder Erholungen genommen hat. Es ist ganz natürlich,
daß der Mensch sich auf das Hausleben, auf Genuß an sich
selbst zurückzieht, und daß er sich in seinen müßigen Stunden von seinen Romanziers ergötzen läßt, so wie auch
damals jede Zunge die Helden nannte, welche die Dichter
verherrlicht hatten.

F r. Sie mögen Recht haben; aber alles dies berührt
meine erste Frage und Anklage immer noch nicht.

Und gab es denn damals nicht auch viele unnütze und
anstößige Lieder? so viele Frechheiten, wie die neuere Zeit
sie nur irgend ausgeboren hat, um sich selbst zu beschämen?
Und von denen in jener frühen Zeit, die auch dergleichen
nicht auswendig lernten und sangen, werden nicht dennoch
viele von diesen ganz Unwissenden in der Rohheit selbst
und in wüsten Gelagen, in schlechtem Wandel und Ver-
ruchtheit untergegangen sein?

F r. Sie weichen mir immer mehr aus. Es ist hier nicht
vom Unabänderlichen die Rede, sondern von dem, was sein
soll, was frommt, sich geziemt und nützt.

Ich wollte nur andeuten, daß ich mich nicht davon
überzeugen kann, daß unsere Zeit schlimmer sei, als eine
frühere: am wenigsten durch Bücher. Denn als sich früher
die Welt in Krieg und Frieden auch schon zu beschränkte-
ren Ansichten wandte, und damit zugleich der höhere
Glanz der Poesie erlosch, – damals, als jene Unzahl der
prosaischen Ritter-Romane entstand, jene Folianten, die
von den Gebildeten so fleißig gelesen und wieder gelesen,

und in alle Sprachen übersetzt wurden, – diese Dichtungen
können uns so wenig ergötzen, daß wir im Gegentheil nicht
begreifen, wie sich unsere Vorfahren mit ihnen die Zeit
vertreiben konnten.

F r. Sind sie denn eben schlechter, oder auch nur lang-
weiliger, wie Tausende von neueren Büchern?

Gewiß nicht, und es wird sich nur die obige Bemerkung
bestätigen, daß die meisten Schriften nur ein Bedürfniß der
Zeit befriedigen, was aber doch, wenn es ein wahres Bedürfniß ist, befriedigt werden muß, mag eine spätere Kritik
auch dagegen einzuwenden haben, was sie will, so wie die
Ärzte ehemals und jetzt gegen Gewürze und Wein vergeblich geeifert haben.

F r. Bedürfniß! Ist es denn nicht Pflicht, auch dieses zu
bewachen, und zu Zeiten einzuschränken? Mag man über
Wein und Gewürze hin und her streiten, könnte man aber
dem unglücklichen Volke den vergiftenden, zu wohlfeilen
Branntwein durch Gesetze nehmen, so würde ohne Zweifel unsere Zeit einen wesentlichen Vortheil erringen, und
dadurch mehr thun, als hundert moralische Bücher und
Anstalten.

Ganz gewiß, und die Gesetzgebung wäre dazu verpflichtet, wenn sie nur zugleich das alte, gesunde Bier zu wohlfeilen ehemaligen Preisen, so wie die früheren ermäßigten
Abgaben, herstellen könnte. Dann würde jene Vergiftung
von selbst wegfallen, – und wie viele schlechte Leserei,
könnten wir das gesündere, fröhlichere Leben der Vorzeit
wieder in unsere Städte hinein führen.

F r. Und hiemit wäre denn unser Gespräch eigentlich zu
Ende?

Warum? Wir können unsern Streit, der eigentlich keiner
ist, vielleicht noch inniger ausgleichen. – Sie werden mit
mir überzeugt sein, daß jedes Zeitalter nur wenige ächte
Dichterwerke hervorbringen kann. Ist zugleich eine echte
Schule, wie bei den Griechen, begründet, so werden sich
mehr große Meister zeigen, und sehr vieles, was man nicht

dem Höchsten und Vollendeten beigesellen darf, wird doch den Stempel einer Großheit tragen, der es wieder unablöslich als Anhang, Erklärung und Verherrlichung des Besten, dem Zeitalter sowohl als der Nachwelt nothwendig macht. – In den späteren Jahrhunderten und bei den neueren Völkern hat eine unbestimmte Sehnsucht, aus welcher ein wechselndes Bedürfniß und vielfach wandelnde Stimmung entstanden sind, die Schule ersetzen müssen; und daraus erklärt sich die Erscheinung von selbst, daß uns nicht nur das langweilt, was vor hundert oder zweihundert Jahren die Welt entzückte und begeisterte, sondern wir nehmen auch wahr, daß oft kaum dreißig, dann zwanzig und zehn, und neuerdings wohl nur fünf Jahre und noch weniger dazu gehören, um unbegreiflich zu finden, wie ein Buch, welches allgemein gefallen hat, nur irgend interessiren konnte.

F r. Man will ja bemerken, daß dies mit vielen schon von Messe zu Messe eintreten soll. Dann aber, dächte ich, verlohnte es sich gar nicht mehr der Mühe, über diesen Gegenstand zu sprechen.

Über Bücher, die bloß Mode sind, und weiter nichts als Mode, gewiß nicht. Lehrreich aber möchte es sein, jenen Wechsel von Stimmungen und sich verändernden geistigen Bedürfnissen, von einem höhern Standpunkte aus zu betrachten; geschichtlich diesen Wandel und seine innere Nothwendigkeit zu erforschen, um zu erfahren, was der Geist gemeint oder gesucht habe: um auf diesem Wege die echte Geschichte des Menschen und der Staaten, so gut wie die der Poesie zu vergegenwärtigen: statt daß wir seit langer Zeit Alles haben liegen lassen, was uns nicht unmittelbar interessirt oder beim ersten Anblick verständlich ist, und so selbst wieder in der Geschichts-Ansicht einem kleinlichen Zeitgeist, einer vorübergehenden Stimmung, einem wechselnden Bedürfniß, ja einer nichtigen Mode dienstbar sind, ohne diese traurige Knechtschaft in unserem Hochmuth auch nur im mindesten zu ahnen.

F r. Deutet Voltaire nicht einmal eine ähnliche Forderung für die Geschichte an?

Seine eigenen Mode- und Galanterie-Waaren hat er uns allerdings, als Patent-Arbeiten für die Ewigkeit, mit ähnlich lautenden Worten einschwärzen wollen.

F r. Freilich also sinken dann Bücher, Gedichte, Romane zu Fabricaten herab, und müssen ganz aus diesem Gesichtspunkte betrachtet werden.

Warum sinken? Soll es denn etwas Geringeres sein, ein gutes Buch – wenn es auch nicht Jahrhunderte überdauert – seinen Zeitgenossen in die Hände zu geben, als gesundes Getreide zu erzeugen, Wolle und Tuch hervorzubringen und zu fabriziren, das Erz aus den Bergen zu graben, oder Kinder zu Soldaten und Staatsbeamten zu erziehen? Gehn Sie nur zum berühmten Walter Scott in die Lehre, und nehmen Sie von jenem merkwürdigen Selbstgeständniß in seiner Vorrede Unterricht. – Und trifft denn diese Ansicht etwa nur diese Seite der Literatur? Von der Geschichte habe ich Ihnen schon vorher meine Meinung merken lassen; diese lag wohl mehr im Argen als die Romane. Wenden wir uns aber zu jener Zeit, als bald nach Erfindung der Druckerkunst eine hochwichtige Angelegenheit zuerst Deutschland, und bald darauf ganz Europa in heftige Bewegung setzte. Wem könnte es einfallen, von dieser eben so großen als nothwendigen Umwandlung, oder von der Andacht selbst und der Anschauung des Göttlichen auf geringe Weise sprechen, oder gar, wie es wohl auch einmal Mode war, darüber scherzen und spotten zu wollen? Mir am wenigsten; und die neueste Mode verbietet es auch der Menge und den Tagesschriftstellern. Doch schlagen Sie einmal in den Bibliotheken die unzähligen Bücher jener Tage auf, in denen – die trefflichen natürlich abgerechnet – die widrigste Polemik schreit und tobt, die widerwärtigste Erniedrigung vor dem Schöpfer ekelhaft kriecht, winselnde Demuth Unsinn ächzt, und gottlose Knechtschaft und Thierheit sich für Andacht und Gottseligkeit ausgiebt. Verzweifelnd wendet man sich von der Menschheit ab, wenn man bedenkt, daß Tausende viele Jahre hindurch nur in diesem Wuste und in dieser finstern Verwirrung ihren Trost und ihr Heil suchten und fanden. Und ist es nachher, ist es in unsern Tagen nicht in vieler Hinsicht eben so geblieben? Wie vielen Aberwitz, wie viel Unchristliches, Gottloses und die Menschheit Erniedrigendes kann der Forscher, der sich diesem Geschäft hingeben mag, auftreiben? Ja, so vieles, was recht sichtbar und mit Anmaßung auf der Oberfläche schwimmt, was Jeder kennt, was Viele begeistert, und welches Mancher der Gemäßigten mit einer Art von furchtsamer Achtung doch halb gelten läßt, wenn er es auch nicht billigen kann, gehört diesen Regionen der finstersten Finsterniß an. Können Sie mir nun viele Romane nennen, – die ganz vergifteten ausgenommen – die schlimmer, abgeschmackter oder schädlicher wären, als diese angedeuteten Erzeugnisse, die sich eine so vornehme Miene geben?

F r. Somit käme freilich alles auf eine Linie zu stehen.

Mit nichten; ich mache Sie nur darauf aufmerksam, wie jedes Bedürfniß seine Befriedigung sucht. Auch der Trieb, die Wahrheit zu erkennen, nach dem heitern Licht, nach dem Tiefsinn, oder dem rein Menschlichen und Guten, offenbart sich oft in den schwachen Productionen harmloser Menschen, und diese haben gerade Kraft genug, auch andere zu befeuern, die ebenfalls nicht mit mehr Stärke ausgerüstet sind.

F r. Wenn man die Sachen so geschichtlich betrachtet, so geht freilich die eigentliche Kritik unter.

Doch nicht; sie muß nur nicht zu früh anfangen wollen. Ein wahres Buch bezieht sich auch doppelt, zunächst auf sich selbst, dann aber auch auf seine Zeit, und beides muß sich innigst durchdringen. Ist aber unser Urtheil selbst nur aus der Zeit erwachsen, so verstehen wir das Werk des Genius niemals, welches eine neue Zeit, und natürlich auch eine andere Mode, durch seine Großartigkeit erschafft.

Und so sind es auf der andern Seite oft die dunkeln, verhüllten Ahnungen, unausgesprochene quälende Stimmungen, Gefühle und Anschauungen die der Worte ermangeln, und die der große Autor ihrer Qual entbindet, indem er ihnen für Jahrhunderte die Zunge lös't; ein ganz nahe liegendes Verständniß, welches keiner finden konnte, macht der Genius zum innigsten Bedürfniß seiner Welt, und giebt so dem Worte seine Schöpferkraft wieder, die es noch nie verloren hat.

F r. So könnte man vieles Dichten wie ein Erlösen von dunkeln Gefühlen, anders wie ein Erobern heiterer Lebenselemente ansehen. Manches wie ein Schaffen von neuen Geräthen und Genüssen, die der Mensch um sich stellt, um an Glanz und Freude sein trübes Leben zu erheitern, und so möchte man z. B. den Cervantes als einen Helden ansehen, der sich um die Menschheit Lorbeer und Bürgerkrone verdiente, indem er sie von der Langenweile und der falschen Poesie der Ritter- und Liebes-Folianten auf immer befreite.

Hat er sie wirklich davon befreit? Sehn wir nicht, daß dieselbe Muse, selbst ganz kürzlich, nur in Octav und bessern Druck hineingeschlüpft ist? Und glauben Sie nicht, daß der Überdruß zur Zeit des Cervantes schon da war, und das Bewußtsein sich in den Bessern regte?

F r. Kann wohl sein, indessen sagt man doch allgemein, daß wir diesem Widerwillen, der sich kund geben wollte, dieses herrliche Buch zu danken haben.

Ich glaube, daß der edle poetische Cervantes selbst lange Zeit ein Liebhaber dieser Ritterbücher war, und auch in seinem Alter, als er seinen Manchaner beschrieb, seine Vorliebe noch nicht ganz hatte aufgeben können. Was er im ersten Theile des Don Quixote dem Kanonikus in den Mund legt, ist wohl ganz seine eigene Meinung, und das Gelüst, selbst eine solche Rittergeschichte zu dichten, sieht ihm ganz ähnlich. Wie viel kommt doch auf die Zeit an, in welcher ein großer Dichter lebt! Der echte alte Ritter-

gesang war längst abgeblüht, diese Ritterromane waren nur
ein todter Niederschlag jener früheren wundervollen bunten
Dichtung, willkührlich und fast ohne Bedeutung war Zauber und übernatürliche Kraft hier aufgenommen, und
schlecht mit den Begebenheiten verbunden; die Liebe klang
noch wie ein Echo edlen Gesanges in die verwirrte Masse
hinein. Die Beschreibung der Kämpfe und Schlachten ist
auch viel ermüdender und lebloser, als in den alten Liedern, weil die Verfasser der wirklichen Anschauung schon
ermangelten. Kannte Cervantes die alten, schönen Gesänge,
und hätte eine ähnliche Dichtung seiner Zeit und seinem
Lande irgend angeeignet werden können, – wer kann bestimmen oder ausmessen, wie viel ein Genius, wie dieser, in
jener epischen Poesie hätte ausführen können.

F r. Ein großer Mann – so habe ich öfter gehört – hat
den Ausspruch gethan, Don Quixote habe darum seine
Zeit so gewaltig bewegt und allgemeines Glück gemacht,
weil er den Enthusiasmus so witzig verspotte und eine
ältere schönere Zeit und deren poetische Kräfte ver-
höhne.

Auch ich habe diesen Ausspruch vernommen und, ehrlich
gesagt, nicht verstanden, oder Don Quixote und Cervantes
selbst erscheinen mir in einem falschen Lichte. Das eigentliche Ritterthum war schon lange vor Cervantes untergegangen. Welche trübselige Zeit erschlaffte Deutschland
schon vor Maximilian; in Frankreich hatten die Bürgerkriege Roheit und Grausamkeit zu alltäglichen Erscheinungen gemacht; Italien, in welchem mit einigen edlen Ge-
schlechtern die Künste zugleich blühten, hatte von je diese
Poesie des früheren Jahrhunderts weniger ergriffen, und
Ariost spottete schon auf seine Weise über das Ritterthum;
in Spanien selbst war am meisten noch jene ältere Begeisterung zu finden, die sich aber nach völliger Bezwingung der
Mauren mehr in Zügen und Reisen nach der neu entdeckten
Welt erschöpfte. Jene Tage, in welchen Lichtenstein und
Eschilbach, Gottfried und Hartmann von der Aue so ritter-

lich von Liebe, Frühling und Wundern, ihrer Gegenwart
allgemein verständlich, singen durften, waren längst vergessen; jene Gebilde, Sitten und Gesinnungen waren schon
seit vielen Jahren in Unglück, Bürgerkriegen und nüchterner Rohheit, die schon in demselben Jahrhundert, als jene
glänzenden Gebilde entstanden, diese verschlangen, zur er-
blaßten Lüge geworden, und die lallende Erfindung gerieth
eben deshalb in das Ungeheure, Maaßlose und Thörichte,
weil sie in der Gegenwart nirgend mehr die belebende
Wahrheit antraf. Außerdem bezweifle ich aber auch, ob
etwas anderes als Enthusiasmus selbst einen so allgemeinen
und dauernden Enthusiasmus hervorbringen könne, als dieses große Werk des Cervantes damals erregte, so wie es
noch immer mit derselben ungeschwächten Kraft wirkt.
Auch ist es das Wundersame dieses einzigen Buches, daß
man die Hauptperson eben so sehr verehren wie belachen
muß, und daß beides fast immer zusammenfällt, so daß er
in unserer Imagination, so sehr er auch Parodie ist, doch
zum wirklichen Helden wird. Zugleich spricht sich in diesem Werke eine so echte Begeisterung für Vaterland, Hel-
denthum, den Soldatenstand, das Ritterwesen, Karl den
Fünften, Geschichte, Liebe und Poesie aus, daß viele Erkaltete sich wohl eher an diesem Enthusiasmus erwärmen,
als die Glühenden daran erkalten könnten.

F r. Die außerordentliche Wirkung dieses echten Ge-
dichtes ist auch wohl daraus abzuleiten, daß es endlich
einmal, nach vielen Jahren, Wirklichkeit, das Alltägliche,
Gegenwärtige, unverkünstelt hinstellte, ohne falschen
Schmuck, und daß dieses doch zugleich das Wunderbare
und die Poesie war.

Die Erscheinung ist um so auffallender, weil man in
Spanien noch fortfuhr, jene falsche Poesie, jenes unechte
Wunderbare zu lieben, welches Cervantes ja so wenig hat
verdrängen können, daß der herrliche Calderon noch diese
Farben in seinen frischen Märchengemälden hat anwenden
können. Die unsinnigste Erfindung, das Schloß der Kin-

dabridis, hat er zur Dichtung brauchen können, in welcher man aber sieht, daß die Bekanntschaft mit dem tollen Roman vorausgesetzt wird. Sehn wir auf Frankreich, so lebten und entzückten ja noch lange jene weitausgesponnenen Romane, die zwar nicht immer Ritter und ihre Zweikämpfe und befreundeten Zauberer schilderten, wohl aber in mehr oder minder kennbaren Verkleidungen die Intriguen des Hofes Ludwigs des Dreizehnten und Vierzehnten, die kleinen Eitelkeiten der Damen, süßliche Sentimentalität, schmachtende Liebhaber, und eine weitschichtige redselige Politik und galante langweilige Moral vortrugen, die wahrlich, wenn man die Summe zieht, noch armseligere Bücher dick angeschwellt haben, als nur jemals der Inhalt jener verbrannten Romane in der Bibliothek des Manchaners war. Und dieselben Hofleute, Gelehrte und gebildeten Damen, die geistreich mit dem edlen Cervantes über die Belianis, Esplandians und Tirante's lachten, erbauten sich an den Astrea's, den Cassandern, und wie sie alle heißen mögen, jene Werke der Scudery, d'Urfe's, und so vieler Scribenten jener Tage, gegen welche die frühere Arkadia des Sidney, und noch mehr die Diana des Montemayer, ja selbst die geschmähete Fortsetzung derselben, für Meisterwerke gelten können.

F r. Diese getadelten und in der That höchst langweiligen Bücher der Franzosen konnten doch wohl nur gefallen, weil sie so ganz ihre Gegenwart, wenigstens den vornehmen Schein derselben, darstellen.

Gewiß, wir sehen eben, wie man das Wahre, Große erkennen kann, freilich nur scheinbar, wie die damaligen Leser den Don Quixote, und doch zugleich in dem Unechten und völlig Nichtigen untergehen, indem man in diesem eine höhere Bildung sucht. Eine Erscheinung, die sich in allen Zeiten immer von neuem wiederholt.

F r. Eben so konnte auch damals eine so nüchterne Parodie, wie die des Scarron, Glück machen, und freilich, wenn ich mir diese Zeit vergegenwärtige, in welcher Mo-

lière, Corneille, Racine, Boileau, Cervantes, Scarron, viele
Spanier, und viele schwächere, jetzt vergessene, franzö-
sische Autoren, nebst jenen bänderreichen politischen Ro-
manen bewundert wurden, so tritt mir eine so chaotische
Verwirrung entgegen, daß ich an eine echte Kritik jener
Tage nicht glauben kann.

Kritik! – Wohl nur bei den Griechen war sie wirklich da,
und außerdem ein Versuch, eine Annäherung an sie bei uns
Deutschen in den neuesten Tagen.

Fr. Doch bei den Griechen wohl nur auch mehr als
Schule, so wie in ihrer Bildhauerkunst, die sich Jahrhunderte hindurch, selbst bei den Römern, großartig erhielt
und als Schule noch spät Meisterwerke lieferte. In der
Poesie erlosch diese Schule freilich viel früher. Die neuere
Zeit hat sich, seit sechzig oder siebenzig Jahren etwa, be-
müht, die Kritik zu einer eigenen, selbstständigen Wissenschaft zu erheben. Diese Bestrebungen sind vorzüglich in
Deutschland mit Glück und Anstrengung von den begab-
testen Männern in vielseitiger Richtung zu einer außer-
ordentlichen Höhe geführt worden, von welcher derjenige,
der ihnen folgen kann, immer mehr und mehr mit Sicherheit das ganze Gebiet der Kunst und Schönheit über-
schauen mag. Neben andern ausgezeichneten Namen glän-
zen hier vorzüglich die von Lessing, Schiller, Wilhelm und
Friedrich Schlegel, so wie Solger, dem es in seinem Erwin
wohl zuerst gelungen ist, über das Schöne und die Grundsätze der Kunst genügend zu sprechen. – Wir haben uns
aber jetzt ziemlich weit von unserm ersten Gegenstande
entfernt. Mir schien es, als wenn Sie meinen Eifer gegen
die Unzahl der schlechten Romane und das unmäßige
Lesen derselben so wenig begriffen, daß Sie diese ganze
zeitverderbende Anstalt für völlig unschädlich, wo nicht
gar selber für nützlich zu erklären im Begriffe waren.

Wie man es nimmt; wenn wir nemlich nicht über Worte
streiten wollen. Daß das Bedürfniß des Lesens in Deutschland ziemlich allgemein geworden ist, und sich mit jedem

Jahre wohl noch weiter ausbreiten wird, ist nicht abzuläugnen. Wenn das größere öffentliche Leben untergegangen ist, und ebenfalls jenes dürftige, wo der Bürger und Kaufmann sich nicht mehr in den öffentlichen Trinkstuben unterhalten und belehren will, indessen Weiber und Töchter in den langweiligsten Besuchen mit albernen Klätschereien und elender Verläumdung ihre Zeit tödten, so ist diese Lesesucht, die doch auch zuweilen auf das Gute fällt, wohl immer eine Erhebung zu nennen, da die Zustände jener traurigen Jahre, die Geselligkeit des Volks, der Umfang der Kenntnisse und die Gesinnungen von damals wohl nicht empfehlungswerth – will man anders die Toleranz nicht zu weit treiben – zu nennen sind. Dieser zu kleinstädtische Umfang der engsten und trübseligsten Stubenwände hat sich denn doch vergrößert und erheitert, das, was diese Gemüther bedürfen, wird ihnen doch meistentheils in einer ziemlich gebildeten Sprache gereicht, diese Bedürfnisse selbst wechseln und streben sich oft zu verklären, Verstand, Kenntnisse, zuweilen eine edle Ansicht des Lebens reihen sich an die mehr oder minder wunderbaren Erfindungen, und wenn dieser oder jener Autor ein aufgeregtes Gemüth irre führt, so hat dieselbe Büchersammlung auch das Gegenmittel gegen die doch nur schwächliche Vergiftung, und die Mode der geistigen Putzwerke wechselt eben so wohlbehaglich, wie mit den baumwollenen und seidenen Kleidern und ihren vielfach geänderten Mustern.

F r. Sie mögen nicht ganz Unrecht haben. Diese Art Schriften verräth dem schärferen Auge oft mehr vom Geiste der Zeit, als die moralischen oder historischen Autoren je von ihm gesehen haben. Zur selben Zeit, als man in Frankreich sich an jenen langweiligen feierlichen Romanen ergötzte, schilderte uns der deutsche Simplicissimus die Gräuel des dreißigjährigen Krieges. Der Verfasser selbst, noch mehr aber seine Nachahmer, verstiegen sich sogleich in eine so ungemeine Gemeinheit, in so widerwärtige Schil-

derungen, die aber fast immer mit Geist entworfen sind,
daß ihre Abscheulichkeit bei weitem den spanischen Gusmann von Alfarache und ähnliche Bücher übertrifft, und
sich die Phantasie mit Ekel von ihnen wendet.

Da berühren Sie den Punkt, der die Barbarei der Deutschen jener Tage, gegen die der andern Nationen gehalten,
charakterisirt. Wie die Franzosen schon früh das Unzüch-
tige und Anstößige liebten und ausbildeten, so fand der
Deutsche schon lange am Ekelhaften und Gemeinen ein
verdächtiges Vergnügen. In der Geschichte wie in der Literatur sehen wir dies Volk schon seit den Hussitenkriegen
und noch früher, wie verbauet. Die große Angelegenheit
der Reformation und die aus dieser erwachsenen Bürgerkriege, in welchen die Völker immer am meisten verwil-
dern, rückte ihnen die Schönheit und das Bedürfniß nach
echter Poesie auf lange aus den Augen. Und kehrt nicht
dieser Zustand einer gewissen Verwilderung immerdar und
bei allen Gelegenheiten zu uns zurück? Als unsere neuere
Literatur schon durch Lessing und Göthe schön begründet
war, als Schiller schon Freunde gewonnen hatte, ergriff
bei den Nachrichten von der Französischen Revolution
einen großen Theil unsers Volkes ein solcher Schwindel,
daß die begeisterte Thorheit auf lange Kunst und Wissenschaft vergaß, die Unterdrückung der menschlichen und
edlen Gefühle zum Heroismus stempelte, in grausamer
Schadenfreude schwelgte, und den Verzückten die milde
Schönheit als Kindertand und die Spiele der Phantasie als
des Mannes unwürdig erschienen.

F r. Sein wir billig. Die Poeten selbst nährten diesen
Taumel, der im Anfang wohl eben so natürlich, als nicht
unlöblich war. Und wie viele Kräfte wurden neu aufgeregt,
wie manche Talente entwickelten sich in jenen inhalt-
schweren Tagen. Wie die Deutschen auf das große Schauspiel ein aufmerksames Auge wandten, und an ihm ihren
eigenen Zustand messend, gewissermaßen aus Betäubung
und Schlaf erwachten, so kehrten sie auch besonnener zu

ihrer Literatur zurück, und prüften sie mit neugeschärften Blicken. Von dieser Zeit an wenigstens schreibt sich die höhere Anerkennung ihres Goethe, dessen Werke nach einem kurzen Rausche früher Begeisterung schon vernachlässigt und ohngefähr doch den übrigen beigezählt wurden. Damals also, als man so scharf König, Adel und Geistlichkeit rezensirte, und die Rezensenten bald nichts mehr als sich selbst zu lesen hatten, erwachte doch auch, seit Lessing schwieg, die bessere Kritik wieder, und suchte Poesie und Kunst inniger und tiefer zu ergreifen.

Es war auch wohl natürlich, daß das größte Ereigniß der neuesten Jahrhunderte den Deutschen in mehr als einer Hinsicht zur Besinnung brachte, und dies bessere Erkennen seines größten und mildesten Dichters sänftigte auf lange jenen unnatürlichen Kosmopolitismus, und weckte zugleich bei Vielen das Studium der Dichtkunst und Philosophie. Aber auch in allen guten Bestrebungen artet der Deutsche so leicht, mit falscher Heftigkeit und ungebildeter Glut, in Einseitigkeit und Barbarei aus. Welchen Fanatismus, immer nur die Methode, niemals die rohe Anmaßung wechselnd, haben wir in den vielfältigen Schulen unserer Philosophie erlebt! Wie treuherzig gutmeinend und zugleich wie komisch steht der Deutsche da, indem er in den oft geänderten Erziehungskünsten das Heil seiner Nation und der Welt sucht, und mit verfolgendem Eifer das Glück aufbauen will, indeß der Stein immer wieder herabfällt, und der Arbeiter doch nicht müde wird, ihn in anderer Manier wieder hinauf zu wälzen. Selbst die Regierungen bieten sich diesen wilden Träumen, die niemals von Erfahrung und wahrer Erkenntniß ausgehen können, und noch weniger jemals etwas Gutes bewirken werden. So gewaltig und roh diese Erzieher verfolgen und vernichten, was ihren Kram stört, so weichlich und unmännlich ist die Erziehung selber, in der Familie sowohl, wie in den öffentlichen Anstalten, geworden, und aus dieser Entwöhnung alles Gehorsams und aller Zucht sind uns auch schon traurige Früchte hervorgewachsen. Am meisten zerstörend und barbarisch hat sich wohl jene falsche Aufklärung bewiesen, die, so weit sie nur reichen konnte, das Christenthum und alles religiöse Gefühl zu vernichten strebte, die echte Philosophie verachten wollte, den Tiefsinn verhöhnte, Natur und Kunst auf ihre klägliche Weise umzudeuten suchte und die Poesie nur zum Träger armseliger Kunststücke erniedrigte. Vaterlandsliebe konnte dem, der diese Überzeugungen theilte, auch nicht mehr ehrwürdig bleiben. Das Fremde, Ferne, ward sophistisch und gewaltthätig herbeigezogen, um Götzendienst mit ihm zu treiben. Deutsches Alterthum ward nicht nur verkannt, sondern verfolgt, und Gebäude, Gemälde, Bildsäulen, so wie Sitten und Feste der früheren Jahrhunderte vernichtet. Wie sollten Stiftungen, Vermächtnisse, Eigenthum nun noch geschont werden? Nun konnte, in einer bessern Zeit, unsere Vorwelt fast wie ein verloren gegangenes Land wieder neu entdeckt werden. Die Freude über diesen Fund verwandelte sich aber bald wieder in rohe Einseitigkeit. Mit kleinstädtischer Vorliebe ward das Fremde nun eben so eigensinnig geschmäht und verachtet, man war nur Patriot, indem man das Ausländische, und folglich auch das Vaterland, verkannte. In Kunst, Poesie und Geschichte wollte man mit Willkühr alte Zeiten wiederholen, und ein Mittelalter, wie es nie war, wurde geschildert und als Muster empfohlen, Ritterromane, kindischer als jene veralteten, drängten sich mit treuherziger Eilfertigkeit hervor, predigten süßlich ein falsch-poetisches Christenthum, und lehrten mit dem steifsten Ernst eine Rittertugend und Vasallenpflicht, Ergebenheit unter Herrschern und Herzogen, Minne und Treue; in Ton und Gesinnung so über allen Spaß des Don Quixote hinaus, daß Scherz und Satire eben deshalb keine Handhabe an diesen Dingen fanden, um sie von den Tischen der Modegöttin herabzuwerfen. Die alte, erst verkannte und geschmähte Kunst galt nun für die einzige, das Zufällige und Ungeschickte an ihr für die höchste Vollendung. Die erneute religiöse Gesinnung artete bald in

Sectengeist und Verfolgung aus, und selbst Lehrer der Wissenschaft glaubten nur fromm sein zu können, wenn sie die Wissenschaft zu vernichten suchten, so wie sich Künstler fanden, die nur begeistert zu sein vermochten, wenn sie sich von der Schönheit und den Göttergebilden der Griechen mit einem heiligen Grauen abwendeten. So wenig ist es in unserer Deutschen Natur, das Neue und Wahre mit Milde aufzunehmen, von dem Wein, der uns von der Göttertafel wohlwollend herabgesendet wird, mit weiser Mäßigung zu schlürfen, um uns nicht im wilden Rausch in Satyre und Faunen oder Bacchanten zu verwandeln, die in ihrer Verzückung alles eher, als Spaß verstehen, und von jener holdseligen, echt menschlichen Stimmung, die auch das Verschiedenartige im edlen Genuß verknüpft, durch eine Unendlichkeit von Verblendung und Irrthum getrennt sind.

F r. Genug der Klagen. Diese unschuldigen Romane, um auf diese zurückzukommen, sind es denn doch auch wieder, die alle diese Irrsale bestätigen, und sich recht eigen ein Geschäft daraus machen, die Verwirrung zu einer allgemeinen zu erhöhen.

Vielleicht nicht so durchaus. Unsere leidenschaftliche Nation, die den Ernst fast immer zu ernsthaft nimmt, würde in allem Anlauf zu einer neuen Heilsordnung vielleicht noch höher springen und noch müder zurückfallen, wenn nicht gerade eben so viele unserer Romanziers, als die neueste Mode bestätigen wollen, mit der Strömung des Zeitgeistes im Widerspruch segelten, sehr oft – muß ich zugeben – ohne daß sie recht begreifen, wovon die Rede sei: aber dennoch, sie witzeln, satirisiren, machen lächerlich, und wenn bessere Köpfe mitsprechen, dringen sie oft mit ihrem Veto früh genug durch. Auf allen Fall aber sind es doch diese allgelesenen Schriften, die so häufig schon ein Gegengewicht, wenn auch anfangs nur Grane, in die andere Wagschale gelegt haben, und so durch die Vermittelung der Töchter, Frauen, Geliebten, dem eifernden Enthusiasten

nach und nach eine mildere Gesinnung in Gesprächen und
Scherzen eingeflößt haben, die sie selbst erst aus Poesie und
Langeweile schöpfen mußten.

F r. Wenn unser Gespräch für den Gegenstand oft zu
ernst scheint, und die Sache zu schwer anfaßt, so haben Sie
jetzt den Knoten wieder auf eine zu leichtsinnige Art zerhauen. Möchte ich Ihnen auch nicht durchaus widersprechen, so können Sie doch nimmermehr leugnen, daß zu
Zeiten diese Romanenleserei auf die schlimmste Art ge-
wirkt hat, daß weichliche Bücher oft allen Sinn für Wahrheit und Ernst, so wie allen Trieb zur Arbeit in unzähligen
jungen Leuten aufgelöst und zerstört haben, daß falsche
Sentimentalität und nüchtern schwärmende Liebe, oft
lüsterne Sinnlichkeit, die Gemüther verdorben, daß eben so
oft ein Freiheitstaumel und Haß gegen Obrigkeit der un-
reifen Jugend beigebracht, und zu andern Zeiten durch ein
sophistisches Geschwätz der Glaube an Moral, oder mit
süßlicher Mystik, mit Freigeisterei wechselnd, Vernunft
und Religion, bis zu den niedrigsten und dienenden Ständen
hinab, ist erschüttert worden. Ja es ist wohl ausgemacht,
daß durch diese Lesewuth selbst Bücher großer Autoren,
echte Kunstwerke, indem sie in unrechte Hände gerathen,
gefährlich werden können. Wollen Sie mir diese Wahrheiten
wieder wegstreiten, oder denken Sie darüber so leicht hin,
daß Ihnen eine solche Überzeugung gleichgültig ist?

Nein, ich denke nur von der menschlichen Natur anders
als Sie, und meine, daß die Geschichte, die im steten Wechsel begriffen ist und sein muß, bald diesen bald jenen
Stand mehr zur Thätigkeit oder zum Leiden ergreift und
auffordert, daß es keine Geschichte gäbe, wenn die Gemüther der Menschen nicht auf mannigfaltige Weise, durch
vielerlei Triebe und Bedürfnisse aufgereizt würden, und aus
dem Gemüth wieder äußerliche Begebenheiten erwüchsen.
Die Zeichen, an denen diese Strömung zu erkennen ist,
wechseln nach den verschiedenen Jahrhunderten, und in
unsern Tagen gehört für den Beobachter diese von Ihnen

verschmähte Gattung von Büchern eben auch zu jenen Zeichen, um sich zu erkennen und zurecht zu finden. So wie diese Schriften manchen schadenden Stoff ableiten und mildern, so erregen und verbreiten sie auch wieder Krankheit oder Gesundheit, wie wir es nennen wollen, die sich aber immer wieder gelind zu Boden setzen und in der Masse unschädlich werden; dies aber, ist ein Volk erst fanatisirt und der verständigen Regierung Ordnung und Zügel aus den Händen gerissen, kann man von Libellen, politischen Flugschriften, Tageblättern, oder religiösen Schwärmer-Büchern gewiß nicht behaupten.

F r. Wenn ich Sie verstehe, so meinen Sie, daß diese Erfindungen, indem sie sich einerseits an das Leben innigst anschmiegen, doch wieder dadurch, daß sie sich eben nur für Erfindung geben, und nicht absolute Wahrheit darstellen wollen, sich selbst wieder durch diese mannigfaltig gestellten Bedingungen sänftigen. Wie sie aus Leichtsinn hervorgehn, so werden sie auch dem Leichtsinne wieder preis gegeben. Aber, ist dies wohl derselbe Fall mit den Gedichten, in welchen die Leidenschaft der Liebe erregt und gelehrt wird, die das Herz zerreißen, indem sie es erheben wollen, und das empörte Gemüth bis zum Wahnsinn steigern können, um, wie es so oft heißt, die Seele zu malen und die Natur zu ergründen? Die schlimmen Einflüsse sind zu oft schon da gewesen, kehren nur allzuhäufig wieder, um vor dergleichen wild und zugleich allzu weichlich aufregenden Büchern unverschanzte Gemüther nicht warnen und bewahren zu müssen. – Sie schweigen?

Können wir diese Periode, welche Sie jetzt bezeichnen wollen, nicht die allerneueste nennen? Fängt sie nicht eigentlich mit dem Werther an?

F r. Allerdings; wenn wir nicht Rousseau's neue Heloise voranstellen, die mir ebenfalls so merkwürdig und originell erscheint, daß ich immer geglaubt habe, der Werther hätte nicht entstehen können, wenn dieses wunderbare Buch nicht schon das neue Land aus der Ferne gesehen hätte.

Wenn Sie recht haben, so haben Sie auch schon Ihre Frage selbst, und zwar in meinem milderen Sinne beantwortet und anders gestellt.

F r. Wie das?

Diese großen Erscheinungen sind dann eben nur merkwürdige und tiefsinnige Andeutungen der Geschichte und Anzeigen mächtiger und umgreifender Revolutionen in Verhältnissen des Lebens, Denkens und Empfindens. Und in wiefern diese Veränderungen des Innern, die anfangs oft dem blöden Auge noch unsichtbar bleiben, auch auf die äußere Geschichte und den großen Gang der Weltbegebenheiten, den Fortschritt und Rückschritt der Menschheit, die Bildung und den Charakter der Nationen wirken, bleibe dem echten Geschichtschreiber zu bemerken und zu würdigen überlassen.

F r. Sollte in der wahren Darstellung der Geschichte nicht beides zusammenfallen müssen? Nur möchte freilich die Ausführung von der höchsten Schwierigkeit sein.

Ohne Zweifel, im höchsten Sinne vielleicht unmöglich. – Darum eben ist der echte Dichter so groß und lehrreich, für Gegenwart und Zukunft. Auf jener Schaukel, die sich erhebt und senkt, und auf welcher er die Laute spielend hin und wieder schwankt, erschaut er, wenn ihn die Begeisterung hoch hinauf wirft, neben der Muse sitzend, von oben viele Wunder und ihre Erklärung, die der Philosoph und der Wissenschaftkundige nicht sieht, oder nicht versteht. Mit den ausgeströmten Liedern spielt dann die Menge, und Knaben und Thörichte ahmen sie nach, und dasjenige, was als ein Orakel aus geweihtem Munde erklang, wird oftmals bald Narrentheiding der schwatzenden Menge. Seit Rousseau, und noch mehr seit Werther, ist die Wunde des Lebens, die Krankheit der Liebe, weil sie schon vorher mit allen Schmerzen da war, auch der Menge durch geweihte Priester sichtbar und bekannt geworden. Wie oft war seit dem grauesten Alterthum in allen Zungen schon von der Liebe gesprochen worden; auch das Unglück dieser Leidenschaft und ihre tragischen Folgen waren schon, wie oft, bis zum Entsetzlichen gesungen; aber dennoch war allen Fühlenden, als sie den Werther lasen, als hätte noch niemand je das vernommen, als sei eine neue Sprache entdeckt. Wie lallte und stotterte alles in dieser Manier, und wie schwach süßlich klang der Misverstand aus dem Siegwart und ähnlichen Büchern. Schon damals glaubten viele Deutsche, die Nation verdürbe an diesem Schmerz und dieser Weichlichkeit, und gutgemeinte Mittel aller Art, der Parodie und des seichtesten Spaßes wurden versucht, um nur wieder Gesundheit hervorzubringen. Und doch ist es gewiß, daß auch das blöde Auge die Natur seitdem anders betrachtet, daß selbst dem Kältesten Gefühle wunderbarer Natur dadurch näher getreten sind. Diese Auflösung des Lebens, diese Entfaltung des Geheimnißreichen unserer Brust, diese Angst und Freude klingt seitdem immerfort, am tiefsten schneidend und am zerstörendsten wohl in dem Meisterwerke desselben großen Dichters, den Wahlverwandtschaften. Seit das Wort gefunden und ausgesprochen ist, läßt sich das Dasein dieser Krankheit weder mehr leugnen, noch ignoriren, und wie sie schmerzend um sich greift, welche Kuren oder Palliative Religion und Staat, oder Philosophie, mit Glück oder Unglück versuchen werden, muß die Folgezeit lehren; was wir in unsern Tagen haben beobachten können, was die Revolution unternahm, was in süßlichen oder aufgeklärt moralischen Büchern geschehen ist, war ungeziemend oder unbedeutend. Die laueste und ohnmächtigste Hülfe ist jenes Maskenspiel häuslichen Glücks, dessen kraftlose Heuchelei in so vielen gut gemeinten Büchern und langweiligen Familien seitdem herrscht. Wie mächtig tönt die Verzweiflung aus dem Faust? Und hat der Dichter beruhigende Töne aufgefunden? Kann er sie wohl finden? Ganz anders als im Hamlet erhebt sich die Angst der Seele und der Zwiespalt des Daseins. Der größte, der heilendste Trost ist immer der, daß das tödtendste Übel dadurch schon gemildert wird, wenn der große Dichter nur das Wort gefunden, und es ausgesprochen hat.

F r. Und früher wäre diese Krankheit, wie Sie es nennen, noch niemals von der Poesie berührt oder angedeutet worden?

Die Ausgleichung des Lebens, die Enthüllung seiner Räthsel haben die Alten wenigstens in einem ganz andern Sinne versucht; und was sie in ihrer Tragödie Schicksal nannten, das Unbegreifliche, Unabwendbare, und wo Religion, Versöhnung, und der Schmerz den Schmerz selbst besiegte, alles dies Irrsal, das Ungeheure und Furchtbare, das immerdar das Menschengeschlecht mit ahnungsvollem Grauen umgiebt, bedeutete ihnen ganz etwas anderes, löste sich milder, oder großartiger, wenn gleich im Innersten selbst der Widerspruch und die Verzweiflung blieb. Aber sie deckten die Wurzel des Lebens nicht so vorwitzig auf, wie wir es gethan haben, die wir nur zu oft durch Anatomiren Kunde vom Geist und den Empfindungen zu erhalten streben.

F r. So angesehen, muß Ihnen freilich alles, was damals in Deutschland gegen die sogenannte Empfindsamkeit geschah, nur in einem komischen Lichte erscheinen.

Um so mehr, da alles der Art, was die Kritik mit Recht tadelt, immer wieder von einer andern Seite hereinbricht, und als unverdächtig eingelassen wird. Über Siegwart glauben sie hinweg zu sein, viele Vernünftige tadeln ihn wohl noch jetzt, und bewundern in dem herrlichsten Humoristen, Jean Paul, eine noch schlimmere Weichlichkeit, die, wenn sie jemals ein zartes Wesen ganz ergreifen sollte, es nothwendig völlig aushöhlen, und ihm auf ein Zeit lang allen Sinn für Wahrheit und Natur rauben müßte. Wer zuckt nicht über den verschollenen Cramer und seine rohen Ritterromane jetzt die Achseln? Selbst der Gemeinheit ist er zu gemein geworden, und doch schreit den feinsten Lesern aus manchem neuen gefeierten Autor das Ähnliche entgegen, ohne daß sie es im Enthusiasmus bemerken:

manche Kapitel des weltberühmten Walter Scott erinnern mich an jene herabgesetzten Bücher, ohne daß ich darum das große Talent und die Erfindungsgabe dieses Autors zu verkennen brauche. England und Deutschland nennt jetzt manches im Tom Jones unsittlich, Jungfrauen wollen das Buch nicht mehr lesen oder gelesen haben, und erfreuen sich doch laut eines Clauren und ähnlicher Schriftsteller, gegen deren unsittliche Lüsternheit der Menschenkenner Fielding wahrhaft unschuldig ist. Ja es giebt eine Darstellung der Keuschheit und Unschuld, im wirklichen Leben wie in so vielen gepriesenen Büchern, die einem freien Sinne und reinen Herzen höchst anstößig ist, und deren zu schamhafter Schamhaftigkeit man sich selber schämt, weil man hinter der moralischen Maske die verderbte Phantasie nur zu deutlich wahrnimmt. Auch die Engländer predigen in ihrem puritanischen Eifer zu oft diese falsche Sittlichkeit, sie lassen sich aber wenigstens die groben Widersprüche der Deutschen nicht zu Schulden kommen: der Muthwille ihres Sterne ist ihnen jetzt anstößig, aber in ihrer Prüderie verstehen sie auch unseres Goethe Wilhelm Meister nicht.

F r. Vieles, also, was die Welt Fortschritt des Zeitalters, Verbesserung der Sitten und Tugend, höheren moralischen Sinn, feineres und edleres Gefühl nennt, taufen Sie nach Ihren freigeistigen Ansichten nur als Mode?

Vieles, wie sie sagen: das Rechte zu finden, ist eben schwer, und gelingt selbst den Besten nicht immer. Weiß ich doch, daß ich mit manchem verehrten Freunde wegen mancher jener edelmännischen Dichtungen in Streit gerieth, denen ich, wenn ich sie nicht komisch nahm, gar keine Seite des Verständnisses abgewinnen konnte. Jetzt hat freilich die Mode selbst längst wieder eingerissen, was sie aufbaute, und man ist nun schon gegen das Talent dieses Autors eben so unbillig, wie man es früher zu hoch erhob.

F r. Ich hoffe, daß Sie diese Gedanken und Überzeugungen, die ich jetzt so zufällig von Ihnen vernehme, einmal

gründlicher und umständlicher darlegen. Wie Sie in der
neuesten Zeit eine Auflösung des Lebens sehn, des häuslichen, der Ehe und der Verhältnisse der Liebe, der Zu-
friedenheit, der Sicherheit, und so weiter, so trat freilich
um dieselbe Zeit auch ein Mißbehagen gegen den Staat und
die öffentlichen großen Verhältnisse sichtbar hervor. Auch
hier geschah das, was geschah, in einem andern, viel zer-
störenderen Sinn, als in früheren Zeiten. Die Kraft der
Zerstörung ist noch fühlbar, und das meiste, was zur Wie-
derherstellung versucht ist, scheint mir unverständig und
ohnmächtig.

Eben, weil man nur wieder herstellen will, und mancher
sogar denselben Thurm mit denselben Bausteinen, die zerschmettert vor seinen Füßen liegen. Neu sein, und doch
alt, fortgehen in der Zeit, und doch nicht der Sclave jeder
Thorheit werden, die Weisheit des Bestehenden, Festen, mit
dem spielenden Witz des Wandelbaren verknüpfen, diese
Widersprüche zu lösen, war die große Aufgabe aller Zeiten, wenn nicht das Starre bald welken und abbrechen,
oder der flatternde Schmetterling der Tagesneuigkeit für
Kraft und Schönheit gelten soll. Freilich mag es in unserm
Jahrhundert schwieriger sein, als ehemals, weil alles ver-
wickelter, künstlicher gestaltet ist, und die Revolution zu
schmerzhaft und abschreckend gelehrt hat, daß das Durch-
hauen wohl nur einem Alexander, und auch nur bei einem
geflochtenen Knoten zu verzeihen ist.

F r. Und wo bleiben die Romane? oder gar unsere Insel
Felsenburg, von welcher wir anhoben? Ist es nicht dennoch
verdächtig, ein Buch wieder auftreten zu lassen, dessen
barbarische Schreibart uns empfindlich daran erinnert, wie
zu derselben Zeit Richardson und Fielding, vieler anderer
zu geschweigen, den Engländern ihre gebildeten Werke
gaben? So wie Frankreich schon damals seine berühmtesten
Autoren besaß.

Die Deutschen erwachten eben später, weil sie in dem
ungeheuren Bürgerkriege zu ohnmächtig geworden waren.

Wo alles verloren gegangen war, konnte sich die Literatur nicht retten. Seit dem großen Umschwung aller Verhältnisse durch die Reformation war der Kampf gegen das Papstthum, das an die Stelle der Hierarchie getreten war, eingeleitet, mit ihm der Streit gegen den Überrest des Kaiserthums, dessen hohe Würde im fünften Karl noch einmal und zum letztenmal hell aufgeleuchtet hatte. Alles, was fest bestanden, was die Welt regieret und geordnet hatte, versank, und es schien kaum möglich, bei der allgemeinen Zertrümmerung noch neue Stützen aufzufinden. Ein kläglicher Friede, der aus der allgemeinen Ohnmacht hervorging, schläferte endlich die letzten Kräfte betäubend ein. Hundert Jahr später erhob sich der Streit wieder, nicht mehr gegen Kirche und Papst, sondern gegen das Christenthum selbst, gegen die Religion ohne Weiteres, und in diesem Gelüst nach Auflösung, in welchem zugleich ein Krieg gegen Stände und Verfassung, gegen Geistlichkeit und Adel, gegen König und Gesetz hervorbrach, zeigte sich auch endlich jenes Streben, welches wir vorher bezeichneten, Ehe, Liebe, Treue, Häuslichkeit, Verstand und Vernunft durch eben so phantastische Sehnsucht als tiefsinnige Melancholie aufzulösen, und alles einem verzweifelnden Lebensüberdruß preiszugeben. Wie hat man nun auch hier den Grund und Boden wiederfinden wollen! Möchte derjenige, dem Frömmigkeit und Wahrheit ein Bedürfniß ist, nicht fast jene alte verrufene Aufklärung wieder zurückwünschen, die doch wenigstens redlich war, und doch etwa nur Christenthum, und was sie Schwärmerei nannte, (freilich auch unendlich viel) verfolgte? da die neue Religiosität ihren Eifer darin zeigt, alles, was noch irgend Wahrheit und Schönheit bietet, Kunst, Poesie, Philosophie und Wissenschaft, bilderstürmerisch zu vernichten, und sich selbst zugleich? Mit dem Fanatismus, das ewig Wahre in jeder Verirrung zu tödten?

F r. In dem Einschlag der vielfarbigen Lebenstapete werden aber, so hoffe ich, von dem Webemeister schon muntere und helle Fäden eingelegt sein, die auch wohl schon in Bewegung sind, um das Gemälde mit Lichtern zu erfreuen.

Sie rührte wohl sonst – weder Zeichnung noch Ausführung – von keinem weisen Meister her. – Von diesem Standpunkte aus, wo wir über so vieles Wichtige zu klagen Ursach fänden, möchten wir aber die Romane, die doch fast alle ziemlich unschuldig sind, nur unten in der Menge ungestört umlaufen lassen, bald dieses, bald jenes Bedürfniß befriedigend, vermittelnd, die Trauer und den Schmerz des Lebens sänftigend, sich an die Poesie lehnend, und vieles Wahre und Unwahre verspottend. Denn noch schlimmer wäre es, wenn der Mensch nicht seinem Treiben und so oft falschem Eifer wieder selbst hemmende Kräfte einschöbe, um sich das, was er das Gute und Rechte nennt, zu erschweren und zu verzögern. Verfährt die sogenannte Natur doch eben auch nicht anders.

F r. In diesem Sinne könnte aber eine nicht uninteressante Geschichte der Romanenlectüre geschrieben werden. Wir haben in unserer Literatur viel mit den Worten »Naiv« und »Sentimental« gespielt: mir scheint, als könne man dergleichen Benennungen, wenn man sich erst über die Bedeutung der Zeichen verstanden hat, auch auf Zeitalter übertragen. In diesem Sinne möchte man die Jahre seit Rousseau, im Gegensatz der früheren, s e n t i m e n t a l nennen, und jene früheren, da sie alle die Bedürfnisse, die sich seitdem ausgesprochen haben, noch nicht kannten, mit n a i v bezeichnen.

Am meisten aber die Versuche jener Schriftsteller, die noch ohne Kunst und Bildung, ohne eigentliches Studium, aber auch ohne alle Kränklichkeit und süße Verweichlichung, wie ohne falsches Bewußtsein und literarischen Hochmuth, nur ihrer Phantasie und den Eingebungen ihrer Laune so bescheiden und redlich folgten, und eben deshalb so vieles in einem richtigen Verhältniß, ja mit einem großartigen Verstande darstellen konnten, was bei anscheinend größern Mitteln so vielen ihrer Nachfolger, die so oft das Verzerrte für das Geniale nahmen, nicht gelingen wollte. Und so wären wir denn doch wieder zu unserer Insel Felsenburg angelangt. Ich weiß wohl, daß lange Zeit dieser Name bloß galt, um etwas ganz Verächtliches zu bezeichnen. Auch damals noch, als der Rinaldo Rinaldini (das trockenste, was je diese Art Literatur hervorgebracht hat) viele Editionen und selbst eine Prachtausgabe erlebte. Aber eben, weil jene treuherzige Chronik der Insel, und das Leben des Altvaters, so wie die Erzählungen der Bewohner und Ankömmlinge, aus jener naiven Zeit herrühren, sind sie in unserer verwirrten und verstimmten Zeit von neuem, und mehr wie so vieles andere, ergötzlich und lehrreich, ja sie können für Manchen, der vor Allwissen nicht aus und ein weiß, wahrhaft erbaulich werden. Dieser Autor, welcher in jenen Jahren viele Bücher geschrieben hat, zeigt eine vielseitige Kenntniß seines Zeitalters und des damaligen Wissens, auch Chemie, Astrologie und die Goldmacherkunst sind ihm nicht fremd, er hat die Menschen mit scharfem und sicherem Auge beobachtet. Vorzüglich interessant sind die mannigfaltigen Lebensbeschreibungen der Colonisten, von denen fast alle den echten Beruf eines Schriftstellers beurkunden. Wenn also der neue Bearbeiter nur den Canzleistyl jener Tage mildert und verbessert, vorzüglich aber manche Stellen des Buches abkürzt, am meisten die Beschreibungen des Gottesdienstes, welche zu oft wiederkehren und für einen Roman mit zu großer Vorliebe ausgemalt sind, kurz, wenn er, ohne das Gute zu verkennen, nur das ausläßt oder neu darstellt, was als bloße Zufälligkeit jener Tage sich dem Buche einmischte, so hat er der Lesewelt ohne Zweifel ein lobenswerthes Werk wieder in die Hände gegeben, die ihm für seine Bemühung danken muß.

F r. Ein berühmter dänischer Dichter, Oehlenschläger, hat mit dem deutschen Bearbeiter zugleich dies Buch angekündigt.

Ein Zeichen, wie sehr man etwas Besseres und Veraltetes in unserer neuen Zeit wieder bedarf.

F r. Nur nicht wörtlich, wie Sie bemerken.

So wenig als die Vorzeit im Staat, welche Anmerkung wir auch schon gemacht haben.

F r. Und Ihre versprochene Vorrede?

Unser Gespräch kann diese vielleicht vertreten.

L. T.

Wort- und Sacherklärungen

Wunderliche FATA einiger See-Fahrer

5,7 *Praejudiciis:* Vorurteilen.

5,11 *recompensiren:* vergelten, entschädigen.

5,15 *anzuraisoniren:* etwa: aufzureden (räsonieren: vernünftig reden).

5,18 f. *Haud curat Hippoclides:* H. kümmert sich wenig darum; geht auf eine Anekdote bei Herodot zurück (VI,129).

5,27 *Lucianische Spaas-Streiche:* Bezieht sich auf den griechischen Schriftsteller Lukianos (um 120 – 180 n. Chr.), dessen erzählerisches Hauptwerk, die *Alethes historia* (Wahre Geschichte), eine Parodie auf zeitgenössische Abenteuerromane darstellt.

6,2 *des Herrn von Lydio trenchirte Insul:* Anspielung auf Johann Michael Fleischers (gest. 1756, Pseudonym: Selimenes) Robinsonade *Die wunderbahre und erstaunens-würdige Begebenheiten des Herrn von LYDIO, Worinnen dessen fast unglaubliche und unerhörte FATA enthalten; Insonderheit wie er durch einen entsetzlichen Sturm auf eine unbewohnte Insul geworffen, auf derselben 6. Jahre ohne einiges Menschen Hülffe oder Gesellschafft zugebracht; Endlich aber, nachdem solche durch ein erschreckliches Erdbeben erschüttert, ihr gantzes Fundament loß gerissen, und Stück-weiß von Wind und Wellen an das feste Land von Africa getrieben worden; haben ihn die Barbaren erhaschet [. . .],* 3 Tle., Frankfurt/Leipzig 1730–34.

6,5.6.9 *P. L.; Quarll; Dorrington:* Anspielung auf die aus dem Englischen übersetzte Robinsonade *Der Englische Einsiedler. Oder: Die wundervolle Begebenheiten und seltene Unglücks-Fälle eines Engländers Philip Quarll; welcher unlängst von einem Bristolschen Kaufmann, Nahmens Dorrington, auf einer unbewohnten Innsull im Süd-Meere, allwo er sich ohngefehr funffzig Jahre aufgehalten, und noch befindet, ohne nach seiner Heimath kehren zu wollen, entdecket worden,* Hamburg 1728. Das englische Original erschien 1727, die Vorrede ist mit »P. L.« unterzeichnet.

6,12 *Joris oder Georg Pines:* 1668 erschien in London die Geschichte *The Isle of Pines, Or, A late Discovery of a forth Island near Terra Australis, Incognita* von Henry Neville (1620–1694), die in Übersetzungen durch ganz Europa verbreitet wurde. Diese neunseitige Geschichte gab den Anstoß zu einem über 400seitigen Roman: *Wahrhaffte und merckwürdige Lebens-Beschreibung JORIS PINES von Dublin aus Irrland bürtig, Worinnen Dessen Ankunft und 70. jähriger Auffenthalt auf einer wüsten Insul Süd-Landes, mit seinen vier Weibern, als einer schwartzen und drey weissen; Auch seine daselbst gehabten Erstaunens-würdige Avanturen, Vermehrung seines Geschlechts, angefangene, und von seinen Nachkommen den Pinesern fortgesetzte Viel-Weibe-rey, dessen Testament und Gesetze, Zwiespalt seiner Kinder, derselben nothwendige Blut-Schande, Ingleichen deren Bekannt-schafft und Handel mit den Süd-Ländern, beyder Sitten und wunderliche Lebens-Art ausführlich beschrieben wird. Aus dem Englischen übersetzet, o. O. 1726.*

ao.: anno.

6,17 f. *Ollebutterie:* Olla podrida, spanisches Gericht aus gekochtem Fleisch, geräucherter Wurst und Gemüse.

6,20 *Titsche:* Brühe, Tunke.

6,31 *Ulrichen:* »in gewissen verbalen verbindungen mit der bedeutung ›sich erbrechen‹ wird der eigenname schallmalend verwandt« (Jacob und Wilhelm Grimm, *Deutsches Wörterbuch,* Bd. 11, Abt. 2, Leipzig 1936, Sp. 759).

6,34 f. *Laster-Morsellen:* Morsellen sind aus Zuckermasse gegossene Täfelchen mit Schokolade, Mandeln u. a.

7,25 *Lusus Ingenii:* Spiel der Phantasie.

7,29 *Sapienti sat:* genug für den Verständigen, für den Verständigen bedarf es keiner weiteren Erklärung.

8,9 *fato:* durch das Schicksal, zufällig.

8,16 *Conduite:* Führung, Betragen.

8,31 *Adeptus:* ein in die Geheimnisse einer Wissenschaft, besonders auch der Alchimie Eingeweihter.

9,22 *Jason:* Held der griechischen Argonautensage, brachte das Goldene Vlies von Kolchis nach Griechenland zurück.

11,6 f. *Mundirung; mundiren:* ins reine schreiben, reinigen.

11,14 f. *ad animum revociren:* wörtlich: in den Geist (die Seele, das Herz, das Gedächtnis) zurückrufen; zu Herzen nehmen.

11,17 *quoad formam:* in bezug auf die Form.

11,31 f. *divertirt:* ergötzt.

12,3 *s.T.p.:* salvo Titulo proprio: mit Vorbehalt des richtigen Titels.

12,4.5 *Momo; Zoilo:* Momos: die personifizierte Tadelssucht. –

Zoilus: griechischer Philosoph und Redner des 4. Jahrhunderts v. Chr., bekannt durch seine Homerkritik.

12,9 *Confusionarien:* wohl zu Konfusion: Verwirrung, Durcheinander.

12,12 *in mente behalten:* in Gedanken, im Sinn behalten.

12,25 *curieusen:* merkwürdigen.

Soldaten-Romain: In der Vorrede zu Bd. 3 der *Insel Felsenburg* (1736) heißt es, daß der versprochene »Soldaten-Romain, welcher jedoch lauter wahrhaffte Geschichte in sich hält«, zur Herbstmesse 1736 erscheinen werde. Statt dessen veröffentlichte Schnabel 1738 den Roman *Der im Irr-Garten der Liebe herum taumelnde CAVALIER,* in den Teile des geplanten Soldatenromans eingegangen sind.

16,24 *spec.:* species; bezeichnet die wirklich ausgeprägten Geldstücke (im Gegensatz zu Papiergeld u. a.).

16,33 *Martini:* Martinstag (11. November).

16,33 f. *Attestaten:* Gutachten, Zeugnisse.

17,4 *divertissement:* Unterhaltung, Belustigung.

17,12 *douce:* sanfte, weichliche.
resolvirte: entschloß.

17,14 *fl.:* Abkürzung für Gulden (Florin).

17,25 *Museo:* hier: Studierstube.

17,33 f. *chagriniren:* verdrießen, Unmut empfinden.

18,11 *recommendirt:* empfohlen.

18,21 f. *ohne prostitution:* ohne sich bloßzustellen.

19,13 *Frfl.:* wohl Fränkische Gulden (seit 1623 im Umlauf).

19,23 *hazard:* Waghalsigkeit.

20,5 f. *GOTT der wirds wohl machen:* Lied von Ernst Stockmann (1634–1712), 1701 zuerst gedruckt.

20,10 *Penseen:* Gedanken.

20,20 *reputirlich:* achtbar.

21,4 *Interesse:* Vorteil.

22,24 f. *St. Johannis-Tag:* 24. Juni.

22,30 *Messures:* Maßnahmen.

22,31 *importanten Affairen:* wichtigen Geschäfte.

23,5 *votre Valet:* euer Diener.

23,8 *Citation:* Vorladung.

23,25 *Es sind ja GOtt sehr schlechte Sachen:* Anfang der 6. Strophe von Georg Neumarks (1621–1681) Lied »Wer nur den lieben Gott läßt walten« (Erstdruck 1651).

24,7 *Equippage:* Ausrüstung.

24,16 *magnifique:* großartige, prächtige.
  admiriren: bewundern.

24,21 f. *Wapen von Ober-Yssel:* Gasthaus.

25,13 *Well:* wel, nl.: wohl, recht, gewiß.

25,20 *Mar Dübel:* maar diuvel, nl.: aber Teufel.

25,21 *replicirte:* erwiderte.

25,25 *negligent:* nachlässig.

25,28 *Stüver:* Stüber, Münze.

27,16 f. *Confortativ:* Bestärkung.

27,19 *Buteille:* Flasche.

27,22 *Motion:* Bewegung.

29,2 *propos:* Vorsatz.

29,7 *meritirt:* verdient.

29,10 *Discours:* Unterredung.

29,15 *Canaster-Toback:* guter Tabak, der in Körben gehandelt wurde.

29,35 *Avanturier:* Abenteurer; im frühen 18. Jahrhundert entstand als Sonderart des Abenteuerromans der Avanturierroman.

30,9 f. *pauvre diable:* armen Teufel.

30,17 *die Barbarischen Küsten:* die Küsten Nordafrikas, berüchtigt wegen der dort ansässigen Piraten.

31,5 *Mon Frere:* Mein Bruder.

31,6 *wohl conduisirten:* von gutem Betragen.

31,11 *gepistet:* gezischt.

31,18 f. *Mon Patron:* Mein Herr.

32,34 *Contoir:* Tisch.

33,7 *NB.:* notabene: merke wohl, übrigens.

33,17 *Mon Pere:* Mein Vater.

34,24 *Dat.:* Datum, gegeben.

34,27 *L. S.:* Loco Sigilli: anstatt des Siegels.

36,16 *habite:* (Amts)kleidung.

36,20 *Informator:* Lehrer.

37,23 *Texel:* die größte der Westfriesischen Inseln vor der Küste Nordhollands; bis zur Eröffnung des Nordseekanals von großer Bedeutung für die Seefahrt nach Indien.

37,25 *favorablen:* günstigen.

37,33 *s. v.:* salva venia: mit Verlaub (zu sagen).

38,2 *dauren:* bleiben.

38,34 *obligiren:* (zu Dank) verpflichten.

39,12 *Posamentirer:* Hersteller von Posamenten, d. h. Besatzartikeln, Borten, Quasten u. a.

39,30 *expressen:* ausdrücklichen.

40,2 *per genitivum:* durch den Genitiv (Fall, der die Abkunft, Zugehörigkeit bezeichnet), d. h. durch Heirat.

40,3 *substituiren:* als Stellvertreter einsetzen.

40,5 *salvo errore calculi:* Rechenfehler vorbehalten.

40,5 f. *dentes sapientiae:* Weisheitszähne.

40,11 *debauchen:* Ausschweifungen.

40,15 *Pfingst-Ferien:* vgl. lat. *feriae:* geschäftsfreie Tage, Feiertage.

40,16 *celebrirte:* feierte.

40,18 *insinuiren:* einschmeicheln.

40,29 *invitirt:* eingeladen.

40,30 *pursicos:* burschikos, flott.

40,31 *wetzen:* mit großem Aufwand auftreten, ausgehen.

41,9 *chargiren:* schlagen.

41,18 *quo fato:* durch was für ein Verhängnis.

41,23 *in loco:* am Ort.

41,35 f. *Grypswalda:* Greifswald. Die Stadt kam 1648 unter schwedische Herrschaft; die Universität wurde 1456 gegründet.

42,8 f. *commiseration:* Mitleid.

42,16 *subsidia:* eigentlich Hilfsgelder; hier allgemein: Geldmittel.

42,26 *expedit:* geschickt.

42,28 *defrayirung:* Bestreitung der Unkosten, Freihalten.

42,30 *Accidens:* Nebeneinkunft.

42,36 *Commissionen:* Aufträge.

43,3 *profitablere Condition:* einträglichere Stellung.

43,7 *salarium:* Vergütung, Gehalt.

43,13 *Valet:* Lebewohl.

43,14 *Retour:* Rückkehr.

43,20 *Etaat:* Staat.

43,36 *Cap de bonne esperence:* Kap der Guten Hoffnung, an der Südspitze Afrikas.

44,2 *Rencontre:* Zusammenstoß, feindliche Begegnung.

47,19 *Tractament:* Bewirtung, Behandlung.

50,16 *bagatelle:* Kleinigkeiten.

50,20 *propre:* ordentlich, nett.

51,20 *Caressen:* Liebesbezeugungen.

51,25 *Tommi:* Bezieht sich wahrscheinlich auf die Thomaschristen (auch Thomächristen), eine christliche Sekte in Ostindien, die sich auf den Apostel Thomas zurückführte.

53,1 *Amant:* Liebhaber.

53,28 *complaisant:* gefällig, höflich.

53,29 f. *imperieusen:* gebieterischen.

54,16 *Koller:* Hals.

54,26 *absentirte:* davonmachte.

55,15 f. *Kolleraturen:* wohl zu kollern: rollen, Purzelbäume schlagen.

55,31 *Commoditeé:* Bequemlichkeit.

55,31 f. *Caffarischen Meeres:* Bezeichnung für den Ozean am Kap der Guten Hoffnung (vgl. die alte, abwertend verstandene Bezeichnung »Kaffern« für die Völker im südlichen Afrika).

57,9 *Alteration:* Aufregung.

57,16 *Marque:* Zeichen.

58,11 *Amadis Ritter:* Anspielung auf den Ritterroman *Amadís de Gaula* (1508 ff.) von Garcí Ordóñez de Montalvo, der im 16. und 17. Jahrhundert weit verbreitet und wegen seiner freien Schilderung von Liebesabenteuern berühmt bzw. berüchtigt war.

58,16 *blessirten:* verwundeten.

59,17 *prostituiren:* bloßstellen.

59,18 *Estims:* Wertschätzung.

60,7 *per force:* par force, unbedingt.

60,22 *Suiten:* Folgen.

61,4 *politischen:* höflichen.

61,35 *marchandirte:* handelte.

62,7 f. *Saleeischen:* zu Salé (arab. *Salā, Slā*), heute Vorstadt von Rabat, Marokko; im 17. Jahrhundert bildete es zusammen mit Rabat eine unabhängige Korsarenrepublik.

62,16 *Avantage:* Vorteil.

63,12 *succurs:* Beistand, Hilfe.

63,15 *Pallasch:* langes, einschneidiges Schwert.

63,26 *secundirten:* halfen.

63,34 *Piquen-Stich:* Pique: Pike, Spieß.

63,35 f. *irraisonable:* unvernünftige, ungehörige.

64,6 *par hazard:* zufällig.

64,7 f. *en regard:* mit Rücksicht auf.

65,10 *confirmation:* Bestätigung.

65,14 *Charge:* Amt, Würde, Rang.

65,21 *Prise:* aufgebrachtes Schiff.

65,23 *Recompens:* Verehrung, Belohnung, Entschädigung.

66,32 *Pico:* Pico de Teide, höchster Berg der Insel Teneriffa.

66,35 *Machine:* Maschine; eigentlich Kriegs-, Belagerungsmaschine;

seit dem Anfang des 18. Jahrhunderts auf viele andere Gebiete übertragen und auch in freier und bildlicher Weise verwendet.

67,15 *Kaldera:* Caldera (span., ›Kessel‹), von der Kanareninsel Palma stammende Bezeichnung für auffallend breite, durch Einsturz und Erosion kesselförmig erweiterte Krater.

67,19 *Cajus Plinius Secundus:* C. Plinius Secundus d. Ä., römischer Schriftsteller (23/24–79 n. Chr.), Verfasser einer Naturgeschichte in 37 Büchern, kam bei dem Ausbruch des Vesuvs ums Leben.

67,26 *Canari-Sect:* Kanarienwein, Würzwein von den Kanarischen Inseln.

67,32 *Cabo Verde:* Kap Verde (Vert), an der Westküste Afrikas.

68,3 f. *General Etaaten:* Generalstaaten (Holland). Mit dem Krieg ist wahrscheinlich der Spanische Erbfolgekrieg (1701–1714) gemeint, an dem Holland in einer Koalition gegen Frankreich teilnahm.

69,12 *Louis d'or:* Goldmünze, unter Ludwig XIII. von Frankreich geprägt.

69,16 *discretion:* Vergeltung, Bezahlung.

69,29 *Keller;* Kellner: Kellermeister.

70,1 *Jagd-Schiffs:* Jagd oder Jagdschiff: leichtes, schnellsegelndes Schiff.

70,18 *Hispaniolaner:* Bewohner von Hispaniola, einer der Karibischen Inseln, heute von den Staaten St. Domingo und Haiti eingenommen.

71,4 *Virginien:* Virginia, ehemalige englische Kolonie in Nordamerika.

71,14 *fatiguen:* Anstrengungen, Strapazen.
merode: marode, erschöpft.

71,16 *Curacao:* Curaçao, Insel im Karabischen Meer.

71,18 *Banille:* Vanille.

71,36 *Bonatry:* Bonaire, Insel im Karibischen Meer.

72,13 *Mahis, Jammes, Patates, auch Guineisch Korn:* Mais; Jamswurzeln (eßbare Wurzelknollen einer Kletterstaude); Bataten (Süßkartoffeln). Guineisch Korn: ein Teil der Küste Guineas wurde Kornküste genannt; Hauptprodukt waren Paradieskörner (Samen eines Ingwergewächses, der als Pfefferersatz verwendet wurde).

74,19 *Arrier-Guarde:* Nachhut.

75,15 *Ranzion:* Lösegeld.

78,26 *Stücken:* Geschütze.

78,27 *Batterien:* Batterie: erhobener Ort, auf dem Geschütze aufgestellt werden.

80,12 *Copulation:* eheliche Verbindung.

81,17 f. *Meublen:* Meubles sind die beweglichen Güter im Haushalt, besonders auch Silbergerät.

82,36 *Mariage:* Heirat.

83,3 *importirte:* von Bedeutung war.

83,4 *capricieus:* launisch, eigenwillig.

83,32 *Linie:* Äquator.

84,10 *Tropicum capricorni:* Wendekreis des Steinbocks.

92,6 *Oberlof:* Oberdeck.

93,16 *Oration:* Rede.

98,11 *Nun dancket alle GOTT:* Lied von Martin Rinckart (1586 bis 1649), Erstdruck 1648.

100,12 f. *venerablen:* verehrungswürdigen.

100,19 *Latan-Bäumen:* Latanie: Fächerpalmengattung.

101,5 *tractiret:* bewirtet.

103,21 *force:* Stärke.

103,27 *Welschen Hünern; Welschen Hähnen:* Truthühner, Truthähne.

104,23 *G.:* Geneigten.

105,2 *Victualien:* Lebensmittel.

105,6 *post Trin.:* nach Trinitatis, dem Dreifaltigkeitsfest am 1. Sonntag nach Pfingsten. In der evangelischen Kirche werden die Sonntage bis zum Advent nach Trinitatis gezählt.

105,21 *application:* Anwendung.

106,35 *General-Visitation:* allgemeine Nachprüfung durch Besuch, Besichtigung.

109,10 *Principal:* Vorgesetzter.

111,15 *Praeceptor:* Lehrer, Erzieher.

111,16 *vor-exponiren:* darstellen, auseinandersetzen.

111,17 *Ovidii Libr. de arte amandi:* Ovids *Ars amatoria* (Liebeskunst).

113,34 *conditionirtes:* beschaffenes.

115,18 *beschneutzet:* hintergangen.

118,4 *carressiret:* karessieren: liebkosen, schmeicheln.

120,30 *Douvres:* Dover.

122,7 *Negotium:* Geschäft.

123,12 *committirt:* beauftragt.

126,26 *Vorwerge:* Vorwerk, Landgut.

127,10 f. *Insuln des grünen Vor-Gebürges:* die Kapverdischen Inseln vor der Westküste Afrikas.

128,25 *curieux:* neugierig, wißbegierig.

128,28 *auf:* für.

129,1 *prospect:* Aussicht.

135,13 *schraubte:* verhöhnte, zusetzte.

136,35 *Lägel:* Traggefäß.

140,24 *brutalisiren:* frz. *brutaliser:* jemanden grob behandeln.

143,16 *Calender:* Kalender machen: schwer nachsinnen.

143,25 *Quee:* Hindernis.

145,25 *Gelencke:* das Gelenke treffen: die richtige Wendung bei einer Wegbiegung treffen.

153,25 *Radehaue:* Rodehacke.

161,14 *Haupt-Sprachen:* Hebräisch, Griechisch, Lateinisch.

161,22 *schurrte:* glitt aus.

164,20 *praeservativ:* Vorbeugungs-, Schutzmittel.

172,20 *rodomontaden:* Aufschneidereien, Großsprechereien.

183,11 *bey seinen 5. Augen:* Ausdruck aus dem Karten- und Würfelspiel, hier im übertragenen Sinn: bei seiner trotzigen, halsstarrigen Meinung.

199,5 *Nimmstu mich, GOTT! in deine Hände:* Das Lied konnte nicht nachgewiesen werden.

213,19 *Hirsch-Unschlit:* Hirsch-Talg.

213,28 f. *Te Deum laudamus:* Dich, Gott, loben wir (altkirchlicher Lobgesang).

214,19 *Hut:* hutförmiges Maß.

214,29 *Plantains:* Bananenart. Zu den übrigen Gewächsen vgl. Anm. zu 72,13.

222,21 *Saltz-Lecken:* eine Lecke ist eine Stelle, wo das Wild oder Vieh Salz leckt.

233,2 *ein Mandel:* fünfzehn.

241,13 *Es woll uns GOTT genädig seyn:* Lied über den 67. Psalm von *Martin Luther* (1483–1546), Erstdruck 1524.

260,21 f. *Tage der Reinigung Mariä:* 2. Februar (auch: ›Mariä Lichtmeß‹).

264,17 *König Carln:* Der englische König Charles I. wurde nach dem Bürgerkrieg zwischen Krone und Parlament 1649 hingerichtet. Oliver Cromwell herrschte als Lordprotektor von 1653 bis zu seinem Tod 1658; Richard Cromwell folgte seinem Vater im Protektorat, wurde jedoch 1659 abgesetzt. 1660 wurde die Monarchie wiederhergestellt (Charles II.)

271,36 *Schaarbock:* Skorbut.

281,11 *Lumay de la Marck:* Willem van der Marck, Graf von Lumey (um 1543 – 1578), hatte 1572 den Briel für Wilhelm von Oranien eingenommen.

282,31 f. *Bantamischen und Moluccischen Insuln:* Bantam: ehemaliges Königreich auf der Insel Java; Molukken: Inselgruppe Indonesiens.

282,32 *Middelburg:* Hauptstadt der niederländischen Provinz Seeland.

283,30 *Liberey:* Livree.

289,5 *Amboina:* Ambon, eine der Molukkeninseln.

304,31 *gehänckelte:* gehenkelte, mit einem Henkel versehene.

309,6 *Tour:* Tower, zeitweise Residenz der englischen Könige und Staatsgefängnis.

310,1 *Interesse:* Zinsen.

312,8 *beruffenen:* berüchtigten.

316,6 *mobilien:* beweglichen Gütern.

316,18 *recreation:* Erholung, Erfrischung.

319,24 *harquibousiren:* mit einer Arkebuse, einer Hakenbüchse, erschießen.

341,16 *Resolution:* Entschließung.

346,33 f. *Procurator:* Anwalt.

349,21 *Steck-Flusse:* Lungenkrankheit, die sich im Stocken des Atems äußert und leicht zum Ersticken führt.

356,27 *Teller-Tüchlein:* Servietten.

374,34 *Perspectiv:* Fernrohr.

392,14 *Michaelis-Tag:* 29. September.

395,2 *judicirte:* urteilte.

395,30 *Martin Vas:* Insel im Atlantik, heute zu Brasilien gehörig.

397,13 *Geschicht Josephs:* 1. Mose 37,39–50.

398,17 *Batavia:* heute Djakarta, die Hauptstadt Indonesiens.

398,32 *assignirte:* wies an.

399,12 f. *punctation:* Anweisung.

399,31 *Relation:* Bericht, Mitteilung.

400,22 f. *dem Seniori des dasigen Geistl. Ministerii:* dem Vorsitzenden des Kollegiums der Geistlichen.

409,18 *tentiret:* untersucht, geprüft.

410,18 *Exordium generale:* der allgemeine Einleitungsteil.

410,26 *Exordio speciali:* dem speziellen Einleitungsteil.

411,9 f. *GOTT sey danck durch alle Welt:* Adventslied von Heinrich Held (1620–1659), Erstdruck 1659.

411,11 *Consecration:* Wandlung von Brot und Wein im Meßopfer.

412,13 *HERR GOTT dich loben wir:* Anfang von Luthers Über-
setzung des Te Deum laudamus.

412,17 *G. G.:* Gott gebs oder gebs Gott.

416,19 *curiosität:* Wißbegierde, Neugierde.

416,20 *Satisfaction:* Genugtuung, Befriedigung.

417,5 *en Suite:* hintereinander.

417,18 *concise:* kurz, gedrängt.

417,22 *Interstitium:* Zwischenraum, Zwischenzeit.

418,4 *florisanten:* blühenden.

418,23 f. *affectionirtes, wenigstens unpassionirtes sentiment:* eine
günstige, wenigstens leidenschaftslose (vorurteilsfreie) Meinung.

432,7 *Königs Ferdinandi:* Historischer Hintergrund für die Geschichte des Don Cyrillo sind zunächst die politischen Ereignisse
auf der Iberischen Halbinsel: 1469 wurde mit der Heirat von
Isabella von Kastilien und Ferdinand II. von Aragonien die
Grundlage für die spätere Machtstellung Spaniens geschaffen.
1474–1479 Kastilischer Erbfolgekrieg gegen Frankreich und Portugal: Alfons V. von Portugal hatte sich mit der als »unecht«
angesehenen Tochter Heinrichs IV. von Kastilien verlobt und
beanspruchte die Nachfolge in Kastilien, wurde aber 1476 in der
Schlacht bei Toro besiegt; 1479 Friedensschluß, Vereinigung von
Kastilien und Aragonien. In den folgenden Jahren bestimmen
die Kämpfe gegen die Mauren die Politik. Mit der Eroberung
Granadas 1492 endet die maurische Herrschaft; der letzte König
'Addallāh (Boabdil) zieht sich nach Afrika zurück.

432,16 *disputirlich:* streitig.

432,29 *renuncirte:* verzichtete.

432,34 *vexiret:* geärgert, geneckt, gequält.

437,17 *Liberey:* hier: Abzeichen.

438,7 *Non possunt … columbam:* Die Horazstelle lautet genau:
»[…] neque inbellem feroces Progenerant aquilae columbam.«
(»[…] niemals werden wilde Adler die friedliche Taube zeugen.«
Carmina 4,4,31 f.)

439,16 *Similis simili gaudet:* Ähnliches gefällt dem Ähnlichen.

440,24 *Cartell:* schriftliche Herausforderung zum Zweikampf.

441,23 *Courtisan:* Höfling, Liebhaber.

448,28 *Carl der VIII.:* Karl VIII. von Frankreich beanspruchte als
Erbe der Anjous das vom Haus Sizilien-Aragon beherrschte Neapel. 1494 unternahm er einen Italienfeldzug, Neapel wurde erobert.

451,2 *Characters:* Zeichen.

452,22 *Henrico VII.:* Henry VII. Tudor, englischer König 1485 bis 1509.

452,36 f. *Kaysers Maximiliani:* Maximilian I., deutscher Kaiser 1493–1519. Sein Sohn Philipp der Schöne heiratete 1496 die Erbtochter von Spanien, Johanna (»die Wahnsinnige«) von Kastilien und Aragon.

453,34 *Consortes:* Gefährten.

455,34 f. *Margaretha:* Margarete von Österreich (1480–1530), die Tochter Kaiser Maximilians I. und Marias von Burgund, heiratete 1496 den Infanten Johann von Spanien, der jedoch schon 1497 starb.

457,21 *Ferdinandus:* Die Ereignisse in Neapel nach der Einnahme durch die Franzosen: Friedrich, König von Neapel und Sizilien (Sohn Ferdinands I.), folgte 1496 seinem Bruder Ferdinand II. auf dem Thron; dieser war kurz nach der Rückeroberung Neapels gestorben. 1500 schlossen Ludwig XII. von Frankreich und Ferdinand II. von Kastilien und Aragon einen Bund, nach dem das Königreich Neapel unter ihnen aufgeteilt werden sollte. Sie besiegten 1501 Friedrich, konnten sich aber nicht einigen. Neapel verlor seine Unabhängigkeit an Spanien.

458,19 *Friede:* Im Vertrag von Blois (1504) erkannte Ludwig XII. von Frankreich die spanische Herrschaft über Neapel an. Im selben Jahr starb Isabella von Kastilien. Ferdinand II. heiratete 1506 Germaine de Foix, eine Nichte Ludwigs XII. – Johann war 1497 gestorben (s. Anm. zu 455,34 f.). Philipp der Schöne hatte 1496 Johanna von Kastilien und Aragon geheiratet (s. Anm. zu 452,36 f.).

460,7 *mein König:* Philipp der Schöne, Erzherzog von Österreich und König von Kastilien, starb 1506. Sein Sohn Karl (* 1500) erhielt nach dem Tod Ferdinands II. (1516) das spanische Erbe. – *Johanna:* s. Anm. zu 452,36 f.

464,5 *Beata:* wörtlich: die Selige.

477,25 *des Heil. Officii:* der kirchlichen Gerichtsbehörde.

479,33 f. *dem Könige Emanuel:* Emanuel I., König von Portugal 1495–1521.

480,2 *Segovia:* Stadt in Altkastilien, unter den kastilischen Königen bevorzugte Residenz.

480,9 f. *Brasilien:* Pedro Alvarez Cabral landete 1500 an der brasilianischen Küste.

480,10 *Port-Cale:* Oporto, portugiesische Hafenstadt.

480,15 *glückseeligen Insuln:* die Kanarischen Inseln, von römischen Schriftstellern als *Fortunatae Insulae* bezeichnet.

480,28 *Hojez:* Alonso de Ojeda (Hojeda), um 1466/70 – 1515/16, spanischer Konquistador, Teilnehmer an der 1. Fahrt des Kolumbus. Zusammen mit Diego Nicuesa (2. Hälfte des 15. Jh.s – 1511) wurde er 1508 als Gouverneur eines Teils der Neuen Welt eingesetzt. Ojeda erhielt Neu Andalusien (Teile des heutigen Kolumbien), Nicuesa Castilia del Oro (etwa das Gebiet des heutigen Panama, Costa Ricas und Nicaraguas). – Vasco Núñez de Balboa (um 1475–1517) ging 1510 mit Martín Fernández de Enciso (bei Schnabel später Anciso) nach Darien (Kolumbien), wo er Generalkapitän wurde. 1513 überquerte er den Isthmus von Panama und stieß am 29. Sept. 1513 auf den Pazifik, den er Südsee nannte. Wegen angeblicher Rebellion wurde er 1517 enthauptet. – Auch die übrigen Namen der spanischen Konquistadoren und Seeleute sind – bis auf den des fiktiven Helden – historisch und alten Reisebeschreibungen entnommen, ebenso die geographischen Bezeichnungen und die Namen der indianischen Könige und Stämme.

481,10 *Neu-Carthago:* Carthago Nova ist eigentlich die alte Bezeichnung für Cartagena in Spanien. Cartagena in Kolumbien wurde erst 1533 gegründet, doch muß es sich hier um eine Ansiedlung in dieser Gegend handeln.

482,21 f. *Caraiber:* Einwohner der Karibischen Inseln, in Reisebeschreibungen oft als Menschenfresser dargestellt.

484,21 *Uraba:* Urabá, Provinz in Kolumbien.

484,24 *Fortis:* Isla Fuerte, Insel im Golf von Urabá.

484,33 *Caribana:* Dieser und die folgenden Orts- und Flußnamen (Tirafi, Boyus, Cuchibacoam) beziehen sich auf Ojedas Eroberungszüge in dem ihm zugewiesenen Gebiet.

486,23 *Pizarro:* Francisco Pizarro (um 1471 – 1541), der spätere Entdecker und Eroberer Perus, nahm 1510 an der Expedition von Ojeda nach Urabá teil. 1513 begleitete er Balboa durch die Landenge von Panama.

489,17 *gediehen:* gediegen.

489,22 *Antiqua Darienis:* S. Maria la Antigua del Darien, gegründet 1510, am Golf von Urabá.

490,35 *Nomen Dei:* Nombre de Dios, Panama.

493,1 *Coiba:* die folgenden Orts- und Personennamen beziehen sich auf Balboas Züge in Mittelamerika, die ihn schließlich 1513 zum Pazifischen Ozean (»das Mittägliche Meer« bei Schnabel) führten.

493,10 _Don Didaco Columbo:_ Diego Colón (1474–1526), spanischer Admiral, Sohn von Cristóbal Colón (Kolumbus).

500,5 _St. Michael:_ Golf von S. Miguel, Panama (pazifische Seite).

500,6 f. _Perlen-Insuln:_ Archipiélago de las Perlas, Panama.

508,34 [Fußnote] _Insulas Salomonis:_ Salomoninseln, Inselgruppe östlich von Neuguinea.

523,34 f. _Wer bey einem Viehe schläfft:_ 2. Mose 22,19.

524,26 f. _Du sollst den Bösen von dir thun:_ vgl. 5. Mose 17,12; 5. Mose 22,21 und 22.

Tieck: Vorrede zur Ausgabe von 1828

537,20 _Sirach:_ das apokryphe Buch Jesus Sirach (Ecclesiasticus) des Alten Testaments.

538,32 _Schönbartlaufen:_ Fastnachtsumzug der Handwerker (schembart, mhd.: Larve, Maske).

542,15 _Walter Scott . . . in seiner Vorrede:_ Diese Bemerkung bezieht sich wohl auf die »Introductory Epistle« zu Walter Scotts Roman _The Fortunes of Nigel_ (1822), einen Dialog, in dem der »Author« sich über seine Schaffensweise und die kommerziellen Aspekte seiner Schriftstellerei äußert. U. a. heißt es: »I do say it, in spite of Adam Smith and his followers, that a successful author is a productive labourer, and that his works constitute as effectual a part of the public wealth as that which is created by any other manufacture. If a new commodity having an actually intrinsic and commercial value, be the result of the operation, why are the author's bales of books to be esteemed a less profitable part of the public stock than the goods of any other manufacturer?«

546,36 f. _Schloß der Kindabridis:_ Gemeint ist Calderóns Schauspiel _El castillo de Lindabridis_ (um 1660), das Motive aus einem Ritterroman verwendet: _Espejo de príncipes y caballeros_ (1562, 1582, 1589) von Diego Ortúñez de Calahorra, Pedro de la Sierra und Marcos Martínez.

547,17 _Belianis: Belianis de Grecia_ (1547, 1579), Ritterroman von Jerónimo Fernández.
Esplandians: Esplandián, Sohn des Amadís, ist der Held des 5. Buchs des Amadísromans (vgl. Anm. zu 58,11).
Tirante's: Tirant lo Blanch (1490), spanischer Ritterroman.

547,18 _Astrea's: L'Astrée_ (1607–27), Schäferroman von Honoré d'Urfé (1567–1625).

Cassandern: Cassandre (1642–45), höfisch-historischer Roman von Gautier la Coste de La Calprenède (1614–1663).

547,19 *Scudery:* Madeleine de Scudéry (1607–1701), Verfasserin umfangreicher höfisch-historischer Romane.

547,20 *Arkadia: Arcadia* (1590), Roman von Sir Philip Sidney (1554–1586).

547,21 *Diana: Los Siete Libros de la Diana,* 1559 erschienener Schäferroman von Jorge de Montemayor (1520/24–1561), fortgesetzt von Alonso Pérez (*Segunda parte de la Diana,* 1564) und Gaspar Gil Polo (*Diana enamorada,* 1564).

547,35 *Parodie . . . des Scarron: Le Roman comique* (1651–57) von Paul Scarron (1610–1660).

548,25 *Solger . . . Erwin: Erwin. Vier Gespräche über das Schöne und die Kunst* (1815) von Karl Wilhelm Ferdinand Solger (1780 bis 1819).

549,33 *Simplicissimus: Der Abentheurliche Simplicissimus Teutsch* von Hans Jacob Christoffel von Grimmelshausen (1621/22–1676), 1668 veröffentlicht.

550,2 f. *Gusmann von Alfarache: Guzmán de Alfarache* (1599 bis 1605), Pikaroroman von Mateo Alemán (1547 – nach 1613).

555,31 *Werther: Die Leiden des jungen Werthers* (1774) von Johann Wolfgang von Goethe (1749–1832).

555,32 *Rousseau's neue Heloise: La Nouvelle Héloïse* (1761) von Jean-Jacques Rousseau (1712–1778).

556,30 *Narrentheiding:* Narrenposse, Narrengeschwätz.

557,7 *Siegwart: Siegwart. Eine Klostergeschichte* (1776), Roman von Johann Martin Miller (1750–1814).

557,22 *Palliative:* Schmerzlinderungsmittel.

558,32 *Cramer:* Carl Gottlob Cramer (1758–1817), Verfasser zahlreicher Ritter- und Räuberromane.

559,5 *Tom Jones: The History of Tom Jones, a Foundling* (1749) von Henry Fielding (1707–1754).

559,7 *Clauren:* Heinrich Clauren, Pseudonym des Unterhaltungsschriftstellers Karl Gottlieb Heun (1771–1854); er verfaßte u. a. *Mimili* (1816).

559,19 *Sterne:* Laurence Sterne (1713–1768), Verfasser von *Tristram Shandy* (1760) und *A Sentimental Journey through France and Italy* (1768).

560,31 *Richardson:* Samuel Richardson (1689–1761), einflußreicher englischer Romanschriftsteller: *Pamela* (1740/41), *Clarissa Harlowe* (1747/48), *Sir Charles Grandison* (1753/54).

563,6 *Rinaldo Rinaldini:* Titel des 1798 erschienenen Räuberromans von Christian August Vulpius (1762–1827).

563,34 *Oehlenschläger:* Adam Oehlenschlägers (1779–1850) Bearbeitung der *Insel Felsenburg* erschien 1826 in deutscher Fassung unter dem Titel *Die Inseln im Südmeer.*

Editionsbericht

Die vorliegende Edition des ersten Teils der *Wunderlichen FATA einiger See-Fahrer* Schnabels gründet sich auf die Erstausgabe von 1731:

> Wunderliche | FATA | einiger | See-Fahrer, | absonder-
> lich | ALBERTI JULII, | eines gebohrnen Sachsens, |
> Welcher in seinem 18den Jahre zu Schiffe | gegangen,
> [...]. | NORDHAUSEN, | Bey Johann Heinrich Groß, |
> Buchhändlern. | Anno 1731.

Die Neuausgabe bringt den vollständigen Text, d. h. auch die genealogischen Tabellen (in Faksimile) und die »Lebens-Beschreibung Des Don Cyrillo de Valaro«. Als Anhang folgt die Einleitung Ludwig Tiecks zur Ausgabe der *Insel Felsenburg* von 1828: Die Insel Felsenburg oder wunderliche Fata einiger Seefahrer. Eine Geschichte aus dem Anfange des achtzehnten Jahrhunderts. Eingeleitet von Ludwig Tieck. Erstes Bändchen. Breslau, im Verlage von Josef Max und Komp. 1828. S. V–LIII.

Orthographie und Interpunktion blieben grundsätzlich gewahrt, doch wurde nicht versucht, die typographischen Besonderheiten des Originals in allen Fällen nachzuahmen. Die Ausgabe von 1731, grundsätzlich in Fraktur, druckt die zahlreichen Fremdwörter und die Eigennamen in Antiqua. Dagegen unterscheidet der Neudruck nicht zwischen Fraktur- und Antiquasatz, der ganze Text ist in Antiqua gesetzt. Die wenigen Hervorhebungen durch Fettdruck innerhalb des laufenden Originaltextes – Leseranreden und einige Namen – wurden durch Kursivdruck wiedergegeben. Längere Passagen, in der Regel Briefe, die im Original ebenfalls durch Fettdruck hervorgehoben sind, wurden allerdings nicht eigens gekennzeichnet. Der Neudruck unterscheidet zwischen I und J, schreibt einheitlich qu und modernisiert die Wiedergabe der Umlaute (ä, ö, ü statt â, ô, û; Ä, Ö, Ü statt Ae, Oe, Ue bzw. U). Dies gilt auch für

Tiecks »Vorrede«. Abbreviaturen und Ligaturen wurden aufgelöst. Die Paginierung der Ausgabe von 1731 wurde in den Text eingefügt und steht in eckigen Klammern. Die unpaginierten Seiten der »Vorrede« Schnabels erhielten eine römische Hilfszählung (II^r, II^v usw.). Die Kolumnentitel für den Text Schnabels und die »Vorrede« Tiecks wurden hinzugefügt.

Bindestriche im Originaltext können in der Neuausgabe in solchen Fällen als Trennungszeichen mißverstanden werden, in denen sie ans Zeilenende gelangen. Es handelt sich um die folgenden Komposita: 10,34 f. Hertz-allerliebsten; 141,31 f. wechsels-weise; 172,29 f. unter-irrdische; 192,2 f. Angstvolle; 242,17 f. Liebes-vollen; 244,10 f. nächst-gelegenen; 309,6 f. höchst-unschuldig; 333,28 f. See-fahrenden. – Andererseits ist nicht immer zu entscheiden, ob im Originaltext durch den Zeilenumbruch getrennte Komposita mit oder ohne Bindestrich zu schreiben sind. In der vorliegenden Ausgabe sind die betroffenen Komposita einheitlich zusammengeschrieben.

Das folgende Verzeichnis führt die Eingriffe der Herausgeber in den Text von 1731 sowie in den Text von Tieck auf. Korrekturen, die auf Schnabels kurze Errataliste zurückgehen, sind mit einem Sternchen gekennzeichnet. Stillschweigend ergänzt wurden einige Punkte nach Zahlen und Abkürzungen. Zu bemerken ist noch, daß die Druckqualität der Erstausgabe zu wünschen übrigläßt: besonders Bindestriche sind häufig kaum sichtbar.

9,11 Paquet Schrifften] Paquet-Schrifften / 11,24 Façon] Facon / 19,13 à] â / 23,10 à] a / 24,28 Folgendes] Flolgendes / 26,23 f. Quartiere] Qartiere / 26,33 öfftern] öffern / 38,28 Lieutenant] Lieutenannt / 41,35 Universität] Unniversität / 42,36 seinen] seine / 44,2 Rencontre] Recontre / 46,14 einander] einader / 50,9 Willkommen] Willkommmen / 57,29 Raac] Raack / 67,31 Septembr.] 7br. / 71,18 Marmelade,] Marmelade / 72,13 Palates] Palates / 75,34 f. verweigern] verwiegern / 86,5 Wasser-Tropffen] Wasser-Troffen / 91,7 f. allbereits] allbereis / 94,25 solchergestalt] solchergestat / 103,12 f. beysammen] besammen / 109,19 sonst] svnst / 111,11 Wissenschafften] Wissenschaffen / 119,26 Herr] Heer / 122,34* Vater] *fehlt* / 124,12 ordentlich] odentlich / 125,33* Unpaß] Umpaß / 140,4 bequeme] bequme / 140,20 versatzte] vorsatzte / 160,10 vollends] vollensds; *Kustode:* vollends / 165,2 Seekalbs-Fett] Seeckalbs-Fett / 167,8* pretium] praetium / 167,8* hac] haec / 170,17 Freund] Freud / 171,1 f. Novembr.] 9br. / 172,9 Don] Dan / 179,29 dieser] bieser / 187,16 Concordia] Cordia / 188,23 einschlagen] eingeschlagen / 191,13 Albert] Abert / 193,30 würckliche] würcklich / 196,34 Räncke] Rancke / 200,36 ihr] ihre / 211,11 Hände] Hande / 213,11 f. Concordia] Cordia / 216,26 f. denselben] denselbeu / 217,32 den] dey / 226,11 vollkommenes] vollkommenns / 231,27* verdecktes] verderbtes / 237,31 Geburts-Tage] Geburs-Tage / 248,10 Cyrillo] Cyrillio / 259,35 untereinander] untereinader / 260,33 Leben] Lenen; *Kustode:* Leben / 260,34 wenig] webig / 274,15 denselben] demselben / 278,9 nach] nacht / 281,12 Eroberung] Erorberung / 282,12 Person] Peson / 285,3 f. lauter entsetzlich schäumende Wellen] lauter schäumende Wellen entsetzlich / 286,11 Philippine] Philppine / 287,20 kam] kamen / 287,28 daß] das / 288,7 Brod-Messer] Brod-Messern / 290,13 eine] einen / 290,14 Insuln] Insulm / 293,16 verpflichtetsten] verpflichtesten / 295,33 scheueten] scheuen / 299,24 ausgetruncken] ausgetrucken / 312,9 grausamen] grausamer / 314,2 Schimmers Bewegung] Schimmers-Bewegung / 315,34 waren] war / 318,12 derjenige] derjenig / 325,9 Hülter] Hüll / 327,21 geliebt es] geliebtes / 328,21 Mehresten] Mehrersten / 333,18 nachhero] nahero / 333,36 Schimmer] Shimmer / 334,25 ruhiger] ruheriger / 340,25* Stieff-Tochter] Schwieger-Tochter / 343,15 wenigstens] wenigstes / 347,28 Mutter wegen] Mutterwegen / 353,14 den] dem / 353,33* Tage gefährlicher] Tage gefährlichen gefährlicher / 359,11 derowegen] derowen / 364,18 entgehen,] entgehen / 364,27 den] denn / 368,16 ließ] leiß / 369,34 Ursache] Ursuche / 372,18 können,] können / 377,11 Sprache] Srache / 378,15 anbrechenden] anbrechende / 379,3 Jahrhundert] Jahr hundert / 380,5 Handwercken] Handwerckern / 381,2 Hülter] Hilter / 382,3 Lebens] Leben / 383,3 Bekandtschafft] Bekandtschchafft / 411,35* Abendmahl] *fehlt* / 417,13 Quarto] 4to / 417,14 Octavo] 8vo / 418,12 Schwester] Schester / 419,1 TABELLen] TABELLEen *(nicht verbessert, da Faksimile)* / 435,13 Dionysio] Dyonisio / 444,16 erlangter] erlanger / 449,23 und vermeinte] und und vermeinte / 450,6 verargen] verargern / 453,13 machen]

mache / 457,36 den] dem / 458,27 Arragonien] Arrogonien / 458,30
Ferdinandi] Ferdinendi / 459,9 Arragonien] Arrogonien / 468,5
würcklich] würckl *(ausgefallene Buchstaben)* / 489,22 welche] welch /
491,33 Kummer] Kummrr / 498,29 Valboa] Volboa / 506,35
Mensch] Meusch / 520,31 dumpffiges] dumffiges / 529,23 können]
konnen / 535,33 Kaiserthum] Kaiserhum

Zeittafel

1692 7. November: Johann Gottfried Schnabel in Sandersdorf bei Bitterfeld als Sohn des Pfarrers Johann Georg Schnabel und seiner Frau Hedwig Sophie Hammer geboren.

1694 Tod der Eltern. Schnabel wird wahrscheinlich von Verwandten aufgenommen.

1702 Besuch der Lateinschule in Halle. Anschließendes Medizinstudium und Erlernen der Barbierkunst ist anzunehmen, läßt sich aber nicht belegen.

1708–1712 Im Verlauf des Spanischen Erbfolgekriegs Teilnahme an den Feldzügen Prinz Eugens in den Niederlanden (möglicherweise als Feldscher). – Über die folgenden Lebensjahre Schnabels ist nichts bekannt.

1724 4. August: Schnabel legt den Bürgereid in Stolberg (Harz) ab und wird als »Hofbalbier« – später auch als Kammerdiener und Hofagent – bei den Grafen von Stolberg bezeichnet.

1731–41 Herausgeber der *Stollbergischen Sammlung Neuer und Merckwürdiger Welt-Geschichte*. Die Zeitung erscheint zunächst einmal wöchentlich, ab 1737 zweimal.

1731 *Wunderliche FATA einiger See-Fahrer, absonderlich ALBERTI JULII, [...] dem Drucke übergeben Von GISANDERN.* Bd. 2: 1732, Bd. 3: 1736, Bd. 4: 1743.

1732 *Nachricht, welchergestalt die Salzburgischen Emigranten in Stolberg am 2. bis 4. August 1732 empfangen wurden.* Flugschrift.

1733 26. Februar: Begräbnis von Schnabels Frau Johanna Sophie. – Datum und Ort der Eheschließung sind nicht bekannt, ebensowenig der Mädchenname der Frau. Fünf Kinder – geboren zwischen 1721 und 1731 – sind bezeugt.

1736 *Lebens- Helden- und Todes-Geschicht des berühmtesten Feld-Herrn bißheriger Zeiten EVGENII FRAN-*

CISCI, Printzen von Savoyen [...]. Aus verschiedenen glaubwürdigen Geschicht-Büchern und andern Nachrichten zusammen getragen und kurtzgefasset heraus gegeben von GISANDERN.

1737 *Das höchst-erfreute Stolberg, bey dem Hochgräfl. Vermählungs-FESTIN des Hochgebohrnen Grafen und Herrn, Herrn Christoph Ludwig, Grafen zu Stolberg [...] Mit der Hochgebohrnen Gräfin, Gräfin Louise Charlotte, Gräfin zu Stolberg [...] entwarf mit flüchtiger Feder und beförderte solches nebst umständlicher Nachricht von allen darbey vorgegangenen SOLENNIEN, gemachten ILLUMINATIONen und andern unterthänigsten DEVOIRS, auf Verlangen vieler Einheimischen und Auswärtigen zum Drucke: Johann Gottfried Schnabel, Gräfl. Stolbergl. Hof-Agent.*

1738 *Der im Irr-Garten der Liebe herum taumelnde CAVALIER. Oder Reise- und Liebes-Geschichte Eines vornehmen Deutschen von Adel, Herrn von St.***.* Galanter Roman.

1744 Bittschrift an Graf Ludwig Christoph von Stolberg (vgl. G. Deneke, 1939), danach keine Lebenszeugnisse mehr überliefert. Man nimmt an, daß Schnabel Stolberg verlassen hat.

1750 *Der aus dem Mond gefallene und nachhero zur Sonne des Glücks gestiegene Printz, Oder Sonderbare Geschichte CHRISTIAN ALEXANDER LUNARI, alias MEHMET KIRILI und dessen Sohnes FRANCISCI ALEXANDERS. [...] ausgefertigt durch Gisandern, welcher die Felsenburgische Geschichte gesammelt hat.* Dieser allegorische Roman, erschienen in Frankfurt und Leipzig, ist die letzte bekannte Publikation Schnabels.
Nach 1750 fehlt jede Nachricht von Schnabel. Todesdatum und Sterbeort sind nicht bekannt. 1760 wird er als verstorben bezeichnet (vgl. A. Schmidt, 1958).

Literaturhinweise

Ausgaben

Die Insel Felsenburg oder wunderliche Fata einiger Seefahrer. Eine Geschichte aus dem Anfange des achtzehnten Jahrhunderts. Eingel. von Ludwig Tieck. Breslau: Max und Komp., 1828.

Die Insel Felsenburg. Erster Theil (1731). Hrsg. von Hermann Ullrich. Berlin: B. Behr, 1902. (Deutsche Litteraturdenkmale des 18. und 19. Jahrhunderts. N.F. 58–70.)

Die Insel Felsenburg. Erster Teil aus dem Jahre 1731. In: Vorboten der bürgerlichen Kultur. Johann Gottfried Schnabel und Albrecht von Haller. Hrsg. von Fritz Brüggemann. Leipzig: Reclam, 1931. Nachdruck Darmstadt: Wissenschaftliche Buchgesellschaft, 1964. (Deutsche Literatur in Entwicklungsreihen. Reihe Aufklärung. Bd. 4.) [Enthält nicht die genealogischen Tabellen und die »Lebens-Beschreibung Des Don Cyrillo de Valaro«.]

Die Insel Felsenburg. In der Bearbeitung von Ludwig Tieck [!] neu hrsg. mit einem Nachwort von Martin Greiner. Stuttgart: Reclam, 1959. (Reclams Universal-Bibliothek. Nr. 8419 [10].). [»Der Text der Ausgabe von 1828 wurde ... teilweise gekürzt.«]

Die Insel Felsenburg. [1. Teil.] Hrsg. von Peter Gugisch. Leipzig: Insel / [Lizenzausgabe] München: Herbig, 1966.

Insel Felsenburg. [1. Teil.] Hrsg. von Wilhelm Voßkamp. Reinbek: Rowohlt, 1969. (Rowohlts Klassiker. Deutsche Literatur. Bd. 31.) [Enthält nicht die genealogischen Tabellen und die »Lebens-Beschreibung Des Don Cyrillo de Valaro«.]

Wunderliche FATA einiger See-Fahrer. 1. Teil 1731; 2. Teil 1732; 3. Teil 1736; 4. Teil 1743. Fotomechanischer Nachdruck. Hildesheim / New York: Olms, 1973.

Der im Irrgarten der Liebe herumtaumelnde Cavalier [. . .] von Neuem hrsg., commentirt und glossirt durch den Stachlichten. o. O. [Leipzig] 1830.

Der im Irrgarten der Liebe herumtaumelnde Kavalier. Neu hrsg. und eingel. von Paul Ernst. München: G. Müller, 1907.

Der im Irrgarten der Liebe herumtaumelnde Kavalier. Mit einem Nachwort von Hans Mayer. München: Rogner und Bernhard, 1968.

Der im Irrgarten der Liebe herumtaumelnde Kavalier. Hrsg. von Peter Schalk. München: Heyne, 1972. ⁴1977. (Exquisit Bücher. Nr. 62.)

Forschungsliteratur

Allerdissen, Rolf: Die Reise als Flucht. Zu Schnabels ›Insel Felsenburg‹ und Thümmels ›Reise in die mittäglichen Provinzen von Frankreich‹. Bern / Frankfurt a. M. 1975.

Becker, Franz Karl: Die Romane Johann Gottfried Schnabels. Diss. Bonn 1911.

Brüggemann, Fritz: Utopie und Robinsonade. Untersuchungen zu Schnabels Insel Felsenburg (1731–1743). Weimar 1914.

Brunner, Horst: Die poetische Insel. Inseln und Inselvorstellungen in der deutschen Literatur. Stuttgart 1967.

David, Claude: Einige Stufen in der Geschichte des Gefühls. In: Miscellanea di studi in onore di Bonaventura Tecchi. Rom 1969. Bd. 1. S. 163–181.

Deneke, Günther: Neu aufgefundene Manuskripte des Stolberger Schriftstellers Joh. Gottfried Schnabel-Gisander. In: Zeitschrift des Harz-Vereins für Geschichte und Altertumskunde 72 (1939) S. 70–79.

Ernst, Paul: Johann Gottfried Schnabel. Ein Nachwort (1907). In: P. E.: Völker und Zeiten im Spiegel ihrer Dichtung. Aufsätze zur deutschen Literatur. München 1942. S. 36–43.

Freschi, Marino: L'utopia nel settecento tedesco. Neapel 1974.

Götz, Max: Der frühe bürgerliche Roman in Deutschland (1720 bis 1750). Diss. München 1958 [Masch.].

Gove, Philip Babcock: The Imaginary Voyage in Prose Fiction. New York 1941. Neuausgabe London 1961.

Graber, Paul Albert: Religious Types in Some Representative German Novels of the Age of Enlightenment. Diss. State Univ. of Iowa 1953.

Greiner, Martin: Die Entstehung der modernen· Unterhaltungsliteratur. Studien zum Trivialroman des 18. Jahrhunderts. Reinbek 1964.

Grohnert, Dietrich: Robinson zwischen Trivialität und Sozialutopie. Bemerkungen zu Entstehung und Autorenabsicht deutscher Robinsonaden. In: Wissenschaftliche Zeitschrift der Pädagogischen Hochschule Potsdam 16 (1972) S. 411–421.

Haas, Roland: Lesend wird sich der Bürger seiner Welt bewußt. Der Schriftsteller Johann Gottfried Schnabel und die deutsche

Entwicklung des Bürgertums in der ersten Hälfte des 18. Jahrhunderts. Bern / Frankfurt a. M. 1977.

Haas, Rosemarie: Die Landschaft auf der Insel Felsenburg. In: Zeitschrift für deutsches Altertum 91 (1961/62) S. 63–84. Auch in: Alexander Ritter (Hrsg.): Landschaft und Raum in der Erzählkunst. Darmstadt 1975. S. 262–292.

Hafen, Hans: Studien zur Geschichte der deutschen Prosa im 18. Jahrhundert. St. Gallen 1952.

Halm, Hans: Beiträge zur Kenntnis Joh. Gottfried Schnabels. In: Euphorion Erg.-H. 8 (1909) S. 27–49.

Jacobs, Jürgen: Prosa der Aufklärung. Kommentar zu einer Epoche. München 1976.

Jørgensen, Sven-Aage: Adam Oehlenschlägers ›Die Inseln im Südmeer‹ und J. G. Schnabels ›Wunderliche Fata‹. Aufklärung, Romantik – oder Biedermeier? In: Nerthus 2 (1969) S. 131–150.

Kimpel, Dieter: Der Roman der Aufklärung. Stuttgart 1967. ²1977.

Kippenberg, August: Robinson in Deutschland bis zur Insel Felsenburg (1731–43). Ein Beitrag zur Litteraturgeschichte des 18. Jahrhunderts. Hannover 1892.

Kleemann, Selmar: Der Verfasser der Insel Felsenburg als Zeitungsschreiber. In: Vierteljahrschrift für Literaturgeschichte 6 (1893) S. 337–371.

Knopf, Jan: Frühzeit des Bürgers. Erfahrene und verleugnete Realität in den Romanen Wickrams, Grimmelshausens, Schnabels. Stuttgart 1978.

Lamport, Francis John: Utopia and *Robinsonade*: Schnabel's ›Insel Felsenburg‹ and Bachstrom's ›Land der Inquiraner‹. In: Oxford German Studies 1 (1966) S. 10–30.

Magris, Claudio: Le robinsonaden fra la narrativa barocca e il romanzo borghese. In: Arte e storia. Studi in onore di Leonello Vincenti. Turin 1965. S. 233–284.

Mayer, Hans: Die alte und die neue epische Form: Johann Gottfried Schnabels Romane. In: H. M.: Von Lessing bis Thomas Mann. Wandlungen der bürgerlichen Literatur in Deutschland. Pfullingen 1959. S. 35–78. Zuerst unter dem Titel ›Johann Gottfried Schnabels Romane‹ in: H. M.: Studien zur deutschen Literaturgeschichte. Berlin 1954. ²1955. S. 7–37.

Mildebrath, Berthold: Die deutschen ›Avanturiers‹ des achtzehnten Jahrhunderts. Diss. Würzburg 1907.

Mog, Paul: Ratio und Gefühlskultur. Studien zu Psychogenese und Literatur im 18. Jahrhundert. Tübingen 1976.

Naumann, Dietrich: Politik und Moral. Studien zur Utopie der deutschen Aufklärung. Heidelberg 1977.

Rehm, Walter / Kohlschmidt, Werner: Robinsonade. In: Reallexikon der deutschen Literaturgeschichte. 2. Aufl. Bd. 3. Lfg. 5. Berlin 1971. S. 475–480.

Reichert, Karl: Utopie und Staatsroman. Ein Forschungsbericht. In: Deutsche Vierteljahrsschrift für Literaturwissenschaft und Geistesgeschichte 39 (1965) S. 259–287.

Reichert, Karl: Robinsonade, Utopie und Satire im ›Joris Pines‹ (1726). In: Arcadia 1 (1966) S. 50–69.

Rötteken, Hubert: Weltflucht und Idylle in Deutschland von 1720 bis zur Insel Felsenburg. Ein Beitrag zur Geschichte des deutschen Gefühlslebens. In: Zeitschrift für vergleichende Literaturgeschichte N. F. 9 (1896) S. 1–32 und 295–325.

Schmidt, Arno: Herrn Schnabels Spur. Vom Gesetz der Tristaniten. In: Nachrichten von Büchern und Menschen. Bd. 1. Zur Literatur des 18. Jahrhunderts. Frankfurt a. M. / Hamburg 1971. S. 28–57. Zuerst, ohne biographischen Anhang, in: A. S.: Dya Na Sore. Gespräche in einer Bibliothek. Karlsruhe 1958. S. 54–98.

Schmidt, Erich: Johann Gottfried Schnabel. In: Allgemeine Deutsche Biographie 32 (1891) S. 76–79.

Schröder, Karl: J. G. Schnabels ›Insel Felsenburg‹. Diss. Marburg 1912.

Spiegel, Marianne: Der Roman und sein Publikum im früheren 18. Jahrhundert. 1700–1767. Bonn 1967.

Steffen, Hans: J. G. Schnabels ›Insel Felsenburg‹ und ihre formengeschichtliche Einordnung. In: ` Germanisch-Romanische Monatsschrift N. F. 11 (1961) S. 51–61.

Stern, Adolf: Der Dichter der ›Insel Felsenburg‹. In: A. S.: Beiträge zur Litteraturgeschichte des siebzehnten und achtzehnten Jahrhunderts. Leipzig 1893. S. 61–93.

Stern, Martin: Die wunderlichen Fata der ›Insel Felsenburg‹. Tiecks Anteil an der Neuausgabe von J. G. Schnabels Roman (1828). Eine Richtigstellung. In: Deutsche Vierteljahrsschrift für Literaturwissenschaft und Geistesgeschichte 40 (1966) S. 109 bis 115.

Stockum, Theodorus Cornelis van: Robinson Crusoe, Vorrobinsonaden und Robinsonaden. In: T. C. v. S.: Von Friedrich Nicolai bis Thomas Mann. Groningen 1962. S. 24–38.

Strauch, Philipp: Eine deutsche Robinsonade. (Insel Felsenburg.) In: Deutsche Rundschau 56 (1888) S. 379–399.

Trisciuzzi, Leonardo: Cultura e mito nel ›Robinson Crusoe‹. Florenz 1970.

Ullrich, Hermann: Robinson und Robinsonaden. Bibliographie, Geschichte, Kritik. T. 1: Bibliographie. Weimar 1898.

Ullrich, Hermann: Defoes ›Robinson Crusoe‹. Die Geschichte eines Weltbuches. Leipzig 1924.

Vanhelleputte, Michel: Johann Gottfried Schnabel témoin de son temps. In: Revue belge de philologie et d'histoire 54 (1976) S. 406–410.

Voßkamp, Wilhelm: Theorie und Praxis der literarischen Fiktion in Johann Gottfried Schnabels Roman ›Die Insel Felsenburg‹. In: Germanisch-Romanische Monatsschrift N. F. 18 (1968) S. 131 bis 152.

Voßkamp, Wilhelm: Formen des satirischen Romans im 18. Jahrhundert. In: Neues Handbuch der Literaturwissenschaft. Bd. 11. Europäische Aufklärung. T. 1. Hrsg. von Walter Hinck. Frankfurt a. M. 1974. S. 165–184.

Wahrenburg, Fritz: Funktionswandel des Romans und ästhetische Norm. Die Entwicklung seiner Theorie in Deutschland bis zur Mitte des 18. Jahrhunderts. Stuttgart 1976.

Weinhold, Inge: Johann Gottfried Schnabels ›Insel Felsenburg‹. Eine zeitmorphologische Untersuchung. Diss. Bonn 1963.

Werner, Käte: Der Stil von Johann Gottfried Schnabels ›Insel Felsenburg‹. Diss. Berlin (Humboldt-Universität) 1950 [Masch.].

Nachwort

I

»Durch das Vorbild von Defoe's Robinson Crusoe in Bewegung gesetzt, regnete es mehrere Decennien des verfloßenen Jahrhunderts hindurch *Robinsone* ohne Zahl. Die Bahn einer neuen Dichtungsart von ungewöhnlichem Interesse war einmal gebrochen: und so konnt' es denn unter den lieben Deutschen, den gebohrnen Imitatoren ihrer Nachbaren, nicht an Nachtretern fehlen, welche – hie und da nicht ohne Glück, mehrentheils aber ohne allen innern Beruf – sich in dieser Gattung versuchten.«[1] So beschreibt 1805 Johann Christian Ludwig Haken die gewaltige Wirkung von Defoes *Life And Strange Surprizing Adventures Of Robinson Crusoe, Of York, Mariner* (1719) auf die deutsche Romanproduktion des 18. Jahrhunderts. Im Rückblick auf die Zeit der holländischen, sächsischen, schwedischen, französischen oder sonstigen Robinsone und anderer Entdecker und Bewohner glückseliger Inseln versammelt er in den fünf Bänden seiner *Bibliothek der Robinsone* Auszüge und Inhaltsangaben zahlreicher einschlägiger ›wahrhaftiger Lebensbeschreibungen‹, angeblich deswegen, weil das Publikum diese Werke nur noch vom Hörensagen her kenne und es an der Zeit sei, sich über das »Faktum eines so weit ausgebreiteten und so anhaltenden Beifalls« und »die Ursache der Wirkung« Gedanken zu machen.[2] Den Grund für die Faszination ganzer Lesergenerationen sieht Haken in Defoes Plan, die Geschichte Robinsons als »Geschichte des Menschen und seiner fortschreitenden Kultur im Kleinen« darzustellen,[3] und unter den zahlreichen

---

1 [Johann Christian Ludwig Haken:] Bibliothek der Robinsone. In zweckmäßigen Auszügen vom Verfasser der grauen Mappe. Bd. 1. Berlin 1805. S. II.
2 Ebd. S. IV f.
3 Ebd. S. VI.

Nachfolgern des englischen Romans hebt er daher die Werke hervor, die dessen »Grund-Idee« aufnehmen und weiter ausspinnen, »ohne sich sofort schon auf dem Titel als seine sklavischen Nachahmer anzukündigen«: »Es sind die Entdecker und Bevölkerer wüster Inseln und Länder, bei welchen jedoch mehr die rohen Anfänge und stufenweisen Fortschritte des gesellschaftlichen Zustandes, als das einsame Bewohnen von Inseln und Ländern, das Wesentliche des Stoffes ausmachen. Die Insel Felsenburg, das Land der Inquiraner, der amerikanische Freibeuter, und andre von geringerm Werthe, treten in diesen Reihen auf.«[4]

Johann Gottfried Schnabels *Insel Felsenburg*, wie das Buch schon im 18. Jahrhundert hieß, war einer der meistgelesenen deutschen Romane seiner Zeit,[5] dessen Erfolg von Verlegern und Fortsetzern ohne Bedenken ausgenutzt wurde, mit dem Ergebnis, daß noch viele Jahre später Besuche auf den »beyden Insuln Groß- und Klein-Felsenburg« zum Reiseprogramm von Robinsonen zählten.[6] Schnabels Beschreibung des Inselparadieses soll sogar manchen jungen Menschen verführt haben, »auf eine abentheuerliche Weise die glückliche Republik des Altvaters Julius, wo möglich, in der Ferne aufzusuchen«.[7] Und die Frau Oberamtmännin

---

4 Ebd. S. XII f. – Bibliographische Angaben zu den erwähnten Robinsonaden bei H. Ullrich (1898) S. 137 f., 140 f. (Sekundärliteratur, die in den vorhergehenden Literaturhinweisen verzeichnet ist, wird abgekürzt zitiert durch Angabe des Verfassers und des Erscheinungsjahrs.)

5 Bd. 1: 8 Auflagen (1731, 1732, 1736, 1740, 1744, 1749, 1751, 1768); Bd. 2: 7 Auflagen (1732, 1733, 1737, 1746, 1752, 1763, 1772); Bd. 3: 6 Auflagen (1736, 1739, 1744, 1748, 1751, 1767); Bd. 4: 5 Auflagen (1743, 1746, 1751, 1761, 1769). – In diesem Nachwort wird Bd. 1 nach der vorliegenden Ausgabe zitiert, die übrigen Bände nach den Erstausgaben (Band- und Seitenzahlen in Klammern).

6 Zitat aus dem Titel der Robinsonade *Nil Hammelmanns [. . .] fortgesetzte merckwürdige Reisen [. . .]*. Erfurt 1747. Vgl. H. Ullrich (1898) S. 135 f.

7 J. Chr. L. Haken: *Bibliothek der Robinsone*. Bd. 4. Berlin 1807.

in Wielands *Bonifaz Schleicher* (1776) kann sich »gar keinen Begriff« davon machen, »daß außer der Bibel, ihrem Gesang- und Kommunionbuche, dem Kalender, dem *klugen Beamten*, der *Insel Felsenburg*, und den *Gesprächen im Reich der Todten* (welche die Bibliothek ihres Mannes ausmachten) noch irgend ein andres gedrucktes Buch in der Welt seyn könnte«.[8] Bei der Literaturkritik des 18. Jahrhunderts fand der Roman, sieht man von gelegentlichen abfälligen Bemerkungen ab, allerdings keine Beachtung.

Autobiographien und autobiographische Romane deuten an, wo man einen wesentlichen Teil der Leser zu suchen hat: die *Insel Felsenburg* war – wie verschiedene Fassungen des *Robinson* – zu einem Jugendbuch geworden. Karl Philipp Moritz erzählt, wie dem elfjährigen Anton Reiser einige Romane in die Hände geraten, die er heimlich liest: »Die Erzählung von der Insel Felsenburg tat auf Anton eine sehr starke Wirkung, denn nun gingen eine Zeitlang seine Ideen auf nichts Geringers, als einmal eine große Rolle in der Welt zu spielen, und erst einen kleinen, denn immer größern Zirkel von Menschen um sich her zu ziehen, von welchen er der Mittelpunkt wäre: dies erstreckte sich immer weiter, und seine ausschweifende Einbildungskraft ließ ihn endlich sogar Tiere, Pflanzen, und leblose Kreaturen, kurz alles, was ihn umgab, mit in die Sphäre seines Daseins hineinziehen, und alles mußte sich um ihn, als den einzigen Mittelpunkt, umher bewegen, bis ihm schwindelte.

Dieses Spiel seiner Einbildungskraft machte ihm damals oft

S. 155. – Ein entsprechender Hinweis findet sich schon in einer Rezension der *Halleschen Gelehrten-Zeitung* von 1779. Vgl. A. Kippenberg (1892) S. 118.

8 Christoph Martin Wieland, »Bonifaz Schleichers Jugendgeschichte oder Kann man ein Heuchler seyn ohne es selbst zu wissen?« Zitiert nach: Wielands Gesammelte Schriften. Abt. 1. Werke. Bd. 14. Prosaische Schriften I. Hrsg. von Wilhelm Kurrelmeyer. Berlin 1928. S. 110. Vgl. dazu die Anmerkung auf S. A 67. Den Hinweis auf diese Stelle verdanken die Herausgeber Wolfgang Paulsen.

wonnevollre Stunden, als er je nachher wieder genossen hat.«[9]

Die Zwiespältigkeit, mit der die frühe Romanlektüre beurteilt wird, zeigt sich jedoch schon wenig später, als Antons Geschmack »eine gewisse Bildung und Festigkeit« gewonnen hat, so daß er »bei der schönen Banise und Insel Felsenburg, ohngeachtet des Vergnügens, das er darin fand, doch sehr lebhaft das Abstechende und Unedlere in der Schreibart« fühlte.[10] Karl Philipp Moritz stellt Ziglers *Asiatische Banise* (1689), einen im 18. Jahrhundert noch häufig gelesenen und neu aufgelegten Barockroman, und Schnabels *Insel Felsenburg* auf eine Stufe: in beiden Fällen vermag die Faszination durch die abenteuerlichen Stoffe der ästhetischen Kritik nicht standzuhalten. Und in der Tat weist Schnabels »Schreibart«, die sich am galanten Roman orientiert, noch auf das Barock zurück.[11]

Die Wirkung der *Wunderlichen FATA* auf die Jugend bildet auch den Hintergrund für den Versuch eines Schulmannes, den Roman mit einem erbaulichen Gegenstück gänzlich aus der Publikumsgunst zu verdrängen. Es handelt sich dabei um Christian Carl Andrés *Felsenburg, ein sittlichunterhaltendes Lesebuch*, 1788/89 in drei Teilen erschienen.[12] Glaubt man dem Verfasser, der es später immerhin zum Fürstlich Waldeckschen Erziehungsrat brachte, so muß Schnabels Roman noch zu dieser Zeit äußerst populär gewesen sein und ganze Generationen von Schülern auf Abwege geführt haben. Trotz mancher kurioser Züge ent-

---

9 Karl Philipp Moritz: Anton Reiser. Roman. Mit Textvarianten, Erläuterungen und einem Nachw. hrsg. von Wolfgang Martens. Stuttgart 1972. (Reclams Universal-Bibliothek Nr. 4813 [6].) S. 34.

10 Ebd. S. 40 f.

11 Schnabels »Übergangsstellung« behandeln u. a. Hans Mayer und Jürgen Jacobs, während Hans Steffen – ohne zu überzeugen – behauptet, die *Insel Felsenburg* gehöre eindeutig dem Spätbarock an (s. Literaturhinweise).

12 [Christian Carl André:] Felsenburg, ein sittlichunterhaltendes Lesebuch. 3 Tle. Gotha 1788/89.

hält Andrés Polemik wichtige Hinweise auf die Verbreitung des Romans und seine Bewertung durch die ›aufgeklärten‹ Zeitgenossen. Schon 1778 hatte die *Bibliothek der Romane* nach einer längeren Inhaltsangabe der *Insel Felsenburg* gefragt, wie man denn hoffen könne, »Duldung eingeführt, und Aberglauben und lächerliche Gespensterfurcht vertilgt zu sehn, so lange Kindern und gemeinen Leuten noch solche Bücher in die Hände gegeben werden«.[13] André ist 1788 konsequenter und proklamiert seine Absicht, »dies noch immer und besonders auf Schulen allgelesene Buch, deshalb zu verdrängen, weil es

1) in einer elenden barbarischen Sprache geschrieben und folglich schon in dieser Hinsicht dem Geschmacke der jungen Leute verderblich ist.

2) Weil es lauter Phantasien vorträgt, welche die Phantasie des jungen Lesers wieder entzünden, zum Nachtheil des gesunden Verstandes, der nöthigen Thätigkeit und der zufriednen Gemüthsstimmung.

3) Weil es der Moralität so nachtheilige Grundsätze und Bilder vorlegt und in dieser Rücksicht den schädlichsten Romanen nichts nachgiebt.

4) Weil es für alle diese sehr wesentlichen Nachtheile, nicht den mindesten Ersatz giebt, keinen Nutzen, keine Belehrung, nicht einmal eine geschmackvolle Unterhaltung verschafft; so daß es vielen unbegreiflich scheinen wird, wie doch ein solches Buch noch Leser und Liebhaber finden könne. Und doch ist es so!«[14]

Gründe für die Popularität des Romans bei »allen Leuten ohne Geschmack«, besonders bei den »leselustigen Bürgern und Schülern der Stadtschulen«, sieht André in der unkritischen Übernahme alter Empfehlungen, vor allem aber

---

13 [H. A. O. Reichard:] Bibliothek der Romane. Bd. 2. Berlin 1778. S. 179.

14 Chr. C. André: Felsenburg. T. 1. Vorrede (unpaginiert).

in dem Abenteuerlichen und Wunderbaren des Romans selbst, das den Leser aus der Wirklichkeit entführe und ihm eine Welt vorstelle, in der man ohne Mühe, Fleiß und Arbeit glückselig leben könne. Anfällig für dergleichen Reize sei »besonders eine schwankende, unthätige, schon halb verdorbene Jugend, von deren krankem Zustande gewöhnlich ungezähmte Lesesucht eines der sichersten Symptome ist.« Und da weder »Regierung« noch »Polizey« Anstalten machten, durch wirksame »Censur- und Büchergesetze« einzugreifen, bleibe allein die »litterarische Verdrängung« schädlicher Produkte.[15] Damit beschreibt André die Funktion seines »sittlichunterhaltende[n] Lesebuch[s]«, mit dem er Schüler und Erwachsene des Mittelstandes vor den Gefahren der alten *Insel Felsenburg* zu bewahren hofft. Er entfernt anstößige Partien, ersetzt verliebte Gespräche durch die Mitteilung nützlicher Kenntnisse und flicht hin und wieder Stellen aus den Klassikern ein, ohne freilich »den Aufwand von ästhetischem Putze« zu zeigen, der sich in einem Buch für die »feinste Leseklasse« gehört hätte.[16] Daß er bei seiner Umarbeitung die Handlung des Romans als Nebensache betrachtet und sich statt dessen mit einer Anhäufung von pädagogischem und naturkundlichem Wissen begnügt, hielt schon der Rezensent in Nicolais *Allgemeiner Deutscher Bibliothek* für wenig publikumswirksam.[17]

Neues Interesse fand Schnabels Roman im 19. Jahrhundert bei dem erwähnten Haken, der ihn als originelle Schöpfung rühmte, als Werk aus einem Guß, als getreues, wenn auch etwas geschöntes Bild gesellschaftlicher Verhältnisse seiner Zeit; bei Achim von Arnim, der Teile der *Insel Felsenburg* in eine Novellensammlung (*Der Wintergarten*, 1809) aufnahm; bei Ludwig Tieck, der die Vorrede zu einer anonymen Bearbeitung des Romans beisteuerte (1828), die zwei

15 Ebd.
16 Ebd.
17 Allgemeine deutsche Bibliothek. Bd. 87. 1. Stück. 1789. S. 471.

Jahre nach der Felsenburg-Version des dänischen Dichters
Adam Oehlenschläger (*Die Inseln im Südmeer*) erschien.

Ludwig Tiecks Vorwort zu der um etwa ein Viertel ge-
kürzten Bearbeitung eines Ungenannten stellt »einen der
geistvollsten Essays über Trivialliteratur und einen der be-
deutsamsten Rückblicke aus romantischer Sicht auf das
18. Jahrhundert« dar,[18] geht jedoch nur am Anfang und
Ende auf Schnabels Roman ein. Tieck charakterisiert den
Tenor der Überarbeitung, wenn er es für notwendig hält,
daß der neue Bearbeiter »den Canzleystyl jener Tage mildert und verbessert, vorzüglich aber manche Stellen des
Buches abkürzt, am meisten die Beschreibungen des Gottesdienstes, welche zu oft wiederkehren und für einen Roman
mit zu großer Vorliebe ausgemalt sind [...].«[19] Die Folge
ist nicht nur, daß das »aparte Ragout aus derb-kräftigem
Deutsch [...] und dem nicht unzierlichen Gewürz der
Gallicismen und Latinismen« einem etwas matten Einheits-
stil Platz macht, sondern daß durch die Streichung der
religiösen Passagen, der christlich-utopischen und empfind-
samen Züge des Insellebens, die Substanz des Romans angegriffen und »das Gleichgewicht zwischen der Rahmen-
erzählung und den Biografien entscheidend gestört« wird.[20]

II

Schnabel distanziert sich in der Vorrede zum ersten Band
der *Wunderlichen FATA einiger See-Fahrer* von den beiden
literarischen Traditionen, die gemeinhin als konstitutiv für
den Roman gelten: Utopie und Robinsonade. Seine Kritik
an den Robinsonaden, denen er in manchen Zügen durchaus
verpflichtet ist, macht darauf aufmerksam, daß die Zeit-

---

18 M. Stern (1966) S. 112.
19 Zitiert nach dem Abdruck der Vorrede Tiecks im Anhang dieser
Ausgabe (S. 563).
20 A. Schmidt (1971) S. 47 und 48.

genossen vor allem das Abenteuerliche dieser plötzlich so populären Gattung sahen: »Das Wort *Robinson* hat seit einiger Zeit bey Uns Teutschen eben die Bedeutung angenommen, die sonsten das Frantzösische Wort *Avanturier* hat, welches einen Menschen anzeiget, der in der Welt allerhand ausserordentlichen Glücks- und Unglücks-Fällen unterworffen gewesen«, heißt es 1722 in der Vorrede zum *Sächsischen Robinson*.[21] Erst Schnabel erkennt die Möglichkeiten, die Defoes Darstellung der symbolischen Situation des einzelnen auf der einsamen Insel innewohnen, verleiht ihr jedoch eine neue Bedeutung. Brüggemann[22] hat die verschiedene Akzentuierung und Bewertung des Inselaufenthalts bei Defoe und Schnabel auf die Formel »Exil« und »Asyl« gebracht: während Robinson Crusoe und die Helden vieler Robinsonaden die Rückkehr in das zivilisierte Europa kaum erwarten können, finden die Bewohner der Insel Felsenburg ihr Heil gerade außerhalb der als bedrückend erfahrenen europäischen Gesellschaft. In dem Entwurf einer Gegenwelt zu den gesellschaftlichen Verhältnissen in Europa zeigt sich der utopische Charakter der *Wunderlichen FATA*. Wie die Vorrede andeutet, geht es nicht um die abgezirkelte Konstruktion eines vollkommenen Staatsgebildes in der Art von Thomas Morus' *Utopia*, Schnabels Roman beschreibt vielmehr Entstehung und Fortentwicklung eines bürgerlichen Gemeinwesens auf der Grundlage von Tugend und Frömmigkeit, ohne daß dem institutionellen Rahmen allzuviel Aufmerksamkeit geschenkt würde.

Die biblischen Assoziationen sind deutlich: Albert und Concordia richten sich in einem »irrdischen Paradies«, einem »gelobten Land« oder »Canaan« ein,[23] der »Alt-

---

21 Der Sächsische Robinson, Oder Wilhelm Retchirs, Eines Gebohrnen Sachsens, Wahrhafftige Beschreibung seiner [. . .] Reisen [. . .]. Leipzig 1722. Nachdr. [Frankfurt a. M.] 1970. Vorrede.

22 F. Brüggemann (1914).

23 Über Felsenburg als Paradies vgl. R. Haas (1961/62) S. 80 ff.

vater« übernimmt die Rolle eines Patriarchen, und das Gebiet der Insel wird wie das gelobte Land einzelnen »Stämmen« zugewiesen. Familie und Familienbeziehungen sorgen für den Zusammenhalt, die Autorität des Patriarchen Albert Julius bleibt unangetastet. Seine Kinder und Verwandten leisten »aus willigen ungezwungenen Hertzen den allergenausten Gehorsam, der mit einer zärtlichen Ehrerbietung verknüpfft war« (S. 369), und bauen ihm, »als ihren Vater und König«, ein schönes Gebäude »zur Residentz« (S. 373). Auf seinem Sterbebett verfügt er wie ein biblischer Patriarch – oder ein Monarch des Absolutismus – seinen »letzten Willen«, der die Verfassung der Insel-Republik über Generationen hin festlegt (III,244 bis 247):

»1.) Soll mein erstgebohrner Sohn Albertus Julius II. nach meinem Tode auf diesem meinem Stuhle sitzen, und an meiner Statt das Ober-Haupt auf dieser Insul seyn. Nach dessen Tode folget ihm sein Sohn Albertus III. weiter aber soll sich das Recht der Erst-Geburth nicht erstrecken, sondern nach dem Ableben Alberti III. soll derjenige, welcher in den Stämmen meiner Söhne, die aus meinen Lenden gekommen sind, [...] am ältesten an Jahren erfunden wird, das Regiment haben. Jedoch ist meine Meinung im geringsten nicht, daß ein solches Ober-Haupt als ein souverainer Fürst regieren und befehlen solle, sondern seine Macht und Gewalt muß durch das Ansehen und Stimmen noch mehrerer Personen eingeschränckt seyn.« (III,244)

Es schließen sich Hinweise auf ein beratendes Gremium (bestehend aus den 9 Gemeindeältesten und 27 Beisitzern) und die Rolle der Geistlichkeit an. Allerdings wird nicht erklärt, wie man sich die angedeutete Mitwirkung der Bürger vorzustellen habe, es fehlt jede Definition ihrer Rolle in der Leitung der Geschäfte des Gemeinwesens, das manche Züge »einer benevolenten Monarchie« trägt.[24]

---

24 J. Jacobs (1976) S. 140.

Nicht Institutionen jedoch, sondern Redlichkeit, Frömmigkeit und Vernunft bestimmen das Leben auf der Insel, zu ernsthaften Konflikten kommt es nicht. Voraussetzung für diese Idylle ist die Fruchtbarkeit des »irrdischen Paradieses«, die ein Leben ohne Not und Mangel erst ermöglicht. Die Natur wird, ohne jede Schwärmerei, durchweg nach dem Kriterium der Nützlichkeit beurteilt und der menschlichen Herrschaft unterworfen, wobei die »zivilisatorische Rationalität« auch vor dem Menschen nicht halt macht.[25] Beherrschung der eigenen Affekte und Regulierung der Aktivitäten der Inselbewohner durch vorsorgliche Maßnahmen von Albert Julius ergänzen sich und haben das Ziel, Ursachen der Zwietracht und Unzufriedenheit zu beseitigen. Geld und Gold verlieren ihren Wert, der Eitelkeit und dem Schmuckbedürfnis werden Grenzen gesetzt, und selbst die Liebe muß sich einer planvollen Heiratspolitik unterordnen. Gefahren drohen daher in erster Linie von außen, wie sich später – im vierten Teil – bei der Beschießung durch portugiesische Segler zeigt. Für den Fall allerdings, »daß in künfftigen Zeiten etwa der Satan, auf GOttes Zulassung, wie im Paradiese, also auch auf dieser Insul die Menschen zu groben Sünden, Schanden und Lastern zu reitzen und verführen trachten werde«, sind die Geistlichen und die Ältesten angehalten, »heilsame Gericht und Ordnungen« zu stiften (III,245): Zeichen für die starke Stellung der Institution der Kirche, die aber eine pietistisch-gefärbte, empfindsame Frömmigkeit nicht ausschließt.[26]

Der Chirurgus Kramer, dem der »gantze deutsche Erdboden« unglücklich und verdrießlich vorgekommen war (II,234), spricht für die übrigen Bewohner der Insel, wenn er sein neues Leben betrachtet: »Nunmehro aber kan ich mit bessern Recht sagen, daß ich unter dem Schatten des

25 P. Mog (1976) S. 58–76: »Zivilisatorische Rationalität in J. G. Schnabels *Insel Felsenburg*.«
26 Vgl. M. Stern (1966) S. 113f.

Allerhöchsten, in den süssen Umarmungen meiner allerliebsten Mariae Albertinae, bey der liebreichen Gesellschafft frommer Leute und getreuer Freunde, endlich durch viele Unglücks-Wellen den Haafen eines irrdischen Paradieses gefunden, allwo mein Gemüthe täglich den Vorschmack himmlischer Ergötzlichkeiten findet.« (II,235) Ebensowenig wie Kramer hat David Rawkin den Wunsch, sein »Vaterland, oder nur einen eintzigen Ort von Europa« jemals wiederzusehen (S. 325), so sehr haben ihn seine Erlebnisse in England und auf dem Kontinent von der Unsicherheit der politischen und sozialen Verhältnisse überzeugt.

Die europäische Wirklichkeit als Gegenbild zur Utopie des Gemeinwesens der Insel Felsenburg wird durch die zahlreichen Lebensläufe vermittelt, die die Romanstruktur entscheidend bestimmen. Sie reichen bis ins 16. Jahrhundert zurück (»Lebens-Beschreibung Des Don Cyrillo de Valaro«) und zeichnen ein grimmiges Bild der gesellschaftlichen und politischen Zustände Europas, das nur von wenigen Lichtblicken erhellt wird. Lebenslauf um Lebenslauf enthüllt Mißstände in den verschiedensten Bereichen der Gesellschaft. Bettler, Diebe, Räuber, Goldmacher, Falschmünzer, bestechliche Akademiker, barbarische Militärs, habgierige Bürger, beschränkte Adlige, militante Jesuiten und entsprungene Nonnen bevölkern Schnabels europäische Welt. Leidet der Magister Schmeltzer unter der Verfolgung durch die Jesuiten, der Käuflichkeit von Titeln und Ämtern und unter einer korrupten protestantischen Geistlichkeit, so erfährt der Wundarzt Kramer nach dem frühen Tod seiner Eltern die Habsucht seiner Verwandten, die lockeren Bräuche an den Universitäten und die Brutalität eines unfreiwilligen Militärdienstes. Liebesgeschichten enden in der Regel unglücklich, aber das müssen sie auch im Hinblick auf die Bevölkerungsprobleme der Insel. Grundsätzlich steht es schlecht mit den Beziehungen zwischen den Menschen. Ehrgeiz, Gewinnsucht, Heuchelei, Verleumdung und Intrigen bestimmen das Zusammenleben, und am Schluß tröstet keineswgs der Satz, daß Tugend belohnt werde. So wiederholt es sich von Lebenslauf zu Lebenslauf, bis Schnabel der Stoff auszugehen scheint und er im letzten Band Zuflucht zu Zauber- und Gespenstergeschichten nimmt.

Die Erzähler der Lebensgeschichten sind häufig gescheiterte Existenzen, von vornherein durch unerfreuliche Familienverhältnisse benachteiligt und später durchweg vom Unglück verfolgt. Aber nicht allein die unschuldig Leidenden retten sich auf die Insel: zu ihnen gesellen sich Europäer, die schuldig geworden sind, jedoch auf den rechten Weg zurückgefunden haben. Extrem ist der Fall des Müllers Krätzer (II,362–400), der eine ausgesprochene Verbrecherlaufbahn hinter sich hat, doch nach einer Krise die Kraft zur Umkehr aufbringt. Die Offenheit Krätzers, das gute Ende eines gewalttätigen und betrügerischen Lebens werden beifällig aufgenommen, und der Altvater lenkt die Gedanken in die rechten religiösen Bahnen und unterstreicht die christlich-erbaulichen Züge der Geschichte: »Unser Heyland thut uns in der heil. Schrifft klärlich zu wissen, was vor Freude im Himmel sey über einen Sünder der Busse thut [...]. Wenn wir ingesammt unser Gewissen fragen und nach dem Gesetze prüfen, so wird sich wohl kein einziger finden, der sich eines besondern Vorzugs vor andern sündhafften Menschen rühmen kan.« (II,400) Die Umkehr eines einzelnen ist immer möglich, wie das Beispiel des Müllers Krätzer vorführt. An eine Veränderung der gesellschaftlichen und moralischen Verhältnisse im ganzen aber scheint keiner der Felsenburger zu glauben: die vielfach geprüften Existenzen ergreifen ohne Zögern die Gelegenheit eines neuen Anfangs, ohne sich je nach Europa zurückzusehnen.

Die »vollkommene Gemüths-Beruhigung«, die Krätzer und andere auf der »glückselige[n] Insul« (II,399) finden, ist jedoch nicht die des barocken Einsiedlers. Daß Schnabel einen Neubeginn und mit diesem ein grundsätzlich besseres Leben des Menschen auf dieser Welt für möglich hält, unterscheidet seinen Roman von Grimmelshausens *Simplicissimus* (1668), der in der nachträglich hinzugefügten *Continuatio* mit einer ›Robinsonade‹ endet, die große Ähnlichkeiten mit der Ausgangssituation der *Insel Felsenburg* aufweist und daher häufig zum Vergleich herangezogen wird. Nach über fünfzehnjährigem Einsiedlerleben lehnt es Simplicissimus schließlich ab, nach Europa zurückzukehren und »so thörechter Weiß seinen jetzigen vergnügsamen Stand durch eine so weite und gefährliche Reise in ein unruhiges jmmerwehrendes Ellend zuverwechslen.«[27] Für ihn stellt das Leben auf der Insel die letzte Möglichkeit dar, der Unbeständigkeit der Welt zu entgehen und ein kontemplatives, gottgefälliges Dasein zu führen: »hier ist Fried / dort ist Krieg; hier weiß ich nichts von Hoffart / vom Geitz / vom Zorn / vom Neyd / vom Eyfer / von Falschheit / von Betrug / von allerhand Sorgen beydes umb Nahrung und Klaydung noch umb Ehr und Reputation; hier ist eine stille Einsame ohne Zorn / Hader und Zanck; eine Sicherheit vor eitlen Begierden / ein Vestung wider alles unordenliches verlangen; ein Schutz wider die vielfältigen Strick der Welt und ein stille Ruhe / darinnen man dem Allerhöchsten allein dienen; seine Wunder betrachten / und ihm loben und preysen kan [...].« Nur in der Einsamkeit ist ein derartiges Leben denkbar, jegliche menschliche Gesellschaft, und bestehe sie auch aus Freunden, gilt Simplicissimus als mögliche Quelle der Versuchung und damit des Bösen.

Grimmelshausens theologisch begründete Weltverneinung unterscheidet den *Simplicissimus* von der *Insel Felsenburg* und ihrem utopischen Entwurf eines auf Gottesfurcht, Vernunft und Tugend gegründeten Gemeinwesens von Europamüden. Die Robinsonade, Zeichen ›barocker‹ Weltabkehr

27 [Hans Jacob Christoffel von] Grimmelshausen: Der Abentheurliche Simplicissimus Teutsch und Continuatio des abentheurlichen Simplicissimi. Hrsg. von Rolf Tarot. Tübingen 1967. S. 578. – Das folgende Zitat ebd. S. 584.

im *Simplicissimus*, unfreiwilliges Exil bei Defoe, verbindet sich bei Schnabel mit der Utopie eines irdischen Paradieses, in der sich »die Hoffnungen und Träume eines frühen (klein-)bürgerlichen Bewußtseins spiegeln«,[28] das sich nur in der Fiktion eine Ausflucht aus den bedrückenden gesellschaftlichen Verhältnissen seiner Zeit zu verschaffen vermag. Mit den *Wunderlichen FATA einiger See-Fahrer* beginnt, trotz mancher rückwärtsgewandter Züge im einzelnen, der bürgerliche Roman der deutschen Aufklärung.

28 J. Jacobs (1976) S. 142.

Inhalt

Brüder Grimm
Kinder- und Hausmärchen

Ausgabe letzter Hand mit den Originalanmerkungen der Brüder Grimm. Mit einem Anhang sämtlicher, nicht in allen Auflagen veröffentlichter Märchen und Herkunftsnachweisen herausgegeben von Heinz Rölleke.

Bd. 1: Märchen. Nr. 1–86. UB 3191[5]
Bd. 2: Märchen. Nr. 87–200. Kinderlegenden Nr. 1–10.
       Anhang. Nr. 1–28. UB 3192 [6]
Bd. 3: Originalanmerkungen, Herkunftsnachweise, Nachwort.
       UB 3193 [7]

Auch als Jubiläumsausgabe in Kassette erhältlich.

Dazu *Ludwig Harig* in der ZEIT: »Die komplette Sammlung dieser Märchen (Kassette mit drei Bänden samt den Originalanmerkungen) ist als Jubiläumsausgabe bei Reclam erschienen; es ist, als trete man über einen dicken Zauberteppich von Paul Klee in die Märchenwelt ein, so duftig und gedämpft ist der Umschlag von Jürgen Reichert gestaltet, und wenn man wieder aus ihr heraustritt, dann sollte man es nicht tun, ohne auch das Nachwort des Herausgebers Heinz Rölleke gelesen zu haben: Er rollt den Teppich gleichsam wieder zusammen, und es bleibt nichts daruntergekehrt. Mich hat am meisten beeindruckt die Sorgfalt, mit welcher er beschreibt, wie sehr das Märchen seinen Zauber und seine Wirkung durch sich selbst, seine sprachliche Beschaffenheit, seine poetische Kraft entfaltet.«

Philipp Reclam jun. Stuttgart